IMPRESSUM

Rechtsstand: September 2011

In drei Schritten zum E-Book

Mit diesem Buch haben Sie nicht nur ein gedrucktes Buch erworben, sondern auch ein E-Book. So kommen Sie zu Ihrem E-Book:

1. Gehen Sie auf die Webseite www.oegbverlag.at/e-book
2. Füllen Sie das Webformular aus. Sie benötigen dazu insbesondere den 12-stelligen Registrierungscode, den Sie auf der Innenseite des vorderen Umschlages finden.
3. Laden Sie das E-Book herunter.

Konzeption/Layoutentwurf/Umschlaggestaltung: Mag. art. Michael Mazohl

Konzeption und Kreation: Dipl.-Designerin (FH) Natalia Nowakowska

Layout/Grafik: Dietmar Kreutzberger, Walter Schauer

Lektorat: Renate Neuber, Mag.ª Birgit Janischevski, Daniel Flamme

Projektleitung: Mag.ª Dagmar Thurnhofer, MBA

Medieninhaber:

Verlag des Österreichischen Gewerkschaftsbundes GmbH, Wien

1020 Wien, Johann-Böhm-Platz 1

www.oegbverlag.at, office@oegbverlag.at

Verlags- und Herstellungsort: Wien

Printed in Austria

ISBN 978-3-7035-1462-3

Hans Christian Voigt, Thomas Kreiml (Hrsg.)

SOZIALE BEWEGUNGEN UND SOCIAL MEDIA

Handbuch für den Einsatz von Web 2.0

ÖGB VERLAG

INHALT

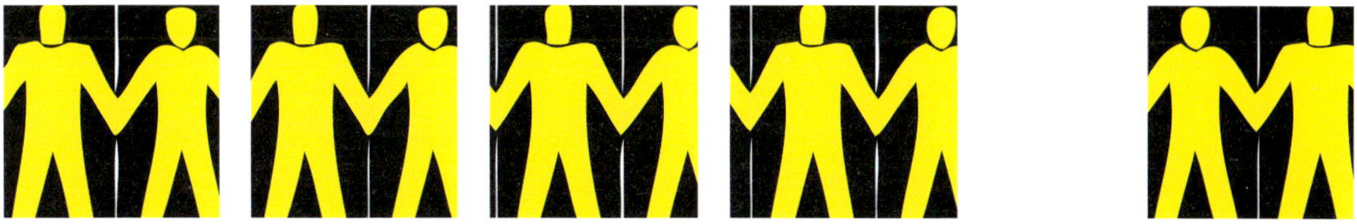

VORWORT DER HERAUSGEBER

tags: #bewegt #unsichtbar #kollektiv #engagiert ... #Gegenöffentlichkeit

«Dank des Internets ist Mobilisierung fast ohne Bürokratie und fast ohne hierarchische Strukturen möglich; mühevolle Konsensfindung und angestrengte Manifeste verlieren an Bedeutung und werden durch eine Kultur des permanenten, locker strukturierten, bisweilen geradezu zwanghaften Informationsaustauschs ersetzt.»

Naomi Klein, 2003

Soziale Bewegungen erleben in der gegenwärtigen Phase einen Aufschwung, getragen von breiter Unzufriedenheit mit herrschenden Verhältnissen und sich abzeichnenden großen Umbrüchen. Das Netz, das World Wide Web, das selbst seit einem halben Jahrzehnt in eine dynamischere und interaktivere Phase eingetreten ist, in eine "Web 2.0" und "Social Media"-Phase, ist zu einem nahe liegenden bis selbstverständlichen Werkzeug für Öffentlichkeitsarbeit, Vernetzung und kollektives Wissensmanagement geworden. Gerade für heterogene, neu entstehende und bewegliche Organisationsformen, wie die der Sozialen Bewegungen #130, ist das Web und bietet das Web die überall erreichbaren, funktionalen und billigen Werkzeuge, die im Moment gebraucht werden. Soziale Bewegungen nutzen das Netz daher nicht, weil "sich das für den erfolgreichen Auftritt heute so gehört", wie das für viele Unternehmen gelten mag. Soziale Bewegungen entstehen auch nicht im Web, obwohl veränderte Formen der Informationsverbreitung und die Sichtbarkeit von "rumorenden Bewegungen" sicherlich förderlich für die Manifestation dieser Bewegungen sind. Sie bedienen sich ganz einfach der Mittel der Zeit, die gerade da sind, um ihre Bedürfnisse zu erfüllen. Das heißt natürlich, dass die Aktivist_innen in den sozialen Bewegungen die Werkzeuge gebrauchen, die sich für die Organisation der Bewegung in den Momenten anbieten, in denen sie gebraucht werden und das zu organisieren helfen, was gerade ansteht. Und da ist es heute ganz simpel: Viele nützliche Instrumente dazu finden wir im und durch das Netz. Und das Web selbst ist als Instrument und Medium unter anderem deswegen so nützlich, weil es viele Instrumente bietet und wir alle von ziemlich überall aus darauf zugreifen können. *Simple as that.*

Das vorliegende Handbuch ist so entstanden. Es ist von Aktivist_innen zusammengestellt und geschrieben worden, unter Verwendung und mit Hilfe der Infrastruktur "Web", mit Werkzeugen, die wir via Web nutzen. Gut vierzig Autor_innen und noch einmal so viele Kommentator_innen haben kollaboriert. Sie haben sich auch per E-Mail, mindestens so viel aber via Twitter #166, Facebook #094, Skype, Jabber und anderer Tools #319 und so weiter unterhalten und abgestimmt. Das Buch ist in einem nicht frei zugänglichen Arbeitswiki entstanden, ist im Wiki lektoriert, von Habiba ausgebessert und von Dietmar dann von dort in jenes schlussendlich sehr große Dokument gesetzt worden, das irgendwann der Druckerei übermittelt wurde. Teilweise vorher, teilweise parallel dazu haben wir die Beiträge aus dem Arbeitswiki auf unsere Website gesetzt, die wir als Blog-Plattform aufgebaut haben. Dort sind die Buchbeiträge für alle frei zugänglich und kommentierbar. Einige Kommentare haben wir gezielt eingeholt, ein paar haben sich ergeben. Wir haben dazu entweder den Link zum Beitrag auf sozialebewegungen.org an andere Aktivist_innen geschickt oder sie gleich in das Arbeitswiki eingeladen. So ist ein Handbuch entstanden, das von der ganz pragmatischen Nutzung des Netzes, des Web 2.0 und der Social Media in der Praxis sozialer Bewegungen berichtet. Erzählt von Aktivist_innen aus sehr verschiedenen Zusammenhängen, erzählt ebenso von Digital Natives #113 wie Digital Immigrants, erzählt fast ausnahmslos von Aktivist_innen, die sich ehrenamtlich, ungefragt und selbstverständlich aktiv engagieren.

EINE KURZE BEDIENUNGSANLEITUNG

Eine "Bedienungsanleitung" für ein Buch ist selbstverständlich übertrieben. Aber wir wollen doch kurz auf einige Elemente dieses «*Cross Media*»-Projekts eingehen. Auf der ersten Seite dieses Vorworts waren bereits einige Begriffe in schwarzen Balken der Überschrift vorangestellt. Es handelt sich dabei um Kategorien, also eine grundlegende Beschlagwortung, die besonders online gut genutzt werden kann. In den Absätzen bisher waren dann auch schon gelb markierte Begriffe zu finden, denen eine Raute und eine Seitenzahl beigestellt ist. Diese gelb markierten Wörter kennzeichnen Glossareinträge, die es zu diesen Begriffen gibt. Die Seitenzahl daneben verweist als analoge Verknüpfung (Link) auf die Stelle, wo der Glossar-Eintrag zu finden ist. Es sind zwanzig im ganzen Buch und sie stehen nicht als Anhang stiefmütterlich am Ende, sondern sind zwischen den fast 400 Seiten verteilt, wo sie uns gerade besonders angebracht erschienen sind. Zusätzlich zu den gelb markierten Begriffen gibt es im Text immer wieder auch solche, die weiß vor schwarzer Markierung sind. Diese Verknüpfungen verweisen, wenn du irgendwo im Text auf so etwas stößt, von der jeweiligen Stelle auch auf andere Buchbeiträge, also zum Beispiel verweisen wir hier auf den ersten Buchbeitrag zum Annalist Blog #335. Gelb heißt also Glossar-Eintrag, schwarze Balken im Text heißen: da gibt es noch einen eigenen Beitrag dazu. Die weiteren Textpassagen, die unterstrichen sind, heißen ganz naheliegend, dass es hier einen Hyperlink zu einer Website gibt. Im Buchbeitrag bedeutet das freilich vorerst nur, dass dieser Hyperlink in der Version des Buchbeitrags online an dieser Stelle abrufbar wäre. Willst du das Buch lesend dann dem einen oder anderen Link folgen, musst du Links nicht aus den Endnoten zusammensuchen und eintippen, sondern nur einmal den Beitrag online aufrufen. Dort sind alle verlinkten Seiten nur noch einen Klick weit entfernt. Online sind zudem die Thumbnails, die kleinen schwarz-weißen Vorschaubilder, die immer wieder in Dreierpacks die Buchbeiträge bevölkern, erstens bunt und zweitens anklickbar. Um von einem Buchbeitrag einfach und verlässlich zum Beitrag online zu kommen, gibt es am Beginn jedes Buchbeitrags einen QR-Code, und auf jeder zweiten Seite ist über dem Beitrag die Webadresse angegeben. Dieses Handbuch unterscheidet sich also ein wenig von üblichen Büchern. Elemente, die im Web und in den Social Media logisch sind, haben wir versucht in das Buch zu übersetzen; und dabei ihre Logik so weit als möglich beizubehalten, ohne krampfhaft Elemente in die gedruckten Seiten des Buchs zu kopieren. Statt der am Beginn eines Beitrags üblichen Namen von Autor_innen gibt es bei uns die Avatare, die diese Autor_innen im Web üblicherweise verwenden. Die für Bücher klassische Form des Verzeichnisses aller Autor_innen ist deswegen nicht abgeschafft, sondern auch bei uns vorhanden. Besonders freuen wir uns über die Kommentare, die in diesem Buch abgedruckt sind, nämlich so, wie sie online stehen und zum großen Teil auch online eingegangen sind. Es ist zu hoffen, dass sie das dialogische Element, das im Web, seit dem Web 2.0 und vor allen in den Social Media so wichtig ist, spürbar in das Buch zu transponieren helfen. Wir hoffen es vor allem auch deshalb, weil es verdammt viel Arbeit und Aufwand war, diese Kommentare einzuholen, den angefragten Personen zu vermitteln, wovon wir eigentlich reden, *«Wie bitte? Einen Kommentar für eine Buchbeitrag online schreiben, der im üblichen Social Media-Plauderton gehalten sein soll und dann in einem Buch abgedruckt wird?»*, Profilbilder auch noch der kommentierenden Personen einzuholen, die Natalia schließlich alle in das Buchlayout bringen musste; Pixel- und Vektorgrafik inklusive. So hat dieses Buch also Kommentare zu und unter den meisten Beiträgen. Online sind es jetzt bereits mehr und es können noch einige mehr werden. Wir freuen uns über Anmerkungen, Feedback, Ergänzungen und Kritik.

Wir freuen uns über Dialog, ganz im Sinne der großen weltweiten Diskursplattform "World Wide Web".

#009

Die Emergenz des Web 2.0 und der Social Media

Das World Wide Web – auch bekannt als WWW oder in der Koseform einfach nur «Web» genannt – ist heute gut zwei Jahrzehnte alt. In den Jahren 2009, 2010 und 2011 haben wir mehrfach sein zwanzigjähriges Bestehen und "Geburtstage" gefeiert. Allerdings sind solche Konzepte wie Geburt und Altern auf eine komplexe (Infra-) Struktur und ein Phänomen wie das Web nicht sinnvoll anwendbar. Zuerst einmal sind es eine Reihe von Entwicklungen, die zur Emergenz des *«World Wide Web»* beigetragen haben, sodass auch mehrere symbolische Jahrestage festgemacht werden. Und zweitens ist das Web seit diesen ersten Tagen, Monaten und Jahren nicht das gleiche Web geblieben, das nur älter geworden wäre, sondern es wurde laufend weiterentwickelt. Und es hat sich weiterentwickelt. Der Begriff des *«Web 2.0»*, wie er in der zweiten Hälfte des ersten Jahrzehnts des 21. Jahrhunderts immer populärer wird, hat ebenfalls mit vielen einzelnen solcher Entwicklungen und mit ihren Auswirkungen auf das Gesamtsystem "Web" zu tun. Zum ersten Mal verwendet wird der Begriff im Zusammenhang mit dem ebenfalls gebräuchlich gewordenen Begriff der *«Cloud»*, der "Wolke".

Beiden Begriffen – Web 2.0 und Cloud – entspricht das Bild des "etwas Auslagern", das: etwas nicht mehr selbst und lokal organisieren, sondern nach außen geben und dort erledigen lassen. Outsourcing also, ein gängiges Bild der globalisierten Welt und Wirtschaftsformen. Dazu müssen die notwendigen Strukturen gegeben sein. *«Web 2.0»* bedeutet, dass das Web nicht mehr nur Kommunikationsmedium und Infrastruktur ist, sondern zunehmend auch ein Raum, eine "Plattform", in den komplexe Aufgaben ausgelagert werden können. Dabei spielen sowohl technische Aspekte des *«Cloud Computing»* eine Rolle als auch die wirtschaftliche Entwicklung zu einer Ökonomie der Internet-Dienstleister (der New Economy) und drittens die sich entwickelnden kollaborativen Formen der Arbeitsorganisation im und via Web. *«Web 2.0»* bedeutet auch, dass das Web und die Art und Weise wie wir es verwenden, dynamischer und interaktiver geworden ist. Viel mehr Menschen führen aktiv Operationen im Web aus, die es verändern. Dieser Aspekt hat bereits mit dem Begriff *«social»* zu tun, wie er in Social Bookmarking, Social Tagging oder Social Media vorkommt.

Die Begriffe *«Web 2.0»* und *«Social Media»* meinen nicht das Gleiche. Viele der Entwicklungen hin zum Web 2.0 sind aber sehr wohl Voraussetzung für die "Social Media". Eine berühmte Visualisierung aus dem Jahr 2005 fasst diese Entwicklungen exemplarisch in einer Schlagwortwolke zusammen. Letztendlich bedeutet der *«Web 2.0»*-Begriff, dass das Web dank dieser Voraussetzungen in eine neue Entwicklungsstufe eingetreten ist, neue Systemlogiken und Ökonomien herausgebildet hat und noch einmal zu etwas Neuem "emergiert" ist. Der Begriff *«Social Media»* hat dagegen eher mit den Auswirkungen der neuen Systemlogiken und Ökonomien zu tun. Er stellt die neue kollaborative Organisationsform in den Mittelpunkt, die auf den Operationen vieler im Web vernetzter Benutzer_innen #341 basiert. Diese selbstorganisierte Arbeitsweise unterscheidet sich grundlegend von hierarchischen Organisationsformen. Bei Letzteren werden Empfehlungen – zum Beispiel für Restaurants, Videofilme, Reiseziele, lesenwerte Texte, gute Musik, vorteilhafte Kontakte und relevante Nachrichten – von Professionist_innen erarbeitet, die diese Empfehlungen als Dienstleistung verkaufen. Ein Begriff für diese Organisationsform ist die Redaktion. Empfehlungen werden von wenigen professionellen Gatekeepern an viele ausgesendet. Die Funktionen der Redaktion – sichten, bewerten, filtern, aufbereiten und veröffentlichen – führen im Web 2.0 nun aber auch die Benutzer_innen selbst aus. Die Empfehlungen der Benutzer_innen sind wiederum für ihre Netzwerkkontakte sichtbar. Bei der professionellen Redaktion senden wenige an eine Allgemeinheit der vielen, an die Kund_innen; wir sprechen von "One-to-Many". In den *«Social Media»* senden einige an einige, die "Friends", "Follower", Kontakte; wir sprechen von "Many-to-Many". Die Bedeutung der professionellen Redaktionen und der Gatekeeper ist in den Sozialen Medien also drastisch gesunken.

Mit der Emergenz des Web 2.0 gibt es mehr Möglichkeiten für sehr viel mehr Menschen, im Web selbst zu publizieren, zu bewerten, zu kommentieren. Aktive Teilhabe ist deutlich einfacher geworden, in Blogs #335 und Wikis #178, durch YouTube #201, Flickr #149 und schließlich Plattformen wie Facebook, sodass der Begriff des "Mitmach-Webs" geprägt wird. Das untergräbt einerseits die Vormachtstellung einiger Wirtschaftsbereiche, schafft aber auch neue Ökonomien und Abhängigkeiten.

DRAW A DISTINCTION AND CREATE A UNIVERSE

Wir haben eine Unterscheidung getroffen, nicht übermäßig kalkuliert, aber doch klar und bewusst. Dieses Buch möchte ein praktisches Handbuch für jene sein, die sich als Aktivist_innen engagieren. Ja, es geht auch um Web 2.0 und Social Media, aber ganz eindeutig nicht darum, *«Wie sie Web 2.0 und Social Media für ihre Marke nutzen»* (respektive für ihr Unternehmen, mehr Kunden und mehr Verkäufe, ein besseres Markenimage etc.). Diese Ratgeber und Ratgeberinnen gibt es wie Freundschaftsanfragen auf Facebook. Sorry, dass das dazugesagt werden muss, aber im Vorfeld und während der Produktion sind wir laufend auf dieses Missverständnis gestoßen. Die Entscheidung für ein Handbuch von Aktivist_innen für Aktivist_innen bedeutet aber auch, und das kommt vielleicht überraschender, dass dieses Buch weniger auf Nichtregierungsorganisationen (NGO) und die Zivilgesellschaft abzielt als vielleicht ursprünglich gedacht. Zumindest geht es weniger um das O in NGO, weniger um die etablierte Organisation und auch weniger um die etablierte Zivilgesellschaft. Im Zuge der Arbeit am Buch hat sich wieder einmal bestätigt, dass es erhebliche Unterschiede in dem gibt, was wir alles unter Zivilgesellschaft verstehen können. Dieser Unterschied hat mit den Möglichkeiten für zivilgesellschaftliches Engagement und politische Arbeit zu tun. In einem zivilgesellschaftlichen Bereich, der oft das Feld der Non-Profit-Organisationen (NPO) genannt wird, gibt es eine Ausstattung und Handlungsspielräume, die ein anderer Bereich der Zivilgesellschaft kaum im Ansatz kennt.

Es herrschen unterschiedliche Strukturlogiken, die dort stabile Organisationsformen mit gut ausgebildeten bezahlten Funktionär_innen ermöglichen, die sich um Fundraising und Öffentlichkeitsarbeit Richtung Spender_innen bemühen, und die vom sogenannten Establishment unterstützt werden, weil die Aktivitäten dieser zivilgesellschaftlichen Organisationen jedenfalls auf breite Unterstützung zählen können. Auf der anderen Seite gibt es ausgesetzte Bereiche des Engagements, die immer unter prekären Bedingungen agieren müssen, und nicht von der Breite der Gesellschaft goutiert werden. Das ist keine Wertung der Arbeit in diesen beiden strukturell so unterschiedlichen Bereichen, sondern eine Beobachtung, die von allen Beteiligten bestätigt werden kann. Sehr plakativ könnten wir die eine Welt die «bürgerliche Zivilgesellschaft» nennen, die andere *«systemkritischer Aktivismus»*. Unser Buch bezieht nun nicht Stellung für das eine und gegen das andere. Es bietet – hoffentlich – für alle etwas, es gibt Beiträge zu **Online-Kampagnen**, wie sie nur von Organisationen mit einem professionellen Stab angegangen werden können, und zur Frage, wie sich **Zivilgesellschaft** und soziale Bewegungen produktiv zusammenbringen lassen. Das Hauptaugenmerk liegt aber klar bei den ehrenamtlichen Aktivist_innen und weniger bei den hauptamtlichen Funktionär_innen, mehr beim Engagement, das sich unter prekären Bedingungen selbst organisieren muss, als bei den Organisationsaufgaben etablierter Vereine. Das sollte sogar dort sichtbar werden, wo von alten und etablierten Apparaten wie der **Kirche**, **Parteien** und **Gewerkschaften** berichtet wird. Dort geht es um selbstorganisierte, systemkritische Auseinandersetzungen innerhalb dieser Apparate.

GEGENÖFFENTLICHKEIT UND DAS "2.0"-MOMENT

«Soziale Bewegungen und Social Media» sind heute populäre Begriffe, sie passen zum Zeitgeist. Wir waren so klug, unserem Buch diese Begriffe in den Titel zu legen. Schließlich reden wir heute auch in diesen Begriffen von dem, was wir tun. Daher soll nur hier im Vorwort einmal explizit erwähnt werden, dass wir genauso gut in anderen Begriffen über diese Ausrichtung des Handbuchs sprechen

könnten. Zu anderen Zeiten wurde mit anderen Termini über die im Kern selben Auseinandersetzungen diskutiert. Daher: Das worum es in diesem Buch immer wieder geht, das könnte da oder dort auch unter die Schlagwörter Gegenöffentlichkeit, politische Arbeit, autonome Sozial- und Kulturprojekte, außerparlamentarische Opposition oder Medienaktivismus subsummiert werden, wären es die Schlagwörter, die der gegenwärtige Zeitgeist favorisieren würde. Die positive und negative Konnotation solcher Schlagwörter kommt und geht. *«Web 2.0»* ist als Begriff schon dabei zu gehen und wird langsam aber doch negativer konnotiert, wo er vor nicht allzu langer Zeit fast nur positiv verwendet wurde. Die Begriffe sollten uns nicht im Weg stehen, der Kern der Auseinandersetzungen, das gesellschaftspolitische Engagement, bleibt im Zentrum. Dieses Engagement muss sich laufend neu organisieren, neu formieren, neu ausrichten, von Vereinnahmungen abgrenzen und für Mitarbeit offen sein. Dabei stoßen wir quer durch die Jahrzehnte regelmäßig auf ähnliche Herausforderungen, entwickeln sich vergleichbare Dynamiken und stellen sich die gleichen Fragen. Was sich ändert, das ist die jeweilige Umgebung für gesellschaftspolitisches Engagement. Ein Teil dieser Umgebung wird heute durch das Web bestimmt, ebenso wie durch die Realität der digitalen Geräte und der digitalen Überwachung.

erklärung des kollektivs

Informations-Dienst
zur Verbreitung unterbliebener Nachrichten

RICHTIGE INFORMATIONEN SIND FÜR UNS UNERLÄßLICHE PRODUKTIONSMITTEL UND SCHLAGKRÄFTIGE WAFFEN IM KLASSENKAMPF!

der informationsdienst ist ein unabhängiges bulletin zur verbreitung von nachrichten über konflikte, sauereien der herrschenden, aktivitäten an der basis und kämpfe in der dritten welt. der informationsdienst will die manipulation und das monopol der bürgerlichen presse durchbrechen.

NACHRICHTEN KOMMEN VOM VOLK UND KEHREN ZUM VOLK ZURÜCK

damit wir das verwirklichen können bitten wir um die mitarbeit aller individuen und gruppen. schickt uns berichte über eure aktivitäten über dinge, die euch nicht passen und die ihr verändern wollt. schreibt uns oder ruft uns an.

Selbstbestimmte Kommunikationsräume – Gegenöffentlichkeit

1. *Sprache und Organisationskonzept von 1974: das «Kollektiv Informationsdienst zur Verbreitung unterbliebener Nachrichten» will «keinen linken Journalismus aufbauen! Laßt die Betroffenen sprechen!! Gebt den Aktivisten das Wort, nicht den Journalisten». Dazu können Nachrichten an Büros in größeren Städten geschickt werden. Die per Brief eingehenden, per Schreibmaschine geschriebenen Nachrichten werden zu Bulletins zusammengefasst, diese Bulletins werden vervielfältigt und liegen dann in den Büros, linken Buchhandlungen und Kaffeehäusern auf.* 2. *Ob die Agora der griechischen Polis, das Kaffehaus der Dissidenten, die riesige Wandzeitung am besetzten Tian'anmen, hier das Audimax während eines* #unibrennt *-Plenums, das Vereinslokal oder die Demo, der #yeswecamp besetzte Platz in Madrid oder Athen, es braucht die Räume – physisch und virtuell – in denen sich Kommunikation verdichten kann und eigene autonome Öffentlichkeiten gebildet werden. (Bild ©Daniel Weber)* 3. *Es geht nicht darum, elegante und in ihren Rahmenbedingungen "perfekte" Räume für Gegenöffentlichkeit aufzubauen. Es geht darum, das zu nutzen was da ist. Jeder Raum kann unter bestimmten Bedingungen subversiv kritisch und gewitzt verwendet, jede Struktur kann – für eine gewisse Zeit lang – umgebaut werden. Auch Facebook, hier mit einem Screenshot der berühmten «We are all Khaled Said» Seite, die im Arabischen Frühling eine gewichtige Rolle gespielt hat.*

Das Eingangszitat zu diesem Vorwort von Naomi Klein anno 2003 gibt in seiner Verkürzung für viele wahrscheinlich einen zu vereinfachenden Eindruck wieder. Klar, wir wollen die Mühen der Ebene nicht vergessen, und doppelt klar, gesellschaftspolitisches Engagement ist anstrengend und kräfte zehrend. Das haben wir bei der Arbeit an diesem Buch gut in Erinnerung gerufen bekommen, ohne es jemals vergessen zu haben. Das Buch hätte mindestens ein halbes Jahr früher herauskommen sollen. Aber es baut nun einmal fast ausschließlich auf dem Engagement schon sehr engagierter Aktivist_innen auf. Sie haben in der Regel neben Brotberuf und ihrem politischen Engagement die Zeit und die Ressourcen finden müssen, dieses wahnwitzige Projekt zu unterstützen. Ihnen gebührt dementsprechend auch dreifacher Dank. Erstens Dank für ihren Aktivismus für Bürgerrechte, Menschenrechte, soziale Gerechtigkeit, freie Information, Datenschutz und den Schutz der Privatsphäre, für Chancengleichheit und Bildung für alle, Toleranz und Respekt, für eine bessere Welt. Dank zweitens für ihre Beiträge zu diesem Buch und der Website. Und Dank schließlich dafür, dass sie neben ihren Vielfachbelastungen diese Beiträge verfasst haben und sich noch dazu mit den Herausgebern, ihren etwas mühsamen Ideen und Ansprüchen auseinandergesetzt haben. Ohne diese Bereitschaft gäbe es nicht nur die Beiträge nicht, sondern keine Avatarbilder statt Namen der Autor_innen, keine durchgängigen Elemente und projektinternen Links, keine Kommentare und kein rundes Handbuch mit einem durchgängigen Leseerlebnis.

DANKSAGUNG

Besonderer Dank gilt einigen Menschen im Hintergrund, ohne die gar nichts gegangen wäre, und vor ihnen verbeugen wir uns hier tief und abschließend. Werner Drizhal und Gerhard Bröthaler haben das Projekt überhaupt erst ermöglicht und dem Projekt mehr als ein Jahr lang durch alle Phasen und Wirrnisse die Stange gehalten. Natalia Nowakowska, Habiba Memedoska und Dietmar Kreutzberger haben einen mehr als nur erheblichen Anteil daran, dass dieses Buch in der Qualität gedruckt wurde. Dagmar Thurnhofer hat über die gesamte Dauer des Projekts Fäden zusammengehalten, Ressourcen freigemacht und die Bedingungen geschaffen, die dieses Buch erst ermöglicht haben. Clara Landler und Eva Schörkhuber ist es zu verdanken, dass einige Beiträge doch noch Eingang in dieses Buch gefunden haben, die zu verschiedenen Zeitpunkten bereits verloren geglaubt waren.

2. FALLBEISPIELE

In diesem Kapitel findest du Berichte zivilgesellschaftlicher Auseinandersetzungen und politischer Arbeit. Die Bandbreite reicht von spontanen, lokalen Initiativen über Protestbewegungen bis hin zu etablierten, großen Institutionen auf neuen Wegen.

Inhaltsverzeichnis [Verbergen]

Die ersten vier Erzählungen berichten von spontanen Protesten, von der irgendwann dringend werdenden Notwendigkeit, sich zu wehren und Widerstand zu organisieren. Die nächsten drei Beispiele zeugen von der Selbstorganisation von Arbeitnehmer_innen im und via Social Media. Darauf folgen Berichte von etablierten Institutionen wie der Kirche, Parteien oder Gewerkschaften. Hier geht es um Grassroots-Ansätze innerhalb dieser Organisationen und um die Vernetzung der Mitglieder und Aktiven untereinander. Den Abschluss bilden Analysen von Kampagnen, bei denen es darum ging, sich den Dynamiken der Social Media und Sozialer Netzwerke zu öffnen.

KATEGORIEN

AUTHENTIZITÄT | AUTONOMIE | BÜRGERRECHTE | GEGENÖFFENTLICHKEIT | GRASSROOTS | KAMPAGNEN | MEDIENSYSTEM | MOBILISIERUNG | PROTEST | SELBSTORGANISATION | TRANSPARENZ | VERNETZUNG | WATCHBLOG

WATCHBLOG ÜBERWACHUNG BÜRGERRECHTE AUFKLÄRUNG GEGENÖFFENTLICHKEIT TERRORISMUSPARAGRAF AUTONOMIE VERNETZUNG

DAS ANNALIST-BLOG

Innenansicht einer Terrorismus-Ermittlung

«Einigen Beschuldigten wird vorgeworfen, sich "konspirativ" verhalten zu haben: Sie hätten Gespräche geführt, ohne ihr mobile phone dabei zu haben; sie hätten sich am Telefon verabredet, ohne Uhrzeit und Treffpunkt zu nennen. Kriminalisiert wird also der Versuch, seine Privatsphäre zu schützen.»

Offener Brief der scientific community

«Bundesanwaltschaft nimmt Linksextremisten fest» (Spiegel Online, 1. 8. 07). *«Militante Gruppe. Schlag gegen Berliner Linksextremisten»* (Welt, 2. 8. 07). *«Das linke Terror-Phantom wird greifbar»* (Frankfurter Rundschau, 2. 8. 07).

In den Tagen nach der Festnahme von vier Berlinern im Sommer 2007 waren dies die Schlagzeilen. Mein Freund Andrej Holm, einer der vier, war an einem Morgen gegen sieben Uhr in unserer Wohnung festgenommen worden. Die Wohnung wurde dazu mit gezogenen Waffen gestürmt und 16 Stunden lang durchsucht. Der Vorwurf lautete *«Mitgliedschaft in einer terroristischen Vereinigung»* und zwar in der lange gesuchten sogenannten *«militanten gruppe (mg)»*. Andrej wurde mit dem Helikopter zum Bundesgerichtshof nach Karlsruhe geflogen, dort wurde ein Haftbefehl unterzeichnet und er verschwand in Untersuchungshaft, vollständig isoliert. Das war das traumatische Erlebnis, das etwas später dazu führen sollte, mit dem Blog *«annalist»* zu beginnen.

UNTER ÜBERWACHUNG – ALLTAG AUSSERHALB DES ALLTÄGLICHEN

Ich war mit dem Schock dieser Verhaftung aus heiterem Himmel konfrontiert. Ich musste unseren Kindern erklären, wo ihr Vater geblieben war, Kolleg_innen erklären, dass Termine nicht stattfanden, Eltern und Freund_innen Antworten auf Fragen geben, die ich mir selber stellte. Mit dem Erscheinen der Zeitungen am nächsten Tag war deutlich, dass die Massenmedien die Erzählung der Bundesanwaltschaft übernahmen: Es seien gefährliche Terroristen endlich gefasst worden. Damit war auch deutlich, dass es nicht einfach sein würde, unsere ganz andere Sicht der Dinge in die Öffentlichkeit zu bringen. Zum Glück war ich mit dieser Aufgabe nicht allein, sondern hatte die Unterstützung vieler Freundinnen und Freunde, und bald auch großer Netzwerke von Wissenschaftler_innen wie auch Aktivist_innen, mit denen Andrej zusammengearbeitet hatte. In den ersten Wochen war ich vor allem mit der Organisation des Alltags beschäftigt. Telefonate mit der Anwältin, Treffen mit Unterstützer_innen, mit den anderen Beschuldigten (nicht alle waren festgenommen worden), Klärung scheinbar banaler Fragen wie zum Beispiel der, ob und wie Untersuchungshäftlinge krankenversichert sind? Niemand konnte sagen, wie lange Andrej inhaftiert sein würde. Wenn eine Festnahme meines Freundes nach §129a (Mitgliedschaft in einer terroristischen Vereinigung) möglich war, dann war auch möglich, dass er für Monate oder sogar Jahre im Knast verschwinden könnte. Im Nachhinein – Andrej wurde nach drei Wochen von der Untersuchungshaft erstmals verschont, später wurde der Haftbefehl ganz aufgehoben – mag das absurd klingen. Am Anfang war es aber durchaus vorstellbar.

WIE BEMERKT MAN ÜBERWACHUNG?

«Merkt ihr eigentlich immer, dass ihr überwacht werdet?» Eine beliebte Frage, meistens beantworten Andrej und ich sie mit *«Naja, hmm, eher nein»*. Verdeckte Ermittler_innen auf der Straße teilen ja keine Visitenkarten aus. Als das §-129-Verfahren gegen Andrej schon 16 Monate lang am Laufen war, haben sich zum Beispiel folgende Dinge abgespielt: Mein Rechner im Büro fiel von einer Sekunde auf die andere in den Tiefschlaf – Power Saving Mode. Monitor reagiert nicht, Keyboard reagiert nicht, Techniker ist ratlos und hat das noch nie gesehen. Grafikkartenfehler. Einen Tag darauf rief ich Andrej in seinem Frankfurter Uni-Büro an: beim ersten Versuch – Tü-düü-düüt: *«Dieser Anschluss ist vorübergehend nicht erreichbar»* (ein Uni-Anschluss, kein Handy); beim zweiten Versuch, direkt hinterher – mein Display zeigt 30 Sekunden eine Verbindung an, zu hören ist nichts; dritter Versuch – zentrale Bandansage der Johann-Wolfgang-Goethe-Universität *«Sie rufen außerhalb unserer Bürozeiten an, die sind wie folgt ...»* (diese Bandansage gab es für den Anschluss noch nie). Ein anderes Mal klingelt mein Handy, ich gehe dran, Anruf von einem Bekannten: Ich höre ihm zu, etwas gedämpft, wie er jemandem etwas erzählt. Ich beende die Verbindung, rufe ihn an und sage ihm, dass sein Handy mich gerade angerufen hat. Er wundert sich, amüsiert sich und sagt: *«Hmm, naja, doch, könnte sein, es gibt da ein Problem mit der Tastensperre, wer weiß ...»*, und hat auch tatsächlich heute einmal meine Nummer rausgesucht. Nicht unmöglich. Es gibt für alles eine ganz vernünftige Erklärung. Bestimmt.

Auf die Frage, wie Überwachung bemerkt werden kann, sage ich aber auch immer, dass ich das nicht weiß. Vieles kam mir in den vergangenen Jahren seltsam vor, manches so regelmäßig, dass die Vermutung naheliegt, dass das kein Zufall, sondern Folge von Überwachung war. Abgesehen aber von realen Menschen mit Knöpfen im Ohr, die sich hörbar darüber unterhielten, dass Andrej woanders langfuhr als sonst, konnten wir das natürlich nicht sicher wissen. Fast interessanter finde ich die Frage, wie damit fertig zu werden ist, dass sich die Frage ständig stellt. Wie Betroffene also vermeiden können, nur noch darüber nachzudenken,

> ob gerade jemand zuhört, zuschaut, dabei ist. Darüber reden (oder schreiben) hilft immer, darüber nicht irre zu werden. Denn schließlich: Die Zahlen etwa zur Telefonüberwachung sind in Deutschland bekannt und enorm. Die Wahrscheinlichkeit, als politische Aktivistin davon betroffen zu sein, ist also groß. Wer das weiß, muss sich nicht ständig fragen, ob überwacht wird. Manchmal geht es ja vielleicht auch einfach darum, Überwachung spürbar zu machen, um Menschen nervös oder ängstlich zu machen. Überrascht hat mich, wie viele Menschen sich die Frage stellten, ob nicht schon das Lesen meines Blogs gefährlich sei. Dass sie es dann trotzdem taten und weiterempfahlen, hat mich gefreut. Und es blieb nicht "nur" beim Lesen: Erfahrungen wie die oben geschilderten wurden auch kommentiert, auf mal mehr, mal weniger hilfreiche Weise. Jedenfalls hatten wir so die Möglichkeit, uns auszutauschen, "vernünftige Erklärungen" zu finden und zu diskutieren. Die für mich interessantesten Reaktionen habe ich in einem Best of ... Reaktionen versammelt.

Nach und nach habe ich dann realisiert, dass mit der Beschuldigung und einem Verfahren nach §129a eine umfassende Überwachung des gesamten Lebens einhergeht. Nicht, dass ich das nicht eigentlich gewusst hätte. Trotzdem ist es etwas völlig anderes, sich konkret in jedem Moment bewusst zu machen, dass nun wirklich jedes Telefonat abgehört, jede E-Mail mitgelesen, der Hauseingang gefilmt wird. In den ersten Tagen und Wochen war die Überwachung gar nicht mal das Hauptproblem. Wir waren allein damit völlig beschäftigt zu verstehen, was es mit diesem Vorwurf eigentlich auf sich hatte, wie die Ermittlung konstruiert war, und was das alles mit Andrej zu tun haben sollte.

DAS TERRORISMUS-VERFAHREN

Dem Soziologen und Gentrifizierungsforscher Andrej Holm wurde von der Staatsanwaltschaft und dem Verfassungsschutz der Bundesrepublik Deutschland vorgeworfen, einer der *«Köpfe»* und *«intellektueller Hintermann»* der *«militanten gruppe»* zu sein. Die *«militante gruppe»* erklärte sich seit 2001 in Deutschland für Anschläge verantwortlich, die teilweise hohen Sachschaden verursachten. All die Jahre gab es verschiedene Ermittlungen gegen unterschiedliche Leute und unter verschiedenen Aktenzeichen, alle ergebnislos. Soweit wir wissen, war das Verfahren, das im Juli 2007 durch die Festnahmen bekannt wurde, das vierte sogenannte *«mg-Verfahren»*.

Die 'militante gruppe' (mg) gab es in Deutschland immerhin tatsächlich – soweit ich das beurteilen kann – und ihre Anschläge wurden als "terroristisch", sie selbst als "terroristische Vereinigung" eingeordnet. Anschläge auf Menschen gab es nicht. Soweit sich den Akten, die Andrej in der Untersuchungshaft ausgehändigt wurden, entnehmen lässt, war der Anlass des vierten mg-Verfahrens die Suche nach den Verfasser_innen der Bekennerschreiben der mg (die sich zu jedem Anschlag und auch sonst sehr ausführlich schriftlich äußerten). Das jedenfalls ist die Legende des Bundeskriminalamtes (BKA). Im September 2006 verglich das Bundeskriminalamt (BKA) Texte der mg mit Texten, die in einer Datenbank gesammelt waren, u. a. von Andrej und drei Freunden, mit denen er seit langem gemeinsam wissenschaftlich publizierte. Bei neun Wörtern (unter anderem *«Reproduktion»*, *«Marxismus-Leninismus»*, *«Bezugsrahmen»*, *«Prekarisierung»*!) seien Übereinstimmungen gefunden worden. Dies, so die Begründung des BKA, sei der Anlass der Ermittlung gegen die vier

Beschuldigten gewesen. Von der folgenden dadurch legitimierten Observation durch Zivilbeamte, dem Abhören der Telefone, der Überwachung der E-Mails und der Internetnutzung, dem Filmen der Hauseingänge und dem "kleinen Lauschangriff", also der Aufzeichnung von Gesprächen im öffentlichen Raum, in Kneipen oder bei Spaziergängen, waren Hunderte Freund_innen, Bekannte und Kontaktpersonen betroffen.

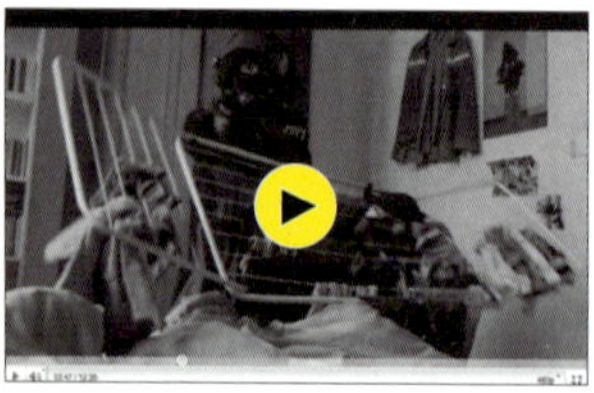

Vom "War on Terror" zum Terrorismus-Generalverdacht

1. *Der Kurzfilm «Gefährder» von Hans Weingartner zeigt anhand des Falles von Andrej Holm und seiner Familie, wie leicht in einem Klima der Angst Politaktivisten wie Terroristen behandelt werden: überwacht, ausspioniert und eingesperrt.* 2. *Seit April 2007 wird in Österreich unter Ausnutzung der österreichischen "Mafia- und Terrorismusparagrafen" § 278a und § 278b gegen Tierschützer_innen ermittelt, seit 2010 prozessiert. Die Umstände des Ermittlungsverfahrens und der Prozess werden seit Jahren von immer mehr Beobachter_innen nur noch als Farce charakterisiert. Daran lässt auch das ARD Europamagazin keinen Zweifel.* 3. *Der vielfach preisgekrönte VideoClip «Du bist Terrorist» beschreibt eindrücklich, wie nicht nur Überwachung überall zunimmt, sondern wir alle, die Bevölkerung, unter Generalverdacht genommen werden.*

NACH DER VERHAFTUNG

Als bekannt wurde, was tatsächlich im Haftbefehl stand, gab es viele Fragen – von Journalist_innen, Kolleg_innen, Bekannten. Für die Bundesanwaltschaft war alles klar: Es gibt vier Köpfe, konspirative Treffen, andere begehen einen Anschlag und werden auf frischer Tat ertappt. Die Massenmedien wurden von Polizei und Staatsanwaltschaft über den großen Erfolg informiert und sahen sich nicht veranlasst, kritisch nachzufragen. Aus dem Haftbefehl und den später ausgehändigten ersten Ermittlungsakten wurden in mühseliger Kleinarbeit drei Säulen erarbeitet, auf denen die Ermittlung zu stehen schien:

- Konspiratives Verhalten (z. B. *«Nutzung verschlüsselter E-Mails»*, Ausgehen ohne Mobiltelefon)
- Kontaktschuld (*«Kontakte in die linke Szene»*, Beteiligung an den Mobilisierungen gegen den G8-Gipfel 2007 oder Ähnliches)
- Kritische Wissenschaft (*«Die Beschuldigten verfügen über die intellektuellen Fähigkeiten, vergleichsweise anspruchsvolle Texte zu formulieren», «haben als Wissenschaftler die Gelegenheit, unauffällig in Bibliotheken zu recherchieren»*)

Drei Wochen später wurde Andrej von der Haft verschont, der Haftbefehl galt aber weiterhin. Zwei Monate später entschied der Bundesgerichtshof, dass der Haftbefehl von Anfang an unzureichend gewesen sei und hob ihn auf. In einer weiteren Entscheidung beschied er, dass die *«mg»* keine terroristische Vereinigung sei. Nichtsdestotrotz wurde noch bis Juli 2010 gegen Andrej weiter ermittelt, wir alle überwacht, ohne Ergebnis.

BLOGGEN UNTER, TROTZ UND GEGEN DIE ÜBERWACHUNG

Im Spätsommer 2007 war ich vor allem mit Telefonieren beschäftigt: Es gab viele Leute, die wissen wollten, was der Stand der Dinge war, was Andrej vorgeworfen wurde, was die juristischen Möglichkeiten sind, wie sie Andrej und mir helfen konnten. Mein Leben stand Kopf. Ich begann, Sammel-E-Mails #350 zu schreiben, in denen jeweils das Neueste stand. Erst ging es um die jeweils neuen Entscheidungen der Richter und Staatsanwält_innen, um neue Details aus den Akten, um die vielen sehr unterschiedlichen Aktivitäten aus Protest gegen die Verhaftung, dann um die Freilassung. Sofort danach um eine weitere Hausdurchsuchung. Um den Widerspruch der Staatsanwaltschaft gegen die Freilassung und darum, wie es ist, jeden Moment wieder festgenommen werden zu können. In dieser Zeit entstand der Gedanke, ein Blog #335 zu starten. Ohne die Ereignisse wäre es mir nicht in den Sinn gekommen, selbst zu bloggen. Mir liegt viel an meiner Privatsphäre und ein Blog, dessen Zentrum ja fast zwangsläufig die eigene Person ist, steht dieser Idee diametral entgegen. Umgekehrt war nicht zu übersehen, dass all die Ereignisse rund um Andrejs Verhaftung nach einem Terrorismus-Paragrafen und die damit verbundene totale Überwachung nicht nur unsere Freund_innen und Bekannten interessierte. Mitten in der öffentlichen Debatte darüber, welche Gesetzesverschärfungen zum Kampf gegen den Terrorismus eingeführt werden sollten, erlebten wir Terrorismusbekämpfung live. Wir erlebten täglich Dinge, die weit entfernt von alltäglich sind.

Anfang Oktober 2007 entstand *«annalist»*. Die Entscheidung fiel mir nicht leicht. Bislang war ich als Person öffentlich überhaupt nicht in Erscheinung getreten. Es wäre einfach gewesen, als "Freundin von ..." im Hintergrund zu bleiben. Ein Blog zu den Geschehnissen zu starten bedeutete, Aufmerksamkeit aktiv auf mich zu ziehen. Kann ich das verantworten, auch unseren Kindern gegenüber? Will ich überhaupt deswegen bekannt werden, weil ich die Freundin von irgendwem bin?

REAKTIONEN AUF DAS ANNALIST BLOG

Im Oktober 2007 beschäftigten mich die unterschiedlichen Auswirkungen der Überwachung: Fehlschaltungen unserer Telefone, Probleme beim E-Mail-Verkehr, aber auch zivile Beamte auf der Straße, oder auch einfach das Gefühl zu wissen, dass "sie" immer dabei sind. Wenn ich beschreibe, dass es regelmäßig vorkommt, dass Anrufe für Andrejs Handy bei meinem Handy ankommen, obwohl sicher seine Nummer gewählt wurde, kann ich natürlich nicht sicher sagen, dass das die Auswirkung von Überwachung ist. Würde ich als paranoid und über der Ermittlung verrückt geworden wahrgenommen werden? Das wäre ja nicht mal überraschend, nur war ich mir sehr sicher, dass nicht ich verrückt war, sondern unsere Erlebnisse. Genauso unwohl – und auch eine Überlegung wert – war mir bei der Vorstellung, dass es zu gezielten Gegenkampagnen etwa von Nazis kommen könnte. Und dann gab es die Frage zu bedenken, wie die Behörden reagieren könnten, die für das Verfahren verantwortlich waren. Wie weit würden sie in ihrer medialen Vorverurteilung und zur Kontrolle der medialen Darstellung gehen?

Fürs Bloggen sprach, dass wir uns in einer ziemlich einzigartigen Situation befanden und bis dahin noch niemand – jedenfalls soweit ich weiß – im deutschsprachigen Raum die vielen seltsamen "Kleinigkeiten" eines Alltags mit Terror-Fahndung aufgeschrieben hatte. Das annalist-Blog bot und bietet eine Innenansicht, die Dokumentation einer ständigen Extremsituation, die sonst nur über abstrakt bleibende Meldungen der Massenmedien erfahren wird. Und diese Extremsituation ist von breiterem gesellschaftlichen Interesse, berührt drängende Themen wie die Bürger_innenrechte und Rechtsstaatlichkeit, die im Herbst 2007 virulente Diskussion des Themas "Innere Sicherheit", staatliche Willkür und Repression, die Machtfülle der Polizeien und den Abbau der Bürger_innenrechte usw.

Die Resonanz auf das annalist-Blog war dann auch deutlich größer, als ich es je erwartet hätte. Ich kannte mich in der Blogosphäre #084 nicht aus und wusste nicht, wie ein Blog aktiv bekannt gemacht wird. Ich habe mich also vorsichtig vorangetastet und zunächst nur einigen Bekannten die Adresse gegeben. Es dauerte keine drei Wochen, bis annalist in den großen deutschen Blogs verlinkt wurde und die Zugriffszahlen explodierten. Entgegen meinen Befürchtungen waren die Reaktionen fast ausnahmslos positiv und sehr unterstützend. Viele waren entsetzt und hatten keine Vorstellung, dass "sowas" in dieser Form in Deutschland stattfindet. Es gab viele hilfreiche Informationen und Diskussionen über die technische oder praktische Seite von Überwachung. Es war offensichtlich, dass annalist für viele Menschen ganz neue Denkanstöße lieferte. Für uns war großartig, so viel positives Feedback zu bekommen, was uns darin bestätigt hat, dass der Sprung ins kalte Wasser Öffentlichkeit der richtige war.

DATENSCHUTZ- UND PRIVACY-BEWUSSTE PLATTFORMEN

Für annalist nutze ich die italienische Blog-Plattform *«noblogs.org»*, die nicht immer bequem, aber supernett und so datenschutz-bewusst ist wie keine andere. Die Noblogs-Plattform wird betrieben von *«autistici.org»*. Autistici ist ein sich in Italien unter schwierigen Bedingungen für Freiheit, unabhängige Kommunikation und Medien engagierendes Kollektiv. Das Motto lautet *«Freedom of speech implies a keen eye on privacy and security»*. Für noblogs.org wird freie Software #248 verwendet, und es werden, im Gegensatz zu anderen Plattformen wie etwa die von google betriebene blogger.com, weder "logs" noch irgendwelche persönlichen Daten gespeichert. Solche Kollektive gibt es noch mehr. Die meisten bieten jedoch keine Blog-Plattform an, aber andere Online-Dienste wie E-Mail, Jabber, Webspace. Empfehlungen finden sich bei Autistici oder bei Riseup.net. Nicht alle Angebote sind in der Nutzung so bequem wie kommerzielle Dienste. Dafür ist bei ihnen sicher, dass sie sich tatsächlich für die Interessen der Nutzer_innen einsetzen, denn sie verdienen nichts damit.

Inzwischen ist es bei annalist viel ruhiger geworden. Die Ermittlung ging noch bis Juli 2010 weiter, war aber nach dem ersten halben Jahr kaum noch spürbar. Entsprechend gab es nicht mehr so viel Spektakuläres zu berichten, was ich nicht bedaure. Die Themen #158 veränderten sich: Über unseren sehr öffentlichen Umgang erreichten uns auch viele Informationen über ähnliche Verfahren, die aber viel weniger bekannt sind. So fing ich an, auch über sie zu schreiben. "Innere Sicherheit" und die Funktionalisierung der Begriffe "Terrorismus" oder "Extremismus" für immer repressivere Innenpolitik hat mich auch früher schon interessiert, genauso Teile der Felder Medien- und Netzpolitik. Darüber schreibe ich jetzt, weniger aufgeregt als in der existenziellen Frühphase von annalist. Und ich blogge bis heute sehr froh über die Möglichkeiten, die Blogs vorbei an kommerziellen Medien bieten. Neben den ausführlicheren Blogposts nutze ich Twitter #166 und Identi.ca als Mikroblogs, also für Hinweise auf Websites, Artikel etc., die ich interessant oder wichtig finde, ohne gleich einen eigenen Artikel zu schreiben.

taz.

22.06.2007 | 2 Kommentare

IM NAMEN DER TERRORBEKÄMPFUNG WERDEN UNSERE KOLLEGEN VERFOLGT

Das Verbrechen der Soziologie

KOMMENTAR VON SASKIA SASSEN / RICHARD SENNETT

"Terrorismus" hat zwei Gesichter. Es gibt wirkliche Bedrohungen und echte Terroristen, und dann gibt es da noch eine Sphäre namenloser Ängste, vager Verdächtigungen und irrationaler Reaktionen. In Letzterer scheint sich derzeit das deutsche Bundeskriminalamt zu bewegen: am 31. Juli durchsuchte es die Wohnräume und Arbeitsplätze von Dr. Andrej H. und Dr. Matthias B. sowie von zwei anderen Leuten, allesamt in höchst verdächtige Aktivitäten verstrickt - in das Verbrechen der Soziologie.

Saskia Sassen lehrt als Soziologin an der Columbia University (USA), Richard Sennett ist Soziologe an der London School of Economics

Dr. Andrej H. wurde festgenommen und zum Bundesgerichtshof nach Karlsruhe geflogen, seitdem sitzt er in einem Berliner Gefängnis in Einzelhaft

Die Überwachung der Zivilgesellschaft

1. *Immer wieder geraten Wissenschaftler_innen ins Visier staatlicher Überwachung, weil sie sich kritisch mit Themen wie der Situation der Menschenrechte, mit Orientalistik oder etwa mit Gentrifikation beschäftigen. Im Sommer 2007 protestieren neben vielen internationalen Wissenschaftler_innen auch Saskia Sassen und Richard Sennett gegen die Verfolgung von Kolleg_innen.* 2. *Die Initiative und Petition Demokratie Retten! vereint viele bekannte NGO und steht stellvertretend für die offensichtlich berechtigte Sorge, dass Terrorismusparagrafen und Möglichkeiten der Überwachung allzu leicht zur Kontrolle kritischen Journalismus' und zivilgesellschaftlicher Arbeit missbraucht werden.* 3. *Die Überwachung beschränkt sich dabei nicht nur auf den Einsatz der Informationstechnologie. Immer wieder werden Fälle aufgedeckt, in denen V-Leute wie "Mark Kennedy", "Simon Brenner" oder "Danielle Durant" in NGO eingeschleust werden.*

SELBSTERMÄCHTIGUNG DER EIGENEN GESCHICHTE

Die Vorteile des Bloggens in unserer prekären Situation waren vielfältig. Das Erzählen und Berichten bedeutete zuerst einmal, nicht vom Interesse und Wohlwollen von Journalist_innen und Redakteur_innen abhängig zu sein. Im und mit dem annalist-Blog entscheide ich selbst, was veröffentlicht wird. In meinem Blog sind die redaktionellen Eingriffe, die es in anderen Medien gäbe, kein Thema. Meine Berichte von den Ermittlungen und der Überwachung reihen sich nicht zwischen andere Tagesthemen oder Betrachtungen ein, teilen sich nicht den Platz mit Werbung und Anzeigen. Und die Berichte erscheinen nicht dann oder wann, da oder dort, wenn eine Redaktion einem Bericht aktuellen "Newswert" zubilligt, sondern laufend, eine kontinuierliche Dokumentation abgebend. Das häufige Veröffentlichen und Protokollieren der Vorgänge und Erlebnisse hatte zudem den Vorteil, nachvollziehbar machen zu können, was für eine psychische Belastung die kleinen und großen Schikanen der Ermittlung im Alltag über Wochen und Monate bedeuten.

Das eigene Blog, die Kontrolle über die eigene Geschichte, die eigene Stimme zu haben, das bedeutete in unserer Situation gleichzeitig, die Differenz sichtbar zu machen zwischen der zwangsläufig sachlichen und de facto stark von der Perspektive staatlicher Behörden beeinflussten Medienberichterstattung und unserer Sicht der Dinge; die eigene Geschichte der Geschichte gegenüberstellen zu können, die andere über dich erzählen. So ist annalist auch ein WatchBlog #059 , eine Dokumentation der Aktivitäten der Behörden aus der Perspektive der Betroffenen. Die Sicht der Behörden ist aus den Massenmedien ja weithin bekannt. Hier fehlt in aller Regel die andere Seite: der Stress, der Irrsinn der einzelnen Maßnahmen, die Auswirkung für das Umfeld. Mit annalist gibt es ein bleibendes Archiv, inklusive vieler unglaublichen Einzelheiten, von denen sonst viele vergessen würden. Das ständige Aufschreiben und Protokollieren der Erlebnisse hat mir immer wieder geholfen, den Kopf frei zu bekommen. Ich habe an mir selbst beobachtet, dass ich bestimmte Vorkommnisse aus den ersten Monaten nach einer Weile selbst kaum glauben konnte und froh war, dass ich sie dokumentiert hatte. Und das annalist-Blog half von Beginn an, Menschen erreichen zu können, die sonst keinen Zugang zur Perspektive der Betroffenen hätten.

ZUSAMMENFASSUNG

Mein Blog annalist war zunächst eine Chronik aller seltsamen und unfassbaren Ereignisse in unserem neuen Leben mit Terrorismus-Ermittlung. Nach etwa einem Jahr hat sich das wieder beruhigt. Für mich war es einerseits eine Form, damit fertig zu werden, gewissermaßen Kollateralschaden im Verfahren gegen einen "Staatsfeind" zu sein. Gleichzeitig war mir wichtig, in der gleichzeitig stattfindenden politischen Auseinandersetzung in der deutschen Öffentlicheit über Terrorismus die andere Seite zu beschreiben – die Auswirkung auf die von der Hysterie Betroffenen, noch bevor Online-Durchsuchung oder Vorratsdatenspeicherung beschlossen wurden. Schließlich war das Blog ganz praktisch eine Möglichkeit, vielen Interessierten viel mitteilen zu können. Und damit war das Bloggen – also das Veröffentlichen von Ereignissen aus meinem "Alltag" – eine Möglichkeit, mich gegen die Auflösung meiner Privatsphäre zu wehren.

👍 Überlegt euch, an wen sich ein Blog oder einzelner Artikel richtet. Je nach Zielgruppe hilft, die entsprechende Schreibweise zu wählen – Szene versteht Szenevokabular, für die bürgerliche Mittelschicht passt eine 'ordentliche Schreibweise' besser.
Einer der schönsten Kommentare zu annalist war dieser: *«Endlich was zu dem Thema, das ich sogar meiner Oma zum Lesen geben kann.»*

👍 Lesbare Artikel schreiben – kurze, aussagekräftige Überschriften, nicht zu lange Texte, wenn doch, dann mit Zwischenüberschriften, Bilder einbauen, keine Schachtelsätze. Es hilft fast immer, Texte vor dem Veröffentlichen ein zweites Mal zu lesen.

👍 Kleinigkeiten beschreiben, auch wenn sie ganz unspektakulär scheinen. Wir gewöhnen uns schnell an die seltsamsten Dinge, aber andere Menschen bemerken gerade daran, wie sonderbar das ist, was wir zu erzählen haben.

👍 Für mich ist eine gute Leitlinie, zu überlegen, was ich selbst gern lese, wann ich gleich weiterklicke, oder warum ich bei mir neuen Websites hängenbleibe.

👎 Preach to the converted: Nicht (nur) zur eigenen politischen Szene sprechen.
Die achten zwar im Zweifelsfall übergenau auf politische Korrektheit, aber die wissen im Wesentlichen schon, worum es geht. Versucht die Menschen zu erreichen, die das Thema bisher nicht kannten.

👎 Keine politischen Programme und Weisheiten – eine politische Haltung haben die meisten Menschen schon selber und wenn nicht, suchen sie sie nicht in Blogs.

👎 Geht nicht davon aus, dass scheinbar Selbstverständliches allen bekannt sei. Erklärt alles so, dass es auch wirklich jede und jeder versteht.

War on Terror, Terrorismus, Überwachung, Gentrifizierung, Prekarisierung, Berlin, Andrej Holm, Untersuchungshaft, Staatsanwaltschaft, §129a, Lauschangriff, BKA, Dokumentation, Repression, Datenschutz, Behörden

KOMMENTARE

Marlies *sagt:*

Klar, Prekarisierung ist seeeehr gefährlich, weiß ich selber. Kaum passt du nicht auf, bist du schon mal nicht versichert oder so … Aber dieses Gentrifizierungsdingens ist natürlich die ganz heiße Scheiße. Also die Staatssicherheit gefährdend!?!

Ne, aber ehrlich, was heißt "Gentrifizierung" jetzt mal genau?

Andrej Holm *sagt:* *gentrificationblog.wordpress.com*

Gentrification ist zunächst einmal ein Fachbegriff aus der Stadtforschung, mit dem Verdrängungsprozesse von ärmeren Haushalten im Zuge von städtischen Aufwertungsentwicklungen beschrieben werden. Seit den 1960er-Jahren haben vor allem Geograf_innen und Soziolog_innen solche Entwicklungen in fast allen größeren Städten der entwickelten kapitalistischen Länder beobachtet. Neben der veränderten Nachfrage nach innerstädtischen Wohngebieten durch veränderte Arbeitsbedingungen, die Differenzierung von Lebensstilen und demografische Brüche wird die Ursache der Verdrängung vor allem in politisch initiierten Aufwertungsplänen und wohnungswirtschaftlichen Inwertsetzungsstrategien gesehen. Eine Überblick zur aktuellen Diskussion gibt es hier als Buch *«Wir Bleiben Alle!»* (bit.ly/WirBleibenAlleBuch) und auch als kurzes Interview mit mir auf bit.ly/kanalbinterview.

Weil die Gentrification-Forschung die Klassen- und Machtverhältnisse der Stadtentwicklung beleuchtet und auf die negativen Effekte der Stadtpolitik verweist, ist der Begriff auch von sozialen Bewegungen aufgegriffen worden und hat sich zu einem Chiffre der Protesthaltung gegen unsoziale Stadtpolitiken entwickelt. Neil Smith (ein amerikanischer Kollege) und Karin Baumert (kritische Stadtsoziologin und Aktivistin aus Berlin) haben nach meiner Verhaftung zwei hübsche Texte zur politischen Sprengkraft des Begriffs geschrieben: Neil Smith: German GWOT Misfire & Karin Baumert: Gentrification ist Terror.

Im Gentrificationblog berichte ich regelmäßig über städtische Aufwertungsprozesse und die Proteste von Bewohner_innen gegen eine Verdrängung. Der Begriff der Gentrification wird mittlerweile auch in Deutschland von vielen Stadtteilgruppen und Mieterorganisationen benutzt und in den Mainstreammedien aufgegriffen, sodass künftige Staatsschutzkonstrukte, die mit Begriffsüberschneidungen in Veröffentlichungen argumentieren, darauf nicht mehr aufbauen können.

Stefan Förster *sagt:* *incertum.net*

Durch Zufall bin ich vor ein paar Tagen auf das Chaosradio aufmerksam geworden. In der letzten Folge mit dem Titel *«Leben mit der Vollüberwachung»* war einer der Gäste ein ganz normaler Bürger, der eines Tages in der Arbeit den Anruf bekam, dass die Polizei – wie sich später herausstellte sogar das BKA höchstpersönlich – bei ihm in der Wohnung stehe. Als der Anwalt Akteneinsicht bekam, stellte er fest, dass dort nicht nur die komplette Bandbreite der technischen Überwachungsmöglichkeiten aufgefahren wurde, sondern auch, dass die Ermittler offensichtlich in den sogenannten «*Kernbereich der privaten Lebensführung*» eingedrungen sind. So sagt der Betroffene, dass sich in den Akten auch detaillierte Aufzeichnungen befanden «*wer wann mit wem ins Bett gegangen ist*». Die Qualität, die der Begriff "Vollüberwachung" damit gewinnt, ist erschreckend und empörend.

Die beiden Vertreter des CCC sagen übrigens nochmal ganz klar, wie das mit der staatlichen Überwachung ist: Wenn sie es nicht wollen, wirst du nichts von ihr bemerken. Was den Umkehrschluss nahelegt, dass im Fall von Andrej H. durch die offene Zurschaustellung Druck ausgeübt werden soll, um vielleicht eine "Panikreaktion" zu forcieren. Die Kollateralschäden, z. B. Freunde, die sich nicht mehr trauen, mit den überwachten Personen zu telefonieren, weil sie von der Überwachung wissen, nimmt man in der BAW bzw. im BKA anscheinend in Kauf.

***antirep200** sagt:* *antirep2008.org*

Weil da auch die Tierschützer_innen angesprochen werden, da kann mensch viel auf tierschutzprozess.at und bei uns nachlesen. Aber uns ist es ein Anliegen, auch auf die Verfolgung von #unibrennt-Aktivist_innen hinzuweisen. Da gibt es auch einige Parallelen. Dokumentation im WatchBlog: fightrepression2010.lnxnt.org.

So und jetzt geh ich weiter im Archiv vom annalist-Blog lesen. Unglaublich ist das! Mutig und wichtig und souverän, wie du das alles festgehalten und nüchtern dokumentiert hast.

***Klaus Schönberger** sagt:* *technikforschung.twoday.net*

Dieses Weblog ist für einen Weblogforscher aus zweierlei Gründen faszinierend. Es ist erstens eine durchaus innovative politische Strategie, sich gegen staatliche Drangsalierung und Terrorisierung, und die damit verbundene Durchdringung des eigenen Alltags öffentlich zur Wehr zu setzen. Waren die Opfer staatlicher Willkür bisher vor allem auf sich allein gestellt oder auf einen kleinen UnterstützerInnen-Kreis angewiesen, so lassen sich die Auswirkungen dieser Überwachung durch eine solche Form der Herstellung von Öffentlichkeit nicht nur ein Stück weit besser bewältigen, sondern der Vorwurf der Beteiligung bzw. Bildung einer terroristischen Vereinigung wird ad absurdum geführt. Ein solches Blog ist zweitens auch ein probates Mittel der Selbstreflexion, mit den damit verbundenen Zumutungen durch BKA und Generalbundesanwaltschaft umzugehen.

Schlussendlich könnte man dieses Weblog als eine neuartige Protestform analysieren, in einem asymmetrischen Konflikt, in dem dem Betroffenen Klandestinität und Illegalität zum Vorwurf gemacht werden, sich nicht nur subjektiv zu behaupten, sondern ein Stück weit auch Gegenmacht zu demonstrieren.

BÜRGERINITIATIVE AKTIONEN GRASSROOTS BÜRGERRECHTE WATCHBLOG MOBILISIERUNG PRESSEARBEIT SELBSTORGANISATION

DAS JOSEFINISCHE ERLUSTIGUNGSKOMITEE

Wir wehren uns gegen einen bauwütigen Investor und undemokratische Politik

«Allen Menschen gewidmeter Erlustigungs-Ort von Ihrem Schaetzer.»
Kaiser Josef II.

Seit Anfang 2008 kämpft das sogenannte Josefinische Erlustigungskomitee mit Hilfe vieler Anrainer_innen und anderen Bürger_innen-Initiativen auf ebenso vielseitige wie auch ungewöhnliche Weise um den Fortbestand des öffentlichen und denkmalgeschützten Barockpark-Ensembles Augarten und gegen den Bau einer privaten Konzerthalle für die Wiener Sängerknaben am Augartenspitz.

DER AUGARTENSPITZ – EIN ALLEN MENSCHEN GEWIDMETER ERLUSTIGUNGSORT

Wie zuvor bereits andere Teile des Augartens, ist aktuell der Augartenspitz durch die Partikularinteressen politisch einflussreicher und finanzpotenter älterer Herren gefährdet, die sich gerne selbst ein Denkmal setzen wollen. Der Augartenspitz ist ein rund 1.700 m² großer Teil des denkmalgeschützten barocken Wiener Augartens, eines Parks sehr nahe dem Stadtzentrum Wiens. An dieser Stelle der Anlage hätte der Sängerknaben-Präsident Eugen Jesser (2008 verstorben) gerne zusätzlich zur großzügigen Unterbringung der Wiener Sängerknaben im barocken Augartenensemble eine Konzert- und Probemöglichkeit für *«seine»* Knaben. Benötigt würden in unmittelbarer Nachbarschaft des Internats doch nur *«ein paar Quadratmeter»*, deren Verbauung die Gegend zusätzlich *«aufwerte»*. Hedgefonds-Manager und Großinvestor Peter Pühringer verspricht ein paar seiner durch Immobilien- und Finanzspekulationen erwirtschafteten Millionen für ein würdiges Gebäude an einem repräsentativen Platz (ein *«Geschenk an die Stadt»*) und liefert gleich – ohne Ausschreibung – seinen Schwiegersohn als Architekten dazu. Wirtschaftsminister Bartenstein interpretierte seine Rolle als Eigentümer_innenvertreter des öffentlichen Besitzes und Grunds so, dass er dem Hedgefonds-Manager das beliebte Parkgelände günstigst vermietet und zur Nutzung überlässt. Und nicht zuletzt ist der Wiener Bürgermeister Michael Häupl dem Aushängeschild Wiener Sängerknaben bzw. deren Leitung auf ewig verbunden, gibt Jesser bei einem privaten Abendessen sein Okay für den Bau im Augarten und erstickt jeden demokratischen Entscheidungsprozess im Keim. Soweit der typisch österreichische Politskandal, der zuallererst mit Hilfe eines Machtkartells aus Wirtschaft, Politik und Burschenschaftlern zustande kommen konnte. Alle Einsprüche, Bitten und Versuche der Bürger_innen-Initiativen, doch an einem runden Tisch über die Sache zu sprechen, stoßen jahrelang auf Ignoranz. Die übliche, professionelle Öffentlichkeitsarbeit spricht gegenüber den Massenmedien von Dialog, während realiter jede Bürger_innen-Beteiligung verhindert wird. Ein monatelanger, mühevoller Leitbildprozess der Gemeinde Wien, bei dem gemeinsam über die Zukunft des Augartens bestimmt werden soll, verkommt zur – von relevanten Stellen unbeachteten – Farce. Viel zu spät bescheinigen Expertisen hoch angesehener Rechtsexperten, dass der Bescheid für das Bauvorhaben nicht rechtskonform erstellt wurde. Auch die Volksanwältin kann nicht verhindern, dass Baumaschinen den notwendigen Bescheiden vorausrollen und so vollendete Tatsachen geschafft werden.

Wenn ich nicht tanzen kann, ist es nicht meine Bürgerinitiative.

1. *Der III. Spot für den Augartenspitz von Doris Kittler wurde im Sommer 2010 täglich vor den Filmen des Sommerkinos am Augartenspitz gezeigt.* 2. *Raja Schwahn-Reichmann bei einem der selbstbewussten, fröhlichen Barockfeste am Augartenspitz. Es wird eingeladen, informiert, getanzt, besetzt und sollte es einmal nichts anderes zu lachen geben, den Baulöwen ins Gesicht gelacht.* 3. *Ausschnitt eines der zahlreichen Transparente, die im Laufe des jahrelangen Widerstands die Häuser der Umgebung und den Augartenspitz bis in den 5. Stock hinauf zieren, im eigenen Erlustigungs-Widerstandsdesign (EWD).*

EINE PARK-BESETZUNG GEGEN DEN BAUMASCHINENAUFMARSCH

Den Aktivist_innen bleibt schließlich keine andere Wahl, als im Frühsommer 2009 Zelte auf dem Gelände aufzuschlagen und den Park zu besetzen. Den Auslöser liefern erste Probebohrungen ohne Genehmigung, die versuchte Inbesitznahme des Geländes durch die Bauwilligen. Die Aktivist_innen sind bemüht, alles möglichst lückenlos zu dokumentieren und Informationen schnell über Presse und Internet zu verbreiten. Die Besetzung wird per Blogs #335, Facebook #094, Fotos auf Flickr #149, Filmen auf YouTube #201 und Live-Streams #041 dokumentiert, vor Ort gibt es Infostände, Permanent Breakfast, Kultur- und Kinderprogramm.

Mehrfach wird in den folgenden Monaten das Gelände geräumt, Sondereinsatzkräfte gehen frühmorgens gegen Anrainer_innen vor, später kommen immer wieder auch private "Sicherheitskräfte" hinzu, die nächtens unter den Augen der untätigen Polizei gegen die Besetzer_innen aktiv werden. Bis nach Japan (!) wird über die skandalösen Vorgänge berichtet. Am 8. März 2010 soll schließlich tatsächlich gerodet werden. Etwa zehn Aktivist_innen klettern auf die Bäume und halten bis zu 32 Stunden bei Minusgraden in den Baumkronen aus, auch als mit Kettensägen auf gefährliche Weise die Äste rund um sie geschnitten werden. Das geräumte und verwüstete Gelände wird in einen Hochsicherheitstrakt verwandelt (inklusive Stacheldraht, Scheinwerfern und Wachhunden). Die Aktivist_innen werden immer wieder eingeschüchtert, erhalten anonyme Drohbriefe und werden mit gerichtlichen Klagen eingedeckt.

DAS ERLUSTIGUNGSKOMITEE, EINE BÜRGERINITIATIVE DER ANDEREN ART

Das Josefinische Erlustigungskomitee wird im Frühling des Jahres 2008 von besorgten Menschen rund um die Künstlerin und Restauratorin Raja Schwahn-Reichmann ins Leben gerufen. Das deklarierte Ziel ist, barock-bacchantische Mahnwache über den Augarten zu halten, namentlich über das berühmte *«Augartenspitzerl, auf dass es dem Volke zur Erlustigung nicht verlustig gehe»*.

1. MAI-AUFM-ARSCH DES JOSEFINISCHEN ERLUSTIGUNGKOMITEES!

Jedes Jahr am 1. Mai marschieren die Genoss_innen der Wiener SPÖ sternförmig aus den Bezirken zum Rathaus, um dort vor der versammelten sozialistischen Politprominenz ihre Aufwartung zu machen. Irgendwann wurde die Idee geboren, diesen traditionellen Aufmarsch zu nutzen, sich dem Zug der lokalen Bezirksgruppe anzuschließen und so direkt vor das Rathaus zu marschieren. Die genaue Umsetzung wurde bis zuletzt nach außen geheim gehalten, um keine Information an die "Genoss_innen" durchsickern zu lassen. Nicht nur war dieser Tag der 120. Tag der Arbeit, sondern auch der 235. Jahrestag der Öffnung des Augartens für die Bevölkerung durch Josef II.!

Durch die allgemeine Kundgebungsaktivität und die zahlreichen unterschiedlichen, mitziehenden Gruppen war es auch bemühten Genoss_innen aus dem 2. Bezirk, denen sich der lustig-listige Zug anschloss, nicht möglich, die Eindringlinge abzuwehren. Der Erlustigungs-Tross konnte tatsächlich ungehindert vor der Tribüne beim Rathaus aufmarschieren, wo ein sichtlich irritierter Bürgermeister das Schauspiel über sich ergehen lassen musste. Für die Kameras war es ein gefundenes Fressen, so kam die Kundgebung zu dem Vergnügen, auf den meterhohen Monitoren über der Tribüne ausführlich präsentiert zu werden. Ein barockes Outfit mit entsprechend gestalteter Kutsche, Raja Schwahn-Reichmann im roten Kleid mit großer Fahne und eine Aktivistin im "Transparentkleid" – so konnte große Aufmerksamkeit und Zustimmung gesichert werden.

Die Lieder *«Internationale»*, *«Solidaritätslied»* und *«Arbeiter von Wien»* wurden – so gehört sich das für einen Aufmarsch zum 1. Mai in Wien – auf Kamm und Fagott geblasen und in mehrstimmigen Sätzen gesungen. So wurde den ausgewählten aufrührerischen Liedern ein besonderer Anstrich verpasst. Es war eine recht gelungene Überraschung, viel Applaus und lachende Gesichter, nur wenige zeigten sich "not amused".

Nicht verbittert oder klagend, sondern lustvoll wird auf die einzigartige Schönheit dieses Platzes und die Bedrohung durch den Bau eines "Konzertkristalls" für die Sängerknaben hingewiesen (dieser Ausdruck wird übrigens von vielen wegen der Assoziation zur "Reichskristallnacht" als pietätlos empfunden). Als Namensgeber der Bürgerinitiative fungiert Josef II., der am 1. Mai 1775 den Park für die Allgemeinheit öffnete. So absurd es klingt, so klar sind die Fakten: Was einst ein Kaiser in einem demokratisierenden Akt dem Volk geschenkt hat, wird dem Volk jetzt von einem privaten Bauinvestor und der sozialdemokratischen Wiener Stadtregierung genommen.

Das Josefinische Erlustigungskomitee dreht den Spieß um und lockt mit Barockfesten, wöchentlichen Mahnwachen, "Erlustigungsmärschen" oder ausgelassenen Picknicks mit lukullischen Freuden, Musik und Kostümen. Es kommen Menschen aus allen sozialen Schichten, Altersstufen, Communities und politischen Richtungen. Das wunderschöne Fleckchen Grün wird von den Stadtbewohner_innen genutzt, gepflegt und gefeiert, um es vor Zerstörung zu bewahren. Rastlose Recherche, Aufdecken von immer neuen rechtlichen und politischen Skandalen, unzählige Pressekonferenzen, Unterstützungserklärungen von 15.000 empörten Menschen, einschließlich 50 prominenter Unterstützer_innen, die sich auch als schützende Baumpat_innen engagieren, das dadurch generierte Medienecho, all das bringt den Verantwortlichen nicht nur gewaltig schlechte Presse, sondern auch immer wieder lange zeitliche Verzögerungen ihres Projektes, dessen Baubeginn sich von Jahr zu Jahr verschiebt.

Das Josefinische Erlustigungskomitee lässt sich seine Lust auf Widerstand nicht verderben. Es bleibt *«listig, lästig, lustig»* und wartet immer mit einer Reihe sympathischer Ideen und liebevoller Inszenierungen auf. Mit wenig Geld, aber viel Liebe zum Detail und reichlich Engagement werden bacchantische Tanzveranstaltungen, Feste, Lesungen, Konzerte, Wanderungen, Filmabende, Märkte, Näh- und Mähstübchen, Pflanzaktionen (*«Pflanzen gegen die Pflanzerei von oben»*) etc. veranstaltet. Dabei spielen Ironie, Spaßfaktor und Ästhetik die Hauptrollen.

Als Antithese zur aggressiven Wort- und Bildästhetik, wie man sie sonst von Demos und Kundgebungen gewohnt ist, wird Humor als bekannterweise stärkste Waffe gegen Ungerechtigkeit und Lüge eingesetzt: Transparente mit Sprüchen in dramatischer Schreibschrift überraschen und irritieren. Wer mediale Aufmerksamkeit will muss auffallen, und wer auffallen will braucht Ideen, die Inhalte auch optisch und mit einer gewissen Dramatik rüberbringen!

INSZENIERUNG, ÖFFENTLICHKEIT UND VERNETZUNG

Die optisch-dramatische Komponente des Sich-in-Szene-Setzens hilft der Bürgerinitiative, bei diesem Widerstand auf positive wiewohl ebenso freche Art Aufmerksamkeit zu erregen, die schnell und gerne von Presse und Fernsehen aufgegriffen wird. Und Präsenz in der Öffentlichkeit ist – darüber sind sich wohl alle einig – der stärkste und mächtigste Faktor, was Meinungsbildung in Gesellschaft und Politik (von oben und von unten) betrifft. Das heißt: Präsenz im öffentlichen Raum (im Park, auf der Straße, über Transparente auf Häusern, Flugzettel, Plakate und Pickerl), in der massenmedialen Öffentlichkeit (im Fernsehen, Radio, den Zeitungen) und im öffentlichen Raum "WWW" (Websites, Blogs, Videos, Veranstaltungseinladungen auf Facebook usw.).

Aktionismus im öffentlichen Raum: Aktionismus ist an sich nichts, womit man, insbesondere in Ballungsräumen, unbedingt großes Aufsehen erregt. Was mensch zu bieten hat, muss schon originell sein und eine Geschichte erzählen.

Das Zusammentreffen des Anliegens (Schutz des barocken Augartenspitzes) mit der Person Raja Schwahn-Reichmanns, die als Barockmalerin und Restauratorin eben dieses Thema zu einem wichtigen Teil ihrer Arbeit erkoren hat (Denkmalschutz im Sinne Natur und Kunst bewahrender, menschenfreundlicher, gemütlicher Umgebung), ist freilich ein besonderer Glücksfall, der nicht konstruiert werden kann. Wenn sich eine solch natürliche Festlegung auf einen bestimmten Stil nicht aufdrängt, ist es sehr zu empfehlen, sich genau darüber Gedanken zu machen, um den Fans ein klares, einprägsames Bild zu liefern. "Corporate Identity", ein auf einen Blick wiedererkennbares Erscheinungsbild, Symbole, Schriften und Grafik auf Flyern und Plakaten, ist immer sinnvoll und hilft vor allem über die lange Zeit des Widerstands als klar wahrnehmbare, selbstbewusste Bürgerinitiative kontinuierlich wahrgenommen zu werden. Der besondere, amüsante und nie langweilige Stil wirkt dabei auch nach drei Jahren noch frisch und fröhlich.

Öffentlichkeit durch Prominenz: Sehr ratsam für die Öffentlichkeitsarbeit ist Unterstützung durch prominente Persönlichkeiten. Je mehr und je charismatischer lokal beliebte bis weltberühmte Intellektuelle, Menschen aus Kunst, Medien, Wissenschaft, Politik usw. die Ideen und Forderungen der Bürgerinitiative transportieren, desto aufregender und glaubhafter! Im Falle Augartenspitz sind dies mehr als 50 Prominente, die für ein Prominentenkomitee und als Baumpat_innen gewonnen werden konnten, um die Bäume vor der drohenden Fällung zu schützen. Da gibt es Konservative (wie beispielsweise ÖVP-Ex-Politiker Erhard Busek), bekennende SPÖ-Symphatisant_innen (Schauspielerin Erika Pluhar) bis hin zu sogenannten "Linkslinken" (Theatermacher Hubsi Kramar) und natürlich Künstler_innen (z. B. Hollywoodstar Tilda Swinton). Einige engagieren sich gerne und beteiligten sich mit Reden und Musikbeiträgen bei diversen Kundgebungen oder schreiben Kommentare in Zeitungen und den Feuilletonseiten. Kein Fehler ist es natürlich auch, Kontakte zu Fachleuten aufzubauen.

Widerstand an allen Fronten, von Politik und Kapital ignoriert.

1. Viele bekannte Persönlichkeiten unterstützen die Bürgerinitiative. Die Filmemacherin Barbara Albert und der Schriftsteller Robert Menasse machen als Baumpat_innen darauf aufmerksam, dass wunderschöne, für Mensch und Tier wichtige Bäume gefällt werden sollen. 2. Am 21. September 2010 wurden Wiens Bürgermeister Häupl nicht weniger als 15.000 Unterschriften gegen den Bau einer Konzerthalle am denkmalgeschützten Augartenspitz überreicht. 3. Am 8. März 2010 wurde der Augartenspitz gegen passiven Widerstand zum wiederholten Male brutal geräumt. Baumbesetzer_innen harrten bei Minusgraden stundenlang in Baumkronen aus, während Zentimeter neben ihnen Motorsägen kreischten.

Medienarbeit: Aufmerksamkeit der Presse gibt es oft nur, wenn es kracht. Selbst individuelle Betreuung der Journalist_innen hilft wenig, wenn man nicht über spannende neue Entwicklungen berichten kann. Die zu vermittelnden Inhalte dürfen nicht zu komplex sein, zu Erklärendes kommt nicht an. Fertig aufbereitetes Material ist wichtig, im Besonderen Fotos, wobei hier Kreativität und Schnelligkeit zählen. Was bereits berichtet wurde, interessiert kaum jemanden mehr. Journalist_innen können oder wollen Geschichten nicht selbst transportieren müssen, die Geschichte sollte sich von selbst tragen, also entwickeln wir sie selbst. Was den Medien am Widerstand am Augartenspitz gefällt, ist neben den Aktionen vor allem die Andersartigkeit dieses Protestes.

Gerade bei den herkömmlichen Medien ist es schwierig, sich gegen die Einflussnahme mächtiger Gegner, wie politischer (Groß-)Parteien oder finanzkräftiger Wirtschaftstreibender mit Beziehungen in die Politik, durchzusetzen. Hier werden die einflussreicheren Kräfte meist vorsichtig behandelt, und entsprechend schwierig gestaltet sich dann eine halbwegs neutrale Berichterstattung. Wenn rücksichtslose Gegner in der größten österreichischen Tageszeitung einen "Herz-Schmerz-Artikel" voll falscher Darstellungen, aber mit treuherzigen Kinderaugen geziert platzieren können, dann sind die Machtverhältnisse besonders klar. In solchen Situationen kann man scheinbar wenig tun, aber immerhin lässt sich diese Berichterstattung gut dokumentieren und den protokollierten Geschehnissen gegenüberstellen.

Präsenz im WWW: Die Social Media Plattformen werden vom Erlustigungskomitee und allgemein von den vernetzten Aktivist_innen seit der ersten Stunde vielfältig verwendet. Natürlich gibt es von Anbeginn an auch eine SMS-Liste #350 mit Telefonnummern, über die schnell viele Menschen zusammengetrommelt werden können, wenn Feuer am Dach ist.

An den Möglichkeiten und Werkzeugen des Internet allerdings kommt man ohnehin nicht mehr vorbei. Zum Teil können nicht alle Möglichkeiten ausgeschöpft werden, weil die Inhomogenität der Gruppen das verhindert. So ist manches, was vielleicht selbstverständlich erscheint, nicht einfach realisierbar. Selbst so simple Tools wie doodle.com funktionieren nur, wenn die Mehrzahl der Beteiligten solche Tools auch akzeptiert und anwenden kann.

Zur Website auf Basis der Blogsoftware Wordpress, gleich zu Beginn mit einer einfachen Petition auf iPetitions kamen ein Newsletter, bald auch Fotoalben (picasa/Flickr) sowie ein YouTube-, ein Facebook- und ein Twitter-Account. Die Besetzung ebenso wie die Räumungen waren dank Superbertram via Live-Stream mitzuerleben. Den Vorsprung, den große Institutionen oder Apparate bei den herkömmlichen Medien haben, haben in vielen Fällen kleine Initiativen bei den neuen Medien. Hier kommt die Wendigkeit der kleinen Strukturen, der Einsatz von Freiwilligen, die nicht nur zu Bürozeiten im Netz aktiv sind, zum Zug. Die Involvierten und die Interessierten arbeiten zusammen und bauen ihre eigene Gegenöffentlichkeit auf, die freilich auch für die Multiplikator_innen aus Presse, Zivilgesellschaft und Politik zur wichtigen Anlaufstelle wird.

Bei den Wiener Sängerknaben ist man mit den neuen Möglichkeiten sichtlich überfordert, da helfen auch ausgebildete Öffentlichkeitsarbeiter_innen und großzügige Werbebudgets nichts. Seltsam ungeschickte Versuche, beispielsweise über Facebook der Mobilisierung des Widerstands Paroli zu bieten, scheiterten kläglich.

Vernetzung mit SympathisantInnen und anderen Bürgerinitiativen: Am Beginn steht der Aufbau der Kontakte zu Menschen, die sich interessieren oder engagieren wollen. Adressen werden über persönliche Bekanntschaften, die Unterschriftenliste und die Online-Petition und später auch in Facebook zusammengetragen. Das Josefinische Erlustigungskomitee arbeitet seit seinen Anfängen mit verschiedensten Bürgerinitiativen wie *«Freunde des Augartens»*, *«Initiative Denkmalschutz»* und *«Aktion 21»* zusammen; aber auch Kulturinstitutionen wie *«Filmarchiv Austria»* und *«Aktionsradius Augarten»* oder von politischer Seite die *«Grünen Leopoldstadt»* beteiligten sich am Widerstand. Später gab es Kontakte zu Bewegungen wie #unibrennt und Stuttgart 21.

Die Zusammenarbeit ist höchst fruchtbar und funktioniert meist gut. Da Widerstandsarbeit in der Regel langen Atem verlangt und an den Nerven aller zehrt, kommt es bei Bürgerinitiativen natürlich auch zu Missverständnissen und Reibereien. Allein das gemeinsame Ziel schweißt dann zusammen und lässt individuelle Konflikte und persönliche Befindlichkeiten in den Hintergrund treten. Gemeinsame Aktionen verbinden und helfen auch über zähe Phasen hinweg, längere Zeiträume mit monotoner Bürgerinitiativenarbeit sind hingegen eine wirkliche Herausforderung für jede_n Einzelne_n, sich in Toleranz und Geduld zu üben. Insgesamt ist die Vernetzung mit anderen Gruppen unumgänglich und auf jeden Fall die Zukunft jeder widerständischen Initiative!

Die Arbeit mit solchen zusammengewürfelten Gemeinschaften erfordert eine Menge guten Willens und Toleranz. Da müssen der pensionierte Beamte und der junge Anarchist auf einmal miteinander reden, was natürlich nicht immer ohne Friktionen abgeht. Dazu kommen fallweise auch Menschen, die sich immer neue, offene (und in der Öffentlichkeit agierende) Gemeinschaften suchen, sich aber nicht wirklich mit den spezifischen Anliegen identifizieren können oder wollen; manche suchen einfach einen Schlafplatz oder eine Trinkgesellschaft. Die Kunst liegt darin, die Balance zu behalten, die Freude ebenso wie die Widerstandskraft. Es gilt, die Fähigkeit jedes_r Einzelnen zur Geltung kommen zu lassen, und ein Zerbrechen der schnell und ungeplant entstandenen Gruppen zu verhindern.

ZUSAMMENFASSUNG

Mit zahllosen Veranstaltungen über mehrere Jahre, einer Unterschriftenaktion, einem Prominentenkomitee, großem medialen Echo und auch unter großem körperlichem Einsatz feiert die Initiative ihre größten Erfolge bislang mit der Rettung des barocken Gebäudes und der langen Bauverzögerung des Projektes "Konzertkristall". Egal wie dieser Kampf endet, eines ist gewiss: Viele Menschen wurden wachgerüttelt und haben gelernt, sich zu engagieren und aufzulehnen.

- Positive Ästhetik und Botschaften wirken wesentlich stärker und effektiver nach außen! Das gilt für Transparente genauso wie für Slogans, Sprechchöre, Farben, Symbole, Bilder oder Musik.
- Dokumentation – alles möglichst lückenlos dokumentieren, sei es mittels Fotos, Videos oder einfach als schriftliche Gedächtnisprotokolle.
- Rechtliches – möglichst rasch über rechtliche do's and dont's informieren.
- Mediales – wer mediale Aufmerksamkeit will, muss auffallen und wer auffallen will braucht Ideen, die Inhalte auch optisch und mit einer gewissen Dramatik rüberbringen!
- Eine Petition starten – Unterschriften sammeln und die Politik (heraus-)fordern. Sympathisant_innen ist es wichtig, wenn sie zumindest den symbolischen Beitrag einer Unterschrift liefern können.
- Ein Prominentenkomitee hilft als Rückenstärkung und Sympathiefaktor in der Öffentlichkeit. Und Personen mit Fachwissen sind Gold wert, also Kontakte zu Fachleuten aufbauen!
- Unabhängigkeit – die Position gegenüber politischen Parteien festlegen, strikt auf Parteiunabhängigkeit achten!
- Vernetzung – gemeinsame Aktionen mit anderen Initiativen verbinden!

- Keine zu komplexen (Presse-)Texte für die Öffentlichkeitsarbeit verfassen.
- Negative Formulierungen vermeiden! Keine Gewalt, kein Hass, kein Rassismus, kein Sexismus; das gilt insbesondere auch für Texte auf Transparenten!
- Die komplexe, zeitaufwändige Arbeit nicht nur ein bis zwei Engagierten überlassen, sondern die Fähigkeiten möglichst vieler nützen und rechtzeitig auf Aufgabenverteilung achten.

Augarten, Wien, Barockpark, Denkmalschutz, Naturdenkmäler, Hedgefonds Manager, Bürgerbeteiligung, Wiener Sängerknaben, Securityfirmen, Widerstand, Besetzung, Räumung, Petitionen, Kundgebungen

KOMMENTARE

***Raja Schwahn-Reichmann** sagt:* *erlustigung.org*

Das Josefinische Erlustigungskomitee ruft weiterhin zum Frühstück! Zur Mahnwache, zum Fest, zum Konzert!

Gegen das Bubenstück der Sängerknaben, ein Sommerloch am Augartenspitz, das wir herzlich beklagen wollen, und zwar mit Guter Minne zum Bösen Spiel! Darum auf Ihr Augartenbeschützer, Baumgeister, Spitzbuben, Madln und Mänadln: Barockig bis sehr leicht geschürzt zum frohsinnlichen Gelage, das Venus erfreuen und ein lebendes Bild unseres listig – lustig – lästigen Widerstands bilden soll!

***cornelia** sagt:*

ich würde es ewig schade finden wenn der Augartenspitz einem Ungetüm wie dem Konzertsaal weichen müsste.

Ich finde eure Aktionen wunderbar, eure Kostüme etc und bekomme schon seit Jahren mit, wie sehr und wie toll ihr euch bemüht. Grüße euch alle und würde mich auf ein Wiedersehen freuen!! Ihr seid die Besten!!

***Monika Roesler-Schmidt** sagt:* *baustopp.at*

Sehr geehrter Herr Bürgermeister Dr. Häupl,

Im Zuge des unverhältnismäßigen WEGA-Polizei-Einsatzes meinten Sie, dass man so einen Konflikt ausreden müsse. Das meinen wir auch! Da wir über Ihr Büro bisher keinen Termin mit Ihnen erhalten haben, bitten die Augarteninitiativen auf diesem Weg um einen Gesprächstermin für einen „Runden Tisch“, gemeinsam mit den Wiener Sängerknaben. Am besten vor Ort am Augartenspitz. Um mit Ihnen bei einem Lokalaugenschein die Perspektive der Kritiker des Projekts zu erörtern, Ihnen die Schönheit dieses „Alt-Wiener Ortes“ vermitteln zu können und um Ihre Argumente kennen zu lernen. mfg

Die Freunde des Augartens

***Robert Menasse** sagt:* *baustopp.at*

Michael Häupl sagte in einem Standard-Interview: “Mich interessieren Investoren, und nicht irgendwelche Anrainer!” Was Häupl “irgendwelche Anrainer” nennt, sind die Bürger dieser Stadt, die Eigentümer des Volks-Gartens. Und was wir “Bürgermeister" nennen, meint nicht "den Meister irgendwelcher Investoren". Herr Häupl sollte sich daran erinnern, dass er für das VERWALTEN, UND NICHT FÜR DAS VERKAUFEN ODER VERSCHENKEN der Stadt gewählt wurde. Sieh dazu diesen Kommentar im Standard: bit.ly/standardkommentar

Öffentlicher Raum muss öffentlicher Raum bleiben, auch wenn ein Bürgermeister nicht Bürgermeister bleibt ...

***Martin Juen** sagt:* *martinjuen.wordpress.com*

Oh, an diesen Tag und die Nacht der Baumfällungen erinnere ich mich, da schnürt es mir immer noch alles zusammen. Aber eine Wahnsinnsleistung von 6 Leuten, bei minus 8° stundenlang auf den letzten Bäumen auszuharren. Die ganze Nacht bei Minustemperaturen. In den Baumkronen während die Motorsägen bis Zentimeter an sie heran Äste durchtrennt haben!

Ich hab ja damals auch fotografiert, die Bilder von dieser Aktion gibts hier: bit.ly/baumfaellung

***Superbertram** sagt:* *superbertram.com*

Es ist ganz wichtig immer bereit zu sein, dabei können technische Hilfsmittel wie ich enorm helfen. Kein Bohrfahrzeug konnte so "unbemerkt" bohren, es war immer sofort und ohne menschliches Zutun für alle im Internet zu sehen. Dadurch konnten Sympathisanten im Internet besser mit eingebunden und somit mobilisiert werden. Diese lückenlose und transparente Publizierung aller "Feindbewegungen" am Augartenspitz war mein Beitrag dazu.

BÜRGERINITIATIVE GRASSROOTS ZIVILGESELLSCHAFT BÜRGERRECHTE TAKTISCHES MEDIUM AUTONOMIE GEGENÖFFENTLICHKEIT SELBSTORGANISATION

FLUEGEL.TV

Als uns in Stuttgart ein taktisches Medium passiert ist

«Taktische Medien sind nie perfekt, sie sind immer involviert, agieren konkret und pragmatisch, und das unterscheidet sie wie sonst kaum etwas von etablierten Medien.»

Das ABC der Taktischen Medien

Der Widerstand gegen S21 verändert Stuttgart unumkehrbar. Das wird bleiben. Ob S21 nun jemals fertig gebaut werden wird oder nicht. Wir sind selbst Teil dieser Veränderungen geworden. Angefangen hat das Anfang August 2010 mit der spontanen Eingebung von Robert, seine Büro-Webcam in das Fenster zu stellen und in die Richtung auf den Stuttgarter Hauptbahnhof zu drehen. Die Webcam beginnt das heftig umstrittene Geschehen vor Ort zu dokumentieren und einer breiteren Öffentlichkeit zugänglich zu machen, 24 Stunden am Tag, 7 Tage die Woche.

Die Webcam blickt auf den Nordflügel des Bahnhofs, der zu diesem Zeitpunkt gerade mit einem Bauzaun versehen wird. Dieser Nordflügel soll heftigst den Bürgerprotesten zum Trotz abgerissen werden. An seiner Stelle will die Deutsche Bahn das lang geplante und ebenso lange umstrittene Bahnprojekt *«Stuttgart 21»* (S21) realisieren: ein prestigeträchtiger unterirdischer Eisenbahnknoten mitten in Stuttgart.

Das Interesse an den Live-Bildern ist enorm: Zu Spitzenzeiten schalten sich bis zu 500.000 Zuseher aus sämtlichen Regionen der Erde zu, darunter viele Exil-Stuttgarter. Der Internet-Sender *«fluegel.tv»* ist geboren – und wächst rasch zu einem Sprachrohr der zivilen Protestbewegung gegen Stuttgart 21. In den Büroräumlichkeiten von Robert Schrems Multi-Media-Agentur gehen in den folgenden Monaten rund 20 Mitwirkende aus und ein, die alle zusammen das engagierte ehrenamtliche Projekt am Leben erhalten.

ENTSTEHUNG EINES FERNSEH-SENDERS BY ACCIDENT

Die erste Kamera, die Robert im Fenster mit 43 Meter Luftlinie gegenüber dem Nordflügel installiert, ist eine Foto-Webcam. In kurzen Zeitabständen aktualisiert sie das Bild der Szenerie, sichtbar auf einer eigens eingerichteten ersten Website. Am 5. August 2010 veröffentlicht Robert die Webadresse mit dem Eintrag *«Webcam auf den Nordflügel: www.schrem.eu/webcam»* auf einer der wichtigsten Kommunikationsplattformen der Stuttgarter Protestbewegung, dem Parkschützerforum. Gleich in den ersten Tagen geht der Server aufgrund der hohen Zugriffszahlen in die Knie. Das "Nordflügel-TV" wird auf die Server von ustream.tv übersiedelt, einer Web 2.0 Plattform #009, über die schon ein dreiviertel Jahr früher viele unibrennt Live-Streams #041 gelaufen sind. Die Foto-Webcam wird gegen zwei Live-Stream-Kameras ausgetauscht, die von da an das Geschehen ununterbrochen per Videostream mitverfolgbar machen. Diesen Entwicklungen folgt bald eine eigens neu gestaltete Website, seither unter der Adresse fluegel.tv zu finden.

Dokumentation des Geschehens und Diskussion der Hintergründe

1. *Das Team bei einer Kundgebung. Es wird nicht nur live gestreamt, sondern auch aufgezeichnet. Alles ist nachzusehen, auf der Website oder auch im vimeo-Kanal von fluegel.tv.* 2. *Eine wichtige Rolle spielt der Bollerwagen. Der auch im Parkgelände sehr mobile Ü-Wagen war am schwarzen Donnerstag mit uns die ganze Zeit im Einsatz.* 3. *Das Talk-Format «Auf den Sack» bringt verdichtete Debatte, Hintergrundinformationen, die Perspektiven der verschiedenen Akteure, aber auch Analysen von Beobachter_innen.*

Als sich die Gerüchte mehren, dass mit dem Beginn der Abrissarbeiten am Nordflügel jeden Tag zu rechnen sei, steigen nicht nur die Zugriffszahlen des Livestreams an, auch die Anzahl laufend auf dem Gelände vor dem Nordflügel ausharrender, wachsamer Bürger_innen nimmt ständig zu. Bei einem zufälligen Treffen im Zuge einer Demo entsteht die Idee, neben dem Live-Stream noch etwas mehr für die Dokumentation der Geschehnisse in Stuttgart zu machen. Wir, Robert und Putte, kannten uns bereits ein wenig von früher. Jetzt sagten wir, *«komm, wir drehen die Webcam um und laden Gäste zum Interview ein»*. Die Idee zu *«fluegel.tv»* als Sendungsformat mit Interviews, Live-Berichterstattung und Studiodiskussionen nimmt Gestalt an. Putte, der sich als Moderator anbietet, war bereits Mitbegründer der Initiative *«Unsere Stadt – Stuttgart gestalten!»*. So wie viele andere waren wir in diesen Tagen an der aktiv gelebten Demokratie interessiert, die sich da quer durch die Stadt Raum zu nehmen begann. Und wir waren mit vielen anderen enttäuscht über die verhältnismäßig einseitige Berichterstattung der etablierten Massenmedien: *«Weil das Fernsehen überwiegend so enttäuscht, machen wir jetzt halt unseren eigenen Fernsehsender auf: Flügel TV. Der einzige Sender der Welt, der 24h am Tag nur über S21 berichtet.»* Dem ersten Aufruf im Parkschützerforum mit der Aufforderung *«Wer hat Lust mitzumachen? Wir brauchen Redakteure, Kameraleute, Regie...»* schließen sich Medienschaffende aus der Stadt und dem weiteren Umfeld spontan an, das Projekt mit hochwertigem Equipment und ehrenamtlichen Engagement unterstützend. Binnen kürzester Zeit wird eine geradezu professionelle Infrastruktur auf die Beine gestellt, alles in kollaborativer Selbstorganisation. Ein Studio für Talkrunden wird eingerichtet und fluegel.tv bekommt einen Übertragungswagen.

DER "AUF DEN SACK"-TALK

Am 4. September 2010 findet die erste Talkrunde im Studio von fluegel.tv statt. Während die *«live: webcam nord»* am Fenster weiter auf den Nordflügel gerichtet bleibt, wird aus dem Raum schon zur ersten Sendung ein kleines professionelles TV-Studio. Eine Sitzecke mit gespendeten, modischen bunten Sitzsäcken wird eingerichtet. Die ersten Gäste der Diskussionsreihe *«Auf den Sack»* sind der bekannte Schauspieler und bekennende S21-Gegner Walter Sittler und Hannes Rockenbauch, der als früher Besetzer des Nordflügels einige Bekanntheit erlangt hat. Für die Sendung arbeitet ein frisch zusammengewürfeltes Team. Ein Unterstützer kommt etwa mit Licht und Kamera angereist. Hinter den zwei Kameras haben Profis Stellung bezogen. Die Ausstattung der ersten Sendung umfasst auch schon eine Tonabteilung samt digitalem Tonmischpult. Das gesamte Team zählt bereits mit dem ersten Sendungsdurchlauf sieben Personen. Der Zuspruch zu dieser Premiere ist so groß und positiv, dass all diese Beteiligten, die sich zu diesem Zeitpunkt untereinander noch nicht wirklich kennen, unbedingt weitermachen wollen. Im Herbst entstehen auf diese Art und Weise sieben *«Auf den Sack»*-Sendungen, immer zum Thema Stuttgart 21, und immer unter dem Vorzeichen, die offene Diskussion mit inhaltlicher Tiefe, ohne Polemik und ungehetzt zu ermöglichen. Die Sendungsdauer wird vorab nie zeitlich begrenzt, die Aufzeichnung wird nicht geschnitten und es kommen Expert_innen, Befürworter_innen und Gegner_innen des Bahnprojekts zu Wort. Um das übliche Talkshow-Gezetere zu vermeiden, vermied man das Aufeinandertreffen beider Lager.

STUTTGART 21 - EIN BAHNHOF ZWISCHEN STADTENTWICKLUNG UND MEGALOPROJEKT

1994 werden der Öffentlichkeit erstmals Pläne vorgestellt, die oberirdische Kopfbahnhofanlage des Stuttgarter Bahnhofs in einen unterirdischen Durchgangsbahnhof umzubauen. Von Anfang an ist das Prestige-Projekt aus zahlreichen Gründen umstritten. Kritisiert werden etwa die hohen zu veranschlagenden Kosten für einen Umbau, die in kaum sinnvoll argumentierbarem Verhältnis zum Nutzen stehen würden; Kosten, die zu größten Teilen von den Steuerzahler_innen zu tragen sind. Diskutiert werden auch die umweltbelastenden Faktoren, die Zerstörungen in einem funktionierenden Herzstück der Stadt, des 600 Jahre alten Stuttgarter Schlossgartens. Einig sind sich Gegner_innen wie Befürworter_innen nur in dem Punkt, dass der alte Bahnhof einer Modernisierung bedarf. Die Form, in der die Modernisierung erfolgen soll, wird nie zur öffentlichen Debatte mit offenem Ausgang der Entscheidungsfindung gestellt. Stattdessen werden die Pläne zum Bau ohne Zulassen jeglicher Bürgerbeteiligung vorangetrieben. 2007 wird die Initiative für ein Bürgerbegehren trotz mehr als 60.000 Unterschriften für unzulässig erklärt. *«Ausgetrickst und abgekanzelt»* werden die Bürger_innen, befindet *«Die Zeit»* in einer Reportage. Von November 2009 an gehen bei den Montagsdemos regelmäßig Tausende auf die Straße, um gegen die Pläne für einen Bahnhofsneubau unter der Erde zu protestieren. Als die Bauarbeiten im Sommer 2010 ohne Berücksichtigung der zahlreichen Gegenstimmen begonnen werden, finden sich zehntausende Menschen zu regelmäßigen Demonstrationen und Kundgebungen vor Ort ein, um ihren Park, ihre Bäume und ihren Bahnhof zu schützen. Am 30. September 2010 wird mit heftiger Polizeigewalt und Wasserwerfern gegen eine angemeldete Demonstration von Schüler_innen und viele weitere Demonstrierende vorgegangen, die das Fällen von Bäumen verhindern wollen. Das Vorgehen der Verantwortlichen an diesem Tag erlangt schnell traurige Berühmtheit. Die Bilder bürgerkriegsähnlicher Szenen verbreiten sich medial und im Netz wie ein Lauffeuer – und lösen eine breite Welle der Empörung aus. Unter dem Chiffre #21, einem Hashtag #158, verbreitet sich die Kunde vom Großbauprojekt der Deutschen Bahn und dem breiten Widerstand dagegen nicht nur auf Twitter #166 weltweit.

Fluegel.tv entsprang anfänglich nicht dem Anspruch und hatte nicht das strategische Konzept, ein alternatives Medienprojekt in Opposition zu Mainstream-Medien sein zu wollen. Das Projekt ist aufgrund der Umstände und Geschehnisse in Stuttgart entstanden und nicht mehr als die Antwort auf eine konkrete Situation zu einem konkreten Zeitpunkt. Dementsprechend unsystematisch stellen sich die gesendeten Formate dar. Bis auf wenige Ausnahmen wird spontan entschieden, was gemacht wird. Die rund 20 Aktiven organisieren sich basisdemokratisch und meist über einen gemeinsamen E-Mail-Verteiler #350. Jeder kann Vorschläge einbringen oder Einspruch erheben. Nicht gehört wird nur, wer schweigt. Entschieden wird auf diese Weise: was gemacht wird, wer Zeit hat und wer gerade welche Position übernehmen kann. Sind die Fragen rund um Projektleitung, Kamera, Ton, Moderation oder andere Notwendigkeiten geklärt, wird auch schon umgesetzt. Während sich öffentlich-rechtliche und private Sender an Sendezeiten zu halten haben, bleiben bei fluegel.tv Sendungen ungeschnitten und oft auch auch unkommentiert. Unsere Idee hinter dieser Praxis ist, der demokratischen, selbstverantwortlichen Entscheidungsfindung Material und Unterstützung zu geben.

SPEZIALANFERTIGUNG FLUEGEL.TV-ÜBERTRAGUNGSWAGEN

Eine wesentliche Erweiterung unseres Aktionsradius erfolgt durch die Einrichtung einer mobilen Sendungseinheit, unseres verehrten Boller-Ü-Wagens. Zu diesem Zweck wurde ein klassischer Leiterwagen mit Autobatterien, Laptop, Funkantenne und Kamera bestückt – und direkt an den jeweiligen Schauplatz gefahren. Damit haben wir die Möglichkeit, Aktionen und Kundgebungen direkt vor Ort zu begleiten, Interviews auf der Straße zu machen und parallel live zu streamen. Beim ersten Boller-Ü-Wagen-Ausflug zu einer der wöchentlichen Samstagsdemos haben uns die installierten UMTS-Richtfunkantennen noch deutlich auf ihre technischen Grenzen hingewiesen. Aber auch dieses Problem war dank des kollaborativen Geistes, der dieser Tage in Stuttgart herrscht, bald gelöst. Ein S21-Demonstrant und Funkstreckenexperte hatte unsere mobile Übertragungseinheit und unsere technischen Schwierigkeiten beim ersten Einsatz bemerkt. Was macht er? Er meldet sich kurzerhand per E-Mail, bietet seine Hilfe an, mit seiner Unterstützung bekommen wir eine Funkstrecke hin. Die anfänglichen Übertragungsprobleme hat fluegel.tv ab diesem Zeitpunkt minimiert.

Im September 2009 liefert fluegel.tv stundenlange Übertragungen direkt aus dem Stuttgarter Schlosspark und der Bahnhofsgegend. Die Frequenz der Demonstrationen und die Anzahl der Demonstrant_innen nehmen zu, auch das Echo im Web und in den Massenmedien explodiert. Stuttgart 21 wird zu einem medialen Großereignis. Über das Internet verfolgen tausende Menschen, was sich auf der Kundgebungsbühne tut. Wir begleiten die Demonstrationen und versuchen, mit dem fluegel.tv-Stream einen möglichst umfassenden Eindruck der Szenerie und der Vorgänge einzufangen. Zwischendurch interviewen wir, wen wir treffen, "Open Mike" für alle, die etwas zu sagen haben. Essen und Getränke erhalten wir auf unseren stundenlangen Streifzügen von wohlgesonnenen Passant_innen.

#041

Der Live-Stream - Königsdisziplin der Transparenz

Als Live-Stream wird die Übertragung von Audio- und/oder Videosignalen in Echtzeit via Internet bezeichnet. Während es etwa 2005 noch relativ aufwendig und kompliziert war, von Veranstaltungen, Demonstrationen oder anderen Events live via Internet zu übertragen, sind die zu überwindenden Hürden in den Bereichen Technik und Know-How mittlerweile radikal niedriger. Heute reicht in der einfachsten Form ein Smart-Phone aus, um die Bild- und Tonsignale der eingebauten Kamera von unterwegs in Echtzeit via Internet anderen zugänglich zu machen. Dazu bedarf es neben des Smart-Phones nur noch eines Benutzerkontos bei einem Gratis-Dienstleister wie zum Beispiel bambuser.com. Der Link zu dem Account und dort laufenden Stream ist schnell verschickt, so dass Interessent_innen in Echtzeit an gerade stattfindenden Ereignissen teilhaben können. Alternativ zum Smart-Phone kann ein Laptop mit eingebauter Videokamera zum Einsatz kommen. Bessere Ergebnisse in Bild- und Tonqualität sind mit einem Setup aus Computer, Videokamera und Mikrofon zu erreichen. Die Verbindung zum Internet ist günstigenfalls stabiler und schneller eingerichtet. Als Plattformen, über die solche Streams wieder mit eigenem Benutzerkonto gespielt werden können, kommen etwa livestream.com oder ustream.com in Frage. Bei kostenloser Nutzung ist die Qualität oft etwas beschränkt, Anzeigenwerbung muss dabei akzeptiert werden. Im Bezahlmodus ist der Stream flüssiger und werbefrei, wobei nach Zuseherstunden abgerechnet wird. Dabei ergeben beispielsweise 100 Zuseher für 2 Stunden umgerechnet 200 Zuseherstunden. Live-Streams wird häufig ein Chat-Bereich oder Twitter-Integration angegliedert, was auch bei den oben genannten Plattformen als Option vorgesehen ist. Darüber hinaus sind aufgezeichnete Streams auch als Archiv abrufbar.

Am 30. September 2010 sind Hundertschaften der Polizei aus der ganzen Republik rund um den Schlossgarten zusammengezogen. Am Vormittag gibt es noch eine genehmigte Demonstration von Schüler_innen. Es kommt zu dem berühmt-berüchtigten Polizeieinsatz, der schon untertags zu der bekannt schockierenden Eskalation führt. Wir sind an diesem Tag ganze 18 Stunden durchgehend live auf Sendung, als die ersten der jahrhundertealten Bäume gefällt werden. Mehrere Zehntausend sind per Live-Stream zugeschalten. Der *«Schwarze Donnerstag»* dauert bis 5 Uhr morgens und fesselte bis ganz zuletzt immer noch 400 Zuseher, die das Geschehen per Livestream bis ins Morgengrauen mitverfolgten. Zum Zeitpunkt dieser Geschehnisse ist fluegel.tv bereits bei nahezu allen großen Medien Deutschlands als Informations- und Bilderlieferant rund um die zivile Widerstandsbewegung S21 etabliert und lange nicht mehr nur auf die regelmäßigen Zuseher_innen aus der regionalen Zivilgesellschaft beschränkt. Während der heißen Phase im Herbst kommt es laufend zu An- und Nachfragen von Journalisten aus dem Bereich der Printmedien wie TAZ und Tagesspiegel, aber auch von TV-Sendern wie beispielsweise 3Sat, Phoenix, ZDF oder dem SWR, der zeitweise die fluegel.tv-Webcam sogar live auf seiner Website einbindet. Das aufgezeichnete Video-Material der allerersten Stunden wird auf Nachfrage für viele Sender kostenlos freigegeben und von RTL bis N24 ohne Logo verwendet. Die wohl ungewöhnlichste Anfrage, die je stattgefunden hat, kam von der

Kriminalpolizei. Bei einer Demo hatte es einen Unfall gegeben und so wurde angefragt, ob wir davon zufälligerweise Aufzeichnungen hätten. Die Bilder dieses Tages sind wir gemeinsam durchgegangen und konnten tatsächlich Aufnahmen von der Unfallstelle entdecken.

DIE DOKUMENTATION DER SCHLICHTUNGSGESPRÄCHE

Im Oktober nach dem schwarzen Donnerstag werden "Schlichtungsgespräche" zwischen den Gegner_innen und Befürworter_innen des Bahnhofprojekts unter der Leitung des Ex-CDU-Generalsekretärs Heiner Geißler ausverhandelt. Fluegel.tv erhält die Zusage, die sechs Schlichtungsrunden ab dem 22. Oktober live übertragen zu können. Als drei Tage vor dem Termin die Zusage zurückgezogen wird und nur der Südwestrundfunk (SWR) und PHOENIX zugelassen werden sollen, kommt es zu einem Aufstand der *«Parkschützer»*. Unter anderem wird die Protestmeldung auf parkschuetzer.de innerhalb weniger Stunden knapp 500 Mal kommentiert, mit unmissverständlich einhelligem Tenor. Die Solidarität ist erstaunlich. Auf Grund des deutlichen Protestes innerhalb der Protestbewegung wird die Entscheidung einen Tag später zurückgenommen und fluegel.tv kann übertragen. Wir sind auch die einzigen, die mit einer eigenen Kamera filmen dürfen. Wir bekommen sogar gleichzeitig das Signal von PHOENIX. Hier war zu merken, dass der Druck von der Basis, von unten, von der Parkschützerseite, doch einiges bewirkt und verändern kann. Der Zuspruch wird zudem via Twitter und vor allem Facebook #094 sichtbar.

In der Facebook-Gruppe von fluegel.tv und noch mehr auf Seiten wie *«KEIN Stuttgart 21»* kommentieren und diskutieren Hunderte und Tausende nicht nur die Vorbereitung, die Debatten und die Ergebnisse der Schlichtungsgespräche. Die vielseitige Protestbewegung #130 betreibt zudem noch diverse Webseiten und Foren, neben den schon genannten Parkschützern auch unsere-stadt.org oder K21 mit dem *«Ja zum Kopfbahnhof»*. Hier wie dort werden die Live-Streams verlinkt und Videos eingebettet, hier wie dort werden unsere Ansuchen um Unterstützung etwa zum Cutten oder für Materialbedarf weitergeleitet und unterstützt. Feedback erreicht uns des Weiteren oft per Mail, darunter immer wieder solches von S21-Befürwortern, die sowohl ihre Anerkennung für unsere Unabhängigkeit als auch für die Übertragungen an sich ausdrücken. Anfragen und Themenvorschläge für Sendungen, Ideen zu Kooperationen und Außenstellen erreichen uns laufend über alle möglichen Kanäle.

Ausgetrickst
und abgekanzelt

Zuhören. Mitlesen. Diskutieren. Sprechen. Empfehlen.

1. *Putte bei der Podiumsdiskussion zum Untersuchungsausschuss, der die Vorgänge rund um den «Schwarzen Donnerstag» aufarbeiten sollte: «Die Entscheidung fiel im Staatsministerium».* **2.** *«Ausgetrickst und abgekanzelt», die DIE ZEIT beschreibt «Wie Politiker aktiv verhinderten, dass die Bürger beim neuen Stuttgarter Bahnhof mitbestimmen».* **3.** *Passagen aus dem bei fluegel.tv gewonnenen Material sind in die Dokumentation «Stuttgart 21 – Denk mal!» eingeflossen, die ein chronologisches Portrait und Stimmungsbild rund um den Bürgerprotest gegen das Projekt Stuttgart 21 eingefangen hat.*

Obgleich die Entstehung des Senders dem Zusammenschluss einiger S21-Kritiker zu verdanken ist, herrscht unter den Aktivist_innen von fluegel.tv große Einigkeit darüber, dass eine möglichst weitreichende Eigenständigkeit bestehen bleiben muss. Es gibt keine direkten wirtschaftlichen oder politischen Abhängigkeiten, der Sender arbeitet allein mit Spenden, ehrenamtlichem Engagement und der Selbstorganisation der Aktiven. Die benötigte Ausrüstung wurde zum Teil gespendet, zum Teil selber gestemmt und manchmal von Gönnern und Unterstützer_innen ausgeliehen, um vor allem eine wirtschaftliche Unabhängigkeit sicherstellen zu können. In der Gruppe der Aktiven bei fluegel.tv bemühen sich alle um neutrale Äquidistanz zu anderen Personen und Gruppen der Protestbewegung. Selbstverständlich kennen viele der Beteiligten die verschiedenen Protagonist_innen aus unterschiedlichen Gruppierungen der Protestbewegungen. Direkte Zusammenschlüsse, Treffen oder Abstimmungen mit anderen Menschen rund um die Protestbewegung finden nicht statt. Koordiniert wird fluegel.tv ausschließlich teamintern und wir agieren nicht strategisch in der Protestbewegung, sondern konzentrieren uns auf die konkrete Umsetzung von Sendungen. Nicht wenige der Mitwirkenden sind zudem Profis der Fernsehproduktion, einige arbeiten hauptberuflich beim SWR und sind entsprechend gewohnt, sachlich-professionell zu agieren.

HÜRDEN, HERAUSFORDERUNGEN UND ERFAHRUNGEN

Als im Sommer 2010 die erste Kamera aufgestellt wurde, konnte niemand sagen, was passieren würde. Würden möglicherweise Anwaltsschreiben ins Büro flattern, weil jemand die eigenen Persönlichkeitsrechte durch die Webcam verletzt sieht? Kommt vielleicht die Polizei und schaltet das Ding ab? Schließlich waren vor der Kamera Auseinandersetzungen zwischen Polizeikräften und Demonstrant_innen zu sehen. Anfeindungen, Vereinnahmungsversuche, alles schien möglich. Womit wir zum Beispiel nicht gerechnet hatten ist, dass die Frage nach der Notwendigkeit einer Sendelizenz eine Rolle spielen kann. Eine Webcam alleine ist rechtlich gesehen kein Problem. Sobald aber redaktionell gestalteter Inhalt produziert wird, sieht die Sache bereits anders aus. Das Land Baden-Württemberg definiert "redaktionell gestalteter Inhalt" nun bereits, wenn eine Kamera bedient und 500 Zuseher_innen aufwärts erreicht werden. Mittlerweile hat sich fluegel.tv eine Sendelizenz erwerben können. Die Erfahrung zeigt, dass zwischen Fernsehen und fluegel.tv ein gewichtiger Unterschied besteht: Technisch auf höchstem Stand zu arbeiten ist zweitrangig, viel wichtiger ist es, spontan zu arbeiten. Für die hohe Glaubwürdigkeit von Situationen verzichten unsere Zuseher_innen sichtlich gerne auf ein fixes Sendungsschema und die mundgerechte Aufarbeitung. Ein zu hoher Anspruch an Professionalität in allen Details birgt eher die Gefahr, eine Idee nicht rasch genug umsetzen zu können. Für viele der mitwirkenden hauptberuflichen Medienmacher ist genau diese Arbeitsweise eine ungewohnte Erfahrung. In dem Punkt spielt ihre große Routine keinerlei Rolle, ihnen blutet da manchmal das Herz, wenn sie ihre professionellen Standards, die im Fernsehen zweifellos wichtig sind, so untergraben sehen. Die Freiheiten, Irritationen oder Hoppalas im Sendungsverlauf sind umgekehrt ein wesentlicher Faktor, warum fluegel.tv in Feedbacks häufig als authentisch, glaubwürdig, charmant und sympathisch beschrieben wird. Dennoch bekommt auch das Sendeformat der professionellen Reportage mittlerweile mehr Platz eingeräumt. Das somit mitgemeinte Biest Basisdemokratie wird im fluegel.tv-Team pragmatisch bezähmt. Solange niemand laut schimpft, gilt etwas als beschlossen. Natürlich ist auf diese Weise manchmal auch jemand beleidigt und verweigert schon einmal die Mitarbeit an einer Sendung. Wo Menschen unentgeltlich zusammenarbeiten, bekommt man es auch laufend mit Befindlichkeiten sehr engagierter und sehr eingesetzter Persönlichkeiten zu tun. Die natürliche Folge davon sind Austritte, Eintritte, Wiedereintritte und auch Wiederaustritte.

Das Hauptinvestment einer solchen Unternehmung ist also in erster Linie sehr viel Zeit – und der geteilte Wille, eine sinnvolle Sache zu verfolgen. Ohne Spenden wäre das Betreiben des Senders nicht möglich; alleine die Regelmäßigkeit und vielen notwendigen E-Mails zur Koordination verursachen eine nicht zu unterschätzende Menge an ehrenamtlichen Aufwand. Diese Herausforderungen in der und für die Gruppe sind im letzten Abschnitt des Beitrags der Bürgerinitiative vom Augartenspitz sehr treffend beschrieben. Durch die klare inhaltliche, moralische und ethische Zielorientiertheit sowie die Überschaubarkeit unserer Gruppe ist keines der angesprochenen Themen bei uns virulent geworden. Uns ist klar, dass fluegel.tv einiges an Herausforderungen bevorsteht, wenn die zentrale Frage von «*Stuttgart 21*» in irgendeine Richtung entschieden wird. Ohne den akuten Grund unserer Arbeit, der als natürlicher Kitt bei den immer wieder aufkommenden Schwierigkeiten dient, werden Zweifel und Differenzen sowie die Müdigkeit aller Beteiligten wesentlich deutlicher zutage treten.

ZUSAMMENFASSUNG

Das Team von fluegel.tv hat es sich zur Aufgabe gemacht, einen Teil zur Demokratisierung der Gesellschaft beizutragen, indem Diskussionen, Kongresse, Demonstrationen und so weiter möglichst live und in voller Länge übertragen werden. Dazu kommen ungehetzte Interviews und Reportagen. Ging es zu Beginn lediglich um das Thema Stuttgart 21, so kamen im Laufe der Zeit auch die Auseinandersetzung mit der Atomkraft und kommunale Energiegewinnung, Partizipationsformen der Bürgergesellschaft, Politik im Allgemeinen und andere Themen hinzu, die auf das Leben der Menschen und ihrer Umwelt Einfluss haben.

- Positionierung ist okay, Polemik oder propagandistisches Verhalten nicht. Die Glaubwürdigkeit ist schnell verspielt und das entgegengebrachte Vertrauen dann verloren.
- Inhalt geht vor Form. Fehler sind Stilmittel eines nicht professionellen Fernsehsenders.
- Eine eigene Handschrift entwickeln, mit den eigenen Stärken arbeiten!
- Effektive Bewerbung der Sendungen und Inhalte in der Mediathek, Information über viele Kanäle.

- Das Adaptieren der Vorgangsweise der gängigen Fernsehsender.

MStuttgart, S21, K21, Parkschützer, Deutsche Bahn, Bürgerbeteiligung, Stadtentwicklung, Öffentlicher Raum, Schlichtungsgespräche, Polizei, Demonstrationen, Schwarzer Donnerstag, Heiner Geißler, Fernsehen

KOMMENTARE

OBEN BLEIBEN kein Stuttgart 21

Oben Bleiben *sagt:* *kopfbahnhof-21.de*

Möchte 2 Ergänzungen anbringen: Zum ersten, eine sehr schöne Visualisierung des #S21 Twittersturms am nicht so schönen 30.9.2010 vom fakeblog.de gibt's hier: bit.ly/S21Twittersturm

Und ein Beitrag weiter die Erklärung des "making of", wo die Infografik als A1 Plakat auch d/l-bar ist!

Zweitens, eine gut 12 Minuten lange Doku eines studentischen Projekts an der Politikwissenschaft der FU Berlin mit dem Titel "Stuttgart 21 – Eine neue soziale Bewegung?": vimeo.com/21414919.

***Johannes Ruland** sagt:* *twitter.com/infopointaudim*

In der öffentlichen Wahrnehmung tauchte der Protest gegen Stuttgart 21 im Sommer 2010 sehr plötzlich auf, obwohl es schon sehr früh nach der öffentlichen Vorstellung kritische Stimmen gegen das Projekt gab. In einer repräsentativen Bürger_innen Befragung von 1995 haben 30% eine sehr schlechte oder schlechte Meinung gegenüber dem Projekt. Doch ist damit der Protest nichts anderes als eine große Bürgerinitiative gegen ein großes Projekt oder eine "soziale Bewegung"? Diese Frage stellt ja auch der Film im Kommentar oben.

Auf der Seite der "Bürgerinitiative", der es um ein dezidiertes Projekt geht, gibt es eine intensive Auseinandersetzung mit architektonischen, verkehrsplanerischen und bautechnischen Fakten. Hier haben sich viele Laien einen hohen Kenntnisstand an Fachwissen erarbeitet. Durch dieses Fachwissen werden mögliche Risiken des Projekts bekannt. Und dieses Wissen und diese Aufarbeitung befeuert die andere Seite, die der "Sozialen Bewegung des Widerstandes". Diese soziale Bewegung, die ja nicht auf Stuttgart beschränkt ist, speist sich aus dem Gefühl, nicht oder nur unangemessen an weitreichenden Entscheidungen teilhaben zu können. Beziehungsweise ist es in Stuttgart eben nicht "nur" ein Gefühl sondern laufende gelebte Erfahrung, dass mensch aus jedweder ernstzunehmender Beteiligung ausgeschlossen ist. Aber schon alleine das Gefühl, nicht wahrgenommen zu werden und kein Mitspracherecht zu haben, frustriert und dient als Antrieb für Protest. Protest der so breit werden kann, dass daraus eine soziale Bewegung erwächst.

Eine der provokantesten Kennzahlen für die mangelnde Beteiligungsmöglichkeit ist sicherlich, das seit der Einführung von Volksbegehren 1973 in Baden-Württemberg kein einziges Mal das festgelegte Quorum erreicht wurde. Bei all dem Widerstand, kein einziges Mal! Ist also der Widerstand viel weniger breit als angenommen oder sind die Instrumente politischer Partizipation so gebaut, dass sie die BürgerInnen verhöhnen.

Das Projekt Stuttgart 21 und dessen mangelhafte Kommunikation und Partizipationsmöglichkeiten stellt somit einen Funken dar, der eine viel allgemeinere Unzufriedenheit entzündet hat. Dass diese Unzufriedenheit nicht nur eine bestimmte gesellschaftliche Gruppe spürt, zeigt sich in der heterogenen Zusammensetzung des Protests gegen Stuttgart 21. Diese heterogene Mischung wiederum ist auch der wesentliche Faktor für die erfolgreiche und langfristige Existenz der Bewegung. Neben den aus der Bewegung heraus entstandenen aktiven Gruppen (?) wie fluegel.tv oder cams21.de, die eine alternative und schnelle Öffentlichkeit herstellen, oder den Parkschützern mit ihrer Plattform parkschuetzer.de und einem SMS- und E-Mail-Alarmsystem, kann auch auf etablierte Organisationen wie die Umweltschutzorganisation BUND zurückgegriffen werden.

Dieser Mix zeigt sich auch in der Zusammensetzung von Protestierenden. Der Protest in Stuttgart steht auf stabilen Beinen und ein immer noch mögliches Projektaus von Stuttgart 21 bedeutet sicherlich nicht, dass das Protest-Netzwerk verschwindet.

SELBSTORGANISATION PRESSEARBEIT GEGENÖFFENTLICHKEIT AUTONOMIE MEDIENSYSTEM AKTIONEN TRANSPARENZ PROTEST

#UNIBRENNT UND DIE PRESSEARBEIT 2.0

Neue Technologien in der Praxis einer zivilgesellschaftlichen Bewegung

«Es ist absurd, aber: selbst der beste Press-Room, den Österreich je hatte, selbst die Audimax-Besetzer-Zentrale glaubte erst an sich, als "unsere" Medien sie akzeptiert hatten.»

Martin Blumenau

Oktober 2009: Das Audimax der Universität Wien wird von Studierenden besetzt. #unibrennt, eine neue soziale Bewegung, ist geboren und dominiert mit Attributen wie *«beispielloser Einsatz von Social Media»* und *«digitale Revolution»* die Medien. Im September wird #unibrennt mit dem Prix Ars Electronica 2010 in der Kategorie "Digital Communities" ausgezeichnet. Die #unibrennt-Aktivist_innen setzen in ihrem Protest auf eine beispiellose Kombination aus modernen Kommunikationstechnologien und klassischer Medienarbeit. Um auf das große Medieninteresse ab dem ersten Tag der Besetzung reagieren zu können, organisierten die Aktivist_innen eine Presseabteilung. Diese betreute nicht nur die Medienvertreter_innen vor Ort, sondern auch alle anderen Kommunikationskanäle: Social Networks, Website, E-Mail-Account und Pressehandy. Web 2.0-Tools wurden sowohl für die interne als auch die externe Kommunikation genutzt.

INFORMATIONSFLUSS UND VIRTUALITÄT

In der nicht hierarchisch organisierten #unibrennt-Bewegung war die Aufrechterhaltung des Informationsflusses eine der größten Herausforderungen. Selbstverantwortlich handelnde Arbeitsgruppen gaben ihre Informationen großteils per E-Mail an die Presse AG weiter. Kontaktadressen von Aktivist_innen, Arbeitsgruppen und Medienvertreter_innen wurden in Listen gesammelt und sowohl zur individuellen als auch massenhaften Verbreitung von Informationen genutzt. Anonymität und Personenungebundenheit der E-Mail-Adressen von Arbeitsgruppen waren dabei von Vorteil, sie führten vor allem in der Hochphase des Protests zu hoher Flexibilität und kurzen Reaktionszeiten in der Mobilisierung. Manchmal war allerdings unklar, welche Adressen noch "ansprechbar" waren, und wer tatsächlich erreicht wurde. Vor allem zu Beginn der Besetzung unterstützte der Infotisch vor dem Audimax, den Informationsfluss zwischen den verschiedenen Arbeitsgruppen. Dieses physisch existierende Informations- und Kommunikationszentrum erleichterte auch den Einstieg neuer Aktivist_innen, da Menschen, die sich engagieren wollten, hier persönliche Ansprechpartner_innen fanden. Am Ende der Besetzung war das Fehlen eines solchen Verteilungspunkts deutlich spürbar.

Die beim Presseteam eingehenden Informationen wurden über E-Mail, Social Networks und Website, Presseaussendungen und im persönlichen Kontakt mit Journalist_innen weiterverteilt. Um den E-Mail-Verkehr zu erleichtern, halfen Adressenlisten #350 . Gruppiert nach Kontakttypen – zum Beispiel Arbeitsgruppen und Journalist_innen – ermöglichen diese eine schnelle und gezielte Verbreitung von Informationen. Wenn Listen sehr groß werden ist es ratsam, sie in kleinere Portionen (à 300 Einträge) zu unterteilen, da manche E-Mail-Provider über Spam-Filter verfügen, die bei zu großen Massenmails den Account sperren.

In der Presse AG wurde der Freemail-Anbieter Gmail genutzt. Die gesamte E-Mail-Kommunikation wurde über einen, für alle Mitarbeiter_innen zugänglichen, Account abgewickelt. Gmail bietet nicht nur einen beinahe unbegrenzten Speicher, sondern auch einen Kalender, in dem Termine und "Schichten" organisiert werden können, sowie eine Dokumentenverwaltung. In dieser können ohne großen Aufwand wichtige Informationen wie To-do-Listen, Interview-Leitfäden und Ähnliches gemeinschaftlich bearbeitet und für alle zugänglich gemacht werden. Anbieter wie Gmail sind von jedem Computer mit Internetanschluss erreichbar, wodurch es relativ einfach möglich ist, dezentral zu arbeiten.

Der Press-Room der Audimax Besetzer_innen.

1. *Einer der unzähligen Medienberichte zum besetzten Audimax und der Neuartigkeit der Protestform von #unibrennt.* 2. *Ein Kamerateam des ORF-Fernsehens interviewte einen Aktivisten im Presseraum. Die #unibrennt-Bewegung stellte den Wünschen der Presse und Politik zum Trotz keine Pressesprecher_in ins Rampenlicht. Interviews wurden immer wieder von verschiedenen Personen übernommen, die nie als Sprecher_innen, sondern als Aktivist_innen der Bewegung antworteten. (Foto ©Martin Juen)* 3. *Im «Prominentenzimmer», wie der Raum neben dem Audimax der Uni Wien heißt, arbeiteten die Presse AG, die AG internationale Vernetzung, die AG IT, AG Facebook, Fotograf_innen, die AG Doku usw. zusammen. (Foto ©sAgd)*

DIE REVOLUTION DER SOCIAL NETWORKS

Das Angebot an Social Networks im Internet ist unüberschaubar, dominiert wird der Markt aber von einigen wenigen Produkten. Die Pressearbeit im Audimax konzentrierte sich auf die Giganten des deutschsprachigen Raums. Österreichische Studierende sind vor allem in der Social Community Facebook #094 anzutreffen, die dortige #unibrennt-Seite hatte schnell rasende Zuwachsraten #209. Als optimale Verbindung nach Deutschland entpuppte sich vor allem die Facebook-Konkurrenz StudiVZ, die unter deutschen Studierenden sehr beliebt ist. Große Aufmerksamkeit erregte #unibrennt auch durch den Einsatz von Twitter #166. Zahlreiche Aktivist_innen berichteten unabhängig voneinander von der Bewegung, und die Hashtags #158 #unibrennt, #unsereuni und #audimax dominierten die deutschsprachigen Twittercharts. Das Potenzial von Social Networking-Portalen wie Facebook, StudiVZ und Twitter ist groß, und im Netz finden sich dazu zahllose, bessere und schlechtere, Anleitungen. Einfacher ist es, jemanden zu finden, der schon mit den Funktionen der verschiedenen Angebote vertraut ist. Die Wartung einer erstellten Fanpage in Facebook und StudiVZ ist mit guten Internetkenntnissen dann kein Problem mehr. Erfolg in Twitter hängt vor allem von der Rezeption in der Twitter-Community und der Reichweite der beteiligten User_innen ab.

#UNIBRENNT AUF FACEBOOK

Die Facebook-Seite *«Audimax-Besetzung in der Uni Wien – Die Uni brennt!»* war bald Diskussions- und Informationszentrum für über 30.000 Unterstützer_innen. Regelmäßige Status-Updates zu Demonstrationen, Protestaktionen, Veranstaltungen und vieles mehr riefen ständig die Anliegen der Protestbewegung in Erinnerung. Die große Partizipation der Unterstützer_innen machte immer mehr Facebook-User_innen auf #unibrennt aufmerksam.

Diese relativ aufwendige Facebook-Betreuung wurde in Hochzeiten von drei oder mehr Aktivist_innen gleichzeitig durchgeführt. Bis zu fünf Aktivist_innen waren als Administrator_innen eingetragen und konnten rund um die Uhr und von überall Updates veröffentlichen. Das System der Pinnwand in Facebook, auf der alle User_innen Inhalte veröffentlichen können, verstärkte ebenfalls die Partizipation und führte zu einem, oft sehr wichtigen, Rückfluss an Informationen aus der Bewegung in die Arbeitsgruppe Presse.

Ein wichtiger Aspekt der Audimax-Facebook-Seite war von Anfang an die Möglichkeit der Interaktion zwischen Besetzungs-Befürworter_innen und "-Gegner_innen", die im real besetzten Audimax nicht oft erfolgte. Studierende, welche die Besetzung als Protestform ablehnten, suchten nur selten die Diskussion im besetzten Raum selbst und hatten durch die Facebook-Präsenz der unibrennt-Bewegung die Möglichkeit, ihre Kritikpunkte anzubringen oder auch einfach nur offene Fragen zu diskutieren. Die Facebook-Administrator_innen hielten sich bei Diskussionen bewusst im Hintergrund und schritten nur ein, wenn es zu Beleidigungen oder sonstigen Verstößen gegen die Netiquette kam.

Viele "Fans" nutzten die Facebook-Seite zudem als niederschwelligen Zugang zur Auseinandersetzung mit dem Bildungsthema im Allgemeinen und den Möglichkeiten des Protests.

Im Audimax war Twitter vor allem Mittel, um Informationen schnell zu verbreiten sowie um die deutschsprachige Blogosphäre #084 zu erreichen. Die ersten Meldungen von Demonstrationen oder anderen Protestaktionen waren meist auf Twitter zu finden, weshalb das Portal fast ständig im Auge behalten wurde. Die Reichweite einer Seite in einem Social Network #341 hängt von der Einbeziehung der "Fans" ab. Je mehr diese sich mit Kommentaren und Ähnlichem beteiligen, desto öfter scheint die Seite auch bei deren "Freund_innen" auf. Eine gute Social Network-Präsenz ist immer aktuell und fördert aktiv die Partizipation der "Fans".

UNSEREUNI.AT – DER VIRTUELLE INFOTISCH

Neben dem physisch existierenden Infotisch vor dem Audimax in der Universität fungierte die Website unibrennt.at als zentraler Informationsverteiler. Dort präsentiert sich die Bewegung selbst, veröffentlicht Forderungen, Berichte und Fotos von Protestaktionen, Presseaussendungen und vieles mehr. Hier sind die Links zu allen mit der Bewegung zu tun habenden Webseiten zu finden, zum Wiki und den AG, zu unibrennt.tv, den Websites anderer brennender Unis und vieles mehr. Der Einsatz des Content-Management-Systems Wordpress ermöglichte eine schnell zu erlernende Wartung und eine optimale Vernetzung der Inhalte mit den Social Networks. Die Einschulung von neuen Aktivist_innen in allen verwendeten Kommunikationsmitteln dauerte in der Regel nicht länger als eine halbe Stunde. Um eine funktionsfähige und flexible Website auf die Beine zu stellen, sind Expert_innen unabdingbar. In den ersten Tagen von #unibrennt wurde durch die IT AG, einige Aktivist_innen mit Programmierkenntnissen, Tag und Nacht daran gearbeitet, eine Infrastruktur und Plattform der Größenordnung aufzubauen, wie sie sonst von Professionisten über die Entwicklungszeit eines guten halben Jahres entwickelt würden. In der Bewegung mit der Beteiligung vieler junger Studierender stellte das Erweitern der Funktionalität der unsereuni.at-Plattform kein Problem dar.

NEUE MEDIEN UND TRADITIONELLES PRESSEHANDWERK

Eigene Onlinekanäle bieten ein Portal für die Öffentlichkeit und schaffen neben dem Informationsaustausch auch eine Unabhängigkeit und Gegenöffentlichkeit zu traditionellen Medien wie Fernsehen, Hörfunk oder den Printmedien. Doch um eine möglichst große Zielgruppe und Öffentlichkeit zu erreichen, darf auch die traditionelle Pressearbeit nicht vernachlässigt werden. Journalist_innen stehen meist unter Zeitdruck und in Zeiten der Onlineberichterstattung sind sie auf schnelle und aktuelle Informationen angewiesen. Ständige, persönliche Erreichbarkeit ist eine wichtige Voraussetzung, wenn man im Mediengeschehen eine Rolle spielen möchte. Ab dem ersten Tag wurde das Pressehandy zum ständigen Begleiter der Studierenden der Presse AG, um für Medienvertreter_innen jederzeit schnell und unkompliziert erreichbar zu sein.

Bei großen sozialen Bewegungen ist es unmöglich, stets über jeden Schritt der Akteur_innen und jedes Einzelereignis informiert zu sein. Die Studierenden in der Presseabteilung standen immer wieder vor der Herausforderung, Fragen beantworten zu müssen ohne alle Details zu kennen. Auch aufgrund der basisdemokratischen Organisation konnten manche Fragen einfach nicht konkret beantwortet werden, da Entscheidungen noch ausstanden. Auch Journalist_innen sind sich bewusst, dass es in solchen Bewegungen ohne Führungsriege unmöglich ist, jederzeit über alles informiert zu sein. Besorge dir intern die notwendigen Informationen und ruf den/die Journalist_in zurück – das ist gängige Praxis und kein Grund verunsichert zu sein. Von einer guten Beziehung zwischen Presseabteilung und Journalist_innen profitieren beide Seiten. Dennoch sollte nicht vergessen werden, in Gesprächen die offiziellen von den inoffiziellen Informationen zu trennen – so können Missverständnisse vermieden werden.

Die Bewegung liefert die Bilder und verwaltet das eigene Archiv.

1. *Mit «unibrennt.tv» hat die Bewegung einen eigenen TV-Kanal und das Archiv über selbst produzierte Info-Sendungen, Dokumentation von Aktionen, Berichte von Demonstrationen. Jede und jeder kann Videos hochladen.* 2. *Ob die Unileitung zu Gast war, das Plenum lief oder Jean Ziegler eine Rede im Audimax hält, die Bewegung streamte live ins World Wide Web und zeichnete alles selbst auf.* 3. *Der eigene flickr-Account von #unibrennt kam in den Besetzungmonaten auf Hunderttausende Aufrufe. Er wurde und wird von mehreren Fotograf_innen befüllt und bot und bietet Fotoalben zu Besetzungen, Demos und Aktivitäten in diversen Universitätsstädten.*

INFORMATIONEN SCHNELL IN DIE MEDIEN GEBRACHT

Mit Presseaussendungen kannst du den Medien Neuigkeiten und Ankündigungen mitteilen. Bei gut geschriebenen Aussendungen mit einem hohen Nachrichtenwert steigen die Chancen, dass sie für die Berichterstattung übernommen und (online) schnell veröffentlicht werden. Auch Presseaussendungen werden heute per E-Mail versandt und zwar direkt als Mailtext, denn das erspart das Öffnen des Anhangs, und die Gefahr im Spamfilter zu landen wird verringert. Im Betreff sollten die versendende Organisation und ein aussagekräftiger Titel stehen.

«#unibrennt: BesetzerInnen bieten Umzug ins Parlament an.» (Beispiel einer Betreffzeile, so versandt am 8.12.2009.)

Journalist_innen bekommen jeden Tag unzählige E-Mails: Je aussagekräftiger der Titel, umso größer die Wahrscheinlichkeit, dass der/die betreffende Journalist_in die Nachricht auch liest. Beim Versenden von E-Mails an größere Verteiler sollten die Adressen stets als BCC versandt werden. Erfolgreiche Pressearbeit beinhaltet eine Kombination von Web 2.0 und klassischen PR-Mitteln. So wird eine große Öffentlichkeit erreicht. Presseaussendungen wurden meist von zwei bis drei Mitgliedern der Presse AG geschrieben. Dies ist zwar unüblich, aber basisdemokratische soziale Bewegungen, in denen es keine verantwortlichen Führungspositionen und keine offiziellen Sprecher_innen gibt, sollten als Sonderfall behandelt werden. Räumliche Trennung war hierbei kein Problem, da Onlineanbieter wie Piratenpad ein gemeinsames Arbeiten an einem Text problemlos ermöglichen: So können mehrere Personen gleichzeitig ein Dokument bearbeiten und jede_r hat zeitgleich die Vorschläge der anderen und die aktuelle Version vor sich. War dies zeitlich nicht möglich, wurde ein aufgesetzter Textvorschlag per E-Mail an andere Mitglieder der Presse AG versandt und um Verbesserungsvorschläge gebeten. War die Presseaussendung versandt, galt es die Medienreaktionen abzuwarten. Eine Evaluierung der Pressearbeit ist essenziell, um sie verbessern und anpassen zu können. Täglich wurde ein Medienspiegel zusammengestellt, welcher die Online-Berichterstattung in Zeitungen und Weblogs beinhaltete. Um schnell auf Aussagen politischer Akteur_innen reagieren zu können, wurden die Medien und OTS-Meldungen stets im Auge behalten. Das Zusammenstellen des Medienspiegels diente nicht nur der Evaluation, sondern war auch ein wichtiger Beitrag zur Archivierung und chronologischen Nachvollziehbarkeit der Ereignisse.

KOOPERATIONEN MIT FOTOGRAF_INNEN UND VIDEOJOURNALIST_INNEN

#unibrennt arbeitet bis heute mit professionellen Fotograf_innen und Videojournalist_innen zusammen. Sie hatten während der Besetzung uneingeschränkte Film- und Fotografiemöglichkeiten innerhalb der Bewegung, wir durften im Gegenzug kostenlos ihre Werke nutzen. Die Fotos wurden auf Flickr #149, die Videos auf YouTube #201 veröffentlicht. Von einer guten Zusammenarbeit mit Fotograf_innen und Filmemacher_innen können beide Seiten profitieren: Bei Anfragen von Journalist_innen nach Fotos und Videomaterial muss immer auf die Urheberrechte verwiesen und das Copyright beachtet werden. Einen direkten Kontakt zu den Urheber_innen herzustellen ist empfehle nswert.

DAS PLENUM IM LIVE-STREAM

Eine der großen und schnell bekannt gewordenen Neuheiten der #unibrennt-Bewegung war die Übertragung aller wichtigen Ereignisse ins Internet via Live-Stream #041. Dies begann bei den Plena und ermöglichte Tausenden Unterstützer_innen, die nicht physisch vor Ort sein konnten, die Diskussionen und Entscheidungen zumindest live mitzuverfolgen. Bald war dieser neu gesetzte Standard der Live-Übertragung ständiger Begleiter. Übertragen wurde bei Konzerten und Diskussionsveranstaltungen, bei Demonstrationen und von Protestaktionen. Live-Stream Kanäle gab es nicht nur aus dem Audimax sondern oft mehrere nebeneinander von verschiedenen Schauplätzen. Diese beinahe lückenlose Öffentlichkeit der Bewegung war nicht von allen Aktivist_innen gern gesehen und führte immer wieder zu hitzigen Diskussionen. Regelmäßig setzte sich dabei aber die Meinung durch, dass ein authentischer und autonomer Zugang zu Öffentlichkeit für #unibrennt von essenzieller Bedeutung war. Auch die im Lauf der Zeit schwindende Beteiligung an den Plena wurde von manchen auf die Übertragungen zurückgeführt, schließlich konnte man alles auch bequem von zu Hause, weit ab von der Stadt und auch aus dem Ausland aus verfolgen.

Trotz aller Kritik verbreitete sich das Phänomen des Live-Streams über die Bewegung #unibrennt hinaus. Die Aktivist_innen der #unibrennt-Bewegungen setzten einen Live-Stream beim ministeriellen Hochschuldialog durch. Dieser einmal etablierte Standard für Transparenz etablierte sich sowohl bei den Hörsaalbesetzungen im ganzen deutschsprachigen Raum als auch bei Demonstrationen und Aktionen. Und auch viele andere "offizielle" Veranstaltungen wie die *«Armutskonferenz»* werden heute live im Internet übertragen.

INTERNE ORGANISATION UND KOMMUNIKATION

Auch eine basisdemokratische Bewegung braucht Menschen, die sich dafür verantwortlich fühlen, dass die offiziellen Kanäle genutzt und mit Informationen versorgt werden. In der #unibrennt Presseabteilung wurde dies durch ein Koordinations-Team sichergestellt, das stets den Überblick behielt. Ein (wechselndes) Koordinations-Team ist von Vorteil und stellt einen internen reibungslosen Ablauf sicher. So wird keine Aufgabe vergessen und die Öffentlichkeit optimal informiert. Um die wichtigsten internen Informationen austauschen zu können, fanden regelmäßige Meetings statt, die telefonische Erreichbarkeit der einzelnen Presse AG-Mitglieder ermöglichte eine schnelle und zuverlässige Kommunikation.

Besondere Synergien entstehen, wo alte Methoden mit neuen Technologien verknüpft werden. Persönliche Kommunikation bleibt zwar entscheidend für soziale Bewegungen, kann aber durch neue Technologien wie die Internettelefonie kostenneutral über internationale Grenzen hinweg stattfinden. Programme wie Skype #319 unterstützen auch Videotelefonie und Konferenzschaltungen. Einige der intensivsten Momente der #unibrennt-Bewegung waren Videokonferenzen zwischen besetzten Hörsälen in verschiedenen Ländern. Je besser die Vernetzung zu anderen Organisationen oder Bewegungen war, desto einfacher war auch der Informationsaustausch. Ein gutes internes Kommunikationsnetz war deshalb von entscheidender Bedeutung.

Präsenz & Transparenz im Web, Stärke ab der ersten Minute.

1. *Tweets aus den ersten Tagen der Besetzung des Audimax. Über Twitter verlinkt und mit Mobiltelefonen aufgenommen, gelangten sofort erste das Geschehen dokumentierende Live-Streams und Fotos nach außen.* 2. *Wenige Minuten nach dem Beschluss, das Audimax besetzt zu halten, ging bereits die Facebook-Seite der Besetzung online und wurde zu einem Kommunikationskanal der Bewegung.* 3. *Die provisorische #unibrennt-Website der ersten Stunden, das «Freie Bildung» Blog. Noch in den ersten Tagen ging «unsereuni.at» ans Netz und wurde binnen kurzer Zeit zu einer höchst gerankten Website.*

ZUSAMMENFASSUNG

Es verwundert, dass der erfolgreiche Einsatz neuer Technologien die Öffentlichkeit und die bildungspolitischen Verantwortungsträger_innen derart überraschte. #unibrennt war der erste große Protest einer Studierendengeneration, für die das Internet allgegenwärtig ist und diverse Web 2.0-Tools alltägliche Kommunikationsmittel sind. Studieren ist ohne E-Mail und E-Learning-Plattformen, Facebook und Twitter nicht mehr vorstellbar. Jede Generation #113 bedient sich der Mittel, mit denen sie aufgewachsen ist, und so setzten junge Studierende auch im Protest stark auf neue Kommunikationstechnologien. Die Aktivist_innen von #unibrennt waren aber stets bemüht, neue Technologien mit bewährter klassischer Pressearbeit zu verbinden. Facebook, Twitter, Gmail und andere können die Arbeit zivilgesellschaftlicher Bewegungen erleichtern und ihre Reichweiten beträchtlich erhöhen. Kundige Aktivist_innen sind in der heutigen Zeit einfach zu finden. Bei aller Begeisterung für neue Technologien sollte aber die klassische Pressearbeit nicht vergessen und der Wert persönlicher Kommunikation nicht unterschätzt werden.

- Verschiedene E-Mailverteiler, sortiert nach Themen/Ressorts #158 ermöglichen eine zielgerichtete Arbeit. Haltet die Verteiler aktuell, versucht sie zu erweitern, tragt aber auch Personen aus, die keine E-Mails mehr bekommen wollen.
- E-Mails an mehrere Empfänger als BCC verschicken.
- Eine enge und funktionierende Vernetzung ist Voraussetzung für eine erfolgreiche Arbeit, sowohl im Team und zwischen Aktivist_innen als auch mit Journalist_innen.
- Ladet Fotograf_innen zu Aktionen ein, haltet sie mit Ankündigungen am Laufenden und stellt ihnen nach Möglichkeit vor Ort Internetzugang, Speicher- und Bearbeitungsmöglichkeiten für ihr Material zur Verfügung. Von einer guten Beziehung mit Fotograf_innen profitieren alle Seiten.

- Virtuelle und Online-Kommunikation nach innen und außen reicht nicht aus: Persönliche Kontakte und Zusammenarbeit sind wichtig.
- Interne Informationen werden nicht nach außen gegeben. Offenheit und Ehrlichkeit fördern das Vertrauen zu Journalist_innen, noch wichtiger ist aber, dass innerhalb der Gruppe der Aktivist_innen vertrauenswürdige Kommunikation gesichert ist.
- Urheber- und Persönlichkeitsrechte bei Film- und Fotomaterial sind nicht auf die leichte Schulter zu nehmen.

Audimax, unibrennt, unsereuni, Bildung, Protest, Besetzung, Hochschulen, Studierende, Selbstorganisation, Selbstverwaltung, Audimaxbesetzung, Studierendeproteste, Social Media, arsbrennt, Ars Electronica

KOMMENTARE

***Besetzerin_aus_Innsbruck** sagt:* *sowimax.at*

Starke Aussage, wie war die gemeint? Wann bzw. wo soll Martin Blumenau denn das gesagt haben? Ich meine das Eingangszitat ...

***Infopoint Audimax** sagt:* *twitter.com/infopointaudim*

hi @Besetzerin_aus_Innsbruck:

Blumenau hielt bei den Sommergesprächen 2010 in der Waldviertel-Akademie in Weitra einen Vortrag. Eigentlich ging's gar nicht um #unibrennt, sondern um das Jungsein allgemein, Diskursverweigerung und mit was man sich heutzutage so rumschlagen muss. Interessant zu lesen: http://fm4.orf.at/stories/1662943

***Rector Karl Hermann des ISTA** sagt:* *ista.co.at*

Der Prix Ars Electronica wird schon seit Mitte der 80er in Linz verliehen. Es ist einer der weltweit wichtigsten Preise für Technologie und Kunst. Die Kategorie "Digital Communities" wird erst seit 2004 vergeben, damals mit dem würdigen Gewinner "wikipedia".

Bemerkenswert ist, dass jetzt mit #unibrennt eine soziale Bewegung, nichts anderes als ein chaotisches politisches Ereignis ausgezeichnet wurde. Aber naja.

Coppelius *sagt:* *twitter.com/coppelius*

Rhizomorph war dabei und hat gebloggt: rhizomorph.wordpress.com/arsbrennt

… ich sag nur eins: arsbrennt ;-)

Kossma *sagt:* *twitter.com/kossma*

Die Bilder von den Tweets und Facebook-Einträgen der ersten Stunden sind ja nett!! Im Text nicht erwähnt, aber es gibt eine interessante Analyse von Gerald Bäck und Max Kossatz zum Phänomen #unibrennt auf Twitter: bit.ly/unibrennttwittert

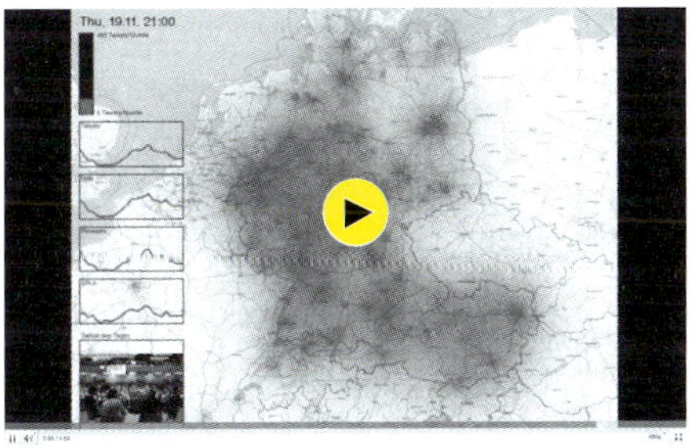

Allein in den ersten vier Wochen gab es 66.379 Tweets zum Thema - und da war die Audimaxbesetzung in Wien noch lange nicht beendet. In der ersten Besetzungswoche waren übrigens #unibrennt, #unsereuni und #audimax in den Top 5 der getwitterten Hashtags. Und was die Facebook-Seite *«Audimax-Besetzung»* betrifft, da darf nicht vergessen werde, dass zusätzlich zu der ersten und wirklich innerhalb kürzester Zeit sehr wichtigen Kommunikations-Plattform noch eine Vielzahl weiterer Facebook-Seiten eingerichtet wurden, für Unis in Österreich, Deutschland und der Schweiz.

PROTEST ARBEITNEHMER BETRIEBSRAT MOBILISIERUNG GEGENÖFFENTLICHKEIT KAMPAGNEN WATCHBLOG VERNETZUNG

UG02-NOVELLE DISKUSSIONSARCHIV

Transparentes Wissensmanagement mit gesellschaftlichem Mehrwert

«Wenn Leute aufgerüttelt werden, das ist der Genuss.»
Thomas Bernhard

Ein Blog, das sich ursprünglich an die Belegschaftsvertretungen in den österreichischen Universitäten richtet, wird in Zeiten permanenter Hochschulreformen zur Top-Informationsquelle für alle, die sich mit Universitätspolitik und Mitbestimmung beschäftigen. Wie so etwas funktionieren kann, soll im Weiteren exemplarisch erläutert werden. Die Hauptrolle dabei spielt das *«UG2002-Novelle, Diskussionsarchiv»* oder kurz UG02-Blog, dessen Gründer und treibende Kraft, Betriebsrat Karl Heimberger, zum Zeitpunkt des Starts des UG02-Blogs bereits das *«MedUni Wien-Blog»* betreibt. Dieses "Betriebsratsblog der Medizinischen Universität Wien" geht so wie das UG02-Blog weit darüber hinaus, nur ein Informationsportal für die Arbeitnehmer_innen einer Belegschaft zu sein und bietet Einblicke in Themen und Felder von gesamtgesellschaftlichem Interesse. Es wird eine Nebenrolle in diesem Bericht spielen.

WIDERSTAND GEGEN DEN MINISTERENTWURF DER UNIVERSITÄTSGESETZ-NOVELLE

Anfang 2008 legte der damalige Wissenschaftsminister Johannes Hahn (ÖVP) einen Gesetzesentwurf mit dem Titel *«UG-Novelle zur Weiterentwicklung der Universitäten»* vor, der auf breiten Widerstand stieß. Die Mehrheit der Betroffenen an den Universitäten sah darin alles andere als eine Weiterentwicklung im positiven Sinne, sondern vielmehr einen Rückschritt. Die Novelle würde die nach dem Universitätsgesetz 2002 (UG 2002) verbliebenen kargen Möglichkeiten der demokratischen Mitbestimmung des Personals weiter beschneiden, war der Tenor der Stellungnahmen. Karl Heimberger denkt angeregt durch ein Gespräch mit dem damaligen Wissenschaftssprecher der SPÖ, Josef Broukal, an ein Blog als Diskussionsarchiv #335 für die Betriebsräte und Belegschaften aller österreichischen Universitäten. Der SPÖ-Wissenschaftssprecher war in diesen Tagen mit der Ausarbeitung eines alternativen, auf die Vorstellungen des universitären Personals eingehenden Gesetzesentwurfs beschäftigt. So startete das *«UG2002-Novelle, Diskussionsarchiv»*-Blog im Frühsommer 2008 mit der Darstellung und Gegenüberstellung des Ministerialentwurfs mit dem alternativen Entwurf.

ZIEL UND UMSETZUNG DES UG02-BLOGS

Als Ziel des UG02-Blog wurde folgende Stellungnahme formuliert: *«Einer Interessengemeinschaft von Mitgliedern und Vertreter_innen des wissenschaftlichen Personals und der externen Lektor_innen der österreichischen Universitäten soll hier eine Diskussions-Plattform zur Verfügung gestellt werden, um in Zukunft sinnvolle Novellierungen des UG 2002 zu ermöglichen. Es soll Beiträge, Meinungen und Kommentare unterschiedlicher Personen und Interessengruppen zur Novellierung des UG 2002 enthalten und übersichtlich versammeln. Das Blog hat in diesem Sinne keine parteipolitische Linie. Divergierende Meinungen sind möglich und gewünscht.»*

Die Überparteilichkeit wurde konsequent umgesetzt, obwohl Blog-Gründer und Betreiber Karl Heimberger, Mitglied des MedUni-Betriebsrates, dem Thema natürlich nicht meinungslos oder neutral gegenüberstand. Das UG02-Blog ist Teil einer Kampagne gegen die Vorstellungen des Ministers zur Novellierung des UG 2002, gegen die geplanten Inhalte und gegen die Art, in der diese Novelle möglichst rasch durchgedrückt werden soll. Trotzdem sind über den Blog auch "gegnerische" Stellungnahmen abrufbar. Gleich daneben sind die Stellungnahmen von Parteien, Institutionen, Interessenvertretungen usw. veröffentlicht – wesentlich leichter auffindbar als etwa auf den Websites von Parlament oder Ministerium. Ergänzt werden die juristischen Texte durch die Dokumentation aller relevanten Aussagen aus Regierungsprogrammen, parlamentarischen Enqueten und Nationalratssitzungen, durch die offenen Briefe oder Statements von Rektoraten, Wissenschaftssprecher_innen, Verbänden, Betriebsratskörperschaften und ab Oktober 2009 auch der #unibrennt-Protestbewegung. Ebenfalls umfassend dokumentiert sind die Medienberichte zum Thema, in Ausschnitten zitiert und zu den Quellen verlinkt. Im Lauf der mehr als zwei Jahre, die das Blog mittlerweile online ist, wurde es dadurch zum unverzichtbaren Archiv für alle, die im Nachhinein zum Thema Universitätsreform recherchieren (müssen), egal, ob das nun Studierende, Politiker_innen oder Journalist_innen sind.

DISKUSSIONSFORUM, ARCHIV UND KONTROLLINSTANZ

Ganz so trocken und fachlich, wie das jetzt vielleicht scheinen mag, geht es aber nicht immer zu. Zwar führen Links zu all den erwähnten Dokumenten, viele davon im Blog herunterladbar, die Beiträge im Blog sind aber alle dem Medium entsprechend aufbereitet: kurz und leicht verständlich, auch für Menschen, die nicht täglich mit Universitätsbetrieb und -organisation beschäftigt sind. Auch für persönlich gefärbte Einschätzungen und Polemik ist Platz im Blog, etwa wenn kritisiert wird, dass Politiker ihre eigenen Veranstaltungen schwänzen: *«11. April 2008: Parlamentarische Enquete zur UG-Novelle … ohne Ministerbeteiligung. Minister Hahn, pro forma Gastgeber der Enquete, befindet sich derweilen schon auf einer Parallelveranstaltung in Linz (leerer Sitz im Zentrum der Regierungsbank). Sein Interesse an den Meinungen, Kritikpunkten und Wünschen der Betroffenen scheint enden wollend zu sein.»*

Watchblog #059

Ein WatchBlog verdankt seine Existenz in der Regel dem Umstand, dass jemand befindet, einer Sache wird weniger Aufmerksamkeit und gesellschaftliche Kontrolle gewidmet, als uns gut tut. Das WatchBlog, von Englisch *«to watch»*, *«aufpassen, beobachten»*, ist nicht nur die chronologisch fortlaufende Dokumentation der Beobachtungen. Es ist der sichtbare Ausdruck dafür, dass eine einzelne Person, Gruppe oder Organisation es für wert befindet, dass sie sich und wir uns mit dieser Sache auseinandersetzen, weil unsere anderen gesellschaftlichen Kontrollsysteme das nicht ausreichend tun. Das WatchBlog ist damit eine spezifische Form und auch eine der wichtigsten Spielformen des "Logbuchs im Web", es ist die Selbstorganisation der Kontrollfunktion, die als Ideal für das Mediensystem postuliert wird, von den Massenmedien aber kaum geleistet wird.

Ein Watch-Web-Log beobachtet kritisch, es begleitet Entwicklungen laufend und dokumentiert, wie mächtige Unternehmen, Personengruppen oder Massenmedien agieren und operieren, was sie vorgeben zu wollen, und was sie wirklich praktisch tun. So dokumentiert beispielsweise das NPD-Blog die Umtriebe der NPD, rechtsextreme Aktivitäten, Verbindungen und Netzwerke. Frontexwatch hat ein Auge auf die europäische Grenzschutzagentur *«Frontex»*, die Migrant_innen die Fluchtwege in Richtung der "Festung Europa" auf jede erdenkliche Weise unmöglich machen soll. Das BILDblog nennt sich selbst *«Ein Watchblog für Deutsche Medien»* und sammelt die von journalistischen Idealen weit abweichenden Falschmeldungen der Massenmedien, was im Kleineren und für Österreich auch das Medienwatchblog *«Kobuk»* leistet. Ein Blog muss nicht im engeren Sinn als WatchBlog firmieren, um diese Funktion zu erfüllen. Bereits vor 1999 hieß eine der wichtigsten, heute nicht mehr existierenden Seiten im Netz *«WTOwatch.org»*. Das annalist-Blog widmete sich der außergewöhnlichen Situation, von den Behörden bespitzelt und unter Terrorverdacht gestellt zu werden. Das wissenschaftlich fundierte surveillance-studies-Blog dokumentiert Entwicklungen und Auswüchse der Überwachungstechnologien, das dROMa-Blog zeugt von der Verfolgung und Repression gegen Roma, das bedeutende Netzpolitik-Blog erfüllt eine WatchBlog-Funktion gegen Angriffe auf ein freies Netz und das Blog von Fefe widmet sich all diesen Aspekten auf seine eigentümliche Weise. Und schließlich ist es oft die Tätigkeit kritischer NGOs, die uns Logbücher besser zu kontrollierender Vorgänge anbietet, oder ist die Rubrik *«Lügendetektor»* des GreenPeace-Magazins etwa kein schönes WatchBlog-Beispiel?

Hier wird in zugespitzter Form sichtbar, wie das UG02-Blog neben Diskussionsforum und Archiv auch die bedeutende Funktion eines WatchBlogs #059 übernimmt. Weniger humorvoll, dafür in akribischer Detailarbeit äußert sich diese Kontrollfunktion bei eingehenden Vergleichen zwischen den verschiedenen Gesetzesentwürfen von Regierung und Opposition, zwischen Entwürfen und bestehender Rechtslage, aber auch – besonders entlarvend – zwischen den Plänen im Regierungsprogramm und dem schließlich eingebrachten Ministerentwurf. Von 18 Punkten, die das Regierungsprogramm vorgesehen hatte, fanden demnach zwölf überhaupt keine Berücksichtigung. Nützlich kann das UG-Blog auch für Menschen sein, denen die Universitätspolitik völlig egal ist, die aber an einem Praxisbeispiel verfolgen wollen, wie Politik funktioniert, denn hier ist der gesamte Prozess der Gesetzwerdung, der öffentlichen Diskussion usw. viel leichter nachzuvollziehen, als etwa auf www.parlinkom.gv.at. Die Archivfunktion macht es leicht, Politiker_innen mit ihren früheren Aussagen zu konfrontieren. Das UG02-Diskussionsarchiv ist ein schönes Praxisbeispiel politischer Bildung.

SCHNELLER, EINFACHER UND ÜBERSICHTLICHER ALS WEBSITES

Die Entscheidung für ein Blog war rasch gefällt: Mit wordpress.com ist die Erstellung auch für ungeübte User leicht verständlich und die Wartung nicht anspruchsvoll. Dadurch kann im Falle eines personellen Wechsels im Betriebsrat sehr leicht jemand anderer das Blog weiterführen. Das tägliche Arbeitspensum darf allerdings nicht unterschätzt werden. Karl Heimberger erhält täglich aktuelle Presseaussendungen per E-Mail-Abo vom Presseagentur-Service, die gesichtet werden müssen. Dazu kommt die Recherche auf den Websites von Tageszeitungen und anderen Massenmedien. Thematisch passende Texte werden in das Blog genommen und verlinkt sowie meistens mit einer kurzen Einleitung oder einem Kommentar versehen. Je nach Nachrichtenlage kann der tägliche Aufwand schon auf ein bis zwei Stunden kommen. Natürlich stellt es schon einmal einen wesentlichen Erfolg dar, wenn dadurch ein Thema an die Öffentlichkeit kommt, wenn Diskussionen angezettelt werden. Besonders bemerkenswert ist es, wenn dann auf "herkömmliche" Medien eingewirkt wird, weil Journalist_innen, die sich sonst hauptsächlich an Ministeriumssprecher_innen wenden, auch auf andere Blickwinkel oder überhaupt auf weniger gefilterte zurückgreifen. Um diese Multiplikator_innen zu erreichen, ist einiges an Vorarbeit im Aufbau eines relevanten Blogs notwendig und Geschwindigkeit sehr wichtig. Aber es hat im Fall des UG02-Blogs funktioniert und immer wieder wurden Infos in der Zielgruppe quasi viral #209.

LÄSST SICH DER ERFOLG MESSEN?

Der Erfolg eines Blogs lässt sich auch in Zugriffszahlen messen. UG02-Statistiken zeigen mehr als 53.000 Zugriffe, sehr viel bei einer ursprünglich angenommenen Zielgruppe von circa 250 Personen, nämlich den Betriebsrät_innen der Universitäten. Je stärker sich das politische Geschehen um die Universitäten zugespitzt hat, desto größer war das Interesse am UG02-Blog. Drei Zugriffsspitzen ragen heraus: Anfang Juni 2009, als Minister Hahn die Eckpunkte der Unigesetz-Novelle präsentiert hat. Mitte Juni 2009, als die Regierungsvorlage eingebracht wurde. Und schließlich während der Student_innenproteste im Oktober und November 2009, die unter anderem zur Besetzung des Audimax der Universität Wien geführt haben. In allen drei Fällen verdreifachten sich die sonst im Durchschnitt üblichen Zugriffsraten. Auch nach Hinweisen und Verlinkungen in den Medien stiegen die Zugriffszahlen in die Höhe. Wichtig ist es aber, sich auch zwischen solchen Kampagnen-Höhepunkten durch regelmäßige Blog-Einträge in Erinnerung zu halten, das erleichtert die Mobilisierung, wenn es aktuelle politische Ereignisse erfordern. Zwei Evaluationsversuche der Relevanz des UG-Blogs hat der Blogbetreiber durchgeführt, um den Impakt seiner Arbeit besser bemessen zu können.

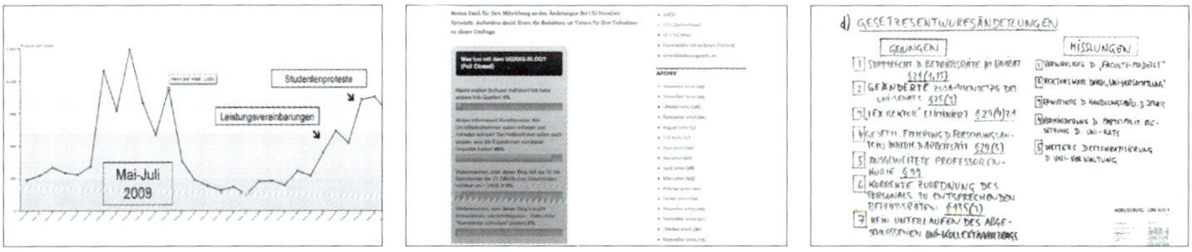

Selbst organisierte Kampagne, selbst organisierte Evaluation

1. *Blogaufrufe: Die sicht- und messbare Zugriffserhöhung im UG02-Diskussionsarchiv während der Kampagne; dann stieg das Interesse wieder, als es um die Leistungsvereinbarungen ging und schließlich die Studierendenproteste losgingen.* 2. *Zu Beginn des Jahres 2010 wurde – auch im Blog selbst – die Frage gestellt, wie es mit dem Diskussionsarchiv weitergehen soll.* 3. *Während eines «Gesellschaftspolitischen Diskussionforums» (GEDIFO) präsentierte der das Diskussionsarchiv betreibende Betriebsrat seine Bilanz, was die Kampagne für eine sinnvolle und breit tragbare UG-Novelle gebracht hat.*

Zum einen war der zeitliche Zusammenhang von hoher Blogzugriffszahl mit eigenen Kampagnenhöhepunkten deutlich (Interventionstätigkeit der Betriebsräte bei politisch Verantwortlichen; Gesetzesentwurfsänderungen). Zum anderen startete der Blogbetreiber Anfang 2010 nach eineinhalb Jahren Laufzeit des Blogs eine Umfrage unter den Leser_innen: *«Was tun mit dem UG02-Blog?»* Das Ergebnis fiel sowohl bei der Abstimmung im Blog als auch im Angesicht vieler darauthin eingehender E-Mails eindeutig aus. Die überwältigende Mehrheit stimmte für die Option: *«Weitermachen, konditionslos. Die Politiker_innen sollen wissen, was Expert_innen von dieser Uni-Politik halten!»*

WAS WAREN KAMPAGNENZIELE, WAS WURDE UMGESETZT?

Der größte anzunehmende Erfolg wäre natürlich die komplette Umsetzung der politischen Ziele, also etwa Rücknahme des Gesetzes oder Sicherstellung und Ausbau der Mitbestimmungsrechte, die Gleichstellung des Mittelbaus, also der Assistent_innen und anderer wissenschaftlicher Mitarbeiter_innen mit den Professoren (und den wenigen Professorinnen). Wir leben in einer Demokratie. Alles ist da selten zu erreichen. Doch wenn man sich anschaut, wie viele Ziele der Blogbetreiber_innen umgesetzt wurden, kommt da schon eine sehr beachtliche Quote heraus. Von zwölf gesetzten Kampagnenzielen #130 wurden hier sieben erreicht und die entsprechenden Punkte gingen als Änderungen in den ursprünglichen Gesetzesentwurf ein. Unter diesen Punkten ist etwa das Stimmrecht der Betriebsräte im Unirat, eine Ausweitung der Professor_innen-Kurie und auch, dass der knapp zuvor abgeschlossene Uni-Kollektivvertrag nicht unterlaufen werden darf sowie die geänderte Zusammensetzung des Uni-Senats, das Ende des 51-Prozent-Diktats der zahlenmäßig kleinen Professor_innen-Kurie. Unerfüllt blieben im Juni 2009 hingegen Forderungen nach einer direkten Wahl der Rektoren durch "Uni-Versammlungen" oder jene nach Verhinderung der parteipolitischen Besetzung der Uni-Räte. Nicht erreicht wurde die Abschaffung der Kurien-Universität und die Vermehrung der Mitbestimmungsmöglichkeiten mittels Verwirklichung des Faculty-Universität-Modells. Manche Kampagnenziele sind weiter aufrecht. Im Sommer 2010 befand sich der Blog wieder mitten in einer

Kampagne zur Abschaffung der Kurienuniversität und zur gesetzlichen Verankerung der Faculty-Universität. Wissenschaftsministerin Beatrix Karl, im Gegensatz zu ihren Amtsvorgänger_innen keine Gegnerin dieses Modells, hat eine ganztägige Konferenz zur Faculty-Universität für Jänner 2011 anberaumt. Sie selbst hält dieses Universitätskonstrukt für ein Mittel zur Attraktivitätssteigerung von universitären Arbeitsplätzen und zur Förderung junger Forscher_innen. Karl, noch als Nationalratsabgeordnete, in einer Enquete im Jahr 2008: *«Das ist deshalb sinnvoll, weil unser Kurienmodell in der heutigen Universität ausgedient hat. Es ist ein historisches Relikt, das ist heute ja schon mehrfach angesprochen worden, wir müssen also davon abgehen.»*

UND NOCH EIN DISKUSSIONSARCHIV MIT GESELLSCHAFTLICHEM MEHRWERT

Nicht an Betriebsräte aller verschiedenen Unis, sondern an das wissenschaftliche Personal der MedUni Wien richtet sich das andere, noch länger laufende Blog, das des Betriebsrats der MedUni. Die Existenz der MedUni Wien als eigene Universität ist eine direkte Folge der Universitätspolitik: Sie wurde mit 1. Jänner 2004 von der Universität Wien abgespalten. Ab 2015 soll eine gemeinsame Betriebsführung MedUni/AKH die Geschäfte übernehmen. Eines der bestimmenden Themen dieses Blogs also: *«Diese eine Seite dient der Information über Fortschritt (oder Stillstand) der Gespräche zwischen Gemeinde, AKH, MedUni Wien und Ministerium über die zu planende gemeinsame Betriebsorganisation und über die Betriebsratsvorschläge dazu.»* Hier besteht eine Situation, in der Universitätsangehörige vom "Arbeitskräfteüberlasser" MedUni dem wichtigsten Krankenhaus Österreichs so zugeschoben werden, die für beide Institutionen und alle Beteiligten Nachteile bringt. Es kommt zu unerlaubten Querfinanzierungen des Krankenhauses durch die Uni. Es kam wiederholt zu gravierenden Arbeitszeitüberschreitungen. Für Lehre und Forschung fehlten die notwendigen Zeitbudgets. Arbeitsplätze an der MedUni Wien wurden in der Folge immer unattraktiver.

Die Betriebsratszeitung und der Einsatz von Karikaturen

1. *Eine Karikatur zur alltäglichen 60- bis 70-Stunden-Woche der Lehrenden und Forschenden und im Krankenhaus Patient_innen behandelnden Universitätsangehörigen einer Medizinischen Universität.* 2. *Vierteljährlich erscheint die Mit-Bestimmung, die Betriebsratszeitung, hier auch mit einer Karikatur am Titelblatt. Im Blog des BR sind sowohl die einzelnen Beiträge als auch alle Ausgaben als herunterladbare PDF archiviert.* 3. *Eine durch Taktik, Hartnäckigkeit und Kampfmaßnahmen des Betriebsrats erzwungene Aufstockung um 150 Stellen an der MedUni rettet nicht nur den universitären Betrieb, sondern auch das größte Krankenhaus Wiens. Das darf nicht ausgesprochen werden, daher wird es gezeichnet.*

Da sowohl Hochschulpolitik als auch erst recht Gesundheitspolitik und die Bedingungen des größten österreichischen Krankenhauses aber Materien öffentlichen Interesses und nicht einfach nur betriebliche Interna sind, stellt das Blog des MedUni-Betriebsrats ebenfalls ein gesellschaftlich relevantes Watchblog und Archiv der Entwicklungen in diesem Sektor dar. Das alles läuft höchst transparent ab, da das Blog im Internet steht – und nicht lediglich in einem nur den Beschäftigten zugänglichen Intranet. Die breite Öffentlichkeit, für die das Blog so zugänglich ist, übt **Druck auf den Betriebsrat** und auch auf den Arbeitgeber aus, politisch korrekt zu bleiben. Und auch dieses Blog kann auf eine erfolgreiche Kampagne zurückblicken. Neben Infos über den Kollektivvertrag und die Verhandlungen, zu Gehaltsabschlüssen, Betriebsvereinbarungen, Arbeitszeit-Regelungen, Aktionsangeboten und Veranstaltungshinweisen dominiert eine Problematik im Blog: die Arbeitszeiten und die Folgen der häufigen Überschreitungen der gesetzlich erlaubten Arbeitszeiten bis hin zu Burn-out als ein viel betreffendes Phänomen. Viele Ärzte am AKH arbeiteten mehr als 72 Stunden pro Woche, ca. 14 Prozent sogar mehr als 100 Stunden pro Woche. Die Kampagne zur Vermeidung dieser damals üblichen Krankenanstalten-Arbeitszeitgesetzüberschreitungen verwendete das *«MedUni Wien-Blog»* als ein wichtiges Mittel zur Bewusstseinsbildung der Arbeitszeitproblematik, gemeinsam mit der Betriebsratszeitung, E-Mail-Aktionen, Betriebsversammlungen und persönlichen Interventionen des Betriebsrats bei Stellen sowohl innerhalb als auch außerhalb des Betriebs. Während dieser Kampagne wurden die höchsten Blogzugriffsraten mit 2.900 Aufrufen pro Monat verzeichnet. Die Kampagne mündete schließlich in der Schaffung von 150 neuen ärztlichen Stellen.

ZUSAMMENFASSUNG

Zwei **Betriebsratsblogs**, ihre wesentlichen Kampagnen-Höhepunkte und Watch-Funktionen werden vorgestellt. Bei der Arbeit am Blog geht es um die thematische und dokumentarische Unterstützung der innerbetrieblich und außerbetrieblich intervenierenden Betriebsrät_innen. Es gelingt in Blog-Evaluationsversuchen einen positiven Zusammenhang zu finden zwischen offline erzieltem Kampagnen-Effekt und der online Kampagnen-Begleitung.

- Vernetzung der Betriebsratskörperschaften derselben Branche mittels Gebrauch eines überbetrieblichen Blogs (z. B. mit Admin- oder Autor_innen-Rechten für BR-Vorsitzende, ...).
- Während der kampagnefreien Zeit ist die Präsenz des Blogs notwendig, um in Erinnerung zu bleiben und bei der nächsten Kampagne umso leichter mobilisieren zu können.
- Blog als Backing für alle aufbauen, die im Feld aktiv sind und für ihre Arbeit auf die Daten zurückgreifen müssen.
- Hartnäckigkeit und Zusammenarbeit der Interessengruppen, um nicht nur im Netz zu agieren, sondern über alle Kanäle und offline zu intervenieren.

- Keine politisch inkorrekten Blog-Artikel einbringen, ist Bedingung.
- Mit den Betriebsratsblogs nicht ins Intranet wechseln! – Bei der im Internet gegebenen öffentlichen Aufmerksamkeit sollte auch der Arbeitgeber in Wort und Tat politisch korrekt bleiben müssen.

Hochschulen, Betriebsrat, Mitbestimmung, Johannes Hahn, Kollektivvertrag, Universitätsgesetz, Wissenschaftssprecher, Österreich, Arbeitszeiten, Professoren, Faculty, Kurienuniversität, Beatrix Karl, #unibrennt

KOMMENTARE

Josef Broukal *sagt:*

Der Blog war für mich die beste Möglichkeit, innerhalb kürzester Zeit die Zielgruppe meines alternativen Gesetzesentwurfs für eine UG02-Novelle zu erreichen. Dieser richtete sich an den Mittelbau der Universitäten und junge Wissenschafter_innen, denen das UG02 die Mitbestimmung und Anerkennung genommen hatte.

Karl Heimbergers Vermutung, dass die Blogleser_innen den Alternativentwurf selbst verbreiten und so bekannt machen würden, hat sich voll bewahrheitet. Die Vergleichbarkeit und Gegenüberstellung auf ug02.wordpress.com/ug-2002-entwurfe hat einiges bewirkt.

Thomas Schmidinger *sagt:* *ig-elf.at*

Blogs wie die beschriebenen tragen wesentlich dazu bei, der durch das UG 2002 entstandenen Intransparenz der universitären Strukturen gegenzusteuern. Breitere Öffentlichkeit erreichen sie aber erst, wenn sie von Journalist_innen zitiert werden. Dafür sind aber – und das zeigen ja auch die hier geschilderten Zugriffszahlen – politische Aktionsformen zentral.

Ohne die Uniproteste hätten sich Tageszeitungen und ORF nie für die Situation an den Unis interessiert. Nur die Proteste der Studierenden, Forschenden und Lehrenden haben dieses Interesse hervorgerufen, ich hab damals einiges in den Zeitungen unterbringen können (bit.ly/schmidinger). Nun liegt es an uns, daraus auch längerfristige Organisationsformen zu stärken, wie die IG Externe Lektor_innen und Freie Wissenschafter_innen und aber auch Studierendengruppen. Dass Aktivist_innen der IG und andere in den Protesten aktive Lehrende nun in den Betriebsrat der Uni Wien gewählt wurden, trägt sicher zur weiteren Transparenz bei, kann aber nicht genügen.

soheyl 'soli' liwani *sagt:* *unibrennt.at*

Im Zuge der Audimax-Besetzung wurde viel kampagnisiert und polemisiert. Für uns war der Gegner in erster Linie das Rektorat der Uni Wien und in zweiter Linie das Wissenschaftsministerium unter Johannes Hahn. Viele Lehrende und auch die Betriebsräte fast aller Unis haben sich den Protesten angeschlossen und mitgeholfen, die Gesprächsverweigerung des Ministers Hahn, der Politik und des Rektors Winckler in der Öffentlichkeit anzuprangern.

Ich finde es wichtig, dass die Zustände an unseren Unis von allen unterschiedlichen Gruppen in allen möglichen Aspekten beschrieben werden. Und wer sich ein konsistentes Bild machen will, findet viel im Netz. Ich habe bei der bit.ly/ug02umfrage im Winter 2010 auch "unbedingt weitermachen" angeklickt und hoffe, dass das UG02-Diskussionsarchiv noch lange weiter dokumentiert!

Kurt Grünewald *sagt:* *facebook.com/kurtgruenewald*

Die Universitätsreform brachte eine Hierarchisierung und zunehmende Ökonomisierung der Universitäten. Teilhabe, Mitgestaltung und Identifizierung wurden durch den Ausschluss wesentlicher Player aus Entscheidungsprozessen erschwert. Statt teamorientierte Universitäten als Orte der kritischen Auseinandersetzung entstanden so kaum mehr hinterfragte autokratische Strukturen, und vordergründige Nützlichkeitserwägungen bestimmten zunehmend die Debatte. Eine gemeinsame Kurie der Hochschullehrer_innen macht ohne Reform der Entscheidungsstrukturen keinen Sinn. Studierende wie wissenschaftliche Mitarbeiter_innen sind mehr als nur Produktionsmittel und ihre Fähigkeiten und ihr kreatives Potenzial gehören genutzt. Nicht einigen Einzelnen verliehene Macht, sondern die besseren Argumente sollen die Zukunft der Universitäten bestimmen. Dazu aber sind die Mächtigen zu feig und zu ängstlich.

solidarische Grüße, Kurt Grünewald

Peter Schöffmann *sagt:* *metrobetriebsrat.info*

Servus Karl, Glückwunsch zum Blog und Respekt vor deiner Arbeit und den Erfolgen. Weil's amal g'sagt g'hört!

Kennengelernt haben wir uns ja, ist schon eine Zeit her, bei einem Blog-Seminar des VÖGB im Winter 2008. Erinnere mich noch, du hast mit dem klingenden Kurznamen "Betriebsrat des Wissenschaftlichen Personals der Medizinischen Universität Wien" das muw-betriebsrat.at-Blog angefangen. ;-) Und ich hab mit unserem BR-Blog der Metro Cash & Carry losgelegt. Jetzt stehen wir bereits bei 3 Jahren BR-Blog-Geschichte. Damit nicht ausgelastet, hast du also noch ein Diskussionsarchiv ug02.wordpress.com auf die Beine gestellt, nicht nur für das Personal der Universitäten, sondern ein WatchBlog zur Universitätsproblematik an sich.

Wenn sich mit der Aktivität eines Blogs Arbeitsplätze schaffen lassen, wenn ein Blog Denkanstöße gibt und Richtungsänderungen bewirkt – dann, Freunde und Weggefährten, kann das was!

über.morgen *sagt:* *uebermorgen.at*

Inzwischen wurde schon einige Novellen zum UG2002 beschlossen und das Diskussionsarchiv ist noch immer die beste Adresse, wenn man detaillierte Informationen zu diesem Thema sucht. Vom Fachwissen von Betriebsrat Heimberger hat sich die über.morgen auch in einem Interview überzeugen können. Wir sprachen mit ihm über die Bildungspolitik der ÖVP und deren Auswirkungen auf die medizinische Versorgung der Stadt Wien, nachzulesen unter: bit.ly/heimberger.

Die monatlich erscheinende Zeitung über.morgen ist selbst aus #unibrennt hervorgegangen und an der österreichischen Hochschulpolitik besonders interessiert. Das Diskussionsarchiv bleibt damit eine wertvolle Quelle für uns.

HEUL NICHT! SAG WAS!

Der Interessenkonflikt Arbeitgeber_innen vs. Arbeitnehmer_innen im Netz

«Die Geschäftsführung weist darauf hin, dass im Jahr 2003 Datenschutz gesellschaftlich noch nicht so sensibel betrachtet worden sei wie heute. Aus heutiger Perspektive würden wir das anders machen. Es ging damals darum, Arbeitsplätze zu sichern.»

Rechtfertigung für jahrelange heimliche Videoüberwachung der Angestellten

Eine Entlassung, die ausgesprochen wird, weil das Management kein Mitarbeiter_innen-Blog akzeptieren will. Ein Internetforum, das rund um die Uhr attackiert wird, weil es *«negative Unternehmensnachrichten»* sammelt. Eine Abmahnung durch die Geschäftsführung, weil ein Betriebsrat über die Gesundheitsrisiken von Schichtarbeit informiert. "Codes of Conduct", die Angestellten von Konzernen "auf's Aug gedrückt werden" und die niemand dahingehend überprüft, ob sie sittenwidrig und mit dem jeweiligen nationalen Rechtssystem vereinbar sind. Ein nicht angefochtenes Urteil in erster Instanz, das dem Betriebsrat pauschal jede Äußerung im Internet verbietet. Angestellte, die gekündigt werden, weil sie auf ihren privaten Facebook-Pinnwänden geäußert haben, dass ihre Arbeit langweilig ist, oder im Krankenstand gepostet haben, dass sie krank sind. Personalverantwortliche, die bei Anstellungsgesprächen ausgedruckte, via Internet recherchierte Bilder der Bewerber_innen auf dem Tisch liegen haben, *«weil aufschlussreich und spannend ist, wie die Bewerber_innen mit dieser Situation umgehen»*. Eine Kündigung, weil mensch sich in einem während der Arbeitszeit geschriebenen E-Mail erdreistet hat, der Hilfe suchenden Kollegin die Kontaktaufnahme mit der Arbeiterkammer zu empfehlen. Die Umfrage in der Firma, bei der auch Fragen über eigene Social Media-Accounts zu beantworten waren und seit der manche Mitarbeiter_innen nun Memos bekommen, was sie posten, verlinken und wo sie kommentieren sollen. Und die heimliche Installation von Überwachungskameras in den Büroräumen? Natürlich eine angebrachte Maßnahme zur Sicherung von Arbeitsplätzen.

KONTROLLBEDÜRFNIS DER UNTERNEHMEN UND DIE SELBSTZENSUR

Es gibt viele Beispiele dieser Art. Sie alle haben einen Kern: Der strukturelle Interessenkonflikt zwischen Arbeitnehmer_innen und Arbeitgeber_innen manifestiert sich natürlich auch im Internet, wegen des Internets und anhand der Arten und Weisen der Internetnutzung beziehungsweise der Einschränkungen und Einschränkungsversuche der Nutzung. Gleich vorab können wir ein paar Punkte klarstellen, über die wohl weitestgehender Konsens besteht.

1. Das Internet ist kein rechtsfreier Raum. Das wissen selbst die Politiker_innen, Feuilletonist_innen und die Interessenvertreter_innen der Industrie, die seit Jahren huldvoll dem Meme #209 *«Das Internet darf kein rechtsfreier Raum sein»* huldigen.

2. Unternehmen stehen in einem wirtschaftlichen Wettbewerb und haben sowohl begründetes Interesse daran, dass wichtige Informationen nicht nach außen dringen, als auch ein begründetes Interesse an einer vorteilhaften Außendarstellung. Sie wollen Informationen und Kommunikation kontrollieren und haben in einigen Bereichen und in Maßen auch das Recht dazu.

3. Im Internet sind (auch) die bereits errungenen Menschen- und Bürgerrechte nicht außer Kraft gesetzt. Wir denken da zum Beispiel an das Briefgeheimnis, an Persönlichkeitsrechte, Meinungsfreiheit, Informationsfreiheit, durchaus aber auch an die "sozialen Menschenrechte".

4. Der Umstand, dass wir Lohnabhängige sind oder Werkverträge mit Unternehmen haben und auf Honorarbasis "abhängig" sind, kann unsere Rechte nicht außer Kraft setzen, ebenso wenig wie unsere Meinungs- und Informationsfreiheit uns dazu berechtigen würden, Unternehmensgeheimnisse preiszugeben oder haltlose Gerüchte zu verbreiten. Wenn wir uns auf diesen Konsens einigen können, ergibt sich eine zwingende Konsequenz. Wir müssen uns im Prinzip im Internet frei informieren und äußern können, nämlich unabhängig davon, ob wir Angestellte oder Vertragspartner_innen sind, und wir müssen uns dabei selbstverständlich innerhalb der Regelwerke der Gesetze und Vereinbarungen bewegen, müssen uns ebenso abgrenzen und schützen können wie das auch Unternehmen können müssen. Das bedeutet nichts anderes, als dass die Sachlage komplex ist und es in Konfliktfällen fast immer Abwägungssache ist, was ein Unternehmen darf und was die Angestellte, der Honorarnehmer oder die Betriebsratskörperschaft.

Ein weiteres Beispiel: Auf dem Bildschirm des Firmenlaptops öffnet sich plötzlich ein Pop-Up-Fenster. Das Pop-Up bleibt im Vordergrund, wegklicken geht nicht. Im Fenster ein langer umfangreicher Vertragstext der Konzernzentrale in den USA, vor dessen Unterzeichnung keine Weiterarbeit möglich ist. Es handelt sich offensichtlich um die Social Media #009 -Policy des Pharmariesen, natürlich in amerikanischen Englisch und selbstverständlich nicht an in Deutschland oder Österreich geltendes Recht angepasst. Aktiviert hat das Pop-Up offensichtlich der Versuch der Betriebsratsvorsitzenden, sich in ein Blog #335 einzuloggen. Das Unternehmen erfasst also automatisiert das Ansurfen von Social Media-Plattformen und blockiert jede Chance zur Weiterarbeit, bevor es sich nicht mit einem in dieser Situation aufgezwungenen Vertragswerk abgesichert hat. Gerechtfertigt? Verständlich? Denkst du vielleicht, wenn du das liest: *«Was macht die Betriebsrätin am Firmenlaptop auch mit einem Blog, darf die das?»* Oder eher: *«Wie kommt der Konzern dazu, einseitig und ungeprüft Verhaltensregeln für Social Media oder allgemeine "Internet-Nutzung" vorzuschreiben.?»* Wenn wir uns fragen, *«Dürfen die das denn?»*, meinen wir dann eher die Arbeitgeber_innen-Seite oder die Arbeitnehmer_innen? Der gegenwärtige gesellschaftliche Tenor spricht deutlich dafür, dass die Unternehmen "dürfen" sollen. Und sind Angestellte nicht an ihren Kündigungen selbst schuld, wenn sie ein falsches Wort auf ihren

Facebook-Pinnwänden #094 posten? Selbst für Videoüberwachung, Knebelverträge und routinemäßiges Scannen der E-Mails aller Mitarbeiter_innen gibt es ein bisweilen breites Verständnis – oder anders: der breite öffentliche Protest hält sich stark in Grenzen. Es wird schon seine Richtigkeit haben. Das Unternehmen steht immerhin im Wettbewerb und muss sich schützen. «*Angestellte können leicht einmal etwas über das eigene Unternehmen sagen, was sich via Internet dann schnell verbreitet. Den Schaden hat dann das Unternehmen!*» Diese Sichtweise ist so verbreitet und unwidersprochen, dass sie selbst auf Arbeitnehmer_innen-Seite von vielen geteilt wird.

Die Urheber negativer Unternehmensnachrichten

1. Mit dem Smartphone beim "Capital Market Day" für Investoren aufgenommen und auf YouTube gestellt: ein Telekom-Vorstand erklärt, wie das Management teure Mitarbeiter_innen schon mürbe bekommen wird. Nachdem sich das Video im Internet viral #209 *verbreitet, berichten auch die Nachrichten. 2. Ein Unternehmen bespitzelt die Mitarbeiter_innen mit versteckten Kameras und liest E-Mails mit. Kein Einzelfall. Selten ist die Begründung allerdings so entwaffnend, wie im Zitat zu Beginn dieses Beitrags. 3. Die ARD Tagesthemen berichten vom Fall der Kassiererin, die zwei Leergutbons um insgesamt € 1,30 gestohlen hat. Das Wording der Firmenleitungen klingt in all diesen Fällen sogenannter Bagatelle-Kündigungen gleich, ob es sich um zwei Fleischlaibchen, drei Semmeln oder 80-Cent-Essensbons handelt: der «immense Vertrauensverlust» mache eine Weiterbeschäftigung unmöglich.*

NEGATIVE UNTERNEHMENSNACHRICHTEN IM INTERNET

Die neuen Medien haben es tatsächlich schwieriger gemacht, ein perfektes Marken- und Firmenimage sicherzustellen. Die Abteilungen für Öffentlichkeitsarbeit müssen laufend auf der Hut sein, aufpassen und Monitoring betreiben. Das Internet ist ein Risikofaktor. Jederzeit kann irgendwo missliebige Information auftauchen. Ob Gerüchte oder Fakten, das ist vorerst einmal nachrangig. Unkontrollierte Information kratzt jedenfalls an der Reputation. Es braucht so wenig. Zum Beispiel beruhigt der Telekom-Vorstand und Personalchef Gernot Schieszler eigentlich überzeugend den besorgten Investor, dass es natürlich Wege gäbe, teure Mitarbeiter_innen loszuwerden und dass man seitens des Vorstands die notwendige Kompetenz und Kreativität sicherlich habe. Ökonomisch betrachtet logisch. Möglicherweise handelt es sich auch um ein Kommunikationsgebaren, das dem Publikum der Shareholder-Veranstaltung gerecht wird und die Reputation des Unternehmens unter den geladenen Investor_innen hebt. Dass daraus ein Skandal wird, liegt allein an einem Smartphone, einem Besucher, der sich nicht an die Regeln hält, und vor allem am Internet. Der Besucher hätte die Ausführungen des Vorstands nicht filmen dürfen, aber Smartphones sind so klein, dass er nicht bemerkt wurde. Einmal auf YouTube #201 hochgeladen, war es zu spät. Das Unternehmen reagiert schnell und «*das Video ist aufgund des Urheberrechtsanspruchs von Telekom Austria TA AG (Inc) nicht mehr verfügbar*». Aber der Link und die Aufregung haben sich via Twitter #166 noch schneller verbreitet und schon gehen mehrere Kopien des Videos auf anderen Accounts online. Der Schaden, der durch das unbefugte Filmen des "Capital Market Day" und die ebenso unbefugte Veröffentlichung des Doku-Videos erwächst, ist enorm. Aber selbst wenn wir außer Acht lassen, dass auch dadurch die Volkswirtschaft irgendwie angekurbelt wird, weil die Branche der Krisen-PR und die Berater_innen für Unternehmenskommunikation so ihr überdurchschnittliches Einkommen aufbessern können, stimmt das? Wenn ein Unternehmen ins Gerede kommt, weil es das Arbeitszeitgesetz immer wieder verletzt, hat das Unternehmen dann den Schaden, weil die Arbeitnehmer_innen hörbar stöhnen? Oder ist der Grund, dass das Management das Arbeitszeitgesetz laufend missachtet? In der Regel wird nicht danach gefragt, wer für negative Nachrichten ursächlich verantwortlich ist. Selbstverständlich ist lediglich, dass sie den Pressesprecher_innen und Eigentümer_innen Bauchschmerzen bereiten. Niemand kann das so gut nachvollziehen und mitfühlen wie die Berufsgruppe der Öffentlichkeitsarbeiter_innen. Ihr Tätigkeitsfeld ist nicht die Ursachenforschung. Sie setzen sich nur mit der Kommunikationsebene auseinander. Der Hintergrund negativer Informationen geht sie nichts an, sie müssen die Public Relations optimieren, das Unternehmen ins rechte Licht rücken, egal wie es hinter den Kulissen wirklich aussieht. Jede negative Unternehmensnachricht wird denn auch von einem Heer an PR-Fachleuten, Wirtschaftsjournalist_innen und Social Media-Expert_innen aufgegriffen. Unverzüglich wird in Blogs erörtert, wie das Unternehmen reagieren müsste, um Schaden einzudämmen. Gemeint ist der Außenauftritt, die externe Kommunikationsebene. Den ersten mitfühlenden Ratschlägen folgen die Tipps auf den Fuß, wie das Unternehmen sich gegen "Leaks" absichern sollte. Das höchste Risiko wird meist bei den kommunikationsfreudigen Arbeitnehmer_innen ausgemacht, die in den Sozialen Netzwerken #341 unbedacht etwas preisgeben könnten. Social Media-Policies sollen hier Abhilfe schaffen. Helfen können solche Regelwerke oder Leitlinien durchaus; abhängig davon, wie sie zustande gekommen sind, kommuniziert und gelebt werden. Was bei der Fülle an guten Ratschlägen, Literatur und Debatten zu Social Media-Policies jedoch auffällt ist, dass so gut wie nie ein Gedanke an die Vereinbarkeit mit dem Arbeitsrecht und der Betriebsverfassung verschwendet wird. Aber wer weiß umgekehrt schon, dass es zum Beispiel Betriebsvereinbarungen zu Internet gibt, dass die Nutzung des Internet in Betrieben eigentlich der Zustimmung des Betriebsrats bedürfte, dass diese Vereinbarungen den Rang von Verträgen haben und ausverhandelt werden und dass ein Unternehmen daher nicht einfach einseitig Policy festlegen und zu Regeln verpflichten kann, die – siehe oben – grundlegende Rechte von Bürger_innen berühren.

DIE HEGEMONIE DER PUBLIC RELATIONS-SPRACHREGELUNGEN

Die Energie, die in die Bearbeitung und Kontrolle der "Public Relations" geht, ist faszinierend. Die Sparte der Kulturindustrie brummt. Das zeigt gleichzeitig noch etwas wesentlich Wichtigeres: es darf keine negativen Meldungen geben und jeder Aufwand ist recht, um diese zu vermeiden. Alles andere als positive Informationen und Sprachregelungen sind in der öffentlichen Arena Tabu. Das Schönreden ist hegemonial. Organisierten Widerstand gibt es kaum. In den Zeiten der New Economy zur Jahrtausendwende stemmt sich die Website *«dotcomtod»* (DCT) gegen die Euphorieblase im New Economy Hype. In dieser Zeit wird gelogen, dass sich die Balken biegen. Die Betreiber_innen wollen eine Art mediales Fenster aufmachen, an das jede_r herantreten kann, um die schlechte Luft aus den miefigen Chefetagen zu lassen. Die Website geht auf die Inspiration dieses Berichts über slashdot.org zurück, einem frühen auf freier Software #248 basierenden Nachrichtenportal der Netzgemeinde, und wird zwischen 2000 und 2004 zu einer der wichtigsten im deutschsprachigen Internet. DCT erreicht mit zunehmender Bekanntheit, dass Pressesprecher_innen oder auch Vorstandschefs aus ihren Elfenbeintürmen klettern müssen. Lange bevor zuerst Blogs und später Twitter diese Funktion übernehmen, wird *«dotcomtod»* zu einem Ventil des Luftablassens, bis die Website 2004 vom Netz genommen wird. Als Nachfolgeprojekt stemmt sich *«BooCompany»* gegen die Hegemonie der PR-Kommunikation über und von Unternehmen. Die neue Seite beschränkt sich nicht mehr auf die New Economy, sondern widmet sich allen Branchen der Privatwirtschaft. Ebenfalls lange vor Facebook, Twitter & Co. wird Chefduzen.de gegründet, das *«Forum der Ausgebeuteten»*, ein Forum, auf dem Beschäftigte aus allen Bereichen der Arbeitswelt sich über Lebens- und Arbeitsbedingungen austauschen. Das Forum bringt immer wieder Fallbeispiele und Erlebnisberichte online und wird besonders unter Zeitarbeiter_innen, Prekarisierten und Arbeitslosen genutzt, die aus erster Hand von ihren Erfahrungen auf Arbeitsämtern und in Kursen berichten. Es dauert nicht lange, bis es Chefduzen-Foren auch in der Schweiz und Österreich gibt. 2006 wird das *«Whistleblower-Netzwerk e. V.»* zur Beratung und Betreuung von Personen gegründet, die innerhalb von Betrieben und Organisationen mit Missständen konfrontiert sind und nicht wissen, ob und wie und wo sie diese Missstände melden sollen. Mit whistleblower-net.de stellt der Verein eine Plattform zur Information, Beratung und Kontaktaufnahme bereit. Mit Netzwerk IT gibt es eine weitere offene Plattform für Beschäftigte und Erwerbslose, die sich hier in Projekten zusammenschließen können, zum Beispiel zum gemeinsamen Widerstand gegen Entlassungen oder um die Wahl eines Betriebsrates unter schwierigen Bedingungen vorzubereiten.

BOOCOMPANY – EXITORIENTIERTE UNTERNEHMENSMELDUNGEN

Ein "BOO" ist eine allgemeine negative Nachricht mit online verfügbarer Quellenangabe. Die Community-Plattform *«BooCompany»* sammelt ausschließlich solche negativen Unternehmensmeldungen. Boos können gemeldet und selbst eingetragen werden. In Kategorien #158 wie *«Insider»*-Meldung oder *«Final»* für Nachrichten zu Insolvenzen sind sie auf der Plattform dokumentiert. Die Leute können nachlesen, was alles passieren kann und worüber niemand reden will. Inzwischen ist die Chronik eine Art digitales schlechtes Gewissen, ein WatchBlog #059 über fragwürdiges Geschäftsgebaren. Ein Teil der Website ist das Verbraucherschutzforum von BooCompany *«Abgezockt im Internet? Heul nicht! Sag was!»*, in dem User_innen sich fünf Jahre lang um die Aufklärung zu Machenschaften von Abzockerbanden gekümmert haben. Seit 2011 gesperrt, stellte es ebenfalls ein Archiv über Geschäftspraktiken und Verbraucher_innen-Schutz dar. Immer wieder wurden BooCompany die Server eingerannt. Zum einen von Mitarbeiter_innen von Unternehmen, die wissen wollten, was in ihren Häusern vorgeht oder, nachdem sie von Problemen meistens zuletzt erfahren, was bei ihnen vorging. Zum anderen aber auch regelmäßig durch DDoS-Angriffe auf die Website und das Forum, weil *«BooCompany»* ganz offensichtlich manchen Menschen ein Dorn im Auge war. Nur von zwei Personen betrieben, lebte die Plattform den Angriffen zum Trotz von der Mitarbeit der Community und hat sich immer wieder des Problems von Nazis auf Facebook angenommen und die Lügen von Manager_innen und Eigentümern aufgedeckt. Ein Erfolg ist der Tag, an dem Hademar Bankhofer wegen Schleichwerbung aus dem Morgenmagazin der ARD ausscheiden musste. Den Anstoß hatte ein "Boo" auf der Plattform geliefert, die Aufdeckungsarbeit wurde im Forum kollaborativ betrieben, Blogger_innen hatten das Thema aufgegriffen und über einen längeren Zeitraum hinweg verhindert, dass die Verdrängungsmaschinerie die ebenso unangenehme wie symptomatische Geschichte aussitzen konnte.

Allen Projekten sind Eigenschaften und Rahmenbedingungen gemein. Es geht zuallererst um Hilfe und Unterstützung unter Kolleg_innen, eigentlich um Selbsthilfe der Lohnabhängigen, um Selbstorganisation in ausgesetzten Situationen und Umfeldern, um Selbstermächtigung gegen hegemonialen Druck und die Seggregation der Schwächeren und Störenden. All diesen Projekten ist daher auch gemein, dass sie großen Wert und Achtsamkeit auf **Datensicherheit** und Anonymisierung legen müssen. Wer Probleme mit dem Kontrollbedürfnis von Unternehmen hat und sie artikuliert, stört und setzt sich aus – unter anderem einigem Risiko. Das gilt keineswegs nur bei Arbeitgeber_innen der Privatwirtschaft. Aussagen, die als negative Unternehmensnachrichten aufgefasst werden, werden machtvoll angegriffen. Das beginnt bereits vor der Veröffentlichung von Informationen und fängt schon beim Aufbau **unabhängiger Kommunikationskanäle** an, die von Unternehmen und Arbeitgeber_innen als riskant eingestuft werden. Die wesentlichste in diesem Zusammenhang zu stellende Frage ist eine sehr grundlegende und sie birgt weitreichende Implikationen: Darf es keine negativen Unternehmensmeldungen geben oder muss es negative Unternehmensmeldungen geben dürfen?

WENN DER BETRIEBSRAT IM NETZ SICHTBAR WIRD

Als 2009 der Betriebsrat einer Landesorganisation der österreichischen Arbeiterkammer ein **Blog des Betriebsrats** einrichtet und die Belegschaft über Impfaktionen, den Betriebskindergarten und Fußballturniere informiert, gehen in der Arbeitnehmer_innen-Vertretung die Wogen hoch. Ein Abteilungsleiter erklärt wütend, dass ein Betriebsrat kein Recht habe, im Internet sichtbar zu sein, und zwar unabhängig davon, ob die Seite durch Suchmaschinen auffindbar ist oder nicht. Die Blogbetreiber_innen wissen es zwar erstens besser und führen zweitens das Blog so, dass es der Arbeiterkammer zur Ehre gereicht. Nach einiger Zeit entscheiden sie sich dennoch freiwillig dazu, die Website hinter einem Generalpasswort zu verbergen. Die Zeit ist noch nicht reif und die allgemeine Verunsicherung zu groß. Ähnlich verheerend für eine zeitgemäße Betriebsratspraxis, aber schon ein Jahrzehnt zurückliegend, sind die Auswirkungen einer Entscheidung des Arbeitsgerichts in Paderborn in Deutschland. Dort setzt ein Betriebsrat bereits 1998 eine Website auf, nachdem das Unternehmen der Belegschaftsvertretung keinen Raum im betrieblichen Intranet zugestehen wollte. Das Management klagt umgehend und wird vom Arbeitsgericht Paderborn in der Meinung bestätigt, dass ein Betriebsrat prinzipiell kein Recht auf eine Website habe. Zu einer Anfechtung dieser merkwürdigen Entscheidung kommt es aufgrund eines Vergleiches, bei dem der Betriebsrat die ihm zustehende Infrastruktur zugesichert bekommt, nicht. Die Entscheidung mitsamt der darauf Bezug nehmenden Kommentarliteratur hat dazu geführt, dass nur sehr wenige Betriebsräte eine Website betreiben, zumindest nicht sichtbar und der Allgemeinheit zugänglich. Der allgegenwärtigen Öffentlichkeitsarbeit der Unternehmen steht so gut wie keine sichtbare Informationstätigkeit der Arbeitnehmer_innen gegenüber. Im Mai 2010 wird ein Betriebsrat von der Unternehmensleitung schriftlich aufgefordert, einige Blogbeiträge vom Netz zu nehmen, so wie auch alle Hinweise beziehungsweise Links zu diesen Beiträgen auf Twitter und Facebook. Eine knappe Frist wird gesetzt, andernfalls würden rechtliche Schritte unternommen. In den Beiträgen geht es um Schichtpläne. Der Vorwurf der Geschäftsführung lautet, der Betriebsrat würde Arbeitsrechtsverletzungen behaupten und durch das Online-Stellen von Schichtplänen Betriebsinterna veröffentlichen. Das Betriebsratsblog ist der Geschäftsführung im Übrigen ein Dorn im Auge, und zwar bereits seit es im Herbst 2009 vom Betriebsrat vorgestellt wurde. Mit dem Betriebsratsmitglied, das die Online-Auftritte bespielt, wird kaum mehr kommuniziert. Jetzt meint das Management, mit zwei Blogbeiträgen aus dem März und April 2010 zu gesundheitlichen Risiken von Schichtplänen etwas in der Hand zu haben. Der

Stress für die Betriebsratsmitglieder ist groß, aber sie halten dem Druck stand. Die Anschuldigungen der Geschäftsführung werden zurückgewiesen, die Einträge nicht vom Blog genommen. Stattdessen werden sie um Zusätze ergänzt. In roter Schrift hervorgehoben ist nun einleitend auf ihnen zu lesen, *«Es geht in diesem Posting nicht um das Aufzeigen von Verstößen gegen das österreichische Arbeitszeitrecht oder gegen gesetzliche Bestimmungen, die sich aus dem Kollektivvertrag ergeben, sondern um die Vorstellung eines aus unserer Sicht äußerst nützlichen Onlinetools für die Analyse von Schichtplänen bzw. um die Bewertung eines Schichtplanes aus ergonomischer Sicht.»* Was steht tatsächlich in den inkriminierten Blogeinträgen? Der Betriebsrat macht auf eine Webseite des Bundesministeriums für Arbeit und Soziales in Deutschland aufmerksam. Die Seite inqa.de bietet unter anderem ein Analysetool an, mit dem Schichtpläne online nach Gesundheitsrisiken und Optimierungspotential analysiert werden können. Keine Rede von Betriebsinterna. Aber als "Bestrafung" erklärt die Geschäftsführung dem Betriebsratsvorsitzenden, dass sie mit seinem Stellvertreter nicht mehr reden werden.

PACK ZUSAMMEN, DU BRAUCHST GAR NICHT MEHR ZU KOMMEN

An einem Freitag zu Sommeranfang 2008 stehen die Geschäftsführerin und der Prokurist eines Unternehmens der IT-Branche im Büro des Betriebsratsvorsitzenden. Sie legen ihm ein Forderungspaket vor, geben ihm zu verstehen, persönlich sehr von ihm enttäuscht zu sein und teilen als letzten Schritt vor dem Wochenende mit, dass sie beim Arbeitsgericht die Zustimmung zur fristlosen Entlassung beantragt haben. Parallel wird die Belegschaft mittels E-Mail-Verteilers #350 von der Entlassung in Kenntnis gesetzt: der Betriebsrat habe sich unglaublichen Geheimnisverrat zu Schulden kommen lassen. Davon werden im E-Mail nicht nur die Mitarbeiter_innen, sondern sogar weitere Personen in anderen Teilen des multinationalen Konzerns informiert. Zwei Tage zuvor hatte der Betriebsrat seinerseits in einem E-Mail-Verteiler an alle Kolleg_innen das neue Betriebsratsblog vorgestellt. In den 48 Stunden dazwischen arbeitet die Geschäftsführung an der Begründung für eine Entlassung. Geht die Entlassung durch, verliert der Betriebsratsvorsitzende einen Abfertigungsanspruch von 22 Dienstjahren. Die Anschuldigungen sind gravierend und es sind viele, dennoch wird die Entlassung von der Gewerkschaft angefochten. Dreieinhalb Monate später wird der Betroffene in einer E-Mail-Aussendung rehabilitiert, zu der sich die Geschäftsführung im Vergleich schließlich verpflichten muss. Die Anschuldigungen werden zurückgenommen. Der Arbeitsrichter wollte zuvor das Verfahren gar nicht zulassen, die Geschäftsführung den Betriebsrat aber mit allen Mitteln loswerden. Welche Verfehlungen werden geltend gemacht? Der Betriebsrat habe "Codes of Conduct" verletzt, Betriebsvereinbarungen zugänglich gemacht, habe die Persönlichkeitsrechte der Mitarbeiter_innen verletzt, Geschäftsgeheimnisse verraten, habe die Daten auf einem US-amerikanischen Server liegen und habe außerdem ein Passwort für den geschützten Bereich verwendet, das leicht zu knacken sei. Alle diese Anschuldigungen zerbröseln. Die "Codes of Conduct" gelten in anderen Konzernteilen, sind aber in dieser Tochter nie verlautbart worden. Das versucht die Geschäftsführung eine Woche später eilig nachzuholen. Die Betriebsvereinbarungen sind in einem passwortgeschützten Bereich, nur dass der H&R-Verantwortliche sich dieses Passwort erbeten hat. Der Betriebsratsvorsitzende wollte es zuerst nicht weitergeben und hat deswegen extra die Gewerkschaftssekretärin eingeschaltet. Aber der H&R-Verantwortliche der österreichischen Konzernmutter geht als betriebsnahe durch. So bekommt die Geschäftsführung Zugang zum geschützten Bereich. Nun kann argumentiert werden, das Passwort sei zu leicht zu knacken, die Betriebsvereinbarungen liegen also offen. Die angebliche Verletzung von Persönlichkeitsrechten ist besonders bemerkenswert. Der Betriebsrat hat zwei Alben zweier Betriebsausflüge auf Flickr #149 angelegt und diese verlinkt. Aber es lässt sich bei allem

Druck von oben auch in den nächsten Monaten niemand im Betrieb finden, der eine Verletzung seiner oder ihrer Persönlichkeitsrechte sieht. Übrig bleibt, dass die Geschäftsführung eine fristlose Entlassung – ein viel dramatischeres Mittel als eine Kündigung – mit der Verletzung von Persönlichkeitsrechten begründet, die paternalistisch im Namen von Mitarbeiter_innen geltend gemacht werden. Als im Arbeitsgerichtsverfahren dann anhand einer Rechnung und eines Gutachtens ersichtlich wird, dass der Auftrag an einen Ziviltechniker gegangen ist, die Seite zu hacken, gibt die Geschäftsführung auf. Einer der Gründe, warum sie so hartnäckig Verfehlungen konstruieren wollte: Sie hatte gleich zu Beginn eine schwerwiegende Verletzung der Business Conduct Guidelines an die Meldestelle des Großkonzerns in München gemeldet. Diese Meldestelle und die Business Conduct Guidelines hatte der bekannte Konzern erst in den Jahren zuvor nach den großen Schmiergeldaffären und Korruptionsskandalen verschärft. Die Guidelines zielen auf das obere Management ab, nicht auf Belegschaftsvertreter_innen. Der Geschäftsführung ist die Meldung nach München offenbar lange Zeit peinlich, dass da doch nichts dran ist. Nach der Beendigung des Verfahrens im Vergleich braucht die Geschäftsführung zwei Jahre, um wieder mit dem Betriebsratsvorsitzenden zu reden. Der wiederum hat sich dazu verpflichtet, das Blog geschlossen zu lassen; und mehr als ein Jahr gebraucht, um sich vom psychischen Stress und den Folgen eines drastischen Burn-Outs zu erholen.

Die Kontrollgesellschaft lässt grüßen.

1. *BooCompany ist Unternehmen ein Dorn im Auge. Die Plattform wird regelmäßig attackiert. Anwälte verschiedener kontrollsüchtiger Unternehmen greifen sich regelmäßig unbeteiligte Personen aus dem Kreis der Sympathisant_innen heraus, um ihnen mit Klagen zu drohen. Damit ist allerdings noch niemand durchgekommen.* 2. *Ein nützlicher Dienst für die Betroffenen, wenig interessant für andere, eine Informationsseite für Schichtarbeiter_innen. Ein Unternehmen mit Schichtbetrieb würde gerne bereits den Verweis auf solche allgemeinen Informationen unterbinden.* 3. *Prof. Wolfgang Däubler stellt sein neues Buch «Gläserne Belegschaft» vor: Wie viel dürfen Arbeitgeber kontrollieren?*

DER MAULKORB, EIN NÜTZLICHES DING BEI BISSIGEN HUNDEN

Es gibt auch positive Fallgeschichten rund um Konflikte zwischen Arbeitgeber_innen und Arbeitnehmer_innen zu berichten. Es ist eines der allerersten Betriebsrats-Blogs, das da im Herbst 2007 für die Angestellten einer Fabrik in Wien online geht. Das Blog berichtet von Dart- und Tischfußball-Turnieren, wünscht einmal im Monat den Geburtstagskindern des Folgemonats alles Gute, veröffentlicht einen Nachruf auf eine Kollegin, die den Kampf gegen die Krankheit verloren hat, stellt den neuen Lehrling vor, weist auf einen Gesundheitstag oder ein Service der Arbeiterkammer hin. Im Winter 2008 wird für die Handvoll betriebsfremden Blogbesucher_innen allerdings auch klar, dass die Fabrik in eineinhalb Jahren liquidiert wird. Die offizielle Presseaussendung der Konzernzentrale aus Hamburg lässt keinen Zweifel. In der Folge mischt sich hie und da die simple Information zwischen Berichte von Freizeitaktivitäten, dass der Sozialplan verhandelt wird. Im

März folgt dann eine neue Art von Eintrag, *«Sitz, Platz, brav ...»*, überschrieben und von Vor- und Nachteilen von Maulkörben für Hunde philosophierend. PR-Abteilung, Geschäftsführung und Konzernzentrale haben den Betriebsrat wiederholt mit sanftem Nachdruck gebeten, das Blog vom Netz zu nehmen. Dieser hat es überhaupt erst eingerichtet gehabt, weil im Intranet kein Platz für den Betriebsrat war. Jetzt, wo ihm dieser angeboten wird, ist er mit dem Blog aber ganz zufrieden. Die Sozialplan-Verhandlung geht in diesem Betrieb besonders reibungslos von dannen, der ausverhandelte Sozialplan ist generös. Im Blog wird weiter von Dartturnieren berichtet.

ZUSAMMENFASSUNG

Privatwirtschaftliche Unternehmen, aber auch Arbeitgeber_innen im öffentlichen und im Non-Profit-Sektor, noch allgemeiner formuliert einfach "Chefs", das Management und die für Unternehmenskommunikation zuständigen Abteilungen und Personen, sie alle würden es sicherlich vorziehen, wenn Lohn- und Honorarabhängige unsichtbar beziehungsweise nur mit den Aussagen hörbar wären, die sich in die Öffentlichkeitsarbeit der Unternehmen und Organisationen einfügen. Das Internet, die Social Media-Plattformen, das "Mitmach-Web" geben diesem Wunsch immer weniger Chance auf Erfüllung. Immerhin gehört der größte Teil der Weltbevölkerung zur Klasse jener, die ihre Arbeitskraft verkaufen muss, und wir alle reden irgendwann sehr wahrscheinlich über unsere Arbeit, bestimmt "Arbeit" doch einen wesentlichen Teil unseres Lebens. Es wird schwierig bis unmöglich sein, die Masse der Menschen zum andauernden Schweigen über ihre Arbeitsbedingungen, ihre Abhängigkeiten und ihre Arbeitgeber_innen zu bewegen. Versucht wird es dennoch, so wie vor gut hundert Jahren bei uns versucht wurde, die arbeitende Bevölkerung aus dem öffentlichen urbanen Raum herauszuhalten. Mit dem öffentlichen Raum "Internet" versuchen viele Arbeitgeber_innen ähnliches, und obwohl das Internet kein rechtsfreier Raum ist, werden mit diesem Argument weitere Regelungen vorangetrieben, die die Präsenz der Arbeit minimieren und die Kontrollmöglichkeiten des Kapitals optimieren wollen. Uns muss viel klarer werden: wenn Betriebsrät_innen pauschal Websites verboten werden und Arbeitnehmer_innen ebenso pauschal jede Äußerung im Netz über ihre Arbeit untersagt sein sollte, dann hätten diese Bedingungen nichts mit liberalen Demokratien und modernen Rechtsstaaten zu tun. Arbeitnehmer_innen müssen im Internet im Gegenteil viel präsenter und auf viel mehr Ebenen präsenter werden, bis diese Präsenz selbstverständlich ist und das Recht nicht mehr in Frage gestellt wird.

- Überlege und diskutiere mit anderen, wem das Internet "gehört". Und wem es gehören soll.
- Sei dir klar, dass die Strukturen und Regeln im Internet auch ganz anders sein könnten. Diese Strukturen werden geschaffen. Dafür sollten wir uns interessieren und uns eigentlich auch engagieren.
- Sei solidarisch im Internet. Solidarität können wir im Alltag mit unseren direkten Mitmenschen, im Betrieb, in der Arbeitswelt, auf der Straße mit und für andere und aber auch gut sichtbar im Internet und den sozialen Netzwerken online zeigen. Jede dieser Ebenen ist wichtig.
- Delegieren wir die Vertretung unserer Interessen nicht nur an andere. Wir unterstützen unsere Interessensvertretungen nicht am besten durch Linientreue, sondern durch viele autonome und zusammenarbeitende Aktivitäten und Auftritte.

- Kommuniziere, vor allem über die Dinge, die wichtig sind. Auch dort, wo diese Dinge noch kaum angesprochen werden.
- Hol dir Unterstützung und Beratung. Von der Gewerkschaft, von Netzaktivist_innen, von den Anlaufstationen im Netz, die allen Angriffen der Unternehmen zum Trotz einen souveränen Eindruck machen.

- Lass dir nicht einreden, dass du im Internet deine Arbeit und deinen Arbeitgeber nicht erwähnen darfst und überleg viel lieber, was du wo und wie sagst.
- Wenn du unzufrieden bist, mach das nicht mit dir selbst aus, sondern such dir Foren, wo ein Austausch mit anderen unter Bedingungen gesicherter Kommunikation möglich ist.
- Rache ist keine produktive Auseinandersetzung, sondern Hilflosigkeit. Werde nicht hilflos!

Unternehmenskommunikation, Codes of Conduct, Social Media-Policy, Entlassung, Whistleblower, Kontrollgesellschaft, Kontrollbedürfnis, Angestellte, Lohnarbeit, Management, Pressesprecher, Foren, Arbeit, Kapital

KOMMENTARE

***Guido Brombach** sagt:* *dgb-bildungswerk.de*

Früher hätte man gesagt, damit gehe ich zur Bildzeitung, heute ist man seine eigene Bildzeitung. Die Spannung zwischen eigenen moralischen Ansprüchen und der Preisgabe der ökonomischen Basis, also der eventuellen Kündigung ist eine Form der Zivilcourage. An diesem Punkt die Anonymität der Geheimnisträger zu wahren ist gar nicht einfach, denn sensible Informationen sind in der Regel auf wenige Arbeitnehmer_innen einzugrenzen. Der juristische Nachweis allerdings stellt sich oft ähnlich schwierig dar, wie der Nachweis des unredlichen Vorgehens der Geschäftsführung. Der Weg in die Öffentlichkeit ist dabei ja häufig nur die letzte aller möglichen Optionen, die Geheimhaltung der Quelle ist von da an kaum noch zu gewährleisten.

***Sarah Holze** sagt:* *gew.de*

Ein gutes Urteil. Zuvor hatte ein deutsches Arbeitsgericht die fristlose Kündigung bestätigt.

«Die fristlose Kündigung einer Arbeitnehmerin wegen der Veröffentlichung von Missständen bei ihrem Arbeitgeber verstößt gegen die Menschenrechtskonvention. Das entschied der Europäische Gerichtshof für Menschenrechte (EGMR). Die Straßburger Richter schützen damit sogenannte Whistleblower – Arbeitnehmer, die auf Missstände in Unternehmen oder Institutionen öffentlich aufmerksam machen. Im konkreten Fall hatte die Berliner Altenpflegerin Brigitte Heinisch Strafanzeige gegen ihren Arbeitgeber, den Klinikbetreiber Vivantes, erstattet. Das Unternehmen habe zu wenig Personal und sei deshalb nicht in der Lage, die Bewohner eines Pflegeheims ausreichend zu versorgen. Daraufhin hatte

das Unternehmen, das der Stadt Berlin gehört, der Altenpflegerin fristlos gekündigt.»

Hier unbedingt lesen …

***Christiane Schulzki-Haddouti** sagt:* *schulzki-haddouti.de*

In Deutschland gibt es keine eigenen Mechanismen, um Hinweise auf Missstände oder Anzeigen von Arbeitnehmern zu untersuchen, kritisierten die Richter des Europäischen Gerichtshofs für Menschenrechte in einem weitreichenden Urteil im Jahr 2011. Es geht um die Altenpflegerin Brigitte Heinisch, die damit nach einem jahrelangen Weg durch die Instanzen ein weitreichendes Urteil für die Meinungsfreiheit der Arbeitnehmer erstritten hat.

Bis heute wiegt die Loyalitätspflicht gegenüber dem Arbeitgeber in der Regel höher als das Aufdecken von Missständen, selbst wenn diese erst vergeblich dem Arbeitgeber gemeldet werden. Das Urteil drückt die Waagschale zugunsten der Meinungsfreiheit etwas zugunsten des Arbeitnehmers herunter. Weiterhin gilt: Aufgrund des Loyalitätsverhältnisses zwischen Arbeitgeber und Arbeitnehmer muss immer zuerst die zuständige Stelle des Arbeitgebers benachrichtigt werden. Nur als letzte Möglichkeit sei der Gang an die Öffentlichkeit berechtigt. Gleichwohl darf das öffentliche Interesse generell weit ausgelegt werden.

Es ist ein Fortschritt gegenüber der bisherigen Rechtsprechung, die den Arbeitnehmer so gut wie keine Meinungsfreiheit zugestanden hat. Dennoch bleiben – gemessen an der Whistleblower-Rechtsprechung in anderen Ländern – gravierende Defizite: So bleibt unklar, wie lange ein Arbeitnehmer mit seinem Gang an die Öffentlichkeit warten muss, wenn der Arbeitgeber Abhilfe versprochen hat – diese aber nicht umsetzt. Es ist unklar, welches Recht gilt, wenn der Arbeitgeber zwar keine Kündigung ausspricht, dennoch die berufliche Weiterentwicklung blockiert oder gar Mobbingtechniken einsetzt. Außerdem werden Menschen, die zu Unrecht Nachteile durch den Arbeitgeber erlitten haben, nicht entschädigt. Das Fehlverhalten des Arbeitgebers bleibt ungeahndet.

***Eva Angerler** sagt:* *gpa-djp.at*

Seit E-Mail und Internet Einzug in die Betriebe und den Arbeitsalltag gehalten haben, wirft ihre Nutzung Fragen auf und bringt Konfliktsituationen hervor. Beispiele wie die im Artikel beschriebenen kennen wir aus der "Arbeit und Technik"-Beratungspraxis zur Genüge – leider werden sie selten in dieser Form dargestellt, weshalb ich mich über die Berücksichtigung in diesem Handbuch sehr freue! Mit den Web 2.0-Tools und Social Media-Plattformen hat das Thema neue Brisanz gewonnen. Wenn zwar richtig festgestellt wird, dass Unternehmen in gewissen Maßen das Recht haben, Informationen und Kommunikation zu kontrollieren, so möchte ich diesbezüglich ergänzen, dass bei allen Fragen rund um die Internetnutzung der Betriebsrat Mitbestimmungsrechte hat. Es geht darum, die Arbeitnehmer_innen durch Regelungen via Betriebsvereinbarung vor Überwachung zu schützen. Gerade im sogenannten "Unternehmen 2.0" steht der Betriebsrat diesbezüglich vor neuen Herausforderungen. So kann er z. B. auch bei den erwähnten Social Media-Policies, bei denen es sich im Grunde um Verhaltenskodizes handelt – mitreden. Viele Hinweise zum Umgang mit diesen Fragen und den Grundlagen und Möglichkeiten ihrer Regelung finden sich in der Arbeit und Technik-Broschüre "vernetzt, ver(www)irrt, verraten? Web 2.0 in der Arbeitswelt – ein Überblick für BetriebsrätInnen".

Elisabeth Steinklammer *sagt:*

Diese Szenarien und Erlebnisse kommen mir irgendwie bekannt vor, obwohl mir die Einzelfälle neu sind. Wir haben die vergangenen Jahre in einem Forschungsteam mit über 100 BetriebsrätInnen Interviews und Workshops gemacht. Dabei haben viele von ihnen berichtet, dass die Angriffe der Arbeitgeber zunehmen. Aus Sicht unserer Forschungsergebnisse spricht da jetzt vieles für den Einsatz von Web 2.0. Warum? Einfach weil gerade in der Situation autonome Kommunikationsräume für die Durchsetzungskraft von ArbeitnehmerInnen – und auch Gewerkschaften – umso wichtiger sind. Internet und insbesondere Soziale Medien bieten hier Möglichkeiten. Nur drei Punkte als Beispiele:

1. Social Media sind rund um die Uhr, 7 Tage die Woche zugänglich, mit Smartphones schon von überall und also auch außerhalb des Arbeitsplatzes. Sie entziehen sich damit dem Zugriff der ArbeitgeberInnen.

2. Sie können (zumindest teilweise) die Funktion eines virtuellen Pausenraums übernehmen, der mit der fortschreitenden Filialisierung und Transnationalisierung so in der Realität immer weniger vorhanden ist.

3. Als Informations- und Diskussionsräume bieten sie für die Beschäftigten eine Grundlage, sich ein Bewusstsein für gemeinsame Interessen und Problemlagen zu bilden. Das ist die Basis für ein kollektives, gemeinsames, koordiniertes Vorgehen der Beschäftigten und steigert potentiell deren Durchsetzungsfähigkeit.

Verwunderlich ist es also nicht, dass der Aufbau von autonomen Web 2.0 Kommunikationsstrukturen der ArbeitnehmerInnen von den Unternehmen bekämpft wird. Wir haben uns wie gesagt im Zuge des Forschungsprojekts „Betriebsratsrealitäten – Betriebliche Durchsetzungsfähigkeit von Gewerkschaften und Betriebsräten im Kontext der Globalisierung“ ausführlicher damit beschäftigt, die Ergebnisse der Studie gibt es in Buchform "Betriebsratsrealitäten".

Nähere Infos gibt's im Blog: blog.gpa-djp.at/betriebsratsrealitaeten.

ARBEITNEHMER AUTONOMIE GEGENÖFFENTLICHKEIT INFORMATIONSTÄTIGKEIT WATCHBLOG VERNETZUNG TRANSPARENZ AUFKLÄRUNG

DIE ARBEITNEHMER_INNEN-BLOGOSPHÄRE

Eine Gegenöffentlichkeit 2.0 der Betriebsräte und Gewerkschaften entsteht

«Es ist ein zusätzliches Instrument und jede Erweiterung kann nur förderlich sein. Ein persönliches Gespräch oder ein Telefonat können nicht ersetzt werden. Ein Blog lebt und muss durch Arbeit am Leben erhalten werden. Wenn eine Krise kommt, dann wurde bereits vorgebaut. Wenn die Krise kommt, dann steht unser Blog bereits da!»

Ein Betriebsratsmitglied

Blogs sind in der österreichischen Betriebsratspraxis ein relativ neues Werkzeug und Medium. Dennoch gibt es inzwischen viele Betriebsrät_innen, die bloggen. Die Motivation dafür ist meist unterschiedlich und hängt stark von der jeweiligen Unternehmens- und Belegschaftsstruktur ab, dennoch finden sich einige grundsätzliche Gemeinsamkeiten. Im Folgenden sollen die Vorteile der Web 2.0-Angebote im Allgemeinen sowie im Besonderen jene der zunehmenden Blogosphäre dargestellt werden, die sich für Betriebsrät_innen bei Nutzung der neuen Kommunikationsmöglichkeiten ergeben.

BR-KOMMUNIKATIONSMITTEL IM WANDEL DER ZEIT

Die Belegschaft eines Unternehmens hat – ab fünf familienfremden Arbeitnehmer_innen – ein gesetzlich verankertes Recht auf ein Arbeitnehmer_innen-Vertretungsorgan in Form des Betriebsrates (BR). Von der Belegschaft direkt gewählt, vertritt der Betriebsrat die Interessen der Arbeitnehmer_innenseite gegenüber der Arbeitgeberseite; wenn nötig auch mit Unterstützung von Gewerkschaft und Arbeiterkammer. Rechte und Pflichten des Betriebsrates sind im österreichischen Arbeitsverfassungsgesetz (ArbVG) festgelegt. Abhängig von der Belegschaftsgröße, regelt das ArbVG unter anderem, wie viele Betriebsrät_innen ein Betrieb hat und ob einzelne Betriebsratsmitglieder freigestellt werden – oder ihr Betriebsratsmandat neben ihrem Beruf ausüben. Das Amt des Betriebsrats ist ein Ehrenamt, was bedeutet, dass kein gesonderter Entgeltanspruch besteht. Zentrale Aufgabe des Betriebsrats stellt nach dem ArbVG neben der Friedenspflicht, der Verschwiegenheitspflicht, der Kooperationspflicht und der Interessenwahrnehmungspflicht wesentlich die Informationspflicht gegenüber der Belegschaft dar. Um Mitarbeiter_innen zu informieren, sieht das Arbeitsverfassungsgesetz zumindest halbjährig abzuhaltende Betriebsversammlungen vor. Darüber hinaus bedienen sich Betriebsratskörperschaften für die weitere Kommunikation klassischer Medien wie der Mitarbeiterzeitung, verschiedener Infoblätter oder Aushängen am "Schwarzen Brett". Durch maßgebliche Veränderungen der Arbeitswelt wie zunehmender geografischer Entfernungen (beispielsweise in Form mehrerer Standorte und Filialen sowie externer Mitarbeiter_innen) oder zeitlicher Zersplitterung (zum Beispiel durch Schichtarbeit oder Teilzeitarbeit) werden regelmäßige Betriebsversammlungen sowie persönliche Gespräche zunehmend erschwert.

Arbeitnehmer_innen sichtbar im Betrieb, auf der Straße, im Web

1. *Die Abonnent_innen des Caritas Steiermark Betriebsratsblogs sind nicht nur über Veranstaltungen, Kollektivvertragsverhandlungen und zu den Bedingungen in der Branche Sozialer Arbeit bestens informiert. Hier finden interessante Diskussionen statt.* 2. *Arbeitnehmer_innen müssen sich sichtbar machen, nicht nur im Betrieb und auf der Straße, auch im Web. Mit der «Wir verzichten nicht!»-Demo im Mai 2009 fand erstmals eine Gewerkschaftsdemo auf BR-Blogs, Flickr und YouTube einigen Niederschlag.* 3. *Der Betriebsrat der seit Jahren laufend in Restrukturierungen gezwungenen SIS dokumentiert die Medienberichte über das Unternehmen am "Schwarzen Brett" im Web und liegt im Suchmaschinen-Ranking gleich hinter der Firmen-Website.*

DAS WEB 2.0 ALS KOMMUNIKATIONSMITTEL ZWISCHEN BETRIEBSRAT UND MITARBEITER_INNEN

Im vorigen Jahrzehnt wurde der E-Mail-Verteiler #350 zu einem der wichtigsten Werkzeuge der Mitarbeiter_inneninformation. E-Mails gehen allerdings immer mehr in der täglichen Flut an E-Mails unter. Um den strukturellen Veränderungen der Arbeitswelt gerecht zu werden, bietet sich die Nutzung verschiedener Web 2.0-Plattformen an, die vor allem ermöglichen, Informationen für Kolleg_innen sowohl rasch zugänglich zu machen – wie auch den Zugriff von verschiedenen Orten und zu selbst gewählten Zeitpunkten sicherzustellen. Das Web 2.0 #009 stellt jedoch nicht nur eine gute Möglichkeit dar, um auf eine veränderte Arbeitswelt zu reagieren. Viele Betriebsrät_innen, die sich nicht nur als Vertretungsorgan sehen, sondern entsprechenden Wert auf Partizipation und Mitbestimmung legen, bloggen beispielsweise, um diesem Anspruch in ihrem Kommunikationsverhalten gerecht zu werden. Web 2.0-Dienste sind, im Vergleich zu herkömmlichen Medien, wie der Betriebsratszeitung, keine kommunikationstechnische Einbahnstraße, auf welcher der BR schreibt und die Mitarbeiter_innen Beiträge lesen. Durch die Kommentarfunktion und Gastbeiträge, durch die

Vernetzung mit anderen BR-Blogs, durch die Anbindung an weitere Social Media-Plattformen wie Facebook #094 entsteht stattdessen ein dichter werdendes Kommunikationsnetz, das auf flacheren Hierarchien und mehr Interaktion basiert. Natürlich hat die Betriebsratszeitung deshalb längst nicht völlig ausgedient. Vielmehr geht es darum, digitale Medien mit bisherigen Kommunikationskanälen des Betriebsrats zu kombinieren, und je nach Bedarf auch Blogs oder Plattformen wie Facebook für die Informationstätigkeit zu nutzen. Viele Betriebsrät_innen weisen in ihren Blogs beispielsweise auf die neue Ausgabe der BR-Zeitung hin, übernehmen Artikel aus der Zeitung auch in das Blog oder stellen die ganze Zeitung als PDF-Datei zum Herunterladen zur Verfügung.

SCHWIERIGKEITEN IN DER KOMMUNIKATION ZWISCHEN BETRIEBSRAT UND MITARBEITER_INNEN

Ein allen Interessenvertreter_innen bekanntes Dilemma ist, dass die zu Vertretenden automatisch zugestellte Informationen häufig nicht lesen und erst reklamieren, wenn sie gewisse Informationen aktuell brauchen. Die Web 2.0-Komponente von RSS-Feeds #237 hilft dabei, das Dilemma aus der reinen Bringschuld des Betriebsrats und Holschuld der Arbeitnehmer_innen ein Stück weit aufzulösen. Natürlich kann von den Kolleg_innen nicht verlangt werden, Feedreader zu nutzen. Als Alternative bieten die meisten Betriebsratsblogs die Möglichkeit an, neue Artikel in Form gezielt ausgewählter E-Mail-Newsletter zu abonnieren.

DAS BETRIEBSRATSBLOG – ÖFFENTLICH ODER INTERN?

Entscheidest du dich – oder beschließt eine Betriebsratskörperschaft – ein Blog zu führen, so ist eine Grundsatzentscheidung zu treffen, wie öffentlich sichtbar und auffindbar dieses Blog sein soll. Im Falle des Betriebsrats stellt sich die Frage, ob das Blog (1) zum Beispiel im Intranet installiert nur den Mitarbeiter_innen zugänglich gemacht wird, ob es (2) im Internet aufrufbar aber nicht durch Suchmaschinen auffindbar und also etwas versteckt oder, ob es (3) sichtbar auch für Suchmaschinen leicht auffindbar sein soll. Stellt die erste Variante nur eine moderne Spielart des "Schwarzen Bretts" dar, so bewegt man sich bei einem im Internet öffentlich einsehbaren Blog immer im Spannungsfeld zwischen Informations- und Verschwiegenheitspflicht bzw. Interessenvertretungs- und Friedenspflicht.

Blogs können, wie von Luca Hammer beschrieben, auf Blog-Plattformen eingerichtet oder selbst installiert und gehostet werden. Das ist technisch auch im Intranet des Unternehmens möglich. Immer mehr BR-Blogs sind auf einem Server des ÖGB angesiedelt, manche durch ein Passwort geschützt, manche vor Suchmaschinen versteckt und manche auch über diesen Weg auffindbar. Wird das Blog im Internet aufgesetzt, haben Betriebsrat und Belegschaft den gewichtigen Vorteil, dass die Blogs autonom von der Netzwerkstruktur des Unternehmens betrieben werden können. Das bedeutet, dass der Arbeitgeber, der in der Regel alle Kommunikationsmittel – also erst recht das Intranet – fest in seinen Händen hält, keinen direkten Einfluss mehr darauf nehmen kann, wie das Blog des Betriebsrats bespielt wird. Diese Autonomie mag einerseits für Spannungen zwischen Arbeitgeber und Betriebsrat sorgen, bietet aber einen großen strategischen Vorteil für Betriebsrat und Belegschaft, die damit einen gewissen Druck auf die Arbeitgeberseite ausüben können.

E-Mail-Abos werden auf Basis von Blog-Feeds wie beispielsweise mit dem Dienst "Feedburner" in das Blog integriert und sind einfach in der Handhabung. Mit derartigen Strategiewechseln geht es nicht mehr darum, Mitarbeiter_innen zum regelmäßigen Blick ins Intranet oder auf das Schwarze Brett zu bewegen, um sicherzustellen, dass wichtige Neuigkeiten nicht übersehen werden. Stattdessen wird es wichtiger, die Newsletterfunktion zu bewerben und durch gutes Service im Blog die Belegschaft vom Nutzen des E-Mail-Abos zu überzeugen. Informationen werden somit direkt nach Hause, an den Arbeitsplatz oder auf mobile Endgeräte geliefert.

DAS BLOG ALS KOMMUNIKATIONSMITTEL ZWISCHEN BETRIEBSRAT UND MITARBEITER_INNEN

Bloggende Betriebsräte schätzen vor allem die Schnelligkeit und Flexibilität der Blogs #335. Tippfehler oder Unverständliches in Artikeln werden von Leser_innen bemerkt und können im Vergleich zu einer Betriebsratszeitung rasch ausgebessert werden. Hinweise auf vertiefende Informationen gehen ein und können ohne großen Aufwand hinzugefügt werden. Auch der Druck eines Redaktionsschlusses fällt weg. Ist ein Thema gerade aktuell, kann sofort ein Artikel gepostet werden. In Betrieben mit einer großen und heterogenen Belegschaft, die sich womöglich noch dazu auf weitläufig verstreute Standorte verteilt, im Schichtbetrieb läuft oder von sehr unterschiedlichen und atypischen Dienstverhältnissen geprägt ist, können Kolleg_innen unabhängig von Arbeitszeiten, Anwesenheiten und räumlicher Separiertheit informiert werden – anders als bei den gesetzlich vorgeschriebenen Betriebsversammlungen. Auf Blogs bleiben Mitarbeiter_innen wie bereits erwähnt nicht nur passive Rezipient_innen; durch Kommentare hat man die Möglichkeit, sich selbst und die eigene Meinung einzubringen. Dabei wird die Kommentarfunktion allerdings erfahrungsgemäß eher zurückhaltend – und schon gar nicht von allen – genutzt. Funktioniert diese Kommunikationsebene also nicht? Tatsächlich kommen Rückmeldungen häufig mündlich, per E-Mail oder sogar Telefon und sie sind – das bestätigen bloggende Betriebsrät_innen unisono – überwiegend positiv und bisweilen begeistert. Es ist ähnlich wie beim Fernsehen, wo es die Möglichkeit der Interaktion gar nicht gibt. Kommunikation entsteht aus Anlass der Informationssendung. So wie ein kontroverses Interview oder eine interessante Nachrichtensendung im Fernsehen am nächsten Tag allerorts Diskussionen auslöst, so fördern die eingestellten Artikel im BR-Blog die Kommunikation im Betrieb sowie zwischen Belegschaft und Betriebsrat.

WISSENSMANAGEMENT, GESCHICHTE UND IDENTITÄT DER BELEGSCHAFT

Mit der fortlaufenden Lebenszeit eines Blogs entsteht ein chronologisches Archiv, eine Datenbank und Geschichte. Je nach Ausrichtung des BR-Blogs finden sich hier Servicegeschichte, laufende Betriebsratsarbeit, Entwicklungen des Unternehmens oder auch die Geschichte der Belegschaft dokumentiert. Dabei wird die gezielte Auffindbarkeit einzelner Themen des Blogs durch die Beschlagwortung in Form von Kategorien #158 gewährleistet. Das ist nicht nur für die Mitarbeiter_innen in einem Unternehmen wichtig (besonders in Betrieben, in denen die Fluktuation relativ hoch ist), sondern auch für neue Mitglieder des Betriebsrats hilfreich, die sich auf diese Weise schneller in betriebsspezifische Themen einarbeiten können. Informationen zu arbeitsrechtlichen Themen, zu Sozialleistungen und Ansprüchen, zu Kollektivverhandlungen oder Medienberichten über das Unternehmen sind somit abgelegt und können gezielt gesucht und aufgerufen werden, wenn Bedarf besteht. Die Datenbankfunktion von Blogs kann auch für Leute außerhalb des Unternehmens von Interesse sein. Viele BR-Blogs transportieren umfassende allgemeine, arbeitsrechtliche Informationen und informieren beispielsweise über Novellierungen des Arbeitszeitgesetzes und deren Auswirkungen. So bietet beispielsweise das Blog des Manpower-Betriebsrats eine gut verständliche Erörterung häufig auftretender Fragen aus der Branche der Zeitarbeit. Im BR-Blog der Medizinischen Universität Wien finden sich etwa Artikel zu Burn-out- und Mobbing-Prävention sowie ein umfassendes Archiv gesundheitspolitischer Debatten der vergangenen Jahre. In anderen Blogs von Betriebsrät_innen erfährt man vom Verlauf von Kollektivvertragsverhandlungen, etwas zur Geschichte der Arbeiterbewegung, erfährt einen Hinweis auf bewegende Artikel über die Arbeitsbedingungen in anderen Standorten und Zulieferbetrieben, findet PDFs mit arbeitsrechtlichen Musterfällen, PowerPoint-Präsentationen zur Altersteilzeit, Tipps zum Datenschutz im Betrieb oder Ankündigungen für Protestkundgebungen gegen Absiedlung eines Gewinn einfahrenden Betriebs. All diese Informationen und Beispiele beinhalten keine Betriebsinterna oder Geschäftsgeheimnisse, sondern für die Allgemeinheit zugänglich gemachte Informationen, die von Betriebsrät_innen lediglich nach ihren Bedürfnissen und Interessen gesammelt, bearbeitet und dargestellt werden. Hinzu kommt, dass über die Kommentarfunktion der Blogs auch ein Stimmungsbild der Belegschaft eingeholt werden kann. Natürlich wird ein Blog das direkte Gespräch niemals ersetzen, aber es stellt eine gute Möglichkeit dar, um Kolleg_innen möglichst schnell und unkompliziert zu informieren.

"WIR VERZICHTEN NICHT"

Im Mai 2009 versammelte eine Demonstration unter dem Motto *«Wir verzichten nicht»* gut 30.000 Menschen in Wien für einen Protestzug vom Sitz der Industriellenvereinigung zum Sitz der Wirtschaftskammer. Aufgerufen hatten die Arbeitnehmervertreter_innen mehrerer Branchen, da die Arbeitgeber die Verhandlungen zu den Kollektivverträgen dieser Branchen blockierten. Vor dem Hintergrund der Wirtschaftskrise forderten Wirtschaftskammer und Industriellenvereinigung einen "Lohnverzicht" – und das noch dazu in absoluten Billiglohnbranchen und einigen sozialpartnerschaftlichen Zugeständnissen der Arbeitgeber im Vorfeld zum Trotz.

Diese Demonstration erfüllte ihren Zweck und wäre weiter nicht bemerkenswert, würde sie nicht an einer anderen Front für eine Trendwende stehen. In den Tagen nach der Demo erschienen zahlreiche Berichte, Fotos und Videos sowie Videomitschnitte von Reden der Gewerkschafter_innen zur Demo im Netz. Davon waren die wenigsten gewerkschaftlich zentral gesteuert. Stattdessen wurden die meisten Videos und Fotos selbstorganisiert von Demoteilnehmer_innen und Betriebsrät_innen online gestellt. Nicht einmal eine Woche nach der Demo waren bereits 12 Videos auf YouTube gezählt. In dem einen oder anderen BR-Blog aus den Bundesländern erschienen Blogposts mit Berichten und Fotos der teilnehmenden Delegationen.

Schon im Vorfeld waren Aufrufe zur Demo nicht nur auf Gewerkschafts-, sondern auch BR-Blogs erschienen. Noch ein gutes Jahr davor, bei einer vergleichbaren Demo im Frühjahr 2008, hatte man mit Suchbegriffen wie *«Streik»*, *«Betriebsrat»* oder *«Gewerkschaft»* vergeblich nach YouTube-Clips gesucht. Eine Google-Suche warf gerade einmal ein paar knappe Notizen auf Webseiten von Massenmedien und Interviews der Arbeitgeberseite aus. Nach der *«Wir verzichten nicht!»*-Demo hatte sich dieses Bild erstmals deutlich verändert.

#084

Von der Blogroll zur Blogosphäre

Die «*Blogroll*» ist ein Bestandteil von Blogs #335, der die Wertschätzung für Netzkultur ausdrückt und symbolisch für Vernetzung in der Blogosphäre steht. In der Blogroll werden andere Blogs als übersichtliche Linkliste empfohlen. Die so empfohlenen Blogs sagen natürlich etwas über das verlinkende Blog selbst aus. Die Blogroll ist eine verlängerte Visitenkarte, nach dem Motto, «*An den Blogs in deiner Blogroll erkenne ich auch dich*». Fehlt die Blogroll, so fällt dies auf. Die Frage ist dann, warum? Wenn Webauftritte vorgeben, Netzkultur zu atmen und musterbeispielhafte Blogs zu sein, aber keine Blogroll oder nur Links zu den eigenen "Geschäftspartnern" aufweisen, wird es kritisch bis peinlich. Umgekehrt ist jene Blogroll am spannendsten, die auf noch unbekannte aber bemerkenswerte Blogs aufmerksam macht. Der Aha-Effekt einer interessanten Blogroll fügt nicht zuletzt dem verlinkenden Blog eine weitere Dimension hinzu. Noch interessanter wird es, wenn ein Blog nicht einfach prinzipiell empfohlen, sondern wenn ein konkreter Blogeintrag zitiert und besprochen wird, wenn also die Netzwerkverbindung von einem Eintrag zu einem anderen verlinkt. Das saubere Zitieren, im Netz durch die Hyperlinks nachvollziehbar, ist in der Netzkultur eine ähnlich wichtige Tugend wie im Wissenschaftsbetrieb. Und wie im Wissenschaftsbetrieb geht es um das Teilhaben an Diskursen, um das Führen von Debatten, um ein Sich-auf-Andere-Beziehen in der Argumentation. Dabei hat das Netz den großen Vorteil, dass Zitate zwischen Blogartikeln in beide Richtungen nachvollziehbar sind. Der «*Trackback*» (englisch für "die Spur führt zurück") wird automatisch unter zitierten Blogartikeln generiert und verlinkt zur zitierenden Stelle zurück. So können Debatten über (1) längere Zeiträume (2) mehrere Blogs und (3) viele Blogeinträge überspannen und trotzdem in ihrer Abfolge für alle rekonstruierbar sein.

Durch Blogroll-Empfehlungen von Blogs zu Blogs bilden sich Blogosphären, meist aus thematisch verwandten Blogs. Blogs, die durch gegenseitige Zitate, Trackbacks und die Debattenkultur vernetzt sind, bilden Gesprächsräume und formal Netzwerk-Cluster #341. Das ist alles zusammen das, was wir die «*Blogosphäre*» nennen können.

DAS BETRIEBSRATSBLOG IM INTERESSENKONFLIKT

Zwischen Arbeitgeber_in und Arbeitnehmer_in besteht naturgemäß ein Interessenkonflikt. Wenn das BR-Blog die Bedingungen des Anspruchs auf Bildungskarenz behandelt oder ein Blogpost zu den gesundheitlichen Risiken von Schichtarbeit veröffentlicht, gefällt das dem Management natürlich noch weniger, als ein vom Betriebsrat organisierter Infotag zu diesen Themen im Betrieb. Nicht nur im Fall von Konflikten, sondern gerade während Arbeitskämpfen ist die Kommunikation zwischen Betriebsrat und Belegschaft aber von zentraler Bedeutung. Da es oftmals nicht möglich ist, eine tägliche Betriebsversammlung abzuhalten, eignet sich ein Blog gerade in Konfliktzeiten und Arbeitskämpfen besonders gut, um Informationen an die Belegschaft zu bringen – und mit den Kolleg_innen zu kommunizieren. Als 2007 in Deutschland der flächendeckende Telekomstreik zehntausende Arbeitnehmer_innen betraf, wurden damals noch von einzelnen Mitarbeiter_innen schnell eingerichtete Blogs zur Koordination erstellt, die nach dem Ende des Streiks auch wieder vom Netz verschwanden.

DIE ENTSTEHUNG DER ARBEITNEHMER_INNEN-BLOGOSPHÄRE

Obschon einzelne Blogs allein durch Eigeninitiativen entstanden sind, geht die Mehrzahl der BR-Blogs auf ein gewerkschaftliches Seminarangebot zurück. Der *«Verband Österreichischer Gewerkschaftlicher Bildung»* (VÖGB) und *«Die Gewerkschaft der Privatangestellten, Druck, Journalismus, Papier»* (GPA-djp) bieten seit 2007 und seit 2008 Blogseminare an. Während es beim VÖGB verstärkt um Web 2.0-Plattformen geht, behandeln die GPA-djp-Workshops vermehrt organisatorische und rechtliche Fragen, die Problematik des Datenschutzes und konzentrieren sich auf die Entwicklung einer Kommunikationsstrategie für den Betriebsrat. Diese Entwicklungen und Themen werden immer wieder im eBetriebsrat-Blog und im Bildungsblog der GPA-djp dokumentiert, zwei der ältesten Standbeine einer Arbeitnehmer_innen-Blogosphäre. Letzteres Blog der Bildungsabteilung ist besonders bemerkenswert, hat es doch die Auslastung der Bildungsangebote vom ersten Tag an deutlich erhöht. Nach drei Jahren Laufzeit steht das Blog bei rund 600 E-Mail-Abonnent_innen, die das Service aus Workshop-Ausschreibungen, weiterführenden Schulungsmaterialien, Buchempfehlungen gemischt mit diversen anderen gewerkschaftlichen Informationen schätzen.

Das *«Daten im Betrieb»*-Blog dokumentiert seit zwei Jahren Fälle von Mitarbeiter_innenüberwachung wie auch den Datensammelwahn mancher Unternehmen. Das Arbeit&Technik-Blog diskutiert diese Entwicklungen und die Auswirkungen neuer Technologien auf die Arbeitswelt aus der Sicht der Gewerkschaft. Jeweils untereinander und mit den ersten BR-Blogs vernetzt, bildete sich so der erste Cluster an Blogs, die spezifisch die Sicht und Themen der Arbeitnehmer_innenseite widerspiegeln. 2009 wuchs diese Blogosphäre #084 kontinuierlich weiter, unterstützt durch die Entwicklung des Blogaggregators *«gegen|öffentlichkeit2.o»*, über den die Blogartikel von immer mehr bloggenden Betriebsrät_innen, gewerkschaftlichen Blogs, linken Initiativen und kritischen Vertreter_innen der Zivilgesellschaft in einer Darstellung zusammengefasst werden. Der bisher letzte Höhepunkt der Blogoffensive der GPA-djp fand im Mai 2010 mit der Veranstaltung *«Web 2.0 und Soziale Medien – eine Orientierung»* statt. Im Zuge dieser Veranstaltung wurde auch die "Seite 2.0" der GPA-djp-Website präsentiert: Ein vollständig durch aggregierte Feeds aufgebautes Mashup, das die Aktivitäten auf gewerkschaftlichen und BR-Blogs ebenso wie von zivilgesellschaftlichen Seiten immer tagesaktuell anzeigt; das alles im Verbund mit weiteren Online-Aktivitäten wie beispielsweise Presseaussendungen, YouTube #201 -Clips und Flickr #149 -Bildern einer Gewerkschaft.

ZUSAMMENFASSUNG

In den letzten drei Jahren sind erste Schritte in die Richtung unternommen worden, die Onlinewelt nicht nur den Arbeitgebern und ihrer Darstellung der Welt zu überlassen. Schrittweise entdecken Betriebsräte, Gewerkschaften und Aktivist_innen, dass das Internet Möglichkeiten bietet, die den Kampf für die Interessen der Lohnabhängigen unterstützen, erleichtern und vorwärts bringen können. Gerade Blogs, weil einfach zu bedienen und ein hohes Maß an Autonomie mit sich bringend, helfen dem Wissensmanagement, der Vernetzung und der Kommunikation von Betriebsräten, Belegschaften und Gewerkschaften. Der Aufbau einer Arbeitnehmer_innen-Blogosphäre macht Hoffnung auf eine Stärkung von **Gegenöffentlichkeit** und Gegenmacht in einer stark von Unternehmensinteressen dominierten Welt.

- Mach die Arbeit des BR sichtbar! Du kannst ruhig auch einmal die Tagesordnung einer BR-Sitzung posten. Du wirst sehen, dass Mitarbeiter_innen wegen einzelner Punkte bei dir nachfragen – und das Interesse an der Tätigkeit des BR zunimmt.
- Ermögliche Partizipation, lade zum Kommentieren ein, biete Kolleginnen und Kollegen an, Gastbeiträge beizusteuern. Frag herum, welche Informationen gerne im Blog gesehen würden.
- Nutze die Informationen, Angebote und Aktionen von Arbeiterkammern und Gewerkschaften. Hier kannst du unkompliziert wertvolle Beiträge, Dokumente und Videos zu deinen Themen übernehmen.
- Achte darauf, dass deine Angebote leicht abonnierbar sind und überlege laufend, wie du Abonnent_innen gewinnen kannst. Der BR sollte keine E-Mail-Aussendung ohne Hinweis auf seine Angebote im WWW aussenden.
- Kombiniere das Blog mit anderen Medien wie zum Beispiel der BR-Zeitung. Binde Fotos von Betriebsausflügen ein, aber achte die Persönlichkeitsrechte deiner Kolleg_innen.
- Das Blog muss nicht auf im engsten Sinn "Betriebsrelevantes" beschränkt sein. Mehr Horizont bedeutet mehr politische Bildung und zusätzliche politische Bedeutung bedeutet mehr Identifikation und Organisationskraft. Du kannst ruhig auf interessante Medienberichte hinweisen.

- Das BR-Blog ist kein Ort, sich mit deinem Gegenüber im Management zu duellieren oder Rechnungen zu begleichen. Dokumentiere Medienberichte zum Unternehmen und zur Branche, aber erkläre nicht selbst, wie es um das Unternehmen steht. Stell nichts Vertrauliches online, sondern behandle Themen allgemein. Sprich also beispielsweise keinen konkreten Mobbingfall an, sondern stelle stattdessen Informationen und Links zum Thema online.
- Nur trockene Texte ohne Links und Kommentarmöglichkeit interessieren niemanden und senden das falsche Signal aus, nämlich nicht an Kommunikation interessiert zu sein. Eine Blogroll zu anderen Blogs ist ein Mindeststandard an Höflichkeit, es können ruhig BR-Blogs und gewerkschaftliche Blogs darunter sein.

Betriebsrat, Personalvertretung, Arbeitnehmer_innen, Angestellte, Informationspflicht, Verschwiegenheitspflicht, Betriebsratszeitung, Kontrolle, Gewerkschaft, Mobbing, Zeitarbeit, Außendienst, Wir verzichten nicht

KOMMENTARE

Thomas Kreiml *sagt:* *blog.gpa-djp.at/bildung*

Zum angesprochenen und so wichtigen ArbVG zwei Empfehlungen: Die vielfältigen Fragen im Spannungsfeld Informationsrechte gegenüber der Belegschaft (§ 38 ArbVG sowie § 42 Abs. 1 Z. 1 ArbVG) und Verschwiegenheitspflichten in anbetracht von Geschäfts- und Betriebsgeheimnissen (§ 115 Abs. 4 ArbVG) behandelt Arbeiterkammerjurist Hannes Schneller ausführlich im Artikel *«Mitgestalten in Krisenzeiten. Spezifische Rechte von ArbeitnehmervertreterInnen»* in: *«Unternehmenskrise. Krisen erkennen. Krisen analysieren. Krisen bewältigen.»* Wien 2009. Und das hilfreiche Standardwerk in Österreich, *«Arbeitsverfassungsgesetz in Frage und Antwort»*, sollte der BR immer griffbereit haben.

***Olaf J. Lutz** sagt:* *www.cua-web.de*

Für Deutschland ist das Standardwerk: *«Betriebsverfassungsgesetz: Kommentar für die Praxis»* von Däubler/Kittner/Klebe/Wedde. Zum Anspruch des BR auf die entsprechende technische Ausstattung schreibt Prof. Peter Wedde ausführlich im Kommentar (§ 40 Rn. 97 ff.). Auch bei uns in Deutschland nutzen BRs immer häufiger erfolgreich Blogs und Möglichkeiten des Web 2.0 für die Kommunikation mit der Belegschaft, aber auch für die Öffentlichkeitsarbeit – um etwa auf Missstände aufmerksam zu machen und dagegen zu mobilisieren. Die Einrichtung eines eigenen Blogs ist einfach. Was etwas schwieriger ist, ist die rechtliche Seite. Natürlich ist es ein wesentlicher Unterschied, ob das Blog im firmeneigenen Intranet oder im WWW betrieben wird. Für Betriebsräte, die im Internet bloggen, ist die Freiheit der Meinungsäußerung nicht so leicht umsetzbar, denn sie stehen als gewählte Interessenvertreter_innen in besonderen Loyalitätsverpflichtungen. Schließlich sind sie auch Mitarbeiter_innen des Unternehmens. Hier sollten sich alle Beteiligten bereits frühzeitig auf einen gemeinsamen Grundkonsens einigen, z. B. auf Richtlinien zu sozialen Medien.

Aber: Ist der Arbeitgeber zur Einrichtung eines Blogs nicht bereit, kann dessen Einrichtung durch die Gewerkschaft eine Alternative sein. Schaut euch mal das Weltbild Verdi Infoblog unter weltbild-verdi.blogspot.com an oder das Hugendubel Infoblog unter hugendubel-verdi.de! Ja, und wir von der *«Computer und Arbeit»* (CuA) schreiben natürlich auch regelmäßig über den Einsatz moderner Technik im Betriebsratsbüro. Im Heft vom Mai 2011 gab es gerade erst von Timm Roßmann *«In 5 Schritten zum eigenen Betriebs-Blog»*, im gleichen Heft von Willi Ruppert *«Enterprise 2.0 – Anwendungen für Belegschaftsvertretungen»*. 2010 sind in den Heften 5 und 6 *«Blogs in der Betriebsratsarbeit»* thematisiert worden und im Heft 3/2011 hat Ute Demuth *«Über den Umgang mit sozialen Medien im Betrieb»* geschrieben.

***Stefan Kraker** sagt:* *caritasbr.wordpress.com*

Bei aller Euphorie, den sich bietenden Möglichkeiten und dem Nutzen bleibt natürlich "das Kommunikationsproblem". Aus der Beobachtung in der eigenen Sphäre unseres Betriebs: Blogs finden sich auch im Spannungsfeld der Ansprüche der "Generation Facebook" und der Überforderung der "Generation TV". Heißt: Was für Erstere zu langsam, behäbig, "uncool" ist, wirkt für Zweitere zu technisch, verwirrend, kompliziert, schlecht überschaubar – sowohl bei den Nutzer_innen als auch bei potenziellen Autor_innen. Trotzdem steht der Vorteil, sich die "Privatsphäre" wesentlich einfacher wahren zu können, bei uns über dem Anspruch, auch virtuell "live" zu sein. Und schließlich haben wir ja auch alle einen gewissen "Bildungsauftrag" – Pisa sei dank.

***Michael Pucher** sagt:* *scalaakirchenbr.wordpress.com*

Heute ist die Verwendung moderner Medien für mich als Betriebsratsvorsitzender unerlässlich. Wir haben seit 2009 einen Blog eingerichtet, um möglichst transparente Betriebsratsarbeit zu gewährleisten. Der persönliche Kontakt mit den Mitarbeiter_innen kann natürlich durch kein neues Kommunikationsmedium ersetzt werden. Bloggen bringt jedoch andere Vorteile. Wir dokumentieren zum Beispiel unsere Betriebsratssitzungen im Blog, und so können die Kolleginnen und Kollegen die aktuellen Themen im Betrieb jederzeit und auch von zu Hause aus und am Wochenende abfragen. Seither kommen Mitarbeiter_innen gezielt und häufiger auf uns zu, um Näheres zu einem sie beschäftigenden Punkt zu erfahren. Das Blog fördert bei uns also die direkte Kommunikation zwischen Mitarbeiter_innen und Betriebsrat.

***Her mit der Sozialmilliarde** sagt:* *diealternative.org/sozialmilliarde*

Ja, die "Wir Verzichten Nicht!" war schön, wichtig und erfolgreich. Und so müssen wir öfter arbeiten, mehr mobilisieren, kreativer und unberechenbarer agieren, uns breiter aufstellen, zusammenarbeiten. So wie z. B. auch bei gemeinsamen "Krötenwanderung"-Demo und Kampagnen-Koalition von #unibrennt und Studi-Vertretungen, den ArbeitnehmerInnen, vielen BetriebsrätInnen und GewerkschafterInnen aus dem kommunalen und privaten Gesundheits- und Sozialbereich, Initiativen wie INKONO und die KollegInnen vom KiGa-Aufstand. Oder auch beim breiten Aktionstag "Wir zahlen nicht für eure Krise!". Die Arbeitgeber können ihre Wünsche ans Christkind ziemlich unkommentiert in den Massenmedien verbreiten. Wir Lohnabhängigen sollten den öffentlichen Raum Straße und den öffentlichen Raum Internet verstärkt nutzen, um da ganz klar und selbstbewusst dagegenzuhalten!

***Linda Sepúlveda** sagt:* *sispsebr.wordpress.com*

Die global geführten Konzerne mit ihren komplexen Strukturen verstärken schon seit langem die Synergieeffekte durch Einführung abgestimmter Prozesse und durch die Vernetzung ihrer Betriebe. Die "Waffen" der ArbeitnehmerInnen, um in den ständigen Verlagerungen, Ein-, Aus- und Umgliederungen nicht unter die Räder zu kommen, sind dagegen stumpf geworden. Betriebsratsblogs, die sich untereinander vernetzen, zeigen zumindest eine Richtung an, in die wir gehen können und verstärkt gehen sollten. Wir haben mit unserem BR-Blog bei Siemens schon ganz gute Erfahrungen gemacht und jetzt mit "BR alternativ" eine Dachorganisation der vernetzten und unabhängigen BR-Gruppen gegründet: br-alternativ.at

BR alternativ setzt einen ersten Schritt für ein Netzwerk engagierter und motivierter BetriebsrätInnen in verschiedenen Unternehmen der Elektroindustrie. Parteipolitik wollen wir von der Betriebsratsarbeit fernhalten und die Interessen der Beschäftigten wieder in den Mittelpunkt unserer Arbeit stellt. Als Antwort auf die globale Vernetzung der Konzerne wollen wir Vernetzung verschiedener Betriebsratskörperschaften anstreben, an einer koordinierten Vorgehensweise über Betriebsgrenzen hinweg arbeiten, damit alle gegenseitig von ihren Erfahrungen profitieren. Der Informationsaustausch wird erleichtert und jede_r kann auf einfache Weise auf das Wissen und die Unterstützung der anderen zurückgreifen.

SOCIAL MEDIA ALS TÜRÖFFNER – WOHIN? UND FÜR WEN?

Begegnungen am runden ThemaTisch

«Die christlichen Kirchen wollen dort helfen, wo Menschen unterdrückt werden und Not, Armut und Ausgrenzung erleiden. Im Bewusstsein, dass gerechte Strukturen und Rahmenbedingungen wesentliche Voraussetzung für ein menschenwürdiges Leben für alle sind, setzen sie sich für die notwendigen Veränderungen von Strukturen und gesellschaftlichen Rahmenbedingungen ein.»

Sozialwort des ökumenischen Rates der Kirchen

Was denken, was glauben Christinnen und Christen? Welche Themen bewegen sie? Was begeistert sie, und was macht sie wütend? Die Katholische Aktion Oberösterreich entwickelt seit 2009 neue Kommunikationsräume im Social Web, sie zeigt und lebt, *«Kirche 2.0 hat längst schon begonnen»*. Es sind engagierte Christ_innen, die am ThemaTisch bloggen, die einander auf Kirchen-Barcamps treffen, die für ihre Anliegen selbst Kampagnen organisieren – eine breite *«Allianz für den freien Sonntag»* etwa hat sich auf und über Facebook gebildet –, und die twitternd Gespräche mit anderen über Gott und die Welt führen. Im Sinne dieser Kirche 2.0 ist Social Media ein Türöffner für neue Kommunikationsräume. Die vorrangige Frage darf nicht sein *«Was kann das Internet für die Kirche tun?»*, sondern umgekehrt *«Was kann die Kirche für das Internet tun?»*. Dazu gibt es einige Erfahrungen zu teilen, die im Umfeld der katholischen Aktion im Einsatz der Social Media #009 gemacht wurden.

FENSTER UND TÜREN ÖFFNEN, DIALOGE FÜHREN, WANDEL ZULASSEN

Das Fenster- und das Türöffnen steht der Kirche gut an, ebenso wie den Gewerkschaften und großen Nichtregierungsorganisationen (NGO). Es geht um Partizipation und darum, laufend an diesen

Prozessen zu arbeiten. Die Organisation bestimmende Strukturen sind in großen etablierten Institutionen nicht auf Partizipation ausgerichtet, weder dort noch da, auch wenn es dort wie da Ansätze in die Richtung gibt. In der Kirche sind das beispielsweise die Laienbewegung der Katholischen Aktion (KA) mit gewählten ehrenamtlichen Vorsitzenden oder gewählten Pfarrgemeinderät_innen in jeder Gemeinde. An der prinzipiellen Top-Down-Ausrichtung von Organisationen ändert auch eine Social Media-Kampagne oder Facebook-Seite nicht viel. Aber sowohl Kirche als auch Gewerkschaft und viele große NGOs sind nicht nur Organisationen, sondern auch soziale Bewegungen #130. Da prallen Welten aufeinander: bewegte und engagierte Menschen und deren Netzwerke, die Cloud online, die par excellance für eine plurale, multioptionale Gesellschaft stehen und die großen Organisationen, deren interne Spielregeln lange vor dem Internet entstanden und um deren Bewahrung es leider oftmals mehr geht, als um irgendetwas anderes. Die Organisation, die eher *«die Asche behütet»* als *«das Feuer weitergibt»*. Social Media rüttelt an den bewährten Spielregeln, verwischt den Unterschied zwischen Konsument_innen und Produzent_innen. Social Media ist ein Versprechen auf Veränderung von Spielregeln, oder, wenn es beim simplen Online-Engagement bleibt, eine Enttäuschung oder sogar Täuschung. Online-Aktivitäten wirken schal, wenn sich die Organisationen nicht wandeln. Damit ist nicht gemeint, dass in Organisationen von einem Tag auf den anderen alles anders, alles usergeneriert sein muss, aber doch eine grundsätzliche Haltung, die so authentisch kommuniziert wird, dass spürbar wird: Ist die Organisation bereit mit der Veränderung anzufangen – oder soll eigentlich doch alles beim Alten bleiben und nur das Marketing auf die Höhe der Zeit gehoben werden?

Donnerstag, 21. Oktober 2010

Kirche 2.0: Bereits zwölf Pfarren in OÖ nutzen Facebook

Katholische Aktion: Social Web ist „ganz im Sinn des Zweiten Vatikanums", das den Einzelnen zur Verkündigung ermächtige

LINZ — Mehrere katholische Einrichtungen in Oberösterreich, darunter zwölf Pfarren, sind bereits auf Facebook aktiv. Hinzu kommen Communitys zu kirchlich relevanten Themen, wie etwa für einen arbeitsfreien Sonntag oder gegen inhumane Abschiebungen. Das So-

ermächtige, findet Andrea Mayer-Edoloeyi von der Katholischen Aktion OÖ. Man erreiche so auch Leute, die sonntags nicht im Gotteshaus anzutreffen seien, oder könne Enttäuschten vor Augen führen, dass es durchaus engagierte Menschen in der Kirche gebe.

Media ist ein Geschäft." Facebook sei zwar verbindungsstiftend, die Qualität der Begegnung werde aber immer dünner. Fazit: Die Kirche sollte „dabei sein, aber mit kritischer Distanz". Das Kommunikationsbüro der Diözese und die Katholische Aktion laden am 30.

Kirche 2.0 ist kein Slogan, sondern schon Realität

1. *Eine Schlagzeile 2010, «Bereits zwölf Pfarren in Oberösterreich nutzen Facebook». Kein Jahr später stehen wir bei 30 Pfarren, Tendenz steigend.* 2. *Ein wichtiger Bestandteil der Social Media-Strategie der Katholischen Aktion in Oberösterreich und Bedingung für den Erfolg: Schulungsangebote und Workshops zum Austausch.* 3. *Der Besuch des Barcamp Kirche 2.0 im Mai 2010 in Frankfurt am Main war überzeugend und hat noch im gleichen Jahr zu einem Kirchen-Barcamp in Linz geführt.*

ANFANGEN, EINLASSEN, LERNEN: "HEARING TO SPEECH"

Mit dem 2009 gestarteten Internetkommunikationsprojekt *«ThemaTisch»* ist die Katholische Aktion Oberösterreich bewusst einen Schritt gegangen diese "Zeichen der Zeit" wahrzunehmen, und hat sich selbst damit auf einen Lernprozess eingelassen, der gerade in Oberösterreich weit über die KA hinaus Wirkung zeigt. Nicht nur eine eigene Blog-Community #084 wurde gestartet, sondern vor allem der Schritt in bestehende Netzwerke gegangen. Viele Christ_innen, darunter nicht wenige der über 100.000 Mitglieder der KA-Gliederungen, haben sich ein Profil bei Facebook zugelegt und reden mit im Klatsch- und Tratsch-Netzwerk, erzählen aber auch immer wieder ihren "Friends", was ihnen wichtig ist, wofür sie sich engagieren und warum sie das tun. Manche twittern auch oder haben sich ein eigenes Blog #335 zugelegt. Früher standen die Menschen am Sonntag nach der Kirche am Dorfplatz zusammen und tauschten aus, was gerade interessant war (und manche tun das heute auch noch) – heute tun sie das über Facebook #094. Auch Online-Aktive tun vor allem eines: Sie hören zu, sie lesen mit, was andere posten, twittern, verlinken. Sie nehmen wahr, was anderen wichtig ist und wo vielleicht gerade der Schuh drückt. Diejenigen, die gestern damit angefangen haben, Blogs zu führen und die erste Social Media-Anker setzen und zur Vernetzung Kanäle eröffnen, das sind oft nicht die Entscheidungsträger_innen in diesen und jenen Bereichen einer Organisation. Doch gerade unsere Entscheidungsträger_innen müssen das Zuhören lernen, offline wie online. Zuhören ist der erste Schritt zur Partizipation.

DIE SCHUTZBEFOHLENEN DER SANTA PRECARIA

Eliza Boltanski (*1871 in Bellinzona, Schweiz, † 1923 in Puebla, Mexiko), bekannt auch als Precaria Chiapello und in den 1910er-Jahren als der *«Engel vom Nordbahnhof»* in Wien, sie ist die kaum bekannte Schutzheilige der Prekarisierten, und obwohl das Prekariat immer zahlreicher wird und weitere Bevölkerungsgruppen erfasst, so ist ihr doch nur ein Schrein in der als virtuell verschrienen Welt des Internet gewidmet. Ihr Tag ist der 29. Februar, jener prekärste aller Jahrestage, kommt er im Kalender doch nur alle Schaltjahre vor. 2004 wurde in Mailand das erste Mal der heilige San Precario gesichtet und von gemeinsamen Prozessionen von Pfleger_innen, Angestellten der Supermarktketten, Scheinselbstständigen der Kreativbranche, Pensionist_innen und Praktikant_innen angerufen, betend und bittend um Krankenversicherung, bezahlte Praktika, Kündigungsschutz, eigene Pensionen oder einfach nur einen Mindestlohn. Im Vorfeld des vierjährigen Jubiläums zum 29. Februar 2008 finden sich in Österreich *«Freundinnen und Freunde der Santa Precaria»* aus gewerkschaftlichen und kirchlichen Organisationen mit NGOs wie Attac, Arbeitsloseninitiativen und der Generation Praktikum zusammen, um in mehreren österreichischen Städten einen würdigen Namens- und Aktionstag für die heilige Santa Precaria auszurichten. Als Website für den Aktionstag wird ein Blog eingerichtet. Im Vordergrund stehen nicht die Organisationen, Presseaussendungen und Aktionen, sondern die "Schutzbefohlenen" und die laufende Dokumentation aller Nachrichten zum Thema Prekarisierung. Ebenso wie zwei Jahre später im Fall der Facebook-Seite zum arbeitsfreien Sonntag wird hier das Blog über den Aktionszeitraum hinweg weitergeführt. Wieder sind es verschiedene Personen, die sich zuerst über das Blog online kennenlernen, und die als Autor_innen immer wieder Fundstücke, Berichte, Veranstaltungshinweise oder Ähnliches auf das Blog stellen. Das Blog, der Schrein der heiligen Santa Precaria, gewinnt mit der Zeit Abonnent_innen, auf Facebook noch einmal das Zehnfache an Fans und bildet so eine Brücke zwischen den Namenstagen. So besteht kaum ein Zweifel, dass die Feierlichkeiten und Aktionen zum 29. Februar 2012 deutlich prachtvoller, größer und weiter verbreitet ausfallen werden als 2008.

«Hearing to Speech», das heißt offenes und interessiertes Hören als Ermächtigung zum Sprechen und als Grundprinzip jeder (radikal-)demokratischen Ausrichtung, als Prozess gegenseitiger Ermächtigung, als Voraussetzung für kollektive Emanzipationsprozesse. Diese Emanzipationsprozesse laufen nie planvoll geordnet, nie detailreich organisiert ab, sondern vielleicht auch mal chaotisch, mal widersprüchlich. Und sie beinhalten das Potenzial, vieles, vielleicht alles, in Frage zu stellen.

DIE "ZENTRALE" KANN UNTERSTÜTZEN, ABER NICHT ALLES MACHEN

Eine Organisation muss Basisfunktionalität von Social Media zur Kenntnis nehmen und sich bewusst machen, dass soziale Netzwerke und andere Online-Kanäle nicht zentral gesteuert funktionieren. Das ist ein Stück Kontrollverlust – oder auch wieder nicht, denn was Menschen irgendwo in einer Runde miteinander gesprochen haben, konnte noch nie zentral kontrolliert und gesteuert werden. Wirklich glaub-würdige Botschaften wurden schon immer im Beziehungsgewebe vermittelt und nicht in Marketing-Büros entwickelt. Nicht umsonst hat "Mundpropaganda" schon immer besser gewirkt als Werbung. Diese Kommunikationsprozesse verlagern sich nun auch in soziale Netzwerke. "Zentralen" – und als solche sei hier die Katholische Aktion als Dachverband der "Laienverbände" der katholischen Kirche mit ihren 100.000 Mitgliedern in Oberösterreich verstanden – können unterstützen, Prozesse beschleunigen, inhaltliche Impulse geben, aber nie das machen, worauf es wirklich ankommt im Leben und in Facebook & Co: in Beziehung kommunizieren. Den Zentralen ist darum eine gewisse "Bescheidenheit" in der Entwicklung von Social Media-Strategien zu raten, aber durchaus auch Kreativität. Es gibt schließlich virale Effekte #209, die durchaus Einfluss haben können auf die Kommunikation im Beziehungsgefüge. Schneeballeffekte können mächtig werden, das bekannteste Beispiel dafür ist wohl #unibrennt. Ein Beispiel, von ThemaTisch auf Facebook initiiert, ist die über die Facebook-Seite *«Arbeitsfreier Sonntag»* eingerichtete Veranstaltung *«Ich nicht! Einkaufen am 8. Dezember»*, bei der nicht nur mehr als 16.000 Menschen via Facebook ausdrückten, dass sie am Feiertag im Dezember 2010 nicht einkaufen gehen werden, sondern mit der Veranstaltungszusage auch gleichzeitig ihre Kontakte auf Facebook darüber informiert haben. Mehr als 2,5 Millionen Menschen allein in Österreich nutzen Facebook. Damit ist diese Plattform – bei aller notwendigen Kritik am nicht vertrauenswürdigen Umgang des Unternehmens Facebook mit persönlichen Daten – in der Entwicklung einer Social Media-Strategie nicht mehr wegzudenken. Für die katholische Kirche heißt das, in der Entwicklung von Internetkommunikationsstrategien primär genau darauf zu setzen und dort hinzugehen, wo die Menschen aktiv und wo die sozialen Netzwerke #341 lebendig sind. Dabei ist das hilfreich, wofür auch die Katholische Aktion als Zusammenschluss engagierter Christ_innen steht: aktive, verantwortliche Beteiligung und selbstbestimmte Menschen, die über ihren Glauben und ihr soziales Engagement kommunizieren und damit davon Zeugnis geben. Nur dann, wenn Menschen ernst genommen werden, nicht wie gerade im Marketing-Jargon großer NGOs als Kund_innen, sondern als entscheidende Mitgestalter_innen der Organisation, gelingt es, diese Haltung auch zu vermitteln. Darum hat die Katholische Aktion Oberösterreich gemeinsam mit dem Kommunikationsbüro der Diözese Linz im November 2010 auch zu einem Barcamp zum Thema Kirche und Social Media eingeladen. Das war so spannend, dass diese Veranstaltung ein Jahr später wiederholt wird. Daneben bietet die KA in vielfältiger Weise Unterstützung und Information unter dem Stichwort Kirche 2.0 an, auch Beratung und viele Weiterbildungen.

SOCIAL MEDIA ALLEIN IST NOCH NICHT PARTIZIPATION

Social Media kann, wenn es klug eingesetzt wird, zur Demokratisierung von NGOs einen Beitrag leisten. Das stimmt, aber nicht ohne "aber", und das gleich zweimal: Facebook, Twitter #166 & Co. haben nicht das Ziel, die Welt demokratischer und gerechter zu machen, sondern sind kapitalistische Unternehmen und ticken im Zweifelsfall auch so. Und: Wenn wir Demokratie ernst nehmen, dürfen wir – auf Österreich bezogen gesprochen – die 17 Prozent Menschen, die keinen Internetzugang haben oder die 57 Prozent Menschen, die keine Social Media-Communities nutzen, nicht übersehen, sondern vielmehr müssen wir unsere Organisations-Prozesse so gestalten, dass vielleicht genau dort das Zuhören anfängt. Wen erreichen wir via Social Media? Antworten, die schlicht Altersgruppen differenzieren oder in Prozent von Bevölkerung rechnen, verhelfen hier nicht zu einem fundierten Verständnis. Auch die bekannte Segmentierung der Bevölkerung nach soziodemografischen Merkmalen und sozialen Schichten reicht nicht mehr aus, um Dialoggruppen wirklich wahrzunehmen. Die soziale Lage allein – so wichtig diese Frage noch immer ist – erklärt nicht alles, Lebensstile und Wertorientierungen sind differenzierter. Social Media nutzende beziehungsweise für Social Media empfängliche Menschen, das sind nach dem Befund der sogenannten Sinusstudien die Typen "Moderne Performer", "Experimentalisten", "Hedonisten" und vielleicht noch "Postmaterielle". Diese Studien zeigen, dass gerade jene postmodernen Lebensstil-Milieus im Social Web überdurchschnittlich aktiv sind und eine große Distanz zur Kirche, aber auch anderen Institutionen sowie Parteien haben. Projektorientierung und Multioptionalität kennzeichnen diese Milieus. Gelingt die Kommunikation in Facebook & Co, vor allem vermittelt über die Beziehung Einzelner, kann es die Kirche schaffen, auch mit Menschen in Kontakt zu kommen, die wenig oder gar nichts mit ihr zu tun haben. Dieser Kontakt ist ein positiver Effekt. Aber nicht genug.

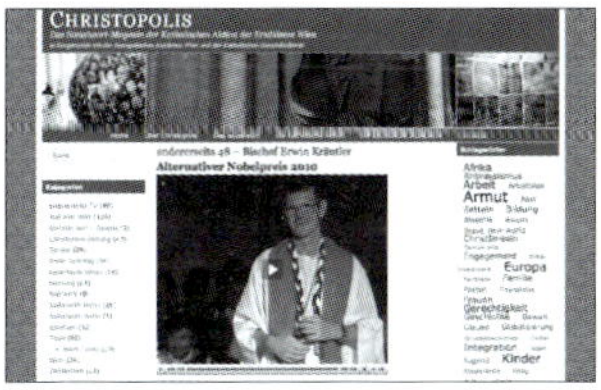

Soziale Anliegen haben überall ihren Raum

1. *Die Erscheinungen des San Precario, wie etwa das «Miracolo a Milano», die Aktionen der ChainWorkers in Italien, der organisierten in Handelsketten Arbeitenden, waren die Inspiration für die Anrufung der Santa Precaria in Österreich.* 2. *Das Blog «Christopolis», das Sozialwort-Magazin der Katholischen Aktion Wien in Kooperation mit der Katholischen Sozialakademie, stellt Sozialpolitisches zur Diskussion.* 3. *«72 Stunden ohne Kompromiss» ist Österreichs größte Jugendsozialaktion, mit über 5.000 Jugendlichen in 400 Projekten, die ehrenamtliche Arbeit leisten. Via Facebook war die Entwicklung der Projekte von der Entwicklung bis zur Nachbereitung mitzuverfolgen, eine Landkarte machte die Fülle sichtbar, auf* YouTube #201 *wurden die Aktionen dokumentiert.*

SOCIAL MEDIA IST KEIN SELBSTZWECK

So breit die sozialen und sozialpolitischen Aktivitäten der Kirche auch sind, so klein sind noch die Pflänzchen, die diese Perspektive in Social Media sichtbar machen. Die meisten, die sich mit diesem Thema beschäftigen, sind da noch Einsteiger_innen, Lernende. Sie können auf einen reichen Erfahrungsschatz der Kirche als Parteinehmerin für die Ausgegrenzten zurückgreifen und diese Aktivitäten auch im Netz leben. Das wird – auch wenn dabei keine überzogenen Erwartungen an Demokratie und Partizipation angesagt sind – uns alle verändern. So können sich Christ_innen etwa bemühen, die Perspektive von Armen und Ausgegrenzten bewusst in Social Media einzubringen, zum Beispiel durch das Ansprechen der Lebenssituation dieser Menschen. Dass dabei nicht nur die Sicht der Helfer_Innen, sondern vor allem auch die Sicht der Betroffenen zu Wort kommen muss, ist durch den Wandel der sozialen Arbeit hin zu Partizipation und Ressourcenorientierung außer Frage gestellt. In diesem Prozess werden sich soziale Dienstleistungsorganisationen mit der Zeit sicherlich radikal verändern. Durch den "Digital Divide" wird es, selbst wenn gesellschaftlich bewusst damit umgegangen wird, neue Verlierer_innen geben. Jene, die in der rasanten Entwicklung nicht mitkommen oder jene, die gerade in weltweiter Perspektive keinen Zugang zu neuen Technologien haben. Auch hier kann Kirche, weil sie über ein dezentrales Netz von Engagierten verfügt, Vorreiterin sein, der Digitalen Kluft entgegenzuwirken und beispielsweise neue Kooperationen der Generationen zwischen Digital Natives #113 und Älteren anregen und begleiten. Im Herbst 2011 startet ein Projekt der Katholischen Frauenbewegung OÖ, das sich mit der Digital Literacy von Frauen 50+ beschäftigt, jener Gruppe, die am wenigsten online vertreten ist. Das alles setzt Kompetenzaufbau in der Organisation Kirche zu diesem Thema voraus, was dann auch dazu führen könnte, dass sich Kirche sachgerecht in Debatten zum Beispiel um Netzneutralität beteiligt.

DIE KAMPAGNE ZUM ARBEITSFREIEN SONNTAG

2006 schlossen sich Kirchenorganisationen, Gewerkschaften und NGOs in Deutschland und in Österreich jeweils zu einer *«Allianz für den freien Sonntag»* zusammen, um sich gemeinsam für den Erhalt dieser nicht-ökonomisierten Zeit für alle stark zu machen, mittlerweile gibt es diese Allianz auch auf Europaebene. Im Herbst 2009 hat sich die Katholische Aktion OÖ daran gemacht, eine Facebook-Seite für den arbeitsfreien Sonntag einzurichten. Motiv dabei war, über dieses für die Katholische Aktion wichtige Thema Menschen zu erreichen und sie zum Beispiel dazu einzuladen, beim *«Kauf-Nix-Tag»* am 8. Dezember mitzumachen. Dieser Aktionstag wird unter anderem von der Katholischen Arbeitnehmer_innen Bewegung (KAB) vorangetrieben. Die Facebook-Seite für den arbeitsfreien Sonntag hat sich bald zum Selbstläufer entwickelt und zu einem saisonunabhängigen Forum, auf dem das ganze Jahr über Beiträge und Kommentare gepostet werden. Inhaltlich befasst sich die Seite nicht nur mit aktuellen Informationen aus der politisch arbeitenden Allianz, sondern agiert auch stark auf der Gefühlsebene. Da passt an einem heißen Sommertag ein *«Danke»* an die arbeitenden Bademeister_innen und Buffetmitarbeiter_innen in Bädern und an Seen genauso wie ausgewählte Statements zum Sonntag. Die Moderationsarbeit teilen sich mehrere Co-Administrator_innen. Es sind die Menschen, die sich online kennengelernt haben, die diese Seite tragen. Sie haben das Commitment ihrer Vorgesetzten und ihrer Organisationen, das zu machen, was sie machen. So genau wurde da auch gar nicht mal nachgefragt, es ist einfach passiert.

Das Netz im Netz: Facebook

#094

Facebook ist eine der bekanntesten und in mancherlei Hinsicht "mächtigsten" Web 2.0-Plattformen. Es handelt sich um eine seit Jahren immer vielschichtiger werdende Website und Plattform *«zum Erstellen und Betreiben sozialer Netzwerke»*, wie der Wikipedia-Eintrag zu Facebook das eingangs definiert. Als *«Thefacebook»* im Februar 2004 als vorerst geschlossenes System nur für Studierende an US-amerikanischen Universitäten online geht, ist es vor allem eine Kontaktverwaltung unter Studierenden, eine Umsetzung von College- und University-Jahrbüchern für das Web. Noch im selben Jahr wird eine Gruppen-Funktion freigeschaltet und Benutzerkonten bekommen

"Pinnwände", eine Art Blog-, Gästebuch- und Kommentar-Funktion, nur dass diese Pinnwände vernetzter Benutzer_innen zusammengeschaltet sind. Mit dem Jahr 2006 ist die Plattform um Funktionen und Benutzer_innen gewachsen, sie wird zur allgemeinen Nutzung geöffnet. Mit 2007 ist die «*Share*»-Funktion eingeführt, mit der Pinnwand-Einträge anderer mit einem Klick geteilt werden können. Information in Form von Links, Bildern, Nachrichten und Videos kann sich entlang der Benutzer_innen-Beziehungen immer leichter, schneller und weiter (= viraler) verbreiten. Online-Spiele werden präsenter. Mit 2008 wird die Plattform internationaler und beginnt weltweit Nutzer_innen zu gewinnen. Die eigene Chat-Funktion #319 wird integriert. 2009 nimmt die Allgegenwart von Facebook außerhalb der eigenen Website mit dem «*Like*»-Button zu. 2011 gibt es angeblich eine halbe Milliarde aktiver Benutzer_innenkonten weltweit auf der Plattform. Facebook ist zu einem riesigen Netz im Netz geworden und zu einem mächtigen Global Player. Die enorme Größe von Facebook ist irreführend, wenn sie für Analogien mit Bevölkerungszahlen großer Staaten gebraucht wird, um den Eindruck riesiger "Communities" und sagenhafter Reichweiten zu machen. Die Plattform facebook.com bietet Infrastruktur und verbindet nicht alle Nutzer_innen, so wenig wie das "das" Radio, "das" Fernsehen oder "das" Telefon machen. Das durchschnittliche Benutzer_innenkonto hat zwischen ein- und zweihundert "Freundschaftsbeziehungen", also Verbindungen zu anderen Benutzer_innenkonten. Das technische Maximum an "Freunden" liegt bei 5.000 Kontakten, "Fanseiten" von Organisationen oder Unternehmen können Zehn- bis Hunderttausende "Fans" haben, was sowohl selten ist als auch eigentlich "wenig", wenn wir die Relation zu Einschaltquoten im Fernsehen bemühen. Und last but not least bedeuten viele Kontakte nicht, dass zwischen diesen vielen, technisch verbundenen Benutzer_innenkonten und Seiten auch tatsächlich Informationen ausgetauscht werden. Das Nutzungsverhalten auf der Plattform ist divers. Häufig mit vielen anderen zu kommunizieren ist nur eine Praxis. Hie und da mit wenigen, ausgesuchten Bekannten Kontakt zu halten, wäre eine andere. Welche Leute wir auf der Plattform vorfinden, das entscheidet im geringsten Maße Facebook und in viel höheren Maßen unser Milieu und unsere Interessen, die Frage, mit wem wir bekannt sind, und die Frage, welche Ausschnitte von Welt uns interessieren. Es sind unsere Netzwerkverbindungen #341, durch die strukturiert wird, von wem wir etwas mitbekommen, und was wir alles mitbekommen und was nicht. Es sind die Kompetenzen und Praktiken unserer Kontakte, die den Fluss an Information bestimmen, den wir mitbekommen. Und es ist unsere Sache, welche Informationen wir in unsere Netzwerke einpflegen, was wir weiterleiten, und wie wir mit den anderen entlang unserer Beziehungsnetzwerke kommunizieren. Die andere Seite neben der Infrastruktur der Plattform "zum sozialen Netzwerken" ist das Unternehmen «*Facebook, Inc.*». Hier wirkt sich die enorme Größe dieses Global-Players viel mehr aus. Das Unternehmen ist eines der einflussreichsten und mächtigsten der Werbe- und Kulturindustrie, muss laufend wachsen und Umsätze erwirtschaften. Seine Kunden sind die Werbewirtschaft, finanzstarke Organisationen und Unternehmen, nicht die Millionen Nutzer_innen. Dementsprechend willkürlich, intransparent und invasiv operiert das Unternehmen, auch auf der Plattform selbst. Eine kritische Alternative in klarer Abgrenzung zu Facebook versucht daher «*Diaspora*» auf der Basis freier Software #248 zu sein.

Der Kirche, der Katholischen Aktion, ist es mit dieser Seite zum *«Arbeitsfreien Sonntag»* gelungen, in Facebook ein Thema zu besetzen, das durchaus polarisiert (*«Ich will aber am Sonntag einkaufen, muss ja auch selbst am Sonntag arbeiten»*), aber fernab der medial heiß diskutierten Problemfelder und Konflikte der katholischen Amtskirche steht. Über die Facebook-Seite mit gut dreieinhalb Tausend "Fans" ist das Eröffnen eines positiven Kommunikationsraumes möglich. Und es werden Vorarbeiten geleistet, die das Kampagnen-Thema schließlich auch auf die Bühne der etablierten Massenmedien heben, was mit 16.000 TeilnehmerInnen bei der Nicht-Einkaufen-Veranstaltung am 8. Dezember 2010 auch gelungen ist.

ZUSAMMENFASSUNG

Organisationen sind im Zeitalter des Social Web noch mehr lernende Organisationen. Spezifische Social Media-Projekte können einen Lernprozess für eine gesamte Organisation in Richtung Öffnung und Partizipation anstoßen, ersetzen aber keine notwendigen Organisationsentwicklungsprozesse. Beteiligungsangebote müssen ernst gemeint sein, wenn Ehrenamtliche und Aktivist_innen zu Multiplikator_innen werden sollen. Facebook-Seiten dienen zum Aufbau einer Community, sind eine Dialog-Plattform und sollten nicht als weiterer PR-Kanal missverstanden werden. Die Qualität einer Facebook-Seite misst sich nicht an der Zahl der Kontakte (der Fans), sondern an der Quantität und Qualität der Interaktion, die dort passiert oder von dort angeregt an anderen Stellen Impulse setzt für Kommunikation, Vernetzung und Mobilisierung. Eine für alle Beteiligten und Interessierten sinnvolle Facebook-Seite, das ist nicht immer einfach hinzubekommen. Nur wer sich ein Stück weit auf die Grammatik der Kommunikation im Social Web einlässt, wird dort authentisch und passend kommunizieren. Dabei kann und soll die Seite auch aktiv mit anderen Web-Aktivitäten der Organisation vernetzt werden.

Als Tipps und Tricks gibt es hier eine Checkliste für eine Facebook-Seite "mit Potenzial".

- Hast du ein aussagekräftiges Profilbild mit Wiedererkennungswert?
  Ist es so gewählt, dass der Ausschnitt für das Miniaturbild passt? Das wird am öftesten gesehen.
- Sind die Info-Reiter ausgefüllt, übersichtlich und auch wirklich informativ?
  Hol dir Feedback, wie diese Informationen bei anderen ankommen, was für dich selbstverständlich ist, ist für andere zu viel oder zu wenig.
- Die Startseite kann und sollte für Neuankömmlinge konfiguriert werden, du willst sie als Fans gewinnen.
- Biete einen Medienmix. Stell Fragen und bitte nicht laufend nur solche Fragen,
  ob die "Fans" auch zu den Veranstaltungen kommen. Bilder, Videos und kommentierte interessante Links werden am meisten geteilt. Fragen bekommen am ehesten Kommentare.
  Trau dich, auch kontroversielle Themen anzusprechen.
- Setz dich mit deiner Zielgruppe auseinander. Was weißt du über eure Fans? Wie ticken die?
  Welche Sprache verwenden sie?
- Bewirb die Facebook-Seite auf anderen Kanälen (und hol dir dazu eine "Vanity Url"):
  der Website, im Blog, via Twitter, im Newsletter und deiner E-Mail-Signatur. Und mach die

anderen Kanäle auf der Facebook-Seite transparent, binde deinen YouTube-Kanal ein, die Fotos von Flickr #149, deine Blog-Feeds #237. Hast du eine interaktive, dynamische Like-Box auf der Website oder im Blog?

- Überflüssige Reiter ohne Information machen alles unübersichtlich und unaufgeräumt. Entfernen.
- Kein Kontrollwahn, bilde dir nicht ein, nur du kannst Administrator_in sein. Verteilte die Admin-Rechte und -Aufgaben auf mehrere Personen. Binde aktive Fans als Administrator_innen ein.
- Wirf nicht mit Einladungen zu Seiten um dich, wenn dort noch nichts passiert. Fang mit einer Startphase an, poste Inhalte auf die Pinnwand, entwickle den Stil der Seite und geh dann mit Einladungen an andere heran.
- Die Welt dreht sich nicht um dich! Poste nicht nur eigene Inhalte auf die Pinnwand der Seite, sondern noch mehr interessante Inhalte anderer.
- Ein privates Profil ist ein privates Profil für eine Person und keine geeignete Form der Präsenz von Organisationen, Kampagnen oder Themen auf Facebook! Falls du sowas trotzdem hast, stelle möglichst rasch auf eine Seite um!

Laienkirche, Laien, Kirche, Katholische Aktion, Sonntag, arbeitsfreier Sonntag, Social Media, KAB, ThemaTisch, Barcamp, Kirche 2.0, hearing to speech, Santa Precaria, Demokratisierung, Sinusstudien, Sozialaktion

KOMMENTARE

***72 Stunden ohne Kompromiss** sagt:* *72h.at*

72 Stunden ohne Kompromiss ist Österreichs größte Jugendsozialaktion, organisiert von Katholischer Jugend und young.caritas. Über 5.000 Jugendliche leisteten in 400 Projekten in ganz Österreich ehrenamtliche Arbeit. Dadurch haben Jugendliche nicht nur die Realität von sozial Benachteiligten verändert, sondern auch in unbekannte Bereiche hineingeschnuppert, selbst unschätzbare Erfahrungen gewonnen und wurden mit sozialpolitischen Realitäten konfrontiert. So wurden beispielwiese im Rahmen von "Gegen Unrecht" Unterschriften gegen Kinder in Schubhaft gesammelt.

Diese Aktion wurde bei der letzten Durchführung im Oktober 2010 nicht nur auf Facebook und Twitter beworben, was ja in der Katholischen Jugend de facto Standard ist, sondern es gab eine Facebook-Applikation mit einem personalisierten Video, wo Jugendliche ganz persönlich mit dem eigenen eingebundenen Foto zur Beteiligung aufgefordert werden. Via Facebook war die Entwicklung der Projekte von der Entwicklung bis zur Nachbereitung mitzuverfolgen, eine Landkarte machte die Fülle sichtbar, auf YouTube wurden die Aktionen dokumentiert. Die Aufmerksamkeit auf das Engagement der Jugendlichen wurde damit mulitpliziert!

Antje Schrupp *sagt:* *antjeschrupp.com*

Was mir dazu noch in den Kopf kommt: Ich denke, dass Social Media vor allem für solche Organisationen ein großartiges Tool ist, bei denen es um persönliche Überzeugungen geht – und da sind Glaubensgemeinschaften ja das Paradebeispiel dafür.

In der füheren, nicht partizipativen Mediengesellschaft wurde die "Verkündigung" mehr oder weniger an "Professionelle" delegiert. Das war praktikabel, wenn es um Werbung geht, aber wenn es um persönliche Überzeugungen geht, dann hilft das nicht viel. Denn das Ziel ist ja nicht, dass die Leute irgendwas "kaufen" (egal ob sie es brauchen können oder es ihnen wirklich gefällt), sondern dass sie etwas verstehen, sich ein eigenes Urteil bilden. Das geht nur über wirkliche Gespräche und über Beziehungen.

Jakob Steinschaden *sagt:* *phaenomenfacebook.com*

Die Kirche und Facebook ... es gibt ja schon Leute, die meinen, dass Facebook nach der Bibel das meistgelesene Buch der Welt ist. Keine Ahnung, wer sich das ausgerechnet hat, aber den Vergleich Social Network + Religion halte ich für gewagt. Kürzlich habe ich mit meinem Kollegen Guido Tartarotti über das Thema diskutiert. Er mutmaßte, ob es für Zivilisationen in ferner Zukunft möglich sei, die Facebook-Server auszugraben, sie auszuwerten und sich so ein umfassendes Bild unserer Zeit machen zu können. Ich hielt erst einmal die Haltbarkeit der Server entgegen – in tausend Jahren sind die Festplatten längst hin, und selbst wenn sie so lange halten sollten, gibt es dann wohl keine Software mehr, die sie lesen kann. Man hat ja jetzt schon Probleme, Rechner aus den 70ern verwenden zu können.

Tartarotti meinte daraufhin, dass Wissenschafter ohnehin eine bessere Möglichkeit gefunden haben wollen, Informationen durch die Zeit zu schicken: Religion nämlich. So gäbe es konkrete Überlegungen, nachfolgende Generationen mit religiösen Tabus vor Atommülllagern zu warnen: "Dort unter dem Berg schläft ein böser Geist, den man nicht wecken darf."

Insofern – Facebook wird schnell wieder verschwinden, während Religionen und ihre Botschaften Jahrtausende überdauern. Kein Vergleich also.

KAMPAGNEN MOBILISIERUNG VERNETZUNG ZIVILGESELLSCHAFT SELBSTORGANISATION AUTHENTIZITÄT BÜRGERRECHTE GRASSROOTS

YES, WE CAN!

Was uns die Obama-Kampagne über Wahlkämpfe und für soziale Bewegungen lehrt

«Parteien sind wie Muscheln, die sich dem Einfluss von außen am liebsten verschließen.»
Bruno Kreisky

Der Kandidat war Außenseiter im Parteiapparat, eingespielte Hilfstruppen hatte er keine und seine Kriegskasse war so leer wie eine Disco am frühen Nachmittag. Kaum jemand hätte 2007 darauf gewettet, dass Barack Obama die Vorausscheidung der Demokraten für die Präsidentenwahl 2008 gewinnen und US-Präsident werden könnte. Aber seit er mit einer grandiosen Kampagne – und nicht zuletzt einer durch das Internet orchestrierten Graswurzelbewegung – ins Weiße Haus gespült wurde, gilt er als Vorbild für alle politischen Web 2.0-Kampagnen.

AUS DEN GRASWURZELN ERWÄCHST NEUES

«Change has to come from the bottom up» – *«der Wandel muss von Unten kommen»*, hatte Obama immer gesagt, und das war nicht nur Rhetorik. Als Outcast war er darauf angewiesen, dass sich hunderttausende Aktivist_innen für ihn einsetzen. Schon sehr früh hat seine Wahlkampagne begonnen, Graswurzelaktivist_innen zu motivieren, sich selbst im Wahlkampf zu engagieren – ihre eigenen "Pro-Obama"-Gruppen zu gründen. Da er nicht über jene Menge finanzkräftiger Unterstützer verfügte wie etwa seine innerparteiliche Rivalin, war er auch auf Kleinspenden von Millionen Bürger_innen angewiesen. Und gerade diese bescherten ihm einen Spendenrekord – er war am Ende der finanziell bestausgestattete Präsidentschaftskandidat der US-Geschichte. Natürlich ist der Fall Obama ein Phänomen, das nicht einfach kopiert werden kann: Der Kandidat ein Charismatiker, zudem sehnte sich das Land nach den bleiernen Bush-Jahren nach einem "Change", eine ganze

Generation brannte auf einen progressiven Neubeginn. Das kommt nicht alle Jahre vor. Aber lernen kann man von der Obama- Kampagne #130 dennoch einiges.

DIE WEBSITE ALS OFFENE PLATTFORM FÜR ALLE

Obama hat die Möglichkeiten des Internets genutzt wie kein Politiker zuvor – und auch wie keine politische Kampagne seither. Mit der Hilfe von Chris Hughes, einem der Gründer von Facebook, wurde die Obama-Website als "Social Network" organisiert. Jeder konnte mitmachen bei MyBarackObama.com, seine eigenen Veranstaltungen eintragen, seine Freund_innen einladen. Kurzum: Sein "eigenes Ding" für Obama machen. Wichtig war in diesem Zusammenhang, dass sich Obamas Wahlkampfmanager nicht wie Kontroll-Freaks gerierten. Man freute sich, wenn jemand etwas für den Kandidaten tat – und fragte nicht misstrauisch, ob der oder die denn auf Linie sei, wie das bei vielen bürokratisierten Apparatparteien der Fall ist. Natürlich ist das nicht ohne Risiko. So "enthüllte" der rechte TV-Sender Fox News, dass in einem Büro freiwilliger Obama-Helfer_innen in Houston eine Che-Guevara-Fahne hänge – damit behauptete man bei FOX, den Kandidaten als gefährlichen Kommunisten enttarnt zu haben. *«Das ist ein Büro Freiwilliger»*, so das Statement der Kampagnenleitung, *«nichts, worüber wir die Kontrolle haben»*. Im Internet gäbe es eben auch *«eine Menge Mist»*, sagte Obamas Chefstratege David Axelrod lapidar, *«aber es ist vor allem eine mächtige Kraft zur Demokratisierung»*.

Von Beginn an hat die Obama-Kampagne alles daran gesetzt, so viele E-Mail-Adressen #350 wie möglich zu sammeln – um aus ideellen Unterstützern aktive Wahlhelfer und Spender zu machen. Die großen Massenveranstaltungen mit Obama, etwa in Fußballstadien mit 70.000 oder mehr Besuchern, hatten nicht zuletzt den Zweck, dass man bei allen Ausgängen Wahlhelfer postieren konnte, die die Bürger um ihre E-Mail-Adressen fragen konnten.

«Über eine Periode von 21 Monaten», heißt es in einer Bilanz, *«haben Millionen Amerikaner MyBO genutzt, um lokale Gruppen aufzubauen oder Telefonkampagnen zu starten. Am Ende des Wahlkampfes hatten zwei Millionen Bürger ein Profil auf der Seite angelegt, sie hatten 200.000 Offline-Events organisiert, Gruppen gegründet, 400.000 Blogeinträge erstellt und 30 Millionen Dollar aufgebracht.»*

Politische Kampagnen im Netz sind nie als bloße Parteikampagnen erfolgreich. Sie funktionieren dann gut, wenn sie an eine bereits vorhandene Mobilisierung der Zivilgesellschaft und Vernetzungen von lokalen oder thematisch aufgezogenen Gruppierungen andocken – oder eine solche Mobilisierung begünstigen und inspirieren. Kurzum: Sie müssen eine – temporäre – Koalition schmieden und die Kampagne muss auf Basis dieser Koalition agieren. Nicht die Partei "führt" dann den Wahlkampf, sondern eine Koalition aus Partei, NGOs, vielen Initiativen und eigensinnigen Einzelpersonen.

PARTIZIPATIONSVERSPRECHEN SIND EINZULÖSEN

Das Web 2.0 hat als "Mitmach-Netz" ein Potenzial für eine Demokratisierung der Demokratie, aber vielen traditionellen Organisationen progressiver Politik fehlt oft ein elementares Verständnis für den Geist dieses neuen Mediums mit seinen eigenen Gesetzmäßigkeiten. So glauben sie oft, es wäre für sie schon etwas gewonnen, wenn sie mäßig interaktive Websites wie klassische One-Way-Medien nutzen können, mittels derer sie ihre PR-Botschaften ausschicken und die sie nach dem gewohnten hierarchischen Top-Down-Führungsstil kontrollieren können.

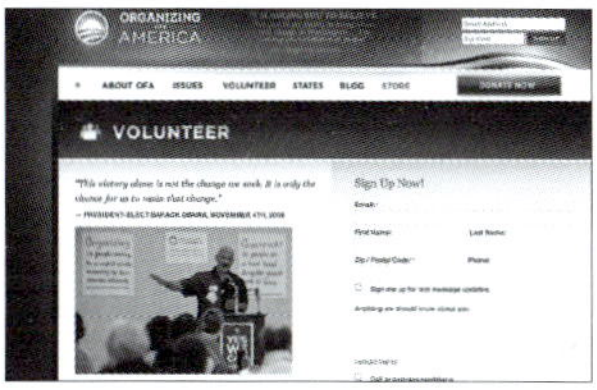

Die Grassroots des Community Organizers Obama

1. MyBO war nicht nur für die Wahlkampagne, sondern ist ungebrochen eine Social-Network-Plattform für "Community Organization". Die Techniken des Community organizing sind aus Arbeitsweisen von Grassroots-Initiativen abgeleitet. Ihr Einsatz bestimmte den Obama-Wahlkampf massiv mit und auf MyBO werden bis heute laufend Schulungen angeboten. 2. 2008 sprach Barack Obama immer wieder seine ihm wichtige Erfahrung als "Community Organizer" und die bedeutende Arbeit der vielen organisierten Freiwilligen an, hier in einem YouTube-Video des Kanals BarackObamadotcom. 3. Obama mobilisiert in vielen Bereichen und ist überall sichtbar. Das berühmteste Obama-Bild ist von dem Streetart-Künstler Shepard Fairey, Graffitis sind in ganz Amerika omnipräsent, der Sänger der Gruppe «The Black Eyed Peas» organisierte die Produktion des viralen Videos und Songs «Yes We Can», nach dem Kampfruf der Landarbeiter-Gewerkschaft und Slogan der Obama-Wahlkampagne.

Ein besonders abschreckendes Beispiel für einen solchen Anachronismus war die Online-Kampagne der deutschen Sozialdemokraten während des jüngsten Bundestagswahlkampfes. Dabei hatte Wahlkampfleiter Kajo Wasserhövel noch zu Kampagnenbeginn geprahlt: *«Der Wahlkampf in den Vereinigten Staaten hat allen politisch Interessierten klar gezeigt, welche Power für eine lebendige Demokratie durch das Netz geöffnet wird. Aus meiner Sicht ist das eine Riesenchance für das Land, für die Parteien, für die Demokratie. Das Internet ist keine Einbahnstraße, sondern ein vielfältiges und dynamisches Dialogmedium – und das wollen wir nutzen.»* In der Praxis hat er alle seine Online-Mitarbeiter_innen allerdings dazu verdonnert, ihm jeden Halbsatz, der ins Netz gestellt werden sollte, vorab vorzulegen. Dass auf diese Weise jedes Leben und alles Spontane aus der Kampagne vertrieben wurde, ist ihm offensichtlich nicht einmal klar geworden. In Kombination mit dem eher blassen Spitzenkandidaten führte das dazu, dass sich praktisch niemand für die Webkampagne der SPD interessierte. Die Sozialdemokratie war im Mitmach-Netz zwar präsent – aber niemand wollte bei ihr mitmachen. Wie kläglich die Partei mit ihrer Netzkampagne scheiterte, enthüllte später ein Insider in einem umfassenden, anonymen Erfahrungsbericht, den der Berliner *«Freitag»* veröffentlichte. Titel der ernüchternden Story: *«No, We can't»*

SELBSTORGANISATION UND SELBSTREPRÄSENTATION

Aber das Web kann die Politik nicht nur verändern, indem es traditionellen politischen Akteur_innen neue Möglichkeiten bietet (wenn sie klug genug sind, sie zu nützen). Das Web bietet jedem Bürger und jeder Bürgerin die Möglichkeit, Kontakt aufzunehmen, seine Meinung kundzutun, sie an Freund_innen zu versenden. Normale, einfache Bürger_innen können selbst Initiativen starten und oft gelingt es ihnen, für die unwahrscheinlichsten Anliegen tausende Menschen zu interessieren. Nicht selten wird aus einer solchen Initiative im virtuellen Raum eine Aktion in der "wirklichen Welt". Soziale Netzwerke wie Facebook #094 und Twitter #166 geben heute normalen, unorganisierten Bürger_innen die Möglichkeit, sich mit anderen zu verbinden und diese Verbindung zu pflegen. Das setzt Parteien auch einer Konkurrenz aus. Überlegen wir einmal, worin eigentlich

– beispielsweise – der Sinn von politischen Parteien in der Vergangenheit bestand, was ihr Vorteil gegenüber anderen Formen der politischen Aktivität, etwa des spontanen Protestes war: Sie hatten einen bürokratischen Apparat, mit dessen Hilfe sie Kontakt zu ihren Mitgliedern und Sympathisant_innen aufrechterhalten konnten, eine Organisation, die Fäden spannte zwischen den einzelnen Mitgliedern, den Funktionär_innen, der Parteiführung. Es war vor allem diese Fähigkeit zur kontinuierlichen Organisierung, die Parteien beispielsweise von flüchtigeren politischen Bewegungen unterschied, deren Anhänger_innen sich zeitweise um ein bestimmtes Thema scharten und sich danach wieder aus den Augen verloren. Parteiapparate hatten, neben anderen nützlichen Zwecken, nicht zuletzt den hauptsächlichen Sinn, dieses "aus-den-Augen-verlieren" zu verhindern und eine stabile Aktivistenbasis über längere Zeit hinweg auf ein politisches Ziel hin zu organisieren. Das ist, natürlich auf andere Weise und weniger verbindlich, über das Internet und soziale Netzwerke #341 heute auch anderen Akteur_innen möglich, letztendlich jeder Einzelperson.

BEFREIT DAS NETZ "DIE BASIS"?

Einzelne Parteienforscher_innen vertreten sogar die Auffassung, dass dies Parteien die Möglichkeit gibt, wieder an frühere Zeiten anzuschließen. Denn schließlich ist die zentrale "Message-Control" und der "Top-down-Führungsstil", wie ihn sich viele Polit-PR-Manager_innen in den vergangenen fünfzehn Jahren angewöhnt haben, eine relative Neuerscheinung. Die innerparteiliche Position des "Spin-Doctor" wurde Land für Land und Partei für Partei eingeführt, besetzt und binnen kürzester Zeit mit Vollmachten ausgestattet, die de facto oft auf die strategische Führung der Partei hinausläuft.

ONLINE-MEDIEN UND POLITISCHE KOMMUNIKATION

Erfolgreiche Onlinekampagnen leben in und von der neuen Medienrealität, die sich nach und nach im Netz entwickelt. Heute gibt es einige unabhängige Online-Medien, die es durchaus mit dem Verbreitungsgrad und der Relevanz von Massenmedien aufnehmen können, die aber dennoch anderen Gesetzmäßigkeiten als klassische kommerzielle Formate unterliegen. In den USA sind dies etwa die als Blog eingerichtete Huffington Post oder das Polit-Portal Politico, das von zwei Ex-Redakteuren der Washington Post gegründet wurde. Ein anderes Beispiel für eine von der Massenmedienlogik unabhängige Gegenöffentlichkeit ist Democracy Now, ein alternatives Medienprojekt das eher aus der polit-aktivistischen Grassroots-Ecke kommt. In der Blogosphäre #084 entwickeln sich manche Blogger_innen zu sogenannten "Alpha-Bloggern", die weit größeren Einfluss gewinnen, als "normale" Blogger mit eingeschränkten Leser_innen-Kreisen. In Deutschland beispielsweise die NachDenkSeiten, das Blog von Thomas Strobl aka Weissgarnix oder das Netzpolitik-Blog.

Im Unterschied zu klassischen Medienformaten, die oft zumindest den Anschein politischer Neutralität aufrechterhalten wollen, sind Blogs und Online-Medien vor allem dann erfolgreich, wenn sie klare Ecken und Kanten haben, wozu auch eine pointierte politische Ausrichtung gehört. Selbst wenn sie keine exorbitante Leserzahl haben, können sie damit signifikanten Einfluss auf die Meinungsbildung in ihrem jeweiligen politischen Milieu gewinnen. Das trifft keineswegs nur für die progressive Seite zu. In Österreich haben etwa neoliberale und neokonservative Blogs durchaus großen Einfluss auf die Diskurse im rechten Lager.

Früher waren Parteien schließlich weitgespannte Organisationen, mit einer Führung ganz oben, einem breiten Mittelbau an Funktionären und vielen Tausenden Mitgliedern in den lokalen Parteiorganisationen. Einen Gutteil der "politischen Kommunikation" mit potenziellen Wähler_innen besorgten diese einfachen Mitglieder. Und wie genau diese die Politik der Partei "verkauften", wie sie für sie warben, konnte die Parteiführung auch nie vollständig beeinflussen. Sie musste sich auf die individuellen Kommunikationsstrategien ihrer Mitglieder verlassen und entsprechenden Freiraum zugestehen. Erst die ausgeklügelten zentralen PR-Strategien des modernen Politikmarketings haben bei den professionellen Spitzenpolitiker_innen die Illusion (und die Obsession) entstehen lassen, jede "Message", jeden Halbsatz, jeden Schnappschuss und jeden Soundbite zu kontrollieren – und damit zur Entmündigung der normalen Parteimitglieder geführt.

Dabei ist aber wichtig, die Möglichkeiten der elektronischen Vernetzung nicht zu überschätzen. Es wäre ein Fehler zu glauben, das Netz könne andere Formen von politischem Aktivismus ersetzen. Mit Netzpräsenz, mag die noch so raffiniert sein, erreiche ich meist nur jene, die mein Anliegen teilen oder ihm zumindest aufgeschlossen gegenüberstehen. Das kann, je nachdem was man plant, schon reichen: Die Mobilisierung der "eigenen" Leute ist, bei Protestbewegungen etwa, das Wesentliche. Und auch für politische Kommunikation im engeren Sinne ist es nicht unwichtig, kommunikativ die Haltungen der "eigenen Leute" zu stabilisieren und mit Argumenten stetig zu untermauern.

DIE MÜHEN DES MOBILISIERENS

Bei Wahlkampagnen ist aber das Entscheidende, die Unentschiedenen zu erreichen oder die Unaufgeschlossenen zu überzeugen. Und das geht meist nur in persönlichen Gesprächen. Simpel gesagt: Der Königsweg ist, Menschen online zu aktivieren, damit sie sich offline engagieren. Nur als Beispiel aus der Obama-Kampagne: Noch am Wahltag selbst haben Obama-Unterstützer_innen in Ohio – einem der umkämpften Battleground-States – an eine Million Türen (!) geklopft. Gewonnen wurden die Aktivist_innen dafür weitgehend online. Über die Möglichkeiten und Grenzen von wesentlich internetbasierter Organisation kann ich hier ein bisschen mit eigenen Erfahrungen und Zahlen aufwarten: Im vergangenen Sommer organisierte ich mit einigen anderen die dringliche Demonstration *«Genug ist Genug»* gegen die Erbarmungslosigkeit der menschenrechtswidrigen Behandlung von Asylant_innen durch unser Innenministerium. Vorbereitungszeit hatten wir exakt fünf Tage. Am 1. Juli 2010 standen dann knapp 20.000 Menschen zwischen Heldenplatz und Bellaria, um ein Zeichen gegen die Praxis unserer Behörden und für ein humanitäres Bleiberecht zu setzen.

Facebook, also die "Pinnwände" und Seiten österreichischer User_innen, machte in den knapp fünf Tagen vor der Kundgebung den Eindruck, als wüsste "jeder" und "jede" von dieser Demonstration. Auf meinem eigenen Weblog #335 sahen in diesen Tagen etwa 18.000 Leute vorbei. Ein kleiner Werbevideoclip, den wir erstellten und auf YouTube #201 stellten, wurde von rund 5.000 Menschen gesehen, weitergeleitet und verlinkt. Andere, die auf ihren Webseiten und Blogs auch warben, werden ähnlichen Traffic gehabt haben. Mit einiger Wahrscheinlichkeit werden dabei freilich ähnliche und kongruente Personenkreise erreicht worden sein. Das heißt, mit einer aus dem Boden gestampften, aber doch sehr massiven Kampagne, die auch noch von traditionellen Medien ausführlich gecovert wurde, haben wir online, einigermaßen vorsichtig geschätzt, in einer knappen Woche wahrscheinlich rund 30.000 Menschen erreicht. Das ist nicht wenig – aber auch nicht exorbitant viel.

Die Grassroots des Community Organizers Obama

1. Im Zuge einer selbst organisierten BlogParade *sagt auch der Kabarettist Franz Josef «Genug ist Genug» und ruft via YouTube und Blogeintrag zur Kundgebung auf. 2. Es gibt kaum Möglichkeit der Einflussnahme, ob Zeitungen und Fernsehsender Bilder zivilgesellschaftlicher Demonstrationen bringen. Im Internet ist das kein Problem. 3. Die Kundgebung wurde per* Live-Stream #041 *im Netz übertragen. Die Aufzeichnung bleibt abrufbar und kann überall verlinkt und eingebettet werden.*

GLAUBWÜRDIGKEIT IST WICHTIG, AUTHENTIZITÄT IST COOL

Eine der kompliziertesten Fragen in Zusammenhang mit professionellen politischen Kampagnen im Web ist die Frage des "Stils", die Frage von Duktus und Habitus. Die Welt des Web 2.0 ist voll von peinlichen Politiker_innen-Statusmeldungen, faden Verlautbarungen im Pressemeldung-Stil und ostentativer Unechtheit. Wer kein Gefühl dafür hat, was authentisch wirkt (was nicht unbedingt heißt: tatsächlich authentisch ist), der wird sich leichter lächerlich machen, als für sich etwas Nützliches zu erreichen. Mal muss man große Gefühle mobilisieren, mal mit Energie überzeugen, dann aber wieder über sich selbst lachen können – Lakonisches muss mit Pathetischem wechseln, wer allzu oft rein strategisch postet, verliert an Glaubwürdigkeit, und wer nichts Privates hergibt, der erscheint nicht "wirklich" präsent. Und wer nicht gelegentlich mit User_innen per Kommentarfunktion in Dialoge eintritt, wirkt als jemand, der von oben herab nur seine Messages absetzt (aber gerade dafür ist dann oft wenig Zeit). All das braucht viel Gespür, die Fähigkeit, sich in andere hineinzuversetzen und gelegentlich auch sich selbst zu beobachten, und wenn das jemand nicht kann, ist es auch verdammt schwer das zu erlernen. Gleichzeit braucht es auch viel Gespür für das Medium, die Fähigkeit und die Neugier, sich die Logik der Plattform Facebook oder die Logik des Bloggens und allgemein die Logik der Sozialen Medien zu erarbeiten. Dabei gilt hier nichts anderes als für Radio, den Fernsehauftritt oder das Bad in der Menge: Alle Bühnen haben ihre leicht unterschiedlichen Gesetzmäßigkeiten. Wer nicht selbst merkt, was peinlich ist, dem helfen die besten Anleitungen und Manuals nichts. Und schlussendlich muss man auch immer der Gefahr widerstehen, sich in den Sog des aggressiven Stils, der im Web 2.0 #009 (das manche deshalb auch Mob 2.0 #257 nennen) herrscht, hineinziehen zu lassen. Wer, und sei es nur an mäßig herausgehobener Stelle, politisch aktiv ist, aber den verletzenden Ton übernimmt – dem er womöglich selbst ausgesetzt ist –, der kann schnell ein Riesenproblem bekommen.

ZUSAMMENFASSUNG

Politische Organisationen, Interessenvertretungen, Parteien können das Netz erfolgreich für Kampagnen nützen, wenn sie bereit sind, Unabhängigkeit zuzulassen. Kontrollwut und Top-down-Führungsstil vertragen sich nicht mit der Logik des Netzes. Politische Kommunikation im Netz erreicht meist jene Bürger_innen, die den vertretenen Anliegen aufgeschlossen gegenüberstehen. Sie kann aber diese aktivieren, selbst aktiv zu werden. Politiker_innen müssen den Stil und die Sprache "Sozialer Netzwerke" erlernen. Wer nur strategisch postet oder Polit-Sprechblasen absondert, wirkt schnell unglaubwürdig, unauthentisch oder schlicht peinlich.

- Partizipation darf nicht nur draufstehen, sie muss auch drinnen sein und gelebt werden.
- Mobilisiere deine Stamm- und Zielgruppe, halte sie am Laufenden und halte dich am Laufenden, was sich bei deinen "friends" und "fans" so tut.
- Führe Dialoge. Das geht nicht ständig und mit allen, aber wenn es sich ausgeht, dann meine es ernst.
- Authentizität rulez. Ob sie inszeniert ist oder passiert, jedenfalls besteht sie aus Ecken und Kanten.

- Mit Kontrollwahn, Overrulen von einmal gemachten Ankündigungen und Spielregeln, restriktivem Einschreiten bei Problemen macht man sich nicht nur wenige Freunde, sondern gibt meist sehr offensichtlich ein peinliches Bild ab.
- Das Abspeisen der Social Media-Kanäle mit schnell kopierten Presseaussendungen ist klassische Negativwerbung und verbreitet keine Informationen, sondern die Message, dass du die Kultur dieses Kommunikationsraums nicht kennst oder achtest.

Obama, David Axelrod, USA, Change, Grassroots, Partizipation, Demokratisierung, Mitmach-Netz, Wahlkampf, Facebook, Kajo Wasserhövel, SPD, Genug ist Genug, Asylpolitik, Abschiebungen, Menschenrechte, Dialog

KOMMENTARE

***Gerhard Bröthaler** sagt:* *oegbverlag.at*

Sagt euch *«the great schlep»* etwas? Ich hatte im Rahmen einer Forschungsreise in die USA bei der Agentur Droga5 in New York einen extrem spannenden Termin mit David Droga zu einer Kampagne aus dem Obama-Wahlkampf. Ein kleiner Film auf der Agenturseite *«droga5.com»*, unter "case studies" zeigt die wichtigsten Elemente dieser Kampagne. Ganz nach oben im Beitrag beschriebenen Prinzipien!

Die Seite thegreatschlep.com ist immer noch online, googl'n zahlt sich auch aus.

Besonders fasziniert haben mich dabei einerseits die genauen Zielgruppenanalysen, die vor der Kampagnenkonzeption gemacht wurden, um einen Impuls in einer sehr kleinen, aber extrem wichtigen Community für den Ausgang der Wahl zu setzen, und andererseits wie es geschafft wurde, ohne große finanzielle Mittel dann so stark in den klassischen Medien widergespiegelt zu werden. Wirklich beeindruckend ...

***neuwal** sagt:* *neuwal.com*

Wir haben im Sommer 2010 etwas zum Insider-Buch von Kampagnen-Manager David Plouffe ("The Audacity to Win") geschrieben und ein Interview mit dem Politikberater und Lobbyisten Thomas Hofer zum "Obama-Effekt" gemacht. Letzterer hat einiges zu Spindoktoren, Obama und dem Wahlkampf 2008 publiziert.

Das Interview passt hier vielleicht ganz gut dazu: http://bit.ly/obamaeffekt

Sven Giegold *sagt:* *sven-giegold.de*

Dein Artikel ist wirklich gut. Über die Obama-Kampagne hinaus inspiriert mich bei der politischen Nutzung des Internets die US-Organisation moveon.org. Ihre Erfolge während der Clinton- und der Bush-Präsidentschaft waren auch eine Inspiration von Obama. In Deutschland gibt es campact.de; ähnliche Organisationen in Australien und Großbritannien. Gerade Campact schafft es, über die langweiligen Internet-Petitionen hinauszugehen und ganz in deinem Sinne die Menschen vom Bildschirm auf die Straße zu bringen. Sie gehen auch über die Ein-Themen-NGOs hinaus und organisieren unterschiedliche Kampagnen. Damit haben sie nicht das Problem, wie bei Ein-Themen-Mobilisierungen im Internet, ihren Unterstützer_innenkreis immer wieder neu aufbauen zu müssen. Campact hat inzwischen 500.000 Newsletter-Abos. Parlamente und Verwaltung sollten sich viel stärker für Internet-basierte Demokratie öffnen. Die Petitionsseite des Bundestags epetitionen.bundestag.de ist schon ein großer Fortschritt. Je mehr Rechte mit erfolgreichen Petitionen verknüpft sind und umso mehr Hürden beseitigt werden, desto mehr Menschen werden sich beteiligen. Letztlich werden die Instrumente aber erst dann massiv genutzt werden, wenn nach der Petition auch durch Volksinitiative und Volksentscheid Entscheidungsrechte übertragen werden. Bürger_innen sollten generell Zugriff auf möglichst viele politische Dokumente bekommen. Wenn Bürgerfragen öffentlich gestellt und bei relevanter Unterstützung auch beantwortet werden müssten, würde Fragerechte mehr und besser genutzt.

Laura Rudas *sagt:* *laurarudas.at*

Die Obama-Kampagne war eine der ersten politischen Kampagnen, die aufgezeigt hat, welches enorme Mobilisierungspotenzial im WEB 2.0 steckt. Diese Kampagne hat neue Maßstäbe gesetzt und die Einstellung der Politik zum Dialogmedium Internet grundlegend und nachhaltig verändert. Doch als Politikerin oder Politiker auf Social Media-Plattformen einfach nur präsent zu sein, reicht natürlich nicht aus. Es gilt authentisch zu bleiben, und die Dialogfähigkeit, die Partizipationsstärke und die Mobilisierungskraft richtig zu nutzen.

Zwar ist die Nutzung des Internets in Europa und den USA in vielen Bereichen sehr ähnlich, aber es gibt doch wesentliche Unterschiede, die es zu berücksichtigen gilt. In Österreich darf man gespannt sein, welchen Einfluss das Internet bei der nächsten Nationalratswahl haben wird, und welche Maßnahmen die einzelnen Parteien setzen werden.

STRUKTUREN DER MEINUNGS-MACHE SICHTBAR MACHEN

Ein Interview mit Wolfgang Lieb von den NachDenkSeiten

«Blogs sind nach meiner Meinung – vielleicht neben Flugblättern, Kleinverlagen oder dem Mittel der Demonstration – die einzig mir erkennbare Chance, mit denen sich Einzelne ohne viel Kapital der großen Meinungsmache entgegenstellen können.»

Wolfgang Lieb

In ihrem Weblog NachDenkSeiten.de rücken Albrecht Müller und Wolfgang Lieb regelmäßig aktuelle, vor allem die Bundesrepublik Deutschland betreffende sozial-, wirtschafts- und finanzpolitische Vorgänge in den Blick. Ihre vorangegangenen Berufslaufbahnen in hohen politischen Funktionen erlauben es ihnen, die innerhalb politischer Parteien und der Ministerialbürokratie stattfindenden Debatten und Entscheidungsprozesse analytisch darzulegen und kritisch zu hinterfragen. Dass Lieb und Müller sich hierbei den einst unter Willy Brandt in der SPD geltenden Grundsätzen verpflichtet fühlen, bringt sie nahezu zwangsläufig in eine dissidente Rolle zu ihrer Partei, in der die Ideen der Ära Brandt einem politischen Pragmatismus mit neoliberaler Ausrichtung weichen mussten.

Skowronek: *Mit euch haben zwei bestimmt nicht zur Gruppe der sogenannten Digital Natives gehörende Herren ein publizistisches Projekt ins Internet gehievt. Wie muss ich mir das vorstellen?*

Wolfgang Lieb: Albrecht Müller hat im Jahr 1972 die erfolgreiche Wahlkampagne "Willy wählen" geleitet, war danach Leiter der Planungsabteilung im Bundeskanzleramt und dann Bundestagsabgeordneter. Ich war fast neun Jahre Regierungssprecher in NRW in der Amtszeit von Johannes

Rau und danach Staatssekretär im dortigen Wissenschaftsministerium. Nach unserem beruflichen Ausscheiden haben wir Vorträge gehalten, und danach wurden wir von Zuhörer_innen immer wieder gebeten, dass wir ihnen doch unsere Texte zuschicken sollten. Da kam ein junger Mann auf uns zu und fragte uns: *«Warum macht ihr nicht eine Website, um eure Sachen ins Netz zu stellen? Da kann sie dann jeder abrufen.»* Er hat das dann technisch für uns umgesetzt und seit November 2003 gibt es die NachDenkSeiten (NDS).

Wir sind natürlich keine " Digital Natives #113 ", aber wir können uns inzwischen ganz gut im Internet bewegen. Da wir Herausgeber mehr als 300 Kilometer auseinander wohnen, findet auch der größte Teil unserer Kommunikation über das Internet statt. Aber das Telefon und das persönliche Gespräch sind natürlich bei schwierigeren Problemen nicht zu ersetzen. An die Pflege und Sicherung der Website und an das Einstellen der Texte und das Verlinken wagen wir uns allerdings nicht heran. Da hilft uns unser verlässlicher Webmaster, den wir inzwischen über den Förderverein der NachDenkSeiten auch finanzieren können.

AUFBAU VON GEGENÖFFENTLICHKEIT

Skowronek: *Stichwort* Gegenöffentlichkeit. *Ein Blick ins Inhaltsverzeichnis des aktuellen Jahrbuchs reicht aus, um den NachDenkSeiten attestieren zu können: Auf ihnen wird Gegenöffentlichkeit hergestellt. In einem NDS-Posting vom 12.2.2010 heißt es: «Die Strukturen der Meinungsmache sichtbar zu machen, war in der Tat der Grundgedanke bei der Gründung der NachDenkSeiten.» Bekommt man "Gegenöffentlichkeit" heute einfacher hergestellt, als das zur Zeit der Alternativ-Zeitungen und Piratensender der Fall war?*

Wolfgang Lieb: Ja und nein. Im Unterschied zum Internet sind alternative Zeitungen oder gar Sender teuer und Druckschriften sind langsam und müssen verteilt werden. Ihre Verbreitung ist gegenüber den großen Massenmedien mit deren eigenem Vertrieb begrenzt – das gilt selbst für die "taz" oder für die alteingesessenen "Blätter für deutsche und internationale Politik". Paul Sethe, der Ressortchef der Springer-Zeitung "Die Welt", sagte schon 1965: *«Pressefreiheit ist die Freiheit von zweihundert reichen Leuten, ihre Meinung zu verbreiten.»* Das Internet hat diese Plutokratie der Meinungsmacht gesprengt. Heute ist finanziell nahezu jeder in der Lage, eine Website einzurichten oder ein Blog ins Internet zu stellen. Der Vorteil des Internets, nämlich dass jeder seine Stimme öffentlich erheben kann, ist gleichzeitig jedoch wieder ein Nachteil bei der Schaffung einer relevanten Gegenöffentlichkeit. Angeblich gibt es 500.000 deutschsprachige Blogs #335 , darunter 200.000 aktivere. Selbst als aktiver Blogger kann ich allenfalls ein Dutzend Blogs regelmäßig besuchen. Hinzu kommt: politische Blogs haben es bisher in Deutschland nicht leicht. Unter den ersten einhundert der deutschen Blogcharts finden sich nur ganz wenige politische Blogs im engeren Sinne. Eine weitere Barriere für die Schaffung einer Gegenöffentlichkeit ist die Reichweite. Gemessen an der "Vermachtung der Öffentlichkeit" durch kapitalkräftige oder kommerzielle Akteure und vor allem durch die wenigen monopolartigen Medienkonzerne können Blogs bestenfalls ein wenig Sand ins Getriebe der Maschinerie einer gesteuerten oder gelenkten Demokratie streuen. Deutschland ist noch ein Blog-Entwicklungsland. Nur jede_r fünfte Internet-Userin/User liest hierzulande Blogs; in den USA und in Japan jede_r Dritte, und in den Niederlanden sind es immerhin schon 40 Prozent. Die Hauptnutzer_innen des Internets, also vor allem jüngere Menschen, haben ein distanziertes Verhältnis zum Politikbetrieb und damit auch zu politischen Blogs.

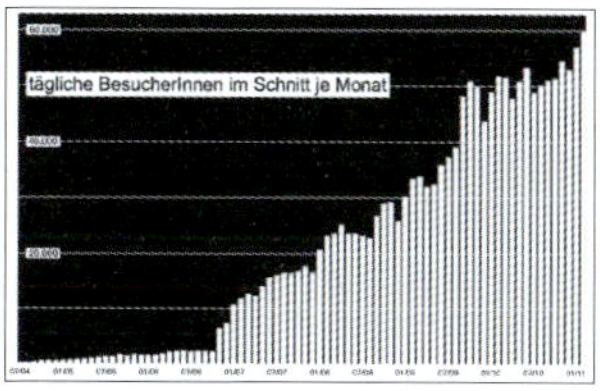

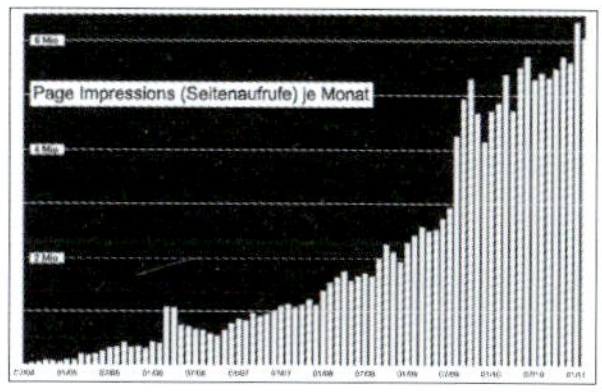

Die kritische Website – NachDenkSeiten

1. *«Wer steckt dahinter?» Und: «Warum NachDenkSeiten?», das lohnt sich online zu lesen, aber auch in den Büchern von Albrecht Müller.* 2. *Die kritische Website ist seit 2003 online, seit November 2006 als Blog mit* Feeds #237*, Permalinks und Archiv und steht jetzt 2011 bei 60.000 Aufrufen pro Tag.* 3. *Die NachDenkSeiten gehören zu den wohl einflussreichsten deutschsprachigen Blogs. Im März 2011 rangieren sie auf Platz 15 der "Deutschen Blogcharts".*

Nach über sechs Jahren nahezu täglicher Informationsangebote erreichen wir von den NachDenkSeiten gerade mal etwas über 60.000 Besucher am Tag und im Monat erfolgen sechs Millionen Seitenabrufe. Darüber freuen wir uns. Aber gegen die Goliaths von Spiegel Online oder Bild.de, die ihre Meinungsmacht ja auch übers Internet ausbreiten, sind wir halt ein David. Doch immerhin erreichen wir wichtige Meinungsmultiplikatoren.

Viele Journalisten lesen und beobachten uns, aber – wie uns immer wieder gesagt wird – besonders wichtig sind wir für Betriebsräte und Vertrauensleute, für Lehrer_innen, kirchlich und sozial Engagierte und vor allem auch für Studierende. Unsere Leserinnen und Leser sind engagiert und melden sich zu Wort – wenn sie nicht zensiert werden – in den Foren zu Fernsehsendungen oder in Anrufsendungen im Radio oder bei öffentlichen Veranstaltungen. Den zahllosen Rückmeldungen an uns entnehmen wir vor allem, dass die NachDenkSeiten jedenfalls viele unserer Leserinnen und Leser vor der Flucht in die politische Resignation abhalten, und wir sie dazu ermuntern, sich wieder in die öffentliche Debatte einzumischen.

Blogs sind nach meiner Meinung – vielleicht neben Flugblättern, Kleinverlagen oder dem Mittel der Demonstration – die einzig mir erkennbare Chance, mit denen sich Einzelne ohne viel Kapital der großen Meinungsmache entgegenstellen können. Die NachDenkSeiten setzen bei ihren Beiträgen auf einen "Aha-so-ist-das-Effekt". Will sagen: Wer einmal gemerkt hat, wie er täglich an der Nase herumgeführt wird, wird skeptisch gegen die ständige Manipulation und Indoktrination von oben.

Wir setzen darauf, dass wir mit wenigen Nachdenk-Impulsen Zweifel an den angeblich "objektiv notwendigen" oder "alternativlosen" Rezepten der vorherrschenden Ideologien säen können. Wir bauen beim Aufbau einer Gegenöffentlichkeit auf den alten Satz von Goethe: *«Mit dem Wissen wächst der Zweifel.»* Und der Zweifel ist mächtiger als teuerste PR-Kampagnen von mächtigen Interessengruppen. Konkret: Wer einmal erkannt hat, dass z. B. die "Initiative Neue Soziale Marktwirtschaft" (INSM) eine arbeitgeberfinanzierte Propaganda-Organisation ist, wird deren angeblich "wissenschaftlichen Studien" und deren selbsternannten "Experten" nicht mehr so ohne weiteres auf den Leim gehen.

Skowronek: *Unternehmen und Institutionen neigen bisweilen dazu, ihre Netzzugänge so einzustellen, dass Blogs oder andere zum Web 2.0 gehörende Webseiten nicht aufgerufen werden können. Sind euch derlei Hindernisse mit den NachDenkSeiten jemals begegnet?*

Wolfgang Lieb: Derartiges ist uns nicht bekannt. Aber wir kümmern uns vielleicht zu wenig darum. Immerhin sind wir in den Suchmaschinen nicht so schlecht platziert. Ich kann das nicht beweisen, aber meine subjektive Empirie sagt mir, dass Blogs in den Suchmaschinen gegenüber den etablierten Medien, gegenüber den Webangeboten der Wirtschaft oder denen der großen Verbände und beauftragten PR-Agenturen, benachteiligt sind und es recht selten auf die ersten Seiten von Suchmaschinen schaffen. Wenn man auf den Suchmaschinen ein politisches Suchwort eingibt, stößt man erst sehr spät und weit hinten in der Reihe der Angebote auf Blogs. Die NachDenkSeiten haben sich überwiegend über den "Mundfunk" verbreitet. Aber die Bücher von Albrecht Müller oder ein Auftritt im Rundfunk von ihm oder mir lassen die Zugriffszahlen auf die NachDenkSeiten regelmäßig nach oben schnellen. Das heißt, ohne das Bekanntwerden über die Massenmedien ist es schwer, aus dem Nischendasein herauszutreten.

STIMMEN AUSSERHALB DER HEGEMONIE DER MEINUNGSMACHER

Skowronek: *Anknüpfend an das eingangs erwähnte Posting vom 12. Februar: Welche Gedanken traten neben die "Grundgedanken"? Und: Stand das von vornherein fest oder entwickelte sich das erst im Laufe der Zeit?*

Wolfgang Lieb: Die Strukturen der Meinungsmache sichtbar zu machen, war in der Tat ein wichtiger Grundgedanke bei der Gründung der NachDenkSeiten. Albrecht Müller und ich sind seit Jahrzehnten Sozialdemokraten und Gewerkschafter, und wir waren geradezu geschockt, wie es ohne vorherige Diskussion im Parlament, geschweige denn in der SPD, gelingen konnte, mit der Agenda 2010 einen derart radikalen politischen Kurswechsel zu exekutieren, wie ihn selbst Helmut Kohl in seinen 16 Regierungsjahren nicht gewagt hätte. Wir waren sprachlos, wie dieser Paradigmenwechsel hin zur neoliberalen Ideologie mit ihren Parolen wie etwa *«Deutschland braucht weniger Staat!»*, *«Es braucht eine Senkung der Steuern und damit der Staatsquote»*, *«Es braucht einen Abbau des Sozialstaats, niedrigere Löhne»*, und wie die Stigmatisierung der Arbeitslosen als "Schmarotzer" vom Mainstream der Medien nicht nur transportiert, sondern sogar aktiv vorangetrieben wurde.

Wir haben die Sprache wiedergefunden, weil wir – Albrecht Müller als früherer Wahlkampfmanager und ich als ehemaliger Regierungssprecher – die Mechanismen der Meinungsmache ziemlich gut kennen. An dieser Erfahrung wollten wir unsere Leserinnen und Leser teilhaben lassen, und deshalb haben wir immer wieder dargestellt, wie die Beeinflussung, ja: die Manipulation, der öffentlichen Meinung funktioniert. Wir haben wohl mit diesem Thema den Nagel auf den Kopf getroffen und sind auf beachtliches Interesse gestoßen. Wir haben etwa deutlich gemacht und konnten belegen, dass hinter der Zerstörung der gesetzlichen und der Einführung der privaten Altersvorsorge massive finanzielle Interessen der Versicherungswirtschaft stehen. Damit haben wir schon Jahre vor der Finanzkrise dargestellt, dass die Politik in ihrem Deregulierungswahn williger Erfüllungsgehilfe der Finanzwirtschaft war. Ich könnte beliebig viele Beispiele anfügen und muss daran erinnern, dass man bei Privatisierungsvorhaben immer zunächst danach fragen muss, wer daran verdient, und dass die deutsche Wirtschaft mit ihrer Exportaggressivität mittels Lohndumping und Unternehmenssteuersenkungswahn auf Kosten unserer Nachbarn lebt, und dass dieses Schmarotzertum auf Dauer nicht gut gehen konnte. Das erleben wir derzeit am Beispiel Griechenlands und der anderen südeuropäischen Länder. Nun wird schon wieder eine neue Meinung vertreten, wonach die milliardenschweren Rettungsschirme für die Banken in einer bisher einzigartigen Dimension den Sparerinnen und Sparern sowie den Arbeitnehmerinnen und Arbeitnehmern zugute kämen (so beispielsweise Volker Kauder, Fraktionsvorsitzender der CDU/CSU bei der Verabschiedung des sogenannten Euro-Rettungspakets) und eben genau diese Menschen zwangsläufig auch für die Krise bezahlen müssten. Die Zocker in den Finanz-Casinos bleiben indes verschont.

Skowronek: *Das Bildblog oder LobbyControl gehören eindeutig auch zu den Informationsseiten im Web, die als Gegenöffentlichkeit zu qualifizieren sind. Gibt es Berührungspunkte zwischen denen und den NDS; womöglich eine punktuelle Zusammenarbeit?*

Wolfgang Lieb: Wir weisen gerne und häufig auf "BildBlog" hin, wenn dort mal wieder das Hetz-Blatt "Bild" bei einer seiner Falschmeldungen ertappt wird. Umgekehrt nehmen uns auch die Kollegen dort gerne auf, wenn wir mal wieder eine politische Kampagne in der Bild-Zeitung kritisch auseinandernehmen. *«BildBlog»* bekämpft den unseriösen Journalismus in dieser Boulevard-Zeitung, und das ist gut so. Es geht BildBlog aber weniger um die Kritik an der politischen Ausrichtung dieses Blattes. Mit Ulrich Müller und Heidi Klein von *«LobbyControl»*, die wie ich in Köln ansässig sind, treffe ich mich ziemlich regelmäßig, und wir tauschen uns aus. Der verdienstvolle Kampf gegen den Lobbyismus von Lobbycontrol ist schließlich ein ganz wichtiges Element der Aufklärung über eine durch interessengebundene Meinungsmache bestimmte Politik.

LOBBYPEDIA – LOBBYISMUS TRANSPARENT MACHEN

Die *«Lobbypedia»* ist ein unabhängiges, lobbykritisches Online-Lexikon. Sie soll einer breiten Öffentlichkeit Fakten und Zusammenhänge über die Welt des Lobbyismus und die Einflussnahme auf Politik und Öffentlichkeit liefern. Lobbypedia wird von LobbyControl e.V. zur Verfügung gestellt und finanziert, einer finanziell und personell von Unternehmen, Interessenverbänden oder Parteien unabhängigen Initiative. Einerseits ermöglicht diese Unabhängigkeit den ungetrübten Blick auf die Verhältnisse, andererseits ist LobbyControl auf Spenden und Fördermitglieder angewiesen. Seit dem Start der Lobbypedia Ende Oktober 2010 hat sich das Projekt erfolgreich entwickelt. Das mediale Echo und die Zugriffszahlen sind vom ersten Tag an bemerkenswert. Die Einträge werden zitiert und die Plattform klettert in den Anfrage-Ergebnissen von Google schrittweise nach oben. Lobbypedia basiert auf der freien Software Mediawiki #178, die den meisten Internet-Benutzer_innen bereits durch *«Wikipedia»* bekannt ist. Ähnlich wie bei Wikipedia kann sich jede und jeder über den Menü-Punkt "Diskussion" beteiligen und Artikel kommentieren, korrigieren und ergänzen. Um an Artikeln mitschreiben zu können wird jedoch, aus Gründen der Qualitätssicherung, ein Zugang benötigt, der von dem Team aus Politikwissenschafter_innen vergeben wird. Die Anzahl der Artikel ist im ersten Halbjahr auf über 350 angewachsen und enthält Dossiers zu Politiker_innen, Banken und einen Schwerpunkt zu Stuttgart 21 und der Baulobby. Über neue Einträge hält ein eigener Twitter Account *«@lobbypedia»* auf dem Laufenden.

Skowronek: *Der SPIEGEL beschreibt die NDS als «eine Internet-Gemeinde für enttäuschte Sozialdemokraten». Stimmen die Macher der NachDenkSeiten dem zu?*

Wolfgang Lieb: Selbst wenn es so wäre: Was wäre daran schlimm? Scherzhaft wurden wir schon *«Arbeitsgemeinschaft der Sozialdemokraten in der SPD»* genannt. Aber im Ernst: Dieser Vorhalt gerade vom Spiegel ist doch eine hilflose Abwertung durch Leute, die sich einbilden sie stünden auf der Höhe der Zeit und die doch mit ihren journalistischen Feldzügen für die Agenda- und Deregulierungspolitik dramatisch Schiffbruch erlitten haben. Wir haben schon für Konjunkturprogramme plädiert, da denunzierte der Spiegel noch den Ausgleich von Marktinstabilitäten als nutzlose "Strohfeuer". Wir haben bereits auf die Gefahren der Deregulierung der Finanzmärkte hingewiesen, als der Spiegel darin noch die Zukunft des "Finanzplatzes Deutschland" sah. Wir begrüßen inzwischen manchen Spiegel-Journalisten wieder in der Gruppe der "enttäuschten Sozialdemokraten". Leider sind aber manche journalistische "Wendehälse" noch nicht einmal zur Selbstkritik in der Lage.

Skowronek: *Wie stellt sich die Zusammenarbeit mit denen dar, deren Mitglieder auch zu euren Lesern zählen? Ich denke da an die Gewerkschaften und die SPD selber.*

Wolfgang Lieb: Wir könnten etwa unsere täglichen "Hinweise des Tages" beim besten Willen gar nicht allein machen. Wir haben einen großen Kreis von engagierten Leserinnen und Lesern, die uns täglich mit ihren Fundstücken an kritischen Artikeln und Studien versorgen, und wir haben ehrenamtliche Helferinnen und Helfer, die solche Hinweise sammeln. Wir müssen aus den vielen Vorschlägen sogar strikt auswählen, sonst würden wir beliebig. Schlimmstenfalls würden wir vor allem durch die Menge unsere Leserinnen und Leser überfordern. Viele unserer "Lieferanten" sind in den Gewerkschaften oder auch in der SPD aktiv. Wir haben auch noch viele persönliche Kontakte in die SPD hinein und zu Gewerkschaftern und können uns über das Telefon über Interna informieren. Viele melden sich auch von sich aus. Wir sind – was nicht erstaunlich ist – bei den Spitzen dieser Organisationen nicht so gut angesehen, weil wir den Repräsentanten doch häufig auf die Hühneraugen treten, aber von den unteren Ebenen bekommen wir viel Unterstützung und Lob. Und wir werden so oft zu Vorträgen und Diskussionen eingeladen, dass wir gar nicht mehr zu unserer Arbeit für die NachDenkSeiten kämen, wenn wir alle Einladungen annähmen. Wenn ich manchmal noch zu Parteitagen der SPD gehe, erlebe ich drei Meinungen: Die eine Gruppe klopft mir auf die Schultern, die andere hat heimliche Sympathie und die Spitzenfunktionäre beschimpfen mich als Verräter. Damit muss man leben, wenn man von Zwängen frei sein will. Und unabhängig sind wir als Rentner, die keine Karriere mehr machen müssen – zum Glück. Und diese Freiheit wollen wir uns nicht nehmen lassen, auch wenn wir damit anecken. Wir haben uns vorgenommen, kein Blatt mehr vor den Mund zu nehmen. Wir mussten in unserem beruflichen Leben lange genug Kompromisse eingehen.

REICHWEITE, BEDEUTUNG UND ZUKUNFT DER NACHDENKSEITEN

Skowronek: *In dem genannten SPIEGEL-Beitrag heißt es auch, dass sich die NDS, verglichen mit ähnlichen in den USA aufgelegten Seiten, eher "steinzeitlich" ausnehmen. Dieser Befund stammt aus dem Jahre 2008.*

Wolfgang Lieb: Immerhin bescheinigte der Spiegel den NachDenkSeiten, dass wir eines der ganz wenigen deutschen Polit-Blogs sind, die überhaupt wahrgenommen werden. Wenn er uns in dem Artikel etwa mit der Huffington Post in den USA vergleicht und uns klein macht, dann unterschlägt er, dass wir Herausgeber anders als die "Ölbaronin" Arianna Huffington leider keine Millionäre sind und eben kein großes Redaktionsteam bezahlen können. Wir arbeiten eben ausschließlich ehrenamtlich. Im Übrigen, bezogen auf die Zahl der Einwohner schneiden wir gegenüber der "HuffPo" mit unseren Zugriffszahlen im deutschsprachigen Raum so schlecht gar nicht ab. Aber wenn wir als "steinzeitlich" wahrgenommen werden, weil bei uns keine Werbebanner flimmern und wir nicht mit Bildern und schön gebastelten Grafiken arbeiten, sondern weil wir auch noch etwas zu sagen haben,

#113

Der analoge Mensch in der digitalen Gesellschaft?

2001 wurden mit dem Zeitschriftenartikel *«Digital Natives, Digital Immigrants»* zwei Begriffe und eine Unterscheidung eingeführt, die bis heute für Debatten sorgen. Die Unterscheidung ist die zwischen Jugendlichen, die bereits in einer weitgehend digital bestimmten Welt aufgewachsen sind und für die Mobiltelefonie, Digitalkameras und Internet ganz selbstverständlich immer schon Teil der Welt gewesen sind, und anderen meist älteren Menschen, die sich digitale Technologien, Medien und Werkzeuge erst in einem Prozess des "Umlernens" aneignen müssen. Die Unterscheidung geht dabei auf Erfahrungen und Beobachtungen unterschiedlicher Nutzungs- und Lernverhalten zurück, die zwischen "analog" und "digital" differenzieren. Die Metapher der "Immigranten" steht für die Beobachtung, dass viele Menschen trotz Verwendung digitaler Technologien skeptisch, distanziert und unsicher in der Anwendung bleiben. Die Welt des digitalen Zeitalters bleibt ihnen immer ein wenig fremd. Studien zeigen freilich regelmäßig, dass es so etwas wie *«Digital Natives»* versus *«Digital Immigrants»* als homogene Gruppen mit klar zuschreibbaren Kompetenzen beziehungsweise Defiziten oder Problemen nicht gibt. Das Aufwachsen in einer Welt, in der Blogs eine große Rolle spielen und Netzkultur immer relevanter wird, heißt zum Beispiel nicht, dass Bloggen den Jugendlichen eine selbstverständliche Kulturtechnik ist. Genauso wenig wie Plattformen für *«social networking»*, Skype und Chats von älteren Semestern gemieden werden, weil diese noch in einer Zeit des Schwarzweiß-Fernsehens sozialisiert wurden. Peter Kruse leitet aus seiner Forschung einen anderen, wirkungsmächtigeren Unterschied ab, nämlich den zwischen *«Digitalen Besucher_innen»* und *«Digitalen Einwohner_innen»*.

dann sind wir auf solche Etikette eher ein wenig stolz. Sicher hätten auch wir zum Beispiel gerne eine bessere Suchfunktion, damit man unsere Beiträge zu bestimmten Themen leichter finden kann, aber das gibt unser Spendenaufkommen eben nicht her.

Skowronek: *Inzwischen greifen die NDS auch auf* Twitter #166 , Facebook #094 *und Bookmarking-Dienste zurück. Einzelne Beiträge indes müssen auch heute noch "händisch" bei Facebook eingestellt oder getwittert werden. Wird sich das in Zukunft dergestalt ändern, dass auch einzelne Postings mit Widgets versehen werden, die es erlauben, einen Beitrag direkt bei Facebook einzustellen oder zu twittern?*

Wolfgang Lieb: Die Beiträge der NachDenkSeiten werden voll automatisiert auf den NDS Twitter-Account und auf die NDS Facebook-Seite gestellt. Dass dies per Widget auch für die User_innen möglich ist, steht auf unserer langen To-do-Liste. Wir haben das getan, weil viele unserer User_innen diesen Wunsch geäußert haben, aber manche unserer Leserinnen und Leser finden das gar nicht so gut, dass wir solche Communities unterstützen.

Skowronek: *Ein wesentliches Merkmal von Blogs sind neben der Subjektivität seiner Autor_innen und der Interaktion mit den Leser_innen das, was unter "Authentizität" verstanden wird. Andererseits gibt es Seiten wie das Portal zum Mindestlohn, das auch von Agenturen mit Inhalten gespeist wird. War die Zusammenarbeit mit einer Agentur für die NDS je ein Thema?*

Wolfgang Lieb: Natürlich sind auch unsere Beiträge "subjektiv". Aber wir weisen unsere Grundpositionen offen aus. Dazu braucht man nur *«Warum NachDenkSeiten»* anzuklicken. Wir sehen aber unsere Hauptaufgabe nicht darin, unsere Meinung kundzutun, sondern darin, Fakten und rationale Argumente gegen den öffentlichen und politischen Meinungsstrom zu stellen. Wir wollen aufklären und nicht indoktrinieren. Wir wissen, dass wir die Weisheit nicht mit Löffeln gefressen haben. Wir sind einfach nur der festen Überzeugung, dass in einer Demokratie die Vielfalt der Meinungen und der breite Diskurs zu vernünftigeren Entscheidungen und damit auch zu einer besseren Qualität der Politik führen. Wir haben kein interaktives Forum. Die Diskussion müsste moderiert werden und das schaffen wir zu zweit einfach nicht, wenn wir noch selber schreiben und kommentieren wollen. Wir sind da an der Grenze unserer Kräfte angekommen. Interaktion findet bei uns nur über E-Mails statt, aber bei bis zu dreihundert Mails am Tag können wir diese beim besten Willen nicht mehr alle beantworten. Selbstverständlich schicken uns viele Verbände und Organisationen ihre Studien und ihre Presseerklärungen. Sie wissen, dass sie durch die NachDenkSeiten einen guten Resonanzboden haben. Aber wir wollen nicht von Agenturen abhängig werden. Wir wollen sie auch kritisieren dürfen. Ganz interessant ist, dass sich bei uns Menschen melden, die in beruflichen Zwängen stecken, und die deshalb anonym bleiben wollen, wenn sie uns ihre Informationen geben. Insoweit sind wir auch eine Art "Samisdat".

Das Machen von Meinung – Think Tanks als PR-Agenturen

1. *Das Netzwerk der Macht der Familie Mohn wird seit Jahren von vielen Seiten kritisiert. Gegen den gesellschaftlichen Einfluss des Medienkonzerns mit seiner Bertelsmann-Stiftung, die der Politik die Konzepte vorab ausarbeitet, ist kaum anzukommen.* 2. *Die Lobby-Organisation des Arbeitgeberverbands Gesamtmetall fährt camouflierte Kampagnen für die Interessen der Großunternehmer. Besonders im Netz werden Kampagnen der INSM immer wieder aufgedeckt und Sujets konterkarierend gegen die INSM verwendet.* 3. *Die Auswüchse des Lobbyismus dokumentieren* WatchBlogs #059 *und NGOs wie LobbyControl und Transparency International, hier bei einer gemeinsamen Aktion im Juni 2010.*

Skowronek: *Zwei Fragen zum Schluss: Welche Schlussfolgerungen zieht ihr bzw. ziehst du aus dem, was die NachDenkSeiten bisher erreicht haben? Und hast du einen Ratschlag für jene, die ebenfalls erwägen eine Gegenöffentlichkeit herzustellen?*

Wolfgang Lieb: Wir bekommen immer wieder zwei Reaktionen unserer Leserinnen und Leser: Die einen schreiben uns, sie hätten schon angefangen, an sich selbst zu zweifeln, weil sie aus ihrem Wissen und ihrer Erfahrung nicht mehr nachvollziehen könnten, was ihnen täglich an Meinungen vorgesetzt wird. Durch die NachDenkSeiten wüssten sie, dass sie nicht allein mit ihrer kritischen Meinung sind. Die anderen sagen uns, sie hätten allmählich schon angefangen zu glauben, was an immer gleichen Botschaften auf sie einströmt. Durch die Lektüre der NachDenkSeiten hätten sie gemerkt, dass vieles nicht stimme und sie könnten sich eine eigene Meinung bilden. Das macht uns täglich neuen Mut. Wir wollen unsere Wirkung gewiss nicht überschätzen, aber dass zum Beispiel in den Medien in letzter Zeit häufiger darauf hingewiesen wird, dass der interviewte "Experte" einen Interessenbezug zur Wirtschaft hat oder gar Mitglied einer PR- oder Lobby-Organisation wie etwa der INSM oder der Bertelsmann Stiftung (BMS) ist, das dürfte schon auch ein Anstoß sein, der auch von uns ausgegangen ist. Und das dient der Transparenz. Wir wissen, dass wir in bestimmten kritischen Medien auch Themen setzen können. Wir erfahren, dass wir für Betriebsrät_innen, Lehrer_innen oder auch für Redenschreiber_innen von Politiker_innen wichtige Handreichungen bieten. Da eines meiner Fachgebiete die Hochschulpolitik ist, bin ich beispielsweise im Rahmen des Bildungsstreiks ein vielgefragter Referent an Hochschulen, und ich konnte so die Kritik an der "unternehmerischen Hochschule" oder am "Bologna-Prozess" ein wenig fundieren. Inzwischen gibt es weit über hundert NachDenkSeiten-Gesprächskreise quer durch die Republik und sogar im Ausland, das heißt, wir bringen Leute wieder ins politische Gespräch miteinander. Das ist uns ganz wichtig. Ich kenne aus meinem früheren Beruf noch viele Journalist_innen, es gibt kaum jemand darunter, der uns nicht liest. Einige Male haben wir sogar Schlagzeilen gemacht. Viele unserer Beiträge werden in anderen Blogs gepostet oder auch in Zeitungen nachgedruckt #209. Ein wenig konnten wir sicher dazu beitragen, dass das kritische Potenzial in unserer Gesellschaft erhalten blieb oder gestärkt wurde. Die wichtigste Erfahrung, die ich weitergeben könnte, ist: Um ein größeres Publikum zu erreichen, braucht man einen langen Atem, viel Ausdauer und viel Kraft und Fleiß – und vor allem braucht man Verlässlichkeit und Qualität. Die Leserinnen und Leser müssen sich darauf verlassen können, dass das, was sie an Informationen lesen können, seriös und abgesichert ist. Deswegen korrigieren wir uns auch gern, wenn wir uns geirrt haben.

NachDenkSeiten, Wolfgang Lieb, Albrecht Müller, Bertelsmann, INSM, Huffington Post, Spiegel, Meinungsmache, Neoliberalismus, Thinktanks, LobbyControl, Lobbyismus, Helmut Kohl, PolitikBlog, Sozialdemokraten

KOMMENTARE

***Katharina Klee** sagt:* *arbeitundwirtschaft.at*

Puh, also auch wenn das verglichen mit Politikblogs in den USA "steinzeitlich" sein soll, die Diagramme der Zugriffsstatistik können sich sehen lassen, alle Achtung. Was waren die Hintergründe für die beiden Sprünge Ende 2006 und im Sommer 2009? Würde mich interessieren. 2009 wahrscheinlich die Finanzmarktkrise?

lg, eine regelmäßige Leserin und – via facebook-Pinnwand – "Weiterleiterin"

***Wolfgang Lieb** sagt:* *nachdenkseiten.de*

Den Sprung bei den Zugriffen im Jahre 2006/07 erkläre ich mir vor allem auch mit dem Erscheinen von Albrechts Buch "Machtwahn". Es belegt die Synergieeffekte zwischen Buch und NDS.

Der Sprung Mitte 2009 dürfte vor allem auch mit den damaligen Bundestagswahlen zu tun haben, die viele Interessierte auf die NDS lenkte. Erstaunlich und positiv für die NDS ist, dass die Leute auch nach der Wahl großteils bei uns geblieben sind und sich die NDS immer mehr herumgesprochen haben.

NachDenkSeiten *sagt:* *nachdenkseiten.de*

Hallo Katharina,

zum Sprung, den du Ende 2006 identifiziert hast, damals im November wurde auch das Content Management System der NachDenkSeiten von einem Standard-CMS auf das spezielle Blog-CMS WordPress umgestellt, was den NachDenkSeiten den Zugang zur sogenannten "Blogosphäre" ermöglichte.

Ab diesem Zeitpunkt stieg die Anzahl der Verlinkungen zu den NachDenkSeiten stark und permanent an. Laut Yahoo gibt es aktuell ca. 450.000 Links im WWW, welche auf die NachDenkSeiten verweisen. Und das bei insgesamt schon 5.128 Einträgen (Stand: 24.3.2011). Allein in der Kategorie "Hinweise des Tages" sind es bereits 1.739 Blogposts.

Noch ein bisschen mehr NDS-Statistik, vielleicht interessiert das ein paar Leser_innen: Die NDS zeichnet eine enorme Besuchertreue aus. Ca. 90 % der Besucher sind regelmäßig wiederkehrende Besucher_innen.

Ca. 5 % kommen per Suchmaschinen zu den NDS. Weitere 5 % über andere externe Seiten. Darunter gibt es einige Blogs, die die NDS regelmäßig verlinken und für viele Besucher sorgen, z. B.: der *Spiegelfechter*, *Fefe*, das *Bild-Blog* und das *Ad-Sinistram-Blog*.

Weitere starke Besucherlieferanten sind Facebook und Twitter. Bei Facebook haben die NDS derzeit ca. 6.900 sogenannte "Fans", bei Twitter ca. 2.600 sogenannte "Follower" und bei *YouTube* ca. 1.100 "Abonnenten" und ca. 210 "Freunde".

lg, der Webmaster der NDS

Felix Kamella *sagt:* *lobbypedia.de*

Mit Lobbypedia verfolgen wir drei den NachDenkSeiten durchaus ähnliche Ziele: Wir wollen Transparenz schaffen, mehr demokratische Kontrolle und Debatte durch Öffentlichkeit ermöglichen und die politischen Handlungsmöglichkeiten für Bürgerinnen und Bürger vergrößern. Um das zu erreichen, wollen wir in der Lobbypedia folgende Fragen beantworten:

Wer nimmt wie auf Politik und Öffentlichkeit Einfluss? Wann und wo genau? Wer ist mit wem vernetzt? Wem nützt es? Wem schadet es?

Und nicht zuletzt ist uns natürlich die Frage ein Anliegen: **Warum ist das für die Öffentlichkeit wichtig?** Dabei stellen wir keine Spekulationen auf, sondern sammeln und bewerten Informationen, die durch Quellen belegt sind. Aktuell sind wir auf der Suche nach Autor_innen, die Lobbypedia mit uns weiterentwickeln wollen. Wenn Sie Lust haben zu schreiben, zu recherchieren oder einfach nur Fehler zu korrigieren, melden Sie sich bei uns!

Jens Wernicke *sagt:* *bdwi.de*

«Es herrscht Klassenkrieg, richtig, aber es ist meine Klasse, die Klasse der Reichen, die Krieg führt, und wir gewinnen.» (Multimilliardär Warren Buffett in der New York Times)

«In der gesellschaftlichen Produktion ihres Lebens gehen die Menschen bestimmte, notwendige, von ihrem Willen unabhängige Verhältnisse ein, Produktionsverhältnisse, die einer bestimmten Entwicklungsstufe ihrer materiellen Produktivkräfte entsprechen. Die Gesamtheit dieser Produktionsverhältnisse bildet die ökonomische Struktur der Gesellschaft, die reale Basis, worauf sich ein juristischer und politischer Überbau erhebt, und welcher bestimmte gesellschaftliche Bewußtseinsformen entsprechen. Die Produktionsweise des materiellen Lebens bedingt den sozialen, politischen und geistigen Lebensprozeß überhaupt. Es ist nicht das Bewußtsein der Menschen, das ihr Sein, sondern umgekehrt ihr gesellschaftliches Sein, das ihr Bewußtsein bestimmt.» Karl Marx in "Zur Kritik der politischen Ökonomie"

Ich kann Wolfgang Lieb in der Analyse nur zustimmen und alle ermutigen, so oft als möglich die NDS zu lesen. Zusammen mit dem Buch *«Die Reformlüge»* von Albrecht Müller und *«Lügen mit Zahlen»* von Gerd Bosbach handelt es sich um das Mediendreigespann, das ich mit Bourdieu als notwendige "intellektuelle Waffen" im Kampf gegen die Verdummung "von oben" sowie gegen die Zunahme reaktionärer Kapitalismuskritik in der Mitte der Gesellschaft bezeichnen möchte.

Eine gute Analyse des meiner Meinung nach nahezu verbrecherischen Handelns von Institutionen wie der Bertelsmann-Stiftung (BMS) oder der INSM ist unabdingbar. Beide geben sich als "neutrale" NGO aus. Letztere ist jedoch eine getarnte Arbeitgeberlobbyorganisation, die mit übelster Demagogie Werbung für Sozialabbau betreibt. Darüber habe ich mich bereits 2003 in einer Kolumne ausgelassen: streiflicht-online.de/132003.htm. Die andere Einrichtung ist eine als gemeinnützig anerkannte und somit steuerlich massiv subventionierte Stiftung, die nichts anderes tut, als Wissenschaft, wieder mit Bourdieu, als "rationale Demagogie" zu instrumentalisieren. Mit vermeintlich gemeinnützigen, pseudoobjektiven, "wissenschaftlichen" Studien wird dann der Öffentlichkeit bewiesen: Studiengebühren sind gerecht, Kündigungsschutz muss abgebaut werden, Hartz IV ist noch zu hoch, die Armen sind nur zu faul etc. pp.

Unser Buch *«Netzwerk der Macht»* dokumentiert das detailreich, zum Online-Lesen gibt es hier eine gute Zusammenfassung der notwendigen Kritik: nachdenkseiten.de/?p=5228

Wichtig zu betonen ist mir in diesem Zusammenhang, dass die NDS einen häufig gemachten Fehler bezüglich Analyse und Kritik nicht begehen und ihnen das hoch anzurechnen ist: Die NDS gehen zu Recht nicht davon aus, INSM oder BMS (allein) seien sozusagen die "Personifizierung des Bösen", an Hunger und Armut im Kapitalismus "schuld", für diese "verantwortlich". Richtig ist vielmehr, und das kann man gar nicht oft genug betonen: Viele Hunderte solcher Einrichtungen gibt es, die alle ähnliche Interessen, nämlich die nach Schaffung von Verwertungsmöglichkeiten und somit Profit, verfolgen. Solche Einrichtungen sind daher nicht Wurzel, sondern folgelogisches Symptom eines Problems, das als Kapitalismus zu bezeichnen ist.

Und das ist, was die Analyse angeht, ein gewichtiger Unterschied. Denn: Kapitalismus ist eben keine Verschwörung weniger gegen viele, die sich in Hinterzimmern abspielt, sondern ein Herrschaftssystem, das die Profitlogik als Herrschaftsmaxime über alle anderen Interessen legt. Da muss man dann, das bestreite ich nicht, dennoch sehr wohl auch "den einzelnen Kapitalisten oder Lobbyisten" kritisieren und dessen Handlungen und Manipulationen sowie vor allem Interessen, die er oder sie so gern als “Allgemeininteresse” tarnt, offenlegen. Nicht begehen aber darf man den Fehler, die einzelne Person oder Einrichtung als die Wurzel des Problems anzusehen.

Fakt ist: Würden BMS und INSM, diese beiden, wahrnehmbar aktuell für progressive Politik wohl “gefährlichsten” Einrichtungen, nicht tun was sie tun, wären eben andere beim Sozialabbau ganz vorne mit dabei. Personalisierung allein, wie diese insbesondere in Teilen der bertelsmannkritischen Szene praktiziert wird, verklärt insofern das eigentliche Problem und trübt die Sicht, denn: Nicht nur diese beiden Einrichtungen als solche, nicht, wie die bürgerliche Presse uns glauben machen mag, die “gierigen Banker und Manager”, und auch nicht, wie einst vor hundert Jahren in Vorbereitung des Holocaust kolportiert, die “jüdische Weltverschwörung” sind an Armut und Elend, Sozialabbau, sozialer Segregation, kultureller und materieller Verelendung in Deutschland wie andernorts Schuld – es ist der Sachzwang zur Kapitalverwertung, dem diese wie viele andere Institutionen, ebenso aber wir alle im täglichen Leben und Erleben, auf die verschiedensten Arten und Weisen unterworfen sind.

DIE HUNGERLOHNPARTEI

Eine Fallgeschichte fast ohne Netz

«Hast du Lust, dich an Flashmob-Aktionen zu beteiligen? Gib uns deine Handy-Nummer und dann lass uns zu dem per SMS gesendeten Zeitpunkt zusammen in einer bestreikten Filiale, in der Streikbrecher arbeiten, gezielt einkaufen gehen.»

Verdi-Flugblatt, Dezember 2007

Social Media und Gewerkschaftsarbeit haben sich gegenseitig viel zu bieten. In vielerlei Hinsicht. Die *«Vereinigte Dienstleistungsgewerkschaft»* (ver.di) in Deutschland hat verhältnismäßig früh und vielversprechend begonnen, mit Social Media zu arbeiten. Sie hat Experimentierfreudigkeit gezeigt im Einsatz des als WatchBlog konzipierten *«Schwarzbuch Weblog»* zu den Praktiken beim Handelskonzern Lidl, bei pfiffig subversiven Flashmobs oder auch bei der Aktion *«Hungerlohnpartei»*. Diese guten, weil kreativen, engagierten und wirkungsvollen Ansätze haben sich jedoch etwas verlaufen angesichts einer noch fehlenden Strategie bei der Pflege des Umganges in und mit dem Netz. Das Motto scheint vorsichtig zu lauten, *«Viele üben sich konsequent im Umgang mit Social Media. Wir zögern noch!»*

WAHLWERBUNG DER HUNGERLOHNPARTEI

Wenige Tage vor der für den 27. September 2009 angesetzten Bundestagswahl taucht am 22. September angesichts eines riesigen Großplakates in Sichtweite des Reichstages an der Brandmauer des Hauses Schiffbauerdamm 19 mitten in Berlin die Frage auf: *«Hungerlohnpartei? Wer is denn das, was soll das denn sein?!»*. Eine neue Kleinpartei hat sich ihr Hauptanliegen, die Verhinderung eines gesetzlichen Mindestlohns, an die Brust geheftet und wirbt im großen Stil. Im unteren Bereich des Blow-Ups dann der Satz: *«Die große Mehrheit ist für die Einführung des gesetzlichen Mindestlohns. WIR NICHT!»* Die Ausrufe auf der Straße, auf Twitter #166 und in Blogs lauten recht einhellig, *«großgroßgroßgroßartig!»*. Die Umgebung des Berliner Regierungsviertels ist in Aufruhr, von Passant_innen gemachte schnelle Schnappschüsse machen in sozialen Netzwerken die Runde. Das erste so getwitterte Bild über den Annalist Account wird allein in der ersten Stunde über 30 Mal in Tweets weitergeleitet und bejubelt. Bald stellt sich die Frage, wer sich hinter der Hungerlohnpartei verbirgt, die da für ein schrankenloses Lohn-Dumping einsteht. Die Vermutung "Das kann doch nur 'n Fake sein!" liegt angesichts der auf dem Blow-Up abgebildeten Politprominenz (Merkel, Westerwelle & Guttenberg) nahe. Im Netz verbreitet sich der Link zum Webauftritt der Hungerlohnpartei schnell, ver.di wird als Urheber ausgemacht, die Links zu der Mindestlohn-Info und -Initiative werden angeklickt, die Aktion wird mit großer Zustimmung aufgenommen. Bei manchen im sogenannten Real Life ist die Irritation groß. *«Es hat schon Diskussionen und Aufregungen gegeben. Auch das Blow-Up im Regierungsviertel hat für Aufmerksamkeit gesorgt. Da haben sich viele Abgeordnete aufgeregt»*, konstatiert Bernd Steinmann von ver.di. Das Aufsehen, das eine der vielen sonst unter dem Radar der öffentlichen Aufmerksamkeit durchtauchenden Kleinparteien erregt, ist erheblich. Auf der Straße werden Vermutungen ausgetauscht, wer diese Hungerlohnpartei sei, wer dahinter stecke und Bemerkungen gemacht wie *«Geile Aktion! Und ja, stimmt, dafür stehen die ja auch wirklich.»* Wer, "die"? Ver.di zeigt es auf und verdeutlicht, wofür "die" stehen.

Videos von dieser ver.di-Aktion finden sich auf dem Mindestlohn-Blog sowie auf YouTube #201. Mit der Hungerlohn- Kampagne #130 zugleich lief in 100 deutschen Kinos ein ver.di-Werbespot namens *«Klar zur Wahl. Gegen Markt radikal.»* Der Kommunikationsguerilla-Aktion der *«Hungerlohnpartei»* gingen zahlreiche andere, von ver.di wiederholt initiierte Aktionen und Kampagnen für den Mindestlohn voran. In den Tagen vor der Bundestagswahl 2009 finden Flashmobs dezentral in vielen Städten statt. 2007 etwa gibt es bereits eine Mindestlohn-Tour durch Deutschland. Seit 2006 wird mit einigem Aufwand das *«Mindestlohnblog»* betrieben, auf dem alle Aktionen und Kampagnen dokumentiert sind. Das Archiv des Blogs weist 2011 bereits über 1.500 Einträge auf.

DAS ECHO AUF DIE HUNGERLOHNPARTEI

In den klassischen Massenmedien war von der *«Hungerlohnpartei»* wenig zu sehen oder zu hören. Zumindest die ARD hat die Kampagne zu einem ihrer Tagesthemen gemacht. Angesichts der fehlenden Berichterstattung bedauert Bernd Steinmann (ver.di): *«Wir waren so kurz vor der Bundestagswahl dran, dass die Medien unsere Aktionen nicht mehr aufgenommen haben. Das war schade.»* Eine Suche nach dem Begriff "Hungerlohnpartei" bei Facebook #094 bringt überhaupt keinen Treffer, was vermuten lässt, dass die Kampagnenleitung den Medienkanal Facebook nicht genutzt hat. September 2009 mag vielleicht zu früh für eine Fruchtbarmachung von Facebook gewesen sein, heute aber sollte keine Gewerkschaft mehr an Facebook vorbeikommen – aus dem einfachen Grund, da die eigene Zielgruppe, Betriebsräte, Arbeitnehmer_innen und natürlich auch viele Funktionär_innen, "im" Facebook schon vertreten und teilweise auch aktiv sind. Jetzt 2011 ist es für ver.di wie auch für andere Gewerkschaften selbstverständlich, Nachrichten und Informationen über diese Kanäle und Netzwerkstrukturen zu verbreiten. Dass eine kritische Haltung dem Unternehmen Facebook gegenüber und die Nutzung seiner Plattform keinen Widerspruch darstellen, zeigen die über Facebook vertriebenen Infovideos und praktischen Hilfestellungen für einen Facebook-kritischen Umgang mit der Infrastruktur. Aber auch in anderen Social Media fand die *«Hungerlohnpartei»* nur geringe Resonanz. Und das trotz der ersten viralen #209 Meldungen über Twitter und des einhellig die Aktion bejubelnden positiven Echos. Es gibt sie, die Blogposts zur Aktion. Nach der ersten Welle berichteten aber enttäuschend wenige über die ver.di-Aktion via Blogs und Twitter. Die Blogsuchmaschine von Google weist 45 Treffer aus. Die Zahl der in Deutschland beheimateten Blogs soll vorsichtigen Schätzungen zufolge immerhin mehr als drei Millionen ausmachen. Auf Twitter fand das Wort *«Hungerlohnpartei»* laut Suchmaschinen 26 Mal Erwähnung. Auch wenn dieser Begriff nicht annähernd alle Tweets erfasst, zum Zeitpunkt der Bundestagswahlen machten rund 200.000 Deutsche aktiv mit beim Microblogging-Dienst Twitter. Das geringe Echo trotz der gelungenen Irritation, die das großformatige Plakat in Berlin verursacht hat, muss in dieser Relation gesehen werden.

Die Hungerlohnpartei als Teil der Mindestlohn-Kampagne

1. *Die Aufdeckung der Politik der "Hungerlohnpartei" ist Teil der ver.di Kampagne für den Mindestlohn. Die Website der Hungerlohnpartei verweist daher auch auf die Homepage der Mindestlohn-Kampagne.* 2. *Auf einem YouTube-Video dokumentiert: unter dem Großplakat der «Hungerlohnpartei» ist ein Mural, ein großes Wandgemälde, des Künstlers Ash mit «Stimmen für den Mindestlohn» gemalt worden. Mit dem Einholen des Plakats wird es sichtbar.* 3. *Das schon viel länger als die Aktionen laufende Mindestlohn Weblog von ver.di dokumentiert «Alle Meinungen und Diskussionen zum Thema Mindestlohn». Hier sind die Schritte vor, während und nach den Aktionen rund um den Wahlkampf 2009 mitverfolgbar und auch die Erwähnung der «Hungerlohnpartei» in den ARD-Tagesthemen ist festgehalten.*

KOMMUNIKATIONSGUERILLA BRINGT DEN KERN DER WAHRHEIT ANS LICHT

Merkel, Westerwelle und Guttenberg stehen 2009 vor wie auch nach der Bundestagswahl de facto für schrankenloses Lohndumping und Löhne, bei denen arbeitende Menschen hungern müssen. Das ist faktisch klar, aber niemals würde mensch so etwas *«expressis verbis»* sagen. Das tut mensch nicht, das raubt uns den Atem, lässt uns einander auf der Straße Blicke zuwerfen und nachschauen, wie die anderen darauf reagieren. Manchen bleibt die Luft weg. Der erste Eindruck, dass das übertrieben ist, macht dem längeren Grübeln und der Diskussion Platz. Die Diskussion führt zum Ergebnis, dass da etwas dran ist, nein, dass das eigentlich ja tatsächlich stimmt. Dieser Moment hat etwas Befreiendes: die Dinge beim Namen nennen. Wer das kann, dem, der oder denen zollen wir Anerkennung. Mit dem haushohen Plakat der *«Hungerlohnpartei»* hat ver.di das geschafft, hat die übliche Rhetorik durchbrochen und einen wahren Kern freigelegt. Viel offensichtlicher noch als im "Untertitel" des Plakats *«Die große Mehrheit ist für die Einführung des gesetzlichen Mindestlohns. WIR NICHT!»* stehen Merkel, Westerwelle und Guttenberg sichtbar für das ein, wofür sie wirklich einstehen. Die Technik nennt sich *«subversive Affirmation»*, das Plakat ist natürlich ein *«Fake»*. Subversive Affirmation und Fake sind Techniken aus dem Werkzeugkasten der Kommunikationsguerilla. Anhand verschiedener Techniken der Kommunikationsguerilla werden bestehende Diskursordnungen in ihren ebenso selbstherrlichen wie selbstverständlichen Konstitutionen entlarvt und unterwandert; durch Verfremdung, Camouflage, Remixen etc. Die Selbstverständlichkeit diskursiver Prozesse wird aus den gutgeschmierten Angeln gehoben. Eingefleischte Sprachregelungen und Erwartungshaltungen werden unterlaufen, in ihrer vermeintlichen "Natürlichkeit" entstellt und als Folgen der Disziplinierung ausgewiesen. Die

Pointe ist: nicht in der üblichen und erwarteten Art und Weise zu reagieren, also die Verhinderer eines gesetzlichen Mindestlohns nicht für ihre Blockadehaltung anzugreifen und den Mindestlohn zu fordern. Das führt in die immer gleiche Spirale der von PR-Agenturen gelenkten Kommunikation. Selbst der Vorwurf, dass jene, die aktiv gegen einen gesetzlichen Mindestlohn eintreten, sich damit bereit erklären, Löhne und Gehälter in Kauf zu nehmen, von denen die Arbeitnehmer_innen nicht leben können, die "Working Poor"-Klasse produzieren und die als "Hungerlöhne" zu bezeichnen sind, selbst dieser Vorwurf wird in der Kommunikation der Politarena zu einer gemeinen Unterstellung. Jene, die fordern und anderen etwas vorwerfen, erscheinen in der öffentlichen Wahrnehmung schnell als Störenfriede und Unzufriedene – schlimmstenfalls als machtlose Schreihälse. Die subversive Affirmation dreht den Spieß um. Wofür Merkel und Co. einstehen, wird nicht kritisiert, sondern im Gegenteil zustimmend unterstrichen. Im Wahl-Slogan der *«Hungerlohnpartei»* verdichtet sich diese Position, sie spitzt sich in einem Maße zu, in dem die sonst in CDU- und FDP-Universen so selbstverständlichen Aussagen zu gesetzlichen Mindestlöhnen plötzlich irritierend und verstörend wirken. Merkel und Co. werden demaskiert, wie es sonst nur brillante Satiriker_innen des politischen Kabaretts zu tun imstande sind. Darauf lässt sich gewerkschaftliche Kommunikation aufbauen, das ist das, was Kommunikationsguerilla-Aktionen leisten können.

Im Hinblick auf künftige Aktionen stellt sich also die Frage: Was macht eine Web-Kampagne erfolgreich? Um das beantworten zu können, sind zwei Dinge zunächst getrennt voneinander zu betrachten: zum einen die Art und Weise der zu erbringenden kommunikativen Leistungen; zum anderen die zu erfüllenden technischen Voraussetzungen. Es muss gelingen, die eigene Community zu aktivieren. Idealerweise sollte eine Kampagne auch über den engeren Kreis ohnehin Beteiligter und einschlägig Interessierter hinaus Echo finden. Um sich in diesem Sinne als Informationsdrehscheibe einen Namen zu machen, ist es von Bedeutung, bislang gut in und mit der Community gearbeitet sowie gute vertrauenswürdige Vernetzungsarbeit geleistet zu haben. Als die ersten Tweets mit Bildern des Großplakats die Runde machen, durchaus auch von bekannten Multiplikator_innen retweeted werden, dann die von der Netzcommunity gefundene Website der Hungerlohnpartei weitergeleitet wird und Blogs #335 von der Aktion berichten, bekommt ver.di das nicht mit. Es gibt keinen Dialog mit denen, die die Aktion bejubeln. Auf dem Mindestlohn-Blog werden die Blogeinträge anderer nicht verlinkt, wahrscheinlich gibt es kein Monitoring und sie sind gar nicht wahrgenommen worden. Ob die im Netz so relevanten NachDenkSeiten die Aktion verlinkt und gutgeheißen hätten, vielleicht sogar etwas dazu geschrieben hätten, ist müßig zu überlegen, weil sie wohl nichts mitbekommen haben. Keiner kommuniziert mit den applaudierenden Menschen im Netz, niemand versorgt sie mit weiteren Infos und hält sie bei der Stange, geschweige denn arbeitet mit ihnen. Dabei hatte ver.di in dieser Hinsicht frühzeitig und durchaus vielversprechend begonnen.

VOM SCHWARZBUCH ZUM WATCHBLOG

Nachdem die Gewerkschaft ver.di im Dezember 2004 mit ihrem *«Schwarzbuch Lidl»* das öffentliche Interesse auf die damals noch weitgehend unbekannten beziehungsweise ignorierten, dabei äußerst fragwürdigen Arbeitsbedingungen bei dem Billig-Discounter LIDL lenkt, folgt im Jahr 2005 das dazugehörende *«Schwarzbuch Weblog»*. Die Idee zu diesem Schritt hatte der Pressesprecher von ver.di. Das Ziel des Blogs besteht darin, das LIDL-Schwarzbuch online weiterzuschreiben. Lidl-Beschäftigte bekommen dadurch die Möglichkeit, in eigenen Kommentar-Beiträgen über ihre Arbeits- und Vergütungsbedingungen zu berichten. In die Diskussion auf dem Blog greift ver.di Moderation nur ein, wenn sich mögliche Nachteile für die Kommentator_innen abzeichnen oder es zu Beschimpfungen und Beleidigungen kommt. In dieser Hinsicht handelt es sich beim *«Schwarzbuch Weblog»* um ein WatchBlog #059, das den bei Lidl Beschäftigten einen geschützten Kommunikationsraum bietet. Sie können sich untereinander vernetzt mit der Fragwürdigkeit ihrer Arbeitsbedingungen auseinandersetzen, Erfahrungen austauschen und dokumentieren. Verschiedene Zeitungen und Zeitschriften wie der Spiegel werden auf das *«Schwarzbuch Weblog»* aufmerksam: sie knüpfen an die darin dokumentierten Erfahrungsberichte an und berichten alsbald über das auf Kosten der Arbeitnehmer_innen entwickelte Geschäftsprinzip von Lebensmitteldiscountern. Etwas später setzt ver.di gemeinsam mit der Gewerkschaft Nahrung-Genuss-Gaststätten (NGG) das *«Mindestlohn Weblog»* auf, um die Forderung nach einem gesetzlichen Mindestlohn in eine an der Diskussion auch partizipierende Öffentlichkeit zu tragen. Hier geht es bereits weniger darum, dass Beschäftigte über ihre Erfahrungen berichten, als vielmehr darum, eine Diskussion zum Thema Mindestlohn anzustoßen. Eine sich aktiv an der Diskussion beteiligende Öffentlichkeit soll angesprochen und im Hinblick auf die Forderung eines gesetzlich verankerten Mindeslohnes versammelt und erweitert werden. Wie oben erwähnt, werden die Aktionen im ganzen Land dokumentiert, bei denen die Beteiligung in Summe vieler Menschen zu sehen ist. Aber diese Menschen können im Blog nicht kommentieren. Es gibt keine "Teilen"-Funktion, die mit einem Klick Beiträge auf Facebook oder über andere Kanäle weiterleitet. Es gibt keine Blogroll #084, keine Anbindung an eine potenziell interessierte Netzgemeinde. Das alles, wie gesagt, obwohl ver.di eigentlich sehr gute Erfahrungen mit der Beteiligung aus der "Cloud" hat.

FLASHMOB «LASST UNS GEZIELT EINKAUFEN GEHEN»

Bei einem Flashmob versammeln sich Aktivist_innen kurzfristig an einem Aktionsort, wo sie für kurze Zeit durch aufeinander abgestimmte, aus dem gewohnten Rahmen fallende Handlungen für Irritationen sorgen. Ver.di hatte im Rahmen eines Arbeitskampfes rund einstündige Aktionen organisiert. Dabei suchen 40 Personen gleichzeitig eine Einzelhandelsfiliale auf: shoppen gehen, dem Konsum frönen. Die Einkaufswagen werden vollgepackt und dann mitten in der Filiale stehen gelassen. Durch den massenhaften Kauf von einzelnen billigen Artikeln entstehen außerdem lange Schlangen an den Kassen. Trotzdem, die Kassierer_innen brauchen nicht hetzen, sie haben keine Eile. Diese seltsam koordiniert wirkenden Aktionen spielen sich hauptsächlich im Jahr 2007 ab und betreffen Lebensmittelhändler ebenso wie den Sporthandel. Das Ganze passiert also in einer Zeit, als Facebook, Twitter & Co. für die meisten ein Buch mit sieben Siegeln sind, insbesondere auch für die Gewerkschaften. Der ver.di-Landesbezirk Berlin-Brandenburg bereitet diese Flashmobs mittels Flugzettel und der eigens eingerichteten Website "dichtmachen.de" vor. Dort heißt es: *«Hast Du Lust, Dich an Flashmob-Aktionen zu beteiligen? Gib uns Deine Handy-Nummer und dann lass uns zu dem per SMS gesendeten Zeitpunkt zusammen in einer bestreikten Filiale, in der Streikbrecher arbeiten, gezielt einkaufen gehen ...»*. Zwei Jahre später, am 22. September 2009 ist die Empörung der Arbeitgeber_innen noch einmal groß. Der Anlass: Das Bundesarbeitsgericht hat entschieden, dass zu den gewerkschaftlichen Arbeitskampfaktivitäten auch das Mittel des *«Flashmobs»* gehört. Der Handelsverband Berlin-Brandenburg hat gegen die von ver.di unterstützten Einkaufsgewohnheiten geklagt und war ins Leere gelaufen. Auch wenn aus der ver.di-Bundeszentrale angesichts des Rechtsstreits nur vermeldet wird, Flashmobs seien, wenn überhaupt, "eine regionale Angelegenheit", so stellen diese Erfolge im Tarifstreit ein weiteres und nicht wenig eindrucksvolles Beispiel dar für die Effizienz moderner Kommunikationsmittel bei betriebs- und tarifpolitischen Auseinandersetzungen, organisiert von ver.di Berlin-Brandenburg mittels einer Website und telefonisch vereinbarter Flashmobs.

STILLSTAND ODER GAR RÜCKSCHRITT: WAS IST PASSIERT?

Die deutschen Gewerkschaften – und ganz besonders ver.di – stehen den Soziale Netzwerke-Plattformen #341 und ganz besonders Facebook eher skeptisch gegenüber. Ein Indiz hierfür ist es, dass ver.di gerade damit beschäftigt ist, selbst ein Soziales *«Mitgliedernetz»* exklusiv für die eigenen Mitglieder anzubieten und auf dessen Wachstum hinzuwirken. Wer sich jedoch in die eigenen vier Wände – selbst wenn es nur virtuelle sind – zurückzieht und versucht, sein eigenes Süppchen zu kochen, koppelt sich ab vom grundsätzlich offen organisierten Web 2.0 #009. Es ist illusorisch anzunehmen, dass ein YouTube-Video in einem exklusiv zu einer Gewerkschaft gehörenden "Sozialen Mitgliedernetzwerk" einfach eingebunden, "embedded" wird.

Bei der deutschen IG Metall (IGM) etwa ist es schon technisch unmöglich, dass deren Mitarbeiter_innen ein YouTube-Video auch nur ansehen können. Die System-Administrator_innen der IGM befürchten, über diesen Weg schädliche Software ins Haus zu holen. Deshalb wurde die Möglichkeit, YouTube-Videos anzusehen, gleich ganz unterbunden. Das führt dazu, dass etwa ein politischer Sekretär in der örtlichen Verwaltungsstelle oder eine Referatsleiterin der Grundsatzabteilung der IGM-Zentrale ein auf YouTube hochgeladenes Video vom Auftritt des eigenen IGM-Vorsitzenden überhaupt nicht ansehen kann.

Die gleichen Erfahrungen machen Funktionär_innen und Angestellte in den meisten Gewerkschaften immer noch, sei es in Deutschland oder Österreich. Da erklären Abteilungsleiter der IT den Vorsitzenden, dass Wlan im Haus unmöglich zugelassen werden könne und verweigern der internationalen Abteilung Skype #319 für die Vereinfachung der Kommunikation z.B. in den transnationalen Dachverbänden. Derartige kommunikationstechnische Extratouren führen zwangsläufig ins kommunikationspolitische Abseits. Denn neben dem Umstand, dass alles mit allem irgendwie zusammenhängt, ist außerdem zu beachten, dass Bündnispartner_innen für die eigene politische Position nur durch eine transparente und glaubwürdige Kommunikation zu gewinnen sind. Ad-hoc-Aktionen und einzelne Kampagnen – seien sie noch so gut nachvollziehbar und aufregend konzipiert – finden so lange keinen Resonanzboden, solange ver.di, IGM oder eine andere Gewerkschaft nicht als Akteure wahrgenommen werden, die zum Dialog mit der Web-Öffentlichkeit bereit ist.

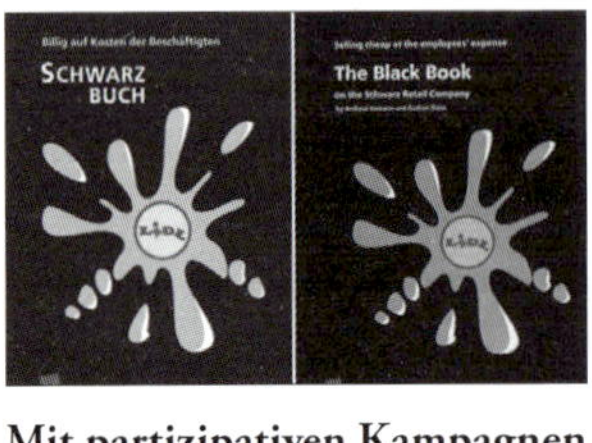

ZEIT ONLINE UNTERNEHMEN

Einzelhandel klagt gegen Flashmobs

Der Laden voll, die Kassen blockiert: Die Gewerkschaft ver.di nutzt Flashmobs im Arbeitskampf und legt so den Betrieb lahm. Die Arbeitgeber klagen nun vor dem Bundesverfassungsgericht.

Der Einzelhandel will umstrittene Blitzaktionen von Gewerkschaften im Arbeitskampf vom Bundesverfassungsgericht stoppen lassen. Gegen eine Entscheidung des Bundesarbeitsgerichts (BAG), das solche "Flashmobs" (flash = Blitz; mob = Pöbel) für zulässig erklärt hatte, wurde eine Verfassungsbeschwerde eingelegt, bestätigte ein Sprecher des obersten deutschen Gerichts in Karlsruhe.

Ver.di hatte 2007 während eines Streiks eine einstündige Aktion in einer Supermarktfiliale organisiert, in der Streikbrecher arbeiteten. Dabei suchten rund 40 Menschen die Filiale auf, kauften in rauen Mengen billige Artikel und verursachten dadurch Warteschlangen an den Kassen. Außerdem packten sie Einkaufswagen voll und ließen diese dann stehen.

Mit partizipativen Kampagnen und Aktionen erfolgreich

1. *Das 2004 von ver.di herausgegebene «Schwarzbuch Lidl», wichtiger Baustein der vielseitigen Lidl-Kampagne, ist schnell vergriffen. Die Autor_innen Andreas Hamann und Gudrun Giese werden mit dem Preis für kritischen Journalismus in der Kategorie Neue Medien-Projekte ausgezeichnet. Es folgt das «Schwarzbuch Lidl Europa», es gibt Übersetzungen in Englisch und Kroatisch.* 2. *Der Handelsverband Deutschland (HDE) klagt gegen die Flashmobs von Arbeitnehmer_innen und Gewerkschaften, kommt mit diesen Klagen letztlich aber nicht durch.* 3. *Seit einigen Jahren kann «STREIK.TV» immer wieder von erfolgreichen Aktionen in Tarifauseinandersetzungen berichten. Bei einem Flashmob in München gegen die tariflose Situation in der Versicherungswirtschaft rufen viele Kolleg_innen Call-Center an und belegen die Leitungen.*

Auseinandersetzungen mit einer aktiven, an den Diskussionen und Forderungen partizipierenden Öffentlichkeit können nicht auf einzelne Kampagnen und Aktionen beschränkt bleiben: es bedarf eines kontinuierlichen Austausches, eines auch über längere Zeiträume tragfähigen Kommunikationsnetzwerkes. Und Vernetzen, also ein tragfähiges Kommunikationsnetzwerk aufzubauen, heißt, damit aufzuhören, sein eigenes Süppchen zu kochen, und stattdessen über den Tellerrand hinaus zu blicken, zu sprechen und zu agieren. Angesichts all der Aktionen und Diskussionen, die im Web rund um die thematischen Felder gewerkschaftlicher Arbeit und Kritik (wie etwa gegen die Hartz IV-Auswüchse) stattfinden, also dokumentiert, konzipiert und ausgetragen werden, erscheinen die Vernetzungs- und Anbindungskapazitäten der Gewerkschaften äußerst gering. Erstaunlich ist die Vernachlässigung kommunikationspolitischer Aspekte auch in Anbetracht der durchaus erfolgreichen, mutigen und engagierten Einzelkampagnen und Aktionen wie etwa jene von ver.di, die, bei entsprechender Vernetzung und Anbindung, viel mehr – quantitativ und qualitativ – erreichen könnten.

In einer Öffentlichkeit, die sich gegen bestehende Arbeits- und Lohnverhältnisse wendet, der daran gelegen ist, herrschende Diskursordnungen zu unterwandern, kann nicht jede_r in eigenbrötlerischer Tüftelei das Rad, das die Welt in Bewegung versetzen soll, jeweils und "nur für sich" neu erfinden: in einer **Gegenöffentlichkeit** zu agieren heißt inter-agieren – aber nicht um jeden Preis. Gemeinsame thematische Felder und Herangehensweisen sind Verhandlungssache, sie werden austariert, partizipativ im Dialog abgesteckt: sie sind nicht von Lobbyist_innen vorgegebenes Territorium, auf dem man durch gewisse Zugeständnisse einen Platz erwerben kann. Die Positionierung von ver.di hinsichtlich der "Stoppschilder" gegen – vor allem von Lobbyorganisationen so genannte – Urheberrechtsverletzungen im Internet stellt ein derartiges Zugeständnis dar: entgegen der Interessen der im Netz aktiven Mitglieder und im Grunde der eigenen Vernetzungsarbeit zuwiderlaufend, werden von ver.di technische Instrumente eher im Sinne der um ihre Absätze besorgten Musik- und Filmindustrie befürwortet, die User_innen auf die Illegalität einer Download-Plattform aufmerksam machen sollen ("Stoppschilder") und die durchaus auch geeignet sind, die Überwachung im Netz auszudehnen. Ein blinder Fleck, der bei einem höheren Vernetzungsgrad und bei größerer Anbindung an im Web kursierenden Diskussionen zu Urheberrechtsfragen (etwa die von Wikileaks veröffentlichten Dokumente, die zeigen, dass ein rigoroses Urheberschutzgesetz unter dem gezielten Einfluss der USA in Spanien implementiert werden sollte) nicht hätte auftreten müssen.

ZUSAMMENFASSUNG

So erfolgversprechend einzelne Aktionen und Kampagnen prinzipiell auch angelegt sein mögen: zu einer gelungenen Ausführung gehört eine konsequente Vernetzungsarbeit und offene Kommunikationsplattformen. Eine Online-Kampagne steht und fällt mit einer möglichst breiten Verankerung bei den Akteur_innen der virtuellen Welt. Aufeinanderzugehen, Dialogbereitschaft und das Anliegen, anderen Informationen zukommen zu lassen, die über den Informationsgehalt der jeweils betroffenen Kampagne hinausreichen, dürfte Gewerkschafter_innen unter dem Etikett "Basisarbeit" vertraut sein. Das Web 2.0 unterstützt diese Arbeit in zweierlei Hinsicht: Erstens macht es das Verbreiten von Informationen außerordentlich einfach, und zweitens kann es dazu führen, dass die Akzeptanz für gewerkschaftliche Positionen wächst. Letzteres aber nur, wenn das Web 2.0 nicht als Verlautbarungs-Kanal, sondern als das genutzt wird, was es längst schon ist: als Mitmach-Web.

- Organisatorisch muss festgelegt sein, welche Mitarbeiter_innen mit welcher Funktion aus welchen Abteilungen kommunizieren. Hierbei sind der zeitliche Umfang, die inhaltlichen und formalen sowie sprachlichen Aspekte der zu leistenden Kommunikation zu bestimmen.
- Moderne crossmediale Kommunikation bedeutet, neben den konventionellen Medien-Kanälen Print, Radio, TV und Events auch die Web 2.0-Kanäle zu berücksichtigen. Neben Blogs und Microblogs sind zudem die Möglichkeiten eines Podcast- und Web-Video-Einsatzes zu berücksichtigen, die schließlich in die Netzwerk-Strukturen des Web 2.0 überzuleiten sind.
- Identifizierung von Stakeholdern und Bündnispartnern, die sich unter den Freunden, Fans (Facebook), Followern (Twitter) und Abonnenten (Blogs & Feeds #237) befinden. Anschließend erfolgt die Vernetzung dieser Personengruppen über Hyperlinks, Kommentare, Blogroll oder ein schlichtes *«Gefällt mir»*.
- Denken, planen und handeln in allen drei Dimensionen!

- Ob eine beauftragte Agentur den Erwartungen an Web 2.0-Kommunikation entsprechen kann, ist regelmäßig zu hinterfragen. Diese muss unmittelbar sein und verlangt ein hohes Maß an Kompetenz, um den anderen Netz-Akteuren gegenüber glaubwürdig zu erscheinen.
- Antworten im Netz nicht erst durch Gremien absegnen. Der über die digitalen Kanäle geführte Dialog ist mitunter so schnell, dass lange Antwortzeiten aufgrund von innerhalb der Organisation vorzunehmender Abstimmungsverfahren einen erheblichen Nachteil darstellen.
- Wer es versäumt zu beobachten, wer im Netz was über einen selbst sagt, darf sich nicht wundern, wenn Diskussionen in die falsche Richtung laufen. Ein unterlassenes Monitoring der im Web 2.0 diskutierten Inhalte ist grundsätzlich zu vermeiden.
- Wer Diskussionen im Netz anstößt, um sie dann hinter verschlossenen Türen (Mitgliedernetzwerk und dergleichen) fortzuführen, setzt sich schnell dem Vorwurf aus, intransparent zu agieren und an einer offenen Diskussion mit möglichst vielen Akteur_innen nicht interessiert zu sein.
- Ein uni-direktionale Kommunikationsstrategie ist tunlichst zu unterlassen. Nur wer andere ernstnimmt, wird selber auch ernstgenommen. Netzwerken im Web 2.0 lebt ebenso wie herkömmliches Netzwerken von der Pflege von Kontakten.
- Dass Mitarbeiter_innen der Organisation wegen Bedenken der IT-Abteilungen nicht einschränkungslos im Web 2.0 kommunizieren können, vereitelt eine erfolgreiche Web 2.0-Kampagne, noch bevor sie überhaupt gestartet worden ist.

Mindestlohn, ver.di, Gewerkschaft, Lidl, Schwarzbuch, Flashmob, Hungerlohn, Hungerlohnpartei, Hartz IV, Berlin, Angela Merkel, Kommunikationsguerilla, Tarifauseinandersetzung, working poor, Arbeitskampf, streik.tv

KOMMENTARE

***Romin Khan** sagt:* *facebook.com/verdi.2.0*

Andreas Beobachtungen zu den ver.di-Kampagnen der vergangenen Jahre sollten ernst genommen werden, insbesondere die fehlende Weiterverbreitung und Kommunikation gelungener Aktionen. Allerdings muss man zur Kenntnis nehmen, dass die Verbreitung von Social Media gerade in den letzten zwei Jahren nochmal erheblich zugenommen hat. Die ver.di-facebook-Seite hatte bei der Hungerlohn-Aktion im Herbst 2009 gerade mal ein paar Hundert Freunde, heute haben mehrere ver. di-Seiten und -Gruppen ein Vielfaches an Kontakten. Auch der Vorschlag stärker Kommunikationselemente zu nutzen, die bestehende Diskursordnungen durchbrechen, trifft auf offene Ohren. Gerade in der Mindestlohnkampagne erscheint es, als sei anhand von Studien und rationalen Erklärungsmodellen alles gesagt. Wenn man nicht weiter mit den guten Vorschlägen am etablierten Politikbetrieb scheitern möchte, braucht es irritierende und grenzüberschreitende Aktionen, um neue Wege zu beschreiten. Kommunikationsguerilla ist dabei ein Ansatz, sollte sich aber nicht auf klassisches Messaging beschränken, als das auch das Hungerlohn-Plakat betrachtet werden kann.

Letztendlich geht es um die Frage nach der Verbindung zwischen online und offline, denn der Widerhall bei twitter/facebook/blogwelt reicht uns nicht aus. Somit stellt sich die Frage, wie Aktionen aussehen müssen, die Machtverhältnisse zugunsten der NiedriglohnempfängerInnen verschieben können, und wie die Betroffenen dabei sinnvollerweise eingebunden werden.

Dass dies bisher zumeist ausgeblieben ist, hat nicht nur etwas mit der Ausrichtung der Kampagne auf klassische Öffentlichkeitsarbeit zu tun. Aspekte von Organizing, Empowerment und Mitgliedergewinnung kamen zu kurz. Meiner Meinung nach behindern die verwendeten Diskursfiguren, in denen die „working poor" von den Gewerkschaften überspitzt gesagt als Opfer dargestellt werden, ihre wirkungsvolle Einbindung in Aktionen. Denn: Opfer will niemand sein. Kein Wunder, dass die tatsächliche Beteiligung von Betroffenen an den Aktionen im Rahmen der Mindestlohnkampagne eher gering ausfällt. Die von Herrschafts- und Machtverhältnissen geprägten subjektiven Wahrnehmungen müssen mitgedacht, Selbst- und Fremdwahrnehmungen durchkreuzt werden. Im beschriebenen Beispiel liegt der Fokus der Aufmerksamkeit erfreulicherweise auf den politisch Verantwortlichen, nicht auf der Festschreibung des Status als „Hungerlöhner".

Die abschließenden Beobachtungen zu unserer angeblichen Abschottungspraxis sind mir etwas zu einfach und pauschal. Fehlt dir, Andreas, hier nicht das Verständnis für die Ambivalenz und Widersprüchlichkeit von postautoritären Großorganisationen? Nicht alle Entscheidungen fallen im Sinne einer „entweder oder"-Strategie, sondern eine experimentelle Praxis hat auch hier vielfach Einzug erhalten.

***Bernd Steinmann** sagt:* *blog.mindestlohn.de*

Mit diesem Artikel zur Hungerlohnpartei wird ein wichtiger Blick von außen auf unsere Aktivitäten der vergangenen Jahre geworfen. Konfrontiert mit dem Blick von außen eröffnen sich für uns, die wir drinnen sitzen, teilweise neue Blickwinkel. Beziehungsweise werden wir in unserer eigenen Analyse bestätigt. Zu bedenken ist jedoch, dass es sich um einen Rückblick handelt. Mit dem Wissen aus 2011 wird zurückgeblickt auf Aktionen aus 2009 oder sogar noch vorher. Nach vorne gesponnen: Was hätte man 2007/2008/2009 machen können, wenn man über das Wissen von 2011 verfügt hätte? Das klingt defensiv. Ist es aber nicht. In den vergangenen Jahren haben wir vieles ausprobiert. Dafür hatten wir den Raum. Das ist erst mal anzuerkennen. Vielleicht war manches nicht bis zum Ende durchgedacht. Aber wir haben viele Erfahrungen gesammelt. Auch die Tatsache, dass die Hungerlohnpartei.de zu einem Gegenstand dieses Buches geworden ist zeigt, dass da was dran war. Natürlich beobachten wir unser Umfeld. Und da können wir sehen, dass es zahlreiche Kolleginnen und Kollegen gibt, die sich unsere Aktionen ansehen, analysieren, Schwachstellen erkennen, aus diesen lernen und dann Ideen und Ansätze weiterentwickeln. Gut. Prima. So machen wir es auch. Deshalb sollte man sich auf weitere Aktionen von ver.di freuen. Wir tun es. Wir sind weiter unterwegs.

KAMPAGNEN MOBILISIERUNG PRESSEARBEIT MEDIENSYSTEM AUTHENTIZITÄT PARTIZIPATION STRATEGIE WAHLKAMPF

ONLINE-KAMPAGNEN IM REALITY CHECK

Was ist sinnvoll? Welche Stolpersteine gibt es? Und überhaupt!

«Wer annimmt, die Online-Märkte seien die selben Märkte, die einst die TV-Spots im Fernsehen erduldet haben, macht sich etwas vor.»
Cluetrain Manifesto, These 17

Kampagnen sind Zeiträume kommunikationstechnisch und monetär verdichteter Verhältnisse, die sich durch besonders hohe Aktivitäten seitens der klassischen Sender auszeichnen. Ob im politischen oder wirtschaftlichen Bereich, Kampagnen können viele Ziele und Hintergründe haben.

Dementsprechend viele Beispiele für Kampagnen #130 gibt es: Von solchen für einzigartige "kleine" Produkte bis hin zu länderübergreifenden Aktionen, von den Auftritten großer Markenartikelhersteller bis hin zum Wahlkampf für die Us-amerikanische Präsidentschaft. Und freilich gibt es Kampagnen, die wir gut finden, solche gegen Atomkraft, für einen Mindestlohn oder für Stopp GATS. Nicht zu übersehen ist, dass auch der "War on Terror" mit einer *«War on Terror»*-Kampagne einhergeht, dass die "soziale Bewegung" der *«Tea Party»* als Kampagne inszeniert wurde, oder dass Einschnitte ins Sozialsystem durch Kampagnen wie *«Sozial ist, was Arbeit schafft»* gezielt vorbereitet werden.

So sehr sich Kampagnen in ihrer Ausgestaltung, politischen Ausrichtung und ihrem Budget unterscheiden, sie folgen doch alle ähnlichen Ansätzen, um für ihre Zielgruppen längerfristig interessant zu sein. Hier sind ein paar entsprechende Denk- und Handlungsanstöße.

#130

Kampagnen und Soziale Bewegungen

Strukturell gibt es da fast nur Widersprüche, was eine Kampagne im Kern ist, und was wir unter Sozialen Bewegungen verstehen. Die Kampagne ist heute ein Begriff aus dem Marketing und meint in Kurzform eine Werbekampagne. Die militärische Wurzel des Begriffs ist so weit aber nicht entfernt, aus dem Feldzug wurde der Werbefeldzug. Was für den Feldzug gilt, hat auch für die Marketingoffensive grundlegende Bedeutung. Es wird ein Ziel und ein Zeitraum für die Zielerreichung definiert, es werden Terrain, Ressourcen und Risiken analysiert, es wird die Strategie entworfen und planmäßig Schritt für Schritt werden die für die Kampagne gebündelten Ressourcen zum Einsatz gebracht. In der Definition eines Marketing-Lehrbuchs, zum Beispiel *«Business Campaigning»* von Peter Metzinger, heißt das auf den Punkt gebracht: *«Eine Kampagne ist die planmäßige und befristete Bündelung von Kommunikation sowie direkter Eingriffe in Prozesse und Zustände zur Durchsetzung eines Zieles.»* Sie sind Mittel zum Zweck, Maßnahmen, die im Wege des Projektmanagements umgesetzt werden.

Soziale Bewegungen zeichnet in fast jeder Hinsicht das Gegenteil von Kampagnen aus. Wir haben es mit einem ebenso vielschichtigen wie weitreichenden gesellschaftlichen Phänomen zu tun. Unter einer sozialen Bewegung verstehen die Sozialwissenschaften dezentral, lose und informal vernetzte Individuen und Gruppen, die eine geteilte Perspektive und gemeinsame Handlungsausrichtung in Bezug auf einen brennenden sozialen Konflikt verbindet. Soziale Bewegungen sind also Antworten auf soziale Konflikte, wie die Unterdrückung der Arbeiter_innen, die Unterdrückung der Frauen, die Zerstörung der Umwelt. Soziale Bewegungen beziehen emanzipatorische Position in einem gesellschaftlichen Problemfeld und zielen auf sozialen Wandel ab, auf Veränderung der herrschenden Bedingungen, die von vielen Individuen und Gruppen als nicht (mehr) akzeptabel abgelehnt werden. Wenn die vielen sehr viele und damit ihre Anliegen sichtbarer werden, bildet sich eine kollektive Identität und Identifikation mit der Bewegung aus. Sie wird zum gesellschaftlichen Player und gewinnt Handlungsmacht. Dabei zeichnet die Soziale Bewegung beziehungsweise die *«Neue Soziale Bewegung»* aus, dass sie in diversen, heterogenen und dezentralen Organisationsformen agiert, dass nebeneinander verschiedene Strategien der Mobilisierung greifen und dass in der Bewegung ganz unterschiedliche Handlungstaktiken Anwendung finden können.

LASST UNS EINE KAMPAGNE FAHREN, WAS BRAUCHEN WIR?

«Wir brauchen dringend eine Online-Kampagne. In zwei Monaten müssen wir damit starten. Wir haben ja schon eine Facebook-Gruppe. Das sollte sich also easy ausgehen, oder?»

Stell dir vor, du bist ein Werbefachmann, eine Werbefachfrau. Du bist seit zwanzig Jahren im Geschäft, ein Profi. Und jetzt stell dir vor, da gibt es dieses unglaublich tolle 16-Bogen-Werbeplakat, auf dem du seit dem Beginn deiner Karriere bei bester Platzierung für ein Produkt gute Werbung machst. Die Magie besteht darin, dass dieses Plakat so gut gemacht ist, dass es seit dem ursprünglichen Launch nicht mehr verändert werden musste. Die Menschen, die dein Plakat sehen, wollen sofort das Produkt haben. Alles läuft gut, bis einige Leute aufhören, das Produkt zu kaufen. Dieser Prozess ist schleichend, die Umsätze gehen langsam zurück. Irgendwann kannst du das Problem eingrenzen und eindeutig bestimmen: Das Plakat ist nicht schlechter geworden. Aber die Leute kommen hier nicht mehr vorbei, es wird immer weniger gesehen, denn Menschen bewegen, arbeiten und leben jetzt eher im Internet.

Als findige Werbefachfrau, als findiger Werbefachmann gehst du dieses Problem natürlich sofort an und platzierst Werbung im Internet. Doch wie bekommen wir nun ein 16-Bogen-Plakat dort rein? Wenn du es zerschneidest, werden es die Leute immer noch sehen? Wenn wir die Schrift kleiner machen, ist die "Message" noch lesbar? Wenn wir es einfach schrumpfen, wird es immer noch den selben "Impact" erzeugen, wie du ihn gewohnt bist? An diesem Punkt findest du dich jetzt wieder: Du stehst da und versuchst etwas Funktionierendes zu nehmen, es zu adaptieren und es an einer ganz anderen Stelle wieder zu verwenden. Doch wir sollten nicht einfach nur Slogans transportieren, die auf Plakatflächen oder in Inseraten funktionieren. Das Ziel muss eine neue Art von Kommunikation sein. Es geht darum, entsprechend sinnvolle (Re-)Aktionen und Bewegungen beim Zielpublikum hervorzurufen – im Netz, den Social Media #009, in den Sozialen Netzwerken #341.

Wenn eine Organisation nicht kontinuierlich im Social Media-Bereich tätig ist und nur im Rahmen von Kampagnen um Interesse, Anteilnahme und Beteiligung an den eigenen Aktionen wirbt, wird sie keinen bleibenden Erfolg in diesem Bereich haben. Der singulären Kampagne ohne weiter reichender Social Media-Aktivität fehlt die Glaubwürdigkeit. Die relative Unerfahrenheit, sich im Social Media-Bereich zu bewegen, macht sich vor allem bei auftretenden Krisen bemerkbar. So fiel im August 2010 ein Pressesprecher der Österreichischen Bundesbahnen dadurch auf, dass er auf einer Facebook #094-Seite, auf der gegen die Verteuerung des Sommertickets protestiert wurde, mit etwas markigen Sprüchen eine aufgebrachte Community zu überzeugen versuchte. Anstatt besänftigend zu wirken, eskalierte die Situation und führte zu einer offiziellen Entschuldigung seitens des Pressesprechers.

WAS HEISST ES, SOCIAL MEDIA-KOMMUNIKATION ZU KONTROLLIEREN?

«Wir haben sehr viele Fans auf unserer Facebook-Fanseite, die brav das cool finden, was wir ihnen sagen.»

Sympathisant_innen und Mitglieder warten nicht darauf, die ihnen vorgesetzten Inhalte zu konsumieren. Die Teilnehmer_innen an einem modernen Kommunikationsprozess beteiligen sich aktiv, warten nicht auf Starts von offiziellen Kampagnen und sind es gewohnt, ihre eigene Meinung zu äußern. Als Beispiel mag hier die Grüne Vorwahlen Initiative genannt werden, die eine durchaus netzaffinere Grüne Partei in Wien überrollt hat.

Anfang 2010 verbreitete sich in Österreich der Werbespot des österreichischen Bundesheeres in Windeseile. Im Rahmen der Kampagne *«Heer4U»* wurde ein peinliches und jenseitig sexistisches Video auf eine Bundesheer-Homepage gestellt. Nachdem in der Folge einige Beschwerden laut wurden, wurde das Video zwar offline genommen, fand aber innerhalb kürzester Zeit seinen Weg auf YouTube #201 und somit in eine breitere Öffentlichkeit. Allen Bemühungen des Bundesheeres zum Trotz erreichte das Video innerhalb von wenigen Tagen mehr als eine Million Zuseher_innen weltweit, was einen entsprechenden Imageschaden verursachte.

GREENPEACE VERSUS NESTLÉ VERSUS GREENPEACE

Unternehmen investieren laufend in Werbung, Großkonzerne fahren zu jedem Zeitpunkt mehrere (Werbe-)Kampagnen. Immer wieder gibt es dann von NGO-Seite aus Gegenkampagnen, die den Unternehmen einigen Wind aus den Segeln nehmen können. Ein beeindruckendes Beispiel lieferte die Organisation Greenpeace Anfang 2010 mit ihrer Kampagne gegen Verwendung von Palmöl aus der Urwaldzerstörung, weil dadurch der Lebensraum der Orang-Utans zerstört werde. Mit mehreren Aktionen und Videospots auf YouTube mobilisierten sie gegen die Firma Nestlé und im Speziellen das Produkt KitKat. Anstatt die aufkommende Situation als Möglichkeit zu begreifen und sich in den sozialen Medien mit den kritischen Anfragen der eigenen Konsument_innen auseinanderzusetzen, reagierte Nestlé ungehalten und in typischer Großkonzernmanier. Das Unternehmen versuchte zuerst die Situation auszusitzen, sang weiter Lobeshymnen auf das eigene Produkt, ließ Videos der Gegenkampagne entfernen und die Anwälte aufmaschieren. Eines Tages nahm das Unternehmen dann einfach die eigene Fanseite auf Facebook mit mehr als 700.000 Fans vom Netz. Durch all diese Reaktionen und das symbolisch nur allzu aussagekräftige "Verschwinden" einer Facebook-Fanseite wurden auch noch die letzten klassischen Medien auf die Geschehnisse aufmerksam. Den Journalist_innen und der Gegenseite wurde die perfekte Story durch das Vorgehen von Nestlé gegen Greenpeace erst geliefert. Der Public Relations-Schaden für Nestlé ist enorm. Nestlé hat mittlerweile in der Diskussion eingelenkt und die Facebook-Seite ist ebenfalls online. Doch ob das Unternehmen daraus gelernt hat, bleibt abzuwarten. Auf der offiziellen KitKat-Fanseite wird jedenfalls auf die weltweiten Proteste nicht eingegangen. Das offiziell erste Posting stammt vom 16. Juni 2010. Damit hat das Unternehmen die Geschichte einfach "getilgt" und von neuem begonnen.

In manchen Fällen führen groß angelegte Kampagnen zu unerwünschten Gegenreaktionen. So geschehen im Fall der *«Superpraktikanten»*-Kampagne der Österreichischen Volkspartei (ÖVP). In einer Zeit, in der eine ganze Generation aufgrund von prekären Arbeits- und Ausbildungsverhältnissen als *«Generation Praktikum»* bezeichnet wird, startete die ÖVP ihre Jugend- beziehungsweise Imagekampagne für ihren Chef, den Vizekanzler Josef Pröll.

Mit großem Aufwand inklusive einer Roadshow und vollem Social Media-Einsatz sollte ein "Superpraktikant" gesucht werden; unbezahlt natürlich. Eine Website forderte zu Casting-Bewerbungen mittels Text, Bildern und Video sowie zum fleißigen Voten auf. Die Kampagne wurde über alle Kanäle gefahren. Durch diese Aktion wurde versucht, von der damals die Medien bestimmenden #unibrennt-Bewegung abzulenken. Abseits von einem (für den politischen Bereich) durchaus pfiffigen Auftritt verließ sich die ÖVP auf die Macht der eingekauften großen Medienpartner aus Print, Radio und Fernsehen ... und unterschätzte das Feedback aus der Bevölkerung. Zu den Vorwürfen, dass der Aufruf nicht geschlechtergerecht aufbereitet wurde und den allgemeinen Angriffen auf die Aktion als geschmacklose Beleidigung einer gesamten Generation gesellten sich ab Tag eins unzählige Persiflagen der Aktion. Beweise für Schiebungen beim Votingprozess vollendeten das Bild einer nicht zu kontrollierenden Kommunikationssituation, die nur durch den Einfluss der klassischen Medien (Medienpartner!) überspielt werden konnte.

DAS MÄRCHEN DER VIRALEN KAMPAGNEN

«Die zentrale Rolle unserer Kampagne spielt das virale Video. Es wird uns tausende von Zugriffen auf unsere Seite bringen. Unsere Idee vermarktet sich dadurch von selbst - ohne dass wir etwas dazu tun müssen.»

Eine landläufige Auffassung von viralen #209 Kampagnen beziehungsweise viralem Marketing besagt, dass der Sender am Anfang der Kampagne einen Anstoß gibt, der sich von selbst seinen Weg durch die Zielgruppe bahnt, getragen von den Menschen selbst. Das sollen vor allem auf Online-Spiele und auf Viralität getrimmte Videos leisten, also meist YouTube-Clips, die so cool, auffällig und spannend sind, dass sie von allen empfohlen und weitergeleitet werden. Übersetzt auf die Abwicklung der Kampagne heißt das: Es wird viel Energie in die Erstellung des besagten Videos gesteckt, ohne sich darüber im Klaren zu sein, dass die wenigsten viralen Effekte ganz von selbst entstehen. Viralität entsteht in mühsamer Werbearbeit, durch Drehen kleiner Rädchen im Hintergrund, das Ausmachen und Anschreiben von Multiplikator_innen, das Zahlen kleiner Honorare da oder dort. Und alles zusammen nimmt relativ viel Zeit in Anspruch. Dass die Erzeugung von viralen Kampagnen auch Risiken bergen kann, soll an dieser Stelle nicht unerwähnt bleiben: Zum einen muss man in den meisten Fällen die Zielgruppe beim nächsten Mal mit einer neuen viralen Kampagne auch wieder neu abholen und zum anderen stumpft der Effekt mit der Zeit ab. Je mehr virale Kampagnen im Allgemeinen gestartet werden, desto uninteressanter werden sie und desto unglaubwürdiger wird dieses "faszinierende" Phänomen.

Was so alles "viral" werden kann ...

1. Die Website der «superpraktikantin.at» war eine der zahlreichen, selbstorganisiert aus dem Netz schießenden Gegenreaktionen auf die Kampagne der ÖVP und wurde so wie viele andere Aktionen blitzschnell über alle Kanäle weitergeleitet und geteilt. 2. Der Clip für die Greenpeace-Kampagne wird erst so richtig "viral", als Nestlé versucht, ihn vom Netz verschwinden zu lassen. Sofort wird das Video auf viele YouTube-Kanäle kopiert, kommentiert und zum "hot topic". So findet die Kampagne weitere Verbreitung im Netz und allerorts größere Aufmerksamkeit. 3. Gerne weitergeleitet und empfohlen werden kurzweilige Online-Spiele. Die «grassroots advocacy and campaigning» Organisation ONE machte sich das zunutze und baute auf die Verbreitung von «Hurl Berl», einem Spiel zum "Berlusconi Weitwerfen", um zum Unterzeichnen einer Petition zu motivieren.

NUR DABEI ZU SEIN, IST NOCH KEINE STRATEGIE

«Wir machen das genau so, Obama hat so immerhin den Wahlkampf gewonnen.» - «Und wen wollt ihr denn erreichen?» - «Alle natürlich.»

Eine Kampagne, die auf alle und also niemanden im Besonderen abzielt, wird kaum jemanden ansprechen und mobilisieren. Das trifft auf Online-Kampagnen noch mehr als auf andere Bereiche zu. Deshalb müssen in einem ersten Schritt der Kampagnenvorbereitung sowohl die Zielgruppe als auch die entsprechenden Ziele festgelegt werden. Daraus abzuleiten ist wiederum die anzuwendende Strategie und die Wahl der Mittel. Zu oft heißt es lediglich *«Wir müssen unbedingt mit* Twitter #166 *und Facebook anfangen»*, obwohl längst nicht klar ist, ob dies für die jeweilige Zielgruppe und die zu kommunizierenden Inhalte sinnvoll ist. Derzeit ist es zum Beispiel modern, politische Kampagnen mit Ankündigungsvideos à la *«Ich kandidiere» oder «Ich unterstütze diese Sache ...»* zu beginnen. Ganze Wahlkämpfe hindurch werden Massen an weiteren Videos produziert und im Zuge zivilgesellschaftlicher Kampagnen werden die Veranstaltungen live gestreamt #041 . Das ist ganz schön und mag da und dort einigermaßen sinnvoll sein. Zu oft wird jedoch keine Rücksicht auf die eigene Zielgruppe und deren Bedürfnisse genommen. Es wird gemacht, weil es die anderen ja auch machen. Eine Analyse der Zielgruppe, der Durchdringung mit Facebook-Konten oder allgemeiner des Nutzungsverhaltens der Social Media bleibt aus. Das simple, in sprichwörtlicher "Copy&Paste-Euphorie" vollzogene Nachahmen eines erfolgreichen Konzepts wie etwa der Wahlkampagne Barack Obamas sichert nicht unbedingt Erfolg. Kampagnen müssen sich verstärkt an der Durchführbarkeit orientieren. Da sind nicht irgendwelche ausgefeilten Features gefragt, die zwar schön und praktisch aussehen, aber von niemandem bedient werden. Da kann nicht auf Praktiken abgezielt werden, die in der einen oder anderen Online-Community zwar gängig sind, außerhalb dieser Gruppen jedoch auf Unverständnis stoßen. Der Präsidentschaftswahlkampf für Heinz Fischer 2009 in Österreich zeigte zum einen, dass YouTube und eigens produzierte Clips sehr wohl schon in professionellen Wahlkämpfen angekommen sind und sinnvoll sein können: der YouTube-Kanal des *«heifi»* verzeichnete rund 90.000 Aufrufe bei gesamt 190 Videos. Das ergibt wiederum rund 480 Aufrufe pro Video. Die Menge an Clips, die es nicht einmal über die Grenze von 100 Zugriffen schafften, illustriert aber sehr gut, welche Anstrengungen für diesen in Relation zu sehenden Output unternommen wurden. In der Kampagnenplanung mag es absolut sinnvoll sein, sich an gut funktionierenden Best-Practice-Beispielen zu orientieren. Das an anderer Stelle reüssierende Konzept darf aber nicht an der eigenen Realität vorbei gehen. Wenn die eigene Zielgruppe größtenteils über vierzig ist und mit YouTube und Digital-Kameras nichts am Hut hat, wird es sinnlos sein, sie zu Videoaufnahmen und Aufrufen im eigenen YouTube-Kanal verleiten zu wollen.

WIR WOLLEN EUER FEEDBACK, WENN ES GUT IST

«Wir werden die Leute einfach fragen, was sie wollen.» – «Und, was tun wir, wenn uns die Antwort nicht gefällt?»

Bevor man eine Kampagne startet, in der man von der eigenen Zielgruppe etwas wissen möchte, sollte man überlegen, ob man dieses Feedback auch wirklich haben möchte beziehungsweise damit sinnvoll umgehen kann. Außerdem kann es ebenfalls leicht zu rein abwicklungstechnischen Problemen kommen: Wer sammelt das Feedback ein? Wer schreibt die Beantwortungen? Wie viele Ressourcen werden benötigt? Wie viel Beteiligung können wir verkraften, ohne dadurch in unserer Arbeit gelähmt zu werden? Einen Spagat zwischen all diesen Fragen versucht das Projekt *«Österreich 2020»* der Sozialdemokratischen Partei Österreichs (SPÖ), in dem es um die Entwicklung von zukunftsweisenden Konzepten für die österreichische Sozialdemokratie gehen soll. Die Hauptlast der Arbeit wird dabei von Expert_innen erledigt, die regelmäßige Inputs aus der Bevölkerung einholen und in ihre Arbeit einfließen lassen. Der Input aus der Bevölkerung und vor allem von der eigenen Parteibasis wird in Form von Befragungen über die eigene Online-Plattform eingeholt. Die daraus gewonnenen Erkenntnisse werden zum Teil gesondert für den Online-Bereich aufgearbeitet und beantwortet. Auf der Plattform wird der ganze Prozess mit allen Zwischenschritten zum Nachlesen öffentlich zur Verfügung gestellt. Dadurch soll die Entwicklung des Projekts, das nicht von der gesamten Öffentlichkeit gesteuert werden kann, diese aber betrifft, transparent dargestellt werden. Durch die Befragungen, die in die Arbeit der Expert_innen einfließen, wird den Beteiligten signalisiert, dass deren Einsatz sinnvoll ist, weil er beachtet wird.

POLITISCHE ORGANISATIONEN UND PR-FACHLEUTE, REALITÄT UND WUNSCHDENKEN

Agenturen, die zur Unterstützung von Politiker_innen oder zivilgesellschaftlichen Organisationen hinzugezogen werden, kennen selten die komplexen Organisationsstrukturen politischer Organisationen ausreichend, um die innere Dynamik der diversen Interessengruppen, Arbeitsweisen und Abhängigkeiten in Parteien oder zivilgesellschaftlichen Netzwerken zu verstehen. Die Praxis der Public Relations (PR) ist klar strukturierte, top-down durchorganisierte Unternehmen mit weisungsgebundenen Angestellten gewohnt. Politische Organisationen funktionieren vollkommen anders. PR-Konzepte aus der privatwirtschaftlichen Anwendung sind nicht auf politische Organisationen übertragbar. Klassische Negativ-Beispiele stellen in diesem Zusammenhang Social Media-Auftritte von Politiker_innen dar. Diese werden ins Leben gerufen, weil sich der oder die jeweilige Politiker_in volksnah zeigen möchte. Dabei wird außer Acht gelassen, dass die Person gar nicht mit dem Medium umgehen kann oder der Auftritt nicht glaubhaft wirkt, weil er nicht zur Person selbst passt. Noch schlimmer wird es, wenn sich die Kampagnenleitung dieser Tatsachen bewusst ist und versucht, durch "getürkte", augenscheinlich von dem/der Politiker_in nicht selbst geführte Auftritte den Eindruck von Online-Kompetenz zu erwecken. Bekannt geworden ist das Beispiel von Wilhelm Molterer, der im Nationalratswahlkampf 2008 scheinbar persönlich und mehr schlecht als recht twitterte. Dieser Online-Auftritt zeugte zwar von mangelndem Verständnis für das Medium, überraschte aber erst wirklich, als sich herausstellte, dass der Spitzenpolitiker diesen Kanal gar nicht selbst betreute. Nicht viel anders verhält es sich bei zivilgesellschaftlichen Initiativen, denen von einer Werbeagentur der 08/15-Websiteauftritt, samt sinnentleertem Twitteraccount und Facebook-Fansite, eingerichtet wird. Vielversprechender für politische Organisationen wäre da der von Philipp Sonderegger vorgestellte Ansatz der Netzwerk-Kampagnen. Dass die eigenen realen Kommunikationsmöglichkeiten weit hinter den aktuellen Best-Practice-Beispielen zurückbleiben, das ist zum Teil zwar schmerzlich, kann sich aber auch zum Vorteil entwickeln. Denn wenn sich eine Organisation auf wenige sinnvolle Kanäle festlegt, die sie auch ordentlich betreuen kann, wird sie auch kein so großes Glaubwürdigkeitsproblem haben.

MIT DER BLOGOSPHÄRE ZUSAMMENARBEITEN

«Und die Bloggerinnen und Blogger laden wir auch zu unserer Veranstaltung ein.»

Während es zur Berufspraxis der Journalist_innen gehört, Pressemappen und -aussendungen zu lesen, sowie zu Pressegesprächen und -konferenzen zu gehen, gilt das nicht annähernd im gleichen Maß für Blogger_innen. Die lesen eher Blogs #335. Als kampagnenverantwortliche Person sollte mensch beachten, dass die Zusammenarbeit mit Blogger_innen auch tatsächlich als das verstanden werden sollte, was es ist: Arbeit nämlich. Und diese lässt sich nicht einfach mal nebenbei erledigen, genauso wenig, wie man Social Media nebenbei betreiben kann. Wie in der klassischen PR-Arbeit gilt es deshalb zu überlegen, welche Multiplikator_innen für die Organisation, für das Kampagnenziel und für die Zielgruppe relevant sind und welche Themen, Produkte oder Events sie interessieren könnten. Im nächsten Schritt kommt es sowohl auf Inhalt und Verpackung des "Angebots" an, als auch auf dessen Durchgängigkeit und Transparenz. Der Umgang mit Blogger_innen stellt Organisationen auch abseits der "klassischen" Kommunikation vor Herausforderungen. So zum Beispiel im Umgang mit schlechter Nachrede. Während eine Zeitung zu einer Wiedergutmachung verpflichtet werden kann, greifen diese Mittel in der Auseinandersetzung mit Blogger_innen weniger. Zwar befinden sich die in einer schwächeren Position, weil sie keine Organisation hinter sich haben, die sich um rechtliche Angelegenheiten kümmern könnte. Dieser Umstand verleiht ihnen aber auch Stärke, weil sie in einem Match "David gegen Goliath" die (Online-)Öffentlichkeit relativ leicht auf ihre Seite ziehen könnten. Dadurch könnte ein Unternehmen mehr Schaden erleiden als durch die ursprünglich beanstandete "üble Nachrede" des Bloggers, der Bloggerin. Um sich in der Blogosphäre #084 angemessen bewegen zu können, das heißt, von ihr auf ihrem Terrain ernst genommen zu werden, dafür wäre ein auf längere Sicht abzielendes, beständiges Arbeiten in diesem Feld der vielversprechendste Weg. Das heißt im Idealfall, selbst zu bloggen, und das unabhängig von einer einzelnen Kampagne. Das ist umgekehrt der aufwendigste Zugang und nicht automatisch Erfolg versprechend.

ZUSAMMENFASSUNG

Tragende Säulen von guten Kampagnen sind die genaue Kenntnis der Zielgruppen und der Zielsetzung. Erst wenn diese beiden Punkte geklärt sind, kann über mögliche Strategien, Ideen oder Tools nachgedacht werden. Neben einer fundierten strategischen Planung werden entsprechende zeitliche und materielle Ressourcen benötigt, um den Arbeitsaufwand zu bewältigen. Wer ausschließlich in Kampagnen(zeiträumen) denkt, wird im Online-Bereich voraussichtlich nie stabile Kommunikationsnetzwerke aufbauen können, weil jede seiner Bestrebungen als das wahrgenommen wird, was es auch ist – nicht mehr und nicht weniger als eine Kampagne. Wer längerfristig ein interessanter Player in der vernetzten Online-Welt sein möchte, muss sich in dieser Welt ständig bewegen. Denn wer ständig in einem öffentlichen Kommunikationsprozess partizipiert, findet mit der Zeit eine Zielgruppe vor, die es gewohnt ist, sich mit seinen Inhalten auseinanderzusetzen. Darauf kann jede weitere Kampagne aufbauen. Diese Arbeit ist aufwändig, verlangt entsprechendes Commitment und die Anpassung beziehungsweise Umstellung der eigenen Kommunikationsstruktur.

- Die Arbeit im Social Media-Bereich hat sehr viel mit Glaubwürdigkeit zu tun. Diese erlangt man in den seltensten Fällen plötzlich, sondern muss sie sich längerfristig erarbeiten.
- Die Zielgruppe festlegen: Wer alle erreichen möchte, wird am Ende niemanden finden. Konzentriere dich deshalb auf einzelne Zielgruppen und bereite deine Kommunikation entsprechend differenziert vor.
- Ein Ziel anvisieren: Erst durch den Fokus kannst du deine Geschichte deiner Zielgruppe näher bringen.
- Die Kommunikation fokussieren und auf unnötige Kanäle verzichten.

- **Monitoring**: Wer nicht weiß, wer wo wie über einen selbst spricht, wird nie eine_n Gesprächspartner_in finden.
- Klein anfangen und langsam wachsen: Wer zu schnell zu groß wird, hatte in den meisten Fällen wenig Zeit zum Lernen. Fehler sind vorprogrammiert.
- Frage die Leute nur, wenn du bereit bist, die Antwort zu hören und zu beherzigen.
- Beobachte zuerst, wie andere arbeiten; lerne davon; adaptiere erfolgreiche Konzepte sinnvoll und erfinde neue.

- Wer die Online-Welt mit vermeintlichen Print-Plakaten zumüllt und in Wochen oder Monaten denkt, anstatt in Jahren, wird keine längerfristig sinnvolle Online-Kommunikation zustande bringen.
- Die Tools sind nicht alles: Ein Tool bleibt ohne sinnvolle Anwendung auch weiterhin nur ein Tool. Verwende deshalb keine Kommunikationsmittel nur, weil sie derzeit so "in" sind.
- Es ist eine Illusion, Kommunikation kontrollieren zu können.
- Die bestehenden Kommunikationsstrukturen sind nicht zu unterschätzen: Ein entscheidender Teil der Social Media-Arbeit erfolgt intern.
- Ziel der Kampagne ist nicht die Viralität: Es ist das Erreichen deiner Zielgruppe.
- Blogger_innen sind keine Journalist_innen.

Kampagnen, Kommunikation, Online, Facebook, Public Relations, Message, Zielgruppe, Greenpeace, Nestlé, Video, YouTube, Virales Marketing, Superpraktikant, Politik, Wahlkampf, Tipps, Glaubwürdigkeit, Blogger

KOMMENTARE

***Linzerschnitte** sagt:* *socialmediaradar.at*

Sehr schön zusammengefasst! Jetzt muss man nur noch ein Mittel gegen Beratungsresistenz bei den "klassischen" Werbern finden :))

Btw. wunderschönes Bonmot letztens gehört: "In einem Konzept eine virale Kampagne einzuplanen, ist wie einen Lottogewinn im Businessplan einzukalkulieren."

***eaglepowder** sagt:*

Interessanter Artikel, der sich selbst in Frage stellt. Nämlich deshalb, weil analoge und digitale Welten (und deren Organisationsstrukturen) immer noch sehr weit voneinander entfernt sind (bzw. mir erscheinen). Wie soll eine “Kampagne” digital implementiert werden, wenn der Auftraggeber oder die Werbeagentur nicht am digitalen Dialog teilnimmt? Kann eine Social Media-Agentur als drittes Rad am Wagen diese Rolle erfüllen? Ich frage mich auch, ob man eine “Kampagne” überhaupt in digitale Welten exportieren kann. Liest sich wie eine Reise in ein fremdes

Land mit fremder Sprache. Gute Schlussfolgerungen. Teilnehmen, eingewöhnen, die Sprache lernen, versuchen, Inhalte persönlich zu formulieren und zu platzieren. Profil gewinnen und authentisch wahrgenommen werden. Eines fehlt mir übrigens: Verknüpfung von Virtualität und Realität. Soll heißen: Meet and greet! Der ganze Prozess dauert Zeit. Das sollte von integrationswilligen Analogen in Betracht gezogen werden. Von heute auf morgen geht nichts!

Brienchen *sagt:* *brienchen.wordpress.com*

Was könnt ich auch anders schreiben: WHAT'S THE STORY. Egal ob Werber, Social Medialisten, Onliner, Mediamenschen u.v.m., ohne Story gewinnt man keinen "wahren" Fan, reüssiert nicht online und auch nicht social und kann Plakate shooten bis der Tod eintritt. Online-Kampagnen, wie sie hier in Vielzahl aufgezählt sind, können Menschen nur so lange begeistern (engagement) und "in Bewegung setzen", wie sich eine "Geschichte" (die Story) erschließt, die stringent ist und die in nachvollziehbare und kreative, involvierende, lustige, spannende Episoden zerlegt wird. Im Social Media-Life muss man zudem noch die Virtuosität haben, auf Dialoge, Anregungen & Kritik einzugehen und die Story dennoch weiterzuentwickeln.

Was hat Obama sooo gut gemacht?? Ja, klar die Nutzung von tip-top Online-Tools (bluestate digital). Das nennt sich heute vielfach "creative technology", aber auch eines: eine KLARE STORY! "Change" und in Folge was alles gechanged werden soll. Außerdem hat man sich in diesem Wahlkampf überlegt, von wo man die Menschen abholt. Umweltaffine wurden immer wieder mit Umwelt-Themen angepingt, gesundheitspolitisch Interessierte usw. Storys haben einen verdammt langen Atem und müssen sich aufbauen. Die Tools (Mediakampagne, mobile Umsetzung, TV, Online, Social Media, …) sind die "Wirklichkeiten", in denen die Epsioden der "Story" ausgesandt werden. Diese muss man virtuos dazu einsetzen, ein Gesamtbild zu erzeugen.

Jochen Hencke *sagt:* *schneeengel.de/blog*

Kampagnen werden heutzutage noch viel zu oft einfach von anderen Marketing-, PR- oder Werbekanälen ins Social Web übertragen. Ein gutes Beispiel dafür ist die "Chefticket"-Aktion der Deutschen Bahn aus dem Jahr 2010. Um ihre "Chefticket" genannten Schnäppchen-Fahrkarten zu verkaufen, startete die Bahn – besser gesagt die dafür engagierte Agentur – eine Facebookseite. Der Clou am ganzen Ticket: Es gab dieses nur exklusiv für die Facebookgemeinde. Im Prinzip ja nichts Schlechtes. Aber was passiert natürlich, wenn die Bahn, die nicht gerade für ihre Pünktlichkeit- und auch Offenheit bekannt ist, auf einer Kommunikationsplattform wie Facebook auftritt? Richtig, die Menschen wollen dann natürlich auch mit dem Unternehmen kommunizieren. Und ja, natürlich kommt es da auch zu Kritik. Endlich hatten sie die Möglichkeit, mal ihren angestauten Frust loszuwerden. Die Betreiber der Seite waren gerade am ersten Tag sichtlich mit der Lage überfordert. Es hatte keiner damit gerechnet, dass die Menschen wirklich mit der Bahn kommunizieren und nicht nur dieses Ticket kaufen wollen. Wenn solche Ticketaktionen bei Lidl oder Aldi (die Deutsche Bahn verkauft hier auch ab und zu stark verbilligte Fahrkarten) durchgeführt wurden, wollte ja auch niemand mit der Verkäuferin des Diskounters über die Bahn reden, sondern einfach nur das Ticket.

Auf Facebook entwickelte sich innerhalb von kürzester Zeit ein kleiner Shitstorm. Meiner Meinung nach zu Recht. Wer auf Facebook geht und nicht damit rechnet, dass dort mit einem kommuniziert wird, der hat es nicht anders verdient. Die Bahn bzw. die Agentur schaffte es nach einiger Zeit, die Geschichte einigermaßen in geregelte Bahnen zu lenken und sich am Ende immer mehr darauf zu berufen, dass doch sensationell viele Tickets verkauft worden seien (womit so oder so zu rechnen war), ein bitterer Nachgeschmack ist doch geblieben.

Wenigstens haben sie aus ihren Fehlern gelernt und vor dem Start ihres Twitter-Accounts "@db_bahn" ein Team eingekauft, das die für den Account zuständigen Mitarbeiter im Vorhinein geschult hat. Warum der Twitter-Kanal der Bahn allerdings gerade am Wochenende nicht erreichbar ist, ist unverständlich. Das solle aber in nächster Zeit geändert werden, wie man hört. Nichts destotrotz: Der Twitter-Kanal der Bahn funktioniert. Wohl auch, weil man sich an @telekom_hilft, dem Twitter-Account der Deutschen Telekom, über den aktiv Support geleistet wird, orientiert und das Konzept "abgeschaut" hat.

3. MANUALS

Das Kapitel der Manuals ist in drei Abschnitte mit jeweils vier Anleitungen gegliedert und spannt den Bogen vom Aufbau eigener Informationsarchitekturen über das Bespielen mit eigenen Inhalten bis hin zum verantwortungsvollen Management der aufgebauten Strukturen.

Inhaltsverzeichnis [Verbergen]

Die ersten vier Beiträge widmen sich der Etablierung einer partizipativen Informationsarchitektur, dem Aufbau einer "Homebase", der Verantwortung als Gastgeber, dem Vernetzen des eigenen Kanals und der Integration von Homebase und Kanal in die Real-Life-Interaktion.

Die zweiten vier Beiträge behandeln das Produzieren von Inhalten, das Sichtbar-machen von Präsenz und Aktivitäten sowie die Verbreitung von Inhalten und Auseinandersetzungen.

Die abschließenden vier Beiträge beschäftigen sich mit Voraussetzungen für das verantwortungsvolle und souveräne Agieren im Netz und mit unseren Kontakten. Es geht um die Schnittstelle zu Journalist_innen, die eigene Orientierung, was so abgeht im Netz, um Datenschutz und die Wahrung von Privatsphären.

home blog

ZiGe TV You Tube

KATEGORIEN

AKTIONEN AUFKLÄRUNG DIALOG DOKUMENTATION
INFORMATIONSTÄTIGKEIT KAMPAGNEN MOBILISIERUNG PROTEST
SELBSTORGANISATION STRATEGIE TRANSPARENZ VERNETZUNG

MANUALS BLOCK I

STRUKTUREN UND KANÄLE

STARTER-KIT FÜR ALLES, WAS ES BRAUCHT

Die Social Media-Architektur-Basics

«Ein Protest, von dem niemand etwas erfährt, findet für die Öffentlichkeit nicht statt.»
John Ashborn

Warum mit Social Media anfangen und wie? Unabhängig davon, ob ein Protest, eine Bewegung, eine Kampagne #130 spontan oder geplant entsteht, ob eine zivilgesellschaftliche Organisation auf ehrenamtliches Engagement angewiesen ist oder sich professionelle NGO-Arbeit leisten kann: eigentlich immer ist es unerlässlich, schnell und flexibel Informationen mit den Teilnehmer_innen oder Mitgliedern und mit der Öffentlichkeit austauschen zu können. Das Social Web bietet eine Vielzahl an Tools und Möglichkeiten für diesen Zweck. Doch bevor wir anfangen, wahllos Informationsfragmente zu verbreiten, sollten wir uns über die aktuelle Situation bewusst werden und dann beginnen, ein unabhängiges Informationsnetzwerk aufzubauen. Und bevor du mit dem Fundament deiner Social Media #009 -Architektur loslegst, lass uns einige Erfolgsfaktoren für das Auftreten im Social Web zusammenfassen.

ARBEITE AN TRANSPARENZ, SIE PASSIERT NICHT VON SELBST

Wenn man etwas in der Gesellschaft verändern möchte, darf man das weder hinter verschlossenen Türen tun noch alleine. Transparenz ist im politischen Feld und im Non-Profit-Bereich erheblich wichtiger als in der Privatwirtschaft, weil das System verändert werden soll und nicht nur die eigenen Beziehungen. Transparenz ist einer der wichtigsten Erfolgsfaktoren im Feld von Social Media.

1. Menschen werden misstrauisch, wenn sie nicht verstehen, was eine Organisation oder Bewegung plant und was sie macht. Dann kommt es schnell zur Wahrnehmung abgehobener innerer Zirkel, undemokratischer Verhältnisse oder zu anderen schrägen Anschuldungen. Stichwort Verschwörung.

2. Mit jeder weiteren Person, die sich der Organisation anschließt oder irgendwo mitarbeitet, erhöht sich das Risiko, dass Informationen nach außen dringen, die möglicherweise nicht dazu gedacht waren. In Zeiten von Twitter, Facebook und Wikileaks geht das schneller, als es vielen lieb ist. Dies sollte mensch nicht bekämpfen, sondern für den Protest, die Organisation, das Anliegen nutzen.

3. Wenn du von außen nicht erfahren kannst, was in einer Bewegung passiert, ist es unwahrscheinlich, dass sich weitere Menschen anschließen. Oft wissen wir von außen gar nicht, dass wir gebraucht werden oder warum wir uns beteiligen sollten.

SEI KRITIKFÄHIG, AUTHENTISCH, MENSCHLICH

Wir sind alle Menschen, wir alle machen Fehler. Persönlichkeiten mit immer lächelnden Masken sind uns suspekt. Wenn wir Fehler gemacht haben, sollten wir offen damit umgehen und nicht versuchen, sie zu verheimlichen oder umzudichten. Sobald du versuchst, Dinge schön zu reden, und dies kommt heraus, verlierst du an Glaubwürdigkeit. Du versuchst die Welt zu verändern, Geheimniskrämerei und Lügen funktionieren hier nicht. Angenommen, es ist etwas schlecht gelaufen und du wirst darauf hingewiesen. In dem Fall ist es empfehlenswert, sich im Kanal, wo der Fehler passiert ist, damit auseinanderzusetzen. Eine Erklärung wird gut ankommen, wie es dazu gekommen ist, und eine Entschuldigung, falls der Fehler selbstverschuldet war oder verhindert werden hätte können. Leere Floskeln wie *«Wird in Zukunft nicht mehr passieren»* helfen nicht weiter. Werden Maßnahmen getroffen, um ähnliche Fehler in Zukunft nicht mehr passieren zu lassen, sollten diese Maßnahmen angegeben werden. Auf Kritik solltest du offen eingehen und sie nicht ignorieren. Dabei gilt allerdings auch: verbring nicht zu viel Zeit mit Diskussionen, die schon einmal geführt wurden. Verweise auf die schon geführten. Falls es die Art deiner Organisation zulässt, ist es empfehlenswert als Einzelperson der Organisation und nicht als Organisation selbst aufzutreten und dies auch konsequent auf den unterschiedlichen Kanälen zu machen. Dadurch können sich andere besser in deine Lage versetzen und ihre eigene Position zu dir klarer feststellen. Diskussionen um eine Person sind zulässig, sollten aber nicht das eigentliche Thema überschatten. Wichtig ist, sich nicht auf persönliche Beleidigungen einzulassen. Wir könnten auch sagen: Sei du selbst als Person, pass aber auf, nicht persönlich zu werden!

SCHICKS GLEICH RAUS, BEVOR ES KEINE INFORMATION MEHR IST

Du bist bei der Entstehung neuer Informationen beteiligt (Ziele, Aktionen, Bündnisse, Probleme, Erfolge, ...). Dies solltest du nutzen, um die eigenen Kanäle zu stärken, indem du Informationen vor anderen verbreitest. Bekommen andere Informationen bei dir zu einem frühen Zeitpunkt, kommen Interessierte immer wieder und verbreiten deine Informationen und geben dich und deinen eigenen Kanal als Informationsquelle weiter. Sind deine Kanäle etabliert, hast du weitere Vorteile, was die Geschwindigkeit der Informationsverbreitung betrifft. Lies dir den Beitrag von Andreas und Porrporr dazu gut durch, dort findest du das genau erklärt. Die politischen Gegner_innen haben umso eher einen trägeren Apparat, was verhindert, dass sie schnell agieren können. Sind wir geschickt, können wir so zum Beispiel auf Zeitungsartikel reagieren, bevor sie erscheinen. Geschwindigkeit in der Informationsübermittlung ist auch für die interne Organisation wichtig. Eine Organisation kommt mit flacheren Hierarchien aus, wenn jeder Teil der Bewegung mit jedem anderen schnell und ohne Umwege kommunizieren kann. Das hilft, räumliche Distanzen zu überwinden und Entscheidungsprozesse besser vorzubereiten. Die Rede ist von einer netzwerkartigen Kommunikation, wie es etwa über ein Wiki #178 oder andere digitale Kanäle möglich ist. Aber auch ein Infoteam(tisch), das Informationen innerhalb der Organisation verteilt, kann eine solche Aufgabe übernehmen.

UNTERSUCHE, IN WELCHER LANDSCHAFT DU BAUEN MÖCHTEST

Bevor wir loslegen, sollten wir uns informieren, welche Strukturen und Kanäle es im Umfeld schon gibt. Vielleicht hat jemand schon das eine oder andere eingerichtet. Mit diesen Leuten solltest du dich zusammensetzen und absprechen. Medienarchitektur und Kanäle von befreundeten Organisationen kannst du zu diesem Zeitpunkt schon sammeln und begutachten. Bespiele diese Kanäle allerdings noch nicht, bevor nicht die eigene zentrale Anlaufstation geschaffen ist: deine "Homebase". Ansonsten verlierst du Menschen, die sich für das Thema, die Informationen, oder deine Organisation interessieren, aber noch keinen Anschluss an dich finden.

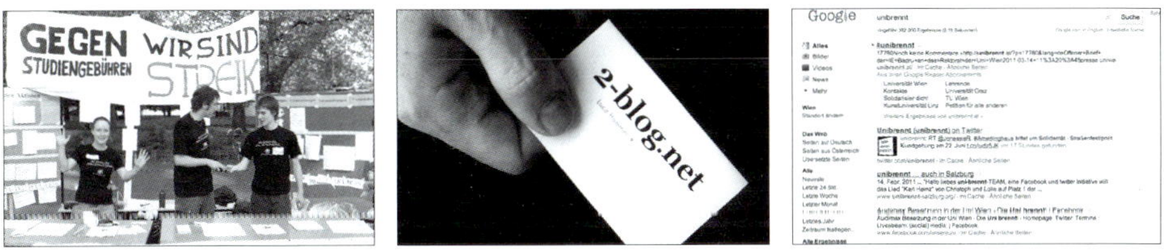

You're @ home, baby!

1. *Die zentrale Anlaufstelle ist das A und O für die leistungsfähige Informationsarchitektur. Das ist zum Beispiel so wie hier 2005 bei Studierendenprotesten in Stuttgart ein übersichtlicher, mit Infomaterialien bestückter und gut betreuter Infotisch. (Foto thx 2 Simon Müller)* 2. *Im Netz wird deine zentrale Anlaufstelle eine Website sein, eure Homepage, euer Infotisch mit Materialien, übersichtlicher Struktur und guter Betreuung. Eure Visitenkarte.* 3. *Zentral ist eure Anlaufstelle "Homepage" im Netz dann, wenn sie gut und leicht gefunden wird. Und noch besser, wenn all eure Social Media-Accounts gut und leicht gefunden werden.*

Womit nun anfangen? Setzt du alles auf einen Kanal, etwa eine Website, wird diese zum Flaschenhals für Informationen. Durch gezielte Angriffe könnte dieser geschwächt werden. Manchmal reicht schon eine E-Mail mit dem Hinweis auf rechtswidrige Inhalte an den Hoster aus, um die Website oder das Blog temporär sperren zu lassen. Oder es kommt jemand auf die Idee, eine Facebook-Seite mit dem Namen eurer Organisation oder Bewegung zu erstellen und über diese falsche Informationen zu verbreiten. Bau deine Social Media-Architektur nicht auf einen einzelnen Kanal auf. Es wird für andere sonst einfacher, Fakes zu erstellen, die vorgeben, die echte Website der Organisation zu sein. Wird so ein Fake nur durch eine weitere Stelle anerkannt, passiert es schnell einmal, dass die falsche Website in die Medien kommen. Dergleichen Angriffe müssen nicht einmal von außen, von den sogenannten Sockenpuppen kommen. Viel eher war schon jemand aus dem Umfeld deiner Organisation ungeduldig oder unzufrieden. Wenn du alle Kanäle bespielen willst, sie aber nicht stark genug vernetzt, müsstest du immer überall alle Informationen am aktuellsten Stand halten. Du könntest dann nicht davon profitieren, dass du die eigenen Kanäle gegenseitig authentifiziert. Sobald die diversen Kanäle eingerichtet sind: kommuniziere klar, wo es welche Informationen gibt und auf welchen unterschiedlichen Kanälen wichtige Dinge als Verlinkungen veröffentlicht werden. Nicht alle Informationen müssen über alle Kanäle gespielt werden. Es sollte aber eine zentrale Anlaufstelle geben, über die mensch alle Kanäle leicht finden kann. Hier müssen unsere wichtigsten Informationen zusammenlaufen. Und als solche Zentrale und Homebase bietet sich immer noch eine Website an, da diese am flexibelsten ist. Bedenke aber, sobald deine Homebase steht, welche Ausweichmöglichkeiten du hast, sollte deine Homebase einmal ausfallen. Je mehr Anknüpfungspunkte es gibt, desto einfacher ist es, umzusteigen. Sobald es Anzeichen auf einen Angriff gibt, kommuniziere, wo es weitergeht, falls deine Homebase für den Moment nicht mehr erreichbar ist.

WIE LEGEN WIR DIE FUNDAMENTE UND WAS HAT ZEIT FÜR SPÄTER?

Eine eigene Domain wie www.unserebewegung.org wirkt professionell, die Einrichtung kann jedoch Schwierigkeiten machen, wenn mensch sich nicht damit auskennt. Jemand muss die Domain mit seinem oder ihren eigenem Namen registrieren und du brauchst Webspace dazu, idealerweise mit einer Datenbank. Auf lange Sicht ist das der beste Weg, für die ersten Stunden der Selbstorganisation aber vielleicht zu komplex. Es empfiehlt sich, einen kostenlosen Dienst zu nutzen, der innerhalb von Sekunden eingerichtet ist und über den du sofort Informationen verbreiten kannst. Das funktioniert heutzutage einfacher und schneller als das Einrichten einer E-Mail-Adresse. Sehr gut eignen sich Blogsysteme. Die Struktur von Blogsystemen ist vorteilhaft, weil sie einerseits statische Seiten anbieten, die du mit allgemeinen und grundlegenden Informationen befüllst. Gleichzeitig und auf der anderen Seite bieten Blogs #335 das dynamische Element der chronologischen Beiträge, wodurch die jeweils aktuellste Information ganz oben angezeigt wird. Zudem ist ein Blogsystem von Beginn an mit Feeds #237 ausgestattet, die zum Bespielen deiner weiteren Kanäle genutzt werden können und es Leuten ermöglichen, alle Beiträge zu abonnieren.

Die eigene Website bietet die größte Freiheit. Hier können ohne Begrenzung Informationen jeglicher Art veröffentlicht werden. Je nach technischem Know-How lassen sich Unterstützerlisten, Petitionen und mehr realisieren. Auf jeden Fall sollte die Website auf ein bestehendes OpenSource #248 Content Management System (CMS) wie WordPress oder Typo3 aufsetzen. Für diese Systeme gibt es meist eine Vielzahl von Erweiterungen, womit die Website den Bedürfnissen angepasst werden kann. So wichtig Aussehen und Funktionsweise der Website sind, sollte mensch sich auf die Kernaufgaben konzentrieren: Informationen veröffentlichen und mit Interessierten in Kontakt treten. Mit der Zeit können wir die Website immer weiterentwickeln und verbessern. Zumindest ein Teil deiner Website sollte allen offenstehen. Idealerweise können sich Interessierte selbst anmelden, Benutzerkonten einrichten, alles kommentieren und vielleicht sogar Gastbeiträge veröffentlichen. Natürlich können diese auch per E-Mail an eine zuständige Person geschickt werden, was du umgekehrt deutlich machen und bewerben müsstest.

Für Besucher_innen der Website muss klar erkenntlich sein, welche Informationen von wem veröffentlicht wurden und ob es Abstufungen im Charakter der Informationen gibt, etwa "offizielleren" Charakter habende Beschlüsse der Organisation, schnelle Kurzinfos, persönliche Betrachtungen oder eben Gastkommentare.

AUSBAU DER MEDIENKANÄLE UND SOCIAL MEDIA-ARCHITEKTUR

Ist die Homebase eingerichtet, geht es an den Ausbau der weiteren Architektur. Den Namen deiner Organisation auf Twitter, Facebook, YouTube und Co. solltest du spätestens jetzt registrieren. Jetzt geht es um das Bespielen und Einbinden der anderen Dienste in das Gesamtkonzept. Nicht alle Accounts müssen bespielt werden. Was genutzt wird, sollte aufgrund deiner Zielgruppe und deren, sowie deinen, Kommunikationsbedürfnissen ausgewählt werden. Was allgemein nutzen? Zuerst, schon auf Grund der Bekanntheit: Facebook #094 . Diese weltweite Plattform ist manchmal schon das Internet im Internet. Hier kannst du von Texten über Fotos und Videos bis hin zu Links alles veröffentlichen. Der Vorteil der Plattform ist die große Anzahl an Nutzer_innen quer durch alle Alters- und Interessengruppen. Es ist bereits eine Art von Kontaktverwaltung und ein bedeutsamer Distributionsapparat. Diesen Apparat solltest du daher auch zum Verteilen deiner Informationen nutzen und mit den Mitgliedern und Sympathisant_innen deiner Organisation gemeinsam ein Netzwerk bilden, das Einfluss geltend macht. Eine Frage der Medienarchitektur wird dann lauten, eine Facebook-Fanseite (page) oder eine Gruppe (group) anzulegen? Du hast beide Optionen und während beide ihre Vor- und Nachteile haben, empfiehlt es sich, mit einer Fanseite anzufangen. Auf längere Sicht sind Gruppen eher für die interne Organisation und spezifischere Projekte deiner Organisation geeignet. Die Facebook-Fanseite ist dein Knotenpunkt auf Facebook. Hier setzt du die Links zu den Beiträgen auf der Website und leitest Interessierte damit zu deinem digitalen Infotisch.

DEINE WEBSITE BINNEN MINUTEN ONLINE

Plattformen wie wordpress.com, tumblr.com und blogger.com sind kostenlos, deine Website ist in Minuten eingerichtet und erfüllt alle Anforderungen, um die ersten Informationen online zu stellen. Die einzelnen Schritte sind mit der Einrichtung eines Gratis-E-Mail-Accounts samt dem sofortigen Versenden deiner ersten E-Mail vergleichbar. Der Unterschied ist, dass das Blog einrichten noch schneller geht. Du eröffnest ein Benutzerkonto auf der Plattform deiner Wahl, legst das Blog unter einer der noch frei zur Verfügung stehenden Webadressen an, bestätigst das automatisch generierte E-Mail zur Kontrolle der Aktivierung und stellst die ersten Informationen online. Diese Schritte sind in einem Aufwasch leicht zu erledigen und schon steht der "Infotisch im Web". Das wichtigste dabei: die Website kann verlinkt werden und wird für Interessierte zur Anlaufstation und Informationsquelle. Darüber hinaus kann die Website, allein weil es sich um ein Blog handelt, von Beginn an abonniert werden, so dass Abonnent_innen von neuen Einträgen automatisch benachrichtigt werden. Die notwendigen Schritte für das Publizieren eines neuen Eintrags ähneln den Schritten zum Versenden eines E-Mails. Statt "neues E-Mail" klickst du "neuen Artikel", statt einer Betreffzeile füllst du das Feld für den Titel aus und dort, wo dein E-Mail-Text stehen würde, schreibst du den Blogartikel. Die Information ist draußen wie beim E-Mail-Verteiler #350 , steht jetzt dokumentiert im Blog, kann verlinkt, zitiert, kommentiert und weiterverbreitet werden. Es gibt auch eine andere Möglichkeit, schnell eine zentrale Anlaufstelle im Web einzurichten, falls es kein Blog sein soll, aber diverse Social Media-Plattformen vielleicht schon genutzt werden. Dienste wie flavours.me, about.me oder central.ly funktionieren als digitale Visitenkarte, über die alle relevanten Kanäle verknüpft werden können. Diese Visitenkarte kann immer angegeben werden, um es Leuten zu erleichtern, der Bewegung zu folgen.

IM STIMMGEWIRR DER BREAKING-NEWS-BÖRSE ANDOCKEN

Neben Facebook spielt Twitter #166 eine gewichtige Rolle für die Kommunikation. Allerdings ist die Hürde für Einsteiger_innen höher: 140 Zeichen für eine Nachricht inklusive Links und nachdem du ein Konto eingerichtet hast, bist du erst einmal komplett alleine. Dennoch ist es eines der mächtigsten Tools, die das Social Web bietet, um schnell Informationen an viele Menschen zu verbreiten. Sobald ein Account angelegt ist, solltest du ihn auf deiner Website angeben. Damit wird der Account offiziell und andere können darauf verweisen, wenn Fakes auftauchen. 140 Zeichen zwingen zu einer verdichteten Kommunikation, belohnen dafür mit einem Publikum im Geschwindigkeitsrausch, das zu einem wichtigen Multiplikator für deine Nachrichten werden kann. Für den Umgang mit diesem Kanal gibt es nur wenige Regeln. Je mehr Informationen, desto besser. Alle Infos sollten prägnant sein und in einen Tweet, also in die 140-Zeichenbeschränkung passen. Ansonsten veröffentliche Infos in deinem Blog, auf der Website oder anderswo und schick einen Tweet mit Verlinkung dorthin aus. Überlege dir zusätzlich einen Hashtag #158, den andere für die Kommunikation über die Bewegung nutzen können. Wichtig ist, interessanten anderen Twitterern zu folgen. Vor allem all jenen, die auch bei der Bewegung, Teil der Organisation oder des zivilgesellschaftlichen Feldes sind. Darüber hinaus achte mit der Zeit auf Multiplikator_innen, also vor allem Journalist_innen, die Twitter nutzen. Somit schaffst du ein Informationsnetzwerk. Dazu muss freilich auf Replys eingegangen werden, die direkt an deinen Account adressierten Fragen, Nachrichten und Informationen. Die Relevanz deines Twitter-Kanals erhöhst du schrittweise, in dem du dialogisch kommunizierst, interessante Nachrichten anderer weiterleitest und nicht einfach nur "oneway" sendest. Wenn sich dein Twitter-Kanal so im Stimmgewirr als kompetent etabliert, werden andere deine Informationen und damit auch die Bewertung deines Kanals als relevante Quelle über ihre Kanäle weiterleiten.

MEDIENDATENBANKEN FÜR BILD, TON, VIDEO UND DOKUMENTE

Text ist wichtig, Bilder sind mächtig. Unterschätze nie die Bedeutung von Bildern und Videos; für die Evidenz, dass hier etwas passiert, für die Identifikation deiner Zielgruppe, auch für die Weiterleitung deiner Informationen und für das geteilte Gefühl, eine Bewegung zu sein. Bilder kannst du auf deine Website und auf Facebook stellen, über Twitter versenden, aber auch ganz gut auf einer Plattform für Online Fotoalben #149 hochladen, in Alben organisieren und von dort aus im Blog einbetten sowie über alle Kanäle verlinken. Ein Benutzerkonto bei einem Dienst wie flickr.com lässt sich zudem gut von mehreren Personen in Zusammenarbeit bespielen. In der Praxis bietet sich oft eine Arbeitsteilung zwischen denen an, die Texte produzieren und online stellen, und anderen, die sich um gute Bilder, um Videos oder auch die Dialoge auf Facebook und Twitter kümmern. Wenn die Login-Daten für die Bilder-Datenbank der Bewegung mehreren Personen aus der Organisation bekannt sind und alle immer wieder Fotos von Aktionen und Veranstaltungen hochladen, können andere die Bilder in Aussendungen einbauen und wieder andere via Twitter und Facebook verbreiten. Flickr ermöglicht zudem Gruppenpools für mehrere Flickr-Nutzer_innen zu gründen, sodass viele Fotograf_innen aus verschiedenen Ländern etwa zur Online-Präsenz des *«European Mayday»* beitragen oder ihre Fotos in den *«Critical Mass»*-Pool einspeisen. So entsteht das gemeinsame große Fotoalbum einer ganzen Bewegung.

Für bewegte Bilder gibt es ebenfalls mehrere Plattformen, auf denen Benutzerkonten eingerichtet und dann Videos hochgeladen, verwaltet, geteilt und in Blogs und auf Facebook eingebettet werden können. Am bekanntesten ist YouTube #201. Da es heute schon für alle sehr einfach ist, mit Digitalkameras und gar nur mit Smart-Phones kleine Clips zu drehen, die dann direkt auf YouTube hochgeladen werden können, ist die Arbeit mit Videos kein großes Problem mehr. Die Königsdisziplin der Transparenz ist der Live-Stream #041 . Gibt es eine interessante Podiumsdiskussion, eine Demonstration, Aktion oder gar Besetzungen wie im Fall der unibrennt Bewegung, also Ereignisse mit Interesse für eine gewisse Öffentlichkeit, so bietet sich ein Live-Stream an. Es reicht dafür ein Laptop mit Internetanbindung, eine Webcam und ein kostenloser Account etwa bei der Plattform ustream.com. Mit dem Live-Stream signalisierst du vor allem Aktivität, Offenheit, gesellschaftliche Verantwortung und Souveränität. Das macht neugierig und bringt deiner Organisation Interessent_innen.

#149 Foto-Alben in der Cloud und Ströme von Bildern

Flickr.com ist die größte und populärste Web 2.0-Plattform zum Speichern, Verwalten und Teilen von Bilddateien im weltweiten Web. Der Name leitet sich von *«etwas flüchtig durchblättern»* ab, was allgemein ganz gut beschreibt, wie wir heute dank Social Media im Internet durch Unmengen von Bilderbeständen blättern, scrollen und klicken können. Foto-Alben auf Facebook, flickr oder Picasa. Bilder-Streams via Twitter, Blogs und den Pinnwänden von Facebook. Bilder als Schnappschüsse via Smart-Phone, als hochaufgelöste Fotos oder als Diagramme, Karikaturen und Photoshop-Arbeiten. Plattformen wie flickr eignen sich dazu, Bilder in Alben, Sammlungen und Galerien zu organisieren. Ähnlich wie Videos bei YouTube, können Bilder auf flickr mit Kategorien getagged, kommentiert und gefaved werden (als Favorit markiert). Alben lassen sich auch als Diashows abspielen und natürlich kannst du auf flickr hochgeladene Bilder in Blogeinträge einbetten, in Facebook einspielen oder via Twitter verlinken. Der Vorteil von flickr ist dabei nicht zuletzt, dass ein übersichtliches Fotoarchiv einer Person, Organisation oder Bewegung aufgebaut werden kann – beziehungsweise mit der Zeit ensteht –, das Zeugnis von Veranstaltungen, Aktionen, Personen, Geschehnissen und Aktivitäten gibt; also eine bildhaft vermittelte Dokumentation von gesellschaftlichen Auseinandersetzungen.

Neben den Plattformen zur Verwaltung von Bilddatenbanken gibt es immer mehr Dienste, die eine alltägliche Verbreitung von Bildern einfach machen. Anwendungen steuern nicht nur das Hochladen von mit dem Smart-Phone gemachten Schnappschüssen, sondern integrieren die Fotos auch automatisch in alle weiteren ausgewählten Social Media-Plattformen. Über diesen Weg erreichen Bilder von Demonstrationen, Konferenzen, Versammlungen, Streiks und Übergriffen Öffentlichkeiten. Diese Massen an Bildern im Web bedeuten nicht nur "Bilderflut", sondern bringen vor allem eine Demokratisierung unserer kollektiven Bildwelten mit sich. Fotos werden von überall auf der Welt hochgeladen und erodieren den fast alleinigen Einfluss, den Massenmedien und Werbung auf unsere gängigen Bilderwelten haben. Und was an Bildern einmal in der Cloud gespeichert ist, kann weiterverbreitet und kommentiert werden. Die Vergabe von creative commons Bildrechten, also zum Gemeinwohl, erleichtert darüber hinaus das Einbetten und weitere Verarbeiten von Bildern.

Dies alles sind nun nur die wichtigsten Kanäle, die sich nutzen lassen. Je nach Zielgruppe, Themenbereich deiner Organisation oder Stoßrichung der Bewegung gibt es noch viele andere. Was es da noch alles zu entdecken gibt, was gerade neue, interessante und frequentierte Plattformen mit Mehrwert sind und wie man sie nutzen kann, das muss mensch erstens selber und zweitens immer wieder aufs Neue herausfinden. Wenn du aber in die Social Media Welt eingestiegen bist, ergeben sich solche Optionen und natürlich hilft es, mit den Menschen deiner Umgebung und Zielgruppe sowie mit Multiplikator_innen zu reden, was sie privat oder in anderen Zusammenhängen nutzen.

ZUSAMMENFASSUNG

Um zu politischen Aktivitäten und Aktionen mobilisieren zu können, – und erst recht um in dringlichen Situationen schnell, organisiert und effektiv mobilisieren zu können, – muss in vorausschauender Aufbauarbeit eine Informations- und Kommunikationsstruktur aufgebaut und etabliert werden. Zu dem Feld, in dem du tätig bist, sollte dein digitaler Infotisch übersichtlich alle wichtigen Informationen aufgeführt haben. Als Aktivist_in oder Organisation gilt es, die eigene Position als glaubwürdigen und relevanten Informationsknotenpunkt zu etablieren und damit Netzwerkknotenpunkt in einer wachsenden Menge Interessierter zu werden.

- Nutze bestehende Kanäle und baue eine Website als Homebase auf.
- Mach dein Informationsnetzwerk ausfallsicher.
- Tritt als Person auf, sei transparent und ehrlich.

- Verliere dich nicht in der Planung.
- Ignoriere die Hilfe von anderen nicht und beleidige niemanden #257.
- Lass dir die Logindaten nicht klauen.

Website, Blog, Facebook, Twitter, Flickr, YouTube, Live-Stream, Homepage, Feeds, Social Media, Information, Transparenz, Erfolgsfaktoren, Organisation, soziale Bewegung, Visitenkarte, Fake, Plattform, Dialog, Souveränität

KOMMENTARE

***Florian Engel** sagt:* *more-onion.at*

Danke, Luca. Das ist eine sehr gute Einführung.

Zum Thema Content Management Systeme würde ich auch noch Drupal empfehlen. Wer sich technisch nicht gut auskennt, kann auch sehr billig selbst eine Drupal Gardens Webseite basteln. Drupal ist für Online Advocacy mit Abstand das beste und flexibelste CMS und es gibt auch jede Menge Features "out of the box". Der große Unterschied ist allerdings, dass es sich nachher von technisch versierten Leuten noch ausbauen lässt in nahezu alle Richtungen.

AUSZUG AUS DEM NETZKNIGGE

Tipps für den verantwortungsvollen und souveränen Auftritt von Dummies für Dummies

«Alles in Ordnung, setz dich, nimm dir ein Keks, mach es dir schön bequem ...»
Volksfront von Judäa. Oder Judäische Volksfront. Die populäre Front?

Wenn wir unser Starter-Kit online gebracht haben und loslegen können, eigentlich schon unseren Kanal bespielen und uns zu vernetzen beginnen, bleibt manchmal dennoch die Sorge, dass wir irgendwo in ein Fettnäpfchen treten könnten, uns in irgendeiner Weise ungeschickt anstellen oder in ein *«absolutes NO-GO»* stolpern. Mit einem neuen Webauftritt ist das immerhin ein gutes Stück Neuland, in das wir hier vorstoßen. Selbst wenn wir gut vorbereitet sind – und das sind wir –, müssen wir uns viele Nuancen erst erarbeiten. Wir müssen manche Fehler erst machen, um dank der Folgen wirklich zu verstehen, warum das so und nicht so gemacht wird. Wir müssen unseren Stil finden, wollen souverän und stilvoll agieren. Nicht nur in eigenem Interesse, sondern auch für die anderen, mit denen wir kommunizieren. Hier findest du einige Tipps, Tricks, Anleitungen und Empfehlungen dazu, was "noch" wichtig sein könnte für deinen Webauftritt, nämlich abseits der eigentlichen Inhalte und der laufenden Kommunikation.

OFFENGELEGT, WER HIER VERANTWORTLICH IST

Ob klassische Website oder ein dynamisches Blog: wer online geht, übernimmt Verantwortung. Du hast ein Angebot ins Netz gestellt, eine Einladung für andere, sich anzuschauen, wofür du dich engagierst. Es ist ein Angebot, die Arbeit deiner Organisation zu verfolgen, sich über die Forderungen einer Bewegung zu informieren, Kontakt aufzunehmen zwecks Beratung oder möglicherweise auch, um mitzuarbeiten. Für dieses Angebot bist du auf mehreren Ebenen verantwortlich, wie ein_e Gastgeber_in für eine Veranstaltung: für die inhaltliche Ebene des Programms, für die Einladung, die Sichtbarkeit und Klarheit des Angebots, für die Betreuung und den Dialog. Du bist Ansprechpartner_in, wenn jemand etwas braucht. Die inhaltliche Ebene soll hier nicht besprochen werden, hier geht es zuerst um deine Pflichten als souveräne_r Gastgeber_in. Es beginnt damit, dass eindeutig und sichtbar offengelegt wird, wer hier wofür verantwortlich und, im Falle des Falles, über welchen Weg kontaktierbar ist. Wir erledigen also das, was oft und gerne Impressum genannt wird und von Print-Publikationen nur zu bekannt ist. Es geht hiermit auch um einige Formalerfordernisse, die aus rechtlichen Gründen erfüllt sein sollten. Als Website- und Blogbetreiber_in unterliegst du beziehungsweise die Organisation, für die du Inhalte veröffentlichst, bestimmten Informationspflichten. In Österreich ist das genau formuliert: die Pflicht zur *«Offenlegung gemäß § 25 Mediengesetz»*. Ob "Impressum" oder "Offenlegung", beide verfolgen denselben Zweck. Es geht um die Angabe der hinter den veröffentlichten Inhalten stehenden Organisationen und Personen und darum, dass diese kontaktiert werden können. Im Falle des Falles wird dadurch ermöglicht, dass von der Berichterstattung Betroffene sich mit allfälligen Richtigstellungen und Ansprüchen an die verantwortlichen Personen wenden können. Neben diesem rechtlich relevanten Hintergrund geht es auch um Transparenz, Klarheit und die Ansprechbarkeit.

Welche Form der Bereitstellung dieser Informationen – Impressum oder Offenlegung – ist für unsere Website oder deinen Blog die richtige? Die Antwort hängt vom nationalen Recht und von der Art der Tätigkeiten beziehungsweise Dienste ab, die über eine Webpräsenz abgewickelt werden. Handelt es sich um einen *«im weitesten Sinne kommerziellen Dienst»*, bedarf es in Österreich eines Impressums nach § 5 E-Commerce-Gesetz. Das gilt übrigens auch für E-Mail-Newsletter #350, egal ob mit kommerziellem Hintergrund oder nicht. In Deutschland wird keine "Offenlegung" sondern eine Anbieterkennzeichnung verlangt. Im Kontext nicht-kommerzieller Webauftritte, also in unserem Feld des Aktivismus und der sozialen Bewegungen #130, sind die Anforderungen nicht so umfangreich und streng wie für kommerzielle Angebote. Womit wir jedenfalls gut fahren und was sowieso schon die Höflichkeit gebieten würde, ist eine Kontaktseite mit mindestens: (1) dem Namen des Medieninhabers oder der Medieninhaberin, (2) der Angabe einer für den Inhalt verantwortlichen natürlichen Person mit Namen, (3) dem Ort (die Angabe der Gemeinde ist eigentlich ausreichend), (4) einer E-Mail-Adresse für die elektronische Kontaktaufnahme und (5) einer Erklärung über die grundlegende Richtung des Mediums. Ob du diese Informationen auf einer Seite des Namens "Kontakt", "Impressum" oder "Über" platzierst, ist relativ egal. Die Seite sollte nur gut auffindbar sein und nicht knifflig versteckt. Sie kann und soll weitere Informationen enthalten, diese Daten sollten aber jedenfalls klar erkennbar sein und am besten unter der Überschrift *«Anbieterkennzeichnung»* oder *«Offenlegung»* stehen. Die E-Mail-Adresse kann zur Spam-Gegenmaßnahme per Bilddatei eingefügt sein oder es wird ein Kontaktformular angeboten. Diese Nuancen der Darstellung sind mehr oder weniger beliebig wählbar, wirklich wichtig ist, dass der E-Mail-Korb auch gelesen und E-Mails beantwortet werden. Viele profilierte Stars in der Social Media #009-Welt, die gerne und überall von der Bedeutung des Dialogs sprechen, lassen genau hier aus und ziehen sich darauf zurück, dass sie ja auch über Twitter kontaktierbar gewesen wären. Lass uns so gar nicht erst anfangen. E-Mails werden beantwortet. Immer.

OFFENGELEGT, WORUM ES GEHT

Wer auf deiner Seite landet, ist daran interessiert zu erfahren, worum es hier geht und warum es diese Seite oder das Blog überhaupt gibt. Das Leitbild sollte gebündelt an zentraler Stelle stehen. Die Balance zwischen nüchtern und motivierend ist perfekt – gerade im Kontext politischer Arbeit – und gibt unseren Angeboten im Web einen Rahmen, der "virtuelle Welt" und "Real Life" verbindet. Unter dem zentralen Leitbild folgt manchmal eine Kurzvorstellung der Organisation oder von uns Blogger_innen. Außerdem kannst du hier klarmachen, was die Aufgaben und Leistungen deiner Organisation sind, in welchem weiteren Feld diese Auseinandersetzung angesiedelt ist, welche Geschichte uns hierher geführt hat. Anders als bei den rechtlichen Formalerfordernissen der Kontaktdaten geht es hier um Kontextualisierung. Und diese Standortbestimmung und Leitbildfunktion ist beiläufig gesagt nicht nur fur Leser_innen gedacht. Was wir in einem Leitbild festmachen, das hat auch mit Selbstreflexion und Identität zu tun. Aber Achtung: das heißt nicht, dass hier Romane geschrieben werden wollen. Knapp, klar und selbstbewusst. Und wenn dir (oder euch) dieses Medium liegt, warum nicht als eingebettetes Video.

Während das "Mission Statement" nicht nur dazu da ist, *«damit du dich auskennst, liebe_r Besucher_in»*, sondern als Leitbild auch nach innen wirken kann, ist die Erklärung, wie das hier gehandhabt wird, nur für die Besucher_innen. Die wissen nämlich nicht automatisch, ob es hier nur um One-Way-Kommunikation geht, ob der Webauftritt mehr Dokumentations- und Archivcharakter hat, ob das hier auch als Einladung zum Dialog gemeint und kommentieren erwünscht ist, oder ob möglicherweise sogar eingeladen wird, Gastbeiträge einzuschicken, mitzuarbeiten und an Treffen, Veranstaltungen, Entscheidungen teilzuhaben. Wird ein Twitter-Kanal zum Beispiel nur für Aussendungen verwendet, so ist das zwar nicht die diskursive Nutzung, für die Twitter #166 so beliebt ist. Wenn das allerdings klargestellt ist, und wenn transparent kommuniziert wird, dass für die dialogische Kommunikation das Blog verwendet werden soll, dann ist das kein Problem. Wichtig ist, dass das Kommunikationsverhalten sowohl nachvollziehbar als auch antizipierbar ist und das Andocken und Interagieren leicht macht. Lade explizit dazu ein, die Kommentarfunktion zu benutzen und stell klar, wie Kommentare behandelt werden! Lade zu Veranstaltungen, ins Open House, zum Vernetzungstreffen, ins Betriebsratsbüro, zum Plenum ein und dokumentiere die Veranstaltungen! Lade zu Gastbeiträgen oder Kritik ein und schreib dazu, wo sich Interessierte zu diesem Behufe hinwenden sollen (und wohin nicht) und wie die weiteren Abläufe dann gehandhabt werden!

OFFENGELEGT, WIE DAS HIER GESPIELT WIRD

Wer eine Plattform für Diskussionen bietet, muss auch mit einem Widerstreit von Meinungen rechnen. Der Widerstreit kann möglicherweise in einen manifesten Konflikt ausarten. Es passiert gerade bei Online-Kommunikation nicht selten, dass über die Stränge dessen geschlagen wird, was eine positive Diskussionskultur üblicherweise ausmacht. Hier hilft die Abgrenzung, welcher Ton toleriert wird, wie mit Trollen #257 umgegangen wird. Besonders wichtig ist die differenzierte Abgrenzung von Inhalten anderer, wenn wir eine offene Diskussionsplattform anbieten und nicht laufend alle Wortmeldungen kontrollieren wollen. Du bietest auf deiner Seite eine Plattform für Information und Kommunikation, hältst dich an Transparenzkriterien und legst deine Verantwortlichkeit offen – dafür behältst du dir aber auch das Recht vor, Umgangsformen einzufordern. Um klarzustellen, wie der generelle Rahmen der Diskussionskultur aussieht, erklärst du als Gastgeber_in die hier gültige "Netiquette". Das ist übrigens die Stelle, wo du dich von beleidigenden, rassistischen, sexistischen oder in irgendeiner Form abwertenden Kommentaren distanzierst und die Seite, auf die du im Fall von Regelverletzungen verweist. Vergiss dabei nicht deine Facebook-Seite #094, auf der vielleicht mehr Kommentare eingehen. Mit all diesen jederzeit nachlesbaren Informationen sollten die Nutzer_innen deiner Seite wissen, welche Umgangsformen erwartet werden und was sie erwarten können, wenn sie am Austausch partizipieren und ihre Inhalte teilen wollen. An dieser Stelle finden wir auf manchen Websites und Blogs oft auch weitere Disclaimer. "Disclaimer" sind Haftungsausschlüsse. Allerdings handelt es sich dabei um eine heikle Angelegenheit. Disclaimer werden oft als Maßnahme zum Schutz vor rechtswidrigen Inhalten auf verlinkten Seiten oder in Postings von User_innen eingesetzt. Einen umfassenden Schutz in Form eines pauschalen Haftungsausschlusses gibt es aber nicht. Im Vergleich zu ihrem häufigen Gebrauch in der Praxis sind Disclaimer nur in wenigen Fällen sinnvoll und tragen wenig zur rechtlichen Absicherung bei. Dies gilt beispielsweise auch im Falle von Seiten, auf die du verlinkst und für die du dich nicht pauschal der "Linkhaftung" entziehen kannst – siehe die umfassende Aufarbeitung diesbezüglicher Gerichtsurteile unter dem Titel *«Das Märchen vom Link-Urteil»*.

OFFENGELEGT, WIE WIR MIT DATEN UND RECHTEN UMGEHEN

Im Netz immer ein Thema: wie gehen wir mit Daten und Rechten um, wie mit jenen der anderen, wie mit den eigenen. Mit einer Datenschutzerklärung legen wir offen, was auf unserer Seite mit Daten der Nutzer_innen passiert. Je nachdem, in welchem Feld wir uns bewegen, worum es bei uns geht, werden wir es mit mehr oder weniger ausgesetzten Zielgruppen zu tun haben. Aber auch wenn verschiedene Gruppen von Menschen mehr oder weniger Schutz benötigen, mit den Daten der anderen sowohl respektvoll als auch vorsichtig umzugehen, ist nie ein Fehler. Beispiele von Datenschutzerklärungen findest du zum Beispiel bei der Arbeiterkammer oder beim Kontrollausschluss, bei dem du dir auch viele andere Tipps und Tricks für Datensicherheit und -schutz holen kannst. Eine Einflussgröße, wie sehr eine Datenschutzerklärung angesagt wäre, wird durch Eingabemöglichkeiten auf deiner Website bestimmt. Wenn bei dir "nur" kommentiert werden kann, ist das etwas anderes als wenn du zum Beispiel Daten im Zuge von Kampagnen #130 mit Petitionen erhältst, die du in den Webauftritt integrierst. Noch heikler wird es, wenn du einen Community-Bereich, ein Forum oder gar einen geschützten "Intranet"-Bereich anbietest. Die Datenschutzerklärung wird jedenfalls das Vertrauen in deinen Onlineauftritt stärken. Lass die Leute wissen, was mit den Daten passiert, die sie von sich preisgeben. Geh sorgsam mit Daten um, nicht nur mit den persönlichen Daten, sondern auch mit Persönlichkeits- und Urheberrechten! Um Persönlichkeitsrechte anderer zu achten, brauchen wir eigentlich nichts "Besonderes" tun; außer ganz selbstverständlich respektvoll und höflich zu sein. Was allerdings manchmal schwierig sein kann, ist zu erahnen, wie andere ihre Persönlichkeitsrechte interpretieren. Gerade bei Bildern kann es da zu Auffassungsunterschieden und komplizierten Abwägungen kommen. Wenn du beispielsweise Bilder von einer Kundgebung online stellst, dann ist das rechtlich kein Problem, weil Teilnehmer_innen von Demonstrationen den Anspruch auf die Wahrung ihrer Persönlichkeitsrechte mit der Teilnahme abgeben. Das heißt freilich noch lange nicht, dass sich niemand aufregen wird. Umgekehrt geht es auch. Wenn wir etwa auf einem Betriebsratsblog einem_r Jubilar_in einen Beitrag samt Geburtstagswünschen und Fotos der Feier widmen, dann verraten wir eigentlich etwas zu viel, auch wenn er_sie sich in der Regel freut und kein Problem damit hat. Persönlichkeitsrechte müssen nämlich geltend gemacht werden, und nur die betroffene Person bestimmt, ob sie das will oder nicht. Außerdem muss sie eine Verletzung ihrer Rechte argumentieren können. Wenn eine Politikerin, der Pressesprecher oder die Aufsichtsrätin bei einem Foto im Blog

Persönlichkeitsrechte geltend macht, können wir beruhigt lächeln und einen Blogeintrag über deren seltsames Ansinnen schreiben. Personen, die einerseits in der Öffentlichkeit stehen und repräsentative Funktionen ausüben, können sich nicht andererseits beliebig aussuchen, dass sie bitte in diesem kritischen WatchBlog #059, auf diesem Doku-Video von Aktionen oder im Betriebsratsblog nicht vorkommen möchten. Persönlichkeitsrechte sind im Rahmen des Kontexts zu bemessen. Prominenz spielt eine Rolle. Und Zusammenhänge spielen eine Rolle, etwa ob Personen fair behandelt oder herabwürdigend dargestellt werden.

URHEBERRECHT, IGEL UND FREIE LIZENZEN

Das Urheberrecht schützt sogenanntes "geistiges Eigentum", also die Leistung, die beispielsweise im Schreiben eines Buches besteht. Dieses Buch können wir kaufen und sind dann Eigentümer_innen dieses konkreten Buchs, dass wir in unser Regal stellen. Genauso können wir auch eine Fotografie kaufen oder einen Film, uns gehört dann der Abzug beziehungsweise die DVD samt Box. Uns gehört das materielle Gut, nicht aber das Recht, mit dem Buch, dem Foto oder dem Film anzustellen, was wir wollen und vielleicht sogar Geld damit zu machen. Der_Die Autor_in, Fotograf_in, das Filmteam hat eine Leistung erbracht und das ist auch ein Gut, ein immaterielles Gut. Mit dem Urheberrecht soll dieses Gut geschützt werden, die Leistung der Urheber_innen. Beziehungsweise ist das die Begründung für Urheberrechte oder "Copyrights", die Rechte ein Werk zu vervielfältigen, seit ein solches Recht im 18. Jahrhundert zuerst in England durchgesetzt wurde. Aber bereits damals ging es noch mehr darum, aus "immateriellen Gütern" nichts anderes als "knappe Güter" zu machen und die Leistung jener zu schützen, die sich von den Urheber_innen das Recht der Vervielfältigung und Nutzung eines Werkes gesichert hatten. Diese sogenannten Leistungsschutzrechte will die Industrie der Presseverleger_innen heute noch weiter ausbauen, wohl weil dank der Infrastruktur des Internets das Kopieren und Vertreiben so einfach geworden ist, dass es diese Industrie nicht mehr braucht. Gegen den Verlust von ökonomischer und politischer Macht wehrt sich diese Industrie mit Lobbying beim Gesetzgeber, mit Kampagnen gegen "Raub" und "Diebstahl" geistigen Eigentums sowie drakonischer Verfolgung von "Urheberrechtsverletzungen". Gegen die Avancen der Presseverleger_innen, sich die Rechte auf die Leistungen der Journalist_innen, Autor_innen, Contentproduzent_innen umfassend und monopolistisch zu sichern, stemmen sich die "Igel". Die breite Allianz der *«Initiative gegen ein Leistungsschutzrecht»* (IGEL) vertritt die Ansicht, dass ein Leistungsschutzrecht *«weder gerechtfertigt noch notwendig»* ist.

Abseits vom restriktiven "Kopierrecht" gibt es auch freie Lizenzen, die das Nutzen, Vervielfältigen und Weiterverbreiten von Werken erlauben, und zwar kostenlos. Die mittlerweile bekannteste Form freier Lizenzierung sind die *«Creative-Commons-»* Lizenzen. Mit diesen Lizenzen können die Urheber_innen von Werken ihre Texte, Bilder, Videos oder Tonaufnahmen für genau definierte Nutzungsformen freigeben. Beispielsweise kann das Nutzungsrecht der nicht-kommerziellen Weiterverwendung des Werks eingeräumt werden. Ein noch pronoziertеres Freigeben geht mit Copyleft. Die Auswahl dieser Nutzungslizenz gibt Werke zur Bearbeitung frei, und zwar unter der Bedingung, dass alle Folgebearbeitungen wiederum mit *«Copyleft»* lizensiert werden. So kann rechtlich gesichert werden, dass immaterielle Güter der Allgemeinheit frei zur Verfügung stehen.

Ganz anders als mit den Persönlichkeitsrechten funktioniert das mit dem Urheberrecht. Hier geht es nicht um Kontext, die Sache ist klar. Entweder bist du Urheber_in des Texts, der Bilder, des Videos etc., oder jemand anders ist es. Lass die Finger von der Tastatur und Maus, wenn das "Copyright" bei jemand anderen liegt, vor allem bei Bildern. Zitate von Texten sind eine andere Geschichte. Ganz extrem heikel sind nebenbei bemerkt Markenrechte. Wenn du dich da als Künstler_in nicht auf die "Freiheit der Kunst" berufen kannst, sieht es im Fall von Abmahnungen und Klagen nicht gut aus. Du kannst natürlich immer fragen und dir bei dem oder der Rechteinhaber_in die dezidierte Erlaubnis zur Nutzung von Texten, Bildern, Videos oder Musik holen, am besten per E-Mail, also schriftlich. Noch besser greifst du aber auf Bilder unter freien Lizenzen zurück oder – überhaupt am allerbesten – auf selbst gemachte Bilder und Videos. Einbetten kannst du Videos von YouTube #201 übrigens bedenkenlos. Hier sind nicht wir, die wir einbetten, für die Achtung der Urheberrechte verantwortlich, sondern der oder die Benutzer_in, der oder die das Einbetten des Inhalts überhaupt erst möglich macht. Das gilt nicht nur für YouTube sondern für alle einbettbaren Inhalte anderer Plattformen.

Was machen wir nun mit den Rechten, die wir selbst auf unsere Texte, Bilder, Videos und Audiodateien haben? Wenn wir nichts machen, dann gilt strenges Copyright. Und damit sagen wir anderen, *«rühr unsere Inhalte nicht an, verbreite sie nicht, spiel nicht mit ihnen»*. Das ist im Netz heute bereits eine unhöfliche Geste und kaum im Interesse progressiver sozialer Bewegungen. Stellen wir also all unsere Inhalte unter Creative Commons, frei zur Nutzung zumindest unter nicht-kommerziellen Bedingungen. Wir können am Blog klarstellen, dass alle Inhalte unter *«Creative Commons»* stehen, sollten das aber auch für unseren Twitter-Kanal und, noch viel wichtiger, auf YouTube und Flickr #149 so einstellen.

Kreative Gemeingüter mit-teilen

1. *Das Copyright ist für die* digitale Gesellschaft #113 *ungeeignet. Ein selbstgemachter Clip vom Gartenfest, bei dem im Hintergrund ein paar Sekunden Musik zu hören sind, wird von manchen "Rechteinhabern" bereits gesperrt.* 2. *Der US-Rechtsprofessor und bekannte Vorreiter der «Creative-Commons-» Bewegung Lawrence Lessig fordert eine grundlegende Neuorganisation des Urheberrechts.* 3. *Bei der Verwendung von Creative-Commons-Lizenzen behält mensch sein beziehungsweise ihr Urheberrecht und legt spezifisch fest, welche Nutzung unter welchen Bedingungen freigestellt wird.*

OFFENGELEGT, IN WELCHEN KREISEN WIR UNS BEWEGEN

Ein Blog ohne Blogroll #084 zu führen, das ist eine Ansage! Ein solches Blog signalisiert, dass die Betreiber_innen entweder mit den Gepflogenheiten der Netzkultur nicht vertraut sind, oder, dass ihnen solche Höflichkeiten und Standards der Interaktion egal sind. Ein Webauftritt, der nur von sich selbst spricht und keine Links enthält, keine nützlichen Websites und befreundete Organisationen oder Blogger_innen empfiehlt, erzählt die gleiche Geschichte. Er schreit quasi *«Ich! Ich! Ich!»*. Du solltest dir überlegen, ob du dieses Bild abgeben willst. Stellen wir uns umgekehrt vor, die Besucher_innen unserer Webauftritte finden hier Verweise auf andere interessante Angebote im Netz. Nicht nur wird dieses Angebot geschätzt, wir werden auch als vernetzt und kommunikativ, als wach und souverän über unseren Tellerrand schauend wahrgenommen. Über die Blogroll stellst du einen generellen Kontakt zu anderen Blogs her. Das Prinzip des Vernetzens und Verlinkens kannst und solltest du auch in die Erstellung deiner Beiträge einfließen lassen. Aber Verlinken ist nicht alles, "sichtbar machen" von Aktivität, Beziehungen und Zusammenhängen heißt mehr. Es verlangt ein Arbeiten quer über die Plattformen, das heißt ein Einbinden verschiedener Medientypen, Einbetten von Videos, Einbetten von interaktiven Karten, von herunterladbaren Dokumenten, online durchzublätternden Präsentationen via Slideshows, Anbieten von Fotodokumentationen, Integrieren eines Twitter-Streams. Damit wird nicht nur etwas Abwechslung und Lebendigkeit in unseren Webauftritt gebracht. Das bedeutet nicht nur ein Mehr an interaktiven Angeboten, was alleine schon positiv ist. Nein, all diese Elemente machen direkt oder indirekt das Zusammenarbeiten von Menschen sichtbar. Sind sie auf Fotos und Videos schon einmal direkt sichtbar, so zeigen Fotos und Videos außerdem implizit etwas von den Menschen, die die Fotos und Videos gemacht haben. Hinter herunterladbaren Dokumenten sehen wir die serviceorientierten Aktivist_innen, in Slideshows erkennen wir die Bildungsarbeit, Karten geben uns räumliche Bezüge und lassen uns die Bewegungen der hier Aktiven erahnen. Vor unserem inneren Auge spannt sich ein Netz aus Aktivitäten und Lebendigkeit. Diesen Eindruck können und sollten wir unterstützen, indem die Nennung von Quellen nicht auf Zitate beschränkt bleibt. Bilder gehen mit einem Dank an die Fotografin einher, die eingebettete Präsentation mit der Erwähnung des Kollegen und so weiter. Mit der namentlichen Erwähnung vieler Personen und ihrer Beiträge wird das Team sichtbar.

DAS ARCHIV, EIN OFFENGELEGTER TÄTIGKEITSBERICHT

Wir leben alle im Augenblick, im stetigen Fluss der Informationen. In der Aufmerksamkeitsökonomie der Social Media zählen Geschwindigkeit, Frequenz, schnelle Reaktion. Das Netz ermöglicht jene Geschwindigkeit und laufende Aktualität, bei der Tageszeitungen und Fernsehsender nicht mehr mitkommen. Gleichzeitig ist das Netz eine riesige Datenbank, ein Archiv, das neue kulturelle Gedächtnis der Gegenwart. Eine der Untereinheiten dieses kollektiven Archivs ist das Blog #335; das "Web-Logbuch". Die Archiv-Funktion des Webs schätzen wir alle, zum Beispiel wenn wir in der Wikipedia recherchieren oder das Netz via Suchmaschine nach Antworten oder Empfehlungen durchsuchen. Und doch wird in der Hitze und Geschwindigkeit des Alltags das Archiv wenig geschätzt, und meist nur, wenn wir etwas gezielt suchen. Dann merken wir, dass Inhalte unterschiedlich zugänglich abgelegt werden, und wir schätzen es, wenn Informationen gut sichtbar, strukturiert und leicht zu finden sind. Was du daraus für dein Angebot im Web ableiten kannst, liegt auf der Hand: eine Herausforderung für den souveränen Auftritt besteht darin, den Leser_innen alle Inhalte in einer leicht zugänglichen Weise und transparenten Struktur zu präsentieren. An die Struktur des Archivs zu denken und Maßnahmen für leistungsfähige Such- und Filterfunktionen zu ergreifen liegt nicht sonderlich nahe, wenn mit dem Webauftritt gerade erst begonnen wird. Es zahlt sich jedoch bereits mittelfristig aus. Erstens geht eine gute Archivstruktur oft Hand in Hand mit der Optimierung der Auffindbarkeit durch Suchmaschinen. Zweitens verstärken Filteroptionen den Eindruck von Transparenz und geordnetem Überblick. Drittens organisiert die Archivstruktur Wissensbestände und hilft beim Wissensmanagement. Und viertens lassen sich die das Archiv strukturierenden Kategorien und Tags #158 sehr gut in die eigene Öffentlichkeitsarbeit integrieren.

Das große Etikettieren: Kategorien, Labels und Tags

#158

Ein Raum mit einem Bestand von zehntausenden Büchern ist schön, aber nicht mehr als ein Lager. Der gleiche Raum und Buchbestand mit kategorisierten und nach der Beschlagwortung sortierten Büchern ist sowohl schön als auch nützlich, und wir sprechen nicht mehr von einem "Lager", sondern von einer Bibliothek. Der Beschlagwortungskatalog macht den Unterschied aus. Er macht aus einem Archiv von Büchern ein Archiv des Wissens. Im Internet sind es die sogenannten «*tags*», die uns etwas Ordnung in die riesige Datenbank des World Wide Web bringen, das Suchen und Finden erleichtern sowie ein Gruppieren und Filtern ermöglichen. Das Wort «*tag*» meint im Englischen kleine aufgeklebte Etiketten. Zu «*taggen*» bedeutet im Netz daher, dass wir "Content" mit Beschlagwortungskategorien etikettieren. Dabei gibt es mehrere Arten von "Tags": Geo-Tags für geografische Angaben, Hashtags für das Filtern und Gruppieren von Tweets auf Twitter, Markierungen von Personen auf Web 2.0 Plattformen, Labels für verschiedene Autor_innen auf kollaborativen Arbeitsoberflächen, dann die Ordnung in unsere Blogs #335 und Wikis #120 bringenden Kategorien, "Meta-Tags", die Websites besser durch Suchmaschinen erfassbar machen sollen. Das Besondere beim Etikettieren von Content im Web ist, dass diese Arbeit kaum von Spezialist_innen gemacht wird, wie das bei Bibliotheksbeständen der Fall wäre, sondern potenziell von uns allen im Netz. Das große Etikettieren von Bildern #149, Blogeinträgen, Videos #201, Tweets #166, sozialen Lesezeichen, Favoriten etc. läuft selbstorganisiert ab und wird «*Social Tagging*» genannt. Als Ausdruck der kollektiven Beschlagwortungsarbeit finden wir Tagclouds im Netz. Diese Schlagwortwolken visualisieren am häufigsten benutzte «*tags*» und bieten gleichzeitig die Option des Filterns von Content nach diesen Schlagworten an. Was im Netz bei Suchabfragen und Filteraktionen als Suchtreffer ausgewiesen wird, hängt daher zu einem wesentlichen Grad von der Beschlagwortung ab, die die Nutzer_innen im Web vornehmen.

Kategorien sind wie die großen Themenbereiche, nach denen die Bücher in einer Bibliothek oder Beiträge in einem Blog klassifiziert werden. Eine übersichtliche Kategorienstruktur zeigt Themengebiete an und lädt zum Durchstöbern des Archivs ein. Die Wahl der Kategorien sollte stringent sein und die Anzahl von zehn Kategorien nicht übersteigen, um Übersichtlichkeit zu wahren. Die Wahl der Kategorienamen sollte sich daran orientieren, was übliche Suchbegriffe sind, die in Suchmaschinen eingegeben werden. Kategorien können auch Zielgruppen spezifisch bedienen. Auf Basis der Kategorien lassen sich Kategorie-Feeds #237 abonnieren beziehungsweise zum Abonnement anbieten. Der Link, der sich beim Anklicken einer Kategorie ergibt, ist nichts anderes als eine Datenbankabfrage innerhalb deines Webauftritts. Dieser Link führt nicht wie der Permalink eines Eintrags immer zur gleichen Anzeige, sondern liefert zu jedem Zeitpunkt des Aufrufens dieses Links das aktuelle Ergebnis aller mit dieser Kategorie beschlagworteten Einträge. Das sollte uns erstens dazu anhalten, die Beschlagwortung von Einträgen bewusst und aufmerksam vorzunehmen. Je genauer die Beschlagwortung, desto leistungsfähiger ist das Archiv. Zweitens bietet es sich an, Kategorielinks an möglichst vielen Stellen einzusetzen. Der Link zur Kategorie *«Veranstaltungen»*, *«Arbeitsrecht»* oder *«Forderungen»* kann zur Beantwortung von E-Mails verwendet werden oder gleich in der eigenen E-Mail-Signatur stehen. Innerhalb von Artikeln eingesetzt, führt der Link zu "bisherigen Einträgen zu diesem Thema"; eine Funktion, die bei manchen Webauftritten auch automatisiert wird. Neben den Kategorien gibt es weitere Möglichkeiten, das Archiv eines Webauftritts strukturiert zu durchforsten. Gibt es mehrere Autor_innen, so stellt das eine weitere Kategorieebene dar. Der Zeitstempel, wann Beiträge publiziert wurden, ermöglicht das Filtern nach Monaten und Jahren. Um diese Filteroptionen nach Kategorien, Autor_innen, Monaten für andere nutzbar anzubieten, müssen diese Taxonomien für Besucher_innen des Webauftritts freilich sichtbar angeboten werden. Ein Suchfeld darf erst recht nicht fehlen. Mit diesen einfachen Hilfsmitteln wird es für Nutzer_innen einfach, auf deiner Website zu navigieren und zielgerichtet zu suchen. Sie organisieren die Fülle deiner Beiträge und Daten, die zunehmend zu einem Archiv anwächst, anhand inhaltlicher Kriterien. Dein Archiv lässt sich so auch mit anderen Archiven – der Bibliothek des Web 2.0 – vernetzen und wird durch das Fortschreiten der Beschlagwortung immer leistungsfähiger und strukturierter nutzbar. Wenn es in der Regel auch selten genutzt werden wird, so erzählt dein Archiv doch potenziell die Geschichte deiner Organisation beziehungsweise deines Engagements. In jedem Fall wird sichtbar, dass es hier eine kontinuierliche Auseinandersetzung gibt.

ZUSAMMENFASSUNG

Webauftritte, ebenso wie Menschen und Organisationen, werden von anderen nach zwei Kriterien bewertet und beurteilt. Die erste und in den Augen der meisten Menschen wichtigere Ebene ist die inhaltliche. Daneben beurteilen wir uns gegenseitig allerdings auch laufend nach formalen Kriterien. Stil, Umgangsformen, das Sich-an-Regeln-Halten und Höflichkeit zählen. Ein zuvorkommender und souveräner Auftritt kann sogar Menschen gewinnen, die inhaltlich ganz anderer Meinung sind. Einige formale Kriterien für einen zuvorkommenden und souveränen Webauftritt haben wir hier angeführt. Sie sollten helfen, stilvoll und sicher im Netz aufzutreten.

- Achte auf Kontaktierbarkeit. Erledige die gesetzlichen Anforderungen und mach dich erreichbar.
- Sorge für transparente Spielregeln: Leitbild, Disclaimer und Moderation.
- Sei Teil der Blogosphäre und der Netzkultur. Mach die Arbeit anderer sichtbar, zitiere, referenziere und biete eigene Inhalte zur möglichst freien Nutzung an.
- Achte die Rechte der anderen: Persönlichkeitsrechte, Datenschutz, Urheberrechte.
- Öffne das Archiv und halte es in Schuss. Eine gute Beschlagwortung hilft, muss aber immer wieder einmal kontrolliert und überarbeitet werden.

- Pauschale Haftungsausschlüsse sind zu vermeiden, da sie rechtlich wirkungslos sind.
- Eine Blogroll ist nicht eminent wichtig, aber keine Blogroll ist ein Fauxpas.
- Spielregeln sind durchzusetzen, sie zu proklamieren und sich dann selbst nicht daran zu halten, ist ein schweres Versäumnis.

- Bezieh dich auf Inhalte anderer nicht ohne Quellenangaben, vergiss nicht den Link. Ein Zitat ohne Link hat einen schalen Beigeschmack.
- Wenn du in Angelegenheiten des Webauftritts kontaktiert wirst, dann dürfen keine Wochen vergehen, bis du vielleicht antwortest.

Offenlegung, Mediengesetz, Impressum, Anbieterkennzeichnung, Leitbild, Mission Statement, Disclaimer, Netiquette, Datenschutz, Persönlichkeitsrechte, Urheberrecht, Creative Commons, Copyleft, Tags, Content

KOMMENTARE

***Andreas Skowronek** sagt:* *twitter.com/Askowronek*

Ergänzend zu dieser begrüßenswerten Anleitung zum Kommunikationsverhalten und der Verantwortlichkeit jener, die sich im Web schriftlich, mündlich oder sogar in Bild und Ton äußern, noch ein Praxis-Hinweis:

Gerade weil das Web entgegen anderslautender Parolen gerade kein rechtsfreier Raum ist, gilt es umso mehr, die Rechtsprechung zum Publizieren im Internet im Auge zu behalten. Der Teufel liegt oft genug im Detail. Urheberrecht, das Recht am eigenen Bild und Wort ist das eine. Das Namens- und Markenrecht das andere. Nicht zu vergessen ist, dass das Strafrecht – und hier ganz besonders die Ehrverletzungsdelikte wie Beleidigung, Verleumdung und üble Nachrede – schon manchem politisch Aktiven Ungemach bereitet haben. Dass die Daimler AG eine gegen das Projekt "Stuttgart 21" gerichtete und von Daimler-Mitarbeitern geführte Facebook-Gruppe beseitigen konnte, ist allein auf das Strafrecht zurückzuführen. So warfen die Daimler-Verantwortlichen den Facebook-Gruppen-Verantwortlichen vor, den CEO der Daimler AG beleidigt zu haben. Derart kriminalisiertes Kommunikationsverhalten lässt sich jederzeit schnell und gründlich aus dem Netz entfernen. Möge das mit der Kommunikation verfolgte Ziel noch so erstrebenswert erscheinen, gilt auch hier: Der Zweck heiligt eben nicht die Mittel.

Es ist daher jedermann und -frau zu raten nachzufragen, wenn Unsicherheit besteht, ob der zur Veröffentlichung vorgesehene Inhalt möglicherweise gegen geltendes Recht verstößt. Im ersten Schritt bietet sich ein Austausch mit anderen Bloggern und Netzaktivisten an. Führt dies jedoch zu widersprüchlichen "Experten"-Aussagen/Ergebnissen, ist der Weg zu Fachkundigen unvermeidbar.

Doch keine Panik! Wer die Regeln einer in der Öffentlichkeit erfolgenden Kommunikation bereits kennt, hat schon jede Menge gewonnen, um sich im Web kundtun zu können, ohne gleich rechtliche Auseinandersetzungen befürchten zu müssen.

Kommt es aber doch zu einer Abmahnung, zeigt sich die Blogosphäre nicht selten solidarisch.

Es gilt: Laufen lernt nur, wer das Stolpern in Kauf nimmt. Nur sollte man die Zahl der Stolperer tunlichst klein halten. Hilfreich ist hier das als PDF erhältliche "Internetrecht" vom deutschen Rechtsprofessor Thomas Hoeren. Zwar hat auch der nicht den Stein der Weisen gefunden. Aber zur Verschaffung eines ersten Überblicks reicht das Papier allemal.

Viel Erfolg!

Weltherrscher *sagt:* *twitter.com/weltherrscher*

also wegen volksfront und so und weil grad wieder bekennerschreiben in den medien rumgeistern. und natürlich das internet schuld ist ... überlegt euch in zukunft gut, was ihr schreibt.

keiner weiß, was für ein soziotrottel sich darauf mal berufen wird.

und genau deshalb schreibe ich jetzt unter alles was ich schreibe einen disclaimer.

anti-terror-disclaimer

alles was hier von mir geschrieben wurde und/oder andere schroben die ich verlinkte, zitierte oder auch nur dachte, ist quasi frei von terror.

ich lehne jegliche gewalt ab. vor allem jene gewalt die vielleicht irgendwann in meinem namen und/oder bezug auf mich nimmt.

ich wars nicht! ich wollts nicht! ich werds nie wieder tun!

jeder terror terrorist der seinen terror mit buchstaben, wörtern oder sogar ganzen sätzen, die aus meiner feder tastatur stammen, schmückt, begründet oder anderen bezug dazu nimmt ist ein arschloch. du arschloch! warum nimmst du buchstaben, wörter und/oder ganze sätze von mir? kannst du blöder vollhorst nicht selbst denken? bist du geistig so entleert, (musst du ja als terrorist,) dass du zu blöd bist irgendwas zu denken? egal welche strategien und/oder ideen du auch immer von mir genommen hast, du geistiges umnachtetes mutterschiff hast nichts davon verstanden.

ich redete nie von gewalt. ich hasse gewalt. idioten, so wie du einer bist, verwenden gewalt als mittel für... äh ... keine ahnung wofür eigentlich. schäm dich! wann Immer du irgendeinem anderen menschen und/oder einer ganzen gruppe gewalt antun willst: erschiess dich selbst! sofort!

und bezieh dich nicht auf mich, sonst ... du arschloch!

NEULICH AM KANAL

Wir bekommen Informationen, wenn wir Informationen hergeben

«Der beste Weg, Informationen zu bekommen, ist, Informationen zu geben.»
Niccoló Machiavelli

Informationen haben die eigenartige Angewohnheit dort zusammenzulaufen, wo sie ausgetauscht und wieder weitergeleitet werden. Durch das automatische Zusammenlaufen der Informationen entsteht ein Medium, ein Umschlagplatz für Informationen, ein Sendeplatz, der gleichzeitig Empfänger ist. Wer über Informationen als Tauschmittel verfügt, kann dafür andere Informationen erhalten. Den Wert der hereinkommenden Information tauscht das Medium zumindest teilweise gegen den Wert der Weiterverbreitungsleistung. Ein Medium bekommt Informationen, weil es Informationen hergibt, verteilt, weiterleitet. In unserem Informationszeitalter ist es aufgrund der vielen, immer zugänglicher werdenden technischen Verbreitungskanäle auch für die Einzelne und den Einzelnen kein Problem mehr, selbst als Medium zu fungieren. Mit Internetzugang und Mobiltelefon bist du dabei. Als politisch aktive Person bist du fast unweigerlich als Informationstauschende_r und als Medium tätig, und du kannst allein oder im Team diese Dimension deines Tuns weiterentwickeln. Stellt sich die Frage, was dich als Informationsbroker_in und Medium erfolgreich macht und was nicht.

BEREITE DICH AUF DIE NÄCHSTE PROTESTWELLE VOR!

Warum sollen die Leute ausgerechnet deine Aussendungen und somit dich als Medium beachten? Am Anfang schwimmst du irgendwo vereinzelt im Meer der Informationen, und lang bevor du dich als vertrauenswürdiger Informationsdienst etablieren kannst, gibt es sie schon, die diversen großen und etablierten Medien. Es geht darum, einen eigenen Kanal aufzubauen, damit Informationen nicht nur zu dir kommen, weil du Informationen tauschen kannst, sondern wegen der Verbreitungskapazität deines Kanals. Am Anfang steht daher das Sammeln von Adressen von möglichen Interessierten (E-Mail, Post, Tel.Nr., Twitter #166, Facebook-Friends usw.). Aber wie kommst du an eine signifikante Anzahl von interessierten Menschen heran, die sich bei dir anhängen wollen? Erleichtert wird der Start, wenn zumindest eine kleine soziale Strömung oder eine special interest group da ist, für die deine Informationsarbeit eine Serviceleistung darstellt. Erleichtert wird der Aufbau des eigenen Kanals außerdem, wenn durch die Entwicklung neuer Medien gerade neue technische Vertriebssysteme interessant zu werden beginnen. Sei offen für Neue Medien. Wenn die Menschen mit diesen neuen technischen Möglichkeiten spielen wollen, wird Information, die über diese neuen Techniken verbreitet wird, attraktiver. Das Sammeln von Adressen und Benutzerkonten interessierter Menschen ist einfacher. Soziale und technische Strömungen und Wellen geben deinen Bemühungen zusätzlichen Drive. Es genügt aber nicht, einfach auf die Welle zu warten. Du musst schon etwas Schwung haben, wenn die Welle kommt, sonst verpasst du sie.

EIN BLICK ZURÜCK VOR FACEBOOK UND TWITTER

Als Mitte der 1990er das Internet Einzug in die Haushalte gehalten hat, gab es prompt in politischen Zusammenhängen die ersten, damals naiverweise noch ungeschützt ausgesendeten E-Mail-Adresslisten. Aktivist_innen sammelten E-Mail-Adressen überall dort, wo sich politisch engagierte Menschen trafen, bei Podiumsdiskussionen, Filmvorführungen, über Unterschriftenlisten und offene E-Mail-Verteiler #350. Der E-Mail-Vertriebsweg ermöglichte den Aufbau neuer Kanäle einer Gegenöffentlichkeit. Für heutige Verhältnisse ist es wohl unvorstellbar, dass in den späten 1990ern eine kleine Gruppe Aktivist_innen mit lächerlichen 40 E-Mail-Adressen den Diskurs in der damals aufbrechenden politisch-antirassistischen Szene Österreichs maßgeblich beeinflussen konnte. Im Laufe des Jahres 1999 war der zentrale Mailverteiler im Antirassismusbereich auf 600 Adressen angewachsen. Als Anfang 2000 eine Regierung unter Beteiligung der rechtsextremen FPÖ unter Jörg Haider entstehen soll, werden diese 600 Adressen in den neu gegründeten E-Mail-Newsletter *«widerst@nd-MUND»* eingebracht. Im Beitrag von Philipp Sonderegger zu Netzwerk-Kampagnen der Zivilgesellschaft wird übrigens von sehr ähnlichen Erfahrungen berichtet.

Innenministerium blockiert EU-Förderung

Asyl, Pressefreiheit und Mammon: „Mangels Vertrauensbasis" kein Geld für Asylarbeiter

Kaum Herbst, schon Schnee

Im Gebirge wird es schon winterlich

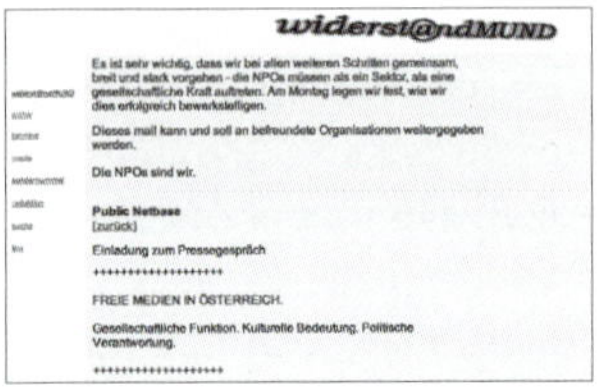

widerst@ndMUND

Es ist sehr wichtig, dass wir bei allen weiteren Schritten gemeinsam, breit und stark vorgehen - die NPOs müssen als ein Sektor, als eine gesellschaftliche Kraft auftreten. Am Montag legen wir fest, wie wir dies erfolgreich bewerkstelligen.

Dieses mail kann und soll an befreundete Organisationen weitergegeben werden.

Die NPOs sind wir.

Public Netbase
[zurück]

Einladung zum Pressegespräch

++++++++++++++++++

FREIE MEDIEN IN ÖSTERREICH.

Gesellschaftliche Funktion. Kulturelle Bedeutung. Politische Verantwortung.

++++++++++++++++++

Der widerst@nd-MUND Informationsdienst per E-Mail

1. Die Doku «Widerstand im Haiderland» von Frederick Baker erinnert an die "Kultur des Widerstands" in den Jahren nach der unterirdischen Angelobung jener österreichischen Regierung, die durch den Pakt von Wolfgang Schüssel und Jörg Haider bestimmt war. 2. Eine Sonderausgabe des MUND vom 10.4.2000 widmet sich dem Thema «Kürzung des Posttarifs für Zeitungen» durch die sogenannte FPÖVP-Regierung. Der Newsletter fasst Artikel aus Zeitungen, Protestnoten, Termine zur Vernetzung, den Link zu einer Petition und Aussendungen beispielsweise von «Reporter ohne Grenzen», der «Public Netbase» oder dem «Presseclub Concordia» zusammen. 3. Die Zeitung «DER STANDARD» berichtet in der Printausgabe vom 24. September 2002, wie zivilgesellschaftliche Initiativen für ihre Zusammenarbeit am MUND Newsletter vom Innenministerium "bestraft" werden.

Im Februar 2000 organisierte eine Handvoll Leute den für die nächsten Jahre bedeutendsten Nachrichtendienst im Widerstand gegen die neue österreichische Regierung aus ÖVP und FPÖ. Während die Mitgliedsstaaten der EU Sanktionen gegen Österreich aussprachen und jeden Donnerstag Demonstrationen gegen "SchwarzBlau" durch Wien zogen, wurde der fortan über Jahre hinweg täglich erscheinende Newsletter zum zentralen Informationsdienst und Rückgrat der Protestbewegung. Anfangs an rund 2.400 E-Mail-Adressen ausgesandt, wurde er aus den Verteilern und Beiträgen der verschiedenen politischen Gruppen und Einzelpersonen gespeist. In den ersten Monaten der Protestbewegung war der Dienst allein dadurch interessant, dass er die Vielfalt der sozialen Bewegung #130 zeigte und diverse Gruppen vernetzte. Schon bald verlangte das Sammelsurium der Beiträge dieser Gruppen nach einer Gliederung. Eine Redaktion führt Kategorien #158 ein und die Beiträge wurden innerhalb der Kategorien nach Relevanz und Qualität gereiht. Mit dem spätestens ab 2004 unübersehbaren Abflauen der Protestbewegung verlor sich das Interesse an der Breite des *«widerst@nd-MUND»*. 2007 wurde dieser tägliche Informationsdienst eingestellt. Das Zusammentreffen einer breiten, aktiven Protestbewegung einerseits mit auf der anderen Seite neuen technischen Möglichkeiten erleichtert das mediale Überschreiten von Gruppen- und Szenegrenzen und die Etablierung neuer, gemeinsamer Informationskanäle. Derart günstige Bedingungen bieten sich uns nur alle paar Jahre. Ohne Vorarbeiten kann die Chance für die Etablierung erfolgreicher Informationsdienste aber jedenfalls nicht ergriffen werden. Dasselbe Muster begegnet uns im Zusammentreffen der unibrennt Studierendenbewegung 2009 mit den Möglichkeiten des Live-Streams #041 , von Twitter, Facebook #094 und dem Zusammenspiel der Social Media-Kanäle. Jede soziale Bewegung entwickelt ihre zentralen medialen Ausdrucksformen, ihre social media, an der Schnittstelle zwischen technischer und sozialer Innovation. Darüber darf aber nicht übersehen werden, dass ältere Social-Media #009 -Kanäle von ihren Anhänger_innen weiter verwendet werden. So mischen sich in jeder neuen sozialen Bewegung in die neuen dominanten Kanäle auch ältere Kommunikationsformen hinein. Wo ein solcher Medienmix nicht gelingt, werden die älteren Informationsdienste von den neuen Kanälen ausgeschlossen, was die Verbreitung der neuen sozialen Bewegung in der Gesellschaft hemmt.

ZIELE AUF INFORMATIONSVERDICHTUNG AB!

Mit deiner wachsenden Bedeutung als Informationsdrehscheibe bekommst du nicht nur mehr interessante Information zugespielt, sondern auch mehr Informationsmüll; und zwar exponentiell mehr. Sobald du aber Infomüll weiterleitest, sinkt die Zahl deiner aktiven Rezipient_innen, was wiederum die Menge und Qualität der hereinkommenden, für die Zielgruppe relevanten Information reduziert. Um dieser Spirale nach unten zu entgehen, musst du also bemüht sein, aus der Quantität der hereinkommenden Information Qualität zu machen. Dies erreichst du mittels Selektions-, Kombinations- und Verarbeitungsleistung, mit der du Information neu verdichtest. Der politische, ökonomische oder sozio-kulturelle Wert einer Information bemisst sich aus dem Vorteil, den die Information den Empfänger_innen bringen kann; wohlgemerkt nicht aus dem Wert, den diese Information für dich als Sendenden hat. Das ist das Dilemma aller Aufklärung, Bewusstseinsbildung und Überzeugungsarbeit. Je mehr du von deiner Information überzeugt bist, desto mehr tendierst du dazu, den Wert deiner Information für dein Publikum zu überschätzen und damit ins Leere zu senden. Gelungene Information verlangt Empathie und Wissen um das, was dein Publikum als relevant wahrnimmt. Die Relevanz von Informationen ergibt sich aus den sozialen Kontexten, in denen sich das Publikum bewegt. Die ökonomische Dimension von Information lässt sich insbesondere dadurch ansprechen, dass Informationen auf eine bestimmte Knappheit und Nachfrage in der Zielgruppe zugeschnitten werden.

The power of twitter

#166

Wenn es um Geschwindigkeit und Autonomie bei der Informationsweitergabe geht, ist Twitter derzeit das mächtigste Social Media-Werkzeug. Von der Podcasting Firma Odeo 2006 als internes Kommunikationstool gestartet, wurde Twitter sehr schnell und kreativ für verschiedenste Anwendungen umgeformt. Einer breiteren Masse an Menschen wird *«Twitter»* im Zuge spektakulärer Ereignisse ein Begriff, wenn es Meldungen auf dieser Plattform sind, die deutlich vor den Breaking News der "Corporate Media" weltweite Öffentlichkeiten erreichen; so etwa schon bei dem Terroranschlag in einem Luxushotel in Mumbai oder durch die Flugzeugabstürze am Amsterdamer Flughafen und später im Hudson River in New York. Die ersten Bilder verbreiten sich via Twitter. Selbst die Redaktionen der Medienhäuser erhalten durch das Monitoring dieser Plattform ihre Erstinformation neuer Ereignisse. Unter anderem entwickelt sich Twitter rasch zur praktikablen Kommunikationsplattform von politischen Aktivist_innen in prekären Umfeldern. Der Aufstand nach den Wahlen im Iran 2009 zeigte, wie durch die Nutzung von Twitter totale Zensur umgangen werden kann. *«Twitter, das Medium der Bewegung»*, schreibt TIME im Juni 2009 zu den Protesten. Und auch wenn die Bedeutung von Twitter bei Großereignissen regelmäßig überschätzt wird, Studien im Nachhinein zeigen, dass die Masse der Twitter-Nachrichten von Kanälen abseits der Krisenherde ausgehen und viel Fehlinformation verbreitet wird, an der eminenten Relevanz dieser Social Media-Plattform #009 ändert das nichts. Im Fall der Proteste im Iran 2009 und später der Volksaufstände in Tunesien und Ägypten 2011 verbreiten sich Informationen über Proteste, Polizeibrutalität, Folter und Mord weltweit zuerst via Twitter.

Twitter ist innerhalb von Demonstrationszügen und zur Live-Berichterstattung von Kundgebungen, Streiks oder anderen Aktionen einsetzbar. Dazu bedarf es allein eines Smartphones, eines Twitteraccounts und Nachrichten in SMS-Länge. Wie kein anderer Dienst ermöglicht Twitter das einfache wie schnelle Zusammenschalten bestehender Netzwerkstrukturen im Falle besonderer Ereignisse. Verbreitet werden so nicht nur Textinformationen von unter 140 Zeichen, sondern vielmehr vorort mit dem Smartphone gemachte Fotos und Videos, sowie Links zu Live-Streams #041 oder längeren Texten an anderer Stelle. "Breaking News" sind mit einem Klick in das eigene Netzwerk weiterleitbar, so wie es nur eines Klicks bedarf, gerade wichtige Nachrichtenverteiler zu abonnieren oder die Twitterstruktur auf das gerade interessierende Thema umzuschalten. Über den Filter des hashtags #158 ensteht augenblicklich ein Echtzeit-Newsticker zum Ereignis, sei das #unibrennt, #S21, #egypt oder etwa die Diskussion zu einer Konferenz, einem Medienereignis, einer Organisation wie #wikileaks. Twitterkanäle werden je nach Nutzungsverhalten verwendet, Interessent_innen über eigene Aktivitäten am Laufenden zu halten oder sich selbst via Twitter am Laufenden zu halten, sich an **Debatten und Diskursen** zu beteiligen, mit Freund_innen zu plaudern oder Twitteratur zu produzieren beziehungsweise zu "faven", also zu goutieren. Die Nutzungsmöglichkeiten sind vielfältig und reichen von passiv bis aktiv. Wer die kommerzielle Ausrichtung scheut, kann zudem auf die Freie Software #248 identi.ca zurückgreifen und trotzdem in der globalen Zwitscheria mitmischen.

BE THE BREAKING NEWS!

Die Geschwindigkeit, mit der du an neue Informationen herankommst, ist wichtig. Je schneller und exklusiver du relevante Informationen weiterleitest, desto eher kannst du dir als Medium den Nimbus des Neuigkeitswerts erobern. Je mehr sich deine Informationsgeschwindigkeit herumspricht, desto eher werden andere dich als Informationsumschlagplatz beobachten. Sie werden dich früher informieren als andere, wenn sie was Interessantes zu melden haben. In der Geschwindigkeit der Informationsweitergabe liegt auch eine Steuerungsmöglichkeit. Wenn du dir eine beobachtete Informationsposition erarbeitet hast, kannst du Themen, Debatten und thematische Sichtweisen einbringen und die Richtung von Diskussionsverläufen mitbestimmen. Das funktioniert unter anderem, indem du schneller informierst als andere. Wenn deine Information zu einem bestimmten Ereignis als "Breaking News" an eine große Zahl von Rezipient_innen gelangt, schaffst du damit die Rahmung des diskursiven Terrains für alle später kommenden Informationen. Abwandlungen der Erstinformation werden als deren Wiederholung beziehungsweise Bestätigung oft weniger genau wahrgenommen. Jedenfalls werden sie im Lichte der Information gesehen, die du bereits an die Zielgruppe gebracht hast. Zudem nimmst du einigen anderen die Informationsarbeit ab. Wenn die Info bereits herumschwirrt, haben andere weniger Ansporn, selber Informationsarbeit zu leisten. Eher werden sie deine Info weiterleiten.

Nicht nur Schnelligkeit, auch das Eröffnen ungewohnter Einblicke kann Newswert haben. Allerdings ist es eine schwierige Gratwanderung, den Horizont über die bisherige Rezeption des Publikums hinaus erweitern zu wollen. Die Relevanz des bisher außer Betracht Stehenden muss mit vermittelt werden. Wenn das nicht gelingt, das heißt das Publikum die Relevanz nicht erkennen kann oder mag, wird die Information unwichtig und somit entwertet. Du darfst dich mit ungewöhnlichen News nicht zu weit hinauslehnen.

SEI GLAUBWÜRDIG: MACH FEHLER UND THEMATISIERE SIE!

Du musst die Wahrheit der Informationen nicht garantieren. Das kannst du gar nicht. Du darfst irren, Falschmeldungen aufsitzen, etwas nicht in den richtigen Kontext gebracht haben. Im Moment der Aussendung solltest du von der Wahrheit der Information überzeugt sein. Später kannst du bei Bedarf Fehler richtigstellen, Irrtümer korrigieren. Freilich, wenn ein Lapsus à la Hitlertagebücher passiert, dann ist deine Glaubwürdigkeit als Medium vernichtet. Der Anschein der Kredibilität muss gewahrt sein; da ist zwar förderlich, wenn dir nicht öfters Falschmeldungen nachgewiesen werden, vor allem wirst du aber am Umgang mit deinen Fehlern gemessen. Informationen müssen nicht unbedingt wahr sein, um relevant zu sein und somit tendenziell aufgegriffen und weitergeleitet zu werden. Meistens genügt es, dass sie nicht gänzlich unplausibel sind und nicht gleich als falsch entlarvt werden können. Wenn Teil der Informationsverdichtung deines Kanals die kompetente Klärung, Richtigstellung und Nachbearbeitung von in der Eile zunächst falsch bewerteter Informationen ist, wird das als wertvolle Qualität wahrgenommen werden. Informationen, die zu kollektiven Phantasmen passen, können sich schneller und leichter verbreiten als Wahrheiten, die niemand hören mag, weil sie als zu komplex wahrgenommen werden oder Ohnmachtsgefühle auslösen. Problematisch ist, dass komplexe Information tendenziell verworfen oder verdrängt wird, anstatt als Widerspruch angenommen zu werden und entsprechende Reflexionsprozesse auszulösen. Komplexität hat ihren Ort eher in Bildungszusammenhängen, wo es kollektive Verarbeitungsprozesse samt einem zeitintensiveren Austausch und Rückfragen zu einem bestimmten Thema geben kann. Daher gilt: Die langsamere bildungsförmige Informationsarbeit, in der der Umgang mit Widersprüchen Platz hat, ist nicht durch die mediale ersetzbar.

MOBILISIERUNGSWETTLAUF UND AKTION

Am Vormittag des 29. April 2010 kommt es zu einer Polizeiaktion beim Fußballtraining des FC Sans Papiers in Wien. Ein Großaufgebot der Polizei umstellte den Fußballplatz und stürmte von mehreren Richtungen auf Spieler los, nimmt einige fest und will sie in Schubhaft überstellen. Ihnen droht die umgehende Abschiebung. Noch während der Polizeiaktion wird diese Info via SMS, E-Mail-Verteiler, Foren, Facebook, Twitter und andere Kanäle weiterverteilt. Wenig später wird über dieselben Kanäle zur Solidemo aufgerufen. Einer ersten kleinen Gruppe durch die Info mobilisierter Aktivist_innen gelingt es, beim Schubgefängnis Hernalser Gürtel einen Polizeibus zu stoppen, der einen gerade festgenommenen Spieler des FC Sans Papiers zur Vorbereitung der Abschiebung in ein anderes Gefängnis überstellen soll. Mehr solidarische Demonstrant_innen kommen und schließen sich der spontanen Blockade an, über die laufend über alle Kanäle berichtet wird. Die Aktivist_innen können anfangs den Mobilisierungswettlauf gegen die Polizei gewinnen, noch während der Geschehnisse erscheinen erste Berichte in etablierten Onlinemedien. Erst Stunden später kann sich die Polizei mit Verstärkung, Hundestaffel, Pfefferspray und gewaltsamer Auflösung der Sitzblockaden durchsetzen. Die Aktion mündet in polizeilicher Repression, über 30 passiv Widerstand leistende Aktivist_innen werden festgenommen, was nun allerdings nicht nur vor Ort einige Menschen miterleben, sondern über die heißlaufenden Kanäle deutlich mehr Menschen via WWW mitverfolgen. Zwei Mitglieder des FC Sans Papiers werden schließlich trotz dieses Widerstands in den darauffolgenden Tagen abgeschoben. Anhand der Spontandemo am Hernalser Gürtel kann sehr deutlich aufgezeigt werden, wie Aktivismus auf der Straße und die Nutzung von Social Media einander ergänzen können. Die Live-Berichte via Twitter, Fotos und **Videos** werden noch in derselben Nacht in Blogs nachbereitet. Eine tagelang andauernde Diskussion über die Busblockade in den Mainstreammedien ist das Nachspiel dieses weithin beobachteten Konflikts. Das macht einmal mehr deutlich, wie manifeste **Aktionen**, Demos und Streiks in enger Verbindung mit Social Media zur Verbreitung kritischer **Diskurse** genutzt werden können. Umgekehrt wird auch sichtbar, wie vergleichsweise schwach der Impakt von Social Media-Informationen im Mainstream ist, wenn parallel keine manifesten Aktionen auf der Straße oder sonstwo stattfinden.

STELL DEN KONFLIKT DAR UND SETZ IHN IMMER WIEDER IN SZENE!

Informationen können bis zu einem gewissen Grad propagandistisch gehyped und als wertvoll inszeniert werden. Eine wichtige Propagandatechnik ist die stetige Wiederholung, um dafür zu sorgen, dass das Publikum in einem sozialen Raum immer wieder mit bestimmten Botschaften konfrontiert ist. Die Wiederholung einer Information steigert deren Relevanz. Mit entsprechendem Aufwand kann eine Inszenierung eine bis dahin irrelevante Information relevanter machen. In den meisten Fällen werden irrelevante Informationen jedoch irrelevant bleiben. Zudem sind die Instrumentarien der Propaganda Medienkonzernen oder Medien mit besonderem Einfluss in sozialen Bewegungen vorbehalten, die stark genug sind, soziale Räume mit ihren Botschaften zu besetzen. Allerdings lassen sich Informationen auch in kleinerem Maßstab inszenieren. Durch die Inszenierung als Konflikt lassen sich bestimmte Informationen leichter an ein Publikum bringen. Botschaften werden attraktiver und wahrscheinlich auch klarer, wenn sie als Widerstreit dargestellt werden, und das Publikum dem Streit zuschauen und sich eine Meinung bilden kann. Du tust also gut daran, über Konflikte zu informieren, wenn du attraktiv sein willst. Im Grunde genommen tun auch die Mainstream-Medien nichts anderes, als über Konflikte zu berichten, solange nicht irgendwo eine Naturkatastrophe noch spannender zu sein scheint. Informationen sind per se nie neutral, sie können zwar aus unterschiedlichen Positionen unterschiedlich gelesen, interpretiert und verwertet werden, haben aber doch stets in sich eine gewisse Richtung. Diese Richtung lässt sich durch die konfliktförmige Darstellung noch stärker herausarbeiten.

ARBEITE AN FARBE UND TON DEINES KANALS

Sobald du eine Information nicht nur 1:1 weiterleitest, sondern sie in irgendeiner Form bearbeitest, kannst du gar nicht anders, als der Information zusätzlich noch deine Farbe mit auf den Weg zu geben. Das muss gar kein Nachteil sein. Vielmehr kannst du das zu deinem Vorteil nutzen. Witzige Sprache, Pointen, Klarheit, Kürze, Nüchternheit, Stilsicherheit, Deutlichkeit, Offenheit, Deklariertheit, aber auch zusätzliche Recherche, all das und noch viel mehr kannst du als persönliches Markenzeichen entwickeln und damit eine zusätzliche Attraktivität bei den Rezipient_innen erreichen. Du kannst auch an sich alte Information attraktiver aufbereiten, als die Menschen vor dir und damit nochmals Publikum erreichen.

Wenn Deine Färbung allerdings nicht zu deinem Publikum passt, wird das deine Attraktivität reduzieren. Je breiter dein Publikum, desto eher solltest du auf das achten, was als Neutralität und Seriosität verstanden wird, denn dadurch machst du deine Informationen für viele anschlussfähiger, ohne dass bei deinem Publikum ein Bearbeitungsaufwand anfällt. Außerdem passt nicht jede Färbung zu jeder Information. Jedenfalls ergibt sich zwischen der Tendenz, die der Information selbst innewohnt und den Rezeptionsgewohnheiten des Publikums ein gewisser Spielraum, den du nutzen kannst, um Färbungen ins Spiel zu bringen. Wesentlich mehr Beitrag zur Meinungsbildung leistet freilich immer noch deine Informationsverdichtung. Sobald und solange die Menschen auf dich schauen, dich lesen und von dir kommende Informationen als relevant einstufen, kannst du insbesondere durch Auswahl der Informationen Lenkungseffekte erzielen.

ZEIT ONLINE ZEITGESCHEHEN

Das Dorf der Widerspenstigen

In Röthis in Vorarlberg sollte eine Familie in den Kosovo abgeschoben werden. Die Bewohner verhinderten den Einsatz

Informationswettlauf und Informationsstrategien

1. *Wir alle wissen, dass Bilder wichtig sind. Ebenso wichtig ist Vorbereitung. Die versuchte Abschiebung der Familie Komani führt nur deshalb zu einem öffentlichen Aufschrei, weil es die Bilder davon gibt, wie schwer bewaffnete Polizei um 6.40 in der Früh mit Sturmgewehr Kleinkinder abführt.* 2. *Die Behörden versuchen Bilder, Informationen und Aufmerksamkeit zu vermeiden. Die andere Seite versucht, aufmerksam zu sein und Bilder zu produzieren, am besten die Vorgänge dokumentierende YouTube-Videos, die schnelle Verbreitung finden.* 3. *Aktivist_innen harren oft nächtelang bei von Abschiebung Bedrohten aus, manchmal auch von Erfolg gekrönt.*

Du bist nicht der/die Einzige, der/die sich um Breaking News bemüht und der Information deine eigene Färbung mitgeben will. Informationen können im Rahmen einer Informationsstrategie bewusst zurückgehalten, selektiv und vorrangig an bestimmte Medien und Personen weitergeleitet werden, um einen Informationsvorsprung herzustellen, oder um Schwerpunkte zu setzen und anderen Informierenden die Show zu stehlen. Machtpositionen und privilegierte Informationszugänge können in besonderer Weise dazu genutzt werden, um zu überlagern und zu verdrängen, den Zugang zu Informationen zu verhindern oder zu erschweren. Informationsstrategien können genauso darauf abzielen, kritische Expert_innen als uninformiert dastehen zu lassen. Abuse of power comes as no surprise. Kriege werden neuerdings auch ganz bewusst als Informationskriege geführt. Journalist_innen werden von Kriegsschauplätzen ferngehalten und nur ganz selektiv mit Informationen und Bildern versorgt, oder sie werden "eingebettet" und kontrolliert. Auch österreichische Ministerien haben gelernt, dass sich mittels im Stillen vorbereiteter Exklusivpressekonferenzen unter Auswahl nur geladener willfähriger Journalist_innen das diskursive Terrain zum eigenen Vorteil aufbereiten lässt. Gleichzeitig wird Zensur in der Welt des World Wide Web immer schwieriger, wie das Beispiel der 90.000 gehackten Dokumente zum Afghanistan-Krieg zeigt, die im Juli 2010 auf Wikileaks veröffentlicht wurden und breites Echo in den Medien fanden.

ZUSAMMENFASSUNG

Um zu politischen Aktivitäten und Aktionen mobilisieren zu können – und erst recht um in dringlichen Situationen schnell, organisiert und effektiv mobilisieren zu können –, muss in vorausschauender Aufbauarbeit eine Informations- und Kommunikationsstruktur aufgebaut und etabliert werden. Als Aktivist_in oder Organisation gilt es, die eigene Position als glaubwürdigen und relevanten Informationsknotenpunkt zu etablieren und damit Netzwerkknotenpunkt in einer wachsenden Menge Interessierter zu werden.

- Verbreite Informationen effektiv und effizient, das lockt gute Informationen an.
- Bereite dich auf die nächste Protestwelle vor, insbesondere durch das Sammeln von Publikum (= Adressen).
- Nutze neue Medien, denn das steigert die Attraktivität deiner Information.
- Betrachte die Selektion, Kombination, Verdichtung und Ordnung der Information als Dienstleistung.
- Verschaff dir einen Informationsvorsprung, indem du schneller Informationen verbreitest als andere.
- Inszeniere Konflikte, um die Aufmerksamkeit zu nutzen, die Konflikten allgemein geschenkt wird.

- Überschätze nicht den Wert deiner Information für dein Publikum, sonst sendest du ins Leere.
- Überschätze nicht die Macht der Information und der Medien, es braucht immer auch die unmittelbaren Aktionen und Konflikte, über die informiert werden kann. Also beschränk dich nicht auf Informationsarbeit. Be part of the action as well. Und hol dir dadurch einen Informationsvorsprung.

- Begehe nicht den Fehler, fehlerhafte Information zu leugnen oder zu überspielen. Deine Glaubwürdigkeit sicherst du dadurch, dass du Fehler gegebenenfalls schnell richtigstellst.
- Unterschätze nicht die Möglichkeiten der langsameren bildungsförmigen Informationsarbeit, in der der Umgang mit Widersprüchen Platz hat. Die Arbeit an und mit Widersprüchen kann deine medienförmige Informationsarbeit schärfen.

Machiavelli, Medien, Newsletter, Protestwelle, E-Mail, Twitter, Facebook, widerst@nd-MUND, #unibrennt, Breaking News, soziale Bewegung, Kanäle, Abschiebungen, Sans Papiers, Informationshoheit, iranelection

KOMMENTARE

Wolfgang Weber *sagt:* *wientv.org*

Das habt ihr schön geschildert, wie man einen interessanten Info-Kanal aufbaut. Da könnten wir eigentlich gleich ein Lehrvideo mit den wichtigsten Tipps & Tricks auf wienTV.org machen, oder? ;-)

Wirklich nahe geht mir natürlich die Schilderung der Fallbeispiele. Das ist auf der einen Seite so brutal, dass einem das Herz blutet. Auf der anderen Seite haben alle super zusammengearbeitet, um die Fälle wenigstens bekannt zu machen und in die Massenmedien zu bringen. Und immerhin haben wir gewonnen.

Die Rechtsvertreterin der Familie, die sie da um halb sieben in der Früh mit dem Sturmgewehr abgeholt haben, hat schon ein halbes Jahr zuvor gut beschrieben, wie die Abschiebepraxis bei uns so läuft. Hier ist ein kurzes Interview von Anfang Juni (bit.ly/Abschiebepraxis):

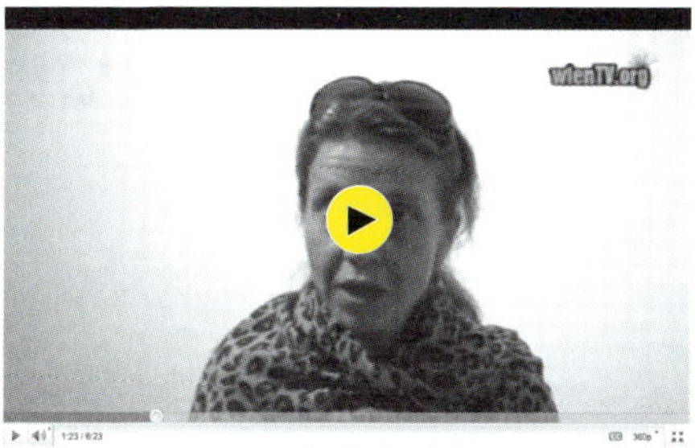

Zu den Umständen passt, dass bei der Abschiebung nicht nur die Fremdenpolizei mit Sturmausrüstung anrückt, sondern auch der Verfassungsschutz die Amtshandlung mitfilmt. Siehe dazu unsere Doku „Neun Jährige Zwillinge mit Vater im Gefängnis (bit.ly/VerfassungsschutzBeiAbschiebung)".

Jonas Reis *sagt:* *fm5ottensheim.blogspot.com*

Danke für's Verlinken auf die Doku im Blog. Wir haben hier ein schönes Beispiel von arbeitsteiliger Zusammenarbeit entwickelt, finde ich. Meinen Beitrag sehe ich

(u. a.) darin, die Chronik dieser Ereignisse festzuhalten, die der breiten öffentlichen Aufmerksamkeit entgehen. Und wenn es nach den meisten Massenmedien, Behörden, Konzernen, Universitätsleitungen, ... geht, auch möglichst keine Aufmerksamkeit bekommen sollen. Darum stellen wir möglichst schnell (in dem Fall wie Journalist_innen) genaue, sachliche, chronologisch den Ablauf der Geschehnisse dokumentierende Blogeinträge zusammen, in denen alle Medienberichte, die Tweets, die gemachten Videos und Fotos usw. verlinkt werden. Möglichst alles auf einen Blick.

Wir sind lebende WatchBlogs, beobachtend und Logbücher führend, wir tweeten und mobilisieren, machen Fotos und Videos, dokumentieren Abläufe via Netz und verlinken uns. Arbeitsteilung, social media, be the social media.

***Susanne Schmidt** sagt:* *erschütterung.info*

Ihr habt da etwas Geschichte sehr lebendig und höchst interessant nachgezeichnet! Vor knapp 10 Jahren waren es die E-Mail-Newsletter, bevor die als Spam wahrgenommen wurden, oder?

Ich muss oft zurückdenken an die Art der Informations-, Vernetzungs- und Mobilisierungsarbeit, als es noch keine Computer und Kopierer für uns gab. Wir waren auf persönliche Kontakte und Mitarbeit angewiesen und konnten Flugblätter nur in kleinen Auflagen mit Hilfe von Matrizen herstellen. Hier ein Rückblick von der Matrize zum Hashtag: bit.ly/matrize.

PARTIZIPATIVE VERANSTALTUNGEN

Den Raum für Dialoge und selbstorganisiertes Lernen organisieren

«Wenn zwei Knaben jeder einen Apfel haben und sie diese Äpfel tauschen, hat am Ende auch nur jeder einen. Wenn aber zwei Menschen je einen Gedanken haben und diese tauschen, hat am Ende jeder zwei neue Gedanken.»

Platon

Wie können Veranstaltungen so organisiert werden, dass sich die begegnenden Menschen motiviert fühlen, ihr Wissen mit anderen zu teilen? Das Web 2.0 hat eine Kultur hervorgebracht, Menschen miteinander in Beziehung zu setzen, indem Gemeinsamkeiten über eine große Anzahl Beteiligter gesucht und gefunden werden. Die Aneignung von Wissen findet dann statt, wenn Menschen die Probleme ihres Alltags lösen müssen. Das häufig hoch spezialisierte Wissen weiterzugeben gelingt in Webforen, Blogs, den Facebook-Gruppen oder ganz allgemein in zahlreichen Communities im Internet. Seit geraumer Zeit sind Veranstaltungsformate zu beobachten, die die digitalen Pfade ergänzen und in der Kohlenstoffwelt face2face-Begegnungen hervorbringen. Socialbars, BarCamps, Twittwoche, Usergroups, "Web-Stammtische", Hackerspaces: Die Namen sind zahlreich, die Veranstaltungskonzepte ebenso. Die diesen Veranstaltungen gemeinsame Kultur ist geprägt von Ergebnisoffenheit, gleichrangiger Partizipation und Individualisierung. Die auf solchen Veranstaltungen zusammenkommenden Menschen sind geprägt durch die many-to-many-Kommunikation der digitalen Welt. Sie sind sowohl gestaltende als auch rezipierende Beteiligte in ihrer Community. Moderator_innen haben strukturierende, systematisierende Aufgaben und enthalten sich der Einflussnahme auf Meinungsmache. Dort wo sich die Web 2.0-Kultur des Austausches bei Treffen, Versammlungen und

Veranstaltungen herausgebildet hat, fühlen sich alle Beteiligten gleichermaßen für die Community und die gelebte Kultur verantwortlich. Sie leben und erleben die gegenseitige Wertschätzung ihrer eigenen Beiträge sowie der anderen Inputs. Veranstaltungen mit Web 2.0-Kultur sind Trainingsräume für konstruktives Kritisieren, Feedback-Einholen und mit den Inputs der anderen Arbeiten. Der Austausch und die Weiterentwicklung von Wissen läuft selbstorganisiert und vielstimmig.

A SHORT HISTORY OF BARCAMPS, DIE VERANSTALTUNGEN DER NETIZENS

Der Begriff des *«BarCamps»* steht am bekanntesten für partizipative Veranstaltungen, wie sie durch die Netzkultur entwickelt wurden. BarCamps sind aus einer Abwandlung der sogenannten *«FooCamps»* hervorgegangen, die der einflussreiche "Tech-Guru" Tim O'Reilly seit 2003 jährlich abhält und "Friends of O'Reilly Camps" (FooCamp) nennt. O'Reillys Anspruch ist, Hacker_innen, Entwickler_innen neuer Technologien, Vordenker_innen und Evangelist_innen des Internets zusammenzubringen und bei einer Veranstaltung wie in einem Wiki #178 zusammenarbeiten zu lassen. Da diese Camps in ihrer Anlage als "Un-Konferenzen" erfolgreich, jedoch exklusiv sind – nur wer eingeladen ist kann teilnehmen – wird im Sommer 2005 von Teilnehmer_innen des FooCamps als Gegenentwurf ein erstes offenes BarCamp ausgerichtet. Das *«Bar»* in BarCamp steht dabei für "allgemein" beziehungsweise "offen" und leitet sich aus einem Element der Programmiersprache ab. Seit diesem ersten BarCamp in Palo Alto, Kalifornien, ist es Programm, dass BarCamps offen sind und *«Jede_r sich auf die eine oder andere Weise einbringen muss»*. Barcamps sollen in jeder Hinsicht offen sein, sowohl was die diskutierten Inhalte, die Teilnehmenden als auch die Ergebnisse angeht. Aber sie haben natürlich einen Rahmen: sie entspringen der Netzkultur, werden über das Netz bekannt gemacht, widmen sich im weitesten Sinn Netzthemen und werden von Teilnehmer_innen besucht, die viel mit dem Netz arbeiten. Sofort nach dem ersten BarCamp in Kalifornien treten das Veranstaltungskonzept und die damit einhergehende Kultur einen viralen #209 Siegeszug um die Welt an.

Die "Sessions"-Planung auf BarCamps

1. *Am Beginn eines BarCamps steht das Zusammenstellen des Programms. Das "Papier-Wiki" wird selbsttätig von Teilnehmer_innen befüllt. Den sogenannten "Slots" werden Programmpunkte zugewiesen, die "Sessions", Vorträge, Workshops oder Diskussionen.* **2.** *Videos vom «EduCamp», einem BarCamp im Ruhrgebiet oder einem «CastleCamp» für Tourismus und Web erklären: Was ist ein BarCamp, und wieso fängt alles mit keinem Programm an?* **3.** *Sind die bespielbaren "Slots" durch die Angebote der Teilnehmer_innen gefüllt, ergibt das ein buntes Programm, so wie hier am «PolitCamp» in Bonn. Das Vortragen, Zuhören, Diskutieren und Netzwerken kann beginnen.*

Da BarCamps aus der Netzkultur hervorgehen, stehen die übergeordneten Themen zumeist in einem Zusammenhang mit dem Netz, und neben den allgemein gehaltenen *«BarCamps»* als Treffen digitaler Kontakte in der "realen Welt" gibt es diverse Themencamps: PolitCamps, SocialCamps,

DesignCamps, GenderCamps, OpenDataCamps etc. All diese BarCamps verzahnen die digitale mit der analogen Welt in jeder Hinsicht. Zuerst wird ein Pflock in Form der Bekanntmachung eines Ortes, des Datums und der Schwerpunktsetzung in die Erde geschlagen. Dann wird in Blogs #335, auf Twitter #166, Facebook #094 und in den Sozialen Netzwerken #341 darüber geschrieben und dazu eingeladen. Und schließlich kann jede_r kommen und ein gewünschtes Thema anbieten, auf die Tagesordnung setzen und diskutieren. Die Kommunikation mit den Interessierten wird vor und nach den Un-Konferenzen fast nur digital abgewickelt. Auch auf der Veranstaltung selbst spielen Medien eine sehr wichtige Rolle. Sie dienen der Dokumentation der Veranstaltung und zu einem wesentlichen Teil der sozialen Vernetzung untereinander. BarCamps und die dem Veranstaltungsformat angelehnten Themencamps sind Treffpunkte, um den eigenen Horizont und das eigene Netzwerk zu erweitern. Deshalb haben solche Veranstaltungen in der Regel regionalen Charakter.

DIE STRUKTUR VON UN-KONFERENZEN UND OPEN-SPACE-SYMPOSIEN

Den BarCamps, die meist über zwei Tage angesetzt werden, sind Formate für kleinere, spontanere und kürzere Treffen angelehnt. Solche Veranstaltungen wie ein "Webmontag" sind dann nur für einen Abend angesetzt und bedürfen dementsprechend weniger Vorbereitung und Aufwand im Organisieren der Infrastruktur, aber sie werden von der gleichen Kultur getragen. Es kann kommen, wer immer interessiert ist. Es wird diskutiert und thematisiert, was vor Ort ausgemacht wird. Es herrscht das Prinzip "Open Space". Die Veranstaltungsformate des Web 2.0 sind also kein vollkommen neues Genre in der Bildungslandschaft, sondern eher ein konsequentes Verzahnen von digitalen Technologien und Techniken offener, selbstorganisierter Kommunikation. Die Sozialen Netzwerke helfen dabei, entstandene Kontakte zu konservieren und lebendig zu halten. So werden Kontakte für den Moment bewahrt, in dem andere die eigenen Kompetenzen nachfragen oder mensch selbst auf Fähigkeiten und Wissen aus dem Netzwerk zurückgreifen will. Nicht ohne Grund gibt es bei Twitter den Hashtag #158: #followerpower. Wenn wir vor einem Problem stehen, für das die Hilfe aus den Reihen der Community benötigt wird, rufen wir *«#followerpower»* ins Netz hinaus. Mit etwas Glück und bei gutem Vernetzungsgrad erhalten wir Antworten. Es finden sich andere Personen mit ähnlichen Problemlagen, Interessen und Arbeitsgebieten. Eine anregende Debatte entsteht, der Austausch von Know-how läuft an. Dabei können diese Dynamiken online ebenso wie auf Veranstaltungen selbst evoziert und genutzt werden. Open-Space-Symposien werden seit den 1980er-Jahren zum Beispiel im pädagogischen Bereich genutzt. Auch bei Open-Space-Symposien gibt es Leitthemen und möglicherweise den einen oder anderen vorbereiteten Impulsinput. Zum von den Veranstalter_innen ausgeschriebenen Leitthema entwickeln die Teilnehmer_innen aber selbst die Inhalte und das Programm. Die Autonomie jeder Teilnehmerin, jedes Teilnehmers und jeder Workshop-Gruppe ist wichtig, wird geachtet und durch das Format weiter geschult. Die Angebote für Vortragsinputs und die Fragen, die mensch diskutieren will, werden zu Beginn des Symposiums in einem gemeinsamen Plenum gesammelt. Die Teilnehmer_innen wählen dann anhand der im Plenum veröffentlichten und auf Pinnwänden festgehaltenen Angebote aus. In mehreren Räumen des Veranstaltungszentrums können Workshops und Vorträge parallel stattfinden, allenthalben kommt das Plenum zusammen. Die Veranstaltung ist also eine "Un-Konferenz" abseits der Trennung in Vortragende und Publikum. Ob Open-Space-Symposium, Un-Konferenz oder BarCamp: die offene Struktur der Veranstaltung ermöglicht, dass wir *«#followerpower»* rufen und uns beschäftigende Fragen mit anderen diskutieren, Feedback einholen und mit Hilfe des Wissens anderer weiterkommen. Die Allgegenwart digitaler Medien, die bei der Form des BarCamps den Unterschied zu den anderen genannten Veranstaltungen ausmacht, wird allgemein als nützlich und weniger als störend wahrgenommen. Das hängt sicherlich auch mit der technikaffinen Zielgruppe zusammen, die von solchen Veranstaltungen erfährt, und die intensiv über das Internet kommuniziert. Das hängt aber auch mit der Experimentierfreude zusammen, die ebenso symptomatisch ist, wie die Beta Phasen (Beta = Fortgeschrittener, aber noch nicht vollkommen ausgereifter Zustand des Produkts), in denen sich viele der im Web 2.0 etablierten Webseiten befinden.

DAS ERSTE POLITCAMP IN BERLIN

Das PolitCamp im Jahre 2009 war ein gegenseitiger, überparteilicher und konstruktiver Austausch zwischen Theorie und Praxis. Innerhalb von zwei Monaten Vorbereitungszeit registrieren sich 617 Interessierte für das *«PolitCamp09»*. Am 2. und 3 Mai 2009 sind es dann 587 politisch Interessierte, die tatsächlich gekommen sind. Internetexperten, Wissenschafter, Politiker und vor allem ganz normale Internetnutzer_innen und Bürger_innen treffen sich und diskutieren miteinander. Es werden Wege gesucht, auf denen die Politiker_innen ihre Politik transparenter machen können und wie sie sich diskursiver den Bürger_innen anbieten sollen. Es werden aber auch Dienste, Plattformen und Anwendungen vorgestellt und diskutiert, die es Wähler_innen leichter machen sollen, Politik zu verfolgen, zu verstehen und an politischen Prozessen zu partizipieren. Teilweise werden auch neue Dienste als weiter zu entwickelnde Ideen kreiert. "Politiker_innen" sind auch jede Menge da und sie bestätigen, dass das Veranstaltungsformat dem postulierten Veranstaltungsziel entspricht: Digitale Kommunikation über politische Themen trägt zur Demokratisierung bei.

Das PolitCamp09 in Berlin ist ein erster Versuch ohne große Erfahrungswerte, auf die mensch sich hätte beziehen können. Nach dem Sessionaufruf im Internet wird schon befürchtet, dass die Kapazitäten der Räume nicht ausreichen könnten, aber auch, dass die vorgesehenen, einführenden 30 Minuten zur Planung des ersten Sessiontages viel zu kurz bemessen sein könnten. Aber das Ergebnis kann sich dann sehen lassen. Für eine traditionelle Konferenz dieser Größenordnung mit fast 600 Teilnehmer_innen wäre wahrscheinlich deutlich mehr unterstützendes Personal und deutlich mehr Zeit für die Vorbereitung notwendig. Das PolitCamp09 kommt mit einem Kernteam bestehend aus sechs Organisator_innen aus, unterstützt von einer Fülle von Aktiven direkt vor Ort. In lockerer und prägnanter Form wird der Sessionplan gefüllt. Jede und jeder, die oder der etwas thematisieren will, kann das auch tun. "Den Experten" gab es nicht. Nur selten handelt es sich bei "Sessions" um Vorträge, in den meisten Fällen geht es um Meinungs- und Erfahrungsaustausch auf Augenhöhe. Auf die wiederholte Frage, wo es denn einen Vortragsplan gibt, wird auf die Sessionplanung zu Beginn eines jeden Tages verwiesen. Im Vorfeld ist noch oft ein skeptisches *«Ob das mal gut geht»* die Reaktion. Am Camp selbst geht alles gut und selbstorganisiert flüssig ab. Die vertretenen Politiker_innen können auch mit der Twitterwall gut leben. Die auf der Twitterwall sichtbar werdende digitale Kommunikation wird sogar in ihre Statements miteinbezogen. So wird auf die Fragen der Zuhörer_innen, aber auch auf ihre Polemiken eingegangen. So ist es vielen, wenn auch nicht direkt, so doch über den Kommunikationsdienst Twitter, möglich, mit den Politiker_innen zu debattieren.

DIE REALITÄT ZWISCHEN TAGESORDNUNGEN UND KONFERENZPROGRAMMEN

Das gute alte Konferenzwesen betont schon in der Konzeption die Wissensvermittlung. Der Mensch ist Gast, Teil des Publikums, kaum Teilnehmer_in und wird teils als Konsument_in, teils als Festplatte begriffen, die es zu füllen gilt. Dabei wissen wir alle aus eigener Erfahrung, dass am Ende einer Fachtagung nicht nur die Vorträge, sondern vor allem die Begegnung mit interessanten Menschen und Gespräche abseits in Pausen und am Buffet ein wichtiger Teil des Erfolges einer Veranstaltung sind. Und das gilt nicht einmal nur für die Konferenz oder die Fachtagung, das fängt schon bei der Jahresversammlung, dem Mitgliedertreffen und der regelmäßigen Sitzung unserer Organisation an. Bei der Konferenz erfolgt die Auswahl der Referent_innen und Expert_innen in aller Regel nach ihrem Bekanntheitsgrad. Bei der Mitgliederversammlung hat der Vorstand die Tagesordnung festgelegt, führt und erteilt das Wort. Einmal ausgetretene Pfade haben zur Folge, dass auf thematisch ähnlich gelagerten Konferenzen immer wiederkehrende Expert_innen die immer ähnlich gestellten Fragen diskutieren. Einmal bezogene Rollenaufteilungen zwischen denen, die informieren und den anderen, die informiert werden, sind so, weil wir es immer schon so gemacht haben. Eine PowerPoint-Präsentation gleicht und folgt der nächsten, ein Bericht der Vorsitzenden dem anderen und die Moderation dient dazu, den Taktstock zu schwingen, mit dem das Ritual eingehalten wird. Die Beteiligung des Auditoriums begrenzt sich auf Fragen zum vorangegangenen Vortrag. Das Auditorium hat zuzuhören und gefällt sich daher auch in dieser passiven Rolle. Beteiligung und Auseinandersetzung kann fast nur in den konferenzualen Zwischenräumen geschehen, also beim Kaffee, in der Mittags- oder bei der Rauchpause. Die gemeinsame Weiterbearbeitung eines offenen Themas fällt dem Zeitraster der Konferenz zum Opfer. Solche eingefahrenen Strukturen sind anfällig, sogenannte "Echokammern" zu werden. Das ist ein stückweit nicht zu vermeiden. Echokammern sind Gremien, thematische Zirkel, Parteien, Communities und andere mehr oder weniger geschlossene Systeme, die alle irgendwann dazu neigen, sich selbst in ihrem Ansinnen zu bestätigen und vor allem mit sich selbst zu beschäftigen. Die eigene Welt bestimmt die Wahrnehmung der Akteure so sehr, dass eine Auseinandersetzung mit anderen, mit Außenstehenden, mit "Fremden" immer schwerer möglich ist.

Wäre eine Veranstaltung denkbar, die das genaue Gegenteil der üblichen Versammlung, der üblichen Sitzung, der üblichen Form der Konferenz ist? Eben eine Un-Konferenz, eine Nicht-Konferenz? Sollten wir nicht hie und da Veranstaltungen einschieben, die wir bewusst öffnen und aufmachen, was beiläufig bemerkt auch einiges an Vorbereitungsarbeit braucht. Selbst Konferenzen sind häufig nicht öffentlich. Im besten Fall wird nach der Konferenz ein Bericht veröffentlicht, der die Ergebnisse oder besser die vorgetragenen Inhalte zusammenträgt. In anderen Fällen gibt es ein Protokoll streng nach der Tagesordnung. Sollten wir also nicht immer wieder einmal Tagungen, Sitzungen und Konferenzen einstreuen, die uns aus der "Echokammer" herauszwingen? Teilnehmer_innen dürfen von überall kommen und können zu einem Vortrag kommen und gehen, wann er oder sie will. Jede_r könnte selbst einen Input liefern oder einen Workshop organisieren. Nicht die Gewerkschaftskarte, nicht das Parteibuch, nicht die Vereinsmitgliedschaft würden darüber entscheiden, ob mensch als Teilnehmer_in zugelassen ist, sondern ausschließlich die Anmeldung und die Partizipation selbst, ganz wie bei der Wikipedia. Die Veranstaltung würde via Video und Live-Stream #041 im Netz zu sehen sein und jede_r, der oder die nicht kommen kann, hätte die Möglichkeit sich digital einzubringen. Die Grenzen zwischen den Anwesenden und Zuschauer_innen aus dem digitalen Raum #113 würden verschwimmen. Eine Twitterwall würde als Subkommunikation zur Tagung von allen Partizipierenden genutzt werden können, online wie offline. Eine solche Veranstaltung könnte die Grenzen von Veranstaltungsraum und Öffentlichkeit erweitern. Die Utopie ist barrierefreie Bildung für alle von allen. #unibrennt oder auch #yeswecamp haben gezeigt, dass solche Veranstaltungen Menschen in Resonanz versetzen.

WikiWiki, die WikipediA und neue Formen kollektiver Intelligenz #178

Das Wort *«Wiki»* ist heute auf dem besten Weg, ein global verstandenes zu werden und gehört zum Wortschatz einer Pidgin-Weltsprache. Es ist ursprünglich hawaiisch und bedeutet dort *«schnell»*, wird außerhalb der hawaiischen Sprache aber wohl eher mit der *«WikipediA»* verbunden. Der Name des global bekannten und vielsprachigen freien Online-Lexikons scheint aus den Begriffen für "schnell" und "Enzyklopädie" zusammengesetzt zu sein. Dabei verweist der Wortteil "wiki" in *«WikipediA»* eigentlich nicht auf "schnell", sondern auf die Wiki-Software beziehungsweise das System des WikiWeb, auch *«WikiWiki»* genannt. Es ist nämlich so: Wiki und die Wikipedia sind nicht ein und dasselbe. Die *«WikipediA»* als Enzyklopädie-Plattform ist eine Anwendung, die auf der Wiki-Software und dem Content-Management-System (CMS) basiert. Sie ist aber auch eine konsequente Umsetzung der Idee und Vision, die im Wiki-Konzept steckt. Wikis sind nicht nur freie Software #248 und gratis nutzbar, sondern ein Werkzeug zur freien, kollaborativen Arbeit am Content, das ohne vorstrukturierende Hierarchien auskommt. In Wikis und auch in der Wikipedia kann im Prinzip jede_r eine Seite anlegen, Texte eingeben und bearbeiten, auch die Texte anderer bearbeiten und kommentieren, jede Stelle mit jeder anderen Stelle verlinken etc. Das Werkzeug Wiki ist wie kaum etwas anderes geeignet für ein ebenso individuelles wie kollektives Arbeiten vieler Gleichrangiger, die alle für sich und in Summe an Inhalten arbeiten, die für alle frei zugänglich und frei weiterverwendbar sind. Wikis bilden einen wichtigen Baustein der *«Open Content Bewegung»* und folgerichtig fallen in der Wikipedia freie Software, freie Lizenzen und freie Inhalte beziehungsweise freier Zugang zusammen. Die Arbeit der Vielen, die nicht nur rein produktiv beitragen, sondern sich gegenseitig auch korrigieren, kann als Selbstorganisation der Wissensproduktion verstanden werden und wird allenthalben als *«kollektive Intelligenz»* bezeichnet.

DER ORGANISATORISCHE ABLAUF EINES BARCAMPS

Das BarCamp ist für uns so etwas wie die "Mutter der offenen partizipativen Veranstaltungen", die aus der Netzkultur hervorgegangen sind. Wir wollen daher das BarCamp exemplarisch behandeln und eine Checkliste für BarCamp-Organisator_innen skizzieren. Ein BarCamp findet am besten an einem Wochenende über zwei Tage hinweg statt. Es beginnt gegen 10.00 Uhr mit dem Check-in. Das Check-in ist die zentrale Anlaufstelle in Form eines Info-Tisches. Organisatorische Fragen aller Art können hier gestellt und beantwortet werden, Namensschilder und Listen sind hier zu finden. In der unmittelbaren Nähe steht der Sessionplan, auf dem alle Veranstaltungen des jeweiligen Tages zu finden sein werden. Bevor Sessions eingetragen sind, ist dieser Sessionplan ein Raster aus Zeitslots und Räumen. Dieses Raster zeigt die zur Verfügung stehende Infrastruktur an bespielbaren "Slots" an. Gegen 11.00 Uhr beginnt die gemeinsame Einführungssession. Nachdem sich das Orgateam vorgestellt hat, wird kurz das Veranstaltungsformat erklärt und zu den Punkten Vorstellung und Sessionplanung übergeleitet:

1. Jede_r Anwesende stellt sich knapp mit Namen und drei freigewählten Tags #158 vor, die ihn oder sie beschreiben. Die Vorstellungsrunde verschafft den Teilnehmer_innen einen ersten Überblick zu interessanten Gesprächspartner_innen.

2. In der anschließend moderierten Sessionplanung werden alle, die eine Session gestalten wollen, gebeten diese kurz vorzustellen. Nach jeder Sessionvorstellung wird abgefragt, wie viele Interessent_innen es gibt, nicht um bei fehlendem Interesse die Session ausfallen zu lassen, sondern um zu wissen, wie groß der Raum sein muss, in dem diese Session stattfinden soll. Die Sessions werden in das "Papier-Wiki" an der zentralen Stelle beim Info-Tisch eingetragen.

Der Sessionplan wird bei einem zweitägigen Barcamp immer nur für einen Tag festgelegt. Es hat sich gezeigt, dass es am Folgetag häufig Follow-up-Sessions gibt, weil die Zeit am ersten Tag nicht ausgereicht hat, oder weil wiederum andere Teilnehmende das Thema um bestimmte Aspekte erweitern wollen. Eine Session dauert in der Regel 45 Minuten und liegt in einem einstündigen Slot, sodass die Teilnehmenden noch 15 Minuten Zeit haben, den Sessionraum zu wechseln. Es empfiehlt sich, die Zeiten auch präzise einzuhalten, da sonst die nachfolgende Session verspätet anfangen muss. Sessions können ab zwei Personen problemlos durchgeführt werden. Eine Session muss nicht zwangsläufig ein Vortrag sein, sondern kann auch eine These diskutieren oder ein Hands-on-Workshop sein. Es sind auch schon Gesellschaftsspiele in einer Session gespielt worden. Das BarCamp wird gegen Ende des abschließenden Tages schließlich durch eine gemeinsame Abschlusssession aller beendet, bei der jede_r Teilnehmende in drei Tags versucht, ein Fazit für die Veranstaltung zu formulieren. Anschließend helfen alle Anwesenden, die Veranstaltungsräumlichkeiten wieder in Ordnung zu bringen. Einen guten Leitfaden, was bei der Organisation eines BarCamps zu bedenken ist – nämlich auch im Vorfeld und für die Nachbereitung – gibt es im mixxt-Blog. Wir wollen hier kurz skizzierend anreißen, was alles in den Phasen (1) vorher, (2) währenddessen und (3) nachher bedacht werden will:

Vorher: sind im Sinne eines Missionstatements die inhaltliche Ausrichtung und Zielgruppe zu definieren. Ein Team sollte sich zusammmenfinden, das die Organisation übernimmt: das Orga-Team. Das sollte nicht nur aus Ideengeber_innen, sondern auch aus strategischen Partner_innen bestehen, die gewünschte Zielgruppen ansprechen und aktivieren können. Termin und Ort sollten so früh wie möglich festgelegt werden. Bei der Auswahl des Ortes sollte darauf geachtet werden, dass WLAN und ausreichend Infrastruktur wie Beamer etc. vorhanden sind. Außerdem wird ein großer Raum benötigt, in dem alle Barcampenden Platz finden, und daneben so viele Räume wie möglich. Sponsoren und Medienpartner wollen gefunden werden, und ihre Beteiligung ist abzusprechen. Ein eigener Twitter-Account, eine Facebook-Seite, das CampBlog und ein Wiki wollen eingerichtet werden. In Österreich gibt es dazu das offene BarCamp Austria Wiki, auf dem Bereiche für BarCamps eingerichtet werden können. In Deutschland wird von vielen BarCamps dazu eher die mixxt-Plattform verwendet. Auf all diesen Kanälen wird das BarCamp mit Termin und Thema angekündigt, die Vernetzung der Kanäle kann und sollte so früh als möglich beginnen. Sessionvorschläge können bereits gepostet werden, die Teilnehmer_innen-Liste beginnt sich zu füllen. Ob Teilnahmegebühren oder Unkostenbeiträge mit einem symbolischen Betrag zwischen 10,00 € und 20,00 € erhoben werden, ist zu klären. BarCamps sollten kostenlos und damit für jede_n zugänglich sein, es hat sich jedoch gezeigt, dass die No-show-Rate, also die Anzahl der Angemeldeten, die dann doch nicht kommen, viel höher ist, wenn der Eintritt kostenlos ist. Bei der Anmeldung sollte die E-Mail-Adresse abgefragt werden, um die Teilnehmenden exklusiv auf das kommende Barcamp vorbereiten zu können. Wichtige Hinweise sollten in einem Newsletter #350 zusammengefasst werden. Sollte es mehr Anmeldungen als Plätze für das BarCamp geben, sollte eine Warteliste eingerichtet werden. Etwa zwei Wochen vor Beginn des BarCamps sollte das Vorschlagen von Sessions möglich sein. Für BarCamp-Newbies ist es eine große Hilfe, eine inhaltliche Struktur vorzufinden. Die Vorschläge im Vorhinein dienen aber auch dazu, sich mit anderen zusammenzuschließen, die eine ähnliche Session planen. Darüber hinaus können Sessionwünsche formuliert werden.

Die Selbstorganisation des BarCamp-Programmangebots

1. *Der Check-in wird im Vorhinein vom Orga-Team vorbereitet. Teilnehmer_innen-Listen, Namenskarten, Infomaterial etc. liegen bereit. Die Betreuung des Info-Bereichs teilt sich das Team auf. Dazu gibt es einen Stundenplan, wer wann freiwillig für die Besetzung des Check-ins zur Verfügung steht.* 2. *Nach der Eröffnung durch die Organisator_innen und der Vorstellungsrunde aller geht es an die Planung der Sessions. Vortragsthemen und Workshop-Ideen werden gesammelt und zu einem Programmablauf eines Tages zusammengeführt.* 3. *Den Rest des Tages laufen die Sessions, oft in mehreren Räumen parallel. Vom Workshop im kleinen Kreis bis zur großen Diskussion vieler ist alles möglich, vorausgesetzt die räumliche Infrastruktur wurde im Vorfeld für verschieden große Gruppen organisiert.*

Während des Camps: Das Check-in, Infotisch und der Sessionplan als "Papier-Wiki" wollen vorbereitet und aber auch laufend betreut werden. Das Gleiche gilt für technische Infrastruktur wie WLAN, Live-Stream, Beamer und so banal klingende Details wie die ausreichende Versorgung mit Steckdosen und Verlängerungskabeln. Beim Check-in sollte der Abgleich Teilnahmelisten und Unterschriftenlisten administriert werden, besonders wichtig, wenn öffentliche Gelder für das BarCamp verwendet werden. Die Ausgabe der Namensschilder kann mit der Erfassung der E-Mail-Adressen, Twitter-Accounts etc. einhergehen. Eine Stunde nach dem Einlass erfolgt die Eröffnungssession. Hier sollte auf die Möglichkeit der Dokumentation hingewiesen werden. Bei kleineren Camps kann das CampBlog von allen genutzt werden, indem allen Teilnehmenden Schreibrechte eingeräumt werden. Bei größeren Camps können Wikis oder Etherpads #319 genutzt werden. Der Vorteil der Etherpads ist, dass viele Teilnehmende zeitgleich Notizen zu Sessions schreiben können und keine einzelne Person für ein Protokoll benannt werden muss.

Nachbereitung: fängt bei der Sammlung von Inhalten am Camp selbst an, also zum Beispiel Fotos und Videos, aber auch der Hinweis auf die gemeinsame Flickr-Gruppe #149 oder Hashtags. In den Tagen nach dem Camp sollte es eine Vielzahl an Blogbeiträgen, Videos und Foto-Alben online von den Teilnehmer_innen geben. Diese sollten aufbereitet und im Campwiki oder bei Mixxt gesammelt und im CampBlog dokumentiert und empfohlen werden. Über Twitter und Facebook gehen Nachrichten raus, was es alles an Dokumentationsmaterial gibt. Aufgezeichnete Sessions können über einen eigenen YouTube-Kanal #201 zur Verfügung gestellt werden.

VON WEBMONTAGEN, PECHA KUCHA'S UND TWITTAGESSEN

Neben den großen und intensiven BarCamps gibt es viele kleinere Veranstaltungsformate, die sowohl Diskussionen am Laufen und Netzwerke lebendig halten als auch als wichtiges Korrektiv funktionieren können, um Außen- und Innensichten abzugleichen und Entwicklungen mitzubekommen. Der Web-Montag ist etwa ein abendliches informelles Treffen zu unterschiedlichen Themen. Das Treffen, wöchentlich oder monatlich, wird in der Regel dezentral via Netz organisiert – es gibt sowohl die Plattform webmontag.at als auch webmontag.de – und kann in Lokalen oder Vereinsräumlichkeiten stattfinden. Die Themen bei klassischen Webmontagen spannen sich rund um technische Innovationen und Entwicklungen. Thema und Referent_innen können auch schon vorher bekannt gegeben werden. An einem Abend gibt es häufig Input von zwei Expert_innen in einem Bereich und Austausch mit allen zu diesen Themen. Statt eines klassischen Webmontags können freilich auch Themen abseits der im engeren Sinn "Webthemen" auf das Tapet gebracht werden. Die Form des *«Pecha Kucha»* kommt etwa aus dem Architekturbereich und sieht, ebenfalls als Abendveranstaltung, die Präsentation von Themenbereichen in einer prägnanten, klar definiert kurzen Zeit vor, um neben dem Input auch wieder ausreichend Raum für das soziale Netzwerken zu schaffen. Beim *«World-Café»* handelt es sich wiederum um eine Workshop-Methode, die aber gut mit digitaler Begleitung und Auf- beziehungsweise Nachbereitung kombiniert werden kann. Ein Twittagessen schließlich ist ein ungezwungenes, per Twitter einberufenes offenes Treffen mit dem vordergründigen Ziel der gemeinsamen Essensaufnahme in angenehmer Runde. Ein Twittagessen wird spontan eingerichtet und angekündigt und eignet sich hervorragend zum schnellen Austausch und um neue Leute kennenzulernen. Das Vorurteil, das Internet mache einsam und die Online Plattformen ersetzen die direkte Face-to-Face-Kommunikation, wird gerade durch solche niedrigschwelligen Veranstaltungen widerlegt. Digitale Kommunikation lässt häufig den Wunsch entstehen, die Menschen hinter den Avataren und Benutzerkonten kennenzulernen. Online-Kommunikation und Begegnungen in der "Real-World" verschränken sich. Für die Schaffung eines Netzwerkes ist gerade dieser lauwarme Kontakt außerordentlich wichtig.

ZUSAMMENFASSUNG

BarCamps brechen mit den traditionellen Formen von Bildungsveranstaltungen, weil sie die Teilnehmenden in den Mittelpunkt stellen. Unsere eigene Bildungsbiografie hat die Lehrenden in den Mittelpunkt gestellt und dadurch die lange bekannten konstruktivistischen Grundlagen ignoriert. Vermittlung von Wissen kann nur im Dialog stattfinden, im Abgleich der verschiedenen Konstrukte und Vorstellungen, die sich der Lernende von einem Bildungsgegenstand macht. Nichts wird so verstanden, wie es vermittelt wurde. BarCamps sind der Prototyp eines konstruktiven Lernsettings. Sie machen deutlich, dass jeder vom anderen lernen kann. Das Interesse füreinander muss jedoch bestehen. Die Sozialen Netzwerke sind ein Katalysator, dieses Interesse auch für die Menschen zu entwickeln, die mensch als Fremde bezeichnen würde. BarCamps bringen die Sozialen Netzwerke und Arbeitsweisen wie die in einem Wiki in die analoge Welt. Deshalb ist es nur logisch, dass die Kommunikationskulturen des Netzes, von Twitter, Facebook und aus der Blogosphäre #084 so eng mit den Un-Konferenzen verwoben sind.

Die Regeln des BarCamp-Prinzips:

- Du sollst über BarCamps reden.
- Du sollst zu BarCamps bloggen.
- Wenn du etwas präsentieren willst, schreib dein Thema und deinen Namen in einen freien Präsentationsslot.
- Nur drei Begriffe zur Vorstellung.
- So viele Präsentationen parallel wie die Räumlichkeiten es zulassen.
- Keine vorab festgelegten Vorträge, keine Tourist_innen.
- Präsentationen dauern so lange, wie sie eben dauern, oder bis der Raum für den nächsten Präsentationsslot gebraucht wird.
- Wenn du das erste Mal bei einem BarCamp dabei bist, musst du etwas präsentieren. (O.k., du musst natürlich nicht absolut und unbedingt, aber versuch jemanden zu finden, mit dem du gemeinsam etwas präsentieren kannst, oder stell wenigstens Fragen und sei eine aktive Teilnehmerin bzw. ein aktiver Teilnehmer.)

Open Space, BarCamp, Un-Konferenz, Dialog, Netzkultur, Partizipation, Sessions, Wiki, Sessions, Twitterwall, PolitCamp, Slots, Veranstaltung, Workshops, Vorträge, WikiWiki, #followerpower, digitale Welt, SocialBar

KOMMENTARE

Marcel Knape *sagt:*

Ich war ja sehr von meinem ersten MOOC angetan. Ein MOOC ist ein E-learning-Seminar im Barcamp-Stil, heißt in Langform: Mass Open Online Courses (MOOC). Es gibt Themen, zu denen dezentral auf Blogs, bei Facebook oder Twitter zu einem wöchentlich vorgegebenen Thema diskutiert wird. Der erste MOOC in Deutschland hatte ca. 700 Teilnehmende und wurde von der Universität Frankfurt ins Leben gerufen. Es gibt keine zentrale Lernplattform, die von allen benutzt werden muss, sondern es wird von den Organisierenden stark auf die selbstorganisierenden Kräfte der Teilnehmenden vertraut. Einmal wöchentlich werden die zentralen Thesen in einem Newsletter zusammengefasst. Darüber hinaus findet ein zentrales Online-Event pro Woche statt, in dem es einen Input von einem geladenen Experten gibt. Häufig laufen die verteilten Blogbeiträge in einem MOOC-Blog noch einmal zusammen. Dennoch ist die Art des Mediums nicht vorgeschrieben, es kann auch ein Podcast aufgenommen oder ein Video produziert werden. Auch Twitter mit seiner Hashtag-Funktion sorgt für den Echtzeit-Stream, in dem auf die Diskussionsbeiträge hingewiesen wird, und erlangt damit eine sehr zentrale Bedeutung.

nest

Sandra Diana Troegl *sagt:* *nest.im*

Vielen Dank für diese umfassende Einführung zum Thema partizipative Veranstaltungen!

Im April 2012 findet in Berlin nun zum dritten Mal die *re:campaign* statt, auf der sich NGO zum Thema Online-Campaigning austauschen. Die re:campaign besteht aus Vorträgen, Workshops sowie einem Open Space und BarCamp. Sie ist daher eine Hybridform zwischen Konferenz und Un-Konferenz. Somit wollen wir gleichzeitig Impulse und Input von internationalen Referenten bieten und trotzdem den Austausch zwischen den Teilnehmern in den Vordergrund stellen. Wenn ihr Lust habt, bei der re:campaign mitzuwirken, schreibt gerne eine Mail an info (at) re:campaign.de! Wir laden auch vor der Veranstaltung zu offenen Townhallmeetings ein, um vorab schon mal Vorschläge und Ideen zu sammeln.

Weitere Infos und Kontaktmöglichkeiten unter recampaign.de

***Robert Lender** sagt:* *robertlender.info*

In Österreich gibt es mit barcamp.at immerhin eine Seite, auf der sich alle Barcamps wiederfinden. Aber über neue Barcamps kann man sich dort nicht benachrichtigen lassen. Ebenso sind die genannten Webmontagen, "Twittagessen" usw. auf unzähligen Plattformen verstreut. 2008 hatte ich die Idee für webtermine.at – eine Plattform für web-/internetbezogene Veranstaltungen. Nach einigen Versuchen gab es 2010 einen großen Relaunch und seither konnte sich webtermine.at etablieren. Das Besondere an webtermine.at ist, dass alle UnterstützerInnen (RedakteurInnen, TechnikerInnen, LayouterInnen, ...) ehrenamtlich mitarbeiten. Die Plattform hat somit kein kommerzielles Interesse (kleine Einnahmen über Kachingle und Co. finanzieren die technische Weiterentwicklung) und ist ein Service von der Community für die Community. So wie ein Barcamp das ist, was jedeR Einzelne daraus macht, ist "Webtermine" das, was Einzelne (gemeinsam) dazu beitragen. Webtermine.at ist so offen wie möglich gestaltet. Zugriffe auf die Termine gibt es über unterschiedlichste Dienste und Schnittstellen. Die Zugriffszahlen werden natürlich auch offengelegt etc.

Mit April 2011 startete auf webtermine.ch der erste "Ableger". Mit August 2011 begann der Versuch, die Webtermine-Plattform-Idee auch in Deutschland zu verbreiten. Somit stehen mittlerweile mit webtermine.at, webtermine.ch und webtermine.de drei Plattformen für die DACH-Region zur Verfügung, die versuchen, all das zu sammeln und zu bündeln, was sich engagierte NetzaktivistInnen so einfallen lassen. Auch wenn kommerzielle Veranstaltungen auf den Webtermine-Plattformen gelistet werden, so wird immer den nichtkommerziellen "open source", "crowdbased"-Tagungen, Events, Workshops, ... der Vorrang gegeben und diese so weit als möglich gefördert. So kommen die Einnahmen über Kachingle/Flattr für das Jahr 2011 etwa der Organisation eines CreateCamps zugute.

Die Möglichkeiten auf Webtermine sind vielfältig – UnterstützerInnen bzw. MitarbeiterInnen sind immer herzlich willkommen.

***Eva Schörkhuber** sagt:* *textfeldsuedost.com*

Ich kann mich erinnern, sicher 5 Jahre her, Diplomandenseminar an der Uni und die Aussage des Profs sinngemäß, "das Internet ist zitierfähig, aber ich will keine WikipediA-Verweise sehen". Das Prinzip, dass jede_r eine Seite anlegen, Texte eingeben und bearbeiten – und also aktiv am Prozess der Produktion und Distribution von Wissen teilnehmen kann, – wird noch immer beargwöhnt: Vor allem von jenen, welche die Produktionsverhältnisse von Wissen fest in der eigenen Hand zu wissen … glauben. WikipediA gilt in vielen akademischen Bereichen noch immer nicht als zitierbare Quelle, nicht als Referenz, die eines legitimen und vor allem legitimierenden Zitates würdig wäre. Dass gerade die kollaborative Arbeit am Content den wissenschaftlichen Prinzipien der scientific community Rechnung trägt, das wird ausgeblendet, im Namen einer althergebrachten enzyklopädischen Illusion. Genau, weil ja in den hehren Enzyklopädien und teuren Lexika nie Blödsinn und nie und nimmer Unsinn gedruckt wurde. Hugh. ;))

Nein, Wissen um einen Gegenstand liegt nicht exklusiv in der Hand herausragender Autor_innen oder Institutionen. Dass diese im eigenen Namen Wissen produzieren und verbreiten können, gehört zu einem Spiel, in dem Exklusivrechte zwecks Statuskapital erworben werden. Ein großer Name steht an sich weniger für Qualität, sondern eher für eine bestimmte privilegierte Position in diesem Spiel. Umso mehr Menschen sich an der Produktion von Wissen (und von Content) beteiligen, umso mehr Auseinandersetzung findet statt, umso mehr Reibungs-, Verknüpfungs- und Vernetzungspunkte tauchen auf und erweitern das Wissen um den Gegenstand. Jede_r ist gefragt! Jede_r hat etwas beizutragen!

MANUALS BLOCK II

PRÄSENZ UND AKTIVITÄT

AKTIONEN IM ÖFFENTLICHEN RAUM

Oh, wie geil ist das denn, schau dir mal diese starke Aktion an!

«Gute Aktionen überraschen, ähnlich wie gelungene Witze.»
fälschlicherweise Bugs Bunny zugeschrieben

Das Internet bietet viele Möglichkeiten, ein Publikum abseits der ausgetretenen Medienpfade zu erreichen, es kann jedoch die Wirkung von Straßenprotesten nicht ersetzen. Umgekehrt mögen Aktionen im öffentlichen Raum der Stadt der Anlass sein, dass sich Bilder #149, Videos und Berichte über Aktionen im öffentlichen Raum des Internets verbreiten und dort noch einmal für Aufmerksamkeit sorgen. Aktionen im öffentlichen Raum funktionieren zumeist über bildhafte Ausdrucksformen, um etwas zu veranschaulichen. Ein gewisser Grad an Vereinfachung ist dabei nicht zu vermeiden. Trotzdem solltest du darauf achten, nicht so weit zu simplifizieren, dass sich Sachzusammenhänge verdrehen. Dicke Männer in Zylinderhüten sind zum Beispiel keine angemessene Darstellungsform für eine Kritik des Kapitalismus, der sich gerade durch unpersönliche Herrschaftsverhältnisse auszeichnet.

WIE KOMME ICH ZU EINER AUSDRUCKSSTARKEN IDEE?

Du weißt ganz genau, warum du gegen oder für etwas bist. Aber du weißt nicht genau, wie du das anderen bzw. einer größeren Öffentlichkeit vermitteln sollst? Oft glaubt man, nur mit besonders originellen Ideen Aufmerksamkeit auf sich und seine Anliegen ziehen zu können. Das mag in vielen Fällen auch stimmen, hemmt aber in der Herangehensweise oft die Entwicklung guter und durchführbarer Ideen. Meist ist es ratsamer zu recherchieren, was andere vor dir schon gemacht haben und dir anzuschauen, warum und wie diese erfolgreichen Aktionen funktioniert haben. Wenn du dabei auf Aktionsformen und Protestmittel stoßen solltest, die dir gefallen oder die dir für deine Situation als passend erscheinen, was hindert dich daran, diese einfach für dich zu übernehmen? Keine Angst, durch die Aneignung und die Anpassung an die jeweils gegebenen Bedingungen wird jedes Plagiat zum Unikat! Die gängige Praxis der Aneignung und Anpassung von verschiedenen Aktionsformen hat dazu geführt, dass du aus einer breiten Auswahl an Protestkultur und Widerstandsformen auswählen kannst. Du findest Bücher dazu, wie *«go. stop. act!»* zur Kunst des kreativen Straßenprotests und das *«Handbuch der Kommunikationsguerilla»*, aber auch Webplattformen und Blogs #335, wie die BlogChronik der Kommunikationsguerilla.

Hochschüler bereiten sich für „Frühling des Widerstandes" vor

Studenten planen neue Proteste!

Denn sie planen sicher neue Proteste

1. Der «Club der Freunde des Wohlstands» bei einer sympathischen Kundgebung vor dem Österreichischen Parlament. Seien wir ehrlich, dieser stilvolle Protest ist doch gleich etwas ganz anderes als die lauten Demos der ewigen Berufsdemonstrant_innen. «Euer Neid kotzt uns an.» 2. «Studenten planen neue Proteste», schreibt die Zeitung und illustriert die "Story" mit einem Symbolfoto aus dem Vorjahr. Das Symbolfoto zeigt eine Demo-Puppe, eine Aktion wie geschaffen für schöne Fotos. Die Schlagzeile «Hochschüler bereiten sich für "Frühling des Widerstands" vor» zeugt von der Erwartungshaltung, von "Aktionen" berichten zu können. 3. Dass Aktionen schlichtweg "cool" sein können, das möchten sich freilich alle zunutze machen, erst recht die Werbeindustrie. Aktionen wie dieses Reverse-Graffiti-Kunstwerk und Video werden gerne für Kampagnen *eingesetzt. Punkto Glaubwürdigkeit wird der Grassroots-Aktionismus die Werbewelt aber immer ausstechen.*

MACH DIR DEIN THEMA UND DEINE ZIELGRUPPE BEWUSST

Die wichtigsten Voraussetzungen für das Gelingen deiner Aktion sind die Eingrenzung des Themas und der Zielgruppe. Aktionen, die sich allgemein gegen die widrigen Umstände, den Kapitalismus und die Bösartigkeit der Welt richten, haben zwar ihre Berechtigung, werden aber kaum ein Publikum erreichen, wenn sie keine Möglichkeit zur Identifizierung bieten. Oft kann es helfen, einen bestimmten Personenkreis anzusprechen und an dessen spezifische Erfahrungen anzuknüpfen. Das hieße konkret zum Beispiel, mit den in dieser Gruppe verbreiteten Klischees, Kodes und Running Gags zu arbeiten. Achte darauf, Thema und Zielgruppe immer gut aufeinander abzustimmen. Ein schönes Beispiel ist hier ein Hotelboykott in San Francisco bei dem sich LesBiSchwule Gewerkschaften mit den dortigen Hotelangestellten solidarisierten und zur Zeit des Christopher Street Day gemeinsam zum Boykott aufriefen. Die Aktion in der Hotellobby hat Elemente eines Flashmobs. Personen beginnen wie in einem Musical zu tanzen und singen dazu, wobei der Text sich als Boykottaufforderung entwickelt und dann zu Forderungen übergeht. Die sympathisch-lustige und klar die Message vermittelnde Aktion schafft Aufmerksamkeit im Hotel, erreicht sowohl Gäste als auch Personal und Management. Und sie gibt ein schönes, einfaches YouTube-Video #201 ab, das sich gut verbreiten lässt und uns bis heute von dieser Aktion erzählt.

Zu den relevanten Kriterien für die Auswahl der Zielgruppe können zum Beispiel Arbeitsverhältnis, Alter, Milieu/Klasse, Geschlecht, Wohnort, Sprache und da eventuell auch Dialekte gehören. Aktionen können integrativ, zugänglich und offen ausgerichtet sein. In dem Sinne fordern sie auf, sich informieren zu lassen. Oder sie können auch provozierend sein und auf Abgrenzung abzielen. Von einem konkreten Anliegen ausgehend, kannst du oft auch weiter reichende und prinzipiellere Kritik vermitteln. Nehmen wir zum Beispiel einmal an, du versuchst mit deiner Aktion, Anrainer für den Kampf gegen den Abriss eines Spielplatzes zu gewinnen. Mit guter Planung und deinem klar formulierten Anliegen wirst du vermutlich auf einigen Zuspruch stoßen. Diesen kannst du nun nutzen, um am konkreten Einzelfall auch eine allgemeinere Kritik zu formulieren: an der überall sinkenden Lebensqualität in deiner Stadt, an der Beseitigung von Freiräumen im öffentlichen Raum oder sogar an der Tatsache, dass der Mensch im Kapitalismus ein von der Verwertungslogik geknechtetes Wesen ist, dem kein Raum für Spielplätze bleibt. Deine Forderungen sollten also nicht nur verständlich und konkret formuliert, sondern auch inhaltlich fundiert sein. Deine Vermittlungsformen können ganz gut überraschend, illustrativ, ironisch-bissig und wohl auch etwas augenzwinkernd sein. ;-)

DIE POINTE FINDEN, DIE AUSSAGE IN DEN RAUM STELLEN

Eine gute Aktion fußt immer auf dem Erkennen und Sichtbarmachen bestehender Strukturen und Konventionen und ihrer Wirkungsweisen. Eine Variante für die Konzeption einer Aktion ist es, diese Strukturen und Konventionen sichtbar zu machen, da sie durch den Gewöhnungseffekt von den meisten Leuten gar nicht mehr bemerkt werden. Zum Beispiel möchtest du mit einer Aktion gegen den steigenden Autoverkehr in deiner Stadt aufmerksam machen. Bei genauerer Untersuchung des Stadtbildes wirst du zahlreiche Merkmale für das hohe Verkehrsaufkommen bemerken – wie etwa den Dreck an Häuserfronten seitwärts dicht befahrener Straßen. Diesen Dreck kannst du wiederum wunderbar sichtbar machen, in dem du Reverse Graffitis an Mauern und Straßen anbringst. Eine weitere Möglichkeit ist, Bestehendes durch "Überaffirmation" zu verdeutlichen, also statt mit Kritik zu reagieren, was sowieso schon erwartet und daher als normal wahrgenommen wird, den Spieß umzudrehen und mit überbordender Zustimmung zu überraschen. Ein gängiges Mittel sind hier beispielsweise Jubeldemos.

Viel Erfolg und einige Aufmerksamkeit hatten Studierende der Freien Uni Berlin 2007 beispielsweise mit dem *«Dieter Lenzen Fanclub of Excellence»*, den sie für den geliebten Rektor der Universität ins Leben riefen. Mit euphorischen Sprechchören von *«68 ist vorbei, nur der Markt, der macht uns frei»*, *«Hoch die internationale Konkurrenz»* und *«Lenzen, Lenzen unser Idol, besser noch als Helmut Kohl»* unterstützten die sendungsbewussten Anhänger_innen des Rektors dessen Politik, wo immer dieser zu öffentlichen Auftritten ansetzte.

Du kannst Erwartungen konterkarieren, indem du den Fluss des Alltags und die Abläufe des in Bahnen gelenkten Lebens brichst. Ein simples Beispiel ist hier der "Freeze", der durch die gleichzeitige totale Erstarrung mehrerer, sich normalerweise bewegender Körper einen verstörenden Akzent an Orten mit hoher Fluktuation setzt. Wenn im Fluss der laufenden Bewegungen ein paar Menschen plötzlich erstarren und der Kontrast zu den Bewegungen der Anderen sichtbar wird, führt das zu einem "Inne-Halten" vieler Menschen in der Umgebung. Nebenbei eignet sich diese Aktion sehr gut zur Veranschaulichung per Video, wie dieses Beispiel eines Freeze vieler Fussgänger_innen verdeutlicht, die sich für einen Zeitraum von wenigen Minuten öffentlichen Straßenraum aneignen.

DIE AKTION, DER SPRUNG INS KALTE WASSER? LEARNING BY DOING

Du hast eine Idee, ein Konzept, eine Zielgruppe und motivierte Mitstreiter_innen. Du hast an die Dokumentation gedacht, es wird ein Video abfallen, es wird gute Fotos geben wie hier in der Aktionen-Sammlung von unibrennt. Die Bilder werden sicherlich dazu geeignet sein, auf Facebook #094 verbreitet zu werden, sie haben das Potential viral #209 zu werden und Aufmerksamkeit für das Thema zu generieren. Aber bei dem Gedanken, auf der Straße in Aktion zu treten, wird dir und der Gruppe noch etwas mulmig zumute? Da wir unser ganzes Leben lang darauf trainiert werden, uns an gegebene Normen zu halten, ist das ganz normal. Mit ein bisschen Vorbereitung schaffst du es aber, Scheu und unbestimmte Ängste vor dem Auftritt in der Öffentlichkeit abzubauen und die Gruppe kann sich körperlich und geistig auf die kommende Situation vorbereiten. Und Vorbereitung, Übung bis hin zu einer Generalprobe sind sinnvoll. Denn auf der Straße kannst du mit deiner Gruppe ständig mit Situationen konfrontiert werden, die ihr nicht antizipiert habt. Dann heißt es gemeinsam schnell reagieren und voneinander wissen, dass alle mit unerwarteten Situationen umgehen können. Komm dir also nicht blöd vor, wenn ihr in einem Zimmer Aufwärmübungen macht. Es ist vor jeder Aktion sinnvoll, Vorbereitungsübungen mit Augenmerk auf Körperspannung, die Lockerung etwaiger Anspannung und Öffnung der Haltung zu machen. Auf Protestformen mit erhöhten körperlichen Anforderungen (zum Beispiel Freeze) solltest du zusätzlich mit speziellen Übungen vorbereiten. Zudem beeinflussen Körperhaltung und Gestik unsere Meinung über andere Menschen meist stärker als Argumente. Egal, ob man das gut oder schlecht findet, unsere Körperlichkeit hat auf alle Fälle großen Einfluss darauf, wie wir wahrgenommen werden. So ist es auch mit Plakaten, die Engagement versprechen oder zu Engagement auffordern. Wenn sie von nachlässig schlurfenden Menschen getragen werden, wirken sie nun mal nicht authentisch. Sich bestimmt und selbstbewusst bewegende Körper erreichst du ganz einfach, in dem du zuerst Übungen zur Aktivierung dieser Körper gemacht hast.

RECHTSHILFE ORGANISIEREN

So uninteressant es auf den ersten Blick scheint, zum Selbstschutz gehört auch eine rechtliche Planung. Ist die geplante Aktion eine Demo? Gehört sie angemeldet? Oder kann sie als spontane Demo qualifiziert werden und bedarf keiner Anmeldung? Die Anmeldeprozeduren sind überall ein bisschen anders, ebenso die Persönlichkeiten, mit denen mensch bei den Anmeldungen zu tun hat. Manchmal jedoch gibt es Verwaltungsstrafen oder gar strafrechtliche Anzeigen. Die Verwaltungsstrafe (bei unangemeldeten Demos oder reiner Menschen-Blockade von Straßen) hat rein bestrafenden Charakter und hat – abgesehen von der Unbill des finanziellen Verlustes – keine weiteren Folgen. Strafrechtliche Anzeigen sind da weit unangenehmer: ein Eintrag in den Strafregisterauszug kann bei der Jobsuche hinderlich werden, ein auch nur drohender Kurzurlaub hinter schwedischen Gardinen für Sachbeschädigung, Körperverletzung oder Widerstand gegen die Staatsgewalt kann sich auszahlen, kann aber auch unnötiges Nachspiel einer sonst gelungenen Aktion sein. Zur Vorbereitung einer größeren oder riskanteren Aktion kann auch eine Rechtshilfe gehören. Dafür benötigt mensch nicht mehr als eine Person, die abseits der Aktion per Handy erreichbar ist und Daten von Menschen aufnimmt, die verhaftet worden sind oder sonst Rechtshilfe suchen. Nehmt dafür kein privates, sondern ein eigenes Rechtshilfe-Handy und verteilt die Nummer unter den Aktivist_innen, bevor ihr startet. Optimalerweise hat die Rechtshilfe noch ein zweites Handy, über das sie die Kontakte zu den Behörden herstellt.

BILDET BEZUGSGRUPPEN UND PASST AUFEINANDER AUF!

Wenn du eine Gruppe von Leuten gefunden hast, die mit dir eine Aktion durchführen, solltet ihr neben organisatorischen und rechtlichen Fragen auch über mögliche Unsicherheiten sprechen. Überlegt euch verschiedene mögliche Szenarien, was während eurer Aktion passieren könnte und wie ihr als Gruppe darauf reagieren wollt. Je offener ihr dabei über Ängste reden könnt, desto stärker könnt ihr euch später aufeinander verlassen! Seid euch im Klaren, dass nicht immer alle alles wahrnehmen können, da ihr vielleicht durch eure Rolle oder Tätigkeit ein eingeschränktes Sichtfeld habt. Berücksichtigt das in eurer Planung. Überlegt euch, wie ihr die Aktion gegebenenfalls abbrechen könnt – etwa durch plötzliches Zerstreuen der Gruppe und ein späteres Treffen an einer vereinbarten Stelle. Um euch darüber in kritischen Situationen schnell verständigen zu können, solltet ihr vorher ein Signal vereinbaren. Innerhalb der Gruppe solltet ihr zumindest Namen und Geburtsdaten austauschen, um sie im Fall einer Festnahme an einen Rechtsbeistand weiterleiten zu können. Die Polizei kann aber zur Klärung der Identität zum Beispiel die "Anhaltung" verfügen. Das Recht zu demonstrieren an sich, ebenso wie das Recht sich im öffentlichen Raum zu bewegen, ist unverzichtbar und kann auch von den Behörden nur begründet unterbunden werden. Die Gründe, warum Demos oder Aktionen vorab oder während ihrer Durchführung untersagt werden, sind aber nicht immer durchsichtig. Auf zivilen Ungehorsam, der sich nicht nur aus Untersagungen von Demos, sondern auch aus Einzelaktionen ergeben kann, gibt es verschiedene Antworten der Behörden. Bei der Aktion selbst kann es sein, dass Ausweise kontrolliert, Leute aufgeschrieben werden, wenn sie der Polizei als "tatverdächtig" erscheinen. Was mit diesen Daten passiert, bleibt oftmals unklar.

Zugangsbeschränkungen

1. *Kurz nach der Explosion der Studierendenproteste 2009 in Wien will der Bundesminister vor versammelten Honoratioren eine Gebäude eröffnen. Bereits der Zugang zum Public Relations Event ist durch in der Gegend herumliegende Studierende beschränkt. Im Festsaal sind zudem Sitzplätze beschränkt, werden sie doch von ungeladenen Gästen besetzt. (Fotos ©Martin Juen)* 2. *Der ehemalige Banker und seit der Finanzkrise Aktivist Charlie Veitch arbeitet mit dem Megafon im öffentlichen Raum. Hier errichtet er für die Kampagne «No One Is Illegal» Grenzkontrollen mitten in London und wählt willkürlich aus, welche Dokumente vorgelegt werden müssen und wer passieren darf und wer nicht.* 3. *Als im März 2010 die Bildungs- und Wissenschaftsminister der 47 Bologna-Staaten in der Hofburg 10 Jahre Bologna feiern möchten, drehen die demonstrierenden Studierenden aus mehreren Ländern den Spieß um und beschränken mit Sitzblockaden den Zugang der Partygäste zum Bologna-Gipfel.*

Auf Demonstrationen und bei größeren Aktionen gibt es häufig eine Rechtshilfe (in Deutschland Ermittlungsausschuss), an die ihr euch wenden könnt. Solltest du festgenommen werden, hast du das Recht auf Aussageverweigerung. Mach davon unbedingt Gebrauch! Die Aufgabe der Polizei ist es grundsätzlich, Schuldige zu finden, und nicht, dich zu entlasten. Selbst wenn du dich mit einer Aussage selber nicht belastest, könntest du damit deine Mitstreiter_innen gefährden. Im deutschsprachigen Raum ist mensch nicht verpflichtet, einen Ausweis mit sich herumzutragen. Sollte es zu einem gerichtlichen Verfahren kommen, kannst du dort – nach eingehender Beratung mit einem Rechtsbeistand – ohnehin noch Stellung nehmen.

Bei manchen Aktionsformen, wie etwa dem Rebel Clowning, ist es schwierig, immer die ganze Gruppe im Blick zu behalten. Hier bietet es sich an, innerhalb der Bezugsgruppe nochmals Zweier-Teams zu bilden, die aufeinander aufpassen. Keine Panik! Diese Tipps sollen dir keine Angst vor dem Durchführen einer Aktion machen, aber eine gute Vorbereitung schützt dich und deine Gruppe.

REGIE: NICHT NUR DER AKTION, AUCH DES FILMS

Durch gute Dokumentation deiner Aktion kannst du dein Publikum vervielfachen. Viele Aktionen werden sogar hauptsächlich für eine spätere Veröffentlichung im Internet konzipiert. Das Ziel ist dann weniger, besonders viele Menschen unmittelbar auf der Straße zu erreichen, sondern z. B. eher, ein gutes Video zu produzieren. Mach dir schon zu Beginn der Planung mit der Gruppe Gedanken darüber. Legt gemeinsam fest, wer für die Dokumentation verantwortlich ist. Überlege dir, wie du sie in die Aktion einbetten kannst und welche Medien du verwenden möchtest. Bei manchen Protestformen kann es verdächtig wirken, wenn schon im Vorhinein viele Kameras vor Ort sind. Hier sollte die Dokumentation entsprechend unauffällig gestaltet werden. Die entscheidende Frage ist meistens, wo die Doku-Teams sich während der Aktion befinden und wie viele Personen es benötigt, um ausreichend Material zu sammeln. Sprich mit den beteiligten Leuten darüber, ob es für sie in Ordnung ist, wenn die Aktion gefilmt und fotografiert wird und wie die Bilder später veröffentlicht werden sollen. Achte immer darauf, kein Material zu veröffentlichen, das Mitstreiter_innen in Schwierigkeiten bringen kann. In vielen Fällen ist es sinnvoll, Gesichter auf Fotos und Videos unkenntlich zu machen.

ZUSAMMENFASSUNG

Für die erfolgreiche Protestaktion mit Witz, Biss und länger anhaltender Wirkung gibt es vier Aspekte, die jeder für sich besondere Aufmerksamkeit verdienen. Erstens gilt es die Konzeption so auszuarbeiten, dass die Aktion tatsächlich das anspricht und aufzeigt, was als Missstand sichtbar gemacht werden soll. Zweitens hängt viel an der Gruppe, am Vertrauen aller Beteiligten zueinander, an Arbeitsaufteilung und Hilfestellung untereinander. Drittens hilft die Vorbereitung von Kostümen und Materialien oftmals, die Aktion sowohl lustiger als auch einfacher und flüssiger in der Durchführung zu machen. Viertens, das Aufwärmen nicht vergessen!

- Investiere in Planungsarbeit! Diskutiere mit anderen das Thema, die Motivation und Ziel jeder Aktion. Thematisiere die Zielgruppe und versuche sie in allen Facetten vorab zu visualisieren.
- Training, Training, Training! Körperarbeit machen, Lockerungsübungen, Generalproben. Vorbereitungsarbeiten und Trainings mobilisieren auch schon die Gruppe und machen Spaß, etwa das Basteln von Kostümen und Utensilien.
- Klärt eure Zuständigkeiten und Ausstiegsszenarien, diskutiert eure Befürchtungen und Ängste. Es ist wichtig, vor allem aber hilfreich, wenn alle Beteiligten die Schwächen und Stärken der Mitstreiter_innen kennen und wissen, dass sie sich auf die anderen verlassen können.

Lerne von Beispielen und den Erfahrungen anderer, sei es um neue Protestformen zu entdecken oder um die Risiken von zivilem Ungehorsam und Aktionismus besser einschätzen zu können. Kümmere dich um Rechtshilfe-Unterstützung.

Eine tolle Aktion durchgeführt zu haben, die funktioniert hat, alle Teilnehmenden euphorisiert und Leute mobilisiert hat und dann aber keine Bilder und Videomaterial von der Aktion zu haben. Das ist nicht nur bitter, sondern auch ein Zeichen ungenügender Planung.

Du darfst dich durch Security-Kräfte, die Polizei oder aggressive Reaktionen nicht aus dem Konzept bringen lassen. Werde nicht persönlich, werde nicht wütend, verlier nicht die Selbstbeherrschung. Du hast geplant, antizipiert und trainiert, um auch in schwierigen Situationen kontrolliert und für deine Mitstreiter_innen berechenbar und verlässlich zu agieren.

Öffentlicher Raum, Aktionen, Flashmob, Freeze, Blockade, Straßentheater, Überaffirmation, Jubeldemo, Social Impact, Reverse Graffiti, Protestformen, Graffiti, Inszenierung, Dramaturgie, YouTube, Zugangsbeschränkungen

KOMMENTARE

bologna burns *sagt:* *bildungsstreik.net*

Wohl-an-ständig überaffirmierend unterwegs, dieser «*Club der Freunde des Wohlstands*», sehr schön: so kann es sich eine Gesellschaft, der Armut stinkt, endlich an die eigenen Fahnen heften, dass ihr Armut stinkt. Und das ganz öffentlich. Vor dem Parlament. Damit es auch jede_r unter die Nase gerieben bekommt. Starker Tobak ist das. Eine gelungene subversive Überaffirmation des kapitalistischen Grundtenors, auf den sich alle so schnell, so selbstverständlich einigen können, solange die Konsequenzen nicht direkt beim Namen genannt werden. Solange diese verschleiert werden durch den Diskursnebel. Erinnert mich an die Hungerlohnpartei, auch ein schöner Fake. Gut sichtbar und präsent im öffentlichen Raum, nur leider kaum im Netz dokumentiert. Ach, und das Asylabwehramt: das ist großartig. Unbedingt mal besuchen: asylabwehramt.at.

Mitzi Sockenpuppe Schotter *sagt:*

ähm ... "wohl-an-ständig überaffirmierend" ... hä? Diskursnebel, wie bitte? o.O

Unter "fake" kann ich mir ja noch was ausbaldowern, aber Überaffirmation klingt schon etwas überkandidelt..

eva mimikry *sagt:*

... das sind Techniken der Kommunikationsguerilla. Zu diesen Techniken gehören die Verfremdung, der Fake, Überaffirmation, Camouflage. Durch Verfremdung werden die normalerweise unsichtbaren Rahmen "normaler" Wahrnehmung plötzlich sichtbar: das Aufleuchten eines ungewöhnlichen Aspekts in einem gewohnten Bild stört besonders, wenn nicht sofort klar ist, was denn hier "nicht stimmt".

Die Verfremdung muss zwar deutlich genug sein, um nicht übersehen zu werden, sie soll aber nicht sofort eingeordnet werden können. Der Moment des Aufmerkens, der Verwirrung, initiiert eine kritische, distanzierte Sichtweise, die den Rahmen üblicher Wahrnehmungsmuster sprengt. Auch der Fake ver/stört durch Ungewissheit: einerseits soll der Fake möglichst wenig als solcher erkennbar sein, gleichzeitig soll er aber einen Kommunikationsprozess auslösen, in welchem den gefakten Informationen nachgegangen wird. Ein Fake, der sofort als solcher ausgewiesen wird, wird je nach Qualität als Satire oder als ausgemachter Blödsinn betrachtet. Ein Fake, der nicht aufgedeckt wird, verfehlt seine Wirkung und bewirkt gar nichts. Durch Camouflage werden Kommunikationsbarrieren dadurch überwunden, dass vorherrschende gängige Ausdrucksformen imitiert werden, um Menschen mit dissidenten Inhalten zu konfrontieren. Zum oben erwähnten Asylabwehramt gibt es einen schönen Artikel in der ZEIT.

Der Baukasten der Kommunikationsguerilla enthält viele weitere Techniken, eingefahrene Wahrnehmungsmuster zu stören, zu irritieren, umzuschreiben. Das Umschreiben bestehender Verhältnisse und herrschender Ordnungen führt nicht zur Festschreibung neuer, umgestalteter Verhältnisse, sondern zu einer permanenten ironischen Auseinandersetzung, zu einem unablässig verschwiegene Dimensionen und Konsequenzen auslotenden und verstörenden Perzeptions- und Rezeptionsprozess. Und an dieser Schwelle zwischen Gewohntem und Ungewohntem geht es ausgelassen zu: Ironie, Witz und Lachen bringen die Verfechter_innen der bestehenden Ordnung aus der Fassung. Ob das nun (politischer) Aktivismus oder (künstlerischer) Aktionismus genannt werden soll, fragt man am besten diejenigen, die das im großen Stil machen – sowohl im Netz als auch im öffentlichen Raum.

Dazu gibt es eine sehr schöne creative-arte-Doku.

***Klaus Werner-Lobo** sagt:* *klauswerner.com*

Ich würde sagen, dass es kaum eine schönere Freizeitbeschäftigung gibt, als gemeinsam mit anderen netten Menschen Dinge zu planen und durchzuführen, von denen man glaubt, dass sie die Welt ein kleines bisschen besser machen. Meistens ist das sogar noch lustiger, als vor dem Computer zu sitzen, im Shoppingcenter oder bei McDonald's abzuhängen. Spaß ist dabei kein Hindernis, sondern erwünscht. Denn die Kinder, die für die Profite von McDonald's oder Nestlé in Asien oder Afrika bis zum Umfallen schuften, haben überhaupt nichts davon, wenn wir hier deprimiert dasitzen und sagen «*Ogottogott, wie schrecklich!*». Sie haben viel mehr davon, wenn wir Lust haben, uns die eine oder andere coole Aktion einfallen zu lassen, mit der wir öffentliche Aufmerksamkeit für diese skandalösen Zustände erzeugen können. Denn nur diese öffentliche Aufmerksamkeit zwingt Politik und Konzerne dazu, etwas an der heutigen Situation zu ändern. Dafür wollen viele Flugblätter, Protestbriefe, Artikel und Bücher geschrieben, Dokus gedreht, Vorträge gehalten und Internetbeiträge gestaltet werden. Dafür gilt es, Demonstrationen und kreative Aktionen zu organisieren, und vor allem müssen wir damit leben, dass Veränderungen oft gar nicht oder nicht so schnell stattfinden, wie wir uns das wünschen würden. Und wie sonst sollen wir nach Rückschlägen noch weitermachen, wenn wir am Ende nicht sagen können: «*Na wenigstens haben wir Spaß dabei gehabt*».

Viele glauben, es sei damit getan, ein bisschen bewusster zu konsumieren: Sie kaufen Produkte aus fairem Handel und ökologischer und regionaler Herstellung, achten auf energiesparende Haushaltsgeräte und steigen vielleicht auf Hybridautos um oder meiden die eine oder andere besonders "böse" Marke. Eine Fülle aktueller Buchtitel suggeriert, wie man mit «*Shopping die Welt verbessern*» oder nur ein paar einfache Konsumtipps beachten muss, um "die Welt zu retten". Das ist schon alles ganz nett. Doch oft geht es dabei um ein rein egoistisches Ziel, nämlich das eigene Gewissen zu beruhigen. Ich glaube, dass ein "reines Gewissen" genauso überflüssiger Luxus ist, wie viele der Produkte, die uns der tägliche Konsumterror heutzutage als absolutes "Must-have" präsentiert.

Bildet euch, bildet andere, bildet Banden!

***Christoph Hrubatschke** sagt:* *twitter.com/coppelius*

Hey bologna burns, du warst ja selbst eine schöne Aktion im öffentlichen Raum. ;-)))

Weil interessante und wirksame Aktionen im öffentlichen Raum sind auch Blockaden. Egal ob es um Sitzblockaden oder Blockaden mit Gegenständen geht, diese Aktionsform kann richtig inszeniert und organisiert nicht nur etwas öffentliche Aufmerksamkeit auf die blockierte Sache und den Grund von Protesten lenken. Zivile Blockaden im öffentlichen Raum schaffen es darüber hinaus noch, die jeweilig blockierte Sache zu verzögern oder ganz zu verhindern, was den Zeitraum der öffentlichen Aufmerksamkeitsspanne vergrößert. Blockaden werden schon seit langem als wirksames Mittel angewandt, sei es bei den G8-Gipfeln in Heiligendamm oder bei der erfolgreichen Verhinderung der Naziaufmärsche in Dresden durch Menschenketten. Ein weiteres bekanntes Beispiel ist der Versuch, den Castor-Transport quer durch Deutschland durch eine Vielzahl an Sitzblockaden und sonstigen Aktionen zu stören. Hier geht es besonders darum, die Fahrt so oft und so lange wie möglich zu stören, um den Diskurs um die Castor-Züge auch im öffentlichen Diskurs länger zu halten. In all diesen Fällen ist eine gut funktionierende Rechtshilfe besonders wichtig. Gar nicht so sehr, weil mensch mit Blockaden Straftaten begeht, sondern weil zur Verhinderung von Blockaden gerne Straftaten behauptet werden.

Auch #unibrennt hat sich – wie erwähnt im Rahmen der Bologna-Burns-Proteste – an beweglichen Blockaden versucht. Bologna burns wollte dem feierlichen Festball zur Jubiläumsfeier des Bolognavertrages etwas von seinem Glanz nehmen, wohl weil so ziemlich alle in Europa einig darüber sind, dass zehn Jahre Bologna-Reform kein Grund zur Selbstbeweihräucherung der Wissenschafts- und BildungsministerInnen wäre. Begonnen hat es mit einer großen und "normalen" Demo. Nach einigen Stunden des Demozugs durch Wien bildeten sich – für die Ordnungskräfte "plötzlich" – vier verschiedenfarbige Blockadegruppen aus dem Demozug heraus, die sich in unterschiedliche Richtungen absetzten. Die Gruppen standen in Kontakt untereinander und versuchten, sich einmal da und einmal dort aufzuhalten. Mit dem "sich da etwas aufhalten" wurden, obwohl nur kleine Gassen, die Verkehrsströme der Luxuskarossen vieler Gipfelteilnehmer_innen offensichtlich etwas gestört. Die vier beweglichen Demozug-Gruppen versuchten auch noch, die großräumige Absperrung der Wiener Innenstadt rund um die Hofburg in die Blockade miteinzubinden, indem sie die wenigen engen Eingänge, durch die die BallteilnehmerInnen durch mussten, auch hie und da bevölkerten. Hier ging es beiläufig gesagt nicht bloß um eine einfache Störaktion. Den WissenschaftsminsterInnen sollte an diesem einen Abend wenigstens vor Augen geführt werden, wie sich das mit den Zugangsbeschränkungen anfühlt, die wir unser ganzes Studium lang laufend erfahren. Auch wenn die Blockadeaktion nicht ganz so erfolgreich verlief wie erhofft, konnte der Festakt immerhin um einige Zeit verzögert werden, und die Feierlaune wurde zumindest etwas getrübt.

Die Nutzung von uns allen offenstehender Infrastruktur, die sich manchmal so auswirkt, dass etwas blockiert wird – think critical mass –, so etwas findet übrigens nicht nur in öffentlichen und nicht nur in physischen Räumen statt. Auch im Internet gibt es diese Protestform. Heut ist es besonders die Gruppe "Anonymous", die Blockaden durchführt. Sei es in den Anfängen von Anonymous, wo diese mit schwarzen Avataren die Pools und belebten Plätze der virtuellen Hotels von Habbo blockierten, um gegen rassistische Administratoren in diesen Communities zu protestieren, was sowohl in der Optik als auch in der Organisation ganz einer Sitzblockade in der physischen Welt gleicht, oder sei es die Lahmlegung von Websites, durch das vermehrte Aufrufen dieser Websites. Dabei sind es heute nicht mehr große Mengen an UserInnen, so wie früher bei Online-Demos, sondern eingesetzte automatische Skripte, die zur Überlastung dieser Websiten führen.

Naziaufmärsche, Regierungstagungen, Festakte oder Websiten zu blockieren, scheint aus ähnlichen Akten des zivilen Ungehorsams heraus zu geschehen. Es sind effektive Protestformen, da das Aufhalten auf öffentlichen Plätzen (so wie das Aufrufen von Websites) keine Straftat darstellt, auch wenn es von vielen Leuten zugleich getan wird. Trotzdem müssen hier in der Planungsphase immer rechtliche Rahmen überprüft werden. Anketten kann zum Beispiel schon anders geahndet werden. Das Lahmlegen von Websites mit Hilfe von Skripten – und nicht mit vielen einzelnen UserInnen – stellt mittlerweile einen Strafbestand dar. Einfache Sitzblockaden und händische Aktualisierungen von Sites jedoch (noch) nicht. Gilt also auch für die Protestform der Blockade: alles durchdenken, antizipieren, gut planen und vorher gemeinsam durchspielen. Und die Blockade sollte am besten auch noch mit einem netten Thema oder Slogan versehen sein, wieder der Aspekt "Inszenierung", dann ist diese Form des zivilen Ungehorsams eine äußerst effektive Protestform in der physischen Welt wie in der virtuellen Welt.

BE THE TV MEDIA

Mit spontanen Clips, Grassroots News und Live-Streaming Präsenz sichbar machen

«Wir dürfen den Werkzeugen nicht erlauben, im Sattel zu sitzen und uns zu reiten.»
Vilém Flusser

Der Vermittlungsweg Video dient in Zeiten der zeitnahen und medialen Kommunikation als wichtiges und am leichtesten konsumierbares Medium der Informationsvermittlung. Während die Produktion von professionellen "fernsehtauglichen" Berichten viel Know-how und Vorbereitung benötigt und sich auch die Nachbearbeitung arbeitsintensiv gestaltet, sind Videoclips relativ einfach, schnell und mit wenig Aufwand aus Mobiltelefonen oder der eigenen Digicam zu zaubern. Die notwendigen Schritte zur Verbreitung selbstgemachter Videos sind heutzutage so niedrigschwellig, dass wir alle von nahezu überall aus tätig werden können. Die Selbstverständlichkeit, mit der viele von uns das bereits tun, verdanken wir der fortschreitenden Medialisierung unserer Welt und einer damit einhergehenden breiten Medienaffinität.

BE THE TV MEDIA

Videoclips auf YouTube #201 oder Vimeo sind der perfekte Content für unsere Social Media-Kultur, sie eignen sich gut zur Dokumentation von Ereignissen und zur Mobilisierung der Zivilgesellschaft im Zuge von Kampagnen, für die Verbreitung und das "Sharing" in unseren sozialen Netzwerken. Sie sind billig, einfach und schnell produziert. Sie können direkt und unmittelbar, mehr oder weniger "amateurhaft" aufgenommen und hochgeladen werden, wodurch sie authentisch und glaubwürdig wirken. Der Ressourcenaufwand ist gering und in einer Gruppe von Aktivist_innen bietet sich eine allen gerecht werdende Aufgabenteilung an: jede_r kann sich in den Bereichen einbringen, die ihr/ihm am nächsten liegen und in dem Kontext findet sich jedenfalls auch jemand, der oder die das Filmen übernimmt. Die Regie einer Aktion im öffentlichen Raum beschränkt sich nicht, wie Saskia, Sebastian und Julia in ihrem Beitrag zeigen, allein auf die Planung und Durchführung der Aktion selbst, sondern sollte auch – bei manchen Aktionen sogar vor allem – die Bild- und Video-Dokumentation umfassen. Zur Vorbereitung einer Aktion gehört also auch, das Positionieren der Kameras (so sichtbar oder so unsichtbar wie möglich), die Aufnahme und eventuell den Schnitt mitzubedenken. Das ins Web Hochladen, Platzieren und Einbetten der Videos auf Facebook #094 und in unser Blog #335, das sind alles Arbeitsschritte, die zur Gesamtaktion gehören. Bis hin zur Verbreitung der Videos in weiteren Kontexten gibt es viele Möglichkeiten, arbeitsteilig zusammenzuarbeiten und je nach Talent und Neigung an Aktionen zu partizipieren.

Best Practise der Deutschen Wirtschaft

1. *Über den Schriftzug «Dem deutschen Volke» am Portal des Reichstags in Berlin wird das Banner «Der deutschen Wirtschaft» gezogen. Die Aktion ist großartig und Aufsehen erregend, wobei die Aktion dieses Aufsehen im menschenleeren Regierungsviertel Berlins nur bei wenigen Personen live erregen kann.* 2. *Von der Aktion «Geld oder Leben» ist ein Video erhalten, eine sehr gelungene Videodokumentation noch dazu, die bei mehrmaliger Ansicht auch die akribische Planung der gesamten Aktion offenbart.* 3. *Nach der Aktion, dem Videoschnitt, dem Verfassen der Presseerklärung: der Weg ins Internet-Café, wo ein Blog und eine YouTube-Kanal angelegt werden. Pressetext, Video und Fotos auf das «Geld-oder-Leben»* Blog *und fertig.*

Ein paar wenige Dinge gibt es zu berücksichtigen, um positiv wahrgenommen zu werden und um in diesem Sinne gute Videos zu machen: Das wichtigste ist die Authentizität der Aufnahme. Nur wenn die Botschaft aus voller Überzeugung kommt, ehrlich und ernst gemeint ist, kann sie einfach und glaubhaft in ein kurzes Video transformiert werden. Um Halb- oder Unwahrheiten medial aufzubereiten, ist einiges mehr an Aufwand und Know-how vonnöten. Es ist wichtig, in den richtigen und wichtigen Momenten aufzunehmen – und das will geplant und durchdacht sein. Späteres "Nachsprechen" und "Nachstellen" kann nie so stark und eindrücklich wie der richtige Moment sein. In den relevanten Momenten ist es wichtig, authentisch und "locker" zu bleiben, egal ob diese Momente hektisch oder von großer Bedeutung sind. Dies wird am besten durch das kleinere bis hin zum "privaten" Setup gewährleistet, das wuchtige Equipment behindert Filmer_innen wie Gefilmte. Manchmal reicht schon das Smartphone aus, um direkt "am Spot" einen kurzen Beitrag aufzunehmen. Während Zuseher_innen in Bezug auf die Bildqualität erfahrungsgemäß relativ nachsichtig reagieren, ist die Tonqualität ungleich relevanter. Daher gilt, bei der Aufnahme deutlich, verständlich und klar artikulierend zu sprechen, *«Wir schreiben heute den 7. November 2011. Ich stehe hier im Wendtland»*. Schließlich werden über die Sprache wichtige Inhalte vermittelt. Ein lautes Umfeld wie Demos oder ein Pfeifkonzert kann problematisch sein. Hier gilt, die Erfahrung macht die Meisterin und wer sein Equipment gut kennt und schon oft benutzt hat, weiß bereits während der Aufnahme, wie sie oder er zum besten Ergebnis kommt. Erfahrung sammeln zahlt sich also aus, Feedback einholen und das eine oder andere ausprobieren auch. Je nachdem, welchen Zweck ihr mit einem Video verfolgt, wird das Video anders aussehen, anders aufgebaut und mehr oder weniger aufwendig gestrickt sein. Es gibt schließlich unterschiedliche Verwendungszwecke und Einsatzgebiete für Videos.

FILM AB: DER EINSATZ VON VIDEOS

Es gibt einige gute Gründe, warum wir filmen. Es gibt diverse Intentionen, was unsere Clips leisten sollen. Wir unterscheiden also verschiedene Arten von Videos:

Dokumentation: Videos von Veranstaltungen und Ereignissen dokumentieren diese Aktionen, Kundgebungen, Treffen, allfällige Konflikte. Durch ein kurzes Video von einem Demozug oder einer interessanten Diskussionsveranstaltung kann den Nichtanwesenden ein schneller und persönlicher Einblick ins Geschehen vermittelt werden. Ein Videoeinstieg kann heute schon in Minutenschnelle und sogar direkt von der noch laufenden Aktion oder Demo über aktuelle Ereignisse unterrichten. Der persönliche Einblick des direkt vom Mobiltelefon hochgeladenen Videos kann vielleicht zusätzliche Menschen mobilisieren, schnell noch zur Demonstration hinzuzukommen. Auf längere Sicht gesehen kann ein Video Eindrücke, die die Massenmedien transportieren, relativieren und eine anschauliche Gegenposition schaffen. Als es in der Zeit der #unibrennt-Besetzung zu einer angeblichen Bombendrohung und im Anschluss zu einer Räumung und Durchsuchung des Audimax kommt, versuchen wir bei der Polizei die Tonbandaufnahme der Bombendrohung anhören zu können. Die Dokumentation dieses letztendlich erfolgreichen Versuchs ist ein Lehrstück auf mehreren Ebenen. Allgemein dienen Videos der andauernden Dokumentation von gesellschaftlichen Auseinandersetzungen und leisten somit einen identitätsstiftenden und -bewahrenden Beitrag für die Gruppen, die in diesen Bereichen engagiert sind.

Deeskalation: Das dokumentierende Filmen kann auch als Beweis für den tatsächlichen Ablauf von Geschehnissen dienen, die später zur Diskussion stehen. Videos können im besten Fall Schutz vor aggressiven Provokateur_innen oder vor Behördenwillkür bieten. Das sichtbare, ruhige und gelassene Filmen bildet eine Hemmschwelle für solche Aggressionen. Behördenvertreter_innen sind, je nachdem welchen Gruppierungen sie gegenüber stehen, mal milder, mal weniger mild gestimmt. Vorfälle wie jene vom *«Schwarzen Donnerstag»* in Stuttgart bringen jedoch immer wieder in Erinnerung, dass selbst dort, wo polizeiliche Übergriffe unwahrscheinlich sind, doch alles möglich ist. Wir können in Wahrheit auch nicht sagen, wie es bei Kundgebungen und Demonstrationen um die Durchmischung mit Zivilpolizei steht. Und egal, wo ein Agent Provocateur letztlich herkommt, vor unseren Kameras wird er erstens mehr Zurückhaltung bewahren und zweitens sind unsere Aufnahmen immer noch die beste Chance, sie bloßzustellen. Üblicherweise wissen politisch aktive Gruppen aus ihren bisherigen Erfahrungen einzuschätzen, ob und in welchem Ausmaß mit Übergriffen zu rechnen ist. Bekannt ist auch, dass trotz der "freien Beweiswürdigung" den Aussagen von Polizist_innen im Fall des Falles mehr Glaubwürdigkeit beigemessen wird als den Aussagen von Aktivist_innen. Kleine Kameras wirken hier Wunder. Handlich in der Mitnahme und simpel in der Bedienung dienen sie der Prävention. Wer wird schon gern gefilmt beim Übergriff. Und die Fälle von Polizeibrutalität wie bei der *«Freiheit statt Angst»*-Demo in Berlin 2009, die dank schneller und einfacher Videoaufnahmen mit Smartphones medien- und aktenkundig werden, steigen in den letzten Jahren rasant an.

Mobilisierung: Für mobilisierende Videos können die zur Dokumentation gefilmten Aktionen recht einfach mit Erklärungstexten und Untertiteln, einer An- und Abmoderation oder dazu passender Musik unterlegt werden. So entsteht mit Einblendungen beispielsweise ein Mobilisierungsvideo, mit Moderation und Schnitt ein Lehrvideo oder mit einer Anmoderation und strategisch gesetzten

Untertiteln eine wirkungsvolle Anklage gegen einen Missstand. Der Einsatz von Bildern, Fotografien, Diagrammen und Textfolien erzeugt die Wirkung einer Diashow und kann mit bewegten Videosequenzen gemischt werden. Der Kreativität sind hier keine Grenzen gesetzt. Aber auch hier gilt, je reduzierter und prägnanter, desto besser.

Information: Ein gutes Video kann helfen, Zwecke, Ziele, Forderungen leichter verständlich zu machen, Zusammenhänge aufzudecken oder einfach den Bekanntheitsgrad einer Gruppe, Partei, Vereinigung zu fördern. Das Informationsvideo erleichtert den Transport der Information, denn wer setzt sich heutzutage schon noch hin und liest Parteiprogramme, Forderungen oder Strategiepapiere. Informationsvideos können Mitglieder einer Organisation oder sozialen Bewegung #130 vorstellen, über Beweggründe berichten und aktuelle Entwicklungen darstellen. Soll für den Informationstransport nicht eine Aktion, sondern ein ausgearbeiteter Text im Vordergrund stehen, so ist dafür schon ein etwas komplexeres Setting erforderlich. Texte sollten wohl überlegt und vorbereitet sein. Achtet auf die Lesbarkeit und sucht euch eine Person, die das euren Ansprüchen entsprechend intonieren oder graphisch gut einarbeiten kann. Ein kleines Drehbuch hilft, die Struktur des Films vorab zu klären und kann auch schon mit der Struktur des Textes Hand in Hand gehen. Die Bilder für diesen Film sollten den Text gut visualisieren, damit der Inhalt bei den Rezipient_innen auch gut hängen bleibt. Comics sind hier genauso möglich wie Aufnahmen aus der täglichen Arbeit, Stimmungsbilder oder Bilder, die Missstände aufzeigen.

AB INS NETZ: VIDEOS ONLINE BRINGEN

Nach den Aufnahmen geht es darum, das Video ins Netz zu bringen und zu verbreiten. Auch dabei gibt es einige Dinge zu berücksichtigen:

Schnitt- und Einstellungssachen: Natürlich ist es möglich (und gar nicht so schwer), verschiedene Videofiles später am Computer zu einem kleinen Film zusammenzufügen. Das erfordert Zeit, ein bisschen Know-how und Übung sowie ein geeignetes Programm. Gratis gibt es da etwa lightworks und kostenpflichtig, aber natürlich leistungsfähiger zum Beispiel Premiere. Wer sich diese Arbeit sparen will, überlegt schon im Vorhinein die gewünschte Message, antizipiert mögliche Umsetzungen und packt das dann in eine runde und flüssige Einstellung. Dadurch entfällt der Schnitt. Meist bleibt das Video dadurch überraschend kurz und "knackig". Auch in diesem Fall macht die Übung den oder die Meister_in. Das Kombinieren von Umfeld mit Aktion und eigener Message mit Präsenz führt zu spannenden Ergebnissen. Ein Beispiel wäre ein Schwenk über die Demo mit der abschließenden Wendung der Kamera auf das eigene Gesicht, dann die Ansage direkt in die Kamera mit persönlichem Statement und kurzer Erklärung der Umstände.

Fragen der Länge: Finger weg von quälend langen Videos. Finger weg von komplexen und vielschichtigen Messages! Die Zuseher_innen, die das Video online auf einer Plattform oder weitergeleitet im sozialen Netzwerk #341 finden, können täglich zwischen unzähligen Videos und anderen Dingen wählen, die um Aufmerksamkeit buhlen. Zwei Tipps dazu: je sprechender, passender und packender der Titel und das Vorschaubild, desto besser werden wir unser Publikum erreichen. Je kürzer und prägnanter die Eindrücke und Aussagen dargestellt werden, desto eher wird die Message bei unseren Seher_innen ankommen.

Themenbezogen: Pro Thema ein Video! Das dafür aussagekräftig. Wenn mensch auch noch aus einer Vielzahl von Videos wählen müsste, wäre das überfordernd und würde wohl dazu führen, dass einfach weiter geklickt wird, ohne auch nur ein Video anzuschauen. Wie weit das Thema sein soll, bleibt natürlich euch überlassen. Ein Thema kann sein: eine Demo, eine Aktion, eine Konferenz. Ein Thema kann aber auch Repression auf der Demo sein, ein wiederum anderes Thema auf der gleichen Demo die Soli-Erklärung einer Organisation. Wichtig ist, dass die inhaltlichen Unterschiede der Videos anhand der Beschriftung (Titel und Beschlagwortung mit Tags #158) und des Bildes schon evident sind. Jedenfalls sollte nicht passieren, dass wir fünf "allgemeine Videoimpressionen" machen und alle mit *«Demo gestern»* betitelt online stellen.

#201 Die YouTube-Revolution und die HandyCams

«YouTube», 2005 gegründet und bereits 2006 von Google gekauft, ist eine der größten und meist besuchten Websites der Welt, war die erste globales Aufsehen erregende Web 2.0-Plattform #009 und ist mit Abstand die bekannteste Videoplattform. Jede Minute werden dort viele Stunden von Videomaterial hochgeladen. YouTube hat damit eine Revolution auf mehreren Ebenen eingeleitet. Wir alle sind zu potentiellen Sender_innen, Filmproduzent_innen und Fernsehstationen geworden, die ein weltweites Publikum erreichen können. Weitere Bedingungen für diese Revolution sind die Verbreitung von Digitalkameras und Smartphones, die einfache Bedienung dieser allgegenwärtigen Aufnahmegeräte, die Einfachkeit, mit der ohne übermäßigen Aufwand Videos geschnitten, bearbeitet und hochgeladen werden können.

Plattformen wie YouTube ermöglichen es jeder Person, Videos hochzuladen und einer weltweiten Öffentlichkeit zugänglich zu machen. Damit hat YouTube dazu beigetragen, dass sehr bald nach Etablierung der Plattformen Video-Blogs (Vlogs) wie *«Rocketboom»* und selbstorganisierte Nachrichten- und Spartenkanäle aufkommen konnten. Auf YouTube wurden ebenfalls bald und bis heute Videos von Katastrophen, Skandalen oder Ereignissen mit globaler Relevanz hochgeladen, die der Aufmerksamkeit sonst verborgen geblieben wären. Und YouTube hat die Grundlage für das Phänomen der "Virals" #209 gelegt. Während auf der Plattform in Summe primär Spaß und Unterhaltung im Vordergrund stehen, wird YouTube seit Jahren zunehmend als Plattform für Bildungsfernsehen, zur Verbreitung von alternativen Nachrichten und als Videoarchiv von Organisationen verwendet.

Die YouTube-Revolution hat sich nicht darauf beschränkt, aus vielen Menschen Videoproduzent_innen zu machen, die ihre Clips ins weltweite Netz einspeisen, sie hat aus noch mehr Menschen Fernsehkritiker_innen, Kurator_innen und Programmchefs gemacht. Videos werden bewertet, kommentiert #257, als Favoriten abgespeichert, in Websites und Blogs #335 eingebettet und dort besprochen, in Playlists zusammengefasst, neu gesampled und in Mashups spielerisch kombiniert und, last but not least, geshared, was das Zeug hält. In der letzten Zeit wird nun auch die Implementierung in "Mobile Devices" wie Smartphones oder iPads vorangetrieben. Diese haben eigene YouTube-Player eingebaut, welche die Konsumation unterwegs vereinfachen.

Publikation: Ein weiterer wichtiger Faktor für die Wirkung eines Videos online ist die zeitnahe und sichtbare Publikation des Videos. Es hieß schon zu Zeiten von gedruckten Nachrichten «Nichts ist älter als die News von gestern». Mensch kann sich also vorstellen, wie sich diese Prämisse durch Internet und digitale Freundesnetzwerke verstärkt hat. Während in der Vergangenheit die mediale Wirklichkeit maßgeblich von einigen wenigen Sendern beherrscht wurde, kommt es seit geraumer Zeit zu einer anhaltenden Fragmentierung und Atomisierung der Kommunikationskanäle. Heute setzt sich mein Ausschnitt der Wirklicheit aus einer Vielzahl an Quellen zusammen. Durch Facebook, Twitter #166 & Co sind wir es bereits gewohnt, spontan und im Augenblick unsere Meinung kundzutun. Das gilt auch für die Verwendung von Videos in den Social Media. So gesehen steht der Tweet oder Pinnwandeintrag aus meinem sozialen Netzwerk, der die Ereignisse dort draußen zum Thema hat, gleichwertig auf einer Höhe mit der Mitteilung der Presseagentur. Beides sind "nur" Postings. Für uns empfiehlt sich also, Videos auf mehreren Kanälen hochzuladen, um die Vorteile der jeweiligen Plattformen optimal zu vereinen. Während zum Beispiel YouTube "der Klassiker" unter den Videoplattformen ist und mit Abstand die größte Breitenwirkung hat, bieten spezielle Nischenplattformen für spezifische Zielgruppen weitere Verbreitungsmöglichkeiten. Eine andere Plattform wie Vimeo punktet wiederum mit besonders guter Bildqualität und wird deswegen oft von Künstler_innen benutzt. Überall werden unterschiedliche Segmente von Seher_innen erreicht. Dieses Seeding an mehreren Orten hat auch den Vorteil, dass bei einer etwaigen Löschung eines Videos sofort Ausweichmöglichkeiten gegeben sind.

DURCHS NETZ WANDERN: VERBREITUNG VON VIDEOS

Die Wege zur Verbreitung unserer Videos im Netz können variieren, je nach Zweck und Zielgruppe. Den eigenen Kanal aufzubauen und ansprechend einzurichten stellt den ersten Schritt dar. Anschließend gilt es, diesen Kanal auf einer Plattform wie YouTube mit unseren anderen Social Media-Standbeinen (Blogs, Twitter, Facebook) zu verknüpfen. Uploads werden per Feed #237 weitergespielt. Zum "ansprechend Einrichten" des Kanals gehört ganz wesentlich, den YouTube-Kanal nicht nur mit deinen eigenen Accounts zu verlinken, sondern dich mit anderen YouTube-Kanälen zu vernetzen. Ein autistisch geführter YouTube-Kanal, der keine Kontakte, keine Abonnenments, keine Favoriten und keine Kommentare aufzuweisen hat, wird auch von anderen geschnitten und eher verwaist bleiben. Hier gelten die gleichen Regeln wie bei der Blogroll für Blogs #084: andere empfehlen und dafür von anderen empfohlen werden. Politisch aktive Gruppen haben ohnehin eigene Websites, auf denen ihre Videos publiziert werden. Das ist zwar ein erster Schritt, aber nicht immer alleine zielführend. Hier sehen alle im engeren Umfeld Interessierten, die regelmäßig diesen Webauftritt besuchen, dass es ein neues Video gibt; eine breitere Öffentlichkeit wird damit aber in der Regel nicht erreicht, geschweige denn, dass sie das Video über die Netzwerke und Plattformen hinweg verbreitet. Dazu muss neben dem Gehalt des Videos auch das Videoformat passen, es muss Einbetten und "Sharen" mit maximal drei Klicks zu machen sein, das Video muss in die Netzwerke unserer Zielgruppen eingespeist werden und dort muss sich schon so etwas wie "Sharing"-Kultur herausgebildet haben. Um interessierte, aber möglicherweise andersdenkende Menschen zu erreichen ist es sinnvoll, unsere Videos auch auf thematisch spezialisierte Plattformen hochzuladen, also etwa in die Kanäle der sozialen Bewegungen, die gerade relevanten Mediencenter der Zivilgesellschaft, auf Facebook-Seiten. Durch die dort vorherrschende Fokussierung auf die einen oder anderen zivilgesellschaftlichen Belange erreichen wir weitere Interessierte und sind nicht auf die Fans unseres eigenen Kanals beschränkt. Einmal auf diversen Plattformen vertreten, sind wir außerdem autonomer von internationalen Konzernstrukturen und plötzlich geänderten Benutzerbedingungen, die zu unerwarteten Problemen führen können. Um Videos nach dem Upload zu pushen, sind die üblichen Social Media-Kanäle Gold wert. Ein einzelner, gut vernetzter Account auf Twitter und Facebook genügt allerdings nicht, selbst wenn es so etablierte Benutzerkonten wie die von @unibrennt, @fluegel.tv oder @misik sind. Optimalerweise verbreitet eine Vielzahl von Einzelpersonen sowohl aus dem privaten Freundeskreis als auch dem Online-Bekanntenkreis das Video, verteilt über einen Zeitraum von mehreren Tagen. Die Erfahrung zeigt, dass beim Akt des Sharens via Twitter, Facebook und anderen Plattformen oft der einleitende flotte Spruch, die kurze Anklage oder noch besser eine interessante Frage helfen, an die Neugier der anderen zu appellieren. Willst du zusätzlich "digitale Immigrant_innen" #113 oder Menschen abseits der Social Media-Plattformen erreichen, so empfiehlt sich ein guter alter Newsletter #350 , eine Presseaussendung, das Posten des Videolinks unter Artikel der Massenmedien. Wenn auf einem Video Menschen zu sehen sind, sollten deren Persönlichkeitsrechte und insbesondere deren Bildrechte respektiert sein. Am besten, indem diese gefragt werden, ob ihnen das Filmen und das Veröffentlichen recht ist. Wenn fragen nicht geht – zum Beispiel auf Demos – wäre es schön, wenn versucht wird, keine angreifbaren Aktionen von Demonstrant_innen zu veröffentlichen. Im Zweifel lieber die Gesichter unkenntlich machen. Manche Menschen sind vielleicht auch nicht nur an Gesicht und der Stimme, sondern auch an auffälliger Kleidung, Tatoos, Haarpracht oder sonstigen Merkmalen erkennbar. Je sensibler die Aktionen sind, die gefilmt werden, und je gefährdeter die beteiligten Personen, desto sensibler sollte mit Videomaterial umgegangen werden. Das inkludiert auch den Datenschutz auf den Festplatten und Servern. Eine Möglichkeit, einzelne Menschen nicht erkennbar zu machen, und trotzdem Bilder von der Masse zu haben, besteht darin, nur die Füße der vorbeiziehenden Menschen oder die Menschen nur von hinten zu zeigen. Auch ein Schilder- und Transpiwald oder die Geräuschkulisse kann die Größe einer Demo zeigen.

VERANSTALTUNGEN LIVE-STREAMEN UND AUFZEICHNEN

So gut wie jeden Tag finden interessante Diskussionsveranstaltungen statt, gibt es irgendwo ein toll besetztes Podium oder einen hörenswerten Vortrag. Nicht immer kann mensch live dabei sein, manchmal weil wir zu spät etwas von der Veranstaltung mitbekommen, andere Termine haben oder leider nicht in dieser Stadt wohnen. Solche einmaligen Veranstaltungen können auch ohne TV-Equipment mitgefilmt und ohne Fernsehkanal einer breiteren Öffentlichkeit dauerhaft zur Verfügung gestellt werden. Anders als im Fernsehen ist die "On-Air-Time" nicht durch die Programmgestaltung begrenzt und so können auch Nischeninteressen gut bedient werden. Während kurze Clips vor allem kurzweilig und prägnant sein sollen, geht es bei Mitschnitten von Diskussion und Vorträgen vor allem darum, das Gesagte möglichst unverfälscht darzubieten. Umfassende Mitschnitte von Diskussionen sollten heute bei keinen zivilgesellschaftlichen Veranstaltungen mehr fehlen. Nicht nur legen wir Dokumentationen zivilgesellschaftlicher Arbeit und Realität an, wir sammeln auch Material. Ausschnitte aus diesem Material können für später geschnittene Beiträge wertvolle Bestandteile liefern. Ausgesuchte Wortmeldungen und Szenen aus Podiumsdiskussionen oder Vorträgen untermauern den Eindruck von Engagement, Kompetenz und Bedeutung dessen, womit wir uns beschäftigen. Es entsteht ein Stock an pointiertem Expert_innenwissen, das nachhaltig abrufbar ist und zitiert werden kann. Wie bei allen inhaltlich orientierten Medienprodukten gilt die höchste Priorität dem Ton. Bei der Bildqualität sind noch eher Kompromisse möglich. Also: beim Filmen auf den Ton nicht vergessen! Am besten die (geschlossenen!) Kopfhörer immer aufgesetzt haben, um sofort zu hören, was und wie das später auf der Aufnahme zu hören sein wird. Bei größeren Veranstaltungen werden die Redner_innen meist mit Lautsprechern verstärkt. In diesem Fall ist es das beste, dass wir uns mit der Tonaufnahme direkt an die Anlage anhängen. Dazu bedarf es einer Kamera mit Mic-In-Eingang und der im Vorfeld organisierten nötigen Kabel. Unangenehmer Hall wird so vermieden. Eine andere Möglichkeit wäre, externe Mikrofone oder gleich ein unabhängiges Audioaufnahmegerät zu verwenden, das am Podium plaziert wird. Natürlich wird dadurch die Postproduktion aufwendiger, schließlich müssen eine Audio- und eine Video-Aufnahme am Computer synchronisiert werden. Aber alle aufgezählten Optionen sind besser als eine Tonaufnahme durch das eingebaute Mikro, welches die Geräusche nahe an der Kamera am lautesten aufnehmen wird. Unerlässlich für längere Aufnahmen ist außerdem ein Stativ. Zu beachten ist auch, dass nicht während der Aufzeichnung ein Akku oder das Speichermedium ausfallen. Wir brauchen also ausreichend große und aufgeladene Akkus sowie ausreichend große und nicht belegte Speicherkarten. Speicherkarten-Kameras haben den unschätzbaren Vorteil, dass das Digitalisieren einer Bandaufnahme entfällt. Die Daten müssen lediglich mittels "Cardreader" auf den Computer kopiert werden.

Ausschluss Basta!

1. *Gleichzeitig Mobilisierungs- und Informationsvideo, verbindet dieses Beispiel von «bolognaburns!» hier Archivmaterial, Grafiken, Texteinblendungen, direkte Ansprache und Moderation aus dem Off.* **2.** *Das Selbstverständnis von «graswurzel.tv will komplett unabhängig von herkömmlichen medialen Strukturen arbeiten und informieren. Wir verstehen unsere Arbeit als alternativen Journalismus, der sich die Möglichkeiten der modernen Berichterstattung via Internet zu Nutze macht.»* **3.** *Mit dem «Supertaalk» organisieren Blogger_innen und Netzaktivist_innen ein eigenes Format der Diskussionssendungen samt interaktiver Einbindung von Kanälen wie Twitter und Chat, sowohl im Vorfeld, während der Sendung und in der Nachbereitung.*

Die Möglichkeit des Live-Streamings ist ein weiterer Schritt in Richtung Medialisierung und Transparenz. Schon die Ankündigung und das Faktum, dass es zur Veranstaltung auch einen Live-Stream #041 geben wird, ist für sich schon ein weiterer Stein im Puzzle der Aufmerksamkeitsökonomie. Wie viele Personen sich dann tatsächlich die Veranstaltung am Live-Stream ansehen, hängt von mehreren Faktoren ab und ist oft gar nicht so wichtig. Zu den Faktoren zählen inhaltliche, geografische und technische. Inhaltlich meint, inwiefern ist es "wichtig", live dabei zu sein? Ein zeitloser Vortrag zum Thema Grundeinkommen ist weniger brisant als zum Beispiel die Preisverleihung des Social-Impact-Awards. Geografisch meint die Möglichkeit, Personengruppen aus anderen Regionen teilhaben zu lassen. Technisch meint letztendlich, wie verbreitet und beworben ist der Link zum Stream und wie sieht es mit der Kapazität des benutzten Services aus. Der Live-Stream aus dem Audimax Wien war ein ganz wichtiger, wenn auch nicht unumstrittener Faktor der unibrennt Öffentlichkeitsarbeit. Aber Achtung: live streamen heißt automatisch "ohne Visier" zu agieren. Alles, was gesagt wird, ist augenblicklich publiziert und kann nicht mehr "unter der Decke" gehalten werden. Im Falle der Plena in besetzten Hörsälen gab es immer wieder Bedenken und Kritik an dieser totalen Transparenz, der Live-Stream wurde dennoch mehrheitlich immer wieder befürwortet. Während vorbereitete und organisierte Übertragungen qualitativ meist ansprechend und professionell umgesetzt sind, gibt es auch sogenannte "Guerilla-Live-Streams" ohne Absprache mit den Veranstalter_innen. Solche "heimlichen" Liveübertragungen können die Aufmerksamkeit auf Auseinandersetzungen lenken, die von manchen Leuten lieber mit weniger Aufmerksamkeit bedacht geführt werden. Diese Guerilla-Taktik ist in letzter Zeit auf dem Vormarsch und unterläuft heimliche politische Absprachen, aufwendigen Einsatz von Public Relation-Events oder bringt ans Licht, wie manche Entscheidungsträger_innen sich gebärden, wenn sie sich von Kameras unbeobachtet fühlen. Einer gewissen Ironie nicht entbeehrt hat etwa die Aktion grüner Parlamentsangehöriger, als sie aus einem mit Datenschutz befassten Ausschuss streamten. Rechtlich befindet mensch sich in einer nicht-ausjudizierten Grauzone, technisch reicht dafür ein modernes Smartphone sowie ein Account bei einer Streaming-Plattform wie ustream.tv oder bambuser.com. Die Qualität wird hierbei vermutlich schlecht sein, aber darauf kommt es in diesem Fall ja auch nicht primär an.

ZUSAMMENFASSUNG

Videos können sehr wirkungsvoll für Informationstätigkeit und den Transport politischer Anliegen sein. Sie können mobilisieren. Die Verwendung von Videos bietet sich im Feld zivilgesellschaftlicher Auseinandersetzungen daher besonders an. Es gibt immer etwas zu berichten und selten übernehmen das die klassischen Medien. Mit ein paar Tricks können wir eindrückliche Videos machen und diese im Netz über unsere sozialen Netzwerke in Umlauf bringen. Während bei professionellen Medienmacher_innen die Form und Qualität zu 100 Prozent stimmen müssen, geht es im zivilgesellschaftlichen Bereich mehr um Aussagen, Authentizität und Dokumentation. Wichtig ist, die Kamera im richtigen Moment einzuschalten und den Moment optimal auszunutzen. Dazu ist es von Vorteil, wenn du dein Equipment gut kennst und es bei Bedarf voll einsatzfähig hast.

- Einfach mal drauflosprobieren, dadurch verliert mensch Hemmungen und kann bei jedem Clip etwas für den nächsten Versuch lernen.
- Im richtigen Moment solltest du schon vorbereitet sein. Späteres "Nachsprechen/Nachstellen" wirkt viel weniger authentisch und glaubwürdig.
- Experimentiere mit deinem Equipment, Einstellungen und Techniken, damit du in relevanten Momenten selbstsicher auf deine Erfahrungen zurückgreifen kannst.
- Weniger ist meist mehr! Verzichte auf übertriebenes Zoomen, gefinkelte Ausschnittwahl und dynamische Kameraschwenks.
- Pro Thema ein Video! Das dafür aussagekräftig!
- Für die Publikation des Videos gilt: so schnell wie möglich, an so vielen Stellen wie möglich.
- (An-)Sprechende Titel und aussagekräftige Tags helfen bei der Verbreitung des Videos über den Kreis der "üblichen Verdächtigen" hinaus.

- Konzentriere dich nicht nur auf das Bild. Der Ton macht nicht nur die Musik, er ist auch das Kriterium, ob eine Aufzeichnung etwas wert ist oder trotz schöner Bilder eigentlich zu schmeißen ist.
- Finger weg von quälend langen Videos, von komplexen und vielschichtigen Messages!
- Bei Demos, Besetzungen, Blockaden und Aktionen gilt: Missachte nicht die Rechte jener, die du filmst.
- Vergraule potentielle Zuseher_innen nicht mit Videos ohne Informationsgehalt.

Video, authentisch, Geschwindigkeit, Mobilisierungsvideo, Doku, Übergriffe, YouTube, Vimeo, Smartphones, Kamera, Ton, Schnitt, Live-Stream, Zivilgesellschaft, #unibrennt.tv, graswurzel.tv, fluegel.tv, supertaalk

KOMMENTARE

***Wolfgang Weber** sagt:* *WienTV.org*

Ergänzen möchte ich die ausführliche Anleitung um den Punkt der persönlichen Färbung von Beiträgen im Web. Authentizität ist wirklich das Schlüsselwort. Mainstream-Medien zu kopieren geht ohne enormen finanziellen Aufwand nicht. Also machen wir bei WienTV.org es mit unseren Mitteln, verbreiten unsere Sichtweisen. Natürlich soll Ausgewogenheit angestrebt werden, aber wie kann mensch beim Filmen der Abschiebung von Kindern mit Sturmgewehren "objektiv" sein?

Der Zorn ist subjektiv und dieser Empörung versuchen wir ein Gesicht zu geben. Dieses Gesicht heißt bei uns WienTV.org, bei anderen ichmachpolitik.at, graswurzel.tv, unibrennt.tv, streik.tv und so weiter.

Die ZuseherInnen, die LeserInnen müssen im sg. Web 2.0 immer mehrere Quellen nutzen, um sich selbst ein relativ objektives Bild zu machen. So kommen wir der oft grausamen Wahrheit ein Stück näher. Für die ZuseherInnen entsteht dadurch ein großer Informationsvorsprung gegenüber den "Medien". Twitter, Facebook, Blogs, YouTube sind schneller, authentischer und letztlich der Wahrheit näher als durch die subjektiven Brillen einiger weniger JournalistInnen zu sehen, die obendrein auch am Anspruch der Objektivität scheitern müssen.

SHARING

Wie die Verbreitung von Inhalten per Social Media organisiert wird

«Then we kick the press out.»
The Huffington Post

Das Internet, das in den letzten Jahren so gerne Web 2.0 genannt wird, ist mit seinen Social Media Tools wie ein großes Spielzimmer. Es liegen Unmengen von kleinen Bauklötzen herum, von denen wir uns die passenden aussuchen, um Inhalte, Forderungen und Erfahrungen an die Leute zu bringen. Dabei wird jede Art von Information online mit Freund_innen oder Menschen, von denen wir glauben, dass sie sich dafür interessieren, geteilt. Der so genannte soziale Filter bekommt idealerweise mit, was der/die Freund_in empfiehlt und animiert zum Klick. Sharing hängt vom Medium ab. Beim Extremfall Twitter ist man zum Beispiel auf 140 Zeichen limitiert, auf Plattformen wie Facebook punktet mensch mit visueller Schlagkraft, YouTube-Clips leben von gelungenem Storytelling. Was aber vor allem zählt ist Inhalt, Planung und das richtige Netzwerk. Oder ein guter Witz, denn wie sonst könnte ein simples Katzenvideo über 20 Millionen Menschen zum Klick bewegen?

LINK-ÖKONOMIEN. ODER: DIE SOCIAL MEDIA REVOLUTION

Masse ist Macht. Deshalb stellt sich in den sozialen Netzwerken #341 meist die Frage: Mache ich das alleine, zu zweit oder doch besser zu hundert. Denn medialer Erfolg kann organisiert werden. Wenn mehrere Blogger_innen mehr oder weniger zur selben Zeit Inhalte publizieren, teilen oder online ihre Zustimmung bekunden (*«liken»*), dann wird das in dem Zeitraum zumindest in der Blogosphäre #084 ein sehr hohes Aufsehen erregen. In der Praxis hat sich Folgendes bewährt: Ein_e Blogger_in publiziert den Inhalt und möglichst viele möglichst einflussreiche Blogger_innen pushen das Ding, indem sie es auf ihr eigenes Blog stellen und auf die ursprüngliche Seite zurückverlinken. Der Push bleibt von Suchmaschinen nicht unbemerkt. Und genau hier liegt die mediale Schlagkraft des Sharings. Information wurde in den klassischen Medien wie Print, Radio oder Fernsehen nach dem Prinzip top-down streng hierarchisch und mit jeder Menge politischer Einwirkung produziert. Seitdem Suchmaschinen zu einer wichtigen Quelle für die Beschaffung von Information geworden sind, scheint das jetzt völlig antihierarchisch und basisdemokratisch zu funktionieren.

Suchmaschinen können mit ihren komplizierten Algorithmen die Relevanz von Webseiten bemessen. Je öfter ein Link auf eine Seite führt, umso relevanter muss die Information darauf sein. Für Google etwa ist eine Web-Adresse dann von Relevanz, wenn viele andere Seiten auf diese eine Seite verlinken. Durch die Einführung von Permalinks – ein einzelner, eindeutiger, unveränderbarer Link auf eine Seite, ein Video, eine mp3-File oder ein Bild – wurde dies möglich. Über Permalinks kann nachhaltig Traffic und Awareness für eine Website generiert werden. Das wird natürlich gezielt eingesetzt. Das Business, das daraus entstanden ist, nennt sich Search Engine Optimization (SEO). Große Contentmanagementsysteme der Vergangenheit generierten dynamische URLs mit vielen Parametern hintendran. Das war damals schon ein Problem bei Suchmaschinenindexierung. Blogssysteme waren die ersten, die auf Permalinks umgestiegen sind, Anbieter wie Wordpress haben den Umgang mit Permalinks perfektioniert. Der Link wurde so zum Kapital der Aufmerksamkeitsökonomie. Das ist einer der Gründe, warum Blogs und Social Media die Medienlandschaft ordentlich erschütterten. Wenn früher noch große Empfehlungskataloge wie dmoz.org für Themenbereiche erstellt wurden, so machen das jetzt die User_innen selbst, indem sie Inhalte verlinken. Egal ob geteilt (geshared), empfohlen (geliked) oder weiterverbreitet (reblogged) wird, je beliebter, umso relevanter muss der Inhalt sein. Der Blogger Sascha Lobo hat dafür einmal den Begriff der *«Interessanz»* erfunden. Der Algorithmus, wie Google zu seinem Page-Rank kommt, ist streng geheim. Unbestritten ist nur die Zahl der Links als Maßstab für *«Interessanz»*.

Das Urteil der Cloud: Faves, Likes und +1

1. *Das Urteil über einen Tweet, die einzelne Mikroblogging-Nachricht, kann via favstar.fm ausgelesen werden. Dieser Tweet von @sebaso ist 55-mal als "Lesezeichen abgelegt" und 113-mal weitergeleitet worden.* 2. *"Ein Blogartikel auf «Spreeblick» zu den ersten «Empört Euch» Demo-Aufrufen in Deutschland erhält ein paar «Gefällt mir» Klicks; und wird dadurch über 1.500-mal auf Facebook verlinkt.* 3. *Bevor google den +1 Button zur Integration in Websites angeboten hat, wurde diese Funktion zuerst einmal in die Suchmaschine und die Anzeige von Suchtreffern eingebaut.*

LIKE-ÖKONOMIEN. ODER: FACEBOOK UND GOOGLE+

Social Media-Plattformen, allen voran Facebook #094, aber in der Folge auch Google selbst, haben das Prinzip der Link-Ökonomie um einen entscheidenden Punkt erweitert. "Interessanz" wird bei Facebook nicht mehr durch die Klicks und Links der anonymen Nutzer_innen errechnet, sondern durch die in unseren social Networks mit uns verbundenen Freund_innen und Bekannten. Ähnlich wie Google reiht auch Facebook Einträge mit vielen Empfehlungen (Likes) und Kommentaren ganz nach oben. Was wir in Facebooks "Hauptmeldungen" präsentiert bekommen, sind Dinge, für die sich viele unserer Freund_innen interessieren, die wir also indirekt durch die Wahl unserer Kontakte selbst auswählen. Facebook und Google "personalisieren" für uns, was wir als Nachrichten-Stream sehen oder als Suchtreffer ausgewiesen bekommen. Dabei spielen neben unseren sozialen Netzwerkverbindungen auch Variablen wie Geschlecht, Alter, Sprache, Region und die Nutzung anderer Plattformen und Dienste eine Rolle. Kritiker_innen dieses Systems aus ausgefeilten Algorithmen befürchten, dass wir uns in Zukunft nur mehr mit Inhalten beschäftigen werden, die wir und unsere Kontakte sowieso gut finden. Wir würden in einer Art Blase leben, die uns permanent mit unserer eigenen Meinung füttert. Kritik oder die Anti-Thesen zur eigenen Meinung würden, wenn man das Ding zu Ende denkt, komplett aus unserem Leben verschwinden.

#209

Von Memes, viralen Videos und Online-Hypes

Ein Online *«Mem»* (sprich: mi:m) ist in der Regel ein Bild, ein animiertes GIF, ein Witz, ein Comic, eine durch Ad Busting entstellte Werbung, ein Aufruf oder ein Video, also ein Stück Information, das virale Wege geht, sich wie ein Virus verbreitet. Das Meme hat Kultstatus erreicht und wird als Running-Gag in Variationen weitergespielt. Nicht umsonst hat sich auch die "Meme-Kultur" im Sprachgebrauch etabliert. Der Begriff geht auf eine Theorie des bekannten Evolutionsbiologen Richard Dawkins zurück, der das Kunstwort *«Mem»* 1976 in seinem Buch *«Das egoistische Gen»* etabliert hat. Memes entstehen und verbreiten sich zufällig oder mit einem *«Meme-Generator»*. Wenn mensch allerdings einen gewissen Grad an Grundvernetzung in speziellen Szenen erreicht hat, kann es durchaus funktionieren, mit einer guten Idee ein eigenes Meme zu kreieren.

Das "Viral" ist eine Kurzbezeichnung für ein Online-Video, das sich viral verbreitet. Es wird an verschiedenen Stellen eingebettet und trifft den Nerv der Zeit und einer gewissen Szene. Die meistgesehenen Clips erreichen die 100.000-Views-Marke oft in wenigen Stunden. Sie zu erzeugen ist der Traum einer jeden Marketing-Agentur. Ein Viral ist äußerst schwierig zu produzieren und gelingt in den seltensten Fällen geplant. Oft handelt es sich um Zufälle.

LINKIN' YOU LINKIN' ME

Blogs #335 sind starke Tools im täglichen Ringen um Aufmerksamkeit. Neben dem Permalink und dem Spiel mit der Suchmaschinenrelevanz weist die Blogosphäre ein weiteres mächtiges Gimmick auf: den News-Feed #237 . Inhalt erscheint im Feed "nackt" ohne dem Design der Website. Über Feedreader kann mensch Blogs und Websites abonnieren und stellt sich so seine ganz persönliche Zeitung zusammen. Diese Feeds können markiert, getagged, aber auch weiterveröffentlicht werden

– automatisiert. Das beschleunigt einiges. Wenn wir also Feeds anbieten, abonniert werden und es schaffen, unsere Blogposts via Feeds an diverse andere Webseiten und Plattformen weiterzuverbreiten, so bringen wir nicht nur Content in Umlauf, sondern verbinden die Leser_innen da und dort auch mit unseren Blogs. Websites und Blogs bestehen oft aus hunderten oder gar tausenden einzelnen Seiten und Artikeln, alle mit einem unverwechselbaren Permalink als Webadresse. Und jeder dieser Artikel wird per Feed weitergeleitet. Jede einzelne dieser Seiten kann genutzt werden, die Relevanz seines persönlichen Netzwerks massiv zu steigern. Jeder Artikel kann potentiell an anderer Stelle referenziert und verlinkt werden. Die Blogroll #084 verlinkt Blogs untereinander und spannt ein Datennetz über die Welt. Als Regel der Freundlichkeit hat sich etabliert, hast du mich in deiner Blogroll oder Linkbox, geb' ich dich in meine. Besprichst und verlinkst du einen meiner Blogposts in einem deiner Artikel, dann empfehle und bespreche ich deine Einträge. Die Rolle von Blog-Kommentaren ist in den letzten Jahren eher in den Hintergrund gerückt und wurde durch den Facebook Like-Button, das *«gefällt mir»*, ersetzt. Da bei Kommentaren Qualität nicht auswertbar ist, zählt auch hier wieder die Quantität. Über einen kleinen Trick sind aber viele Blogger_innen im Kampf um die Aufmerksamkeit nach oben gerutscht, denn in Kommentaren wird natürlich auch verlinkt, und so konnten relativ einfach Backlinks auf die eigene Seite produziert werden. Die meisten Blogs sind aber mittlerweile so konfiguriert, dass Links in den Kommentaren blockiert werden, beziehungsweise sind sie nicht mehr für Suchmaschinen relevant. Kommentare sind als Werkzeug der Aufmerksamkeitsökonomie unter Spam-Last begraben worden. Umgekehrt ist die Wirksamkeit der kleinen Schaltflächen, wie mensch sie oft am Ende eines Blog-Eintrags sieht, nicht zu unterschätzen. Die *«Share»*-Buttons für die schnelle Einbettung in andere Plattformen oder für Weiterleitung via Twitter #166 oder E-Mail erleichtern vor allem im Zeitalter des Smartphones den Leser_innen das Weiterverbreiten der Information. Mit einem Klick landet der Inhalt auf einer beliebigen Social Media-Plattform, das umständliche Kopieren der URLs fällt weg.

PUSH THE BUTTON! SPREAD THE WORD!

Der Inhalt ist also da. Im Optimalfall auf einem Blog, das sich einen Namen gemacht hat. Aber auch kleinere Blogs sind hilfreich, denn Blogeinträge sind die Keimlinge oder Samen der Social Media. Informationen werden dort gehostet, aber nicht unbedingt gelesen. Das Pflänzchen braucht Wasser und Dünger. Das kommt von anderen Plattformen. Die Grundvoraussetzung schlechthin für prächtiges Wachstum ist guter Inhalt. Die Idee muss passen und der Zeitpunkt, etwa wenn das Thema gerade viel diskutiert wird und in der öffentlichen Wahrnehmung steht. Der Inhalt kann durchaus verspielt, künstlerisch oder außergewöhnlich sein und sollte sich vor allem an eine spezielle Zielgruppe richten, die genau auf so etwas wartet. Der erste Adressat unseres Inhalts ist meist der eigene Bekanntenkreis. Über alle möglichen Kanäle wird der Permalink verteilt. Wer durch be the social media schon Reputation hat und als Kanal über einen großen und spezialisierten "Followerkreis" verfügt, kann sich glücklich schätzen. Alle anderen können aber nachhelfen, indem sie ihr privates Netzwerk ausbauen und ein wenig erziehen. Phrasen wie *«bitte weitersagen»* oder augenzwinkernde Befehle wie *«Spread!»* mögen komisch klingen, viele Menschen kommen aber erst so auf die Idee zu sharen. Vorbild bist du selbst. Wer viel shared, wird viel geshared. Kommt der Inhalt gut an, sollte mensch das der Community zurückmelden, am besten plattformübergreifend. Die Plattformen dafür sind die bekannten: Facebook, Twitter, YouTube, Tumblr, Flickr #149, Google+. Welche Plattform gerade mehr oder weniger geeignet ist, bestimmt der Inhalt. Textlastige Dinge eignen sich perfekt für Twitter. Der begrenzte Raum von 140 Zeichen erfordert aber Headline-Qualitäten. Die Information ist kurz und kann durchaus der Titel des Texts sein. Deshalb sollte man Titel und Blogeintrag selbst schon in Hinblick darauf verfassen, dass er in wenigen Worten beschrieben werden kann. Twitter wird's danken. Was dann noch fehlt ist ein Link, den URL-Shortener auf die nötige Kürze einkochen. Auf Facebook wird in erster Linie visuell gearbeitet, Videos einbinden ist simpel und die Textlänge tendenziell egal. Wichtig ist auf Facebook kreative und catchy Optik. Ein Key-Visual, also ein Bild, das mein Anliegen auf den Punkt bringt und zudem noch aus der Masse der täglichen Bilderproduktion heraussticht, ist Pflicht. Wenn in einem Blogeintrag ein Video veröffentlicht wird, kann Facebook kein Vorschaubild erzeugen. Dann muss ein Bild her. Meist reicht ein Videostill. Links die direkt auf Videoplattformen wie etwa YouTube #201 zeigen, bettet Facebook gleich direkt in die eigene Plattform ein. Ein treffender Titel und eventuell der erste Absatz meines Texts sind ebenfalls hilfreich. Titel, Key Visual und Exzerpt sind die drei wichtigen Bausteine von sharing-fähigem Inhalt. Auch Nennungen über ein @ vor dem Namen des/der Users/Userin, dessen/deren Inhalt du sharest, sind der Beweis für eine aktive, dialogische und professionelle Nutzung des Mediums. Die User_innen werden es danken. Wer bei YouTube einen eigenen Kanal anlegt, wird sich sehr schnell wieder in einem sozialen Netzwerk finden, wo man andere Kanäle subskribieren kann. YouTube besitzt einen Activity Feed, also eine Liste von den neuesten Videos deiner Freund_innen und von denen, die gut bei deinen Freund_innen ankommen. Seine Inhalte in Videos verpacken ist um einiges aufwändiger als etwa ein einfacher Text, kann aber auch größere Wirkung erzielen. Eine Minute oder darunter hat sich als gute Länge für YouTube-Clips bewährt. Länger als drei Minuten bleibt selten jemand bei einem Video, wobei natürlich Ausnahmen die Regel bestätigen. Neben YouTube haben sich auch andere Videoplattformen bewährt, Vimeo etwa. Warum also nicht auch gleich dort seine Inhalte anbieten? Der große Vorteil von YouTube und Vimeo ist die embed-Funktion. Mit zwei, drei Klicks können andere Blogger_innen das Video auf ihrer Seite publizieren und weiterverbreiten. Und wenn du den Jackpot erwischst, geht ein Video viral #209 ab. Flickr hat es sogar geschafft, in der professionellen Fotocommunity Einzug zu finden. Mit professionellem Anspruch und einem sehr visuellen Zugang bietet Flickr Leuten, die fotografieren und sich dort aufhalten, ein sehr gutes Forum. Flickr ist zudem höchst suchmaschinenrelevant. Auch hier gilt: ein guter Titel, gutes Tagging, gutes Kategorisieren #158 und Fans sammeln.

DON'T BELIEVE THE HYPE

Es gibt hunderte Plattformen und ihre Relevanz ist ständig in Bewegung. Raus gehen und suchen ist die beste Methode, um am Ball zu bleiben. Social Media-Profis haben meist überall einen Account. Und sie beobachten das Netz und die Verbreitung der Inhalte. Die Auswahl der Plattformen hängt stark von der Zielgruppe, den Inhalten und den Erkenntnissen des Monitoring ab. Dann versuchen sie "Seedbombs" zum richtigen Zeitpunkt an die richtigen Stellen zu werfen. Der Begriff Seedbomb kommt vom Guerilla Gardening, wo auf Plätzen im öffentlichen Raum tausende Pflanzensamen geschmissen werden, um diesen Platz zu begrünen. Umgelegt auf Soziale Medien kann man diese Strategie nutzen, um möglichst viele Kanäle mit Keimlingen aus Information zu befüllen. Schlaue kleine Tools wie ifthisthenthat.com helfen Zeit zu sparen. Sie verknüpfen verschiedene Plattformen untereinander, und man muss nur mehr über eine Plattform Inhalte verteilen. Den Rest übernimmt die Maschine. Diese Methode birgt immer die Gefahr von Spam. Gezieltes Sharing ist meist wirkungsvoller. Daher versuchen die Social Media-Profis in einem zweiten Schritt ihre Zielgruppe über Mulitplikator_innen zu erreichen. Sie suchen gezielt nach Blogger_innen, die über genau so etwas schreiben, was ich produziert habe, und bestenfalls sogar schon darauf warten, genau diese Art von

Content zu bekommen. Vielleicht können wir unsere Inhalte sogar dementsprechend optimieren, um mehr auf die Erwartungen und Bedürfnisse der Blogger_innen einzugehen. Das erhöht die Wahrscheinlichkeit, dass die Opinion-Leader_innen diesen Content aufgreifen, übernehmen und weiterverbreiten. Wichtig ist aber die Vorbereitung. Ich muss vorher wissen, welche Information ich für wen wie ins Netz bringe. Was im Netz "zieht", ist schwer auf eine allgemein gültige Antwort zu bringen. Einerseits hat sich jegliche Form von Humor als virales Zugpferd etabliert, daneben aber auch "kreativer Output", unter dem natürlich jedes Netzwerk etwas anderes versteht. Dinge etwa, die entweder technisch reizvoll produziert sind, die eine berührende Geschichte erzählen oder bestenfalls beides kombinieren. Dabei geht es nicht immer um High-End-Produktionen, die tausende Euro verschlingen. Lo-Fi-Ästhetik bringt's genauso. Auch Überraschungseffekte kommen sehr gut an. Grundsätzlich gibt es immer unterschiedliche Szenen mit unterschiedlichen Themen. Hier wieder: Besser genau adressieren, als auf den großen Hype zu hoffen, der vermeintlich allen gefällt. "Alle" gibt es nicht.

DER TRAUM VOM "VIRALEN MARKETING"

Wenn der Inhalt innerhalb von kurzer Zeit sehr, sehr viele Menschen erreicht, spricht man von einem Viral. Dies geschieht in erster Linie durch Empfehlungen (Likes), das Teilen von Inhalten (Shares) oder Kommentare in den Social Media. YouTube etwa erkennt virale Videos und verbreitet sie bewusst weiter. Die Videos sind territorial begrenzt (Deutschland, USA, Großbritannien, eigentlich fast jedes Land, wo Google präsent ist). Österreich zählt übrigens zu Deutschland, was es für österreichischen Content recht schwierig macht, viral zu werden. Wenn ein Video bei YouTube innerhalb von 48 Stunden mehr als 10.000 Views erreicht, dann erkennt es das System automatisch als virales Video und pusht es an andere User_innen weiter. Die nächsten 10.000 Views sind dann recht einfach zu bekommen. Um in größeren Kategorien wie *«weekly most viewed»*, *«weekly most liked»*, *«weekly most commented»* aufzuscheinen, muss man schon 100.000 Views erreichen (und sich also nicht mit politischem Aktivismus beschäftigen).

Der wichtigste Faktor für das Erzeugen eines Virals ist Glück. Wobei man in erster Linie die grundsätzliche Frage nach dem Zweck einer Kampagne stellen muss. Ist es wirklich das Ziel, Millionen von Menschen zu erreichen, oder sind schon ein paar hundert Menschen ein Erfolg, die dafür genau in meiner Zielgruppe? Hinter kommerziellen Viralen steht oft ein enormer Aufwand. Zu überprüfen sind Kosten und Arbeit, die dafür aufgewendet werden, nur sehr schwierig. Wenn man aber Blogs breit gestreut abonniert hat, dann stolpert man immer wieder einmal über dieses oder jenes Video, das oft gar nicht in das spezialisierte Themengebiet der Blogger_innen passt. Vor ein paar Jahren etwa war ein Viral von BMW im Umlauf, das der Schauspieler Ashton Kutcher über Twitter versendete. In einem Nebensatz fügt er an, dass er von BMW kein Geld für diesen Tweet bekommen habe. Diese 140 Zeichen und die sieben Millionen Follower von Ashton Kutcher haben für dieses Video aber enorme Aufmerksamkeit erzeugen können. Das zeigt zwei Sachen: Erstens hatte BMW einfach nur Glück, dass sich der Schauspieler für ihr Video begeistern konnte. Zweitens zeigt dieser Tweet, dass Celebrities gerne auch Geld für ihre Twitter-Dienste annehmen.

Ein professionelles Viral basiert meist auf perfekter Planung und jeder Menge Kapital. Oft handelt es sich dabei um bezahlte Hintergrundarbeit. Blogger_innen bekommen Honorare, um Inhalte zu promoten, erst später wird der Umstand der "Viralität" öffentlich zum Thema gemacht und als "authentischer" Hype verkauft. Modeblogs sind etwa längst zu einem ernstzunehmenden

Konkurrenten für Lifestyle-Magazine geworden. Und damit die neueste Gucci-Handtasche auch wirklich an den Mann/die Frau kommt, lassen sich Werbeagenturen positive Blog-Einträge auch etwas kosten. YouTube-Views und Likes kaufen, Facebook-Freunde oder Twitter-Follower kaufen, das gehört mittlerweile zum Standard des Social Media-Marketings. Am Ziel schießen solche Kampagnen #130 natürlich vorbei. Sie setzen im besten Fall die Werbeagentur in ein besseres Licht, die richtigen Menschen werden dabei aber nicht erreicht. Sie interessieren sich in keiner Weise für den Inhalt, für ein Paar Cent pro Klick verdienen sie sich ihr Geld im Internet. Unternehmen wie die Facebook *«Fan-Slaves»* übernehmen das, werden alsbald gesperrt, organisieren sich an anderer Stelle neu, und immer so weiter.

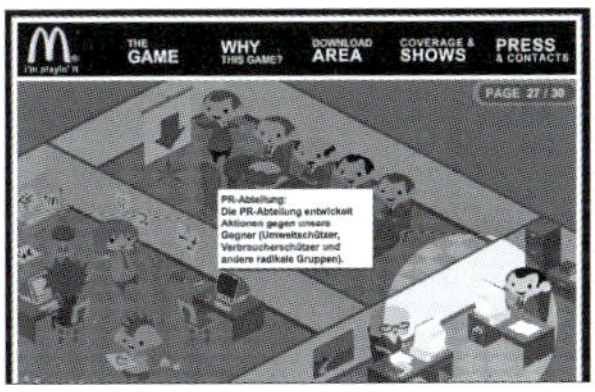

Virals und die "Dunkle Seite der Macht"

1. *Ein Klassiker aus dem Jahre 2007, ein virales «Virales Marketing» Video von viralman.* 2. *Ein Bericht von Focus online zur dunklen Seite von "Virals": «Greenpeace attackiert VW mit Viral-Videos».* 3. *Mit dem McDonald's Flash-Spiel ist es dem Künstler_innen-Kollektiv von «Molleindustria» gelungen, Konsumkritik und politische Bildung sich selbst viral verbreiten zu lassen.*

MULTIPLIKATOR_INNEN MIT GRÜNEM DAUMEN

Da für Kampagnen aus der Zivilgesellschaft meist kaum bis kein Geld zur Verfügung steht, müssen also andere Methoden her. Multiplikator_innen oder so genannte Opinion Leader_innen spielen dabei eine zentrale Rolle. Sie haben ein großes Netzwerk, sind bestenfalls auf ein spezifisches Thema konzentriert und engagieren sich für Projekte, die gut zu deinem Vorhaben passen. Sie gilt es zu finden und zu überzeugen. In der ersten Phase nimmt mensch Kontakt mit den Multiplikator_innen auf. Schritt eins ist die Google-Recherche. Die wichtigsten Blogs in einem Bereich reiht Google ja bekanntlich ganz nach oben. Dann überprüft man das Netzwerk der/des Blogger_in. Und wieder, nicht die Zahl der Follower oder Freunde ist ausschlaggebend, sondern die Kredibilität und wie zielgerichtet ihr/sein "Freundeskreis" ist. Welche Freund_innen hat die Person? Wie viele? Hat er/sie ähnliche Freund_innen wie wir? Sind Fake-Accounts dabei und wie steht es mit der Kredibilität? Wenn beispielsweise jemandem 1000 Menschen folgen, sie/er selbst nur ungefähr 100, dann heißt das, dass die Menschen wohl an ihrer/seiner Information interessiert sind und weniger an einem Follower-Tausch (Folgst du mir, dann folge ich dir). Aussagekräftige Zahlen über die Online-Aktivität von Menschen geben auch Dienste wie klout.com und die diversen Social Media-Rankings. Sie überprüfen die Twitter-, Facebook, Google+ und Linked-In-Accounts von User_innen und generieren daraus eine Zahl. Je höher die Zahl, umso einflussreicher ist die Person in den Social Media #009. Was dabei zählt, sind nicht nur Follower und Freunde, sondern die Zahl der Retweets, Likes und Unique-Retweeters haben großen Einfluss. Klout gibt auch Auskunft darüber, ob jemand eher *«Conversationalist»*, *«Specialist»*, *«Networker»*, *«Thought Leader»* oder nur *«Observer»* ist. Auch das Kommunikationsverhalten spielt bei der Analyse eine große Rolle. Wie oft shared die- oder derjenige die Information? Und vor allem welche? Zeigen Sie Interesse, werden sie mit Inhalten bedient und beobachtet, was sie damit anstellen. War unser *«Seeding»* erfolgreich, geht also der Plan auf und der Samen keimt, dann melden wir die virale Weiterverbreitung zurück an die eigene Community. Das Material muss natürlich leicht benutzbar sein und zur Weiterverbreitung einladen. Große Blogs wird man, ähnlich wie Journalist_innen, schlecht überzeugen können, die ganze Arbeit selbst zu machen. So genannte Blogparaden oder OnlineDemos sind das perfekte Tool, um in einem gewissen Zeitraum maximale Aufmerksamkeit zu produzieren. Die Social Media-Marketing-Industrie hat das Prinzip der Multiplikator_innen bereits perfektioniert. Sie hat Celebrities für ihre Zwecke entdeckt. Celebrities haben nicht nur massiv Fans und Follower, was vor allem zählt, ist die emotionale Bindung ihrer Fans und ihr Vertrauen in die Postings und Tweets der Stars. Großes Netzwerk gepaart mit hoher Kredibilität, das sind die beiden Erfolgsfaktoren des Marketings über Celebrities. Im Feld des zivilgesellschaftlichen Engagements wird ähnlich gearbeitet, dort sind es glaubwürdige Prominente und Intellektuelle, die als Aushängeschilder von Kampagnen mithelfen. Allzuoft sind es aber noch nur jene, die in erster Linie im klassischen Mediensystem gut ankommen, leider noch viel zu wenig solche, die selbst über Social Media-Präsenz verfügen.

WIR WOLLEN GUTTENBERG ZURÜCK

Fast 600.000 Fans hat die *«Wir wollen Guttenberg zurück»*-Facebook-Seite, die den Rücktritt des ehemaligen deutschen Verteidigungsministers Karl-Theodor zu Guttenberg verhindern wollte. Doppelt so viele wie Dieter Bohlen und sein Team von "Deutschland sucht den Superstar" in neun Jahren harter Marketing-Arbeit generiert haben, nur dass diese Seite das binnen eines Tages geschafft haben will. Allesamt Anhänger, die den Rücktritt ungeschehen machen wollen, oder nicht? Blogger_innen wie Peter Berger und Sascha Lobo stellten sich die Frage, ob eine solche Zahlenexplosion mit rechten Dingen zuginge. Hartmund Danisch verfolgt die IP-Adressen von erbosten Kommentarschreiber_innen und kommt bei einigen zu einer Firma, die als Dienstleistung Anzeigenschaltung und Suchmaschinenoptimierung anbietet. Dass sich binnen Stunden derart viele Unterstützer_innen im Internet zusammenfinden, hat schnell Skepsis ausgelöst. Schließlich fanden sich pro Minute konstant 150 bis 180 neue Fans ein, auch nachts kommen minütlich 40 Fans dazu. Andere halten den Verdacht, es könne sich um gekaufte oder nur virtuelle Guttenberg-Unterstützer_innen handeln, für überzogen. Grund zur Skepsis gibt es allemal. Denn gekaufte Unterstützer_innen wurden in den letzten Jahren zu einem weit verbreiteten Phänomen. Auch im so genannten "Real Life" tauchen immer wieder Kampagnen auf, die mit viel Finanzkraft politische Entscheidungen erwirken wollen.

DIE RETORTE DES HYPES UND DES ZIVILGESELLSCHAFTLICHEN ENGAGEMENTS

All diese Tipps, Tricks und Tools sind nicht nur längst von den großen Player_innen der Aufmerksamkeitsökonomie kooptiert, sind kommen sogar großteils aus der profitorientierten Nutzung der sozialen Medien. Denn klassische Werbung, egal ob auf Plakaten, Bannern oder im TV-Werbeblock, ist am Ende, zumindest was ihre Glaubwürdigkeit angeht. Um aber ihre Produkte und politischen Kampagnen trotzdem ins öffentliche Bewusstsein zu bekommen, müssen Agenturen und Lobbyinitiativen andere Wege gehen. Über so genanntes "Astroturfing" versuchen sie, die Wirkung von Graswurzelbewegungen zu imitieren, um so Rückenwind für ihre wirtschaftlichen Interessen zu erzeugen. So wie das mit viel Aufwand geseedete Video den Eindruck eines zufällig entstandenen Hypes evozieren soll und als ausgewiesenes "Viral" dann eigene Legitimität bekommt, so sollen versteckt inszenierte Kampagnen den Eindruck einer selbstorganisierten Bewegungen machen und als "Ausdruck zivilgesellschaftlichen Engagements" hohe Glaubwürdigkeit erlangen. Und diese Glaubwürdigkeit ist für die Lobbyindustrie eine große Verlockung. Mit Astroturfing versuchen Agenturen Grassrootbewegungen zu imitieren. Astroturfing, der Begriff, wurde vom Markennamen einer amerikanischen Kunstrasensorte entlehnt. Eine Anspielung darauf, dass Bürger_inneninitiativen ebenso wie Graswurzeln von unten kommen und organisch wachsen. Bei den künstlich initiierten Bürger_inneninitiativen werden Unterstützer_innen meist unter falschen Voraussetzungen und ohne Wissen um die wahren Drahtzieher dieser Bewegung akquiriert. Für das nötige PR-Kapital sorgen Unternehmen.

Beispiele für Astroturfings sind schwer nachzuweisen. In der Regel wurde die scheinbare Graswurzelbewegung mit anderen, klassischen Werbekampagnen kombiniert. Am erfolgreichsten war eine Kampagne dann, wenn die mediale Öffentlichkeit gar nicht weiß, dass es sie gegeben hat. Oft handelt es sich um anekdotische Beweise, trotzdem werden immer wieder einige Fälle aufgedeckt. Die "Initiative Neue Soziale Marktwirtschaft" (INSM) fiel zum Beispiel mit Kampagnen zur Einführung von Studiengebühren "als positive Mitbestimmungsmöglichkeit" auf, finanziert vom deutschen Arbeitnehmerverband Gesamtmetall. Oder etwa das Management der Deutschen Bahn, das eine Bürgerinitiative pro Bahnprivatisierung initiierte und finanzierte. Initiativen wie LobbyControl sind sehr erfolgreich im Aufdecken solcher Kampagnen, sie fordern mehr Transparenz in Zusammenhang mit Lobbying, auch im Social Media. Von Negativbeispielen wie INSM oder Deutsche Bahn kann mensch vor allem zwei Dinge lernen: Transparentes Arbeiten und Sensibilität im Umgang mit politischen Aktionen im Netz. Denn der zentrale Vorwurf gegenüber allen Aktivitäten im Bereich Astroturfing ist die Intransparenz. Menschen, die sich solchen Kampagnen anschließen, wissen einerseits oft selbst nicht, wo sie da mitmachen, andererseits wird mit viel Geld versucht, Einfluss auf die Politik zu nehmen. "Echte NGOs" arbeiten deshalb mit maximaler Transparenz.

ZUSAMMENFASSUNG

Links sind die Samen und das Kapital in der Aufmerksamkeitsökonomie. Shares, Likes und Kommentare das Wasser, das sie zum Keimen bringt. Die wichtigsten Bausteine von sharing-fähigem Inhalt sind Titel, Key Visual und Exzerpt. Nutze im ersten Schritt dein Netzwerk! Phrasen wie *«bitte weitersagen»* oder augenzwinkernde Befehle wie *«Spread!»* sind erlaubt. Multiplikator_innen können aus deinem Pflänzchen eine ausgewachsene Pflanze machen. Jede Szene hat ihren eigenen Code; je besser du ihn triffst, umso mächtiger die Wuchsform deines Inhalts.

- Planung: Du musst vorher wissen, welche Information du für wen wie ins Netz bringst.
- Recherche: Je gezielter du den Inhalt auf eine gewisse Szene hin produzierst umso größer die Chance auf Weiterverbreitung.

- Breites Seeding: Nutze alle Plattformen, die du kennst. Aber gezielt, denn Spam kann niemand brauchen.
- Multiplikator_innen: Ohne Opinion-Leader_innen ist eine große Kampagne kaum möglich.
- Dialog: Arbeite dialogorientiert und "pflege" deine Accounts.

- Privates ist erwünscht/erlaubt, du solltest aber nie emotional werden und im Affekt handeln.
- Nimm Kommentare nicht persönlich.

Storytelling, Link-Ökonomie, Permalinks, Aufmerksamkeitsökonomie, Like, gefällt mir, google plus, sharing, Teilen, Seeding, viral, meme, Virales Marketing, Astroturfing, Follower, Hype, Multiplikatoren, Monitoring, SEO

ONLINE-DEMONSTRATIONEN

Best-Practices für die Mobilisierungsarbeit im Netz

«Komm rüber Bruder, reih dich ein. Komm rüber Schwester, du bist nicht allein. Komm rüber Mutter, wir sind auf deiner Seite. Komm rüber Alter, wir wolln das Gleiche.»

Ton Steine Scherben

Ob Kundgebungen in der Einkaufsstraße oder im Netz stattfinden, ob Unterschriften am Hauptplatz gesammelt oder per Online-Petition eingeholt werden, es geht darum, ein Anliegen voranzutreiben. Mit Demonstrationen wollen wir einem Thema zu mehr Präsenz in der öffentlichen Wahrnehmung verhelfen. Wir wollen als Unterstützer_innen einer Sache sichtbar werden, um auch andere für dieses Anliegen zu gewinnen. Wir signalisieren etwas, stehen mit unserer Präsenz und mit unseren Unterschriften unter Petitionen für unsere Anliegen ein. Ob auf der Straße oder im Netz, wir machen Eindruck, wenn wir als "viele" wahrgenommen werden und verhelfen unseren Anliegen zu Relevanz, wenn sowohl Anliegen als auch Unterstützung allgegenwärtig zu sein scheinen und sich in immer weiterer Unterstützung neu gewonnener Sympathisant_innen zeigen.

Ziel dieses Beitrags ist es, einen groben Leitfaden zu liefern, was bei der Planung und Durchführung von Online-Demonstrationen zu beachten ist. Angereichert wird dieser Leitfaden durch praktische Erfahrungen, die bei der Durchführung der *«Online-Demo gegen den CERN-Ausstieg Österreichs»* und der Online-Demonstration im Rahmen der #unibrennt-Bewegung gewonnen wurden.

ABGRENZUNG VOM "CLICK-AKTIVISMUS"

Es bedeutet relativ wenig Aufwand im Vergleich zu anderen Formen des Aktivismus, eine Unterschrift zu leisten oder das eigene Avatar-Bild auf einer Social Network Plattform #341 zu ändern. Damit diese Formen des Engagements mit geringer Intensität nicht zu sinnentleertem "Click-Aktivismus" verkommen, sollte doch etwas mehr an Aufwand und Überlegung von der Seite investiert werden, die zum Engagement einlädt. Es macht durchaus Sinn, es Unterstützer_innen sehr einfach zu machen, sich niedrigschwellig zu beteiligen. Das Kriterium ist aber immer noch, dass diese Beteiligungsformen niedriger Intensität tatsächlich Effekte erzielen. Die einfache Partizipation sollte optimal genutzt werden, entweder als (1) schrittweiser Einstieg zu mehr Engagement, (2) zur explorativen Messung von Interesse und Unterstützungspotenzial, (3) zur Sammlung von Kontakten und E-Mail-Adressen #350, (4) zum Suchmaschinen-relevanten Pushen einer Kampagnenseite oder (5) zur (Selbst-)Organisation einer eindrücklichen und nachhaltigen Bildwirkung. Möglich sind natürlich alle diese Ziele, aber schon um nur eines anzugehen, sollte ein Mindestmaß an Planung, laufender Betreuung und Aufarbeitung investiert werden. Das erste Element, an das zu denken und das vorzubereiten ist, ist die sogenannte Landing Page. Diese Landing Page sollte übersichtlich und eindeutig sein, auf einen Blick das Anliegen sichtbar machen und transportieren, wie mensch sich nun engagieren und einbringen kann. Die Komplexität der Landing Page richtet sich danach, welche Aktion, welche Beteiligung von den Besucher_innen der Seite gewünscht wird: das Unterschreiben einer Petition, das Verbreiten eines Mobilisierungsvideos, das Ändern des Profilbildes oder die Beteiligung bei einer Online-Demo, die das Betreiben einer Website voraussetzt. Die gewünschten Aktionen können sehr unterschiedlich sein, sich an verschiedene Gruppen von Aktivist_innen richten, und es können mehrere verschiedene Beteiligungsangebote für unterschiedliche Gruppen sein. All diese Informationen und Rahmenbedingungen müssen klar und klar abgegrenzt sofort erkennbar sein. Ablenkende Inhalte und Informationen sollten dementsprechend ausbleiben, die Landing Page funktioniert besser, wenn sie "kurz", übersichtlich und reduziert ist. Verschiedene Beteiligungsoptionen sind also aufzuführen und müssen mit einem Klick erreichbar sein, liegen aber eine Seite weiter. Dafür sollte die Landing Page auch mit nur einem Klick zu motivierenden Übersichten und Darstellungen führen, wie viele Aktivist_innen schon unterschrieben, etwas geteilt, in ihren Blogs etwas geschrieben oder ihre Websites mit Bannern oder "Eselsohren" ausgestattet haben. Last but not least sollte die Landing Page gut in einen einmal aufgebauten Webauftritt integriert sein, ebenso optisch in ein allfälliges Kampagnendesign integriert sein und gut vernetzt mit weiterführenden Informationen und befreundeten Organisationen. Es muss leicht sein, diese Landing Page auf Facebook #094 & Co zu "sharen". Und dort, wo der dank "sharing" eingebettete Link zu unserer Landing Page in einem sozialen Netzwerk sichtbar wird, muss auf einen Blick erkennbar sein, worum es geht, warum dieser Link verbreitet wurde, und weshalb wir ihn jetzt auch anklicken sollten.

BANNER-SOLIDARITÄT UND BLOGPARADEN

Sind die Landing Page und die Handlungsoptionen einmal eingerichtet, sollte nun der Link zu dieser Seite mit Aktionsmöglichkeiten von möglichst vielen Internet-Nutzer_innen aufgerufen und verbreitet werden. Der Link kann per E-Mail-Verteiler und Newsletter kursieren, via Facebook und Twitter #166 empfohlen oder in Postings unter Artikel von Online-Medien angepriesen werden. Diese Vertriebswege müssen angeregt und unterstützt werden, laufen in weiterer Folge aber selbstorganisiert und außerhalb unserer weiteren direkten Einflussmöglichkeiten. Wer den Link zur Landing Page beziehungsweise Kampagnenseite wo überall weiterleitet, das ist nur eingeschränkt nachverfolg- und sichtbar. Das sieht ganz anders aus, wenn auf Blogs #335 und Webauftritten anderer Artikel, Werbebanner oder Eselsohren auf die Aktion, Beteiligungsmöglichkeiten und Landing Page hinweisen.

Banner sind vergleichbar mit Aufklebern und Flyern, die in der Real-World auf Aktionen oder Demonstrationen hinweisen und zur Partizipation einladen. In der gleichen Weise wie Aufkleber in der ganzen Stadt sichtbar an neuralgischen Punkten angebracht sein sollten und Flyer überall dort im öffentlichen Raum verteilt werden, wo sich viele Menschen in hoher Frequenz bewegen, so wäre es natürlich ein Ziel, mit dem Banner für die eigene Kampagne gut sichtbar an Verkehrsknotenpunkten im Netz vertreten zu sein. Wenn Banner bezahlt, Bannerwerbung also gekauft werden kann, wäre es ein einfaches, Banner mit Links zur Landing Page auf vielen Websites mit hoher Frequenz unterzubringen. In unserem Feld sozialer Bewegungen #130 wird diese Option kaum gegeben sein. Umgekehrt ist unser Engagement wahrscheinlich glaubwürdiger und eine Stärke der Zivilgesellschaft der ehrenamtliche Einsatz. Um andere Blogger_innen und Betreiber_innen von Websites zum Einbau eines Banners zu bewegen, ist die Konzentration auf drei Aspekte hilfreich. Erstens sollte die Landing Page, die auf ihr angeregten Handlungsoptionen und der Banner gut vorbereitet sein. Zweitens sollten wir einen guten Überblick haben, welche Blogger_innen, Initiativen und Organisationen im Netz unser Anliegen unterstützenswert finden könnten. Mit regelmäßigem Monitoring und einem hohen Vernetzungsgrad #084 ist das kein Problem, im anderen Fall wäre jetzt erst mit der Arbeit einen vernetzten Kanal aufzubauen zu beginnen. Drittens muss der Einbau des Banners inklusive Link einfach und auf allen Arten von Websites möglich sein. Simple Grafikdateien genügen vollkommen, es muss kein aufwendiger Banner mit interaktiven Elementen sein, den viele potenzielle Unterstützer_innen dann nicht in ihre Blogs einbauen können. Wichtiger sind verschiedene optimierte Formate und Größen sowie eine Einbauhilfe auch für den simpelsten Banner.

Banner und Eselsohren führen zu ...

1. *Mit Bannern allein ist das so eine Sache. Sie sollten schön, klar und sympathisch sein, um überhaupt aufzufallen und konkurrieren dabei mit vielen anderen Bannern. Dann wollen sie auch noch angeklickt werden. Und letztlich sollten sie nicht zu viel versprochen haben: die Landing Page muss der Spannung des Banners gerecht werden.* 2. *Banner und Eselsohren können animiert sein, so wie hier auf daten-speicherung.de. Weniger ist dabei mehr. Wichtig ist die klare Aussage, eindrücklich und bestimmt. Banner und Eselsohr müssen dazu auffordern, angeklickt zu werden.* 3. *An der Online-Demo mit dem #unibrennt-Eselsohr nehmen deutlich über dreihundert Websites teil. Das Eselsohr mit dem Bild des besetzten Audimax wird in den beiden Monaten der Besetzung weit über vier Millionen Mal eingeblendet.*

Ein weiterer schöner und sinnvoller Weg, Leute zum Aufrufen einer Kampagnenseite und zur Partizipation zu mobilisieren, ist die *«Blogparade»*, früher auch als *«Blogkarneval»* bekannt. Das Ziel der Blogparade sind mehrere Artikel in verschiedenen Blogs, die sich alle dem gleichen Thema widmen und auf das gleiche Anliegen verweisen. So erhöht sich nicht nur die Präsenz des Anliegens, es sammeln sich auch die Links von verschiedenen Sites im Netz, auf die Landing Page verweisen. Die Blogparade bedarf freilich eines ersten Aufrufs. Jemand wirft ein *«Blogstöckchen»* und ruft andere Blogger_innen zur Beteiligung auf. Diese verwenden ihr Blog, um in eigenen Worten auf die Kampagne, Aktion, Kundgebung, Problematik hinzuweisen, und um ihre Leser_innenschaft auf Beteiligungsmöglichkeiten aufmerksam zu machen. Wie bei einem Pyramidenspiel sollte jeder neue Blogeintrag auch den konkreten Aufruf an befreundete Blogger_innen enthalten, sich ebenfalls mit einem Blogeintrag zum gemeinsamen Anliegen zu beteiligen und seiner- oder ihrerseits weitere Personen anzuschreiben. Im Feld des Netzaktivismus oder wenn es sich um bewegende Ereignisse wie Stuttgart 21 oder die #unibrennt-Bewegung handelt reicht ein Anstoss, damit viele Blogeinträge zum Thema mit Links zur Landing Page entstehen. In den meisten Fällen wird jedoch etwas Kommunikation im Hintergrund zielführend sein, um andere auf eine Kampagne hinzuweisen, zu instruieren, und um Hilfe in Form von Blogbeiträgen und Einbau eines Banners zu bitten.

DIE ONLINE-DEMO FÜR UNSEREUNI.AT

Im Rahmen der #unibrennt-Bewegung wird die beschriebene Methode ab dem 27.10.2009, also bereits am fünften Tag der Bewegung eingerichtet. Blogger_innen und Website-Betreiber_innen können durch das Installieren des Pagepeels auf ihren Websites Solidarität mit den Besetzer_innen des Audimax üben und die wenige Tage zuvor neu ans Netz gegangene Plattform unsereuni.at dadurch unterstützen. Durch einen Mouseover-Effekt wird das Eselsohr in der rechten oberen Ecke vergrößert und mit einem Klick gelangt mensch zur Website der #unibrennt-Bewegung. Ein Großteil der Bewerbung der Online-Demo erfolgt durch Social Media-Plattformen #009. Twitter und Facebook spielen hierbei eine zentrale Rolle. Durch die viralen Elemente #209 dieser Kommunikationsformen (einfaches retweeten, *«gefällt mir»*-Buttons) kann schnell eine weite Verbreitung erreicht werden. Damit die Online-Demo starten kann, werden die notwendigen Infos und Codebeispiele auf einer eigens eingerichteten Seite im Wiki #178 von unsereuni.at online gestellt. Mit Hilfe eines grafisch geschulten Aktivisten wird ein ausdruckstarkes Foto als Grafik für das Eselsohr eingebaut. Die online gestellte Einbauanleitung wird weitgehend von der letzten Online-Demo gegen *«Metternich 2.0»* übernommen. Alle Vorbereitungsmaßnahmen sind innerhalb eines Abends abgeschlossen und die Bekanntmachung läuft an. Mit jeder Website, jedem Blog, auf dem das unsereuni-Eselsohr eingebunden wird, steigt die Wahrnehmung auch der Online-Demo. Im Wiki von unsereuni.at beziehungsweise unibrennt.at werden alle teilnehmenden Websites aufgeführt, um die Dynamik und Sichtbarkeit der Online-Demo noch weiter zu verstärken. Bald sind es über 300 vorwiegend Blogs, auf denen die Besucher_innen bei jedem Aufruf die Grafik rechts oben im Eck sehen, die der unibrennt-Bewegung gewidmet ist. Im Zeitraum von eineinhalb Monaten wird dieses Eselsohr über diesen Weg dreieinhalb Millionen Mal eingeblendet. Jeder Klick auf dieses Eselsohr führt zur Website der Bewegung, die binnen kürzester Zeit zu einer großen im Netz wird und ein extrem hohes Ranking bei Google erreicht. Die Meinungsmaschine Google wird wohl Wind bekommen haben von den Protesten in Österreich.

DIE ONLINE-DEMO DER VIELEN ESELSOHREN

In der deutschsprachigen Wikipedia wird der Begriff *«Online-Demonstration»* wie folgt definiert: *«Eine Online-Demonstration oder ein virtuelles Sit-In ist eine politische Aktionsform des Internet-Zeitalters. Durch wiederholtes Aufrufen einer bestimmten Homepage von zahlreichen Computern aus und innerhalb einer festgelegten Zeitspanne wird eine Blockade des Servers beabsichtigt, über den die betreffende Homepage erreichbar ist. Bei einem technischen Erfolg ist die entsprechende Webseite unerreichbar oder nur stark verlangsamt abrufbar.»* Um dieses Verständnis der Online-Demo geht es hier nicht. Ich definiere "Online-Demo" hier als: eine politische Aktionsform des Internet-Zeitalters, bei dem Website-Betreiber_innen ihre Unterstützung für ein Anliegen durch das Einblenden von Bild-, Audio- oder Videoelementen auf der eigenen Website in Form eines sogenannten Pagepeels ("Eselsohr") anzeigen. Das Eselsohr als Werbeform taucht 2006 erstmals im Internet auf. Bereits 2007 wird es im deutschsprachigen Netz weit verbreitet, als die Online-Demo des Arbeitskreises Vorratsdatenspeicherung anläuft, an der sich bis Ende 2007 bereits siebenhundert Websites beteiligen. Durch die zentrale Platzierung der Eselsohren kann eine hohe Aufmerksamkeit für das Thema generiert werden. Eindrucksvoll sind Banner und das Eselsohr schließlich, wenn sie an mehreren Stellen – also Websites – im Netz zentral platziert sind und nicht in Bannerwäldern untergehen. Schon vergleichsweise kleinere Online-Demos können einige Aufmerksamkeit generieren und Aktionen bündeln. Die Online-Demo gegen den beabsichtigten CERN-Austritt Österreichs 2009 war eine Aktion von Blogger_innen und anderen Website-Betreiber_innen, bei der ein Klick auf das Eselsohr zur Landing Page der Initiative *«Save Our Science»* führte, wo eine Online-Petition unterzeichnet werden konnte. Die Dauer dieser aus dem Boden gestampften Online-Demo betrug eine knappe Woche. Die Bewerbung fand auf Websites der Science-Community und hauptsächlich durch Postings unter Newsbeiträge der etablierten Massenmedien statt. Es gab eine eigene Facebook-Seite gegen den Ausstieg Österreichs aus dem CERN und ebenso eine große Leserbrief- und E-Mail-Kampagne. Innerhalb einer Woche wurde die Entscheidung über den Ausstieg Österreichs aus dem CERN revidiert. Welchen Anteil die Online-Demonstration an diesem Ergebnis hatte, lässt sich schwer messen. Die Verwendung von Shortlinks (der Dienst bit.ly wurde eingesetzt) ermöglichte die Aufzeichnung und Nachverfolgung der Anzahl der Klicks von den 53 teilnehmenden Webseiten. In den Tagen zwischen dem 12.5.2009 und 18.5.2009 kam es zu rund 10.000 Einblendungen des Pagepeels.

Die Teilnahme an einer Online-Demo mit Pagepeels sollte durch Einbauanleitungen für verschiedene Content-Management-Systeme (CMS) erleichtert werden, um es auch technisch unversierteren Personen so einfach wie möglich zu machen, an der Online-Demo teilzunehmen. Empfehlenswert ist die Aufbereitung von Code-Schnipseln, die nur noch durch Copy & Paste in die jeweils eigene Website integriert werden müssen. Ein eigens für Wordpress erstelltes Plugin unterstützt die Installation des Pagepeels für Nutzer_innen dieses populärsten CMS. Die Interaktion ist nun mit wenigen Klicks ganz ohne Änderungen im HTML-Code möglich. Eine weitere Unterstützung einer Online-Demo erreichen wir durch die Visualisierung der teilnehmenden Websites. Diese können mit Screenshots erfasst und zusammengefasst werden, um ein aussagekräftigeres Bild der Unterstützer_innen zu liefern. Im Gegensatz zu einer Aufzählung in Listenform zeigt dieses Gesamtbild aus vielen verkleinerten Screenshots auf den ersten Blick die Fülle der Teilnehmer_innen an und stellt eine wichtige Werbemaßnahme dar. Die Thumbnails können automatisiert mit Hilfe von Services wie zum Beispiel bitpixels.com erstellt werden. Für das Monitoring und eine statistische Auswertung des Klicks auf Eselsohren, kann der dort aufgerufene Link mit einem URL-Shortener voreingerichtet werden. So lassen sich die Klicks über Eselsohren auf die Landing Page einfach messen.

SOCIAL NETWORKS-DEMOS

Als im Iran im Juni 2009 im Gefolge der umstrittenen Präsidentschaftswahl in mehreren Städten protestiert wird und Unruhen ausbrechen, zeigen viele Menschen weltweit ihre Solidarität mit den Protestierenden, indem sie Profilbilder auf Twitter und in Facebook grün einfärben oder mit "Twibbons" versehen. Bei dieser Form der Solidaritätsbekundung verwendet mensch in den sozialen Netzwerken online den eigenen Avatar, um "Farbe zu zeigen". Der Dienst twibbon.com erleichtert diese Solidaritätsgesten auf Twitter und Facebook. Zum einen kann sehr schnell ein Twibbon für eine Demo oder eine Kampagne vorbereitet werden, indem einfach ein kleines grafisches Element hochgeladen wird. Zum anderen können Nutzer_innen dieses grafische Element mit wenigen Klicks und ohne Fachwissen über ihre Profilbilder legen. Die grafischen Elemente sind in Anspielung auf an Kleidung getragenen Symbolen zum Beispiel virtuelle Schleifen oder Buttons. Online-Demos von Avataren bringen allerdings keine Klicks auf Landing Pages, können dafür ein eindrückliches Beispiel von Präsenz geben und Neugier in Zielgruppen schaffen, die weniger eingebunden in zivilgesellschaftliches Engagement sind. Der temporäre Austausch des eigenen Avatars mit dem Symbol einer gerade laufenden Kampagne ist daher eine der niedrigschwelligen Handlungsoptionen für Unterstützer_innen, die möglicherweise auf einer Landing Page angeregt werden. Immer öfter werden zudem Landing Pages auf Plattformen wie Facebook eingerichtet. Die Einladen-Funktion von Seiten erleichert es, andere Nutzer_innen auf Aktionen, Kampagnen oder Demos aufmerksam zu machen. Facebook bietet für solche Anwendungen zudem eigene Funktionen, wie etwa die "Causes"-Seiten zur Unterstützung von Fund Raising. Die Sinnhaftigkeit dieses Zugangs ist jedoch zweifelhaft. Auf Facebook ringen zu viele Anliegen, virale Videos und Nachrichten um Aufmerksamkeit. Ein *«gefällt mir»* ist zu schnell und noch vor der Wahrnehmungsschwelle angeklickt. Was bleibt ist der sogenannte *«Slacktivism»*, der den Aufwand nicht lohnt. Allerdings kann es durchaus geschickt angestellt werden, eine Landing Page auch im Facebook zu betreuen. Dann sollte diese Seite als eine Art Expositur zur Sammelstelle und als Diskussionsraum genutzt werden, der Unterstützer_innen im Facebook abholt, um sie zu den vorbereiteten Aktionen und Beteiligungsmöglichkeiten wie etwa Petitionen zu bringen.

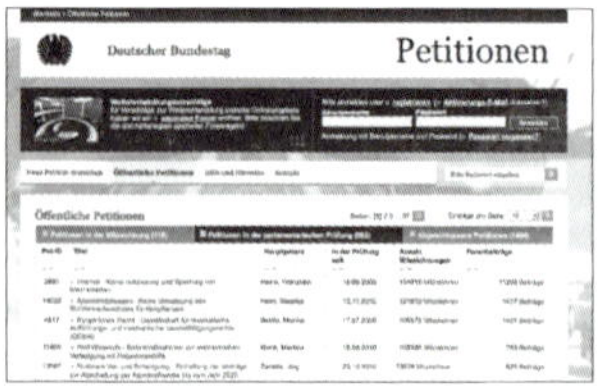

Banner und Eselsohren führen zu …

1. *DiePresse.com berichtet, dass sich «unabsichtlich eine weitreichende Online-Demo organisiert». Gemeint ist damit freilich das virale Phänomen des Hypes, hier im Fall des «#fuckyouwashington»* Hashtags #158 *auf Twitter.* 2. *Auf Twitter, und mittlerweile auch auf Facebook und anderen Plattformen mit Benutzer_innen-Avataren, gibt es Kundgebungen, die darauf bauen, dass viele Nutzer_innen ihre Avatare symbolisch solidarisch in den Dienst einer Sache stellen.* 3. *Seit Herbst 2008 ist es in Deutschland möglich, online auf der Petitionen-Seite des Deutschen Bundestages sowohl Petitionen einzubringen, zu unterzeichnen und zu diskutieren, als auch den Prozess der parlamentarischen Prüfung mitzuverfolgen.*

UNTERSCHRIFTEN UND UNTERSTÜTZUNGSERKLÄRUNGEN

Wir sind durch das Internet viel leichter zu erreichen und können andere leichter kontaktieren. Das wirkt sich auch bei Unterschriftenlisten und Petitionen aus, zu denen wir immer häufiger eingeladen werden. Online sind Unterschriftenlisten noch dazu sehr einfach anzustossen, ohne dass schon geklärt sein muss, was mit den Unterschriften weiters gemacht werden soll. Nicht jede Unterschrift wird unter eine Petition gesetzt, und selten hat eine Petition die Tragweite eines Antrags auf ein Volksbegehren. Unterschriften können auch Aufrufe, Protestnoten oder offene Briefe untermauern. Die Bundesrepublik Deutschland hat mit der Online-Petition immerhin eine Möglichkeit für Bürger_innen geschaffen, mit öffentlichen Petitionen ab 50.000 Unterstützer_innen den Bundestag zu befassen. Von der schnell und spontan initiierten Unterschriftensammlung bis hin zur öffentlichen Petition an den deutschen Bundestag gilt, die weitere Verwendung der gesammelten Unterschriften und manchmal auch die Einbettung des Sammelns und Unterschreibens in die Strategie der Kampagne bestimmen eigentlich den Erfolg. Es gibt viele Optionen für das Unterschreiben, aber noch mehr ungenützte Unterschriftenlisten. Der Aufruf zur Unterzeichnung eines Anliegens kann die Aufklärung über Sachverhalte unterstützen, wenn Aussendungen und Landing Pages gut zusammengestellt sind. Der Aufruf zur Unterschrift kann der Vernetzung und dem Präsent-machen eines Anliegens gute Dienste bieten, wenn die Liste der Zeichner_innen gut einsehbar ist und jeder einzelne Akt des Unterschreibens über die diversen Sozialen Netzwerke sichtbar gemacht wird. Die Unterschriften können gut eingesetzt werden, wenn sie bei Übergaben auf Fotos gut in Szene gesetzt – wie das die Bürgerinitiative vom Augartenspitz geschafft hat – und in Aktionen eingebaut werden, über die die Presse berichtet. Technisch ist das Einholen von Unterstützungserklärungen online mehr als simpel. Im Oktober 2007 richtet eine Person etwa aus dem Anlass heraus ein eigenes Blog nur zu dem Zweck ein, eine Solidaritätsliste zu beginnen. Die *«gegenabschiebung. Unterschriftenliste»* ist immer noch im Netz, besteht aus einem Blogartikel und 1.020 Kommentaren und gibt mit diesen oft ausformulierten Kommentaren Zeugnis über den Protest gegen das österreichische Fremdenrecht. Für das Organisieren von Petitionen online gibt es sowohl eigene Websites als auch Tools und Softwarelösungen. Auf petitiononline.de beziehungsweise petitiononline.at oder ipetitions.com können selbstorganisiert Unterschriftenlisten und Petitionen eingerichtet werden. Eigene Nichtregierungsorganisationen spezialisieren sich auf Organisation und Service von Petitionen als Form politischen Engagements, so wie MoveOn.org in den USA oder *«Campact»* in Deutschland. Für eigene Webauftritte gibt es Erweiterungen, die Abstimmungen und Unterschriftenlisten in die Website oder das Blog einbinden.

ZUSAMMENFASSUNG

Durch das "Sharen" von Content verbreiten sich Inhalte. Die Inhalte werden dann durch das Auftauchen an vielen Stellen in Summe präsenter und als dringlicher wahrgenommen. Manchmal genügt es nicht, dass die Inhalte sichtbarer werden, wir müssen als Personen, als Akteur_innen, als Aktivist_innen Präsenz zeigen. Wir müssen zeigen, dass uns etwas bewegt, uns gemeinsam zu bewegen. Einfach ist das im flüchtigen Netz nicht, aber mit manchen Online-Demos und Petitionen ist es schon gelungen, viele Menschen im Netz sichtbar zu Demonstrationen ihres Protests und ihrer Anliegen zusammenzubringen und zusammen als Kollektiv sichtbar zu machen, sodass wir in dieser Sache dann *«eine_r von vielen»* sind.

- Denkt an die Landing Pages. Und denkt nicht nur an sie, bastelt sie mit Hilfe anderer eindrucksvoll und zielgerecht. Mit Hilfe anderer heißt unter anderem: Holt euch viel Feedback von verschiedenen Personen.
- Feedback muss sichtbar gemacht werden, das sollte schon auf der Landing Page anfangen, sich aber im ganzen Netz widerspiegeln.

- Ob Banner oder Eselsohr: Die grafische Umsetzung sollte niedrigschwellig sein und gut im Symbolgehalt. Ein Bild einsetzen.
- Mit Solidaritätsgesten kann gearbeitet werden, selbst wenn es nur Gesten sind. Versuchen wir auf den niedrigschwelligen Solidaritätsbekundungen aufzubauen und schrittweise mehr Partizipation zu erreichen.
- Wo Partizipation gerne billig sein kann, das sind die technischen Hürden und die Ideen, um die sich potenzielle Unterstützer_innen nicht kümmern müssen. Wenn wir diese Hürden niedrig halten, gut vorbereitet sind und Hilfe anbieten können, dann erhöhen wir die Wahrscheinlichkeit für Aktivitäten deutlich.

- Verwendet keine großen, hochaufgelösten Grafikdateien für Banner und Eselsohren. Das verzögert das Laden von Seiten und belastet, wenn das Bild bei euch liegt, unnötig eure Server.
- Nicht auf die Postingforen der Online-Medien vergessen, dort müssen Anliegen angesprochen und Landing Pages verlinkt werden.
- Unterschriftenlisten sollten Petitionen sein! In dem Sinne mindestens als die "Eingabe" der gesammelten Unterschriften und nicht nur ein schlichtes Sammeln und Abgeben geplant sein sollte.
- Klick-Aktivismus und Selbstbetrug mit ein paar billigen Gesten ist nichts wert. Wenn sich nicht mehr als das herausholen lässt, dann gleich bleiben lassen.

Online-Demo, Slacktivism, Banner, Landing Page, Pagepeel, Eselsohren, Solidarität, Avatare, Twibbons, Handlungsoptionen, Partizipation, CERN, AK Vorratsdatenspeicherung, unsereuni, Petitionen, Unterschriftenliste

KOMMENTARE

***Florian Engel** sagt:* *moreonion.at*

Sehr interessanter Artikel Robert!

Die Distanzierung von "Clicktivism" halte ich für ein wenig unnötig, nachdem das Wort und deren Bedeutung geprägt ist von Persönlichkeiten, die eCampaigning als ineffektiv darstellen wollen (Stichwort Gladwell). Außerdem ist die Grenze nicht sehr leicht zu ziehen, weil die Arbeit mit digitalen Kampagnen oft auch Bestandteile enthält, die nicht auf direkte politische Veränderung, sondern auf weiteres Engagement hinleiten sollen.

Bezüglich Petitionen würde ich von Petitionsseiten abraten, die alle gesammelten Daten nachher selbst verwenden, oder sogar verkaufen. Eine Petition mit Drupal selbst zu entwickeln (oder mit Drupal Gardens) ist ein Klax, nur dass nachher alle Daten exportierbar sind und die Unterstützer/innen für die nächste Aktion wieder kontaktiert werden können.

Was auch noch ein wenig Aufmerksamkeit verdient, ist das E-Mail to Action Model. Das prominenteste und effektivste Modell für eCampaigning zeigt, dass das sammeln von E-Mail Adressen und das aufbauen eines soliden E-Mail Verteilers der wichtigste Baustein in der Mobilisierung via Internet ist. Dabei handelt es sich nicht um langweilige monatliche Newsletter, die zusammenfassen, was ohnehin schon auf der Webseite steht. Es geht um kurze, prägnante Updates mit Appell EINE AKTION zu unterstützen.

Diese Aktion kann sehr vielfältig sein. Über Protest-SMS, Fax, E-Mail senden bis hin zu "komm jetzt zu der Spontan-Demo". Wirklich gut segmentieren kann man diese gesammelten Kontakte allerdings nur mit einem CRM System - also mit einer Datenabnk, die alle Kontakte enthält. Für kleine Datenbanken reichen oft Provider von E-Mail Systemen wie Mailchimp aus.

MANUALS BLOCK III
ORIENTIERUNG UND SOUVERÄNITÄT

TEST THE SOCIAL MEDIA

Journalistische Recherche im Web 2.0

«Wikipedia ist nach meiner Überzeugung das heimliche Leitmedium im Internet. Jeder, der im Netz war, war auch schon bei Wikipedia. Die Wikipedia, eingedampft auf einen Satz, ließe sich so beschreiben: Viele Leute erzählen freiwillig, was sie wissen. Das ist doch eine traumhafte Situation – gerade für uns Journalisten. Wir kennen das normalerweise nur so, dass die Leute nicht freiwillig erzählen, was sie wissen.»

Albrecht Ude, Netzwerk Recherche

Wenn eine soziale Bewegung #130 die breite Öffentlichkeit sucht, dann braucht sie auch die klassischen Medien, denn nicht alle Bevölkerungsschichten sind über Social Media #009 erreichbar. Dafür muss eine Bewegung wissen, wie die klassischen Medien funktionieren und nach welchen Regeln Journalist_innen arbeiten.

INFORMATIONSQUELLEN – ALTE UND NEUE

Grundsätzlich beziehen Journalist_innen Informationen über Neuigkeiten und Ereignisse von überall her. Die klassischen Quellen, aus denen sie von Ereignissen erfahren, sind Presseaussendungen und Nachrichtenagenturen, wobei bei Nachrichtenagenturen auch Journalist_innen arbeiten, die im Prinzip nach den gleichen Regeln vorgehen wie Journalist_innen bei Medien. Aus der Sicht von Aktivist_innen sind Nachrichtenagenturen also erste Adressatinnen ihrer Informationstätigkeit. Eine weitere wichtige Quelle für Journalist_innen sind direkte Kontakte zu handelnden Personen, Zeug_innen oder Mitwisser_innen von Ereignissen. Oft erfahren Journalist_innen auch durch eigene Beobachtungen oder durch Personen aus dem Bekanntenkreis von Geschehnissen und neuen Entwicklungen. Immer wichtiger werden auch Beobachtungen und Informationen über das World Wide Web und Social Media-Plattformen. Facebook #094 , Foren, Blogs und eine Reihe anderer

Web-Plattformen werden von Journalist_innen für private und/oder berufliche Zwecke genützt. Sie werden bewusst gescannt, also nach interessanten und brauchbaren Informationen durchkämmt. Soziale Netzwerke #341 dienen aber auch als Kontaktmöglichkeit zu Informant_innen. Für Journalist_innen ist es deshalb sinnvoll, Accounts mit Klarnamen anzulegen, um Kontakte knüpfen und halten zu können. Dabei gilt allerdings: Nicht jede Information ist interessant, nicht jede interessante Information ist brauchbar und nicht jede interessante und brauchbare Information ist für jede Journalistin und jeden Journalisten von Relevanz.

Twitter #166 kann, als eine Art von "Markt für Neuigkeiten", auch journalistisch genutzt werden. Mit dem Dienst Twazzup: Realtime News lässt sich die Online-Kommunikation zum jeweiligen Geschehen entlang von Hashtags #158 so filtern, dass der eigene Bildschirm zu einem Echtzeit-Ticker und virtuellen Newsroom wird.

Hey, twazz up? ... And what is real news?

1. *Nirgends erreichen uns heute die «Breaking News» schneller als via Twitter. Das Netz hat als Leitmedium für Breaking News längst CNN oder andere News-Channel abgelöst. Der über Hashtags gefilterte Informationsfluss – hier die Kategorien «#jan25» und «#egypt» für die Tweets aus und zu Ägypten im Arabischen Frühling – ist schneller als jeder Live-Ticker der professionellen Massenmedien.* 2. *Der Informationsfluss ist aber natürlich nicht aufbereitet. In den Tweets zum Hashtag «#Loveparade» während der Katastrophe in Duisburg 2010 vermischen sich Bilder von der Party mit ersten Bildern der Massenpanik, Tweets von vor Ort eingeschlossenen Personen mit Kommunikation von außen, darunter auch Nachrichten von Medien mit bereits überprüften Informationen.* 3. *Für Journalist_innen ist der twitter-Echtzeitstream – hier zu* «#S21» *– bei Ereignissen mit Nachrichtenwert nicht Anlass die Informationen einfach zu übernehmen, sondern Anlass die Kommunikation zu beobachten und zu analysieren. Sie können darüber Bilder, Links, Infos und potenzielle Informant_innen als Ausgangspunkt für Recherche und Überprüfung von Quellen und Fakten sammeln.*

FÜR WEN IST DAS WOHL EINE NACHRICHT WERT? NACHRICHTENWERT UND RELEVANZ

Ein Ereignis muss neu, aktuell und für das Publikum des jeweiligen Mediums interessant und relevant sein, um in einem (Nachrichten-)Medium zu erscheinen. Die Relevanz bezieht sich auf das Erscheinungsgebiet und das potenzielle Publikum oder die Spezialisierung eines Mediums auf gewisse Themen. Eine Bezirkszeitung wird also nicht über den Widerstand gegen die Wahlmanipulationen im Iran berichten, wahrscheinlicher aber über die Proteste der Studierenden an der Fachhochschule der Bezirkshauptstadt oder über die Aktionen des Betriebsrates des größten Dienstgebers in der Region. Die *«#iranelection»*-Proteste sind umgekehrt sehr interessant für alle Medien, die sich mit Außenpolitik, Krieg, politischen Bewegungen und dem Nahen Osten beschäftigen, oder aber auch mit dem Web und Neuen Medien. Die #unibrennt-Bewegung war interessant für alle Medien, die über Politik, Bildung, Universitäten, Studierende berichten, oder allgemein über die Städte und

Regionen, in denen die Proteste gerade stattfinden. Dabei waren einerseits die Gründe für die Proteste und ihre Inhalte sowie Gegenstimmen und Reaktionen Thema von Berichten. Andererseits wurde über die Tatsache berichtet, dass die Protestbewegung sich über das Web 2.0 und Social Media organisierte und darüber untereinander und mit der Öffentlichkeit kommunizierte. Umso mehr die Nutzung dieser Werkzeuge gang und gäbe wird, umso weniger wird diese Meta-Ebene jedoch Thema von Berichten sein. Entscheidend für den Nachrichtenwert ist auch das Erscheinungsintervall eines Mediums. Für ein stündlich oder täglich neu erscheinendes oder aktualisiertes Medium ist das aktuell, was in der vergangenen Stunde oder am abgelaufenen Tag geschehen ist. In einer Monatszeitschrift oder einer 45-minütigen Fernsehdokumentation können gleiche Themen wie in tagesaktuellen Medien behandelt werden, allerdings mit anderen Schwerpunkten und anderen Zugängen. Was als neu und interessant gilt, ist immer eine Entscheidung der jeweiligen Redaktion. Üblicherweise gibt es bei Medien Redaktionssitzungen, in denen Themen vorgestellt und diskutiert werden, und wo dann von den Anwesenden gemeinsam oder von den Ressortleiter_innen oder dem Chefredakteur/der Chefredakteurin entschieden wird, welche Themen in welchem Umfang in welcher Ausgabe des Mediums erscheinen.

DIE FAKTENLAGE: RECHERCHE UND ÜBERPRÜFUNG

Die wesentlichste Aufgabe im Journalismus ist die Recherche. Wie Informationen dann aufbereitet werden, ist zwar auch sehr wichtig und entscheidet darüber, ob eine Geschichte vom Publikum gefunden, aufgenommen (also gelesen, gehört oder gesehen) und verstanden wird, ist aber erst der zweite, dritte oder vierte Schritt. Eine Recherche zu unternehmen heißt, einem Thema und/oder einem Ereignis nachzugehen, den Hintergründen und Auswirkungen auf den Grund zu gehen. Recherchieren bedeutet ganz allgemein, Informationen zu sammeln, zu verknüpfen und diese dabei stets auf ihre Seriosität und Vertrauenswürdigkeit hin zu abzuklopfen. Journalist_innen müssen wissen, woher eine Information stammt, um diese überprüfen und deren Wahrheitsgehalt bewerten zu können. Sie sollten außerdem dem Publikum mitteilen, woher sie ihre Information bezogen haben, damit dieses den Wert einer Nachricht beurteilen kann. Das bedeutet nicht, dass Journalist_innen die Namen von Informant_innen in einem Artikel, Radio- oder Fernsehbeitrag nennen müssen, sie müssen ihre Quellen aber kennen. Eine Person kann in einem Bericht auch als *«Frau F.»*, *«Hubert»*, *«der Sprecher der XY-Bewegung»* oder dergleichen bezeichnet werden. Es muss jedoch erkennbar sein, welchen Bezug eine Person zu einer von ihr gemachten Aussage hat, und welches Interesse sie an der wahrheitsgemäßen oder verschleiernden Darstellung eines Ereignisses haben könnte. Bei #unibrennt beispielsweise wollten die in der Protestbewegung engagierten Studierenden anfangs nur als "Plenum", als "Kollektiv" und als "Bewegung" in den Medien vorkommen, nicht aber als Einzelpersonen – womöglich noch mit vollem Namen – genannt, zitiert oder interviewt werden. Der Protestbewegung ging es dabei nicht darum, ihre Identität zu verschleiern; niemand wollte sich und seine Person ins Rampenlicht stellen, "die Sache", das gemeinsame Anliegen sollte im Vordergrund stehen. In der Medienwelt funktioniert das aber nicht. Erwünscht sind konkrete Personen, die für sich oder stellvertretend für eine Gruppe über Ereignisse, Vorhaben, Kritik, Ziele etc. sprechen und die zumindest beim Vornamen oder einem Nickname genannt werden können. Im Idealfall ist eine Person auch durch zusätzliche Informationen wie zum Beispiel Alter, Beruf, Erfahrungen, Herkunft usw. im Medium darstellbar – je nachdem, was für das jeweilige Thema relevant ist. Das macht einen Bericht und damit auch die darin beschriebene Bewegung nicht nur interessanter, sondern auch glaubwürdiger und vor allem greifbarer. Konkrete Beispiele und Schicksale wirken immer stärker und authentischer als eine anonyme Masse. Bei sozialen Bewegungen wird die Recherche unter Umständen schwieriger sein, als bei Ereignissen und Entwicklungen, die mit Firmen, Behörden oder Institutionen zu tun haben. Letztere haben konkrete Adressen, Telefonnummern, Kontaktangaben auf Websites und eigene E-Mail-Adressen. Sie werden in Verzeichnissen geführt, in Handelsregistern, Grundbüchern, Amtskalendern. Sie haben eine Geschäftsführung, eine Telefonvermittlung, eine Pressestelle, ein Organigramm, einen Sitz usw. Protestbewegungen oder politische Initiativen hingegen können anonym, mit keiner oder wechselnder Führung, geheimen Treffpunkten, nicht organisierten öffentlichen Aktionen und unter anderen, schwer greifbaren Umständen auftreten. Wenn sie sich über eine eigene Website äußern, besteht zwar grundsätzlich eine Verpflichtung zur Angabe von Kontaktdaten, eine "Impressumspflicht", diese Angaben können jedoch fehlen, unvollständig oder nicht korrekt sein. In diesem Fall kann versucht werden, über die Whois-Datenbank der zuständigen Internet-Registrierung herauszufinden, auf wen eine konkrete Web-Adresse registriert ist. Wenn soziale Bewegungen über Plattformen wie Facebook und Twitter an die Öffentlichkeit treten, via Flickr #149 und YouTube #201 Material veröffentlichen oder als anonymes transnationales Netz-Kollektiv auftreten wie zum Beispiel *«Anonymous»*, dann fällt auch diese Möglichkeit weg. Bei den Social Media-Plattformen besteht die Möglichkeit, einer Person oder Gruppe eine Nachricht zu schicken oder die Bitte um Kontaktaufnahme als Kommentar zu posten. In manchen Fällen ist dafür jedoch eine Registrierung bei der jeweiligen Plattform notwendig. Wenn eine soziale Bewegung über die gesamte Welt verstreut ist, sich einer geografischen und nationalen Zuordnung bewusst entzieht oder sich Anonymisierungsdiensten bedient, wird es für Journalist_innen immer schwieriger, Kontakt aufzunehmen und zu recherchieren.

VON RECHERCHE ZU RECHERCHE: VERSCHIEDENE QUELLENLAGEN

Eine für mich besonders schwierige Aufgabe war die Recherche über #iranelection, also die Protestbewegung gegen die Wahlen im Iran, die am 12. Juni 2009 durchgeführt worden waren. Mich interessierte als Journalistin, die für Technologiesendungen arbeitet, wie Web 2.0-Werkzeuge für politische Bewegungen genützt werden können. Es war interessant, dass diese Medien bei jungen Menschen im Iran schon stark verbreitet waren. Und es drängte sich die Frage auf, inwieweit die Bewegung mit diesen Werkzeugen etwas bewirken kann. Ich hätte bei meiner Recherche zu diesen Fragen freilich klären müssen, ob die diversen Blogs #335, Tweets und YouTube-Videos nachprüfbar wirklich aus dem Iran kommen, ob sie wirklich von Regimekritiker_innen stammen und ob die darin beschriebenen Vorgänge stimmen können. Das war aus mehreren Gründen schwierig. Erstens war ich noch nie im Iran und kenne das Land, die dortige Politik und die Kultur nur von Medienberichten und aus Büchern. Zweitens verstehe ich die dort gesprochenen Sprachen nicht und kann keine persischen Schriftzeichen lesen. Allerdings war vieles auch in Englisch geschrieben. Und drittens habe ich keinerlei Kontakte in den Iran. Aus allen diesen Gründen konnte ich nicht überprüfen, ob die Meldungen über Twitter und Facebook, die genannten Personen und die publizierten Videos echt sind. Wenn die Zeit es erlaubt hätte, und es für meine Berichte notwendig gewesen wäre – wir haben in unseren Sendungen nicht so ausführlich über die Ereignisse berichtet beziehungsweise uns auf andere Schwerpunkte konzentriert – hätte ich jedoch Folgendes tun können: Ich hätte nach Expert_innen für den Iran oder den Nahen Osten gesucht, sie kontaktiert und nach ihrer Einschätzung gefragt. Außerdem hätten sich auch Journalist_innen aus Österreich, Deutschland oder anderen westlichen Industrieländern finden lassen, die im Iran sind oder waren. Diese hätte ich ebenfalls um ihre Einschätzung ersucht. Über sie hätten sich eventuell auch Kontakte zur Protestbewegung knüpfen lassen. Ich hätte Exil-Iraner_innen finden können, die in Österreich leben. Eine weitere Möglichkeit wäre auch gewesen, über einen längeren Zeitraum hinweg systematisch Tweets, Blogs, YouTube-Videos und dergleichen zu beobachten und zu versuchen, Muster zu erkennen, Zusammenhänge festzustellen und die Plausibilität zu überprüfen. Schließlich hätte ich mich auf als seriös geltende frühere Studien und Analysen über den Iran stützen können, welche sich mit politischen und gesellschaftlichen Fragestellungen und Zusammenhängen befassen, und ich hätte versucht, sie auf die aktuelle Situation umzulegen. Was ich bei meinen Recherchen gefunden habe, war eine Studie des Berkman Center for Internet and Society der Harvard University in Cambridge (USA), die sich mit der Blogosphäre im Iran beschäftigt hat und im April 2008, also relativ aktuell, erschienen war. Hätte meine Redaktion einen ausführlicheren Bericht über die Protestbewegung im Iran von mir gewünscht, hätte ich also aufgrund dieses Berichts Fachleute kontaktieren und interviewen und so die Social Media-Szene im Iran und ihre Meldungen besser einschätzen können.

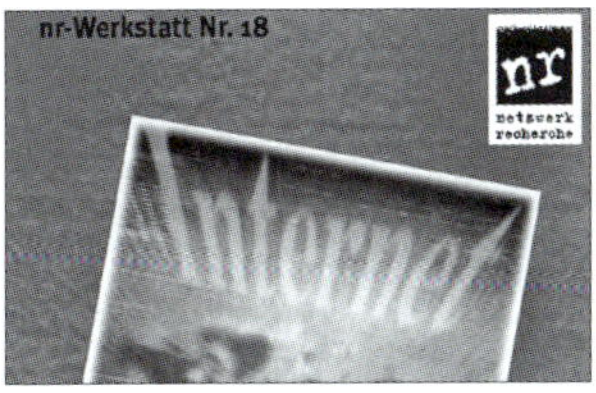

Banner und Eselsohren führen zu ...

1. *Mit der Ausgabe Nr. 18 widmet sich die Publikation «Werkstatt» des Netzwerkes Recherche bereits das zweite Mal dem Themenblock Online-Journalismus. Das Heft ist als PDF herunterladbar.* 2. *Zur Herausforderung der Recherche im und via Internet gibt es natürlich auch Fachliteratur, so etwa von Thomas Leif (Hg.) das «Trainingshandbuch Recherche: Informationsbeschaffung professionell» oder von Marcel Machill et al. «Journalistische Recherche im Internet: Bestandsaufnahme journalistischer Arbeitsweisen in Zeitungen, Hörfunk, Fernsehen und Online».* 3. *Bereits früh im Jahr 2007 interviewt der «Elektrischer Reporter» die Macher des populärsten Blogs im deutschsprachigen Raum, des BILD Blogs, das sich als journalistisches* WatchBlog #059 *dem Journalismus der populärsten Zeitung Deutschlands widmet.*

Im Vergleich zu #iranelection einfach war dagegen die Recherche zur studentischen Protestbewegung #unibrennt. Dort gab es vor allem die Möglichkeit, direkt an die Uni Wien ins besetzte Audimax zu gehen, die Situation über längere Zeit oder wiederholt zu beobachten, zufällig Anwesende, protestierende und arbeitende Studierende oder Gegner_innen anzusprechen, das Gesehene und Gehörte reportagehaft zu beschreiben. Darüber hinaus gab es die Live-Streams #041 aus dem Audimax und anderen besetzten Hörsälen, mit deren Hilfe sich das Geschehen und die Diskussionen auch vom Schreibtisch aus beobachten ließen. Die Pressestelle versorgte die Journalist_innen laufend mit Presseaussendungen und verschaffte jederzeit Kontaktmöglichkeiten. Die Bewegung produzierte ihrerseits viele für die journalistische Arbeit verwendbare Contents, Fotos, Videos, Tweets, Kommentare. Die Termine der Aktionen und Veranstaltungen in den Hörsälen waren über Facebook, Twitter, das Orga-Wiki #178 und andere Kanäle gut einsehbar. Und #unibrennt bekam auch viele prominente Gesichter: Bekannte Künstler_innen und andere Persönlichkeiten erklärten sich solidarisch, unterhielten Kontakte zur Protestbewegung und konnten aus ihrer Sicht die Bewegung und ihre Anliegen schildern. Auch die "Lichterkette" für respektvolles Miteinander rund um das Wiener Parlament am 18. Juni 2009, ausführlich beschrieben in Philipp Sondereggers Beitrag zur Zivilgesellschaft 2.0, oder die Bewegung *«Genug ist genug – für eine menschenwürdige Asylpolitik»*, die aus Anlass der Abschiebung der Familie Zogaj am 1. Juli 2010 eine Demo am Wiener Heldenplatz organisierte und von der Mitorganisator Robert Misik in seinem Beitrag berichtet, waren für Journalist_innen leicht zu kontaktieren und zu recherchieren. Beide Initiativen nahmen ihren Ausgang im Web, und mobilisiert wurde in beiden Fällen vor allem via Social Media. Die Initiativen hatten und haben Facebook-Gruppen mit realen Personen als Gründer, ein eigenes Blog bzw. Einträge in diversen Blogs sowie bekannte Persönlichkeiten als Initiator_innen oder Unterstützer_innen. Sie betrieben aktive Pressearbeit und verstanden es, das Web 2.0 nicht nur für die Mobilisierung der Bevölkerung, sondern auch der klassischen Medien zu nützen.

ZUSAMMENFASSUNG

Mitteilungen und "Beobachtungen" sowohl über als auch auf Social Media-Plattformen werden für klassische Medien immer wichtiger. Kanäle wie Twitter fungieren als "Markt für Neuigkeiten", in ihnen kristallisieren sich Ausgangspunkte für Recherchen und Berichterstattungen heraus. Die freie Journalistin Christiane Schulzki-Haddouti bringt das folgendermaßen auf den Punkt: *«Als Anstoßpunkt für Recherchen eignen sich Blogs sehr gut. Sie können die journalistische Arbeit bereichern, weil sie zeigen, wie zivilgesellschaftlich gedacht wird – je nachdem in welchen Bereichen man recherchiert. Im Technik-Bereich geht es ohne Blogs gar nicht. Wenn ich wissen will, was eine Bürgerrechtsgruppe oder ein Verband zu einem bestimmten Thema denkt, dann stoße ich in der Regel auf Blogs. Das sind die zentralen Quellen.»* Um als eine Soziale Bewegung, die sich an eine breite Öffentlichkeit wendet, die klassischen Medien entsprechend mit einbeziehen zu können, ist es wichtig, sich grundsätzlich zu überlegen, für welches Medium ihre Nachricht welchen Nachrichtenwert haben könnte und zu versuchen, ihre Kommuniqués entsprechend zu platzieren.

Was ist also wichtig, wenn eine Bewegung in den klassischen Medien vorkommen will?

- Ansprechpersonen nennen, E-Mail, Telefonnummer und dergleichen angeben, damit Journalist_innen rasch Kontakt aufnehmen können.
- Eine/n oder mehrere Sprecher_innen haben, die mit Namen genannt und im Bild gezeigt werden und konkrete Aussagen über Kritik, Forderungen, Planungen, Ziele usw. tätigen können.
- Konkrete auf- und vorbereitete Beispiele parat haben, mit Hilfe derer das Problem, der Missstand, die Forderungen dargestellt werden können.
- Bildmotive für Fotos und Fernsehen bieten, wie zum Beispiel Transparente, Logos, Sprüche, Personen, Aktionen.
- Glaubwürdige prominente Persönlichkeiten für die Sache gewinnen, die bei Aktionen anwesend sind, Interviews geben oder sich mit der Gruppe fotografieren/filmen lassen.
- Fakten und Dokumente über die Geschichte einer Bewegung auf einer Website oder einer Plattform zugänglich machen – wann hat sie begonnen, was war der Anlass, wie schnell ist die Zahl der Mitglieder gestiegen, welche Aktionen wurden gesetzt usw.
- Kritik oder Forderungen zusammenfassen und veröffentlichen.
- Texte, Fotos und Videomaterial von Aktivitäten der Bewegung zur Verfügung stellen.

Journalismus, Recherche, Nachrichten, Quellen, Fakten, Information, Informant_innen, Nachrichtenwert, Netzwerk-Recherche, Twazzup, Echtzeit, Breaking News, Interview, Online-Recherche, Protestbewegung

KOMMENTARE

***Albrecht Ude** sagt:* *ude.de*

"Die wesentlichste Aufgabe im Journalismus ist die Recherche", dieser Satz ist eine Perle. Das wird im Netz immer schwieriger. Zwar wird es immer leichter, etwas zu finden; nicht aber zu wissen, ob man auch das Relevante umfassend gefunden hat und ob das Gefundene belastbar ist. Suchmaschinen setzen mittlerweile vielfältige Filter ein, um dem Nutzer möglichst "gute" Ergebnisse zu liefern. Dazu analysieren sie nicht mehr nur die Menge der in Frage kommenden Treffer – das Objekt der Recherche, sondern auch den Nutzer selbst, das Subjekt der Recherche: Wo sitzt der, wonach hat er bisher gesucht, wonach haben "Freunde" von ihm gesucht? Die Wikipedia ist derzeit so wirkmächtig, dass sie die Realität ändern kann. Das belegen Zitierschleifen wie Wilhelm zu Guttenberg (der gefakte Vorname eines Bundesministers) oder Stalins Badezimmer (der erfundene Kosename der Karl-Marx-Allee in Berlin). Erstere wurde nach Stunden decouvriert, letztere nach zwei Jahren, und noch dazu durch ihren Schöpfer, nicht durch Recherche. Diese Wirkungsmacht setzten zunehmend die PR-Leute für ihre sinistren Ziele ein. Alles aus 'sozialen Netzen' ist schwer zu prüfen. Das wird oft vergessen, weil jeder Nutzer 'sozialer Netze' viele Informationen von anderen Nutzern bekommt, die er aus dem realen Leben bereits kennt. Damit hat ein wichtiger Check der Vertrauenswürdigkeit inhärent bereits stattgefunden. Bei vielen unbekannten Nutzern unterbleibt der, solange nur eine glaubwürdige Geschichte aufgetischt wird, wie im Fall der angeblichen lesbischen Bloggerin aus Syrien.

Schließlich bedeutet Informationen aus dem Netz zu vertrauen immer auch, auf das Funktionieren des Gesamtsystems zu vertrauen. Wenn ich www.spiegel.de aufrufe, sehe ich dann die Website des Spiegel. Normalerweise ja ... solange ich mich nicht vertippt habe, mein Rechner nicht gehackt wurde, kein Adress-Spoofing stattfindet, spiegel.de nicht auf einer Sperrliste steht und weder der Spiegel noch der Link, auf den ich klickte, gehackt oder gephisht sind. Solange alles funktioniert, ist alles gut. Aber Angriffsmöglichkeiten gibt es viele.

Kurzum: Es kann gelingen, Quellen und Dokumente via Internet zu falsifizieren, Verifizieren ist sehr viel heikler.

***Christiane Schulzki-Haddouti** sagt:* *twitter.com/kooptech*

Dienste im Social Web sind für Journalisten sehr hilfreich, da sie damit nicht nur ihren kompletten Workflow abdecken können, sondern auch neue Arbeitstechniken und Formate entwickeln können.

Monitoring: Journalisten können über RSS-Nachrichtenströme beobachten, was andere Journalisten im Internet veröffentlichen, und was andere über die eigene Berichterstattung sagen. Über das Internet lässt sich außerdem nicht nur beobachten, was Unternehmen, Parteien, zivilgesellschaftliche Organisationen bewegt, sondern auch was Betroffene, Verbraucher, Aktivisten, Verbraucher erleben und denken. Hier lassen sich neue Themen entdecken.

Recherche erstreckt sich nicht nur über RSS-gewonnene Informationen, sondern auch auf soziale Netzwerke sowie das Erstellen gemeinsamer Social Bookmarks. Diese können wiederum als Linklisten über Widgets in redaktionelle Inhalte eingebunden werden.

Planen und Managen: Redakteure und Autoren können gemeinsam Themen planen und abstimmen über webbasierte Anwendungen. Wikis etwa eignen sich für ein umfangreiches redaktionelles Wissensmanagement. Außerdem können sie Termine über gemeinsame Kalender abstimmen.

Kommunikation und Koordination: Journalisten können sich über webbasierte Tools austauschen. Dabei kann die bewährte E-Mail mit Instant Messaging und Microblogging ergänzt werden. Inhalteproduktion – Produktionssysteme können so gestaltet werden, dass sie nicht nur Autoren, sondern auch Leser direkter einbinden. So setzt etwa das Schweizer „Das Magazin" sowohl eine Blog- wie auch eine Wikisoftware ein; „Der Freitag" sammelt über seine Internetplattform Beiträge unterschiedlichster Qualität ein, die er für seine Druckausgabe selektiert.

Feedbackschleifen spielen Reaktionen der Rezipienten an Autoren und Redakteure zurück. Der bewährte Leserbrief wird abgelöst von Kommentaren, die überall im Internet erscheinen können: Auf der eigenen Plattform in Foren oder in Kommentarfeldern unter dem jeweiligen Beitrag, oder anderswo in Foren, Blogs, in Microblogging-Streams, sozialen Netzwerken. Über Korrekturblogs, Chefredakteur-Blogs, redaktionelle Twitterstreams können diese Feedbacks transparent in die Redaktion zurückgespielt werden – und Teil der eigenen Inhalteproduktion werden.

Crowdsourcing: Rechercheprozesse und Produktionssysteme können so gestaltet werden, dass sie nicht nur Autoren, sondern auch Leser direkter einbinden.

SCAN THE SOCIAL MEDIA

Mitverfolgen, was sich alles so tut in den Netzen

«Boah, ist das eklig! "Der Pakt mit dem Panda: Was uns der #WWF verschweigt" http://bit.ly/jCrnoD»

Tweet von @holgi

Wer nicht zuhört, wird nicht gehört. Dieser Satz gilt besonders im Online-Bereich und spiegelt das Problem wider, das sehr viele Organisationen im Netz haben. Sie wollen zwar (mehr oder weniger) mit ihren Zielgruppen reden, sind es aber nicht gewohnt, ihnen zuzuhören. Deshalb steht das Monitoring an erster Stelle jeder Kommunikationsbestrebung. Ziel des Monitorings ist nicht nur die rechtzeitige Reaktion auf etwaige Anfragen an die eigene Organisation. Monitoring kann auch dazu genutzt werden, um für sich selbst, die eigene Organisation oder die eigene Meinung und Denkrichtung Unterstützer_innen zu finden und Werbung zu machen. Damit ist Monitoring der erste Schritt, um an die Kommunikation mit den eigenen Sympathisant_innen, der Zielgruppe oder auch dem politischen Gegenüber anknüpfen zu können.

REICHT ES, EINFACH NUR ZEITUNG ZU LESEN? EIN PLÄDOYER FÜR DIE ZIELGRUPPENARBEIT

«Was gehen mich die Blogs und Facebook an, die Zeitungen schreiben eh gut über uns.» So oder ähnlich lauten die Kommentare von Offline-Dinosauriern, die sich weigern, im Online-Bereich tätig zu werden. Die Praxis zeigt aber, dass eine Neubewertung der eigenen Kommunikations- und also auch Öffentlichkeitsarbeit in Zeiten einer digitalen Gesellschaft #113 unumgänglich ist, die immer mehr und immer selbstverständlicher mit dem Netz verwoben ist. Dazu gehört zwangsläufig in einem ersten Schritt das Monitoring. Wir leben nicht mehr in einer Zeit, in der es ausgereicht hat, ein paar Journalisten der wenigen "Leitmedien" zu kennen und sich mit ihnen gut gestellt zu haben. Indem mensch das "kontrollieren" konnte, was über die eigene Person und Organisation publiziert wurde, konnte damit auch beeinflusst werden, welche Bilder der eigenen Zielgruppe vermittelt wurden. So

wurde in Bahnen gelenkt, was mensch "zu denken hat" und wie die "offizielle Sprachregelung" zu den Themen X und Y aussieht. Was die Leute daneben eigentlich gedacht haben und was Zielgruppen, so man diese damals überhaupt wirklich definiert hat, untereinander wirklich gesprochen haben, das war die eigene Reputation betreffend grundsätzlich egal. Meinungen wurden sowieso weitgehend lokal kundgetan, konnten sich nicht weit verbreiten und dieses potenzielle Feedback hat einen selbst kaum erreicht. Es genügte also, oberflächlich betrachtet, die Zeitung zu lesen, um zu wissen, was die Menschen über die eigene Organisation oder einen bestimmten Themenbereich denken könnten. Im Vergleich zu vor 20 oder 30 Jahren kann heute theoretisch jeder Mensch weltweit eine relativ große Anzahl anderer Personen über eine immer größer werdende Menge an Kanälen erreichen. Mithilfe von Social Media #009 -Tools können Informationen sehr einfach mit großen Massen an Menschen geteilt werden, wobei es hier weder geografische noch zeitliche Schranken gibt. Damit wird jeder Mensch potenziell zu einem kleinen Medienunternehmen, das aufgrund der persönlichen Kommunikationsweise im Netz relativ großen (direkten) Einfluss ausüben kann. Dadurch ergeben sich abseits der klassischen Medien mehr potenziell wichtige Kommunikatoren, die je nach Auswahl der Zielgruppe variieren (können). Für die Monitoring-Arbeit bedeutet dieser Umstand, dass am Anfang immer eine genaue Zielgruppenanalyse erfolgen sollte. Es geht darum festzustellen, wo im Netz sich die Sympathisant_innen, Kolleg_innen, User_innen und Kritiker_innen bewegen und welche Medien sie überwiegend nutzen. Daraus ergibt sich wiederum die Strategie, wie die weitere Kommunikation gestaltet werden kann. Das Beobachten und Nachverfolgen meiner Informationen, meines Namens und Informationen anderer, die in meinem Feld und Umfeld relevant sein könnten, ist somit ein wichtiger Faktor für den Erfolg meiner Kommunikation und meines Reputationsmanagements.

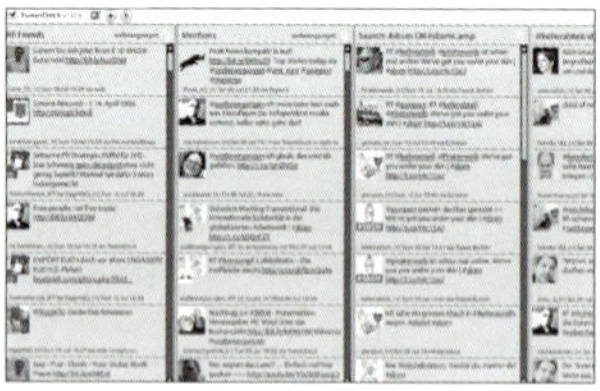

Die Basics selbstorganisierten Monitorings

1. *Eine einfache und für einzelne Suchbegriffe auch sehr effiziente Möglichkeit, Monitoring zu automatisieren, der Google Alert. Wir lassen uns per E-Mail benachrichtigen, wenn neue Informationen im Netz zu von uns gewählten Suchbegriffen publiziert werden.* 2. *Dienste wie Tweetdeck erleichtern das Beobachten von Kommunikation auf der Plattform Twitter. Für den besseren Überblick lassen sich mit nach verschiedenen Kriterien gefilterte "Timelines" nebeneinander anordnen.* 3. *Der Feed-Reader von Google im Einsatz, hier läuft alles zusammen, was wir an Feeds abonnieren.*

MONITORING, HOW TO?

Wir können zwei Herangehensweisen des Monitoring unterscheiden, die grundlegend nach Zweck gebunden sind:

"Non-stop-Monitoring": Hier geht es um das prinzipielle und allgemeine Monitoring unserer Informationen auf allen Kanälen. Hier stellen wir fest, wer wann wie und wo unsere Informationen benutzt. Dazu haben wir für uns relevante Keywords definiert und erweitern diese nach Bedarf. Ein Beispiel wäre ein Verlag, der laufend alle eigenen Buchtitel im Programm "überwacht", Reaktio-

nen darauf erkennt, aufzeichnet und einem Weiterverarbeitungsprozess zuführt. Dazu wird für die *«Social Media»* und sozialen Netzwerke #341 eine "Reaktion" inklusive der handelnden Identitäten erfasst.

#237 *Vom Netz füttern lassen, mit ausgesuchter Diät*

Die Möglichkeit des selbstorganisierten Abonnierens von Content im großen weltweiten Netz gehört zu den herausragenden Grundlagen für das Web 2.0. Abonnierbarkeit bedeutet im Kern, dass Nutzer_innen nicht auf publizierenden Webseiten nachschauen müssen, ob sie dort interessante Informationen finden und sich etwas Neues getan hat. Stattdessen bietet die Abonnierbarkeit von Feeds für uns Nutzer_innen die Möglichkeit, für uns interessante Informationen, Inhalte, Blogs und Websites so zu abonnieren, dass wir automatisiert auf dem Laufenden gehalten werden und uns die Informationen dort abholen können, wo wir sie hinbestellen. Die sogenannten "Feeds", auch *«News-Feeds»* genannt, sind einerseits eine Art Dateiformat; die *«rss»* oder die *«atom»*-Feeds sind die bekanntesten. Zum anderen sind sie das Zeichen, dass es von überall, wo wir das Feed-Symbol sehen, eine frei nutzbare Ausspeisung (engl.: feed) von Inhalten gibt. So können wir Blogeinträge, Zeitungsartikel, Presseaussendungen, aber auch Bilder, Videos oder Audiodateien aus interessanten Quellen abonnieren oder stornieren. Zum Auslesen weniger Feeds, also Abos von Webinhalten, können E-Mail-Programme oder Web-Browser verwendet werden. Mehrere Feeds werden übersichtlicher in "Feed-Reader" eingespeist und dort ausgelesen, sodass viele abonnierte Quellen nebeneinander betrachtet trotzdem einfachen Überblick ermöglichen. Neue Inhalte sind markiert und schnell zu finden, mehrere thematisch verwandte Feeds sind in Ordner zusammenfassbar. Interessante Inhalte können oft im Reader selbst gelesen werden, sind aber jedenfalls mit der Quelle der Information verlinkt. Erfahrene Nutzer_innen speisen neben einfachen, "allgemeinen" Feeds auch Abos von Suchabfragen in den Feed-Reader ein, der mit seinen eingespeisten Inhalten zudem ein nützliches Archiv aufbaut.

Feeds können nicht nur zum individuellen Abonnieren von Content genutzt werden, sondern auch für dynamische Inhalte von Webauftritten genutzt werden. Wird ein Feed zum Beispiel in die Sidebar eines Blogs "gehängt", werden an der Stelle laufend die gerade aktuellen Beiträge wie etwa auch Tweets angezeigt.

"Feedback-Monitoring": Hier geht es um ein Messen von Wirkung, unmittelbar nach dem Publizieren von eigener Information. Im Fall unseres Beispiels des Verlags würde das relevant, wenn er ein neues Buch herausgibt und dazu eine Marketing Kampagne startet. Der Verlag veröffentlicht Informationen im Zuge der Kampagne #130 und verfolgt dabei genau, wer wann wie und wo darauf reagiert. Er kann diesen Echtzeit-Rückkanal nutzen, um das Interesse an den dargebotenen Informationen zu steigern sowie die Reaktionen darauf aufzuzeichnen und weiterzuverarbeiten.

"Non-stop-Monitoring" zeichnet laufendes Geschehen auf. Die Aufzeichnungen des erfassten Geschehens werden in regelmäßigen Zeitabständen gesichtet und analysiert. Das *«Wiki of Social Media Monitoring Solutions»* kennt allein mehr als 140 verschiedene Monitoring-Tools zu diesem Zweck, zum überwiegenden Teil freilich kostenpflichtige Services oder auf Plattformen spezialisierte Software, die zum Beispiel nur Twitter, Videoplattformen oder Blogs berücksichtigen. Viele Tools sind spezialisierte Durchsuch-Services, die Feeds generieren: Blog-Search, Technorati-Search, Forum-Search, Twitter-Search, Facebook-Search etc. Daher ist es äußerst naheliegend und zu empfehlen, ein Feed-Reader System #237 herzunehmen, um diese Quellen zu bündeln und in weiterer Folge mit anderen relevanten Feed-Quellen zusammen übersichtlich aus- und weiterzuverwerten. Diese Methode ist nicht nur die flexibelste, sie lässt sich außerdem kollaborativ betreiben, und das ohne Lizenzkosten! Beim "Feedback-Monitoring" tritt oft der Fall ein, dass es binnen kürzester Zeit Reaktionen gibt, auf die wir wiederum schnell eingehen möchten. Um ein ebenso rasches Handeln und zum Beispiel Eintreten in den Dialog zu ermöglichen, ist eine Überwachung in Echtzeit nötig. Anwendungen wie Tweetdeck und Seesmic Desktop sind zwei sehr beliebte Tools für das Beobachten der Kommunikationsflüsse auf Twitter #166 und Facebook #094, mit denen man Statusupdates parallel von mehreren Accounts absetzen und überwachen sowie nach Keywords #158 suchen kann.

MONITORING, ARCHIVIERUNG UND WEITERVERARBEITUNGSPROZESS

Die bekannteste und simpelste Form, das Netz entlang selbst gewählter Schlüsselwörter zu beobachten, diese Beobachtung zu automatisieren und damit gleichzeitig ein Archiv von Suchtreffern anzulegen, ist der gute alte Google Alarm. Mit *«Google Alert»* können wir E-Mail-Benachrichtigungen abonnieren, wenn irgendwo im Netz etwas Neues publiziert wird, bei dem unser im "Alarm" eingegebener Suchbegriff anschlägt. Mit solchen Benachrichtigungen können wir uns automatisch verständigen lassen, wenn die Suchmaschine Google neue Inhalte zu beispielsweise dem Begriff *«Zeitarbeit»*, *«"Jean Ziegler"»*, *«"Empört Euch"»* oder sagen wir *«Wutbürger»* erfasst. Natürlich ist das ein umständlicher und wenig übersichtlicher Weg, wenn wir nicht nur hie und da informiert werden wollen, sondern laufend diverse Kanäle und mehrere Keywords aufzeichnen wollen. Dazu eignet sich das Monitoring mittels Feed-Reader, wobei wir hier die Nutzung des Google Readers empfehlen würden. Mit diesem Dienst haben wir nicht nur sehr gute Erfahrungen gemacht, sondern können auch die Agenden des Monitorings zusammen mit dem Lesen, Archivieren, Aggregieren und Verteilen von zum Thema relevanten Informationen verbinden.

Durch das Abonnieren von Feeds automatisieren wir zuerst den Eingang von Informationsschnipsel in unsere Monitoring-Oberfläche des Feed-Readers. Abonniert werden ausgesuchte Feeds von interessanten Blogs #335, thematische Feeds von Nachrichten-Agenturen und wichtigen Online-Medien, Presseaussendungen und die Einträge der Facebook-Seiten von Organisationen in unserem Umfeld. Abonnieren können wir zudem wunderbar dynamisch unsere Suchabfragen der Google News-Suche oder der Twitter-Search. Im Feed-Reader bündeln wir mehrere abonnierte Feeds in thematische Ordner und haben uns auf übersichtliche Art und Weise so etwas wie einen benutzerdefinierten und automatisierten Pressespiegel gebastelt. In diesem digitalen Pressespiegel können wir Informations-Schnipsel nun:

1. durch automatisiertes oder manuelles Taggen kategorisieren. Diese Tags liefern wiederum einen Feed, den wir an anderer Stelle weiterverarbeiten und etwa in unseren Webauftritt einbauen können.

2. direkt per E-Mail weiterleiten und an unsere Kolleg_innen verteilen.

3. direkt in ein Social Media-System wie beispielsweise einen Tumblelog speichern beziehungsweise "seeden".

WAS TUN, WENN ÜBER UNS GESPROCHEN WIRD?

Irgendwann ist es soweit. Irgendwann sagt jemand etwas über uns. Im Optimalfall ist es etwas Positives, vielleicht übt jemand konstruktive Kritik, vielleicht werden wir aber auch angegriffen. In jedem Fall muss geprüft werden, ob eine Reaktion unsererseits und was für eine Art Reaktion notwendig ist. Lösungsansätze, mit denen solchen Kommunikationsherausforderungen am besten begegnet werden soll, gibt es voraussichtlich so viele wie selbst ernannte Berater_innen für Online-Kommunikation. Wer sich an grundsätzliche Kommunikationsnormen hält, die eigene Zielgruppe kennt und der eigenen Intuition vertraut, sollte mit Hilfe der folgenden Kurz-Anleitung jede "Anfrage" relativ unbeschadet überstehen. (Für diejenigen, die alle genannten Voraussetzungen erfüllen und trotzdem keine Lösung für das eigene Kommunikationsproblem finden, empfiehlt sich die Kontaktaufnahme zu Kommunikationsberater_innen im Online-Bereich.) Kommentaren muss unterschiedlich begegnet werden, in Abhängigkeit davon, wann sie wo in welcher Form auftauchen. Wir unterscheiden zwischen eigenen und fremden Kommunikationskanälen. Zu den eigenen Kanälen gehören Webseiten der eigenen Organisation, Unternehmensblogs und eigene Auftritte auf diversen Social Media-Kanälen wie Facebook oder Twitter. Zu den "eigenen" Kanälen sind hier auch die Profile von in der Organisation mitbestimmenden Einzelpersonen hinzuzuzählen. Zur zweiten Gruppe der fremden Kommunikationskanäle gehören zum Beispiel Zeitungsforen, private Websites und Blogs, Benutzerkonten auf Social Media-Plattformen sowie etwaige Fanseiten und Gruppen, die sich mit organisationsspezifischen Themen beschäftigen. Dazu gehören ebenfalls Gruppen, die gegründet wurden, um der eigenen Organisation zu schaden. Relevant ist außerdem der Veröffentlichungszeitraum: Wann wurde ein Kommentar abgesetzt? Als Reaktion auf eine aktuelle Kampagne oder außerhalb dieser? Welches Ziel könnte der Absender des Kommentars dementsprechend bezwecken?

Auf positive Beiträge darf, auf konstruktive muss und auf negative kann geantwortet werden. Die Beantwortung der Kommentare ist zwar immer nur an einen oder wenige Menschen gerichtet, hat aber das Ziel, alle zu erreichen. Nicht alle Kommentare und Anfragen müssen öffentlich beantwortet werden. Grundsätzlich gilt, jede auf einem privaten Kanal gestellte Anfrage wird auch auf diesem Kanal beantwortet. Auf "öffentlich" gestellte Anfragen muss im mindesten Fall öffentlich geantwortet werden, dass die Beantwortung aus Gründen des Themensettings etc. auf einem privaten Kanal beantwortet wird. Bevor auf einen Beitrag im Internet reagiert wird:

1. Tief ein- und ausatmen und dem Reflex widerstehen, sofort eine Antwort zu formulieren, die sich gewaschen hat.

2. Überprüfen, wer der_die Absender_in ist und vor welchem Hintergrund der Beitrag geschrieben wurde. Wo wurde der Beitrag gepostet? Wie wichtig ist dieser Kanal für meine Zielgruppe? Warum könnte er so ausgefallen sein?

3. Welche Absicht verfolgt der_die Autor_in des Beitrags? Will er der Organisation schaden? Handelt es sich dabei um einen Witz, Spott oder Satire? Ist es eine wütende Reaktion? Ist der_die Autor_in mit der Organisation, ihrer Arbeit oder einem ihrer Produkte unzufrieden?

4. Wem gilt der Kommentar? Wird jemand direkt angesprochen? Wer sollte antworten?

5. Ist der_die Autor_in einem Irrtum oder einer Falschmeldung aufgesessen? Wenn ja, unbedingt die Informationen richtig stellen. Auf das Posting öffentlich antworten.

6. Ist der Beitrag eine Mischung aus allen genannten Möglichkeiten? Auf welchen Punkt soll man sich in dem jeweiligen Fall in der Beantwortung konzentrieren? Wo hat man am wenigsten "zu verlieren"? Womit "gewinnt" man am meisten? Mit welchen nachprüfbaren Angaben kann man die eigenen Aussagen untermauern?

7. Die eigene Antwort intern prüfen lassen. Gibt es formale oder inhaltliche Fehler?

8. Gibt es weitere mögliche Problemfelder, die sich durch die Beantwortung der Anfrage ergeben? Wie zeitnah muss/darf man antworten? Könnte die eigene Antwort mehr Fragen aufwerfen als sie beantwortet?

9. Gibt es Möglichkeiten, die Anfrage für die weitere (öffentlichkeitswirksame) Kommunikation des Unternehmens zu nutzen? Kann die geäußerte Kritik zur Optimierung der eigenen Arbeit und Produkte beitragen?

10. Wie reagiert mein Gegenüber auf die eigene Antwort? Gibt es eine Gegenreaktion? Muss auf diese reagiert werden?

MONITORING IST DER ERSTE SCHRITT ZU EIGENWERBUNG UND DIALOGEN

Die Beobachtung der Nachrichtenströme im Netz ist der erste Schritt zu einer erfolgreichen Kommunikation mit den eigenen Zielgruppen. Erst wenn man weiß, wo und wie über die eigene Person oder Organisation gesprochen wird, hat man eine Ahnung, wie die Menschen über einen denken könnten. In weiterer Folge könnte daran gearbeitet werden, diesen Ruf aktiv zu gestalten. Die Beobachtung und Beeinflussung des eigenen Rufs im Netz werden unter dem Begriff Online Reputation Management (ORM) zusammengefasst. Eine Regierungspartei muss etwa verfolgen und mitsteuern, was im Netz über ihre Protagonist_innen gesagt und geschrieben wird, könnte aber zum Beispiel auch beobachten, wo Artikel und Diskussionen zum Thema Gesundheit und Gesundheitssystem entstehen und an den Debatten im Netz zu dem Thema teilnehmen, mit dem Ziel, die aktuelle Entwicklung, eigene Projekte oder Reformen erklären und promoten zu wollen. Um das eigene Serviceangebot bekannter zu machen, könnte sich eine Rechtschutzversicherung in ihrem Monitoring auf Kommentare zum Thema "Autounfall" konzentrieren und den Geschädigten (mit dem Hinweis auf den eigenen Online-Auftritt) gegebenenfalls mit Tipps im Versicherungsbereich bzw. Empfehlungen von Fachwerkstätten in der Nähe aushelfen. Ein Online-Shop für Notizbücher und Stifte könnte verfolgen, wo es Diskussionen zu den Themen Schreiben, Mobilität etc. gibt, sich dort ins Gespräch einklinken und sein Angebot promoten. Heutzutage dürfte es keine Organisationen mehr geben, die kein Online-Monitoring betreiben. Zu wissen, was und wo über einen gesprochen wird oder welche relevanten Themengebiete gerade im Netz aktuell sind, gehört zu den grundlegenden Arbeitsbedingungen der modernen Online-Kommunikation. Im Social Media-Bereich kann man ohne vorheriges Zuhören auch nicht in Interaktion treten, womit sich wiederum der "soziale" Ansatz wieder von selbst erledigt. Monitoring ermöglicht es uns, unsere Zielgruppen besser kennenzulernen und unsere eigenen Aktionen zu dokumentieren und auszuwerten. Obwohl sich die Monitoring Tools mit der Zeit verändern werden, bleiben deren Funktionsweise und Sinn gleich: Mit ihrer Hilfe können wir das (soziale) Netz beobachten, nach für uns relevanten Begriffen durchsuchen und archivieren. Mit diesen Ergebnissen sind wir in der Lage, die jeweils aktuelle Kommunikationssituation besser zu beurteilen und können in stattfindende Prozesse eingreifen – und sie im Optimalfall zu unseren Gunsten beeinflussen.

ZUSAMMENFASSUNG

Nur wer Monitoring betreibt und "dem Volk aufs Maul" schaut ist in der Lage, sinnvolle (Online-) Kommunikation zu führen. Themen können zielgruppenspezifisch aufbereitet und platziert werden. Wichtige Multiplikatoren können effektiv angesprochen werden. Und nicht zuletzt lassen sich durch Monitoring die eigenen Kommunikationsbestrebungen und -erfolge dokumentieren. Deshalb kann der Abschluss dieses Beitrags nur lauten: Beobachte, wann, wo und wie über dich, deine Themen, Betätigungsfelder sowie befreundete und gegnerische Organisationen gesprochen wird. Archiviere diese Informationen und verarbeite sie. Lege aufgrund dessen deine Kommunikationsstrategie fest und setze das Monitoring fort.

- Fahre Antennen aus, schaue dich regelmäßig in deiner Umgebung um (Zielgruppe), interessiere dich dafür, was andere machen und verfolge mit, worüber wie geredet wird.
- Definiere Themengebiete und Schlüsselwörter und automatisiere einen eingehenden Informationsfluss zu diesen Themen.
- Passe diese Schlüsselwörter regelmäßig an.
- Organisiere das Monitoring so, dass der beobachtete Informationsfluss in ein Archiv eingeht, das du mit deinen Mitstreiter_innen in gewissen Abständen auch analysieren solltest.
- Grundsätzlich gilt: Wir müssen transparent auftreten, unsere Antworten auf Reaktionen mit Quellenangaben stützen und zeitnah, verhältnismäßig, konstruktiv und respektvoll antworten.
- Nutze die Inputs, die durch Monitoring ihren Weg zu dir finden, für die Verbesserung der eigenen Services und Produkte sowie für die Weiterentwicklung der eigenen Organisation.

- Monitoring hört nicht auf, nachdem ein Kommentar beantwortet wurde.
- Ständiges Schweigen ist auch eine Reaktion, aber keine Antwort. Ein glaubhaftes *«Wir sind an der Sache dran»* schon eher.
- Durch ungeschickte Beantwortung von Anfragen und entsprechende Interaktion mit den User_innen kann mehr Schaden angerichtet werden, als ursprünglich entstanden ist. Deshalb ist Schweigen manchmal doch die bessere Art der Kommunikation.
- Baue keine Feindbilder auf und bleib cool, auf der anderen Seite des Monitors sitzt auch nur ein Mensch.
- Trolle #257 sein lassen: don't feed the troll!

Non-stop-Monitoring, Reputation, Ruf, Kontrolle, Google Alert, Google Reader, Feeds, Feed-Reader, Feedback, Reaktionen, Beobachtung, Auswertung, Rückkopplung, Informationsfluss, Online Reputation Management

DATENSCHUTZ UND DATENSICHERHEIT

Vom anonymen Surfen bis zur verschlüsselten Festplatte

«Es ist bedenklich, dass kaum jemand weiß, welche Daten über ihn gespeichert sind. Es ist äußerst bedenklich, dass kaum jemand weiß, wer diese Daten gerade besitzt. Bedenklich ist es hingegen nicht, dass sich nur eine Minderheit dagegen wehrt. Das ist dramatisch.»

Hamann/Rohwotter

Die eigenen Daten zu schützen heißt, die Daten und Dokumente, die am eigenen Rechner gespeichert werden, unbefugten Zugriffen zu entziehen. Die eigenen Daten zu schützen heißt weiters, die Daten, welche in Wort und Bild übertragen werden, unbefugten Zugriffen zu entziehen. Und es heißt auch, sich gegen das ausufernde Datensammeln im Netz zu wehren, das nur für einige wenige Monopole lukrative Betätigungsfelder bietet.

Kommunikation gegen unbefugten Zugriff zu schützen, Daten- und Dokumentenschutz sind weit weniger kompliziert, als oft vermutet wird. Praktischer Datenschutz im Alltag ist nicht *«Geeks und Nerds»* mit hochspeziellem Fachwissen vorbehalten. Daher soll gezeigt werden, dass sorgsamer Datenschutz und sicheres Kommunizieren keinesfalls ein 24-Stunden-Fulltime-Job ist, sondern dass wir alle selbst tätig werden können, ohne uns deswegen zu Fachleuten für IT-Sicherheit weiterbilden zu müssen.

Die eigenen Daten zu schützen heißt letztlich, nicht nur für uns selbst auf Datensicherheit zu achten, sondern auch für andere Personen und Personengruppen, deren Daten uns anvertraut sind.

VON GLÄSERNEN SURFERN UND "DATENKRAKEN"

Ein Ergebnis unserer Internet-Ausflüge ist viel zu oft ein prall gefüllter Akt an gesammelten Daten. Diese Akten machen uns zu "gläsernen Surfer_innen", mit all den im Akt erfassten Informationen pro Internetausflug. Es werden Daten darüber gespeichert, in welchem Land wir wohnen und welche Spracheeinstellungen wir haben. Gespeichert werden Angaben über unsere Internet-Provider, welches Betriebssystem verwendet und welcher Browser benutzt wird. Außerdem kann nachvollzogen werden, welche Webseiten wir aufgerufen haben und damit ist auch auswertbar, welche Seiten von besonderem Interesse sind, da wir sie häufiger besuchen. Hinzu kommen Informationen, die nicht automatisch und unbemerkt erfasst, sondern von uns freiwillig und bewusst eingegeben werden. Auf diese Weise kommen etliche Daten zusammen, die auf verschiedene Weise verwendet werden. So stellt der Datenhandel und Verkauf von Benutzer_innendaten ein lukratives Geschäft für findige Unternehmer_innen dar. Zu ihren Standardkunden gehören beispielsweise die Betreiber von Werbeunternehmen. Mit den gekauften Daten ist es ihnen möglich, uns mit gezielter Briefwerbung oder dem Einblenden "passender" Werbebanner im Netz zu belästigen. Deshalb lautet der erste Grundsatz für den Schutz freiwillig preisgegebener Daten: freiwillige Datensparsamkeit. Je weniger individuelle Informationen Internetanwender_innen von Beginn an im Netz preisgeben, desto geringer ist auch die Menge an Daten, die von Dritten (wie den genannten Werbeunternehmen) erfasst und ausgewertet werden können.

Die Abwehr der Datensammelwut

1. *Ein Video aus der Reihe Quarks & Co des WDR gibt «Fünf goldene Regeln zur Datensicherheit».* YouTube #201 *ist allgemein eine gute Adresse, um Empfehlungen und Tutorials für Datenschutzaspekte zu suchen.* 2. *Der FoeBuD e.V. setzt sich seit 1987 für Bürgerrechte und Datenschutz ein. Hier sind die Aktivist_innen nach einer «Freiheit statt Angst»-Demo des Jahres 2008 zu sehen, die der FoeBud seit 2006 in Kooperation mit anderen Organisationen organisiert. (Bildrechte: FoeBuD e.V., Peter Ehrentraut)* 3. *Prof. Peter Wedde bei der Verleihung der «Big Brother Awards 2011». Der Experte für Datenschutz und Arbeitsrecht verleiht die "Auszeichnung" in der Kategorie «Arbeitswelt» an die Daimler AG stellvertretend für alle Unternehmen, die Bluttests von ihren Mitarbeiter_innen verlangen. (Foto: Matthias Hornung, Freigegeben unter Creative-Commons-Lizenz BY-SA)*

Im beruflichen Alltag gibt es eine ganze Reihe von Punkten, die es zu beachten gilt, sollen Daten vor unabsichtlicher Weitergabe an Dritte geschützt werden. Tatsächlich sind Fälle bekannt, in denen Angestellte durch sogenannte Keylogger überwacht wurden. Dabei handelt es sich um spezielle Software, die alle Tastatureingaben aufzeichnet. Auch wenn diese Programme in der Regel nur von Kriminellen verwendet werden, bietet dieses Vorgehen auch den Arbeitgeber_innen eine effektive Möglichkeit, Mitarbeiter_innen auszuspionieren. Daher ist es empfehlenswert, auf Internet-Nutzung für private Zwecke am Arbeitsplatz ganz zu verzichten, und das nicht nur aus Angst vor der eventuellen

Kündigung, sondern auch und vor allem zum Schutz der eigenen privaten oder anderer vertraulicher Daten. Für Angehörige eines Betriebsrats ist es ratsam, gewisse Dokumente und Daten nur außerhalb des Betriebs und unabhängig von E-Mail-Accounts des Unternehmens auszutauschen. Selbst wenn Arbeitgeber die Privatnutzung von Firmenrechnern ausdrücklich gestatten und Betriebsvereinbarungen das Recht auf private Nutzung absichern, sollten Mitarbeiter_innen aufgrund der Netzwerkprotokollierung zweimal überlegen, welche E-Mails sie im Betrieb versenden.

Die Frage *«Warum Datenschutz im Internet?»* wird heute immer öfter in Frage gestellt. Die *«Post-Privacy-Bewegung»* stellt die provokante These in den virtuellen Raum, dass Datenschutz in der Informations- und Netzwerkgesellschaft #341 nicht mehr zeitgemäß sei. Darauf ist mit dem Recht auf Privatsphäre zu antworten: niemand sollte mehr über eine Person erfahren, als diese es selbst ausdrücklich erlaubt. Mensch spricht von *«informationeller Selbstbestimmung»*. Doch auch hier argumentieren Anhänger der Post-Privacy-Idee: Statt des Versuchs, um jeden Preis persönliche Daten geheim halten zu wollen, wird der Grundsatz des Informationsmanagements angeführt: Es sei sinnvoller, seine Daten bewusst und kontrolliert im Netz zu präsentieren, um so einem Missbrauch (etwa durch Anmeldungen unter falschem Namen) zu begegnen. Ein Aspekt des Datenschutzes kann jedoch auch durch diese provokative Ansicht nicht relativiert werden – zur Privatsphäre zählt die Möglichkeit, sich pseudonym oder gar anonym im Netz zu bewegen.

INFORMATIONELL SELBSTBESTIMMT IM NETZ

Eine wichtige Rolle beim Surfen im Internet spielt der Faktor Browser-Sicherheit, da er für die meisten Menschen gewissermaßen das Tor zum Internet darstellt. Dazu gehören die Fragen, welchen Browser du verwendest, die Anpassung der Grundeinstellungen und die Installation und Nutzung von Erweiterungen (Add-Ons), das Surfen über sichere, mit SSL verschlüsselte Verbindungen sowie die Wahl der Suchmaschine. Optional bietet der Gebrauch von Feeds #237 eine einfache Möglichkeit, sich über datenschutzrelevante Neuigkeiten zu informieren. Eine sinnvolle Anpassung der Grundeinstellungen eines Browsers umfasst einige Punkte. Leg' zum Beispiel eine Startseite fest und verzichte hier auf google. Verzichte auf die Toolbars von Anbietern, die in Browser integriert werden können. Empfehlungen für Datenschutz- und die Sicherheitseinstellungen des Browsers Firefox findest du auf der Seite *«Kontrollausschluss»*. Für weitere Anpassungen kann auf Erweiterungen zurückgegriffen werden. Im Fall einer Adblocker-Erweiterung werden etwa Werbebanner unterdrückt und du bekommst die benutzerdefinierte Möglichkeit, Inhalte von Werbeseiten auszublenden. Das ist nicht nur nervenschonend, sondern schützt auch davor, dass Online-Werbung von externen Servern geladen wird und Cookies von Werbenetzwerken gesetzt werden, um User_innen-Profile zu erstellen und zu verwalten. Das AddOn *«RefControl»* dagegen verhindert durch ein sogenanntes Referrer-Spoofing, dass die Betreiber einer Webseite erfahren, von welcher Website Besucher_innen kommen.

Wer nicht jedes Mal, wenn eine Webseite besucht wird, mitteilen möchte, welcher Webbrowser, welches Betriebssystem und welche Version davon verwendet werden, kann ebenfalls entsprechende Erweiterungen nutzen. Um zu überprüfen, wie wiedererkennbar der benutzte Browser mit allen vorgenommenen Einstellungen jetzt ist, kann auf der Website panopticlick.eff.org der *«Electronic Frontier Foundation»* (EFF), der weltweit wichtigsten zivilgesellschaftlichen Organisation für Bürgerrechte in der digitalen Welt, den "Fingerabdruck" des eigenen Browsers ansehen und mit anderen vergleichen. Die EFF hat auch ein Firefox-AddOn mit dem Namen *«HTTPS Everywhere»* herausgegeben, mit dem auf verschiedenen populären Webseiten wie der Wikipedia, Twitter #166 oder

Facebook #094 die Verbindung nur noch als verschlüsselte SSL-Verbindung hergestellt wird. Eine Website wird dann verschlüsselt aufgerufen, wenn vorne nicht *«http://»* sondern *«https://»* steht. Diese Vorgehensweise ist bei allen Webseiten, die ein Log-in erfordern, sinnvoll, weil auch Passwörter verschlüsselt gesendet werden. So werden sogenannte *«Man-in-the-Middle-Attacken»*, bei denen Zugangsdaten von Unbefugten abgegriffen werden könnten, deutlich erschwert. Daher werden für Online-Banking, Internetversandhäuser oder auch Webmail-Dienste nur diese verschlüsselten https-Verbindungen genutzt.

AB DURCHS TOR UND ANONYM SURFEN

Eine der wirksamsten Maßnahmen für hohe Anonymität im Netz, wenn es um das Verbergen der eigenen IP, anhand derer ein Rechner andernfalls identifiziert werden kann, geht, bietet wohl das TOR Netzwerk, und das ganz ohne teure Software. Beim TOR Projekt handelt es sich um kostenlose, freie Software #248 und ein offenes Netzwerk verschiedener, weltweit verteilter Rechner, über das die Internetverbindung geleitet wird. Der Name *«TOR»* leitet sich von der Abkürzung für *«the onion routing»* ab, was auf die "schichtweise" Struktur von Servern wie bei einer Zwiebel anspielt, über die der Datenverkehr nach dem Zufallsprinzip von Server zu Server weitergeleitet wird. Dank dieses Systems ist es zu keinem Zeitpunkt möglich, den Ausgangspunkt und den Weg der Datenpakete einzelner Nutzer_innen anhand ihrer IP nachvollziehen zu können. Die Nutzung des Anonymisierungsnetzwerkes TOR ist für alle empfehlenswert, die sich vor irgendeiner Überwachung schützen wollen. Nach Abschluss der Installation ist TOR lauffähig. Nun gilt es die Einstellungen der Programme anzupassen, deren Verbindungen durch das Anonymisierungsnetzwerk verschleiert werden sollen. In der Regel wird es sich dabei um den Browser zum Aufruf von Internetseiten handeln. TOR wird dann zum Beispiel im Firefox integriert und lässt sich mit einem Klick an- und abstellen. Darüber hinaus kann TOR aber auch zur Anonymisierung des E-Mail-Versands oder für Instant Messaging konfiguriert werden. Und selbst für Smartphones gibt es bereits TOR-Software. Besonders praktisch ist der TOR "PrivacyDongle", ein USB-Stick mit vorkonfiguriertem Firefox Browser. Dieser USB-Stick kann überall mitgeführt werden, und sei es im Internet-Cafe oder am Arbeitsplatz – eingesteckt und über den dort installierten Browser kann sofort anonymisiert gesurft werden. Wie du zu einem solchen PrivacyDongle kommst, findest du nirgends so gut beschrieben wie beim Verein *«FoeBuD»*, der alles für den Download und die Bauanleitung liefert. Wichtiger Hinweis: Die Verwendung des Tor-Netzwerks verbirgt lediglich die IP des Rechners, alle übrigen Identifikationsmerkmale müssen nach wie vor selbst geändert werden. Anders als so manches Mal zu hören, handelt es sich also keineswegs um ein Rundum-Sorglos-Paket.

Und wenn du in einem öffentlichen WLAN hängst, solltest du sowieso nach Möglichkeiten nur über https surfen, um das Mitlesen ungeschützter Datenübertragung durch andere Nutzer des WLAN zu verhindern. Da eine kabellose Internetverbindung besonders im Bereich der Mobilgeräte relevant ist, gelten für Nutzer von Smartphones weitere beachtenswerte Regeln. Unabhängig von der Art des Internetzugangs wird durch die https-Verschlüsselung nicht nur die Sicherheit der Verbindung gegenüber unbefugten Zugriffen und der Überwachung von dritter Stelle erhöht, die Benutzer_innen können außerdem relativ sicher sein, dass die aufgerufene Webseite auch die Seite ist, die sie zu sein vorgibt, da sie sich korrekt, das heißt anhand eines digitalen Zertifikats, authentifizieren muss. Zertifikate werden von vertrauenswürdigen Organisationen ausgestellt, Behörden oder spezialisierte Firmen, die Zertifizierungen gegen Gebühr ausstellen. Daneben gibt es allerdings auch Anbieter, die kostenlos zertifizieren. Da kostenlose Certificate Authorities keine feststehenden Verträge mit den Herstellern der Browser haben, sind ihre Zertifikate standardmäßig nicht enthalten und müssen beim Besuch einer entsprechend zertifizierten Webseite als Ausnahme hinzugefügt und gespeichert werden.

Alternative Suchmaschinen bemühen sich um den Schutz der Privatsphäre und verzichten auf das exzessive und lukrative Datensammeln à la Google und Co. eu.ixquick.com löscht IP-Adressen und andere personenbezogene Daten nach 48 Stunden und gibt diese nicht weiter. Metager2 ist ein Projekt, das von einem gemeinnützigen Verein betrieben wird. Und der Dienst Scroogle, mit dem du zwar die Suchmaschine von Google nutzt, der allerdings deine Suchanfrage zuerst anonymisiert, bevor sie an Google weitergeleitet wird. Auch hier gilt jedoch: Man vertraut auf die Vertrauenswürdigkeit eines Dritten.

ELEKTRONISCHE POST AUF SICHEREN WEGEN

Die Sicherheit des E-Mail-Verkehrs kann mit einfachen Strategien erheblich verbessert werden. In jedem Fall ist die Verwendung mehrerer E-Mail-Accounts mit unterschiedlichen Passwörtern empfehlenswert. So etwas wie die perfekte "Datenschutz-Mail" gibt es nicht. Aber wir können sorgsam mit dem Versenden von Daten und Dateien umgehen, E-Mails verschlüsseln und mehrere E-Mail-Adressen mit unterschiedlichen Passwörtern für klar abgegrenzte Zwecke verwenden; zum Beispiel eine eigene für Behördenverkehr, unsere "privateste" für den engeren Kreis uns persönlich bekannter Menschen und eine dritte für die Anmeldung zu Newslettern #350 und für das Anlegen von Benutzerkonten bei anderen Diensten und Social Media-Plattformen. Zur Erstellung mehrerer E-Mail-Adressen bieten sich gratis Webmail-Dienste an. Auch hier ist der Grundsatz der Datensparsamkeit zu berücksichtigen: Meistens werden bei der Anmeldung persönliche Daten wie Name und Anschrift sowie die Nennung einiger Interessengebiete verlangt, um entsprechend Werbung machen zu können. Die AGB von Webmail-Anbieter_innen mögen die Verwendung fiktiver Daten verbieten, viele Benutzer_innen verwenden aber Fake Name Generatoren, mit denen sich durch einen Mausklick fiktive Identitäten erstellen lassen. E-Mails sollten nicht zu lange in Postfächern von Webmail-Anbietern verbleiben, sondern, sofern möglich, umgehend gelöscht werden. Je kürzer die Speicherdauer von Daten im Internet ist und je weniger Informationen generell online gelangen, umso besser. Neben dem Datenschutz sollte keinesfalls der zusätzliche Sicherheits-Aspekt bei der Verwendung mehrerer E-Mail-Accounts unterschätzt werden: Die Benutzung lediglich einer einzigen E-Mail-Adresse für alle Aufgaben im Internet ist ausgesprochen riskant und alles andere als empfehlenswert.

Um Dateien möglichst datenschutzfreundlich weitergeben zu können, sind im Wesentlichen zwei Punkte von Bedeutung: das Programm, mit dem das Dokument erstellt wurde, und das verwendete Format. Text- oder Bilddateien enthalten immer mehr Daten als jene, die an der Oberfläche liegen und bewusst erstellt worden sind. Sie bergen das Risiko, unbeabsichtigt Informationen weiterzugeben, die sogar uns selbst verborgen sind. Diese sogenannten Metadaten sollten daher vor dem Versenden von Dateien per E-Mail oder Skype #319 entfernt werden. Wie die Metadaten in Text-,

Bild- und Grafikdateien gelöscht werden können, findest du in der Anleitung des *«Kontrollausschluss»* beschrieben. Das Entfernen von Metadaten aus Textdateien ist besonders wichtig, bevor Dateien auf einer Website veröffentlicht werden. Dazu gibt es einen berühmten Fall, der das eindrücklich unterstreicht: Im Februar 2003 stellt die britische Regierung unter Tony Blair ein Dossier des Secret Service auf die Homepage der Downing Street. Das Dossier soll beweisen, dass der Irak im Besitz von "Massenvernichtungswaffen" ist und wird von Colin Powell in seiner berühmten Rede vor den Vereinten Nationen zitiert. Das Dossier kann als Word *.doc heruntergeladen werden. Nun können in Microsoft Word Dateien die gespeicherten Metadaten manchmal den Textinhalt der Datei übertrumpfen. Es lassen sich nämlich auch gelöschte Passagen und Absätze wiederherstellen und die Metadaten aller Arbeitsschritte auslesen, was im Fall des angeblichen Geheimdienst-Dossiers zur Legitimierung des Irakkriegs eine seltsame Geschichte erzählt. Als Grundlage des Dossiers stellt sich die Seminararbeit eines jungen aus dem Irak stammenden Studenten heraus. Seine Seminararbeit ist online abrufbar und wird von den "Geheimdienst-Expert_innen", die eilig ein Dossier vorzulegen haben, gefunden, heruntergeladen und umgebaut. Die Geschichte wird bekannt, weil es natürlich Leute gibt, die Metadaten aus Worddateien auslesen können. Schritt für Schritt und Bearbeiter_in für Bearbeiter_in ist nachvollziehbar, wie auf der Grundlage des Seminararbeit-Dokuments ein Geheimdienst-Dossier für die Presse gezimmert wurde.

Freie Software und die Freie Software-Bewegung #248

Vor 20 Jahren beginnt ein finnischer Student, Linus Benedict Torvalds, mit der Programmierung eines Betriebssystems und stellt es im Spätsommer 2001 zur Weiterentwicklung in bearbeitbarer Version ins Internet. Zu diesem Zeitpunkt haben bereits andere, von Richard Stallman initiierte Projekte wie das *«GNU-Manifest»* mit den Zielen, ein freies Betriebssystem und freie Software zu ermöglichen, wichtige Vorarbeiten geleistet. GNU/Linux wird entwickelt. Aus der Synergie dieser Projekte geht eine Entwicklung hervor, die die Informationsgesellschaft des 21. Jahrhunderts nachhaltig verändert und viele spätere Projekte inspiriert wie die Wikipedia, die Creative Commons-Lizenzen, den Firefox-Browser, OpenStreetMap, Apache etc.

Das Betriebssystem *«Linux»* und das Prinzip Freier Software beziehungsweise "Open Source" nehmen einen zentralen Platz in der modernen elektronischen Datenverarbeitung (EDV) ein. Gemeinsam ist "Freier Software" und "Open Source", dass der sogenannte Quellcode einer Anwendung von jeder Person einsehbar ist, die über ein entsprechendes Programm verfügt. Dadurch können alle mit entsprechenden Kenntnissen den inneren Aufbau von Anwendungen nachvollziehen, überprüfen und Schwachstellen oder Fehler ausbessern. Der Unterschied liegt vor allem im Selbstverständnis. Während "Open Source" ein geeigneterer Marketing-Begriff ist, verstehen sich Befürworter *«Freier Software»* als soziale Bewegung, die gesellschaftliche Änderungen fordert. Die Forderungen dieser Bewegung basieren auf den Grundsätzen, die von Richard Stallman als vier Freiheiten definiert wurden. Erfüllt das Programm eine dieser Bedingungen nicht, ist es keine *«Freie Software»*:

1. Die Freiheit, das Programm zu jedem beliebigen Zweck zu nutzen und das Programm auszuführen (Freiheit 0).

2. Die Freiheit, das Programm und seine Funktionen zu studieren und es den eigenen Vorstellungen und Bedürfnissen nach zu verändern (Freiheit 1).

3. Die Freiheit, das Programm beliebig oft zu kopieren und diese Kopien zu verbreiten, um anderen damit zu nützen (Freiheit 2).

4. Die Freiheit, das Programm zu verbessern und diese Verbesserungen an die Gemeinschaft weiterzugeben (Freiheit 3).

Der gesellschaftliche Anspruch trennt die "Open Source"-Idee von der Freien Software. Seitens der Open Source-Befürworter_innen wird befürchtet, dass das Pochen auf Freiheiten potenzielle Geldgeber abschreckt. Umgekehrt wird die genaue Definition der Begriffe von den Protagonist_innen der Freie Software-Bewegung als wichtig angesehen. So wird etwa die Bezeichnung "Schöpfer_in" im Sinne von "Ersteller_in eines Werks" abgelehnt. Die religiöse Konnotation des Wortes suggeriert, diese Person habe absolute Rechte, etwa das Recht, Copyright zu erstellen. Stattdessen wird der Begriff "Autor_in" bevorzugt. Um Einschränkungen in der Software-Entwicklung durch das "Copyright" entgegenzutreten, war von Richard Stallman bereits 1989 die GNU General Public License (GPL) festgeschrieben worden, die Programmierer_innen und Anwender_innen dazu zu verpflichtet, die vier Freiheiten immer einzuräumen. Die Bedingung, dass ein Werk (wie Software, Buch etc.) nur unter denselben Bedingungen verändert und weitergegeben werden darf, wird als Copyleft bezeichnet und steht so dem Copyright und dessen totalem Kopierverbot entgegen.

Es gibt keine Freie Software ohne eine soziale Bewegung für Freie Software. Neben Programmierer_innen, die ihre Software unter die Bedingungen der GPL stellen, gehören auch Aktionen gegen Einschränkungen der vier Freiheiten zum selbstverständlichen Engagement dieser Bewegung – Widerstand gegen Copyright-Verschärfungen, gegen die Kriminalisierung der Privatkopie als "Raubkopie" und das "Digital Rights Management" (DRM).

Den höchsten Grad an Schutz für Informationen im elektronischen Postverkehr bietet die E-Mail-Verschlüsselung. Dazu sind allerdings einige, teils aufwändig erscheinende Vorarbeiten zu leisten, bevor das Senden und Empfangen verschlüsselter E-Mails dann ganz einfach funktioniert. Als Standard zum Verschlüsseln hat sich OpenPGP etabliert. Unter den meisten Betriebssystemen gibt es die freie Software Gnu Privacy Guard (GPG), die diesen Standard implementiert. Welche Schritte sind notwendig:

1. muss die Software heruntergeladen und installiert werden, wobei es Versionen für alle gängigen Betriebssysteme gibt.

2. braucht es ein E-Mail-Programm, das jetzt um die Funktionen des Verschlüsselns mit dem PGP Standard erweitert werden muss. Besonders leicht und angenehm funktioniert das beim E-Mail-Programm Thunderbird mit der Erweiterung (Add-On) «*Enigmail*».

3. muss ein Schlüsselpaar generiert werden, mit dem du in Zukunft E-Mails ver- und entschlüsseln kannst. Das Generieren des Schlüsselpaares kann eine Erweiterung wie *«Enigmail»* oder kann die installierte PGP-Schlüsselbund-Software machen. Von einem "Paar" sprechen wir, weil es aus einem "öffentlichen" Schlüssel (public) und "deinem" sicheren Schlüssel (secret) besteht. Ein Schlüssel ist in diesem Zusammenhang übrigens nichts anderes als eine Datei mit einer langen Buchstaben- und Zahlenkombination.

4. müssen die öffentlichen Schlüssel zwischen den Personen ausgetauscht werden, die untereinander ihre E-Mails verschlüsselt senden wollen. Der öffentliche Schlüssel ist zum Verschlüsseln von Daten. Er kann und soll weitergegeben werden, was oft auch in der Signatur von E-Mails oder bei den Kontaktdaten einer Website gemacht wird. Sind PGP-Schlüssel einmal ausgetauscht, das heißt importiert und in den Schlüsselbund aufgenommen, sind alle Hürden eigentlich genommen. Das Senden von E-Mails funktioniert nun normal wie immer, lediglich mit der zusätzlichen Option, E-Mails verschlüsselt senden zu können. Der jeweils eigene und geheime Schlüssel dient zum Entschlüsseln. Wenn Daten mit dem öffentlichen Schlüssel verschlüsselt werden, können sie nur noch mit dem geheimen gelesen werden. Da es mühsam ist, immer wieder Personen anzufragen, ob sie einen PGP-Schlüssel haben, können Keyserver, also Schlüsselserver, eingerichtet werden. Auf diese Keyserver können Mitglieder von Organisationen und Gruppen die öffentlichen Schlüssel hochladen, damit sie andere herunterladen können. Verschiedene Kollektive bieten auch verschlüsselte Mailinglisten an, sogenannte *«Schleuderlisten»*.

VON PASSWÖRTERN UND ANDEREN VERSCHLÜSSELUNGEN

Die Wahl eines sicheren Passworts trägt maßgeblich zum Schutz der Daten bei. Namen von Personen und Orten oder einfache Begriffe sollten nicht als Passwörter verwendet werden. Ein sicheres Passwort ergibt sich aus Länge und Aufbau. Je nach Verwendungszweck sind Passwörter unterschiedlich lang. So wird etwa für effektive Verschlüsselung von Festplatten eine Mindestlänge von zwanzig Zeichen empfohlen. Im Alltag, etwa für E-Mails und Instant Messaging, sind diese meist deutlich kürzer. Dennoch gibt es auch hier einiges zu beachten und es gilt die Regel, dass ein Passwort für den täglichen Gebrauch mindestens achtstellig sein soll und aus einer Kombination von Groß- und Kleinschreibung sowie Zahlen und Sonderzeichen bestehen soll. Und wie lassen sich sichere Passwörter merken? Eine der einfachsten und zugleich sichersten Methoden ist die Bildung von Sätzen und deren Abkürzung.

Die Eselsbrücke *«Hey! Drei eng befreundete Kollegen üben in 2er Gruppen an 5 öffentlichen Plätzen»* ergibt "H!3ebKüi2Ga5öP". Ebenso wichtig wie die sichere Erstellung ist der sichere Gebrauch von Passwörtern. Auch wenn es praktisch und bequem ist, sollten Passwörter etwa zum automatischen Start von Anwendungen nicht gespeichert werden. Eine Möglichkeit, das halbwegs sicher doch zu tun, ist die Master-Passwort-Funktion. Dabei handelt es sich um eine Art Hauptpasswort, das es einzugeben gilt, bevor die eigentlichen Passwörter etwa für Foren-Log-ins aufgerufen werden. Haben die Benutzer_innen viele verschiedene Passwörter, die sie sich merken müssen, gibt es für diesen Zweck entsprechende Programme zur Verwaltung von Passwörtern. Eine sehr einfache Methode, Rechner am Arbeitsplatz vor unbefugten Zugriffen zu schützen, besteht in der Verwendung von passwortgeschützten Bildschirmschonern. Wird einige Zeit lang nicht aktiv am Rechner gearbeitet, schaltet sich der Bildschirmschoner ein. Wenn dieser nun passwortgeschützt ist, kann er ohne Passwort nicht beendet werden. Eine relativ einfache Möglichkeit, spezielle Dateien zu schützen, die zumindest Manipulationen verhindert, ist der Passwortschutz zusammengepackter, "gezippter" Dateien. Das Programm 7zip ist sogar in der Lage, die Datei zu verschlüsseln. Das Entpacken der Datei ist anschließend nur nach Eingabe des Passworts möglich.

Besondere Sicherung aller Daten vor unbefugten Zugriffen bietet die Verschlüsselung von Festplatten. Allerdings: Festplattenverschlüsselung wirkt nur, wenn der Computer ausgeschalten ist, wenn er läuft, kann jede_r auf die Daten zugreifen! Zusätzlichen Schutz bietet daher die Verschlüsselung einzelner Verzeichnisse oder Ordner. Das Verschlüsseln von Festplatten ist heute nicht mehr allzu aufwendig, aber von Betriebssystem zu Betriebssystem verschieden. Je nach Betriebssystem gibt es einige kostenlose Software-Optionen, wobei freier Software #248 sicher der Vorrang zu geben wäre. Meistens ist es so, dass die Festplatte beim Start des Systems mit einem entsprechend komplexen Passwort freigeschaltet wird. Bei jedem Schreibvorgang wird dann verschlüsselt, bei jedem Lesevorgang entschlüsselt. Während des Arbeitens am Rechner ist nichts von der Verschlüsselung zu bemerken, außer vielleicht, dass die Schreib- und Lesezugriffe etwas langsamer sind.

KURZ ANGEBUNDEN: INSTANT MESSENGER

Die Kommunikation über Chatprogramme beziehungsweise Instant Messaging (Sofortnachrichten) ist schnell, unkompliziert und insofern für einen regen und unmittelbaren Austausch brauchbar und beliebt. Auch dabei gilt prinzipiell der Grundsatz der Datensparsamkeit. Um nicht die gesamte Chat-Kommunikation in die Hände einer Firma zu legen, empfiehlt es sich, offene Systeme wie Jabber zu verwenden und auf "proprietäre" Netzwerke wie AIM, ICQ, MSN oder Skype zu verzichten. Das bedeutet im Fall der Jabber-Nutzung, es gehört keinem einzelnen Unternehmen und hat daher auch keinen zentralen Hauptserver, auf dem Benutzer_innendaten gespeichert, verwaltet und ausgewertet werden können. Eine praktische Anleitung zum sicheren und datenschutzfreundlichen Gebrauch von Multi-Messengern mit offenen Protokollen findet sich auf der Seite Kontrollausschluss. Auch die Kommunikation über Instant Messenger kann verschlüsselt werden.

ZUSAMMENFASSUNG

Am Ende dieses Kapitels haben Leser_innen nun eine große Menge an Informationen gesammelt, die es nun gilt umzusetzen. Datenschutz ist keine Theorie, die mensch mit einem Diplom abschließen kann, sondern setzt ein gewisses Engagement der einzelnen Anwender_innen voraus. Damit sind wir jedoch mitnichten Einzelkämpfer_innen – Vereine wie der FoeBuD, die Privacy Foundation oder der Chaos Computer Club bieten neben aktuellen Informationen auch Plattformen für Gleichgesinnte.

- Denken kommt vor klicken: Eine kluge Überlegung ersetzt hundert technische Schutzmaßnahmen.
- Datensparsamkeit: je weniger persönliche Daten im Netz preisgegeben werden, umso besser.
- Grundeinstellungen ändern! Ein gläsernes Surfer_innen-Dasein ist kein Schicksal – wenige und sehr einfache Handgriffe genügen, um die Browser-Einstellungen so zu ändern, dass mensch sich weniger transparent und einsehbar im Netz bewegen kann!

- E-Mails sichern: mehrere E-Mail-Adressen ohne Hinweis auf die Person verwenden.
- Daten und Dateien vor unbefugten Zugriffen zu schützen ist ein gutes Recht und kein krimineller Akt!

- Keine Daten auf einem Fremdrechner: Büro, Freunde, Internetcafe – persönliche Daten und Passwörter haben hier nichts verloren
- Keine Kommunikation über Fremdrechner: Über Firmen-Rechner lässt es sich nicht "einfach so" privat kommunizieren.
- Kein Datenmüll im Netz: Das Internet vergisst nichts – auch die peinlichen Partyfotos nicht.
- "Einfach" gelöscht wird gar nichts! Selbst aus dem Papierkorb gelöschte Dateien können rekonstruiert werden. Daher: Verschlüsseln statt Löschen!

Geeks, Nerds, Datenhandel, FoeBuD, Big Brother Award, Sicherheit, Keylogger, E-Mail, Post-Privacy, informationelle Selbstbestimmung, Browser, Firefox, Freie Software, https, TOR, Kontrollausschluss, GNU, Linux

KOMMENTARE

***LexieDee** sagt:* *twitter.com/LexieDee*

Noch ein paar Ergänzungen: Informationelle Selbstbestimmung ist ein Diskurs in der BRD – in Österreich gibt es diesen Diskurs so eigentlich kaum – und die rechtliche Grundlage dafür auch nicht.

Gerade bei sicherheitsrelevanter Software ist es anzuraten, quelloffene Software zu verwenden: Ist der Quellcode nicht offen zugänglich kann nur "blind" auf die Kompetenz des/der Anbieter_in vertraut werden – und, dass sie keine Kooperationen mit staatlichen Organen eingehen und Backdoors einbauen. Genau dazu werden Anbieter von Software von staatlicher Seite und insbesondere den Geheimdiensten aber oft gezwungen.

***Maria K.** sagt:*

Ich bin gerade bei Facebook über diese Seite gestolpert und finde sie sehr interessant. Einigermaßen erschreckend wie wenig man als normaler Internetnutzer darüber weiß. Eine Frage hätte ich allerdings: Wie viel bringen Virenscanner?

***Jens Proll** sagt:* *kontrollausschluss.de*

Hallo Maria, danke für Deinen Kommentar. Über Sinn und Unsinn von Sicherheitssoftware im Allgemeinen streiten sich die Experten (und solche die sich dafür halten). Meiner Meinung nach kann gesunder Menschenverstand durch kein Programm ersetzt werden, diese Software suggeriert einen "Schutz", den sie in Wirklichkeit gar nicht bieten kann.

Mein rein persönliches Fazit: Überflüssig und sogar potenziell gefährlich.

tech:babbel *sagt:* *techbabbel.raw.at*

Seit ein paar Jahren sind Mobiltelefone unerlässliche Begleiter_innen im täglichen Leben, im Beruf, "privat" und auch bei politischem Aktivismus. Sei es zur simplen Verabredung, Informationsaustausch, Koordination von Aktionen oder Ketten-SMS, die Einsatzmöglichkeiten sind vielfältig. Seit kurzem finden auch Smartphones – also Telefone mit Internetzugang und großem Angebot an Anwendungen von Drittanbieter_innen – zunehmend Verwendung bei Aktivist_innen. Worauf ist aber zu achten? Welche Möglichkeiten und Fallstricke bieten sie?

Allen Handys gemein ist, dass sie auf Technologien basieren, die relativ wenig Sicherheitsvorkehrungen aufweisen (oder teils schlampig umgesetzte). Das heißt z. B., dass SMS relativ einfach abgefangen und mitgelesen oder Gespräche relativ leicht mitgeschnitten werden können. Dabei kann dies (seitens der staatlichen Behörden aber auch von anderen Bastelfreudigen) einerseits per IMSI-Catcher bei allen Mobiltelefonen in einer gewissen räumlichen Nähe, und andererseits über den Mobilfunkanbieter geschehen. Ein IMSI-Catcher gibt sich dabei quasi als Handymast aus, was dazu führt, dass sich die Handys zum IMSI-Catcher verbinden – und er alle Gespräche und SMS abhören kann. IMSI steht für International Mobile Subscriber Identity und ist eine Nummer, die jede SIM-Karte eindeutig identifizierbar macht – somit ist gezieltes Abhören einzelner Handynummern möglich. Außerdem wird auch eine IMEI-Nummer des Handys mitgesendet, die auch nach Wechseln der SIM-Karte gleich bleibt. Somit können einzelne Geräte egal mit welcher SIM-Karte identifiziert werden.

Neben dem Inhalt von Gesprächen und SMS werden beim Gebrauch von Handys weitere Daten erzeugt: Die sogenannten Rufdaten werden beim Mobilfunkprovider gespeichert und geben Auskunft darüber, wer wann mit wem wie lange telefoniert bzw. wer wem wann eine SMS geschickt hat. Je nach Telefonat-Frequenz und -Dauer können damit vermeintliche Gruppierungen und Netzwerke konstruiert werden. Da sich Mobiltelefone zu Handymasten verbinden, ist Mobilfunkanbietern bekannt, wo sich ein Handy befindet, da sie wissen, wo die Masten stehen. Damit kommen sie und Behörden an Standortdaten von Handys. Gerade in Städten ist die Handymastendichte (wegen der starken Verbauung und vielen Handys) relativ hoch und damit die relativ genaue Standortbestimmung möglich. Dass massive Handyüberwachung nicht nur Stoff dystopischer Fantasien ist oder nur in totalitären Staaten praktiziert wird, zeigt der Skandal rund um die Handyüberwachung während der antifaschistischen Proteste im Februar 2011 in Dresden, wo Millionen an Datensätzen gesammelt wurden und Tausende Gespräche und SMS im Raum Dresden überwacht wurden. Besonders brisant bei Ruf- und Standortdaten: Diese können derzeit bis zu sechs Monate rückwirkend von der Polizei angefordert werden (so geschehen bei den unibrennt-Aktivist_innen, die im Juli 2010 verhaftet wurden und denen eine terroristische Vereinigung vorgeworfen wird).

Die obigen beschriebenen Problematiken von Mobiltelefonie treffen auch auf Smartphones zu. Da diese aber mehr können und vom Funktionsumfang zunehmend vollwertigen PC gleichen, haben sie ein paar Vor- aber auch Nachteile. Ein großes Problem bei Smartphones ist, dass mit ihnen üblicherweise große Datenmengen mitgeschleppt werden: Umfangreiche Telefonbücher mit nicht nur Telefonnummern, sondern auch E-Mail-, Instant Messaging- und Postadressen, Kalender mit Terminen, Zugriff auf E-Mails, Favoriten im Browser, teilweise gespeicherte Ortsdaten, To-do-Listen und mehr. Sollte daher das Telefon in die Hände von unliebigen Dritten geraten, sind diese Daten relativ leicht zugänglich – und sie erlauben tiefe Einblicke in unsere Leben, unsere tägliche Routine und unsere Kontakte. Nachdem viele Smartphone-Betriebssysteme zumindest bis dato schwache Sicherheitsvorkehrungen für den Fall eines Verlusts oder Diebstahls haben, ist es grundlegend anzuraten, sich genau zu überlegen, auf welche Daten über das Mobiltelefon zugegriffen wird. Gerade vor Demonstrationen und Aktionen ist es ratsam, die nicht dringend notwendigen Accounts zu deaktivieren und Daten zu löschen.

Andererseits schaffen die umfangreichen Fähigkeiten von Smartphones auch neue Einsatzmöglichkeiten: Echtzeit-Berichterstattung über Twitter oder Identi.ca, Bilder vom Geschehen direkt online stellen und mehr, das alles ist nun nicht mehr Presse-Profis vorbehalten. Außerdem ermöglichen es Smartphones, schneller an aktuelle Infos verschiedener Quellen zu kommen – um etwa bei dezentralen Aktionen besser reagieren zu können. Doch auch hier gilt: Was passiert, falls das Handy in die falschen Hände gerät und was kann dann passieren? Vor- und Nachteile sollten sorgfältig abgewägt werden und Pläne für den "Fall, dass ..." überlegt werden. Der einfache Zugriff auf Programme und Internet wie bei einem klassischen PC bringt auch ähnliche Probleme mit sich wie sie oben geschildert werden: Sicheres Surfen per SSL/https ist ebenso wichtig wie auf einem anderen Computer, E-Mails sind ebenso einfach lesbar wie sonst üblich, und Programme können möglicherweise Schadsoftware enthalten bzw. bestehen mehr Möglichkeiten, Schadprogramme wie Trojaner zu installieren. Dabei ist die grundlegende Architektur der meisten Smartphone-Betriebssysteme sicherer aufgebaut als etwa Windows. Unter der Vielzahl an verfügbaren Anwendungen für Smartphones gibt es glücklicherweise auch immer mehr Programme, die helfen, die eigenen Daten und Kommunikation sicher zu gestalten: PGP/GnuPG-verschlüsselte e-mails, verschlüsselte SMS (zu anderen Telefonen mit der gleichen Software), verschlüsselte Chats, sichere Passwortmanager sind Beispiele für hilfreiche Programme, die zumindest unter Android verfügbar sind – und sowohl den sicheren Austausch zwischen (Android-) Telefonen als auch mit PCs ermöglichen. Das "Guardian Project" ist diesbezüglich eine gute Anlaufstelle.

Aber auch hier gilt: Nichts ist absolut sicher, und gute Passwörter sind auch für Smartphones ein Muss ;-)

WE'VE GOT YOU UNDER YOUR SKIN

Grenzen ziehen in einem auch unsozialen Netz

«Die Kommunikation im Internet hat keine unmittelbare Rückwirkung auf das lokale Sozialleben der individuellen Teilnehmer. Daher fühlen sie sich frei(er), sich ohne Hemmungen auszudrücken. Man ist ungewöhnlich nett zueinander (so genanntes "netslutting" oder "flirting") oder man verhält sich in nahezu exzessiver Weise beleidigend und droht anderen sogar (so genanntes "netshitting" oder "flaming").»

Albert Benshop

Die Möglichkeit, die uns das World Wide Web bietet, relativ unabhängig von Raum und Zeit mit anderen nah und fern, uns bekannt oder unbekannt zu kommunizieren, ist vorbehaltlos wunderbar. Gleichzeitig ist das mit dem Kommunizieren auch wieder eine ambivalente Geschichte im und via dem Internet. Aus zwanglosen Unterhaltungen erwachsen unbekannte Verehrer_innen, weil da so viel Raum für Phantasie ist. Aus dem einen oder anderen Kommentar entsteht ein hitziger Schlagabtausch, der in Beleidigungen mündet, weil wir ohne Mimik und Gestik unsere Gegenüber leichter missverstehen. Ein Scherz wird zwar von (fast) allen als solcher verstanden, gerät aber doch bei jemandem in die falsche Kehle, den wir im erweiterten Bekanntenkreis haben. Und dann sind da manchmal Leute, die nur vorgeben Gespräche führen zu wollen. Im Netz gilt daher ähnlich wie im so genannten Real Life, dass wir Grenzen setzen sollten.

ABGRENZUNGEN ZUM SELBSTSCHUTZ AUF FACEBOOK

Bei Facebook sind Mitte 2010 über 10 Millionen Nutzerinnen und Nutzer in Deutschland angemeldet. 60 Prozent der Nutzer_innen sind zwischen 18 und 35 Jahren alt. Wer viele Personen erreichen will, sich an deren Diskussionen, Empfehlungen und Hinweisen beteiligen will, kommt an Facebook #094 nicht vorbei. Die Datenschutzeinstellungen bei Facebook sind problematisch und nur umständlich einzustellen. Der einzig wirklich sichere Weg, die eigene Privatsphäre und Person zu schützen wäre also, sich von Facebook fernzuhalten. Mit Facebook verhält es sich ähnlich wie mit Sex. Der sicherste Weg, sich nichts zu holen, wäre auch hier, darauf komplett zu verzichten. Das kann eine Option sein, dabei entgeht einem aber auch etwas. Folgende Hinweise sind für all jene gedacht, die trotz dieser Bedenken Facebook nutzen wollen, also analog zu Safer Sex auch sicher kommunizieren wollen. Das beginnt mit dem Anlegen eines Benutzerkontos, wenn du nicht bereits eines hast. Leg zuerst eine eigene E-Mail-Adresse bei einem Webmail-Anbieter an, die du zur Erstellung und Verwaltung von Social Media Accounts #009 verwendest, verbinde nicht deine dienstlichen und privaten E-Mail-Konten mit Facebook. Gleich im Zuge der ersten Schritte beim Anlegen eines Benutzerkontos schlägt Facebook nämlich vor, "dich Freunde finden" zu lassen, wenn du Zugriff auf die von dir gespeicherten Mailadressen zulässt. Finger weg davon. Facebook speichert diese E-Mail-Adressen bei sich und du hast keine Kontrolle mehr darüber, was dort damit passiert. Wenn du Felder mit Angaben zu deiner Person ausfüllst, kannst du einfach darauf verzichten, Angaben zu Schule, Hochschule und Arbeitgeber zu machen. Auch deinen Geburtstag musst du anderen, und den diversen angehängten Datenbanken, nicht öffentlich machen. Facebook bietet wie andere Anbieter auch von dir als Benutzer_in definierbare Profil- und Datenschutz-Einstellungen an. Mehr noch als jede andere Plattform versucht das Unternehmen Facebook aber, diese Einstellungen kompliziert zu halten. Sie sind mühsam zu durchschauen, zu ändern, werden aber vom Unternehmen selbst laufend geändert; in der Regel, ohne den Benutzer_innen etwas davon zu sagen. Schon alleine daher zahlt es sich aus, immer wieder einmal nach den Empfehlungen von Facebook-kritischen Organisationen zu schauen. Einige Empfehlungen gibt es als Anleitungsvideos auf YouTube #201 (eine ausführlichere Version der hier angebrachten Hinweise findest du bei der IG Metall). Die von Facebook vorgeschlagenen Einstellungen für die Privatsphäre kannst du vergessen, geh auf *«Benutzerdefinierte Einstellungen»* und geh das einmal aufmerksam durch.

WIE SOLLTE MAN MIT "ANDEREN" AUF FACEBOOK UMGEHEN?

Wir können uns auf Facebook mit anderen dort angemeldeten Personen vernetzen, indem wir diesen Personen eine Freundschaftsanfrage schicken beziehungsweise auf von anderen kommende Freundschaftsanfragen reagieren. Für die Vernetzung mit wenigen uns bekannten Personen spricht, dass wir so unsere eigene Person und Daten eher schützen. Für die Vernetzung mit vielen spricht umgekehrt, dass in größeren sozialen Netzwerken #341 eher interessante Informationen zirkulieren. Wir empfehlen, diese "Freunde", wie es bei Facebook heißt, in verschiedene Listen aufzuteilen. Für die Freunde, die wir auch im wirklichen Leben als solche bezeichnen würden, sollte es eine Liste "Gute Freunde" geben. Arbeitskolleg_innen kommen in die Liste "Kollegen". Weitere Kontakte uns nicht näher bekannter Personen, die aber interessante Benutzer_innen des Netzwerks sind, kommen auf eine eigene Liste. Über diese Einteilung lässt sich dann genauer steuern, wer welche Informationen zu sehen bekommen soll. Ohne diese Aufteilung sehen auch Kolleg_innen und nicht nur die guten Freunde jede kritische Bemerkung zum Arbeitsplatz. Hast du einmal Listen angelegt, kannst du bei den oben schon erwähnten *«Benutzerdefinierte Einstellungen»* bestimmen, wer welche Informationen von deinem Account sehen kann, also zum Beispiel dein Geburtsdatum oder deine Ausbildung sehen kann. Besondere Beachtung verdient die Funktion, von anderen auf Fotos oder in Beiträgen markiert zu werden. Wenn du kein Bild einer Voodoo-Puppe mit einer Markierung deiner Person sehen willst, nicht mal im Scherz, dann deaktiviere diese Funktion.

Flaming und die Kreuzzüge der Trolle

#257

Aus normalen Gesprächen werden hitzige Debatten, auf Austausch folgen starre Fronten, Plaudern entzündet sich zum flammenden Streit. Passiert überall, ist als Dynamik allerdings im Netz – auf E-Mail-Listen, in Foren, in Kommentaren unter Blogbeiträgen – besonders häufig anzutreffen. Das im aggressiveren Ton Kommentieren nennt sich "flaming" und wenn es zur Sache geht, nennen wir das *«Flame-Wars»*. Flame-Wars entwickeln eine eigene Dynamik und passieren im Internet überall, wo diskutiert wird, deutlich wahrscheinlicher als im so genannten *«Real-Life»* (RL). Gegenüber der direkten Interaktion von Angesicht zu Angesicht, und selbst gegenüber dem Kanal des Telefonierens, sind unsere Kommunikationskanäle via Netz meist extrem reduziert und entgrenzt. Das birgt Risiken für Dialoge selbst unter guten Bekannten. Reduziert heißt, dass wir ohne wichtige Dimensionen der Verständigung wie etwa Mimik, Gestik, Tonfall etc. auskommen müssen. Die Entgrenzung bringt unter anderem mit sich, dass im Netz immer weiter geredet werden kann und Antworten oder Ansagen zu jeder Zeit oder nie kommen können. Der Raum für Missverständnisse ist groß und daher auch die Wahrscheinlichkeit, dass es hie und da zu solchen kommt; damit zu Ärger, Enttäuschung, Verletzung, Wut.

Missverständnisse können allerdings auch beabsichtigt sein, bis hin zur bewussten Täuschung. Menschen, die Internetkommunikation nutzen, um Störkommunikation zu betreiben, werden *«Trolle»* genannt und sind ein weitverbreitetes Phänomen vor allem in den Postingforen vieler Onlinemedien, in vielgelesenen politischen Blogs und überall, wo es um Frauen, Feminismus, Freiheit, Sexualität oder Rechtsextremismus geht. Sie geben vor, an offenen Debatten interessiert zu sein und bemühen sich daher ihre Interventionen als Argumente zu präsentieren. Dabei sind ihre versteckten eigentlichen Interessen, entweder Debatten zu sabotieren und zu verunmöglichen oder emotionelle Ausbrüche bei anderen zu provozieren. Daher ist es leicht, Trolle ins Leere laufen zu lassen, sobald mensch sie als solche erkannt hat: ignorieren und keine Emotionen zeigen. Schwieriger ist es, wenn Trolle ihre Täuschung soweit treiben, dass sie sich mit ihrem Benutzerkonto - Namen und Profilbild - als andere bekannte Personen ausgeben. Solche Benutzerkonten werden *«Sockenpuppen»* genannt und sind, wenn damit Rufmord betrieben wird, kein "trollen" mehr, sondern Mobbing.

Von dir veröffentlichte Beiträge können durch mit dir vernetzte Freunde auf deren Pinnwand gesehen, weitergeleitet und natürlich auch kommentiert werden. Wenn du Kontakte in einzelne Listen aufgeteilt hast, kannst du Beiträge aber auch gezielt nur für eine bestimmte Gruppe veröffentlichen. Manches sollte schon aus Selbstschutz nur für bestimmte Gruppen sichtbar sein. Die einfachste und harmloseste Form des Feedbacks ist ja der Klick auf *«gefällt mir»*. Damit interessante Infos weiter verbreitet werden, muss aber die *«Teilen»*-Schaltfläche bemüht werden, und in der Regel wollen wir unsere Informationen auch weitergeleitet sehen. Manchmal entwischt Facebook-Nutzer_innen so jedoch ein schnell getippter Eintrag, den sie dann nicht mehr zurückholen können. Wenn dein

Eintrag kommentiert oder weitergeleitet wird, wird der Kreis derer, die ihn sehen und wiederum kommentieren können, größer. Unter diesen Kommentaren können auch negative, beleidigende oder schlicht sinnlose Wortspenden vorkommen. Auch Mobbing ist bereits seit längerem ein Phänomen, das auch im Netz und auf Facebook eigene Dynamiken entfalten kann. Im schlimmsten Fall werden Hetzreden viral #209, weil viele Schranken direkter Interaktion beim Cyber-Mobbing online wegfallen und das Netz auch keine Ruhephasen kennt. Wir selbst können uns nicht prinzipiell davor schützen, nicht einmal durch eigene Abstinenz im Web. Da ist es schon sicherer, wenn wir uns souverän im Netz und den sozialen Netzwerken zu bewegen verstehen und viele Netzwerkverbindungen zu solidarischen Freund_innen haben. Dann kann zwar immer noch nicht verhindert werden, dass sich Trolle in unsere Kommunikation einmischen, wir sind aber gemeinsam kompetenter und stärker.

DER UNBILL MIT TROLLEN

Sie sind Wesen unbekannter Art und unbekannten Namens, des Schreibens mächtig, am sinnverstehenden Lesen nicht interessiert: die Trolle. Sie tauchen ungefragt und ungeladen in Kommentarspalten von Blogs, Facebook-Seiten oder in Foren auf und hinterlassen dort Beiträge, die wir sechs Kategorien zuordnen können. Ihre Beiträge sind entweder (a) zweckbefreit, (b) sinnlos, (c) diskussionsstörend, (d) beleidigend, (e) offensiv-angreifend, (f) von Argumenten befreit oder mehreren dieser Kategorien zuzurechnen. Sie hinterlegen sozusagen "getippten Sondermüll" und überlassen es nur zu gerne anderen, sich um ihre Hinterlassenschaften zu kümmern. Trolle können in Anwendung der dreiklassigen "Digitaler Mob Skala" eingestuft werden:

1. Harmloser Kindergartentroll: Sie schreiben trollige Einträge wie *«Trollolo»* oder *«hahahahah hohoho»* oder posten Links zu ihrer Meinung nach "lustigen" Bildern, wählen also Methoden a, b und c.

2. Pubertierende Halbstarkentrolle: Sie schreiben Kommentare unter ausgiebiger Verwendung von Sprachen wie *«dumme Nutte»*, *«zu dumm zum Leben»* oder *«fick dich»*, dehnen also ihre Methoden von a, b und c auch auf d aus.

3. Echte Trolle: Sie machen eindeutig die unangenehmste aller Trollarten aus, da sie nicht nur ein wenig herumpöbeln wollen. Ihr Ziel ist die Zerstörung beziehungsweise Verunmöglichung jeder Debatte und Diskussion. Echte Trolle benutzen alle Methoden außer Methode a.

Trolle der Klassenstufen Kindergartentroll und Halbstarkentroll verwenden für ihre Beiträge in aller Regel sogenannte "Kopierpaste", das heißt Texte, die aus einem beschränkten Trolltextvorrat herauskopiert und eingefügt werden. Sie heißen Bernd, Bernhard, Eisenhower, Bernadette oder ähnlich. Manchmal tauchen auch andere Namen auf. Echte Trolle der Klasse 3 benennen sich differenzierter und sind über den angegebenen Namen nicht sofort zu erkennen. Im Gegenteil, sie verwenden Namen als eines der Mittel, Verwirrung und Frustrationen zu stiften, in dem sie sich als anerkannte Teilnehmer_innen von Diskussionen ausgeben. Echte Trolle sind zielorientiert, und das gelingt ihnen am besten, wenn sie sich nicht dem Risiko des sofortigen Gelöschtwerdens aussetzen, sondern vordergründig sachlich schreiben, zumindest was ihren Tonfall und die allgemeine Ausdrucksweise betrifft. Jedoch bedienen sie sich der "Derailing for Dummies"-Methoden in nahezu perfekter Weise und versuchen, jegliche konstruktive Diskussion zu zerstören. Trollen aller drei Klassen ist gemein, dass sie vollständig anonym sind und um jeden Preis bleiben wollen beziehungsweise müssen. Anonymität gehört zu den Grundbedingungen ihrer Existenz. Fast alle nutzen ausgiebig Anonymisierer und TOR-Dienste, um ihr Unwesen ungestört zu treiben.

WAS WOLLEN TROLLE?

Trolle der Klassen 1 und 2 wollen stören, erwarten sich aber eigentlich keine größere Beachtung. Sie posten ihre "Kopierpaste" und lachen heimlich allein im Keller. Sie wissen nie, was mit ihren Postings geschieht, da diese in aller Regel nie freigeschaltet werden (außer in unmoderierten Blogs und Foren, wo das Posten aufgrund des überdurchschnittlich hohen Trollbefalls aber keinen Spaß macht). Diese Kindergarten- und Halbstarkentrolle haben keine Strategie, sondern agieren wahllos. Daher kann es jede_n im Web treffen, alle können Besuche dieser Art von Trollen erhalten. Die "echten Trolle" sind ein anderes Kaliber, denn sie haben ihre dezidierten Zielvorstellungen: eine Diskussion durch Kumulation aller Aufmerksamkeit auf das Trollposting zu zerstören. Ihr Ziel haben sie erreicht, wenn Diskussionsteilnehmer_innen nur noch auf ihre meist unsinnigen, stereotypen Pseudoargumentationen eingehen und das eigentliche, ursprüngliche Diskussionsthema vollkommen verdrängt worden ist. Lässt das Interesse an der Diskussion letztlich aufgrund des Trollbefalls nach, verschwindet der Troll beglückt und sucht sich ein neues Zielobjekt, sprich ein anderes Blog oder Forum. Zu diesem Zweck durchkämmt der echte Troll das Internet nach Triggerworten #158 wie: *«Schwule»*, *«Lesben»*, *«Krieg»*, *«Islam»*, *«Nazi»*, *«Frauen»*, *«Feminismus»*, *«Männer»*, *«Israel»*, *«Politik»*, *«Sex»*, *«Geschlecht»*, *«Emanzipation»* und so weiter. Diese oftmals kontrovers diskutierten Themen bieten die größte Trollangriffsfläche, weshalb sich der echte Troll dort am wohlsten fühlt. Der gemeine Troll liebt auch die Gemeinschaft mit anderen Trollen, weshalb er oft in Rudeln auftritt und in seinen Trollhöhlen wie krautchan oder 4chan zu gemeinsamen Trollfeldzügen aufruft. Trolle können aber auch bezahlt werden und spezielle Aufträge übernehmen, etwa die interne Kommunikation von NGOs und sozialen Bewegungen stören oder die Online-Auftritte der Massenmedien heimsuchen und bei ausgesuchten Themen unter Artikeln posten.

DER UMGANG MIT TROLLEN UND IHREN HINTERLASSENSCHAFTEN

Die erste Entscheidung, die Blogger_innen treffen können, ist jene, ob Kommentare überhaupt möglich sein sollen, nur eingeschränkt oder gar nicht. Ist die Entscheidung gegen Kommentare gefallen, ist dem Blog allerdings von Beginn an viel seines möglichen Charmes genommen. Ein Blog #335 "lebt" erst richtig durch den Austausch mit anderen. Fällt die Entscheidung für Kommentare, sollte sich jede_r Blogger_in (und jede_r Moderator_in von Forenseiten und Fanpages) Kriterien überlegen, ab wann die eingehenden Kommentare als Trollerei eingestuft werden. Während für die eine *«du Homo»* noch eine "normale Meinungsäußerung" oder in der Community gebräuchlicher Ausruf ist, kann es für andere und in anderen Kontexten eine üble Beleidigung sein. Nur du weißt, wo deine persönliche Grenze liegt. Du solltest freilich auch ein Gefühl dafür entwickeln, wie deine Community das sieht und wo deren Grenzen liegen. Als Community-Manager_in eines kollaborativen Blogs mit offiziellerem Rahmen gelten nochmals andere Regeln, die auch gemeinsam ausgemacht gehören. Du darfst in deinem Blog diese Grenze festlegen, du allein bestimmst darüber. Es ist wichtig, sich klar zu machen, dass mensch zumindest auf diesen eigenen Seiten das Hausrecht hat! Sind die Kriterien in etwa festgelegt, können und sollten sie als Regeln im Blog oder Forum für alle sichtbar veröffentlicht werden. Nur: das verhindert das Auftauchen der Trolle in keiner Weise.

Hass im Netz, Trolle, Gerüchte Schleudern

1. *In «Zero Comments» beschäftigt sich der Medienwissenschaftler Geert Lovink kritisch mit Internetkultur, mit taktischen Medien, Aktivismus im und für das Netz, Grassroots-Bewegungen versus NGOs. Und er berührt auch «nihilistische Impulse im Netz».* 2. *Auf der «re:publica 2011», der* Konferenz *über «Blogs, soziale Medien und digitale Gesellschaft» präsentiert Sascha Lobo die Erkenntnisse seiner persönlichen Troll-Forschung.* 3. *Im Juni 2011 gelingt es Hacker_innen, in die Mobbing-Plattform isharegossip.com einzudringen, gegen die von Seiten der Staatsanwaltschaft ermittelt wird. Die Täter agierten bis dahin in der Sicherheit absoluter Anonymität.*

Wenn trollige Einträge eingegangen sind, die sich offensichtlich nicht an die Hausordnung halten, stellt sich zuerst die Frage des Löschens oder Nicht-Löschens. Das angenehmste Szenario ist Löschen, und der Troll verschwindet. Das tut er tatsächlich oft, aber nicht immer. Einige kleben an der Backe wie ausgelutschtes Kaugummi unter der Schuhsohle, und an der Stelle kommen nun in der Regel Vorwürfe über "Zensur" und "Beschneidung der Meinungsfreiheit". Zensur ist allerdings ein staatliches System der Informationskontrolle, und du moderierst ein Blog oder Forum. Der Troll wendet sich nicht als Bürger an die Verwaltung, sondern ist ein ungebetener Gast, der sich nicht an die Hausordnung hält. Das eine hat mit dem anderen nichts zu tun. Das kannst du ganz gut an der Stelle des gelöschten Kommentars feststellen und für alle anderen damit sichtbar machen, wie du vorgegangen bist. Falls du den Trollkommentar nicht löschst, gibt es die beiden Optionen, den Kommentar zu beantworten oder nicht. Ignorierst du die Trollabsonderung und alle anderen tun das auch, so verschwindet der Troll meistens mangels Aufmerksamkeit, aber nicht immer, siehe oben. Falls du den Troll ignorierst, andere Diskutant_innen aber antworten, bleibt der Troll dem Blog oder Forum ziemlich sicher erhalten und Diskussionen sind im schlechtesten Fall zerstört.

TROLLBEFALL NICHT PERSÖNLICH NEHMEN

Für die Psyche der von Trollbefall Betroffenen ist es gut, wenn sie Kontakt zu gleichermaßen Betroffenen suchen. Insbesondere wenn du beschlossen hast, Trollkommentare zu veröffentlichen oder dir die zusätzliche Arbeit des Moderierens von Kommentaren nicht antun willst, solltest du dich mit anderen absprechen. Zu mehreren kann ein Troll besser "in Grund und Boden geantwortet" werden, Stichwort: Argumentationshoheit gewinnen. Oder er kann auch besser gemeinsam ostentativ ignoriert werden. Werden die persönlichen Beleidigungen zu schlimm, ist es wiederum gut tuend, im Austausch mit anderen festzustellen, dass wir nicht die einzigen Betroffenen sind. Darüber hinaus macht der Kontakt mit anderen sichtbarer, dass Trolle nicht dich persönlich attackieren und eigentlich niemals eine spezielle Persönlichkeit angreifen, sondern ihre Angriffsziele stets nur nach den oben genannten Triggerworten auswählen. Neben den anonymen Boards, die den Trollen zum Austausch dienen, gibt es neuerdings auf der anderen Seite das Projekt hatr.org. Diese "Trollhalde" oder "Jauchegrube für Trolle", wie wir es gern nennen, hat es sich zum Ziel gesetzt, die grausigsten Kommentare zu sammeln, die zu eklig, beleidigend, dumm, grob, hasstriefend, rassistisch, homo- oder heterophob, sexistisch etc. sind, um sie im eigenen Blog durchzulassen. Diese Absonderungen von Trollen werden aus ihrem ursprünglichen Zusammenhang, Blog oder Forum herausgelöst und der direkten Angriffsfläche entzogen. In ihrer geballten Form sind sie dann schon wieder lustig. Und es ist besser über Trolle zu lachen, als sich über sie zu ärgern. Die Kommentare verlieren ihre ursprünglich boshafte Energie und zeigen auf, wie beschränkt Trolle wirklich sind. Zugleich wird durch auf hatr.org geschaltete Werbung Geld für Projekte gesammelt. Die Plattform – ein quasi WatchBlog #059 von Trollexzessen, trifft es mit seinem Motto auf den Punkt und die Trolle in ihrer Ehre, indem es (ihre) *«Scheiße zu Geld»* macht.

Eine ganz neue Qualität gewinnt das Trollen, wenn es zum Stalken wird. Hier ist der Spaß definitiv vorbei. Stalker sind in der Regel nicht mit schlicht beleidigenden Blogkommentaren zufrieden. Sie geilen sich erst richtig auf, wenn sie per Kommentar oder häufiger noch per E-Mail anonym Morddrohungen, Vergewaltigungs- und Folterankündigungen schicken, die Familie der Betroffenen bedrohen, oder sich gleich selbst zum Besuch ankündigen. In diesen Fällen sollte unbedingt die Polizei informiert und der Täter angezeigt werden (*«Anzeige gegen Unbekannt»*). Stalking, auch Cyberstalking, ist eine Straftat, die von Rechts wegen verfolgt werden muss. Nun brauchen wir nicht glauben, dass Stalker so einfach gleich ermittelt und bestraft werden. In aller Regel werden diese Verfahren schnell eingestellt, da die Täter nicht ausfindig gemacht werden. Aber die Anzeige ist dennoch wichtig, um das Ausmaß, die Häufigkeit und die Verbreitung dieser Straftat öffentlich bekannt zu machen. Auch um klar zu machen, dass das kein "Kavaliersdelikt" und auch kein "Spaß" ist.

ZUSAMMENFASSUNG

Der Kommunikationsraum Internet bietet tolle Möglichkeiten und birgt gewisse Risiken. Die Kommunikationskanäle im Netz sind gleichzeitig unglaublich leistungsfähig und aber auch reduziert und entgrenzend. Da ist es häufig schwierig einzuschätzen, wo unsere Kommentare überall landen. Umgekehrt können wir nicht immer sicher sein, wie andere ihre Aussagen meinen, ob sie sind, wer sie vorgeben zu sein, und ob sie überhaupt in der Art und Weise an Kommunikation interessiert sind, wie wir das annehmen. Nicht zu kommunizieren ist angesichts dieser Risiken keine erstrebenswerte Lösung. Wir müssen lernen, Grenzen zu ziehen. Wir sollten überlegen und müssen bestimmen, wer wo wie weit gehen kann und wer wo was darf und was nicht.

- Verwende eine eigene E-Mail-Adresse für das Anlegen von Benutzerkonten auf Social Media-Plattformen. So grenzt du Adressbücher, die an privaten und geschäftlichen E-Mail-Adressen angegliedert sind, von Social Media-Plattformen ab, die Adressbücher für Verknüpfungen nutzen. Du solltest grundsätzlich mehrere E-Mail-Adressen für unterschiedliche Zwecke verwenden.
- Sei dir bewusst, dass Debatten im Netz leicht hitzig werden können, versuche zu beobachten, wann das passiert und rechtzeitig zu merken, wenn du Teil eines "Flame-Wars" geworden bist. Dann sofort raus!
- Du solltest über deine persönlichen Exit-Strategien nachdenken und Regeln formulieren. Wenn sie gebrochen werden, verweise auf die Regeln und halte dich an deine Exit-Strategie.

- Überlege, in welchen Kreisen und Räumen du was sagst und worüber du da oder dort nicht redest.
- Erkläre den Konflikt für langweilig und lächerlich, thematisiere den Konflikt und die Dynamik. Zeige, dass du darauf keine Lust hast.
- Hol dir Feedback und Hilfe, wenn du dich angegriffen fühlst.
- Bei echtem Stalking erstatte unverzüglich Anzeige, drucke erhaltene Droh-E-Mails aus (inklusive der Header-Informationen) und übergib sie der Polizei. Eine Weiterleitung allein reicht nicht aus!

- Konzentriere dich auf das Problem, nicht auf die Personen, die das Problem vielleicht verursachen.
- Füttere die Trolle nicht! Es kann nicht oft genug gesagt werden: Don't feed the trolls!
- Halte dich raus aus der Gerüchteküche. Bevor du Gerüchte verbreitest, frag doch mal direkt die betroffene Person, was an dem Gerücht dran ist.

Privatsphäre, Facebook, flaming, Flame-War, Trolle, Exit-Strategie, Mobbing, Stalker, Kommentare, Datenschutz, Anonymität, Pseudonyme, Netiquette, Trollbefall, Troll Forschung, Zero Comments, Gerüchteküche

KOMMENTARE

***ig metall auf fb** sagt:* *facebook.com/igmetallvorstand*

Die Trolle sind ja älter als Web 2.0, diese gab es auch im – nachträglich sogenannten – Web 1.0. Das waren die Besucher unserer damaligen "Gästebücher", einer Funktion, ohne die keine Website, die etwas auf sich hielt, an den Start gehen konnte. (Für junge Leser: In die "Gästebücher" konnte man ohne Anmeldung etwas hineinschreiben, der neueste Beitrag stand oben, der Server schrieb automatisch das Datum mit. Später erfand man diese Funktion neu und nannte sie "Blog"). Alle Gewerkschaften (ich spreche hier für Deutschland) haben diese Gästebücher wieder abgeschafft, da der Aufwand, die täglichen und nächtlichen Graffitis zu beseitigen in keinem Verhältnis zum Nutzen stand. Auf Facebook haben wir diese Kommentarfunktion wieder eingeführt, bisher ohne diese Probleme. Wir erklären uns dies mit der zivilisierenden Funktion, dass man auf Facebook ja nicht anonym, sondern als angemeldeter User kommentiert.

***u want find me** sagt:*

Es gibt da einen von Google angebotenen Dienst, den mensch sich anschauen sollte. Ist zumindest für diejenigen etwas, die ihre Daten im Netz haben oder deren Daten von anderen unangenehmst gebraucht werden, für blöde Identitätsspiele und Mobbing. Allerdings braucht es einen Google-Account, soweit ich weiß. Dann zu google.com/dashboard gehen. Da bekommt mensch schon einen recht passablen Überblick über die eigenen Präsenz im Google'versum.

Im Google Dashboard gibt es den Bereich "Ich im Internet" (hieß glaube ich mal "google me"?), und dort kann mensch "Suchbenachrichtigungen für meine Daten einrichten". Das funktioniert so wie Google Alert, kann aber mehr. Es macht z. B Sinn, hier neben Namen, Telefonnummer usw. die eigene(n) E-Mail-Adresse(n) als Suchabfrage zu speichern und sich von Google benachrichtigen zu lassen, wenn die irgendwo im Web auftaucht. Das besondere an dem Dienst: mensch bekommt bei diesen Benachrichtigungen, wenn die eigenen Daten irgendwo auftauchen, die Möglichkeit angeboten, dass sie aus den Suchergebnissen von Google entfernt werden. D. h. wir können beantragen, dass unsere eigenen Daten bei der Google-Suche ausgespart bleiben. Auch das verpixeln von Bildern kann beantragt werden.

4. NOBORDERS

Das Netz ist transnational. Widerstand gegen Neoliberalismus ist transnational. Aktivismus ist transnational. In diesem Abschnitt geht es um globale Auseinandersetzungen und transnationales Engagement.

Inhaltsverzeichnis [Verbergen]

Dieses Kapitel greift zurück bis zum 1. Jänner 1994, als eine neue soziale Bewegung auf den Plan trat und der Weltöffentlichkeit auf allen Kanälen erklärte «*Ya Basta!*». Vom Aufruf der Zapatistas, globale Netzwerke des Widerstands zu knüpfen, geht es weiter zur Gründung der Indymedia-Netzwerke. Im zweiten Beitrag wird die Kommunikations- und Vernetzungsgeschichte von Attac erzählt, dem Netzwerk der Globalisierungskritik. Der dritte Beitrag ist der transnationalen Vernetzungsarbeit der Arbeiterinnen und Arbeiter gewidmet, der vierte der Antirassismus- und Menschenrechtsarbeit in der Festung_Europa® und der abschließende Teil dem Netzaktivismus, dem Engagement für ein freies Netz, freie Informationen und geschützte Bürger_innen-Rechte in der Informationsgesellschaft.

KATEGORIEN

AKTIONEN AUFKLÄRUNG BÜRGERRECHTE GEGENÖFFENTLICHKEIT GLOBALISIERUNGSKRITIK KAMPAGNEN MEDIENSYSTEM MENSCHENRECHTE MOBILISIERUNG NETZKULTUR TAKTISCHES MEDIUM VERNETZUNG

GEGENÖFFENTLICHKEIT GLOBALISIERUNGSKRITIK PROTEST SELBSTORGANISATION GRASSROOTS TAKTISCHES MEDIUM VERNETZUNG MEDIENSYSTEM

WIDERSTAND IM GLOBAL VILLAGE

Von Ya Basta! und Indymedia bis WikiLeaks

«Die Aufgabe von unabhängigen Medien ist es, die Geschichte sozialer Kämpfe in der ganzen Welt zu erzählen.»
Subcomandante Insurgente Marcos

In einer globalisierten Welt kann auch politischer Aktivismus global sein – und wie ginge das besser als via dem Netz? Rund um die Plattform indymedia.org entstand daher um die Jahrtausendwende das erste online-basierte Soziale Netzwerk für soziale Bewegungen #130 . Inspiriert wurden die Aktivist_innen von *«indymedia»*, einem kleinen, lokalen Aufstand in einer entlegenen mexikanischen Provinz, der noch einmal ein halbes Jahrzehnt weiter zurückreicht. Begonnen hatte alles in der Neujahrsnacht 1994, dem Tag des Inkrafttretens des Nordamerikanischen Freihandelsabkommens zwischen den USA, Kanada und Mexiko (NAFTA), mit dem Ausruf *«Ya Basta!»* eines gewissen noch unbekannten Subcomandante Insurgente Marcos.

AUFTRITT ZAPATISTAS

Doch die erste Top-Meldung des Jahres 1994 kommt nicht aus einer Wirtschaftsmetropole, sondern einer mexikanischen Provinzstadt: Rebellen nahmen bei Nacht und Nebel San Christobal de Las Casas und einige umliegende Dörfer ein. Sie forderten würdige Lebensbedingungen für die indigene Bevölkerung und die Auflösung der NAFTA. Die Kämpfer nannten sich selbst Zapatistas und ihre Armee EZLN. In Mexiko galten sie bis dahin als Unruhestifter an der Grenze zu Guatemala, als kleine Flöhe, deren Bisse juckten, aber nicht schadeten. In den Redaktionsstuben von New York,

Atlanta, London und Hamburg hatte man von ihnen noch nie gehört. Nun hatte ein Mann mit einer Skimütze, offensichtlich ein Sprecher dieser Armee im Krieg gegen den Staat Mexiko, eine Deklaration verlesen und erklärt *«Fünfhundert Jahre wurden wir ausgebeutet, aber heute sagen wir: Es reicht!»* Der internationale Presse-Tross trifft binnen weniger Stunden in Chiapas, Mexikos südlichsten und ärmsten Bundesstaat, ein. Dort finden die Journalisten nicht die erwartete lateinamerikanische Guerilla-Armee vor, keinen als Generalissimo auftretenden Rebellenführer. Was es gibt sind einige Tausend Bauern aus den Dörfern in den umliegenden Bergen und Dschungelgebieten, viele von ihnen nur mit hölzernen Attrappen statt echten Gewehren bewaffnet. Aber diese seltsamen Rebellen klagen an und haben gute Storys zu erzählen. 15.000 Menschen würden in Chiapas jedes Jahr an Unterernährung oder leicht zu behandelnden Krankheiten sterben, also mit einem Wort: an Armut. Und das, obwohl der Bundesstaat die erdölreichste Region Mexikos ist. Genau diese Probleme sollen sich doch durch die NAFTA bessern, wenden die Reporter ein, der freie Handel soll auch den Armen zugute kommen. Doch die Zapatisten haben einfache und medienwirksame Argumente vorbereitet. Sie halten Preisschilder in die Kameras, die belegen, dass die hochtechnisierte US-Agrarindustrie ihren Überschuss-Weizen in den Geschäften von San Christobal billiger anbieten kann, als die einheimischen Bauern ihren Mais. *«Wie soll der freie Handel uns Kleinbauern mehr Wohlstand bringen?»*, fragen sie direkt in die Wohnzimmer der Konsument_innen.

Von Chiapas nach Seattle

1. *Der Subcomandante in einer Videobotschaft, bei der Verlesung der Deklaration «Wir erklären, dass wir ein Netzwerk zwischen all unseren Kämpfen und Widerständen gründen werden. Ein interkontinentales Netzwerk».* **2.** *Karikatur aus dem Jahr 2001 von Barry Deutsch, leftycartoons.* **3.** *Zum zehnjährigen Jubiläum des WTO-Millenium-Gipfels, der Gründung von Indymedia und des "Battle in Seattle" bringen die Medienaktivist_innen von damals eine Dokumentation der Ereignisse heraus und stellen diese auf den eigenen YouTube-Kanal: Indymedia Presents «Showdown in Seattle».*

Nach fünf Tagen schlagen Regierung und Armee, schlägt das Imperium zu. Das Militär rückt mit erdrückender Übermacht und schweren Waffen an, die Zapatisten weichen zurück. Sie verlassen die Stadt San Cristobal und die meisten "besetzten" Dörfer ohne Kampf. Einen Ort versuchen sie zu halten und zu verteidigen, doch nach sechs Tagen Dauerbeschuss und schweren Verlusten flüchten sie vor der Übermacht in den Dschungel. Die Armee folgt ihnen. Die Revolution scheint gescheitert, bevor sie richtig begonnen hat. Aber die Zapatisten haben über die Medien die Herzen der Menschen erreicht. Hunderttausend demonstrieren im Herzen von Mexiko-Stadt. Viele von ihnen tragen schwarze Masken, noch mehr rufen, *«Wir alle sind Marcos!»*. In Mexiko ebenso wie international wird das Ende der militärischen Offensive gefordert. Die Zapatisten ließen von Anfang an keinen Zweifel daran, wer in diesem Krieg die Guten sind. In ihrer Deklaration erkennen sie die Erklärung der Menschenrechte und die Genfer Konvention an. Sie ersuchen das Rote Kreuz, alle Handlungen der EZLN auf deren Einhaltung zu überwachen. Marcos, der Mann unter der schwarzen Maske, hat Charisma und für die Berichterstattung von CNN abwärts zählt das mehr als Waffen. Tagelang empfängt er einen Journalisten nach dem anderen. *«NAFTA»*, so diktierte er mit sanfter Stimme in die Mikrofone, *«ist ein Todesurteil für die Indianer, ein internationales Massaker»*. Seine Worte gehen in die Welt hinaus. Am 12. Jänner erklärt die mexikanische Regierung unter dem medialen Druck den einseitigen Waffenstillstand.

DER GLOBALE WIDERSTAND GEGEN DEN NEOLIBERALISMUS

Die Kommuniqués der Zapatistas beschränken sich nicht auf einfache Berichte zur Lage. Sie haben literarische Qualität, stellen weitreichende Fragen, liefern tief gehende Konzepte für die Theoriebildung in unterschiedlichen Bereichen. Und sie enthalten den Aufruf und die Einladung zur globalen Zusammenarbeit, sie sprechen vom Wir. Im Sommer 1996 findet die *«Erste interkontinentale Zusammenkunft für die Menschlichkeit und gegen den Neoliberalismus»* im Dorf La Realidad, zu deutsch *«Die Wirklichkeit»*, in Chiapas statt. Der Einladung sind Menschen aus 42 Ländern gefolgt, um an einer gemeinsamen Deklaration zu arbeiten. *«Wer kann schon sagen, an welchem genauen Ort, zu welcher genauen Stunde diese ‚Internationale Zusammenkunft für die Menschlichkeit und gegen den Neoliberalismus' begann? Wir wissen es nicht. Aber wir wissen, wer sie initiiert hat. Alle Rebellen auf der ganzen Welt haben sie gestartet»*, leitet der Subcomandante Marcos die Verlesung der Deklaration ein:

«Wir verkünden: [...] Dass wir ein Kommunikationsnetzwerk zwischen all unseren Kämpfen und Widerständen gründen werden. Ein interkontinentales Netzwerk alternativer Kommunikation gegen den Neoliberalismus, ein interkontinentales Netzwerk alternativer Kommunikation für die Menschlichkeit. Dieses interkontinentale Netzwerk alternativer Kommunikation wird trachten, seine Kanäle so zu verweben, dass Worte auf allen Wegen des Widerstandes reisen können. Dieses interkontinentale Netzwerk alternativer Kommunikation wird das Medium sein, mit dem verschiedene Widerstände miteinander kommunizieren. Dieses interkontinentale Netzwerk alternativer Kommunikation ist keine Organisationsstruktur, es hat keinen zentralen Kopf oder Entscheidungsträger, kein oberstes Kommando und keine Hierarchien. Wir sind das Netzwerk, wir alle die sprechen und zuhören.»

EIN INTERKONTINENTALES NETZWERK ALTERNATIVER KOMMUNIKATION

Die Zapatisten hatten einen medialen Sieg errungen und sie verstanden, dass nur die Aufmerksamkeit der Massen in den mexikanischen Großstädten und die mediale Aufmerksamkeit "im Westen" die Bevölkerung und sie, die Kämpfer_innen der "Zapatistischen Armee der Nationalen Befreiung" EZLN schützen konnte. Sie begannen ein Netzwerk verschiedener solidarischer Aktivist_innen aufzubauen und sich um die Verknüpfung regionaler, nationaler und transnationaler Gruppierungen zu bemühen. Lokale ebenso wie global operierende Non Governmental Organizations (NGO) sind eingebunden, in Austin, Texas, gründen Menschenrechtsbeobachter_innen zur Unterstützung das Zentrum *«Acción Zapatista»*, weltweit nehmen politische Gruppen, Medienaktivist_innen und die kritischen Wissenschafter_innen Anteil. Bereits 1997 nennt Manuel Castells die EZLN die *«erste*

Informationsguerilla-Bewegung». Die Infrastruktur für diese Netzwerk-Verbindungen #341 bietet das Internet. Via Internet wird Unterstützung organisiert. Ein Netzwerk aus Freiwilligen lebt in den *«Campamientos por la paz»*, in Friedenscamps in von Regierungstruppen besetzten indigenen Dörfern in Chiapas. Die Anwesenheit der Ausländer soll die Zivilbevölkerung vor Übergriffen schützen. Und via Internet erreichen die Kommuniqués der EZLN eine weltweite Öffentlichkeit. Texte, Tonaufnahmen und Videos werden digitalisiert durch die militärischen Linien geschmuggelt und via Internet veröffentlicht, aus dem Spanischen in andere Sprachen übersetzt und weitergeleitet. Die Informationssperre der mexikanischen Regierung und Massenmedien ist durchbrochen. Die Sprecher_innen der Zapatistas wenden sich in ihren Kommuniqués direkt an die Teilnehmer_innen von Friedenskonferenzen, an Indigene weltweit, an globalisierungskritische Gruppen, die Netzwerke der Feminist_innen, Aktivist_innen im Menschenrechts-, im politischen und im Medienbereich – und an die jeweiligen UseNet-Newsgroups dieser Netzwerke.

VON SEATTLE NACH CHIAPAS NACH SEATTLE

Anfang 1999 fällt Jeff Perlstein ein "WTO-Flyer" in die Hände. *«Damals hatte ich nicht die geringste Ahnung, worum es ging. Also ging ich auf eines der regelmäßigen Treffen und hörte mir an, was da in unsere Stadt kommen sollte.»* Er lässt sich Grundzüge der WTO-Agenda erklären. In den kommenden Monaten vertieft er sich weiter in die Thematik und besucht Koordinationstreffen, die im Sommer 1999 von rund fünfhundert Leuten besucht werden. Jeff Perlstein selbst ist in Seattle in verschiedenen Sozial- und Medienprojekten tätig. 1996 hat er begonnen, sich bei einem Projekt namens *«Counter Media»* mit alternativen Medien zu beschäftigen. 1997 nimmt er an der *«Free the Media»*-Conference in New York teil und sieht dort Marcos' Videobotschaft. Im Vorfeld der Milleniumsrunde in seiner Heimatstadt Seattle sieht er endlich die Gelegenheit gekommen, ein umfassendes Netzwerk für alternative Berichterstattung zu schaffen. Die Vorstellung, dass die Kritik der WTO und die Proteste der Aktivist_innen nur via CNN und CBS in die Welt hinausgetragen werden können, behagt dem Endzwanziger gar nicht. Ende September, acht Wochen vor dem Milleniums-Gipfel, beschließt er aktiv zu werden und lädt auf einem der Anti-WTO-Treffen alle Interessierten ein, einen öffentlichen Newsroom für den Gipfel vorzubereiten. Fünfzehn WTO-Gegner erscheinen zum ersten Treffen, eine Woche später schon 30 Leute, die Woche darauf 50. Medienaktivisten aus anderen Städten, mit denen Perlstein in losem E-Mail-Kontakt #350 stand, wollen nach Seattle kommen und versprechen, ihre Ausrüstung mitzubringen.

Perlstein wird eingeladen zur *«Public Grassroots Media Conference»*, einem Treffen alternativer Medienmacher_innen, nach Austin, Texas, zu kommen. Dort präsentiert er sein Rohkonzept und erreicht, dass sich das ganze Wochenende nur noch um Seattle dreht. Einige New Yorker Medienveteranen bringen mit ihrer Erfahrung Struktur in die Pläne, zwei Aktivisten aus Colorado erklären sich bereit, eine Website zu gestalten und die technischen Ressourcen bereitzustellen, andere versprechen, frei nutzbare Videoschnittplätze einzurichten, wieder andere wollen eine Print-Redaktion organisieren. Leute von der *«Acción Zapatista»* kümmern sich um Abläufe im Hintergrund. Sie definieren die Mechanismen zur Entscheidungsfindung in einem dezentralisierten und hierarchiefreien Netzwerk, wie sie es in Chiapas gelernt haben. *«Sie haben diese ganze Idee von einem NEIN und vielen Ja eingebracht, dass wir alle gemeinsam Nein zu dieser Globalisierung sagen, aber jeder die Möglichkeit bekommt, sein eigenes, individuelles Ja dagegenzusetzen»*, erinnert sich Perlstein. Und die Aktivist_innen der Konferenz in Austin denken gemeinsam über den Anlass des WTO-Millenium-Gipfels hinaus, der zwei Monate später in Seattle stattfinden wird. Sie wollen den Prototypen eines Media Centers schaffen, das mensch an jeden Ort der Welt transferieren könnte und das überall binnen kurzer Zeit einsatzfähig wäre. Wo immer so ein Media Center in Gefolge eines Großereignisses wieder abgebaut wird, soll es eine Basisstruktur hinterlassen, mit der lokale Aktivist_innen weiterarbeiten können, sodass im Laufe der Zeit ein globales Netzwerk gewebt wird.

INDYMEDIA IM BATTLE OF SEATTLE

Am frühen Abend des 30. November machen sich Polizei und Nationalgarde auf, die Innenstadt von Seattle von den Zehntausenden und vorwiegend friedlichen Demonstrant_innen zu säubern. Die Munitionsvorräte der Polizei sind wieder aufgefüllt, zuvor hatte das Ausgehen der Munition für Stunden zu einer Atempause geführt. Verstärkung ist eingetroffen, die Aktivist_innen des Media Centers sind umstellt. Eine Gruppe von Leuten, die direkt vor dem Media Center steht, wird mit Tränengas beschossen. Die Menge wird in das Media Center eingelassen, nachdem zuvor nur die eigenen Journalist_innen ein- und ausgehen konnten. Jetzt wird allen Unterschlupf gewährt, die sich gerade auf der Third Avenue befinden. Dann wird die Tür des Media Centers von innen versperrt. Während Sanitäter sich um die Tränengasopfer kümmern, fordern Polizisten in voller Rüstung die Herausgabe dieser Leute. Jeff Perlstein wird sich später erinnern, *«dann folgte die angespannteste Stunde der ganzen Woche. Wir wussten nicht, ob sie das Gebäude stürmen wollten. Wir sind drinnen gesessen und haben auf indymedia.org live berichtet. Wir haben Bilder vom Tränengasangriff gezeigt. Wir haben ihnen acht Videokameras direkt in die Gesichter gehalten, während sie vor der Tür auf und ab gingen. Das scheint sie ein wenig verunsichert zu haben».*

Die Polizei verzichtet letztlich auf den Sturm des Media Centers und bietet den Eingeschlossenen freien Abzug an, bevor die Ausgangssperre in Kraft tritt. Wer blieb, musste die ganze Nacht durchhalten. Für die Indymedia-Crew war der Day of Action damit letztlich gelaufen. *«Wir waren alle erschöpft und durcheinander von den Ereignissen des Tages. Wir entschieden, dass nur eine Notmannschaft von acht Leuten im Media Center übernachten sollte. Es gab dann ein recht tränenreiches Goodbye, weil keiner wusste, was die Polizei wirklich vorhatte.»* Das verbleibende Team hält die Website am Laufen, arbeitet Material auf, stellt online. Indymedia.org verzeichnet an diesem Tag mehr Zugriffe als die Website von CNN. Und das sollte die ganze Woche so bleiben.

DAS NEUE INDEPENDENT MEDIA CENTER: INDYMEDIA SEATTLE

Zurück in Seattle wird das Independent Media Center, wie das Projekt halboffiziell heißt, für Perlstein und Dutzende Freiwillige schnell zu einem Vollzeitjob. Eine Organisation, die Wohngemeinschaften für Obdachlose betreibt, stellt ihnen ein leer stehendes Gebäude mitten im Zentrum der Stadt zur Verfügung; gratis, wenn die Journalist_innen die Entrümpelung und Renovierung übernehmen. Ein Scheck über 10.000 Dollar flattert von einem anonymen Spender ins Haus, angeblich von einem Ex-Microsoftie. Hardware und die dringend benötigten Telefonleitungen können angeschafft werden. Mitte November trudeln die Medienaktivist_innen aus den ganzen USA ein. Die Technik für die Videoproduktion, das Radio-Team, die Produktion der eigenen Zeitung *«The Blind*

Spot» werden eingerichtet. Im letzten Moment, zwei Tage vor dem Gipfel, am 28. November, geht endlich die Website indymedia.org online. Auf der Plattform sollen all diese Medien zusammengeführt werden: Print, Radio und Video. Jede und jeder kann eigene Beiträge posten, ganz so, wie es ein Jahrzehnt später #unibrennt machen wird. Am 30. November 1999 blickt die ganze Welt nach Seattle, die Medien berichten vom "Battle in Seattle", von Straßenschlachten, vom Einsatz der Nationalgarde, von einer Ausgangssperre ab sieben Uhr abends. Die Pressekonferenz des Bürgermeisters Paul Schnell ist ein Medienereignis. Schnell zeigt sich erschrocken von den Protesten, verteidigt den Polizeieinsatz aber ausdrücklich. Er bestätigt, was ohnehin offensichtlich ist, dass Tränengas und Pfefferspray eingesetzt worden waren. Der Bürgermeister bestreitet aber kategorisch den Einsatz von Gummigeschoßen. Zu seinem Pech gibt es aber die Video-Teams von Indymedia. Diese haben den ganzen Tag gefilmt. Als alle TV-Stationen die Aussage des Bürgermeisters ausstrahlen, reagieren die Medienaktivist_innen sofort und veröffentlichen online die Beweisvideos #201 : Polizisten, die mit Gummimunition in die Menge schießen. Demonstrant_innen, die blaue, rote und beinahe schwarze Prellungen davontragen. Passant_innen, die die Munition aufheben und gut sichtbar in die Kameras halten. Damit hat das Independent Media Center sich selbst zur Zielscheibe gemacht. Eine Polizeieinheit bezieht Stellung auf der Third Avenue in unmittelbarer Nähe des Media Centers. Vor dem einzigen anderen Ausgang an der Rückseite des Gebäudes fahren zwei Mannschaftswagen vor, aus denen ein Dutzend Robocops klettern.

DIE GLOBALE DURCHSCHALTUNG VON INDYMEDIA

Nach Seattle erlebt die globalisierungskritische Bewegung einen Aufschwung: Kaum ein internationales Treffen, bei dem nicht lautstark gegen den ökonomischen Mainstream des Neoliberalismus demonstriert wird. Und immer mittendrin: Ein Independent Media Center, aus dem Aktivist_innen für Aktivist_innen berichten. Aber das Konzept bleibt nicht auf Großproteste beschränkt. In einer Stadt nach der anderen, einem Land nach dem anderen finden sich regionale Aktivist_innen, die eine lokale Indymedia-Website betreiben. Jedes Land bespielt eine Subdomain auf der Plattform, also etwa de.indymedia.org und at.indymedia.org. Die einzelnen Sites werden autonom von lokalen Moderator_innen betreut, und sind untereinander vernetzt. Artikel werden ausgetauscht und, da indymedia recht schnell vielsprachig wird, von Freiwilligen-Teams übersetzt.

Die Leistungsfähigkeit dieses globalen Netzwerkes zeigt sich sehr deutlich schon 2002. Der Anlass sind die Geschehnisse rund um den Putsch-Versuch gegen Venezuelas Präsidenten Hugo Chavez im April dieses Jahres. Rechte Militärs und Großindustrielle wollen den von einer breiten Mehrheit gewählten linken Präsidenten absetzen. Die privaten Fernseh-Sender sind auf ihrer Seite, die staatlichen Medien werden besetzt. So verbreiten sie die Information, es gebe Massenproteste "der Zivilgesellschaft", die zu Millionen gegen Chavez auf die Straße gehen. Dazu werden Bilder von Großdemonstrationen gesendet. Die Medien Venezuelas berichten weiter, Chavez ergebene Regierungstruppen würden das Feuer auf Demonstrant_innen eröffnen. Auch dazu werden Bilder gezeigt, Heckenschützen sind zu sehen, Schüsse zu hören. Internationale Medien, allen voran CNN, übernehmen diese Darstellung. Allein: sie ist nicht richtig. Die Bilder von den Massenkundgebungen zeigen Pro-Chavez-Demonstrant_innen. Auch die Meldung, Chavez sei bereits zurückgetreten und aus dem Präsidentenpalast geflohen, wird von den Putschisten weltweit verbreitet – und sie ist ebenfalls falsch. Tatsächlich kommt es in Caracas zu einem Volksaufstand gegen die Putschisten. Und dass hier nicht Regierungstruppen auf die Zivilgesellschaft, sondern paramilitärische Heckenschützen auf Pro-Chavez-Großdemonstrationen schießen, wie weltweit in den Massenmedien berichtet wird, dass kann mensch ebenso weltweit via indymedia.org mitverfolgen. Die Demonstrant_innen können auf keine klassischen Medienkanäle zurückgreifen. Aber sie können Augenzeugenberichte auf die Indymedia-Plattform hochladen. Auf der venezolanischen Site werden Fotos, Artikel und Videos von den Protesten veröffentlicht. Binnen kürzester Zeit schalten alle anderen weltweiten Indymedia-Sites die Nachrichten aus Caracas durch. Selbstorganisiert und freiwillig arbeiten Internetuser_innen an Übersetzungen in diverse Sprachen. Die Nachrichten, die sie in die Welt hinaustragen, ergeben ein konsistentes Bild – aber eines, das vollkommen konträr zur Berichterstattung auf den internationalen Nachrichten-Kanälen ist und viele der gesendeten Bilder sofort widerlegt, weil das Material sichtbar wird, aus dem der venezulanische Fernsehsender seine Story gebastelt hat. Nach vier Tagen ist der Putsch zu Ende und CNN muss zugeben, Falschinformationen der privaten Medien aufgesessen zu sein. Nur Indymedia, das interkontinentale Netzwerk ohne zentrale Organisation, hatte funktioniert.

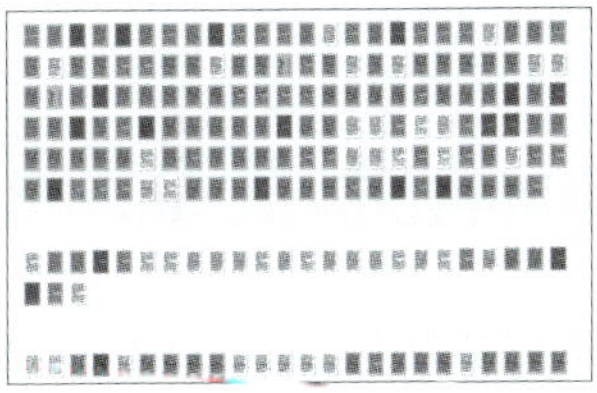

Die Selbstorganisation von Gegenöffentlichkeit

1. *Die vielfach ausgezeichnete Dokumentation «Chavez: Ein Staatsstreich von innen» arbeitet die Vorgänge, Abläufe und Hintergründe der Geschehnisse wie beispielweise die Rolle des Senders RCTV im April 2002 nach.* 2. *Julian Assange im Juli 2010 zu Gast bei einem TED-Talk dazu «Warum die Welt WikiLeaks braucht».* 3. *Mittels Crowdsourcing und einem Wiki als Plattform erbringen selbstorganisierte Internetuser_innen eine Rechercheleistung, die in anderen Organisationsformen kaum denkbar wäre. Die Visualisierung der Plagiatsstellen in Guttenbergs Doktorarbeit spricht für sich.*

VON WIKILEAKS UND GUTTENPLAG

Indymedia ist heute nicht tot, aber es hat an Bedeutung verloren. Seine beiden Kernaufgaben waren, alternativen Informationen Raum zu geben und die Aufmerksamkeit auf diese zu lenken. Wie die arabischen Revolutionen im Frühjahr 2011 gezeigt haben, können andere Online-Plattformen beides inzwischen besser: Jede_r kann leicht einen Blog #335 aufsetzen oder Videos und Fotos #149 auf freie Plattformen hochladen. Mit Facebook #094 und Twitter werden diese Informationen dann dezentral verbreitet. Zwar unterliegen praktisch alle dabei eingesetzten Plattformen kommerziellen Interessen, aber bisher ist noch kein Fall politischer Zensur bekannt geworden (das Wörtchen "bisher" ist hier sehr wichtig, und juristische Zensur gibt es immer wieder). Tatsächlich lösen diese neuen Plattformen einige Probleme, auf die Indymedia nie befriedigende Antworten fand. Zum Beispiel das der Moderation: mensch wollte zensurfrei sein, aber doch ganz eindeutig links. Rechte, faschistische, sexistische, rassistische Nachrichten sollten keinen Platz finden, und die Prüfung der Beiträge obliegen Moderator_innen-Teams. Das Erstellen klarer Regeln erweist sich als unmöglich und die Macht der Moderator_innen wird immer wieder kritisiert. Zu Recht: Ich war ab ihrer Gründung selbst einige Monate Moderator der österreichischen Indymedia-Seite. Es ist uns als Team nie gelungen, den Widerspruch zwischen objektiver Information und der Unterstützung einer

Weltanschauung zu lösen. In der Social Media-Welt #009 ist jeder/jede Leser_in gefordert, sich eine eigene Timeline zusammenzustellen. Jeder User ist sein eigener Moderator. Noch bedeutender ist, dass Social Media alternative Nachrichten dorthin bringt, wo die Menschen ohnehin Neuigkeiten konsumieren: in ihre Timeline. Um auf alternative Nachrichten auf Indymedia zu stoßen, muss mensch sich zu allererst mal für alternative Nachrichten interessieren. Das ist eine Hürde, die schon in der Vergangenheit oft nicht zu nehmen war.

Im diesem Sinne war Indymedia noch sehr am klassischen Medienmodell orientiert: Hier eine Redaktion, dort ein Publikum, dazwischen ein Vertriebsweg. Indymedia hat die Redaktionen, die Erstellung der Nachrichten demokratisiert. Bei den Vertriebswegen bleibt das Netzwerk aber zunächst bei klassischen Modellen. In Seattle dachte man noch recht starr in traditionellen Kanälen: Radio, Video, Print-Zeitung. Der Online-Auftritt lief in der Planung nur nebenbei mit. Nur zwölf Jahre später hat sich die alternative Medienwelt radikal verändert: Demonstrant_innen haben videotaugliche Handys. Sie brauchen keine Redaktionsräume mit Schnittplätzen, keine Standleitungen. Sie filmen und laden hoch, setzen automatisch eine Meldung auf Twitter #166 ab ... und die Nachricht ist draußen.

ZUSAMMENFASSUNG

Wie heißt es in der Deklaration von La Realidad: *«Dieses interkontinentale Netzwerk alternativer Kommunikation ist keine Organisationsstruktur, es hat keinen zentralen Kopf oder Entscheidungsträger, kein oberstes Kommando und keine Hierarchien. Wir sind das Netzwerk, wir alle die sprechen und zuhören.»* Dennoch wächst in der alternativen Berichterstattung Raum und Bedarf für redaktionelle Kompetenz. Beispiele dafür sind Plattformen wie *«WikiLeaks»*, das *«GuttenPlag Wiki»* oder viele Plattformen, die sich dem Datenjournalismus verschreiben – in Österreich zum Beispiel *«Kärnten 2020»* für OpenGovernment und OpenData oder die Transparenz-Plattform amtsgeheimnis.at. So sehr sich diese Projekte voneinander unterscheiden, haben sie doch etwas gemeinsam: das nichtkommerzielle Interesse von Aktivist_innen, die Öffentlichkeit aufzuklären. Dass dafür keine zentrale Plattform, schon gar kein physisches Independent Media Center mehr notwendig ist, weil jede und jeder mit ganz einfachen Inhalten ein eigenes Projekt starten kann, ist ein gewaltiger Entwicklungsschritt. Indymedia sind jetzt wir alle.

- Lasst uns soziale Netzwerke bauen und ausbauen. Nützen wir dazu das Netz, nützen wir aber vor allem die Netzwerke für kritische und unabhängige Information und Kommunikation.
- Lasst uns über nationale, sprachliche und kontinentale Grenzen hinweg zusammenarbeiten, Anteil nehmen und lernen.
- Protest und Widerstand sollte der "anderen Seite" immer zwei Schritte voraus sein. Wir müssen Anliegen und Probleme so herausarbeiten, dass sie für sich sprechen und nicht weggewischt werden können.
- Es ist viel wert, laufend neugierig und beweglich zu bleiben, wie wir kommunizieren können. Kommunikation ist ein Feedback-Prozess. Je mehr Feedback wir uns holen, desto wahrscheinlicher verbessern wir unsere Kommunikation.
- Be a media activist.

- Eine einmal aufgebaute und funktionierende Strukturen autonomer Medienarbeit sind kein Stein der Weisen, auf den Verlass ist. Wenn alles in Bewegung ist, auf Aktionen Reaktionen folgen, dann müssen auch unabhängige Mediencenter laufend neu erfunden werden. Don't take anything for granted.
- "Lasst Daten sprechen" heißt nicht, dass Daten von alleine sprechen. Hier geht es um Arbeit, Arbeit, die sich lohnt.

indymedia, Zapatistas, Ya Basta!, Nafta, EZLN, Subcomandante Marcos, Neoliberalismus, Grassroots, Mediencenter, Chavez, Medienaktivismus, Independent Media Center, GuttenPlag, Battle of Seattle

KOMMENTARE

***Fabian Unterberger** sagt:* *fabianunterberger.wordpress.com*

Bei allem gebührenden Optimismus, ich finde, wir dürfen die Rolle von Social Media auch nicht überschätzen. Castells Bezeichnung „Informationsguerilla" für die Zapatistas etwa scheint mir reduktionistisch und blendet aus, dass ohne den Einmarsch in San Cristóbal am selben Tag wie die NAFTA-Gründung und dem Legitimitätsverlust der PRI in Mexiko kein Hahn nach den Zapatistas gekräht hätte. Bewegungen entstehen nicht, weil es social media gibt, genauso wenig stellt Social Media Öffentlichkeit her, sondern eine Bewegung nutzt Social Media und baut damit (eine bestimmte) Öffentlichkeit auf. Behaupten muss sie sich aber mit ihren Ideen, Alternativen und Konzepten. Das wird uns Web 2.0 nicht abnehmen.

Die "Bewegung der Empörten" in Spanien 2011 erreichte die Herzen der Menschen in den Vorstädten nicht, weil diese einen Internetanschluss hatten, sondern weil sie schon seit Jahren dasselbe dachten, was die Bewegung sich auf die Transpis geschrieben hatte. Sehe halt die Gefahr, dass Bewegungen durch diese Web 2.0- und "Generation facebook"-Diskurse entpolitisiert und in Folge, wie im Fall Spaniens, auf "Jugendproteste" reduziert werden, was dort meiner Erfahrung nach gar nicht zutreffend war.

***hcv** sagt:* *twitter.com/kellerabteil*

@fabian – ich zucke bei dem so oft geäußerten Satz vom "Rolle der Social Media nicht überschätzen dürfen" regelmäßig zusammen; zumindest wenn er von politisch Gebildeten, progressiv Engagierten kommt. Der "nonaned"-Anteil dieser Sätze ist hoch. Und da frage ich mich, warum sie dort stehen, wo sie stehen, welche Vorannahmen zu diesen Sätzen führen, und welchen Zweck sie wirklich erfüllen. Natürlich steckt in der Warnung vor der Überschätzung der Vorwurf der Überschätzung; und o.k., wenn ich an den bissigen wie lehrreichen und als RSA-Animation so bekannten Vortrag zum "Internet in der Gesellschaft" denke, dann werden die Phänomene "Internet" und "Social Media" offensichtlich mit naiv-euphorischen Hoffnungen aufgeladen. Wie viel es von dieser unironischen Affirmation aber tatsächlich gibt, also abseits der "Web- und Social Media Evangelist_innen", stelle ich in Frage. Noch mehr stelle ich in Frage, was die regelmäßig den eigenen Aussagen vorangestellten

Warnungen bringen sollen, die Euphorie unterstellen? Meine Befürchtung ist, dass hier etwas viel akademischer Gestus und Distinktion etwas wenig kritisch-progressiver Auseinandersetzung gegenübersteht. Klar, wenn die Auseinandersetzung mit dem Phänomen Web hauptsächlich den Social Media-Fuzzis überlassen wird, die ihre Existenzen auf den Verkauf dieser "Revolution" aufbauen, dann ist breite naiv-euphorische Überschätzung die wenig überraschende Folge. Dieses historisch betrachtet junge, neue Phänomen "Netz" bringt derart viele und vielschichtige Veränderungen für die Bedingungen von Gesellschaft, dass sich kritische Sozialwissenschaften etwas mehr, etwas offensiver und etwas weniger genervt mit diesen Phänomenen und Strukturbedingungen beschäftigen sollten.

O.k., huch, das war jetzt weniger eine Antwort auf deinen Kommentar, als vielmehr ein allgemeines "Mal-Etwas-Loswerden". Scusa ;-)

#sbsm

***hcv** sagt:* *twitter.com/kellerabteil*

@michel – Das ist ein interessanter Bogen, der da gespannt wird, von Indymedia zu Wikileaks, von Independent Media im Internet zu – ich nenn es jetzt mal so – "Web 2.0-Plattformen" und kollaborativer Arbeit vieler im Netz. Und noch einmal so interessant ist, dass diese Verbindung offensichtlich von mehreren Personen gesehen wird, die jeweils Erfahrung mit unabhängigen Medien, alternativer Medienarbeit und natürlich auch den etablierten Medien haben. Das spricht schon dafür, dass da wohl einiges dran ist. Hab in der Eile jetzt nur zwei weitere Quellen, den Blogeintrag "From Indymedia to Wikileas: What a decade of hacking journalistic culture says about the future of news" und den Blogeintrag von Anne Roth, in dem sie anlässlich des Volksaufstands in Ägypten sowohl Einblicke in indymedia-Arbeit gegeben hat als auch Überlegungen zur strukturelle Entwicklung des Web 2.0 in dem Zusammenhang formuliert hat:

«Phasenweise kam es mir vor wie die Globalisierungsproteste des vergangenen Jahrzehnts. Die wurden nicht nur groß, weil viele auf die Straße gingen, sondern auch, weil es erstmals zeitnah andere Informationen gab: über Indymedia. Bilder und Timelines noch am gleichen Tag, die die konventionellen Medien Lügen straften. In unschlagbarem Tempo, einfach weil niemand sonst so viele KorrespondentInnen vor Ort hatte. [...] Die unabhängigen Medienzentren (Independent Media Center, Indymedia) sammelten unzählige Berichte, Bilder, Videoclips, verglichen sie mit dem, was per Telefon reinkam und schrieben es thematisch und chronologisch sortiert zusammen. Sie wussten vorher, was wann wo passiert und hatten Leute vor Ort, entsprechend schnell kamen die Informationen zurück. Dazu wurden zig andere Quellen ausgewertet. Ich habe das selbst oft miterlebt, manchmal war ich selber dabei, und manchmal war ich zu Hause und habe Texte übersetzt und Chronologien zusammengeschrieben. [...]

Ein bisschen also erinnert mich das Web 2.0 gerade an all das. Alle (naja, viele) suchen nach Informationen, Videos, Twitter-Accounts in und über Ägypten. Großartig, in gewisser Weise hat sich Indymedia überlebt, nicht erst seit gestern und aus verschiedenen Gründen (wobei ich bis heute auf vielen Indymedia-Websites Sachen finde, die sonst nirgends stehen).»

... und sie spricht die Funktion der "Redaktion" an:

«Allerdings fehlt mir gerade auch etwas: das koordinierte Zusammentragen der Berichte. Wenn ich nicht ununterbrochen online bin, ist es reiner Zufall, welche Details ich erfahre. [...] Ja, es ist schön, dass Social Media vielen ermöglicht zu kommunizieren und zu publizieren. Aber ich vermisse ein bisschen die Leute (ja, Menschen, nicht Algorithmen), die sortieren und nicht dpa sind. Es wäre unsinnig, an eine Zentralisierung der wild kreuzenden Informationen auch nur zu denken, aber ein bisschen Durchblick wäre schon schön und ein bisschen weniger Rauschen hilfreich.»

Sind das zwei der Parallelen, die du zwischen Indymedia und Wikileaks siehst, die "unabhängige Redaktion" und der "Gegenöffentlichkeitscharakter", also das sowohl unabhängig als dann natürlich auch "gegen" die etablierten Massenmedien sein?

***Thomas Lohninger** sagt:* *twitter.com/socialhack*

Wenn Wikileaks und/oder Anonymous heute in einer Tradition (?) mit dem Agieren der Zapatistas vor 15 Jahren und von Indymedia vor 10 Jahren gesehen werden, müsste da meiner Ansicht nach ein weiterer Entwicklungsstrang ins Blickfeld genommen werden. Die Erzählung dieser Tradition könnte so beginnen: Am 17.9.1981 traf sich eine Gruppe von technikbegeisterten Menschen im Keller der Berliner Tageszeitung (taz), um über die Chancen und Risiken der beginnenden Computerisierung zu diskutieren. Aus diesem TUWAT-Treffen rund um Wau Holland wurde der Chaos Computer Club. Heute die angesehenste und größte Hackerorganisation Europas, schaffte der CCC es über die Jahre hinweg, ein akzeptierter politischer Ansprechpartner zu werden. Die Subkultur der Hacker hat es also geschafft, zu einem politischen Mem zu werden. Hacker nehmen als Aktivisten und Berater Einfluss auf die Ausgestaltung der Informationsnetze in unserer Gesellschaft. Und dabei prägen Ziele wie freie Informationsverbreitung, Dezentralität sowie Misstrauen gegenüber dem Staat und Konzernen die westliche Hackerkultur. Dafür stehen auch die sehr unterschiedlichen Organisationen Wikileaks und Anonymous, die in den vergangenen Jahren in der Öffentlichkeit so bekannt geworden sind.

Die Ideologie, die hinter Julian Assanges Wikileaks steht, heißt Cypherpunk. Diese anarchistische Denkschule versucht durch starke Verschlüsselungsalgorythmen eine Umverteilung von Herrschaftswissen weg von korrumpierten Staaten und Konzernen zu erreichen. Diesem Ziel kamen sie näher durch die Schließung des Regierungsnetzes, von welchem angeblich die Irak- und Afganistan-Warlogs und die Diplomatischen Depeschen der USA entfernt wurden. Die Kosten für Geheimhaltung herrschaftlichen Wissens sind gestiegen, und das Thema Whistleblowing war seit dem Skandal um die "Pentagon Papers" nie so populär wie heute wieder.

Anonymous kommt aus einem ganz anderen Hintergrund und Zusammenhang. Anoymous entstand aus dem Imageboard "4chan", auch bekannt unter dem Spitznamen "Arschloch des Internets". Mit 90 % sind fast alle Postings auf 4chan anonym. Die durchschnittliche Lebensdauer eines Threads beläuft sich laut Studie (pdf) auf knappe 4 Minuten. Dieses Umfeld gemeinsam mit den riesigen User-Zahlen von 4chan funktioniert als Inkubator und Spielfeld für Meme. Über alles werden Scherze gemacht, Scham, Zurückhaltung und politische Korrektheit sind ein Grund, um auf 4chan ausgelacht zu werden. Hier herrscht eine sehr agile, bissige Remix-Kultur und kein politischer Anspruch. Und trotzdem ist aus diesem kindlichen, anarchistischen Habitus von 4chan die politisch und moralisch agierende Gruppe Anonymous hervorgegangen.

Mit Scientology, dem ersten Ziel von Anonymous, ging das Netzwerk ein altes Feindbild der Netzszene aus den 1990ern an. Neben den katastrophalen finanziellen Folgen dieser "Religion" für ihre Mitglieder war es vor allem die Praxis von Scientology, Kritiker persönlich zu verfolgen und bei Veröffentlichung "interner Dokumente" wegen Urheberrechtsverstößen zu klagen. Die Anonymous-Proteste starteten als Spaßaktion, mit Tausenden von Pizzen, die in fremdem Namen zu Scientology-Kirchen bestellt wurden. Es gab Telefonscherze und DDos-Attacken, dann aber auch Flashmobs als reale Demonstrationen vor Kirchen. In Videos wurden Anleitungen ausgegeben, wie man sicher demonstrieren sollte. Das führte dazu, dass bei diesen Flashmobs Tausende Demonstranten in Guy Fawkes-Masken vor Scientology-Kirchen in vielen Ländern auf mehreren Kontinenten demonstrierten. Damit wurde aus Anonymous plötzlich etwas mehr als nur eine Spaß-Guerilla mit 4chan-Homebase. Ein irisches Anonymous-Mitglied formulierte diesen Übergang gegenüber einer Forscherin so: "I came for the lulz but stayed for the outrage".

Aus einer Spaßkultur mit der Aufmerksamkeitsspanne eines Hamsters auf Speed wurde eine weltweite, dezentral organisierte Protestbewegung mit medialer Durchschlagskraft und mit einem politischen Programm, die Kernwerte der westlichen Hackerkultur: freier Informationszugang, Datensicherheit, Demokratie. Die Guy Fawkes-Masken und die Tagline in allen Anonymous-Botschaften sind mittlerweile weltweit bekannt:

We are Anonymous
We are Legion
We never Forgive
We never Forget
Expect Us

Auch in der Hackerszene gibt es keine einheitliche Meinung darüber was Anonymous ist. Definitiv ist es keine homogene, zentral organisierte Gruppe. Meine Arbeitsdefinition ist, dass Anonymous die Funktion eines politischen Ventils für viele Internetbürger übernimmt. Es geht um eine Generation, die im Internet sozialisiert wurde und für die sich die eingeschränkten Möglichkeiten politischer Teilnahme und die gesteuerten medialen Diskurse moderner Demokratien wie Gewalt und Missbrauch anfühlen. Diese Generation verschafft sich mit der und aus der Sicherheit der Anonymität Gehör für ihre Kritik. Hacktivism ist praktisch gesehen eine der wenigen Methoden, noch Aufmerksamkeit für die eigene politische Botschaft zu bekommen: der Aktivismus mit Mitteln des Security-Hackings wie DDos, Defacements und Datenklau. Tradierte Formen des Protestes sind zwar demokratisch legitimierte Ausdrucksformen, nur zeigen sie in den meisten Demokratien oft fast gar keine Wirkung mehr. Hacktivism ist die Antwort auf eine demokratische und mediale Schieflage.

GLOBALISIERUNGSKRITIK VERNETZUNG GEGENÖFFENTLICHKEIT AUFKLÄRUNG MEDIENSYSTEM AKTIONEN KAMPAGNEN MOBILISIERUNG

GLOBALISIERUNGSKRITIKER ALLER LÄNDER VERNETZT EUCH!

Die Kommunikationsgeschichte einer Netzwerkorganisation im Real Life und im Web

«Wenn ich regelmäßig twitter-Meldungen oder facebook-updates bekomme, was in Attac Frankreich passiert, bin ich auch emotional viel mehr in Kontakt. […] So ist es dann viel wahrscheinlicher, dass ich dort nachfrage und in "richtigen" Kontakt trete. Dann ist Attac kein abstraktes Gebilde, sondern es sind Gesichter und Namen dahinter, ganz konkret.»

Aktivistin bei der Europäischen Attac-Sommeruniversität

Attac versteht sich nicht als zentrale Organisation, sondern als Netzwerk autonomer regionaler Gruppen. Das internationale Attac-Netzwerk organisiert sich als Plattform einer Grenzen und Sprachen überbrückenden, transnationalen Bewegung, die auf der Basis gemeinsamer Themenstellungen und Prinzipien ihre Kampagnen #130 regional und länderspezifisch auf unterschiedliche Arten und Weisen durchführt. In Deutschland und Österreich sind es Tausende Aktivist_innen und Interessierte, die über E-Mail-Verteiler Informationen austauschen, in regionalen Treffen Strategien diskutieren oder in thematischen Bildungsnetzwerken mitarbeiten, die mal an Konferenzen teilnehmen und mal selbst Konferenzen, Sommerakademien oder Foren organisieren, und die immer wieder zu internationalen Treffen und Sozialforen reisen.

SOZIALES NETZWERK OHNE EINHEITLICHES STRICKMUSTER

Das Internet reflektiert, unterstützt und verstärkt den Netzwerkcharakter der Bewegung. Es ermöglicht, dass diese globalisierungskritische Bewegung die ganze Welt umspannt. Globalisierungskritik ist per se transnational ausgerichtet und setzt sich also über bestehende Grenzen hinweg, hinterfragt ihr Bestehen. Noch bevor die Bewegung mit den öffentlichen Kristallisationspunkten wie den Straßenprotesten gegen den WTO-Gipfel in Seattle 1999 oder den G8-Gipfel in Genua 2001 in die massenmedialen Schlagzeilen geriet, war sie "unter der Oberfläche" vernetzt, kommunizierte per E-Mail-Foren, tauschte Informationen über die ebenfalls transnationalen Verhandlungen der Wirtschaftsmächte aus und trug auf Webseiten wie *«WTOWatch.org»* Wissen zusammen.

ATTAC-WEB-PLATTFORMEN – NATIONAL

Die Websites von Attac waren früh "Community-Plattformen" und Anker für "Soziale Netzwerke" #341, bevor der Begriff der *«Social Media»* #009 populär wurde. Allen stand offen, Benutzerkonten einzurichten, Termine einzutragen und Infos, Dateien und Links in den Foren zu posten. So wie es nur der selbst organisierten Initiative und keiner Top-down-Genehmigung bedurfte, eine Attac-Gruppe zu gründen, so stand es auch offen, die Attac-Websites für diese Gruppen zu nützen. Heute ist die Web-Plattform der österreichischen Gruppen Attac-Community basierend auf Freier Software #248. Die Gruppen präsentieren dort auf eigenen Seiten ihre Arbeit sowie Termine und Aktivitäten. Zusätzlich steht den Aktivist_innen ein Wiki #178 zur Erstellung von Tagesordnungen, Positionspapieren etc. zur Verfügung. Zentrales elektronisches Kommunikationsmittel zwischen und innerhalb der Gruppen sind Mailinglisten. Das Web-Forum der Attac-Community konnte sich hingegen nicht als bedeutender Kommunikationsraum etablieren und wird nur von einzelnen Gruppen genutzt. Auch bei Attac Deutschland findet sich die Vielfalt und Eigenständigkeit der dezentralen Gruppen anschaulich im Netz wieder (Attac-Netzwerk). Die rund 250 Gruppen, AG, Kampagnen und Gremien, die in den Anfangszeiten noch ihre eigenen Seiten auf einem gemeinsamen Server pflegten, sind inzwischen in eine gemeinsame Webplattform integriert, die zum Beispiel den automatisierten Austausch von Dateien, Terminen, Meldungen etc. unterstützt. In ihrer Arbeitsweise und Präsentation sind sich die österreichischen und deutschen Attac-Gruppen sehr ähnlich.

Spätestens beim ersten Weltsozialforum 2001 in Porto Allegre wurde dann diese neue transnationale Bewegung sichtbar, die bis dahin undenkbar schien. Über Handy und Internet organisiert, symbolisierte sie ein neues politisches Bewusstsein und einen neuen Aktionismus jenseits traditioneller Formen politischen Handelns – formiert als Gegenbewegung zur Freiheit transnationaler Investoren. Attac als ein wichtiger Teil dieser neuen globalen, sozialen Bewegung verdankt seine Entstehung paradoxerweise einem profanen, wenn auch international verbreiteten, Stück Zeitungspapier. Ignacio Ramonet, Chefredakteur der in acht Sprachen erscheinenden *«Le Monde Diplomatique»*, publizierte im Dezember 1997 einen Aufruf zur Kontrolle der Finanzmärkte. Aus dem französischen *«Association pour une taxation des transactions financières pour l'aide aux citoyens»* entsteht das Kürzel Attac. Attac Frankreich wurde am 3. Juni 1998 gegründet; seitdem folgten in über 50 Ländern weitere Gründungen – noch 1999 in der Schweiz, in Deutschland am 22. Jänner 2000, in Österreich am 6. November desselben Jahres. Trotz dieses zeitlich und räumlich klar definierten Ausgangspunktes konstituierte sich Attac international nicht als formale Organisation, sondern als Netzwerk von autonomen Ländergruppen und setzt bewusst einen Rahmen für politisches Handeln, der sich von traditionellen, oft starren Formen unterscheidet. Das internationale Attac-Netzwerk mit der Homepage attac.org verfügt über kein zentrales Büro, keine Top-down-Strukturen, in denen internationale Kampagnen gestrickt werden. Trotz gemeinsam festgelegter Themenstellung und Prinzipien – Globalisierungskritik, ideologischer Pluralismus, Gewaltlosigkeit, keine Kandidatur für ein Parlament, ... – ist Attac in den verschiedenen Ländern sehr unterschiedlich organisiert und ausgeprägt.

ZWISCHEN BILDUNGSNETZWERK UND KAMPAGNEN-NGO

Von Anfang an stand die Kritik an der Politik internationaler Institutionen im Zentrum, welche bis dahin der öffentlichen Debatte und Kritik weitgehend entzogen waren: Weltbank, G8 oder das Weltwirtschaftsforum in Davos sowie vor allem *«World Trade Organisation»* (WTO) und *«Internationaler Währungsfonds»* (IWF). Attac setzte dagegen nicht auf "klassische" Kampagnenarbeit, sondern auf Aufklärung. Gegen die Intransparenz demokratisch nicht legitimierter Organisationen wurde ganz bewusst ein umfassender Bildungsanspruch als Voraussetzung für kritische Bewusstseinsbildung und gesellschaftliche Emanzipation und Partizipation verfolgt. Wissenskritik wird den als alternativlos dargestellten hegemonialen Strukturen und der Sachzwanglogik globaler Konkurrenz entgegengestellt. Dem Anspruch der Aufklärung sind bei rein auf Massenmedien abzielende Kampagnen enge Grenzen gesetzt. Der Begriff "Ökonomische Alphabetisierung" bezeichnete daher von Beginn an die Strategie, ökonomisches Wissen zu kontextualisieren, demokratisieren und enthierarchisieren. Je stärker sämtliche Lebensbereiche marktwirtschaftlichen Prinzipien unterworfen sind, desto mehr ist dieses Wissen für eine Partizipation im demokratischen Prozess erforderlich. Mit der Expertokratie der Ökonomen geht eine entdemokratisierte Politik der Verhandlungen hinter verschlossenen Türen einher.

Formen dieser alternativen Wissensvermittlung sind Buchpublikationen, Vorträge, Podiumsdiskussionen und große Bildungsveranstaltungen wie etwa die Attac-Sommerakademien, aber auch Aktionen im öffentlichen Raum. Verbreitung auf den Attac-Webseiten finden Texte, Hinweise und Berichte von Veranstaltungen via E-Mail-Verteilern, Bildern, Diskussionsforen und die Liste der E-Mail-Verteiler, von regional und thematisch zentriert bis zu transnationalen Informationsnetzwerken. Unverzichtbar bleibt dabei professionelle Kampagnen- und Pressearbeit. Die Bewegung muss über mediale Präsenz auch gesellschaftliche Breite und öffentlichen Druck auf die Politik entfalten und sich so letztendlich auch selbst stabilisieren. Da sich Öffentlichkeit nach wie vor hauptsächlich über Massenmedien konstituiert, ist deren Bedeutung ungebrochen: *«Eine Bewegung, (über) die nicht berichtet (wird), findet nicht statt.»*

REGIONALE UND NATIONALE KOMMUNIKATIONSNETZWERKE

Für die politische Nahversorgung, die lokale Verbreitung von Informationen und Wissenskritik spielen Attac-Gruppen der regionalen Ebene eine wichtige Rolle. In Österreich setzen derzeit rund 30 Attac-Regionalgruppen als "politische Nahversorger" Veranstaltungen und regionale Öffentlichkeits- und Bildungsarbeit um, in Deutschland sind es rund 200. Diese lokal agierenden Gruppen haben einen hohen Grad an Autonomie und agieren selbstorganisiert. Sie machen Auswirkungen neoliberaler Globalisierung auf lokaler Ebene sichtbar und stellen anschaulich den Bezug zwischen lokalen Realitäten und der Politik her, die unsere Regierungen direkt oder indirekt in globalen Institutionen vorantreiben und mitbeschließen. Regionalgruppen organisieren dazu auch eigene

Kampagnen. Ein Beispiel dafür ist die Kampagne *«Steuergerechtigkeit statt leerer Gemeindetöpfe»* in Österreich, welche die Auswirkungen von neoliberaler Steuer- und Sparpolitik auf gemeindeeigene öffentliche Dienste thematisierte. In Deutschland trommeln viele Regionalgruppen etwa zum öffentlichen Protest gegen die Privatisierung öffentlichen Eigentums, etwa in Berlin oder Leipzig.

Kampagnen & Aktionen – regional, national und global

1. Überall wo es aktive Attacies gibt, gibt es auch Aktionen und Information zu den Themen und Positionen von Attac: Hier ein Rettungsschirm in einer Fußgängerzone in Niederösterreich. 2. Am 27. Oktober 2008 besuchen ein paar Attacies die Frankfurter Börse. Die Aktion «Attac im DAX!» kommt auch in den Mainstream-Medien gut an. 3. Seit 2003 beteiligen sich allein in Österreich mehr als 50 Nicht-Regierungs-Organisationen (NGOs) aus allen gesellschaftlichen Bereichen an der Stopp-GATS-Kampagne; die Kampagnen werden global auf Länderebene und bis zur Gemeindeebene geführt.

Regionalgruppen sind zusätzlich in nationale wie auch in internationale Kampagnen wie etwa *«Stopp GATS»* eingebunden, was hohe Anforderungen an demokratische interne Kommunikationsprozesse stellt. Die wichtigsten Orte inhaltlicher und strategischer Diskussion sind regionale und überregionale Treffen, die über das Netz einfach vorbereitet und dokumentiert werden können. Zu Treffen dieser Art zählen die zweimal jährlich stattfindenden Aktivist_innenversammlungen oder die Attac-Sommerakademie. Sowohl Attac Österreich als auch Attac Deutschland richten jährlich Sommerakademien aus. Sie sind nicht nur das bildungspolitische Hauptereignis, sondern mit etlichen Hundert Teilnehmer_innen auch bedeutende Treffpunkte der Attac-Bewegung. In der Regel findet sie im Juli (Österreich) oder August (Deutschland) vier Tage lang an wechselnden Orten statt. Bildung, Weiterbildung und Vernetzung sind die zentralen Ziele. Mindestens ebenso bedeutend ist aber ihre Funktion als sozialer Raum des Feierns und Tanzens, in dem politischer Aktivismus auch als Lebenseinstellung zelebriert wird. Mit den Aktionsakademien haben die Sommerakademien kleine Schwestern bekommen. Dort lernen die Aktivist_innen, politisches Engagement durch kreative **Aktionen im öffentlichen Raum** sichtbar zu machen.

VON PORTO ALLEGRE AUS ZUM GLOBALEN NETZWERKPLAYER

Nach den ersten Zusammenkünften der internationalen Attac-Gruppen beim Weltsozialforum 2001 in Porto Allegre begannen die europäischen Attac-Gruppen sich halb- bis dreivierteljährlich zu treffen. Standen zu Beginn gegenseitiges Kennenlernen und Finden gemeinsamer demokratischer Arbeitsweisen im Vordergrund, entwickelten sich diese Treffen bald zu Räumen, in denen gemeinsam politische Strategien, Aktionen und Kampagnen auf europäischer Ebene diskutiert sowie Informationen über aktuelle Entwicklungen ausgetauscht wurden. Darüber hinaus finden auch stets Treffen am Rande anderer "Fixpunkte" der Bewegung (G8-, G20-Gipfel) statt.

Die Nutzung neuer Medien wurde zunehmend Teil sowohl der Kommunikation im gesamten transnationalen Netzwerk als auch der Kampagnenstrategien. Zwischen den Kristallisationspunkten der Sozialforen wird die Gesamtkoordination in der Arbeit vorrangig über Mailinglisten #350 und in monatlichen Telefonkonferenzen #319 vorangetrieben. Erste internationale Blogs #335 gab es 2005 zum G8-Gipfel in Edinburgh oder dem WTO-Treffen in Hongkong. Eine gemeinsam kampagnisierte Position entwickelte das europäische Attac-Netzwerk auch zur Finanzkrise: *«The time is ripe»*. Attac ist zusätzlich in zahlreichen offenen internationalen Netzwerken vertreten, in denen Expertisen und Wissen geteilt und internationale Aktivitäten koordiniert werden. Gemeinsam mit anderen Bewegungen hat Attac erfolgreich gegen den Abschluss der WTO Doha-Entwicklungsrunde kampagnisiert, die Treffen der G8-Minister delegitimiert und den ursprünglichen Vorschlag einer EU-Verfassung zu Fall gebracht.

Kampagnen wie jene zur EU-Dienstleistungsrichtlinie, die *«Faces du Non!»* zum EU-Verfassungsreferendum 2005 in Frankreich, die *«10 Prinzipien für einen demokratischen EU-Vertrag»* im Jahr 2007 oder *«No-Means-No»* für die Akzeptanz des irischen Nein zum Lissabonvertrag im Jahr 2009 zeigen, in welchen Formen sich Attac auf europäischer Ebene vernetzt. Da die zentralen Weichen europäischer Politik verstärkt auf EU-Ebene gestellt werden, agiert Attac in den vergangenen Jahren vermehrt in diesem Kontext. Die Gegenkonferenz zu den Treffen der EU-Finanzminister – der Alternative Ecofin – ist ein Beispiel dafür, wie zudem nationale Ideen und Kampagnen in anderen Ländern aufgegriffen werden.

Explizit als Kampagnenplattform konzipiert ist ein europäisches Bündnisprojekt, das Attac mit dem Fokus Finanzmarktregulierung 2009 mitinitiiert hat. Gemeinsam mit Friends of the Earth Europe und anderen zivilgesellschaftlichen Organisationen wurde die Entwicklung eines "Cyber Action Tool" (CAT) ermöglicht, das als Widget für verschiedene Webseiten angepasst werden kann, um so Online-Aktionen zu einer viralen #209 Verbreitung zu verhelfen. Dieses Tool wurde erstmals im Rahmen der globalen Unterschriftenkampagne für die Finanztransaktionssteuer anlässlich des G20-Gipfels im Juni 2010 in Toronto mit der "Mutterseite" *«www.makefinancework.org»* eingesetzt. Mehr als 150.000 Unterschriften wurden beim Gipfel übergeben. Ein Vorläufer dieses Tools war eine zivilgesellschaftliche Verpflichtungskampagne rund um die EU-Parlamentswahlen 2009 mit dem Titel *«Nehmen Sie Ihre Kandidat_innen in die Pflicht»*.

ACT TOGETHER NOW! VON ESU UND ENA

Schon 2002 entstand auf internationaler Ebene die Vision, eine europäische Attac-Sommerakademie (ESU) zu organisieren, um größere Räume für das Kennenlernen, Austauschen und Vernetzen von Attac-Aktivist_innen zu schaffen. Mit der ersten Europäischen Attac-Sommeruniversität (ESU), die von 1. bis 6. August 2008 stattfand, wurde dieses große Projekt der transnationalen Attac-Vernetzung Wirklichkeit. Über 800 Attac-Aktivist_innen aus 28 Ländern nahmen teil, arbeiteten zusammen, lernten sich kennen und schufen neue Verbindungen im Kommunikationsgeflecht, sei es per E-Mail, Facebook #094 oder Twitter #166.

Die ESU leistete einen wichtigen Beitrag zur besseren Verständigung und Zusammenarbeit der nationalen Attac-Sektionen, insbesondere zwischen den Aktivist_innen auf lokaler Ebene, und somit für eine starke globalisierungskritische Bewegung in Europa. Auf der ESU bildeten sich über fünfzehn europäische Arbeitsgruppen und Netzwerke mit konkreten Vorhaben heraus, zum Beispiel *«Aquattac»* (das Netzwerk gegen Wasserprivatisierung) oder eine Gruppe zum Thema Arbeit, die im Herbst 2008 eine erste erfolgreiche Aktion zur Arbeitszeitrichtlinie der EU initiierte. Als Fortführung und Weiterentwicklung der ESU wird von 9. bis 14. August 2011 in Freiburg die European Network Academy for Social Movements (ENA) stattfinden.

ATTAC-WEB-PLATTFORMEN – TRANSNATIONAL

Auf der Europäischen Attac-Sommeruniversität 2008 wurde von einem kleinen Team internationaler Attac-Webmaster die Idee geboren, die bis dato statische und im Informationsgehalt sehr überschaubare internationale Webseite www.attac.org als "Workspace" für internationale Arbeitsgruppen zu nutzen. Das Ziel: Die Seite sollte ein soziales Netzwerk mit individuellen Profilen und Blogs, Gruppen, Kalender, Wiki, Fotogalerien #149 und einen Bereich für internationale Kampagnen zur Verfügung stellen sowie mittels Feeds Neuigkeiten nationaler Attacs zusammenführen. 2009 erhielt die Plattformentwicklung dank der Mitwirkung eines Webentwicklers einen kräftigen Schub – mit der freien Software drupal wurde die neue Plattform aufgebaut. Einige kleinere Attac-Sektionen verzichten aufgrund dieses Angebots mittlerweile sogar auf eine eigene Website und streuen ihre Infos hauptsächlich über ein entsprechendes Gruppen-Blog.

Die transnationale Community-Plattform konnte zwar noch nicht als Kampagnenplattform genutzt werden, wohl aber für die Berichterstattung über gemeinsame Aktivitäten: Der G20-Gipfel in Pittsburgh, der Klimagipfel in Kopenhagen oder der WTO-Gipfel in Genf sind nur drei der Ereignisse, bei denen Attacies aus verschiedenen Ländern 2009 gemeinsam auf *«attac.org»* zu einem mehrsprachigen Blog beigetragen haben, das übersetzt allen Attacs gleichermaßen zur Verfügung stand. Auszüge des G20-Blog wurden auf *«standard.at»* übernommen. Attac.org soll 2011 auch der European Network Academy for Social Movements (ENA) als Arbeitsplattform dienen können.

ERFAHRUNGEN AUS DER VERNETZUNGS-PRAXIS

Soziale Netzwerke wie Facebook, Twitter und Co. bieten neue Möglichkeiten der aktuellen und effektvollen Öffentlichkeitsarbeit, die auch intern mobilisierende Kraft entfalten kann. Das beschreibt Robert Misik sehr schön anhand des Obama-Wahlkampfs. Zudem kann der "Buzz" eines Web 2.0 #009 -Dienstes bewegungsartige Formen wie bei #unibrennt annehmen und zur Aktivierung auch außerhalb der Internetkommunikation führen. So skizziert Philipp Sonderegger das hier ja auch als Ziel für die Zivilgesellschaft, und das konnten wir durch diverse Online-Aktionen auch seitens Attac schon manchmal erleben. Als zentrale Arbeitsebene für längerfristige und vertrauensvolle politische Zusammenarbeit taugen Facebook und Co. naturgemäß nicht. Politisch orientierte Social Media-Plattformen wie attac.org bieten für diese Zusammenhänge zahlreiche Werkzeuge, die die Zusammenarbeit und Außendarstellung vereinfachen.

Es gibt freilich auch Startschwierigkeiten, *«attac.org»* erhält zwar viele Seitenaufrufe und rund 2.000 User_innen sind angemeldet, die Bedeutung eines zentralen Kommunikationsinstruments für Attac hat es aber noch lange nicht erreicht. Das hat im Wesentlichen folgende Ursachen:

1. Das "technische Personal" nationaler Attacs ist bereits mit der eigenen Webpräsenz ausgelastet. Die Konfiguration und Pflege des Systems ruht im Wesentlichen auf den Schultern eines einzelnen verdienstvollen Webmasters. Weitere technische und finanzielle Investitionen in die Plattform sind nötig, um sie attraktiv zu machen und einen reibungslosen Workflow zuzulassen. Für (großteils auf Ehrenamtlichkeit basierende) soziale Bewegungen ist das Ressourcenproblem ein ständiger Begleiter – auch und gerade in Zeiten von Social Media.

2. In der Breite ist weiterhin ein Vorrang lokaler und überschaubarer Kommunikationsformen zu erkennen. Ehrenamtliche Aktivist_innen in regionalen Gruppen haben eigene Aktivitäten und nationale Kommunikationsstrukturen zu überblicken – die internationale Vernetzung mittels der gebotenen Möglichkeiten zu verfolgen, stellt für viele eine Überforderung dar. Gruppen oder Personen, die in der internationalen Zusammenarbeit sozialer Bewegungen nach außen Kontinuität und nach innen eine Filterfunktion übernehmen können, sind daher von großer Wichtigkeit. Den Vorrang der Nutzung lokaler Angebote zeigt übrigens auch das "User_innen-Verhalten" auf Facebook. Die Bedeutung der Anfang 2008 gegründeten internationalen Attac-Facebook-Gruppe ist mit der danach folgenden Einführung nationaler Attac-Facebook-Fanpages stark zurückgegangen.

3. Wie das Beispiel ESU zeigt, sind es vor allem die großen internationalen Treffen der Aktivist_innen, die die Basis für eine anschließende erfolgreiche Vernetzung via Social Media legen. Arbeitsgruppen in internationalen Kontexten können so viel leichter zu konkreten Anlässen und Themen zusammentreten. Dennoch gilt: Jede Nutzer_innengruppe sucht und etabliert sich immer ihre eigenen, passenden Kombinationen vorhandener Angebote. So ist sich etwa die koordinierende europäische Attac-Arbeitsgruppe der Bedeutung und Notwendigkeit der Plattform zwar prinzipiell bewusst, nutzt aber weiterhin die etablierten Kommunikationsmittel Mailingliste und Telefonkonferenz, zumal ein neuer Kanal eine gewisse technische Experimentierfreudigkeit voraussetzt.

Transnationale Netzwerktreffen – Sozialforen und Sommerakademien

1. Bei den Europäischen Sozialforen (ESF) treffen sich nicht nur Attacies aus vielen Ländern, hier geht es um die Verteilung von Informationen, die Arbeit an europäischen Netzwerken und die sozialen Mobilisierungen in europäischen Ländern. 2. Attac ist im Rat des Weltsozialforums vertreten. Das Weltsozialforum, zu Beginn 2001 als Gegenveranstaltung zum Davoser Weltwirtschaftsforum konzipiert, findet mittlerweile alle zwei Jahre statt und entwickelte sich mehr und mehr zum Treffpunkt der globalen Zivilgesellschaft, um am Projekt einer «anderen Welt von unten» zu arbeiten. 3. Von den Europäischen Attac-Sommerakademien gehen seit 2008 vielversprechende Impulse aus, länderübergreifende Projekte werden gestartet und vorangetrieben.

Neue technische Möglichkeiten führen also keinesfalls "automatisch" zu mehr Vernetzung. Etablierte Kanäle und Medien behalten ihre Bedeutung und werden auch durch die attraktivste Benutzeroberfläche nicht obsolet. Ist die "physische" Vernetzung davor auf zu niedrigem Level, können letztere als leere Hülle eines potenziellen Austauschraumes sogar eine kontraproduktive Rolle spielen. Letztlich gilt für Social Media wie für alle anderen Medien auch: Ein Kommunikationskanal lässt sich nicht verordnen.

AUF DEM WEG ZU EINER NEUEN EMANZIPATORISCHEN GEGENÖFFENTLICHKEIT?

Je mehr die Hoffnung auf Demokratisierung klassischer Massenmedien durch den wachsenden Einfluss von Wirtschaft und Parteien schwindet, desto größer wird die Sehnsucht, eine Gegenöffentlichkeit abseits hegemonialer Strukturen zu etablieren. Der Traum von der machtvollen transnationalen Gegenöffentlichkeit im Web 2.0 als Korrektiv zu ökonomischen und formalen Restriktionen klassischer Massenmedien bietet eine große Projektionsfläche für Sehnsüchte – gerade im Rahmen von globalen sozialen Bewegungen. Ambivalenzen beginnen jedoch schon bei den vorhandenen großen Plattformen. Der durchschlagende Erfolg von YouTube #201 und Facebook kann von einer Bewegung, welche die Kommerzialisierung öffentlicher Räume und kommerzielle Verwertung privater Daten anprangert, nicht unkritisch diskutiert werden. Zugleich haben diese Dienste für den semi-öffentlichen Austausch über auch politische Themen dermaßen stark an Bedeutung gewonnen, dass jede hier abstinente Organisation ins strategische Abseits manövrieren wird.

Eine Gegenöffentlichkeit, die nicht nur der Selbstbestätigung und Selbstidentifikation dient, muss auch über sich hinauslangen und Massenmedien erreichen. Dabei ist offensichtlich, dass das Web die alleinige Macht der Massenmedien, die "physische Präsenz der demonstrierenden Massen" zu verdoppeln, gebrochen hat. Das Mobilisierungspotenzial neuer sozialer Medien und ihrer Schnittstellen zu massenmedialer Rückkopplung hat sich bereits eindrucksvoll bewiesen. Professionelle und kontinuierliche Pressearbeit kann dieses Wechselspiel entscheidend verstärken.

ZUSAMMENFASSUNG

Um das Potenzial für gesellschaftliche Veränderung auszuschöpfen, müssen dem Protest – sei er virtuell oder physisch – fundierte Kritik, inhaltliche Kompetenz und Alternativen folgen. Das emanzipatorische Potenzial des Social Web wird letztlich auch dadurch definiert werden, wie gut es gelingt, mittels der Parameter Relevanz, Geschwindigkeit und Kürze Neugierde für neue Diskussionsräume zu schaffen und alternatives Wissen zu verbreiten, um auch auf diesem Wege zu einem selbstreflexiven, demokratischen und visionären Prozess beizutragen. Dieser Weg führt eben nicht über zentralisierende hierarchische Strukturen, sondern über transnationale Plattformen und Vernetzung – auch "vor Ort".

- Politische Zusammenarbeit braucht Verbindlichkeit und Vertrauen. Mailinglisten, Telefon- und Videokonferenzen können ein persönliches Treffen und einen gemütlichen Abend miteinander nur unzureichend ersetzen.
- Internationale Zusammenarbeit lässt sich nicht herbeibeschwören. Sie erfordert – neben Fremdsprachenkenntnissen – eine Menge Disziplin, Durchhaltekraft, Zeiteinsatz und Reisekosten. Und (gerade was die Reisekosten angeht) eine Solidarität, die sich in Euro und Cent ausdrücken lässt.
- Organisiert attraktive Bildungsveranstaltungen – und nutzt sie! Gerade die Sozialforen, Sommer- und Aktionsakademien, aber auch die vielen Kongresse ziehen regelmäßig spannende und aktivitätswillige Menschen an. In der gelösten Stimmung vor Ort kommt man leicht ins Gespräch, bilden sich neue Ideen und oft legen diese den Grundstein für neue Aktionen und Kampagnen. Plant diese Veranstaltungen als Aktionsort mit ein!

- Eine internationale Kampagne muss immer auch als nationale Kampagne funktionieren. Daher: Besser Schnittstellen zwischen bereits gegebenen Interessen und Aktivitäten ausdeuten, statt nach dem Motiv "man müsste mal" zu verfahren und dann keine Aktiven zu finden.

- Für eine gute Öffentlichkeitsarbeit sind Facebook & Co. inzwischen unverzichtbar – sollten aber auch nicht überbewertet werden. Eine gute Homepage und ab und zu eine aufrüttelnde Mail an alle Interessierten bringen (zumindest im politischen Alltag) mehr Response. Lasst euch nicht vom Spaßfaktor der Netzwerke blenden und setzt sie vor allem strategisch ein!

- Neue technische Werkzeuge müssen von allen Beteiligten gewollt sein. Eine neue Groupware oder Ähnliches lässt sich nicht verordnen. Wer technische Innovation in seiner Arbeitsgruppe erreichen möchte, setzt besser bei dem an, was die Menschen bereits kennen und nutzen: das senkt die Anpassungshürden.

Le Monde Diplomatique, Seattle 1999, Porto Allegre, Weltsozialforum, WTO, G8, NGO, IWF, Proteste, Sommerakademien, Aktionen, Foren, Stopp Gats, Alternative Ecofin, Transnational, Blogs, Freie Software, Attacies

KOMMENTARE

Susan George *sagt:* *www.tni.org/george*

Our adversaries are tough, determined and very well organized. If we want to win this battle againts neoliberal globalization we got to be as organized as they are. That means that we have to make very strong alliances. We have the numbers. We must come together in the common cause.

Ani Degirmencioglu *sagt:* *solidar.org*

Wenn das europäische Parlament etwas beschließen wird, und wenn die nationalen Parlamente bei der Kommunikation dessen zu kurz kommen, weil gerade die nationalen Agenden den Alltag beherrschen, dann müssen transnationele Kampagnen wie her. Das hat mit "Regulate Global Finance Now!" von europeansforfinancialreform.org schon ganz gut funktioniert, aber wir müssen da noch vielmehr bewegen.

Am 1. Juli 2011 hat jetzt "Finance Watch" das Licht der Welt erblickt. Im Juni 2010 haben Mitglieder des EU-Parlaments noch lamentiert, wie müde sie es sind, ständig von den Lobbyisten der Finanzindustrie belagert zu werden. Sie haben bemängelt, dass kaum eine "anderen Seite" Vertretung gibt und in einem Aufruf die Zivilgesellschaft aufgefordert, ein Gegengewicht herzustellen. Der Aufruf lief unter der Überschrift "Finance Watch", weil die Nicht-Existenz einer Lobby für Finanzaufsicht und Finanzregulierung inakzeptabel sei, wo doch jetzt um eine regulierende Reform der Finanzmärkte ganz oben auf der EU Agenda stehen sollte.

Mit "Finance Watch" ist jetzt eine Organisation in Brüssel gegründet worden, die sich dieser Aufgabe verschreibt: finance-watch.org.

Michel Reimon *sagt:* *reimon.net*

Für mich ist Attac auch ein wunderbares Beispiel dafür, wie das Thema "Information" selbst zum politischen Inhalt wurde. Egal ob es um Patente und Urheberrechte geht, um freie Software oder das "Abkommen über handelsbezogene Aspekte der Rechte des geistigen Eigentums" besser bekannt als TRIPS: Die globalisierungskritische Bewegung hat sehr schnell erkannt, dass sie sich auch für die "informationelle Selbstbestimmung" der Menschen einsetzen muss, dass die ökonomische Kritik der Verhältnisse im Informationszeitalter einfach nicht mehr reicht. Attac hat hier mit verschiedenen Inhaltsgruppen und Kampagnen sicher eine Vorreiterrolle bei der Vernetzung der AktivistInnen gespielt.

ARBEITNEHMER_INNEN VERNETZUNG BETRIEBSRAT KAMPAGNEN GEWERKSCHAFT EUROPA PROTEST MOBILISIERUNG

UNIONISTS WORKING TRANSNATIONAL

Die internationale Solidarität in der globalisierten Arbeitswelt

«Alles ist Kommunikation. Kommunikation ist das Öl, das die Maschine arbeiten macht. Ohne Kommunikation wird das niemandem gelingen. Und Kommunikation ist natürlich Sprache. Aber nicht die gleiche Sprache zu sprechen, kann kein Grund sein, nicht miteinander zu sprechen.»

Bruno Demaître, Europäisches Gewerkschaftsinstitut

Die transnationalen Mega-Konzerne, das Kapital, sie sind, so scheints, immer schon vorher da – kraft der Investitionen in neue Märkte und in günstigere Standorte, an denen die Arbeit billiger und die soziale Verantwortung gleich null ist, der aus- und vorgelagerten Produktionsstätten, des Einflusses auf bilaterale Verträge und transnationale Abkommen, der Regelwerke für freien Kapitalfluss. Nur, dieses Bild stimmt nicht: Es sind die Arbeiterinnen und Arbeiter, die immer schon vorher da sind. Die Organisation der Arbeitnehmer_innen ist es, die oft nachhinkt, die in vielen Ländern dieser Erde mit Repressionen eingeschränkt wird und laufend auf geänderte Bedingungen reagieren muss. Die Organisation internationaler Solidarität der Arbeiter_innenschaft gibt es heute in der Form von *«European Works Councils»* (Europa-Betriebsräten), von Dachverbänden und internationalen Branchenorganisationen der Gewerkschaften und Institutionen wie dem europäischen Gewerkschaftsinstitut sowie in Netzwerken zusammenarbeitender Organisationen, die Kampagnen etwa für eine europäische Finanztransaktionssteuer und globale faire Arbeitsbedingungen initiieren, die sich weltweit um verfolgte Gewerkschafter_innen annehmen oder sich als mediale Plattformen um Nachrichten abseits des kapitalistischen Mediensystems kümmern. Für die Akteur_innen transnational organisierter Arbeiter_innenschaft ist das Internet zu einem der wichtigsten Medien der alternativen und kritischen Berichterstattung sowie der Informationsbeschaffung geworden.

INTERNATIONALE SOLIDARITÄT: SICH VERSTEHEN UND VERSTÄNDIGEN

Internationale Solidarität war stets ein Grundprinzip des gewerkschaftlichen Selbstverständnisses. Internationale Solidarität ist auch schnell proklamiert. In der Praxis ist sie aber keinesfalls immer so leicht umgesetzt. Allzu oft bremsen standortbezogene Sichtweisen die konsequente und notwendige transnationale Verlängerung des gewerkschaftlichen Aktionsradius – auf betrieblicher Ebene, in der Branchenpolitik und auch auf gesamtgesellschaftlicher Ebene. Die Vertretung und Durchsetzung der Interessen der Arbeitenden war jedoch nie ein ausschließlich nationales Anliegen. Im Gegenteil, gewerkschaftliche Arbeit erfordert stets Bewusstsein und Handlungsansätze, die nicht an den Staatsgrenzen haltmachen. Gerade in Zeiten, in denen die globalisierte wirtschaftliche Macht der Konzerne und Branchenlobbys stetig voranschreitet und in ihrem globalisierten Charakter als selbstverständlich betrachtet wird, muss die Politik für Arbeitnehmer_innen auch grenzüberschreitend aufgebaut sein – auf bilateraler wie auch multilateraler Ebene.

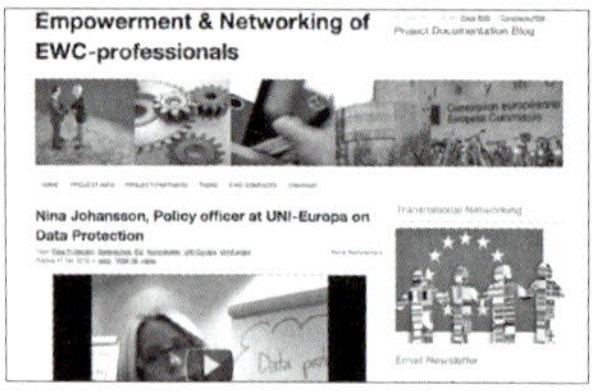

Interessenvertretung auf europäischer Ebene

1. *Das Projekt «Empowerment & Networking of EWC-Professionals» bringt ein Jahr lang erfahrene Europa-Betriebsrät_innen (EBRs) verschiedener Länder und international arbeitende Gewerkschafter_innen zusammen, um gemeinsam an Strategien interkultureller Zusammenarbeit und Vernetzung zu arbeiten. Von dem Projekt gibt ein umfangreich mit* YouTube-Videos #201*, Foto-Protokollen und Material befülltes EWC Empowerment Blog Auskunft. (Die Abkürzung EWC ergibt sich aus der englischen Bezeichnung für den EBR: European Works Councils.)* **2.** *Die Initiative «Europeans for Financial Reform» hat nicht nur eine viersprachige Kampagnenseite und Online-Petition aufgeboten, sondern auch auf Facebook, mit E-Mail-Aussendungen, via Newsletter, Twitter und mit Kampagnen-Videos zu informieren und zu mobilisieren versucht.* **3.** *Regelmäßig und mehrmals jährlich folgen Hunderttausende Menschen Aufrufen des Europäischen Gewerkschaftsbundes zu Demonstrationen mit internationaler Beteiligung. Diese Großdemos in europäischen Hauptstädten sind ein Zeichen der Organisationskraft der Gewerkschaftsbewegung. Unabhängig von der Berichterstattung der Massenmedien werden diese Kundgebungen von den Regierenden und den Unternehmerverbänden sehr wohl wahrgenommen.*

Die Schnittstellen transnationaler Vernetzungen auf europäischer Ebene liegen bei lokalen Betriebsräten ebenso wie bei nationalen Branchengewerkschaften, europäischen Gewerkschaftsverbänden und transnationalen Gewerkschaftskooperationen. Die Interessenvertretung der Arbeitnehmer_innen in Europa findet demnach auf unterschiedlichen Plattformen statt, die auch branchen- und unternehmensorientiert sein können:

1. Auf der Ebene der betrieblichen Vertretung in transnationalen Konzernen mit ihren Niederlassungen in mehreren europäischen Ländern gibt es die Einrichtung der Europäischen Betriebsräte (EBR). Die Möglichkeit der Etablierung von solchen Körperschaften ist in der Europäischen Union seit 1994 durch die *«Richtlinie 94/45 des Rates der EG über die Einsetzung eines Europäischen Betriebsrates»* geregelt.

2. Viele Gewerkschaften unterhalten eigene internationale Abteilungen, vereinzelt Büros in Brüssel, wie etwa auch die Österreichische Arbeiterkammer, und sind in Organisationen wie dem Europäischen Wirtschafts- und Sozialausschuss (EWSA) engagiert.

3. Neben der betrieblichen Ebene und den einzelnen Gewerkschaften gibt es die Dachverbände, in denen die nationalen Gewerkschaften international verbunden sind. Mehr als achtzig Gewerkschaften aus 36 Ländern sind im Europäischen Gewerkschaftsbund (EGB), der *«European Trade Union Confederation»* (ETUC) mit Sitz in Brüssel, organisiert. Es gibt große Branchenverbände wie beispielsweise *«UNI-Europa»* als Dachverband der Dienstleistungsgewerkschaften, in denen Fachgewerkschaften wie die deutsche ver.di und die österreichische GPA-djp organisiert sind, oder der *«Europäische Metallgewerkschaftsbund»* (EMB) mit der IG Metall und der PRO-GE. Die *«Global Unions»* schließlich sind der Zusammenschluss dieser internationalen Branchengewerkschaftsdachverbände. Der größte internationale Zusammenschluss von Gewerkschaften, ebenfalls mit Sitz in Brüssel und erst 2006 als Fusion zweier bis dahin parallel agierender großer Verbände in Wien gegründet, ist der *«Internationale Gewerkschaftsbund»* (IGB).

Diese Arbeitsteilung beim Auf- und Ausbau europäischer gewerkschaftlicher Netzwerke fordert und fördert, dass sich Betriebsräte, Gewerkschaftsverbände und -netzwerke untereinander verstehen und verständigen – nicht trotz, sondern vielmehr in der Verschiedenheit ihrer jeweiligen Rechtsgrundlagen und ihrer an nationalen und standortbezogenen Bedürfnissen geschulten Anliegen. Dabei sind nicht nur die unterschiedlichen rechtlichen Rahmenbedingungen gewerkschaftlicher Organisation zu reflektieren, sondern auch gemeinsame Zielsetzungen als Grundlage direkter Zusammenarbeit zu formulieren. Wie alle diese Organisationseinheiten erfolgreich zusammenarbeiten, zeigt etwa das Beispiel einer transnationalen Kampagne der Internationalen Transportarbeiter Föderation (ITF) gegen die Praktiken von UPS-Türkei. In der Türkei gibt es extrem hohe Hürden für beziehungsweise gegen die Organisation von Arbeitnehmer_innen in Betrieben. Beschäftigte müssen ihre Mitgliedschaft bei der Gewerkschaft notariell und damit kostenpflichtig registrieren lassen und mehr als die Hälfte der Belegschaft muss das tun, um als Interessenvertretung anerkannt zu werden. Als beim amerikanischen Paketzusteller in der Türkei dieser Wert fast erreicht ist, kündigt UPS-Türkei einfach 162 registrierte Gewerkschaftsmitglieder.

In der Folge wendet sich die türkische Straßenarbeitergewerkschaft an den internationalen Dachverband. Es kommt zu international besetzten Workshops in der Türkei, Schulungen für Transportarbeiter_innen und zur Aufbietung der transnationalen Netzwerke. Koordiniert von der ITF werden nationale Gewerkschaften aktiv, in Österreich die Verkehrs- und Dienstleistungsgewerkschaft *«vida»* und auch die GPA-djp. Organisiert werden ein Solidaritätsfonds, Presseaussendungen, Interventionen bei den lokalen UPS-Niederlassungen, Delegationen von Kolleg_innen weltweit zu den Streikzelten in Istanbul, die Einbindung von Europaparlamentarier_innen und eine Anfrage an die Europäische Kommission, in welcher die unzureichenden Gewerkschaftsrechte in der Türkei am Beispiel UPS aufgezeigt werden, gemeinsame Aktionen von Betriebsrät_innen und Gewerkschaften vor Verteilerzentren der Paketzusteller und vieles mehr. Die Kampagne ist an vielen Fronten ein Erfolg: Sie bringt die Wiedereinstellung fast aller Gekündigten und vor allem einen großen Fortschritt im Organisierungsgrad in mehreren Betrieben in mehreren Ländern, plus weitere transnationale und erfolgreich etablierte Netzwerke unter Arbeiter_innen.

VERNETZUNG ALS EMPOWERMENT: DIE BEDEUTUNG LIEGT IM GEBRAUCH

Der "Werkzeugkasten" der Interessenvertretung der Arbeitnehmer_innen ist in weiten Bereichen heute noch national beziehungsweise lokal ausgerichtet. Rahmenbedingungen und Kulturen der Arbeitnehmer_innen-Organisationen sind sehr unterschiedlich. Trotzdem gibt es zunehmend einen breiteren institutionellen Rahmen internationaler Gewerkschaftsarbeit, und es werden über zahlreiche Wirtschaftsbereiche hinweg vielfältige bilaterale Kontakte zu Gewerkschaften in anderen Ländern gepflegt. Der Europäische Wirtschafts- und Sozialausschuss etwa ist nicht nur ein beratendes Organ der Europäischen Union, das den zentralen EU-Organen (Europäische Kommission, Rat, Europäisches Parlament) mit Stellungnahmen zu EU-Legislativvorschlägen zur Seite steht. Eine der wichtigsten Aufgaben des Ausschusses ist es, eine Brücke zwischen den EU-Institutionen und der organisierten Zivilgesellschaft zu schlagen.

Die multilateralen Kooperationen zu europäischen und globalen Gewerkschaftsverbänden, Netzwerk-Organisationen wie Attac und Nichtregierungsorganisationen (NGOs) zum Beispiel des Verbraucher_innen- oder Umweltschutzes werden intensiver, der Aufholbedarf gegenüber der Lobbyarbeit der Unternehmen ist freilich noch enorm. Drei Viertel von geschätzten 15.000 Lobbyisten, die in Brüssel Einfluss auf die Institutionen der Europäischen Union nehmen, arbeiten für Unternehmen und die Branchenverbände der Kapitaleigner, wobei gut die Hälfte der Lobbyisten und Agenturen aller Debatten und Bemühungen um Transparenz zum Trotz nicht registriert sind. Vor diesem Hintergrund ist es umso wichtiger, dass die Gewerkschaften neben der klassischen "parlamentarischen" Interessenvertretungsarbeit auch bei europaweiten Kampagnen #130 ähnlich zusammenarbeiten, um mit möglichst vielen transnational mobilisierten Arbeitnehmer_innen im Rücken Themen setzen und mehr Druck auf die Legislative ausüben zu können. So arbeiten etwa im *«Global Progressive Forum»* Gewerkschaftsverbände wie der EGB, Dachverbände der Zivilgesellschaft wie SOLIDAR, der europaweit 56 NGO vertritt, und die Party of European Socialists (PES) zusammen, um Stimmung für eine Finanztransaktionssteuer und für die Finanzmärkte regulierende Steuerreformen auf europäischer Ebene zu machen. *«Europeans for Financial Reform»* ist eine europäische Antwort auf die *«Americans for Financial Reform»* Koalition und hat als erste große, gemeinsame und europaweite Aktion die Kampagne für eine Europäische Finanztransaktionssteuer organisiert.

EUROPEANS FOR FINANCIAL REFORM

Bereits mehr als ein Jahr vor der Abstimmung des Podimata-Berichtes im EU-Parlament am 8. März 2011 schließen sich Organisationen zusammen, um die Kampagne für die Reform der Finanzmärkte zu starten. Die Auftaktveranstaltung findet in Wien statt und markiert den Beitritt von ÖGB und Arbeiterkammer zur Koalition. Seitdem ist das Engagement dieser beiden österreichischen Institutionen, parallel zu Österreichs Einsatz in Sachen Finanztransaktionsbesteuerung in der EU, sehr prominent.

Der Auftakt ist gleichzeitig die erste Veranstaltung der Arbeiterkammer Wien, die live gestreamt #041 wird. Die webbasierte Kampagne wird in drei Etappen aufgezogen und bringt ganz nebenbei den Entscheidungsprozess innerhalb der EU den Bürger_innen näher. Zuerst kommt das Parlament (um konkret zu sein kommen vorher die Ausschüsse im Parlament) zum Zug, dann ist die Kommission gefordert und dann liegt es an den Staats- und Regierungschefs, also dem Europäischen Rat, aus den Forderungen der Bürger_innen verbindliche Richtlinien für Nationalstaaten zu erstellen.

So formierte sich die Kampagne innerhalb der Kampagne Schritt für Schritt auf der Kampagnenseite *«FINANCIAL TRANSACTION TAX NOW!»*. Neben der vereinfachten Erklärung des Entscheidungsvorganges und der Entscheidungshintergründe wird auf die sprachliche Vielfalt gesetzt. In den beiden ersten Phasen der Kampagne wird es den EU-Bürger_innen möglich gemacht, sich mit der Forderung der Einführung einer EU-weiten Finanztransaktionsbesteuerung in ihrer Landessprache an die EU-Parlamentarier_innen und an ihre Vertreter_innen in der Kommission zu wenden. In der dritten Phase kommen dann die Staats- und Regierungschefs dran, die man sich beliebig nach ihrer Position (dafür – dagegen – neutral) aussuchen und anschreiben kann.

Die Inhalte der Texte sind immer vorbereitet und darüber hinaus kann mensch seine Gedanken zu der Sache auf der Website sichtbar ausdrücken. Eingeschaltet werden auch Twitter und Facebook, sowohl als Info-Kanäle der Kampagne als auch als Weg, um die jeweiligen Konten der entsprechenden EU-Parlamentarier_innen und Kommissar_innen anzuschreiben. Das erweist sich auch nach der Abstimmung als nützlich, als auf der Kampagnenseite die Abstimmungsergebnisse veröffentlicht werden und Bürger_innen sich bei dem oder der entsprechenden Parlamentarier_in bedanken oder aber genauer erkundigen. Eine Rückmeldung an die Bürger_innen kommt von Seiten der Kampagnenleitung. So sendet nach Abschluss der zweiten Phase der PES-Präsident Poul Nyrup Rasmussen eine Videobotschaft an alle Beteiligten, bedankt sich und kündigt die dritte Phase der Kampagne in Form der Mobilisierung gegenüber den Staats- und Regierungschefs an. Nach Abschluss der dritten Phase schließen sich alle beteiligten Organisationen mit Botschaften an.

Mit der Initiative *«Europeans for Financial Reform»* ist erst der Anfang gemacht. Auch wenn es jetzt gelungen ist, dass in der EU-Kommission von der Einführung einer Finanztransaktionssteuer geredet wird, müssen die Forderungen weiter hörbar kommuniziert und in eine Expertise eingebettet werden. Diese Expertise muss in vielerlei Hinsicht vielfältig sein, es sind Leute aus der Finanzindustrie dafür zu gewinnen und diese auch aus Ländern, die nicht immer im Mittelpunkt der Aufmerksamkeit stehen. Nur so und mit entsprechend koordinierter und breit angelegter Presse- und Lobbyingarbeit kann es gelingen, den starken Einfluss der Finanzindustrie zu brechen. Dazu hat eine Gruppe von EU-Abgeordneten die Gründung von *«Finance Watch»* initiiert. Ohne die basisdemokratische und aufklärerische Arbeit der NGO ersetzen zu wollen, soll diese Initiative mit September 2011 ihre operative Arbeit aufnehmen, um die bereits vorhandenen Plattformen auf legislativer und politischer Ebene zu ergänzen.

Eine wichtige Vermittlerrolle beim Austausch über die Voraussetzungen der Vernetzung gewerkschaftlicher Arbeit auf breiter, nationale und standortbezogene Sichtweisen überschreitender Ebene spielen gewerkschaftliche Stiftungen wie die *«Hans-Böckler-Stiftung»* oder das *«European Trade Union Institute»* (ETUI). Die Hans-Böckler-Stiftung ist das Mitbestimmungs-, Forschungs- und Studienförderungswerk des Deutschen Gewerkschaftsbundes, liefert detaillierte Studien über die Politik der Europäischen Union und zu Fragen der europäischen Arbeitswelt und stellt umfangreiche Informationen zu allen Bereichen der Arbeitswelt online zur Verfügung; beispielsweise zur Europäischen Gewerkschaftsbewegung. Das Europäische Gewerkschaftsinstitut mit Sitz in Brüssel leistet wissenschaftliche und technische Unterstützung für die europäische Gewerkschaftsbewegung und bietet Schulungsmöglichkeiten für Gewerkschafter_innen. Als Schnittstellen zwischen betrieblichen Realitäten, Gewerkschaften und akademischer Welt organisieren beide Institute wissenschaftlich fundierte Auseinandersetzungen mit den Rahmenbedingungen und Möglichkeiten der Vernetzungsarbeit und setzen diese als Bildungs- und Forschungseinrichtungen auch um. Das ETUI organisiert etwa die für Betriebsratsarbeit wichtige Online-Plattform worker-participation.eu.

DIE HERAUSFORDERUNG FÜR EUROPÄISCHE BETRIEBSRÄTE

Auf betrieblicher Ebene werden Interessenvertretungen seit Jahren damit konfrontiert, dass sich das Einzugsgebiet der Unternehmensführung auf mehrere Standorte in verschiedenen Ländern verteilt. Konzerne sind global aufgestellt, lokale Betriebe sind nur einzelne Standorte im größeren Unternehmensgeflecht mit unterschiedlichen rechtlichen Arbeitsbedingungen. Die Konkurrenz unter den Arbeitnehmer_innen wird dadurch innerhalb des Betriebes forciert, eine betriebsweite Vertretung der Interessen der Arbeitnehmer_innen durch sogenannte Standortfragen korrumpiert. 1994 hat die EU einer Forderung der europäischen Gewerkschaftsbewegung entsprochen und mit der Richtlinie 94/45 den Rahmen für Interessenvertretungen in grenzübergreifend tätigen Unternehmungen geschaffen, die insgesamt mehr als 1.000 und an mindestens zwei Standorten in mehreren europäischen Ländern mehr als 150 Beschäftigte aufweisen. 2009 hat die EU-Richtlinie eine Neufassung erfahren, die bis zum Juni 2011 von allen Staaten in den nationalen Rechtssystemen umzusetzen war.

Ziel der Schaffung von Europäischen Betriebsräten (EBR) ist es, dass die Beschäftigten in europaweit operierenden Konzernen über die wirtschaftliche Situation des Konzerns informiert und zu bestimmten Entwicklungen, die für die Beschäftigten- und Arbeitsbedingungen von Auswirkung sind, angehört werden. Die Konzernleitung hat die dafür notwendigen Ressourcen und Sachverständigen zur Verfügung zu stellen und dafür auch die Kosten zu übernehmen. Bislang wurde in knapp 1.000 von ca. 2.500 möglichen europaweit tätigen Unternehmensgruppen ein solcher EBR eingerichtet. Jährlich kommen etwa 30–40 neue dazu, die in Kooperation mit den zuständigen Gewerkschaftsverbänden auf nationaler Ebene und in Europa ausgehandelt werden.

Der Einsatz der Europäischen Betriebsräte als effizientes Instrument zur transnationalen Kooperation und Vernetzung in Europa zeigt sich in der Praxis als anspruchsvolles Projekt. Verschiedene Sprachen und ein aufgrund der unterschiedlichen rechtlichen Rahmenbedingungen bislang sehr unterschiedliches Selbstverständnis der Interessenvertretungen führen zu Missverständnissen, welche geklärt und überarbeitet werden müssen. Es reicht allerdings nicht, sich mit einer vergleichenden Analyse der jeweiligen rechtlichen und strukturellen Rahmenbedingungen zu begnügen. Eine europaweite Interessenvertretung funktioniert eben nicht wie eine nationale: In diesem Sinne müssen gemeinsame Zielsetzungen über den jeweils eigenen, vormals so selbstverständlichen Tellerrand hinaus entwickelt und formuliert werden. Netzwerkstrukturen #341 sind gerade in dieser Hinsicht ein wichtiges Empowerment-Werkzeug. Solche aufzubauen und aufrechtzuerhalten, das müssen die ehrenamtlich Arbeitenden und je nach nationalem Recht sehr unterschiedlich abgesicherten betrieblichen Arbeitnehmervertreter_innen aber erst erlernen. Der wichtigste Schritt zu einem handlungsfähigen gemeinsamen Europa-Betriebsrat ist das gegenseitige Kennenlernen. So banal das klingt, so langwierig und schwierig ist dieser Prozess über Sprachgrenzen, kulturelle Differenzen und unterschiedliche nationale rechtliche Systeme hinweg. E-Mail-Verteiler #350 sind da das wichtigste Medium in der Kommunikation zwischen EBR-Mitgliedern; E-Mails und manchmal das schnelle Übersetzungsprogramm. Besondere Bedeutung kommt dabei den sicheren Kommunikationskanälen und einer möglichst autonomen Informationsarchitektur zu. Videokonferenzen beispielsweise via Skype #319 sind ein probates Werkzeug und werden wichtiger. Im Zentrum der EBR-Zusammenarbeit muss aber das regelmäßige persönliche Treffen stehen, welches seinerseits gute Vorbereitung, ein überlegtes Veranstaltungsdesign, die Begleitung und Nachbereitung der EBR-Zusammenkünfte erfordert.

DIE ARBEITERBEWEGUNG UND DAS WEB

Das Internet ist auch für Aktivist_innen der Gewerkschaftsbewegung zu einer der wichtigsten Quellen alternativer, kritischer Berichterstattung und Informationsbeschaffung geworden. Eine wichtige Funktion übernimmt hier *«LabourStart»* als Redaktionssystem und Online-Dienst für Nachrichten über gewerkschaftliche Aktivitäten, Arbeitskämpfe und allgemeine Informationen aus der Arbeitswelt weltweit. Ursprünglich ist die Website Mitte der 1990er-Jahre rund um die Veröffentlichung des Buches *«The Labour Movement and the Internet: The New Internationalism»* ins Leben gerufen worden. Mittlerweile liefern über 500 ehrenamtliche Redakteur_innen täglich Beiträge aus aller Welt. Unter der Überschrift *«ActNOW»* organisiert die Plattform regelmäßig eigene LabourStart-Kampagnen und -Petitionen zur Unterstützung lokaler Streiks, verfolgter und inhaftierter Gewerkschafter_innen oder gegen unwürdige Arbeitsbedingungen in Unternehmen.

Wo LabourStart mehr die Nachrichten-Agentur der internationalen Arbeiterbewegung ist, stellt LabourNet Deutschland als Teil der weltweiten LabourNet-Initiativen ein vielseitiges Online-Magazin dar, neuerdings auch mit labournet.tv. LabourNet nutzt die positiven Seiten der neuen Technologien – Schnelligkeit, Umfang und Kontinuität von gesellschaftlicher Information – für emanzipative Bestrebungen, um Debatten loszutreten, Diskurse zu fördern und Aktionen zu ermöglichen. Die Plattform liefert Nachrichten über Themen der Arbeitswelt und der Gesellschaft. Mehrmals wöchentlich werden Beiträge über internationale gewerkschaftsspezifische Themen veröffentlicht. Außerdem verfügt die Website über ein umfangreiches Archiv von gewerkschaftsspezifischen Themen aus (fast) allen Ländern der Welt. Ein gewichtiges Zentrum autonomer Gegenöffentlichkeit für eine lebendige Arbeiter_innenbewegung, wenngleich mit dem Wehrmutstropfen, keine Feeds #237 anzubieten, Web 2.0 #009 -Funktionalität auszuschließen und sich so gegen einfache Verbreitung der Inhalte zu wehren.

Unzählige NGOs und Plattformen aus zivilgesellschaftlichen Initiativen und Gewerkschaften beschäftigen sich mit Arbeitsbedingungen weltweit, mit dem Zusammenhang zwischen unseren Billigprodukten und der Ausbeutung der Arbeitnehmer_innen in den Blick-entzogenen fernen Ländern, mit dem kapitalistischen globalen Weltsystem und seinen strukturellen Implikationen. Unter dem Begriff *«Clean Clothes»* beziehungsweise als Clean Clothes Campaign (CCC) arbeitet etwa eine europäische Länder überspannende Plattform seit über 20 Jahren für faire Arbeitsbedingungen in der

Bekleidungs- und Sportartikelindustrie weltweit. Und CCC arbeitet laufend mit einem transnationalen "Urgent Action Network", um schnell und schlagkräftig Informationskampagnen, Petitionen, Boycotts oder auch Aktionen wie Flashmobs in Einkaufsstraßen umsetzen zu können. *«Südwind»* ist eine entwicklungspolitische NGO, die sich für eine nachhaltige globale Entwicklung, für die Einhaltung von Menschenrechten und die Durchsetzung fairer Arbeitsbedingungen weltweit einsetzt. Das Magazin des Vereins liefert Nachrichten und Hintergrundinformationen aus der globalisierten Welt. Die *«Frauensolidarität»* informiert über Frauen in Afrika, Asien und Lateinamerika und liefert Nachrichten und Hintergrundinformationen über globale Themen aus feministischer Sicht.

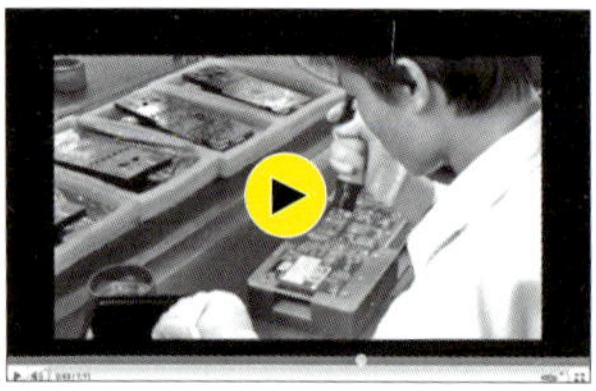

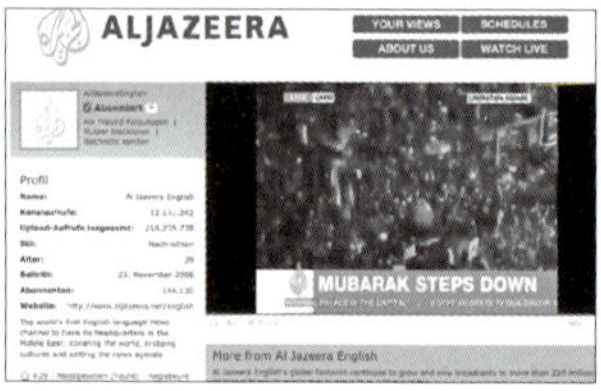

Arbeiter_innen weltweit, vernetzt euch

1. *Die Arbeitsbedingungen in der chinesischen Riesenfabrik von Foxconn, einer wichtigen Produktionsstätte für Apple, Dell und Nokia, sind durch die vielen Selbstmorde von Arbeiter_innen in die Medien gekommen. Arbeitsbedingungen sind aber weltweit und in vielen Branchen menschenunwürdig, ausbeutend und lebensgefährlich. Wenn Berichte wie die «Kik-Story» es in das Fernsehprogramm schaffen, ist das auch ein Erfolg der im Hintergrund tätigen NGO.* 2. *Der arabische Frühling in Tunesien, Ägypten, Bahrain, Jemen und vielen anderen Staaten wird durch die junge Generation, durch die organisierte Arbeiterschaft und die Vernetzung via Social Media angetrieben.* 3. *Ein «Les Misérables Flashmob» im besetzten Capitol von Wisconsin. Im Frühjahr 2011 grüßen die Protestbewegungen in Ägypten und in Madison in den USA einander auf Fotos und Videos via Twitter, Facebook und Blogs.*

EIN FRÜHLING DER ARBEITERBEWEGUNG

Die Aufstände in Tunesien und Ägypten, die Anfang 2011 die alteingesessenen Regime zu Fall gebracht und eindrucksvoll das Potenzial demokratischer Bewegungen demonstriert haben, sind an vielen Stellen als Facebook- und Twitter-Revolutionen bezeichnet worden. Social Media haben tatsächlich eine Rolle bei der Vernetzung von Aktivist_innen gespielt. Die Vernetzung von Aktivist_innen und verschiedenen gesellschaftlichen Gruppen hat weder spontan von heute auf morgen noch hauptsächlich via Facebook #094 stattgefunden. *«The Revolution has been in the making for over three years»* berichtet die Moderatorin der Al-Jazeera-Doku *«people and power»* noch vor dem erfolgreichen Sturz Mubaraks. Die Gruppe des *«April 6 Youth Movement»* etwa hat über drei Jahre lang an Netzwerkstrukturen und der Vorbereitung von Besetzungen gearbeitet. Der Name der Jugendbewegung erinnert dabei an den 6. April 2008, an dem der Generalstreik der Textilarbeiter_innen in der ägyptischen Stadt Mahalla von Sicherheitskräften brutal niedergeschlagen wurde. Der Widerstand gegen die Diktatoren existiert schon länger, als von Massenmedien wahrgenommen und wird zu weiten Teilen von einer organisierten Arbeiterschaft getragen. Mit dem Beginn der Unruhen in Tunesien, ausgelöst durch die Selbstverbrennung von Mohamed Bouazizi und die Straßenkämpfe in der Provinzstadt Sidi Bouzid, beginnen denn auch die Informations- und Solidaritätskampagnen der *«Arbeitsgruppe für verfolgte GewerkschafterInnen von Amnesty International»*, via E-Mail und auf Facebook laufend von inhaftierten Kolleg_innen in Tunesien zu berichten. Und es sind solche

Berichte in den Jahren und Monaten vor den Protesten, die in Blogs #335 und via Facebook eine breitere Bevölkerung erreichen, die kommentiert und weiterverbreitet werden, und die eine kollektive Empörung schüren und kollektiven Widerstandsgeist wachsen lassen. Die Protestbewegungen lernen weltweit voneinander, verfolgen Aktionen und Taktiken, Erfolge und Rückschläge via Blogs, Facebook und YouTube, nehmen Kontakt auf und zeigen sich international solidarisch. Ein weiteres Beispiel für das Weiterentwickeln einer globalen Protestkultur mit neuen Mitteln im Frühjahr 2011 ist die *«UK Uncut»*-Bewegung in Großbritannien.

Um "alte" gewerkschaftliche Forderungen, die "neu" – auf andere Weise, mit anderen Mitteln – gestellt werden, handelt es sich bei den Arbeiter_innen-Protesten in Wisconsin in den USA. Den Aktivist_innen geht es um das Recht auf Tarifverhandlungen und gewerkschaftliche Organisation, beides wird vom republikanischen Gouverneur Scott Walker angegriffen. Der Gouverneur wird dabei durch die milliardenschweren Koch-Brüder unterstützt, die auch hinter der Tea-Party-Bewegung stehen. Die Demontage der Gewerkschaften, Lohnkürzungen, Abbau von Rechten der Arbeitnehmer_innen, das alles ist ein Testlauf mit Bedeutung weit über die Grenzen von Wisconsin hinaus. Das mobilisiert die amerikanische Gewerkschaftsbewegung jedoch so stark und bringt den Arbeitnehmer_innen so breite Unterstützung, dass die Proteste weltweit für großes Aufsehen sorgen. Die Proteste begannen Mitte Februar 2011 und führten zu einer siebzehntägigen Besetzung des Regierungssitzes in Wisconsin. Die "alten" Forderungen nach Solidarität unter Arbeiter_innen und nach gewerkschaftlicher Vertretung, die auf "neue" Weise und mit "neuen" Mitteln gestellt werden, führen zu transnationalen Bewegungen, die nicht auf das Territorium alteingesessener Regime im arabischen Raum oder auf die Terrains ostentativer und zynischer Aussparungen von Arbeiter_innen-Rechten beschränkt bleiben werden. Wie in der Vision der Zapatistas, die Michel Reimon in seinem Beitrag beschreibt, verstehen sich Aktivist_innen von China über den Mittelmeerraum bis Wisconsin und Südamerika als Teile eines interkontinentalen Netzwerkes im Widerstand gegen Neoliberalismus und Ausbeutung.

ZUSAMMENFASSUNG

Damit internationale gewerkschaftliche Kooperationen funktionieren, müssen Voraussetzungen erfüllt sein, die nicht von einem auf den anderen Tag gelegt werden können. Dazu zählt die Schaffung kontinuierlicher und intakter Kommunikations- und Vertrauensbeziehungen zwischen Belegschafts- und Gewerkschaftsvertretungen aus den unterschiedlichen Ländern. Dazu zählt auch die Zeit zum Aufbau zahlreicher Kompetenzen, keinesfalls nur jener, sich mit Kolleg_innen anderer Muttersprache möglichst unkompliziert austauschen zu können. Neben den persönlichen Kontakten ist mit Sicherheit der direkte Daten- und Informationsaustausch via Internet die schnellste und wohl effektivste Methode der alltäglichen Zusammenarbeit. Internet und Social Media erhöhen zudem die Möglichkeiten, die vielen lokalen wie globalen Arbeitskämpfe und Auseinandersetzungen sichtbarer zu machen.

- Vernetzung, auf transnationaler Ebene über Sprachgrenzen und kulturelle Unterschiede hinweg, ist bereits ein wichtiger Schritt. Versuch, Kontakte aufrechtzuerhalten.
- Schafft euch einen eigenen, größeren, globalen Horizont abseits nationaler Berichterstattung. Wichtig ist, was in Brüssel passiert. Verfolgt mit, was auf transnationalen Ebenen verhandelt und beschlossen wird.

Neugier auf kulturelle Unterschiede und Thematisieren von Missverständnissen ist sowohl Arbeit als auch Bedingung dafür, globale Zusammenhänge, regionale Bedingungen und unsere Gemeinsamkeiten zu verstehen.

Das Netz ist ein guter Raum, sich alternative und unabhängige Informationsquellen zu erschließen. Das Netz bietet die Infrastruktur zur Verdichtung von Kommunikation, zur Unterstützung von Vernetzung. Noch wichtiger ist die Arbeit im Betrieb, sind regelmäßige Treffen, ist die Präsenz auf der Straße..

Sei nicht froh, dass du hie und da mit weiterreichenden Informationen versorgt wirst. Leite interessante Informationen auch weiter. Mach alternative Nachrichtenquellen bekannt.

Europa, EU, Internationale, Solidarität, Dachverbände, EGB, ETUC, EBR, EWC, Europa-Betriebsrat, Solidar, Finanztransaktionssteuer, Interessenvertretung, Konzerne, labour.net, Clean Clothes, Ägypten, Wisconsin

KOMMENTARE

vida

***Harald Voitl** sagt:* *vida.at*

Herzlichen Dank für die Aufmerksamkeit, die ihr dem UPS-Konflikt in der Türkei und der internationalen Gewerkschaftsarbeit gebt. Für uns als vida war der Konflikt ein "Glücksfall". Zeitgleich haben auch wir in Österreich bei UPS und seinen vielen SubunternehmerInnen mit dem Aufbau von gewerkschaftlichen Strukturen (dem Organizing) unter den FahrerInnen im Rahmen der weltweiten Global Delivery Kampagne begonnen. Keine leichte Aufgabe, in einem Bereich, der auch in Österreich durch prekäre Beschäftigungsformen und einem sehr hohen Arbeitsdruck gekennzeichnet ist. Der Konflikt in der Türkei hat uns die Möglichkeit gegeben, direkt mit den FahrerInnen in Kontakt zu treten. Und eine Verbindung zu schlagen mit der gewerkschaftlichen Organisierung in der Türkei. "Organizing" im Verständnis, gewerkschaftliche Strukturen zur Erhöhung der kollektiven Durchsetzungsfähigkeit der sonst sehr vereinzelt arbeitenden Menschen in dieser Branche aufzubauen. Das Ziel: eine bewegungsorientierte Gewerkschaft, emanzipierte und aktive Mitglieder und dadurch bessere Arbeitsbedingungen in der Branche. Siehe hier:

Und es gibt auch ein Organizing Manual, frei zum d/l hier (allerdings Englisch).

Mag. Wompel sagt: *labournet.de*

Vielen Dank für die positive Erwähnung des LabourNet Germany als eines "Treffpunktes für Ungehorsame, mit und ohne Job, basisnah, gesellschaftskritisch"! Allerdings bedarf es einer Ergänzung: "... Ein gewichtiges Zentrum autonomer Gegenöffentlichkeit für eine lebendige Arbeiter_innenbewegung, wenngleich mit dem Wehrmutstropfen, keine Feeds anzubieten, Web 2.0-Funktionalität auszuschließen, und sich so gegen einfache Verbreitung der Inhalte zu wehren ..." Wir arbeiten an der Umstellung auf ein Redaktionssystem, was u. a. auch Feeds und Artikelversand beinhalten wird. Allerdings lehnen wir Facebook aus grundsätzlichen Datenschutzerwägungen ab und boykottieren solche "Freunde"!

Und noch eine inhaltliche Ergänzung zum Gesamtbeitrag: Was meines Erachtens etwas zu kurz kommt als Voraussetzung für internationale Solidarität ist, dass sie trotz den Informationen um die Lebens- und Arbeitsbedingungen (wie sie z. B. das LabourNet liefert) und den (ausführlich behandelten) Infrastrukturen der Vernetzung/Kontakten meist eine gut gemeinte, aber leere Worthülse bleibt. Dies m. E. deshalb, weil die Lohnabhängigkeit als alternativlos zur Existenzsicherung akzeptiert (und so zementiert) wird, damit aber auch die Tatsache, dass existenzsichernde Lohnarbeit immer mehr zum knappen Gut wird, um das nun mal zwischen Standorten, Unternehmen, Regionen und Ländern konkurriert wird. Die Lohnabhängigkeit zwingt damit die lohnabhängigen Menschen, sich eben nicht solidarisch zu verhalten, worunter die meisten immer mehr leiden ...

Eine wichtige Aufgabe sozialer Netzwerke ist es daher auch aufzuklären, dass die Unterstützung anderer KollegInnen im Kampf um Gewerkschaftsrechte und damit gegen Standard-Dumping oft auch mikroökonomische/individuelle Nachteile erfordert bzw. nach sich zieht. Denn: Der Arbeitsplatz, den ich mit Verzicht "erhalte", wird woanders nicht vergeben – und irgendwann zu viel schlechteren Bedingungen ...

Mit kollegialem Gruß, Mag. Wompel

Jens Wernicke sagt: *gew.de*

Die Debatte um das im Sinne der Kapitalverwertung "effizienteste" Regierungssystem ist (wieder einmal) eröffnet. Beurteilt man Regierungsformen global nach ihrem Output, nach ihrer Flexibilität und Geschwindigkeit also Projekte umzusetzen, Waren marktgerecht zu produzieren, Profit zu generieren etc., erweist sich die Demokratie alsbald als Standortnachteil. Länder, in denen das Volk wenig oder nichts zu sagen hat, können schließlich schneller bauen, billiger produzieren usw.

Zwei Paradebeispiele dazu: Der Bahnhofchef in Stuttgart sieht den *«Kern der Demokratie»* darin, dass die Bürgerinnen und Bürger gefälligst dem Willen der Parlamente zu folgen und nicht zu demonstrieren haben; der CDU-Politiker Stefan Mappus, Ministerpräsident des Landes Baden-Württemberg, schwärmt hingegen von Saudi-Arabien und Katar, schließlich werden dort Projekte mit ungeheurer Schnelligkeit realisiert, in einem *«unheimlichen Tempo»*, mit dem es mitzuhalten gelte. Darüber, dass Saudi-Arabien und Katar Diktaturen sind, in denen andauernd Menschenrechtsverletzungen stattfinden, macht sich Ministerpräsident Mappus offenkundig keine Sorgen.

Worauf ich hinaus will: Wenn jedes Mittel recht sein soll, um "Ruhe" und also einen möglichen Standortvorteil im internationalen Wettbewerb zu gewährleisten, dann können (in aller "Ruhe") Diktaturen und totalitäre Regierungsformen als hervorragende Standorte im internationalen Wettbewerb gelten.

«Im modernen Monopolkapitalismus fordern die veränderten Produktionsverhältnisse (und besonders die großen Einheiten der Kartelle, Trusts etc.) eine alle Machtmittel mobilisierende Staatsgewalt», schrieb Herbert Marcuse bereits 1967. Um an anderer Stelle weiter auszuführen:

«Die Wendung vom liberalistischen zum total-autoritären Staate vollzieht sich auf dem Boden derselben Gesellschaftsordnung. Im Hinblick auf diese Einheit der ökonomischen Basis läßt sich sagen: Es ist der Liberalismus selbst, der den total-autoritären Staat aus sich ‚erzeugt': als seine eigene Vollendung auf einer fortgeschrittenen Stufe der Entwicklung. Der total-autoritäre Staat bringt die dem monopolistischen Stadium des Kapitalismus entsprechende Organisation und Theorie der Gesellschaft.»

Andrea Mayer-Edoloeyi *sagt:* *andreame.at*

Im Blog der Katholischen Frauenbewegung Österreich auf kfboe.wordpress.com wurde anlässlich einer Projektreise Philippinen 2011 und im Zuge der Aktion Familienfasttag *«teilen.at»* über die Erfahrungen vor Ort berichtet. Ein eigentlich simpler, gleichwohl aber sehr effizienter Beitrag entwicklungspolitische Aktionen, die ja mit der Aufforderung zum Spenden verbunden sind, zu begleiten und dabei auch das Empowerment-Potenzial solcher Projekte transparent zu machen.

MENSCHENRECHTE. BEDINGUNGSLOS. FÜR ALLE.

Campaigning against racism in der Festung_Europa®

«Die Geschichte wird einmal ein vernichtendes Urteil nicht nur über diejenigen fällen, die Unrecht getan haben, sondern auch über die, die dem Unrecht stillschweigend zusahen.»

Rudolf Breitscheid

Innerhalb von Europa werden Grenzen immer unsichtbarer. Die Bewegungsfreiheit wird immer noch größer. Im wachsenden Schengenraum gibt es keine Grenzkontrollen. Wir fliegen in andere Länder mit anderen Sprachen und müssen nicht den Reisepass vorzeigen. Die Bewegungsfreiheit für Waren ist nahezu uneingeschränkt, für Kapital sowieso. Und wer wollte auch freiwillig auf den transnationalen Warenverkehr verzichten, auf die Möglichkeit, überall per Bankomat Geld abheben zu können. Wer will schon zurück zu den alten Ländergrenzen und Grenzübergängen? Die Freiheiten von uns Vielen machen die Beschränkungen von ein paar wenigen zur Randnotiz.

Wenn sich jemand nicht frei bewegen kann, hat das Gründe. Wir haben Niederlassungsfreiheit, aber wenn sich alle niederlassen, wo sie sich gerade niederlassen wollen, dann geht das nicht. Das würde uns den Raum wegnehmen. Das wäre eine Ausnutzung von Freiheiten, zu Lasten anderer. Das würde unsere Freiheit beschränken. Und das gilt auch für EU-Bürger_innen, dass sie sich nicht einfach überall niederlassen können. Investieren sie? Oder liegen sie anderen auf der Tasche, das ist ja wohl ein Kriterium. Der Lebensstandard muss angepasst sein. Es braucht Übergangsfristen, es braucht Qualifikationen, es braucht Regeln und Pflichten. Und während wir eine gesamteuropäische Währung wagen, gemeinsame Rechte und Pflichten erarbeiten und voller Zuversicht in eine immer freiere europäische Landschaft blicken, verkaufen wir unser Gewissen an die Angst vor Menschen aus Afrika und Asien, an die Angst vor dem Islam, an die Angst vor verbrecherischen Banden und Kriminalität, die Angst vor den Anderen, die unsere Freiheiten einschränken könnten. Während wir den Frieden als höchstes Gut und die Menschenrechte als Errungenschaft unserer Zivilisation propagieren, werden in unser aller Namen Kriegsflüchtlinge ohne Bedenken abgeschoben, werden Bootsflüchtlinge dem Krepieren im Mittelmeer überlassen und Roma – seien sie europäische Bürger_innen oder nicht – bis hin zur Ghettoisierung in ihren Bewegungsfreiheiten eingeschränkt. Das alles geschieht relativ unbemerkt. Den vielen Warnungen vor Flüchtlings- und Migrant_innen-Strömen und der allgegenwärtigen Rhetorik von Asylmissbrauch steht im Verhältnis sehr wenig Berichterstattung über unsere europäische "Grenzschutzagentur" gegenüber, die – noch einmal: in unser aller Namen – Schiffsbrüchigen die Hilfe verweigert. Der Widerstand gegen diese europäische humanitäre Katastrophe wächst.

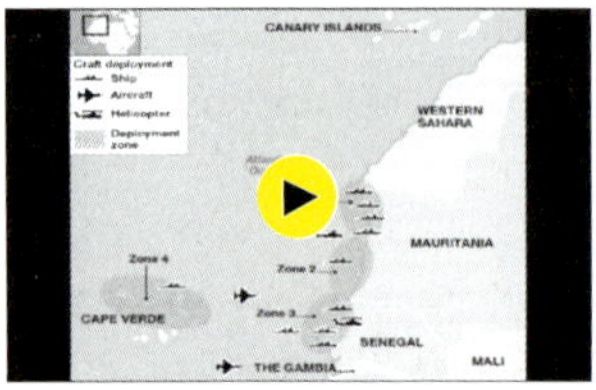

Die Borderline der Festung_Europa®

1. «Frontex: The Movie» ist ein knapp 9 Minuten langes, von Aktivist_innen zusammengestelltes Informationsvideo *auf* YouTube #201*, in dem die Einsatz- und Funktionsweisen der Grenzschutzagentur Frontex erklärt werden und das im Rahmen des «No Border Camps» 2009 auf Lesbos entstanden ist. 2. Es gibt verschiedene Wege, auf die humanitäre Katastrophe an den Rändern Europas aufmerksam zu machen. Das «Zentrum für Politische Schönheit» versucht mit künstlerischen Mitteln Aufmerksamkeit zu schaffen und entwickelt mit einem Ingenieur-Büro Rettungsinseln für Flüchtlinge, «Seerosen für Afrika». 3. Elias Bierdel von Borderline Europe spricht im sehr informativen "supertaalk" «Was passiert an Europas Grenzen?» unter anderem über die «auffällige Zurückhaltung der Medien», wenn es darum geht darüber zu berichten, was an Europas Grenzen passiert.*

"FLÜCHTLINGSBEKÄMPFUNG" IM NAMEN EUROPAS

Das Hauptaugenmerk vieler Initiativen gegen die Asyl- und Flüchtlingspolitik in Europa richtet sich auf die Grenzschutzagentur *«Frontex»*. Der Name ist abgeleitet von *«FRONTières EXtérieures»*, Französisch für: Außengrenzen. Und seit 2004 ist diese "Agentur Frontex" – mit Hauptsitz in Warschau – damit beauftragt, die EU-Mitgliedstaaten bei der Sicherung der "Außengrenzen" sowie bei der Durchführung von Abschiebungen zu unterstützen. Dazu wird die EU-Agentur wiederum von den europäischen Regierungen unterstützt, bekommt Geld, Befugnisse und Material in solchen Ausmaßen, dass Kritiker_innen in Frontex den Aufbau einer Grenzarmee sehen, die bereits seit geraumer Zeit "exterritorial" operiert, das heißt außerhalb europäischer Hoheitsgebiete. Eines der ersten großen Einsatzgebiete von Frontex war das Umland von Ceuta und Melilla, den spanischen Enklaven am afrikanischen Kontinent, und der Atlantik zwischen Afrika und den Kanaren. Die Aufgabe ist, Flüchtlinge am Erreichen des europäischen Festlands zu hindern, wo diese de jure einen Asylantrag stellen und nicht sofort wieder zurückgeschickt werden können. Die Informationslage ist spärlich, auch wenn immer wieder einmal von Boatpeople berichtet wird und Bilder überfüllter afrikanischer

Fischerboote in den Massenmedien auftauchen. Hintergründe werden nicht beleuchtet, von einer EU-Grenzschutzagentur, die freilich kaum an Publicity interessiert ist, wird kaum etwas bekannt. Von offizieller Seite heißt es maximal, Frontex habe *«natürlich in erster Linie die Aufgabe, Menschenleben zu retten»*. Noch 2009 wird einem Team des öffentlich-rechtlichen Fernsehens von Report Mainz nur das zugegeben, was sich nicht mehr leugnen lässt. Die Desinformationspolitik ist Programm. Die Arbeit der Menschenrechtsorganisationen und von Aktivist_innen beginnt daher damit, überhaupt erst gesicherte Informationen zusammenzutragen, auszutauschen und schrittweise Bewusstseinsarbeit zu betreiben. *«No Border Camps»* finden jährlich in verschiedenen Städten und Regionen Europas statt: *«Menschen und Bewegungen, die gegen die Grenzen kämpfen, welche uns trennen»* treffen sich, tauschen ihre Erkenntnisse aus und führen Aktionen an Ort und Stelle aus. Diese offenen Veranstaltungen der No Border Camps sind Bestandteil des internationalen NoBorderNetzwerkes, eines losen Kollektivs, das sich aus autonomen Gruppen, Organisationen und Individuen zusammensetzt.

In Frontex laufen die behördlichen Verfahrensweisen und Praktiken der Asyl- und Flüchtlingspolitik einzelner EU-Mitgliedstaaten zusammen und werden, operativ an den Schnittstellen von Grenzpolizei und Geheimdiensten angesiedelt, aufeinander abgestimmt und zunehmend zentralisiert. Frontex ist also eine Behörde, die nicht von Grund auf neu geschaffen wurde, sondern die aus der Abstimmung und Vernetzung nationaler Grenzschutzbehörden hervorgegangen ist. Gewisse Grenzschutzmaßnahmen werden auch ausgelagert: Assoziierungsabkommen werden mit jenen Ländern abgeschlossen, die "jenseits" ans Mittelmeer grenzen und Transitländer sind für Menschen, die aus dem Süden der Sahara Richtung Europa aufbrechen. In diesen Abkommen verpflichten sich Länder wie Libyen, Ägypten, Marokko, auf ihrer Seite äußerst rigorose Grenzschutzmaßnahmen zu setzen, um die Überfahrten zu verhindern. Die Aktivitäten und Einsätze dieser Behörde zu beobachten und zu dokumentieren stellt demnach eine weitverzweigte, komplexe und schwierige Aufgabe dar. Es sind lange Zeit vor allem Netzwerke #341 wie no-racism.net, labournet, das *«noborder network»* und Indymedia, die Informationen zu Frontex sammeln und publizieren, aber keine zentrale Dokumentationsstelle im Web. Bereits seit 2007 gibt es auf antira.info das WatchBlog #059 *«frontexwatch. keepin` an eye on the Kerberos of the EU border regime»*. Auch wenn einzelne Journalist_innen wie Corinna Milborn mit *«Gestürmte Festung Europa»* oder Fabrizio Gatti mit seiner verdeckten Reise als "Illegaler" einiges Aufsehen erreichen, so dauert es doch Jahre, bis Existenz, Hintergrund und die Operationen von Frontex vor den Kanarischen Inseln, vor Marokko, Mauretanien und Senegal, dann im Mittelmeer vor Malta und Lampedusa einer breiteren Öffentlichkeit bekannt und in einem Zusammenhang mit den Bildern von Flüchtlingslagern und Boatpeople gesehen werden. Während der Operation *«Hermes»*, die im Februar 2011 im Angesicht der Aufstände in Tunesien und Ägypten gestartet wird und die befürchteten "Flüchtlingsströme abhalten" soll, ertrinken im April 2011 mehrere Hundert Menschen im Mittelmeer unter strenger Frontex-Bewachung. Die Medien berichten, aber fast sieben Jahre nach der Blockade der *«Cap Anamur»* ist diese Nachricht weiterhin nicht mehr als eine Randnotiz.

CAP ANAMUR UND DIE EUROPÄISCHE BORDERLINE-POLITIK

Im Juli 2004 geraten 37 Männer, die von der afrikanischen Küste aus das Mittelmeer überqueren wollen, um in Europa Asyl zu finden, in Seenot. Sie werden von der Cap Anamur aufgenommen und gerettet, dem Rettungsschiff der gleichnamigen Hilfsorganisation der Deutschen Notärzte e. V., das eigentlich mit einem Transport medizinischen Materials in Richtung Suez-Kanal und dann weiter in den Irak unterwegs ist. Der Kapitän und der damalige Vorsitzende der Hilfsorganisation,

Elias Bierdel, melden die Schiffbrüchigen den Behörden und wollen sie in Sizilien an Land bringen. Bei der Einfahrt in den Hafen zieht Italien plötzlich die Einlaufgenehmigung mit der Begründung zurück, dass auf dem Schiff "Illegale" transportiert werden und verlangt von der Cap Anamur, die Hoheitsgewässer Italiens zu verlassen. Kriegsschiffe umkreisen die Cap Anamur. Als das Schiff nach elf Tagen militärischer Blockade einerseits und Hungerstreik der Flüchtlinge andererseits schließlich einfach den Hafen Porto Empedocle anläuft und anlegt, wird es umgehend beschlagnahmt. Die Asylwerber_innen werden trotz anderslautender Abmachungen und vor den Augen der UNHCR in ein Auffanglager gebracht, der Kapitän, der erste Offizier und Elias Bierdel wegen *«Beihilfe zur illegalen Einwanderung»* festgenommen. Die Asylanträge werden im Schnellverfahren negativ beschieden und fast alle Männer aus Italien und Europa abgeschoben. Die Staatsanwaltschaft fordert vier Jahre Haft und eine Strafe von jeweils 400.000 Euro für den Kapitän der Cap Anamur und den Vorsitzenden der Hilfsorganisation, die sich nun von ihm trennt. Mohammed Yussif, einer der 37 Geretteten, versucht es 2006 wieder und stirbt so wie zwanzig weitere vor Lampedusa, nachdem ihr Boot kentert. Das Gerichtsverfahren gegen Elias Bierdel und die Mitangeklagten wegen Schlepperei endet nach fünf Jahren schließlich mit Freisprüchen.

Die Geschichte der Cap Anamur ist paradigmatisch für die europäische Borderline-Politik. Ein geeintes Europa, das vordergründig keine Grenzen kennt, nur "Außengrenzen". Auf der einen Seite die *«Flüchtlingsbekämpfung»* (Angela Merkel, 2009) à la Frontex: Menschen werden mit allen Mitteln und auch "jenseits" der in Europa geltenden Rechtsbestände von den "Außengrenzen" ferngehalten. Auf der anderen Seite die Kriminalisierung sowohl jener Flüchtlinge, die es als "Illegale" nach Europa schaffen, als auch immer wieder der Menschenrechtsarbeit von Aktivist_innen und Nichtregierungsorganisationen (NGOs). 2007 gründet Bierdel gemeinsam mit anderen den Verein *«Borderline Europe»*, um *«das Schweigen zu brechen»* und diese Borderline-Politik der EU zu dokumentieren. Die Plattform borderline-europe.de dokumentiert die täglichen Dramen, Medienberichte, die Arbeit der Regierenden und den Kampf gegen Migrant_innen ebenso wie den Kampf Pro Asyl und gegen die im Namen Europas begangenen Menschenrechtsverletzungen. Die mittlerweile ein umfangreiches Archiv darstellende "WatchBlog"-Plattform ist per Feed abonnierbar und hat mit einer Facebook-Seite #094 und einem Twitter-Account #166 Web 2.0-Tools in die Informationsarbeit integriert.

SELBSTERMÄCHTIGUNG UND POLITISCHE SCHÖNHEIT

Die Arbeit gegen Frontex, gegen die organisierte Asyl- und Flüchtlingspolitik der EU, erfordert viel Autonomie seitens der Aktivist_innen sowie ein großes Maß an Selbstorganisation: sie gestaltet sich entsprechend facettenreich auf unterschiedlichen Ebenen und mit verschiedenen Mitteln: laufende Dokumentation, Veranstaltungen zur Informationsarbeit, Bleiberecht-Demos, die europaweit stattfinden und jeweils konkrete, die Öffentlichkeit "vor Ort" bewegende Anlassfälle thematisieren, Vernetzung auf noborder-Camps, künstlerische Intervention. 2011 zieht zum Beispiel die *«Karawane für Bewegungsfreiheit»* zuerst aus ganz Europa und Afrika Menschen zusammen und dann von Bamako in Mali nach Dakar im Senegal zum 10. Weltsozialforum, um transnationale Verbindungen zwischen antirassistischen Gruppen zu knüpfen. Geleitet wird die Karawane von einem kleinen, transnational organisierten Netzwerk mit Aktivist_innen aus Mali, Deutschland, Österreich und den Niederlanden. Gemeinsam mit anderen Netzwerken wie dem *«Mouvement des Sans Voix»* machen die Aktivist_innen auf die Wechselwirkungen zwischen den Gründen und Ursachen für Flucht und Migration, auf die von rassistischer Gesetzgebung, Ausgrenzung und Abschiebung geprägten Lebens- und Arbeitsbedingungen von Migrant_innen in den sogenannten Aufnahmeländern aufmerksam.

Als die antirassistische Karawane auf die Autorally Budapest-Bamako trifft, gelingt es, den Rassismus dieser Veranstaltung in Bildern und Interviews so nachdrücklich zu dokumentieren, dass in Europa davon einige Notiz genommen wird. Vernetzung ist transnational und auch auf lokaler Ebene von Bedeutung, etwa wenn es darum geht, sehr kurzfristig Demonstrationen und Interventionen gegen Abschiebungen zu organisieren. Entsprechende Mittel und Wege der Social Media #009 "Kanal-Arbeit" werden im Manual Block von Andreas Görg und PorrPorr beschrieben. "Lokal" bedeutet in dieser Hinsicht nicht beschränkt oder beschränkend, sondern eine präzise Abstimmung auf Einsatzgebiete, lokale Strategien und Interventionen mit Aktionen im öffentlichen Raum, aber auch im Web. Via Facebook wird sowohl lokale Vernetzung koordiniert, es wird informiert und zu Veranstaltungen aufgerufen als auch der virtuelle Raum für Online-Demos genutzt. *«Das Bündnis für Menschenrechte und Zivilcourage»* organisiert und mobilisiert zum Beispiel sehr erfolgreich sowohl in der sogenannten Real World Film-, Lesungs- und Diskussions-Veranstaltungen als auch auf Facebook, immer mit konkreten und meist künstlerischen Aktionen, die sich gegen Diskriminierung und Extremismus wenden. In Berlin stellt das *«Zentrum für Politische Schönheit»* (ZPS) einen Thinktank dar, der politische Poesie mit Politik und Aktionskunst verschweißt, um den Kampf um die Menschenrechte neu zu denken. Grundanliegen sind eine humanitäre Kurskorrektur der Gegenwart und leuchtende Bekenntnisse zu politischer Humanität. Denn: *«Politische Schönheit ist moralische Schönheit.»* In den Arbeiten des ZPS werden die mangelnde politische und militärische Bereitschaft thematisiert, Zivilisten aktiv zu schützen und gegen genozidale Kriegsführung entschlossen vorzugehen. Der Berg aus Trauer gibt Rechenschaft darüber. Die Mittel sind grenzüberschreitend: Aktionen, Theaterstücke, Kinofilme, Podiumsdiskussionen, Ausstellungen, Installationen, Projekte wie der *«Pillar of Shame»* zur Erinnerung an das Massaker in Srebrenica. Es sind Mittel, welche die Vorstellungskraft stärken: ja, das gibt es, das kommt sogar regelmäßig vor, auch in "unserem" Europa, unter seiner Schirmherrschaft. Es geht um Anstand, politische Verletzlichkeit, Anteilnahme, Erschütterung. Die Aktionen richten sich gegen alle Formen von Handlungslethargie, von politischer Untätigkeit. Es geht darum, eine große digitale wie mediale Öffentlichkeit aufmerksam zu machen, zu erschüttern, in Bewegung zu bringen gegen Menschenrechtsverletzungen.

NACHRICHTENAGENTUR DER ERSCHÜTTERUNG

«Erschütterung» ist der erste Nachrichtendienst für humanitäre Breaking News abseits der "großen" Medienthemen wie Opel, "Abwrackprämie" oder Thilo Sarrazin. Der News-Feed #237 kann über Facebook, Twitter oder Blog abonniert werden. Auf *«Erschütterung»* finden sich kurzgefasste Nachrichten mit Quellenangaben über die Kriege und Krisen in Afrika, die Festung Europa, über Frontex, über politische Ziele und Taten, die nicht ruhig schlafen lassen – wenn man von ihnen erst einmal gehört, gelesen hat. Insofern ist *«Erschütterung»* ein Puzzlestück zu einer verantwortungsvollen, nachvollziehbaren Berichterstattung. Die Kommentare der User_innen sind sehr offen und direkt. Viele schreiben empört: *«Das habe ich ja gar nicht gewusst.»* Mensch braucht Wissen, um eine Wahl zu haben, um die Entscheidung zu treffen, sich gegen die Borderline-Politik der EU zu vernetzen, sich dieser aktiv zu widersetzen. Dazu gehört, sich die Borderline-Politik der EU in ihrem Bestehen, in ihrem Ausmaß und ihren Konsequenzen vor Augen zu führen, sie zu beobachten und zu dokumentieren. Andere weisen auf themenbezogene, weiterführende Artikel oder Dokumentationen hin. Sie helfen als Community mit – eine Öffentlichkeit, die sich nicht abspeisen lässt mit massenmedialer Ignoranz, mit sachzwänglerischen Selbstverständlichkeiten, einer Menschen und Menschenrecht verletzenden Grenzpolitik. Vernetzung findet statt, über die Form der Mediendokumentation und

über diese hinausgehend. Die Aufrufe anderer NGOs werden unterstützt, Links zu Online-Artikeln, zum Beispiel im *«Glocalist»* oder im *«The European»* werden gesetzt, Meldungen von Borderline-Europe werden verbreitet. Eine verantwortungsvolle, nachvollziehbare und gebündelte Berichterstattung ist auf Social Media-Kanälen möglich: Berichte über die Menschenrechtsverletzungen an den Grenzen Europas werden WatchBlog-mäßig über News-Feeds gesammelt, über verschiedene Soziale Netzwerke und Web 2.0-Komponenten zugänglich und mit-teilbar gemacht, geshared. Ausführliche und sorgfältige Mediendokumentation stärkt die Vorstellungskraft, führt sie an ihre Grenzen, an denen sich herkömmliche und vielleicht bequemere Sichtweisen erschüttern. Die *«Seerosen für Afrika»*, entworfen vom *«Zentrum für Politische Schönheit»*, sind als schwimmende Rettungsinseln konzipiert: 1000 von Deutschland fest im Mittelmeer verankerte Plattformen, ausgestattet mit Nahrung, Sonnenschutz, Radarreflektor sollen nicht nur Flüchtende vor dem Ertrinken retten, sie sollen auch ein Zeichen setzen. Ein Zeichen gegen das stille Sterben im Mittelmeer: Aus einer Utopie wird Verständnis und Verantwortung für ein gemeinsames Miteinander. Frontex wird die Plattformen regelmäßig kontrollieren und die Wartenden in die erhoffte Sicherheit bringen. Das Zentrum für Politische Schönheit will mit den *«Seerosen für Afrika»* die moralische Gleichgültigkeit durchbrechen. 1000 Positionslichter als internationales Bekenntnis zur abendländischen Humanität.

JENSEITS VON PLANET PAPRIKA

Reisende Menschen werden auch innerhalb der Europäischen Union bekämpft, die so viel auf ihre Reisefreiheit, Außengrenzen und ihre Verwaltungspolitik hält. Fahrende Lebensweisen, die von vorherrschenden Ordnungs- und Meldepflichten abweichen, werden nur in gewinnbringenden Formen toleriert. Roma werden ausgewiesen. Abgeschoben in Lager, in "Herkunftsländer" wie Rumänien oder Bulgarien, Deportationen innerhalb der EU. EU-Bürger_innen zweiter, dritter Klasse. Institutionalisierte Rassismen, die sich fortsetzen: Pogrome in Italien und Ungarn, regelmäßige Übergriffe und alltägliche Diskriminierungen. "Angewandter Antiziganismus" auf institutioneller und gesellschaftlicher Ebene: ungleiche Behandlung von Roma und Sinti auf dem Arbeitsmarkt oder bei der Bereitstellung von sozialen Leistungen wie Gesundheitsvorsorge und Bildung. Als allgegenwärtiges Ressentiment ist Antiziganismus in verschiedenen gesellschaftlichen Bereichen zu finden – sei es in der Politik, Wissenschaft, Kunst oder in den Medien. So gebräuchliche Zuschreibungen wie *«wild, frei, musikalisch»* bilden dabei nur die Kehrseite von *«dreckig, stehlend, verschlagen»*. Seit den späten 1970er-Jahren gibt es Roma-, Sinti- oder Jenischen-Organisationen, die auf antiziganistische Diskriminierung aufmerksam machen und Aufklärung über den NS-Völkermord leisten. Roma-Netzwerke kämpfen gegen Armut und soziale Ausgrenzung und um Anerkennung als bedrohte Minderheit. Die Internationale Romani Union ist die Dachorganisation der Roma-Organisationen weltweit. Sie hat Konsultativstatus im *«United Nations Social and Economic Council»* (ECOSOC). Es gibt unterdessen in fast allen Ländern der Welt Roma-Organisationen, wenige von ihnen nutzen jedoch Social Media. Die Bewegungen von und für Roma, Sinti und Jenische verfügen im Gegensatz zu anderen kollektiven Akteur_innen wie Parteien oder Verbänden nicht über direkte Mittel, am politischen Entscheidungsprozess teilzunehmen. Sie sind gezwungen, auf nicht-institutionalisierte Einflusstechniken auszuweichen. Diese sozialen Bewegungen #130 müssen versuchen, über die Öffentlichkeit bei einem möglichst großen Publikum Aufmerksamkeit und eine positive Resonanz zu erzielen. Wenn dies gelingt, kann der Druck auf politische Entscheidungsträger erhöht werden. Öffentlichkeit, und speziell die sozialer Medien, wird zum entscheidenden strategischen Ansatzpunkt. Eine gute Präsenz auf diesen Kanälen bietet die Chance, Interesse und Unterstützung für eine große, prekarisierte Gruppe zu mobilisieren, und sie kann zudem die Bildung einer kollektiven Identität erleichtern, die sich über rassistische Zuschreibungen hinwegsetzt. Die Präsenz von Roma, Sinti und verwandten oder solidarischen Gruppen im Web hat in den letzten Jahren stark zugenommen. Blogs #335 wie das *«dROMa-Blog»* des Vereins Roma-Service, das Antiziganismus Watch-Blog von zwei jungen Gadsche (Romanes für Nicht-Roma) oder das Antidiskriminierungsblog sibiuaner.de leisten kontinuierliche und fundierte Aufklärungs- und Skandalisierungsarbeit. Valery Novoselsky mit seinem Roma Virtual Network fasst über dreißig E-Mail-Listen #350 in zwanzig Sprachen zu einer Übersicht zusammen. Auf Facebook versorgt uns das *«Roma Virtual Network»* mit nützlichen Informationen. Und mit *«Savvy Chavvy»* gibt es eine eigene Social Network-Plattform für junge Roma. Die Webpräsenzen sind oft sehr traditionell, eher statisch und laden nicht allzu sehr zur (Inter-)Aktion ein. Wenn es jedoch um die Mobilisierung von Unterstützung geht, was eine Existenzgrundlage jeder sozialen Bewegung ist, ist in den letzten Jahren vieles weitergegangen, die Artikulations- und Emanzipationsräume haben sich erweitert, vervielfältigt und sind partizipativer geworden. Webpräsenzen, wie die oben genannten Blogs und Newsletter, nehmen hier eine wichtige Gatekeeper-Funktion wahr. Es genügt aber nicht, wenn prekarisierte Gruppen nur die Aufmerksamkeit der Öffentlichkeit erlangen. Sie müssen auch versuchen, in einem möglichst positiven Licht dargestellt zu werden.

DAS DROMA-BLOG

Das zweisprachige dROMa-Blog in Deutsch und Romanes vereint als Artikulations- und Emanzipationsraum eine Vielzahl der Funktionen und Aspekte sozialer Netzwerke: Autonomie und Selbstorganisation, Wissens- und Informationsmanagement der eigenen "community". Und eben nicht über die zu ihr gezählten Köpfe hinweg oder gar in ihrem Namen. Übergriffe und Diskriminierungen werden WatchBlog-mäßig dokumentiert, ein thematisch und medientechnisch breit angelegter Überblick über relevante politische und kulturelle Veranstaltungen. Im dROMa-Blog spielen Formate klassischer Websites und Social Media-Kanäle zusammen: das Blog, ein Seitenprojekt der vom Verein Roma-Service herausgegebenen Zeitschrift *«dROMa»*, wird zwar redaktionell betreut im Sinne eines *«Journalismus der kleinen Form, der aufmerksam machen und Interesse wecken will»*. Der Twitter-Kanal @dROMaBlog wird nicht nur zum Aussenden der eigenen Blogbeiträge verwendet. Der Account ist mit rund 1.500 anderen Benutzerkonten verbunden und ist eine kommunikative Drehscheibe im Austausch mit vielen anderen Nutzer_innen. Via YouTube werden eigene Fernseh-Nachrichten, ebenfalls in Romanes und Deutsch, produziert und im Blog eingebettet. Die Informations- und Vernetzungsarbeit ist also selbstorganisiert. Berichte, Meldungen und Reportagen sind auf die Anliegen und Interessen der "community" fokussiert, ohne diese auf ein bestimmtes Selbstverständnis einzuschränken und vor allem ohne den Aufmerksamkeits- und Aktionsradius entlang eines festgelegten Selbstverständnisses zu begrenzen.

Die erste Voraussetzung für eine positive Wahrnehmung von sozialen Bewegungen ist, dass ihre Aktionen als sozialer Protest betrachtet werden. Eine Protestaktion muss eine Beschwerde über Ungerechtigkeit ausdrücken, die die Protestierenden nicht selber beseitigen können. Aktionen wie der transnationale Migrant_innen-Streiktag, an dem sich weltweit Migrant_innen organisieren und ihre Arbeit niederlegen, um auf die von Rassismus und Diskriminierung bestimmten Lebens- und Arbeitsbedingungen hinzuweisen, sind gerade dabei, die Grenzen regionaler oder nationaler Breitenwirkung zu überschreiten. Dafür sind wiederum Kampagnen und Protestformen notwendig, die zur transnationalen Solidarität aufrufen und dabei lokale Gruppen ebenso wie internationale Organisationen über die herkömmlichen Einzugsgebiete ihrer Aktivitäten hinaus vernetzen. Die Protestaktion dient dazu, die Aufmerksamkeit auf die Beschwerden zu richten und über eine Zielgruppe Schritte zur Verbesserung hervorzubringen. Die Protestierenden hängen dabei von einer Kombination aus Sympathie und Furcht ab, um die Zielgruppe in ihrem Sinne zu beeinflussen. Wenn eine Aktion als sozialer Protest definiert wird, bildet sie mehr eine Art von Kommunikation als eine Form direkter Aktion. Eine Protestaktion drückt immer sowohl Beschwerde wie auch Drohung aus. Eine optimale Kombination zwischen Beschwerde und Drohung ist notwendig, damit eine Protestaktion genügend Aufmerksamkeit erzielt, aber nicht eine zu starke Bedrohung darstellt. Wenn die Bedrohungskomponente überwiegt, besteht das Risiko, dass nicht die Motive und Gründe des Protests, sondern die Verwerflichkeit der Protestformen im Mittelpunkt der öffentlichen Aufmerksamkeit steht. Allzu harmlose Proteste drohen hingegen unbeachtet zu bleiben. Diese optimale Kombination ist aber nicht leicht zu erreichen. Um sie zu erreichen, ist vor allem die richtige Wahl von Taktiken und "Framing"-Strategien entscheidend.

«Gegner zu bedrohen, den Staat unter Druck zu setzen und dennoch der Medienöffentlichkeit als sympathisch und ungefährlich zu erscheinen. Das ist ein schwieriger Balanceakt, der aber, wenn er gelingt, ein enormes politisches Druckmittel darstellen kann.» (McAdam 1994)

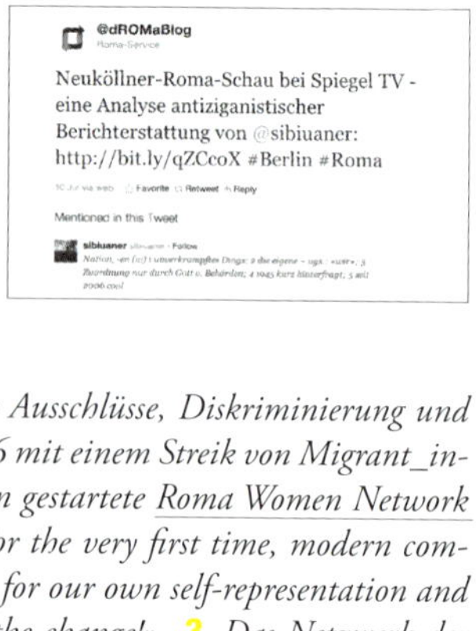

Ausschluss Basta!

1. *Am 1. März organisieren sich weltweit Migrant_innen gegen soziale Ausschlüsse, Diskriminierung und Rassismus. Angefangen haben diese transnationalen Proteste im Jahr 2006 mit einem Streik von Migrant_innen in den USA und seither weiten sie sich aus.* 2. *Das von fünf Frauen gestartete Roma Women Network will das Bild und die Identität von Roma Frauen selbst bestimmen, «For the very first time, modern communication technologies are giving us the chance to build a virtual space for our own self-representation and make connections, wherever we are. It is up to us to speak out and be the change!».* 3. *Das Netzwerk der Roma Aktivist_innen betreibt* Monitoring *der Massenmedien, dokumentiert antiziganistische Berichterstattung und macht die Dokumentation im Netz präsent und sichtbar.*

ZUSAMMENFASSUNG

Transnationale Menschenrechts- und Antirassismusarbeit hat denkbar schlechte Karten in dieser Festung_Europa®, die immer weiter militärisch hochgerüstet und überwacht wird; indem der "Ausschuss für bürgerliche Freiheiten, Justiz und Inneres (LIBE)" im Europaparlament den Ausbau von Frontex billigt. Der Aufbau von Netzwerken ist alleine schon notwendig, um im Informationsaustausch über Grenzen hinweg überhaupt erst rekonstruieren und dokumentieren zu können, wo überall in unserem – europäischen – Namen Menschen- und Bürgerrechte missachtet werden. Die großen Tragödien spielen sich auf offener See, in versiegelten Transportern und Lagern unter Ausschluss der Öffentlichkeit ab. Dokumentation und Vernetzung sind ein Schritt, das Wegschauen und Schweigen beziehungsweise diskriminierende Rechtfertigen zu durchbrechen. Viele Projekte im Web sind dem Framing-Konzept verpflichtet, das in Anlehnung an Erving Goffman den Aspekt der sozialen Konstruktion von Problemen ins Zentrum rückt. Der Ansatz betont die Rolle von Deutungsstrategien, mit denen eine Frage überhaupt als Problem definiert wird. Unter "framing" werden bewusste Strategien verstanden, mit denen Akteure einer Bewegung versuchen, sich selbst und ihre Thematik darzustellen, um damit für bestimmte Aktivitäten zu motivieren und zu mobilisieren. Das Framing-Konzept betont die aktive Rolle der Teilnehmer_innen einer Bewegung und weist darauf hin, dass Mobilisierungen hergestellt werden müssen.

- Zusammenarbeit und Aufgabenteilung hilft bei der Recherche und Dokumentation, Karawanen und Treffen helfen, unsere Erkenntnis- und Wissensstände zusammenzuführen.
- Organisiert Info- und Diskussionsabende, ladet Aktivist_innen ein, analysiert gemeinsam im Dialog. Erarbeitet euch ein Verständnis der Lage derer, die am hilflosesten sind.
- Reiht euch in die Reihen derer ein, die von unserer Gesellschaft als "die Anderen" konstruiert werden. Wir müssen nicht nur nicht mitspielen, wir können die Konstruktion der "Fremden" auch demaskieren. Definieren wir das "wir" einfach um.
- Verwendet künstlerische, intervenierende, lebenslustig-widerständige Aktionsformen, um Aufmerksamkeit zu erregen, Zusammenhänge zu thematisieren, Bezugsrahmen zu verändern.

Antiziganismus, Romablog, Erschütterung, Frontex, Festung Europa, Illegale, Roma, Cap Anamur, Framing-Ansatz, NoBorders, Afrika, Karawane, Boatpeople, Asyl, Europa, Grenzen, Zentrum für Politische Schönheit

KOMMENTARE

Georg Schütz *sagt:* *zige.tv*

Wir haben am 12. Oktober 2009 eine Informationsveranstaltung an der Akademie der bildenden Künste zum europäischen Grenzregime mitgefilmt. Elias Bierdel erzählt in seinem Vortrag die Geschichte der Cap Anamur, allein die Bilder sind interessant, der Vortrag ein Muss! Anschauen, weitergeben, einbetten:

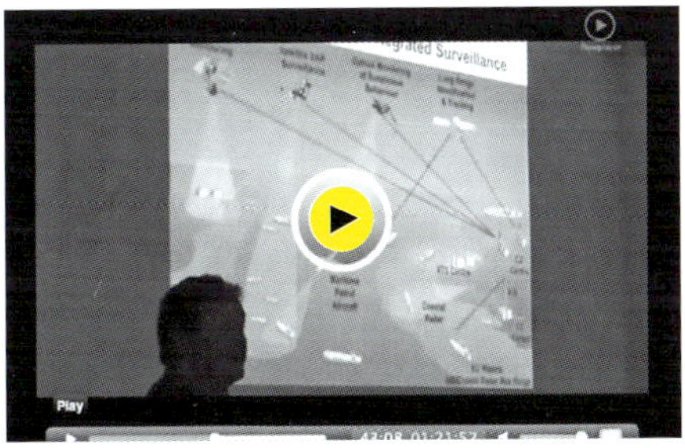

Susanne *sagt:* *erschuetterung.info*

Ich werde nie verstehen, warum der Zufall der Geburt so viel Macht über ein weiteres Leben haben darf/kann. Ich kann nicht akzeptieren, dass wir Europäer zwar stolz und glücklich sind über die friedliche Revolution 1989, daraus aber keine "europäische Nächstenliebe" geboren wurde. Spätestens zur Wiedervereinigung hätten auch andere Grenzen (sichtbare und unsichtbare) fallen müssen.

Klaus Werner-Lobo *sagt:* *unsdiewelt.com*

Während die Grenzen für Welthandel und Kapital geöffnet wurden, machte man sie gleichzeitig für Menschen aus ärmeren Ländern dicht. Dabei verstärkt die Ausbeutung der Rohstoffe und der Arbeitskraft dieser Länder durch westliche Industrieländer und Konzerne dort noch das Elend und heizt bewaffnete Konflikte an. Weltweit gibt es mehr als 33 Millionen Menschen, die vor Gewalt, Krieg oder Unterdrückung aus ihren Heimatorten geflüchtet sind. Nur eine kleine Minderheit schafft es dorthin zu gelangen, wo auch ein großer Teil der Reichtümer ihrer Heimatländer hingeflossen ist: in die reichen Industrieländer. Also zu uns. Viele von ihnen haben übers Fernsehen oder Internet mitbekommen, dass hier in Europa ein unvergleichlich hoher Wohlstand herrscht und sie, selbst wenn sie die billigste Drecksarbeit annehmen, oft an einem Tag mehr verdienen können als in ihrer Heimat in einem Monat.

In Nigeria zum Beispiel, wo Shell und andere Erdölkonzerne mit der Ölförderung Milliarden verdienen, dafür korrupte Herrscher unterstützen und die Lebensmöglichkeiten von Millionen Menschen bereits zerstört haben, liegt das durchschnittliche Monatseinkommen heute bei 45 Euro pro Person. Benzin, Medikamente und andere Güter sind dabei aber genauso oder fast genauso teuer wie bei uns. Wie soll man von 45 Euro im Monat leben oder gar eine Familie ernähren? Jeder verantwortungsbewusste Mensch würde alles tun, um seine Situation zu ändern und woanders hinzugehen, dorthin, wo er oder sie im besten Fall sogar Geld heimschicken und damit der eigenen Familie helfen könnte. Mit jährlich über 300 Milliarden Dollar überweisen Migrant_innen weit mehr als dreimal so viel Geld an ihre Familien in der Heimat, wie weltweit an Entwicklungshilfe gezahlt wird. Dieses Geld ist zudem wesentlich sinnvoller angelegt, als es bei vielen Entwicklungshilfeprojekten der Fall ist.

Was passiert aber bei uns? Ein Nigerianer, der es geschafft hat, die teure und gefährliche Reise nach Europa anzutreten, steht an den Grenzen Europas vor verschlossenen Türen. Öl und Kapital dürfen rein, aber die Menschen nicht. Immer mehr Verzweifelte versuchen dennoch, die Mauern der „Festung Europa“ zu überwinden – und werden dann hier zu „Illegalen“ erklärt. Sie werden zu Verbrechern gemacht, ganz so, als sei der Wunsch nach einer besseren Zukunft kriminell. Wie zynisch diese Haltung ist, zeigt folgende offizielle Meldung österreichischer Grenzpolizisten: „Vier Illegalen gelang es, den Fluss zu durchschwimmen. Ein Somali ist ertrunken, einer erlitt Erfrierungen. Ihr Verhalten zeigt eine besondere Ignoranz der österreichischen Gesetze und eine Störung der öffentlichen Ruhe, Ordnung und Sicherheit.“ Der Mehrheit unserer Politiker_innen und manchen Medien dient das ganze ausländerfeindliche Geschrei wahrscheinlich vor allem dazu, Unsicherheit in der Bevölkerung zu schüren und die eigene Macht zu sichern. Sie handeln dabei nach dem uralten Prinzip "teile und herrsche": Wenn eine Gruppe glaubt, dass die andere eine Bedrohung darstellt, klammert sie sich hilfesuchend an die Autoritäten.

Philipp Ruch sagt: *politicalbeauty.de*

Das gesellschaftliche Erblinden: Was die mediale Bildzirkulation hergibt ist weniger eine Stütze der Gesellschaft, als ihre Höhle: eine Momentaufnahme des "falschen Bewusstseins" Europas. Wie in der platonischen Höhle werden Bilder an die gesellschaftlichen Innenwände projiziert und von den Höhlenbewohnern tatsächlich geglaubt. Diese Bilder waren im Jahr 2010 – man mag es kaum glauben: ein Tiefbahnhof, ein Wettermoderator, ein Buch zur "Integration" und Digitalfotografien von Straßenzügen. Um Europa herum herrschen Elend, Not und Schrecken. Aber die Zeitgenossen flüchteten in die Höhle der Ahnungslosigkeit. Das Bildvolumen aus den ostafrikanischen Krisenstaaten Kongo, Somalia oder Sudan dringt nicht durch. Weil die traditionellen Medien ihrer Bildungs- und Bewertungsfunktion nicht gerecht werden, wird es im 21. Jahrhundert mehr denn je auf Gegenöffentlichkeit ankommen.

thara sagt:

"Roma", dieser Oberbegriff für alle Menschen, welche Romanes sprechen oder von Lebensweise und Herkunft her zu den Stämmen der Roma gehören, bedeutet übersetzt: Menschen. Und ist der Oberbegriff für alle Angehörigen der verschiedenen Stämme. In Deutschland, Frankreich und Italien leben hauptsächlich Sinti, die sich in Frankreich auch Manouches nennen. Die Sinti sind Nachfahren der im 15. Jahrhundert nach Zentraleuropa eingewanderten Gruppen. Als spätere Einwanderer aus dem Osten, vor allem nach der Sklavenbefreiung in Rumänien, aber auch aus der Slowakei, Ex-Jugoslawien oder Polen kamen weitere Gruppen, die sich auch als eigenständige Untergruppe Roma nennen. Obwohl sich alle Romanes sprechenden Stämme der Roma auf der ganzen Welt in ihrer gemeinsamen Muttersprache gut verständigen können, gibt es doch auch starke Unterschiede in den Dialekten des Romanes. Alle Roma-Stämme sprechen auch die Sprache oder die Sprachen der Länder, in denen sie leben; einige Gruppen, so etwa die spanischen Calé, sprechen auch unter sich nicht mehr Romanes, sondern die Landessprache Spanisch, allerdings mit einer eigenen Dialektfärbung und unter Übernahme von einzelnen Wörtern aus dem Romanes. Die Jenischen, eine Gruppe von sesshaften oder fahrenden Händlern, Schaustellern und Hausierern, welche vor allem in Süddeutschland, Österreich, der Schweiz und in Frankreich leben, haben eine eigene Sprache: Jenisch. Es enthält Elemente der mittelalterlichen „Vagantensprache“ Rotwelsch, der jüdisch/deutschen Mischsprache Jiddisch, des Romanes sowie viele eigenständige Wortbildungen.

In verschiedenen Sprachen präsent sind aber auch noch Bezeichnungen, die den Roma von außen her zugelegt wurden. So die Begriffe "Zigeuner" (Deutsch), "Tsigane" (Französisch), "Zingaro" (Italienisch), "Zigan" (Ungarisch, Polnisch und andere Sprachen Osteuropas). Vor allem in Deutschland und Österreich, wo die Roma unter der Bezeichnung "Zigeuner" von den Nationalsozialisten verfolgt und zu Hunderttausenden ermordet wurden, wünschen viele Sinti und Roma, nicht mehr unter dieser Bezeichnung angesprochen zu werden. "Zigeuner" ist für sie ein mit Verfolgung und Gewalt verbundenes Schimpfwort. Hinzu kommt, dass es deutsche Wissenschafter gab, welche das Wort "Zigeuner" aus der eindeutig abwertenden Bezeichnung "ziehender Gauner" herleiten wollten, was falsch ist. Eine andere Gruppe von Bezeichnungen für die Roma sind "gypsy" (Englisch), "gitano" (Spanisch, ausgesprochen: Chitáno) oder "gitane" (Französisch). Diese Wörter sind abgeleitet aus "egyptian" (Englisch) oder "egipciano" (Spanisch) für "ägyptisch". Auch sie beruhen, genau wie die anderen Fremdbezeichnungen für die Angehörigen der Roma-Stämme, ebenfalls auf Missverständnissen und Unklarheiten.

***bernhard jenny** sagt:* *bernhardjenny.wordpress.com*

abschaffung und weigerung.

ich schaffe ab.

wir sollten es abschaffen. das wort. flüchtling. es sollte überflüssig werden. die kategorisierung. flüchtling. lange genug waren jene menschen, die vor uns stehen flüchtling. jetzt, da sie bei uns sind, an unseren außengrenzen, in unserem land, in unserer stadt, in unserem dorf, soll das flüchtling sein ein ende finden. flüchtling – bezeichnet vergangenes. wir müssen uns auch bewusst machen, dass die gründe, die diese menschen zu uns kommen haben lassen, immer auch mit uns zu tun haben, ja oft sehr nachvollziehbar mit jenem system zu tun haben, von dem wir profitieren und viele – sehr viele andere – verlieren. es wäre auch nicht richtig, weil sehr naiv, so zu tun, als hätten diese neuen mitmenschen ohnehin die gleichen chancen wie alle anderen auch, als wäre alles an schwierigkeiten schon vorbei und überwunden, wenn wir ihnen nur einen neuen namen geben. flüchtlinge – erzählt uns über die vielen schrecklichen dinge, die menschen erleben und überleben mussten, berichtet über die gründe, die schlimm genug gewesen sein müssen, alles hinter sich zu lassen und aufzubrechen. aus der verzweiflung in richtung hoffnung. flüchtling – dieses wort wird hier bei uns viel zu oft von jenen in den mund genommen, die in menschen eine gefahr und eine belastung sehen. es ist ganz einfach, einem flüchtling alles mögliche zu unterstellen. flüchtling – ist schnell eine identität für jene, die keine wirkliche identität haben dürfen. also schaffen wir sie ab.

ich schlage vor.

führen wir ein neues wort ein. eine identität. willkommene. es soll sich verbreiten. unsere gedanken weiten. willkommene. sagen wir diesen menschen, die vor uns stehen: willkommen. wir müssen die bilder in unseren köpfen verändern, um die wirklichkeit zu ändern.

ich weigere mich.

nein zum prinzip selektion. es muss aufhören. lange genug wurde erörtert, wer denn die richtigen und die falschen seien. ich will nicht mehr über ein mehr oder weniger, ein wenn-dann, ein in-manchen-fällen oder sonstige sonderfälle reden. wenn wir das bleiberecht für die einen mit dem verweis auf andere, die wohl viel eher weg sollten, erkaufen und erfeilschen, verraten wir das unteilbare recht aller. es muss wirklich egal sein, ob das schicksal von menschen den medien bekannt ist oder nicht, ob journalistInnen über sie schreiben oder nicht, ob politikerInnen sie persönlich kennen oder nicht, ob sie sympathisch oder zurückgezogen, telegen oder schüchtern, laut oder leise, gesprächig, lächelnd, trauernd oder depressiv, kraftstrotzend oder krank, schwach oder sportlich sind, ob sie jung sind oder älter, ob sie christInnen, muslimInnen oder sonst religiös sind, oder sie sich keiner religion zugehörig fühlen, ob sie herausragende fähigkeiten haben oder bisher keine bildungschance hatten, es muss unerheblich sein, welche visionen diese menschen antreiben, welche träume sie haben, ob sie hetero-, homo- oder bisexuell, ob sie frau, mann oder transgender sind, ob sie familie und kinder haben oder ganz allein da sind.

alle sind willkommen. alle haben rechte. kein mensch ist illegal.

AKTIVISMUS ~~IM~~ FÜR DAS NETZ

Warum wir alle gefordert sind, uns für das Netz zu engagieren

«Regierungen leiten ihre gerechte Macht von der Zustimmung der Regierten ab. Unsere habt Ihr nicht erbeten, geschweige denn erhalten. Wir haben Euch nicht eingeladen. Ihr kennt weder uns noch unsere Welt. Der Cyberspace liegt nicht innerhalb Eurer Hoheitsgebiete.»

John Perry Barlow

Das Human Rights Council der Vereinten Nationen erklärte 2011 das Medium Internet zum Menschenrecht. Diesem Anspruch widersetzt sich allerdings ein Großteil aller Staaten: als Regierungs- und Verwaltungsinstanzen sammeln sie die Daten ihrer Bürger_innen – verdachtsunabhängig und ohne diese zentral gespeicherten Daten rechtmäßig schützen zu können; unter dem Vorwand der Terror-Bekämpfung und der Netz-Kriminalitäts-Prävention werden außerdem umfassende Zensur- und Überwachungsmaßnahmen getroffen. Höchste Zeit also, sich für ein freies Netz und im Sinne einer partizipativen Cyberspace-Demokratie zu engagieren.

PRIVATE DATEN SCHÜTZEN – ÖFFENTLICHE DATEN NÜTZEN

Seit es das Internet gibt, gibt es die Frage, was dieses Netz kann, für welche Zwecke es genutzt werden kann, welche Möglichkeiten für Missbrauch es mit sich bringt, und die Frage, wie es aussehen und ausgestaltet sein sollte. Seit es das Netz gibt, engagieren sich Aktivist_innen für ein Netz, wie es nach ihren Vorstellungen aussehen sollte. Seitdem es das Netz gibt, gibt es die Vorstellung, das

Engagement und den Anspruch auf freie Informationen für eine freie Gesellschaft. "Freie Informationen" geht dabei keineswegs in die Stoßrichtung, dass alle unsere persönlichen Daten offengelegt sein sollten, dass wir alle allen alles zugänglich machen sollten. Die Stoßrichtung ist viel eher mit dem berühmten Punkt 1 der Vierzehn Punkte von Woodrow Wilson im Einklang. Es geht darum, dass Informationen, die alle angehen und alle betreffen, allen zur Verfügung stehen sollten und nicht das künstlich verknappte Kapital der Mächtigen sein dürfen, die durch Desinformation und Informationsausschluss regieren. Die Maxime, wie sie in der Hackerethik festgeschrieben ist, lautet also *«öffentliche Daten nützen, private Daten schützen»*. Und solange es das Internet gibt, solange gibt es bereits die Hacker.

Die Wahrung der Bürger_innenrechte im Cyberspace

1. *Der «Chaos Computer Club» (CCC) widmet sich als "Hackerclub" und eingetragener Verein seit 1981 der Erforschung neuer Technologien in der Informationsgesellschaft. Dabei ist dem CCC immer der Blickpunkt auf gesellschaftliche Folgewirkungen wichtig und vor allem die frühe Risikofolgenabschätzung, in dem Potentiale für Missbrauch bei allen Chancen für gesellschaftlichen Nutzen gesucht, aufgedeckt und thematisiert werden.* 2. *Ein Aufruf, sich im Netz für das Netz zu engagieren, geht auf die «Unabhängigkeitserklärung des Cyberspace» von John Perry Barlow zurück, hier bei einem TED Talk zu «The Right to Know». In dieser Erklärung wird bereits 1996 das Recht von Regierungen in Frage gestellt, das Internet, diesen ersten unabhängigen «globalen internationalen Staat», nach ihrem Gutdünken zu regulieren.* 3. *Die «Electric Frontier Foundation» (EFF) wird 1990 von John Perry Barlow gemeinsam mit anderen als Bürgerrechtsorganisation gegründet. Die Arbeitsthemen der NGO reichen von Blogger_innen-Rechten über den Schutz des Rechts auf Privatsphäre und den Schutz vor geschäftlichen Interessen bis hin zur Selbstverteidigung gegen Überwachung.*

Als "Hacker_innen" bezeichnen sich Personen, die herkömmliche Verbindungen und Verknüpfungen – in allen Bereichen – technisch weiterentwickeln, Sicherheitslücken aufzeigen, die Frage gesellschaftlicher Konsequenzen stellen und gewohnte Zusammensetzungen auf produktive und kreative Art und Weise zweckentfremden. Hacker_innen sind Forscher_innen. Sie bauen Ikea-Möbelstücke ebenso um wie DNA-Strukturen, Netz- und Softwarestrukturen. Weil sie in Strukturen eindringen, um sie zu erforschen, zu testen und ihre Schlussfolgerungen zu ziehen, und weil das den Eigner_innen dieser Strukturen oftmals nicht Recht ist, wenn ihre Systeme von unabhängigen Personen getestet werden, hat es früh Bestrebungen gegeben, diese *«Hacker»* und ihre Arbeit bis hin zu ihrer Ethik zu kriminalisieren.

Hacker_innen, die Informationen befreien, sind eine Gefahr für jene, die von zurückgehaltener Information und von Desinformation leben und ihre Geschäfte machen. Aus diesem Spannungsverhältnis zwischen Forschungsdrang, gesellschaftlichem Anspruch und drohender Kriminalisierung leitet sich die Motivation ab, Teil der Hackerkultur zu sein und dem *«Hacker's Manifesto»* zu folgen, wie es 1986 von Loyd Blankenship aka «The Mentor» unter der Überschrift *«The Conscience of a Hacker»* formuliert wurde: *«We make use of a service already existing without paying for what could be dirt-cheap if it wasn't run by profiteering gluttons, and you call us criminals. We explore... and you call us criminals.»*

Der Terminus *«Hacker»* wird vor allem in den Massenmedien häufig missbräuchlich verwendet, um damit computer-kriminelles Verhalten zu benennen. Hacker_innen, die kriminelle Handlungen setzen, werden aber eigentlich als "Black Hat Hackers" oder "Cracker" bezeichnet, denen die Mehrzahl der Sicherheitsexpert_innen gegenüberstehen, die "White Hat Hackers". Ihnen geht es nicht darum, Unsicherheiten zu schaffen, sondern auf solche Sicherheitslücken hinzuweisen. Allen Hacker_innen ist das Anliegen gemein, die Behauptungen, zentral gespeicherte Daten könnten umfassend gesichert werden, zu demontieren. Die Aktionen von Hacker_innen dienen dazu, zu verdeutlichen, dass (1) jede Technologie Sicherheits-Lücken aufweist und (2) jede Technologie auch auf kriminelle und illegitime Weise genutzt werden kann; etwa zur staatlichen Überwachung. Eine der renommiertesten Hacker-Organisationen weltweit ist der Chaos Computer Club (CCC), der das immer wieder spektakulär aufzeigt, etwa beim Beweis von NASA-Sicherheitslücken, der Manipulierbarkeit von Wahlcomputern oder Biometriesystemen.

Der Einwand gegen "Hacks" und das Aufzeigen von Sicherheitslücken, es wären gerade die "bösen Hacker_innen", welche das auf so wunderbare Weise sichere zentralisierende Datensammeln gefährden würden, ist mit dem doppelbödigen Argument zu vergleichen, demzufolge der Zugang zum Internet sowohl kontrolliert als auch eingeschränkt werden müsse, um Kinderpornografie im Netz zu unterbinden. Dieser ethisch löbliche Einschreitungsakt verfehlt nach den Aussagen sämtlicher Expert_innen seine Klientel. Außerdem: Generalverdacht und allgemeine Zugangsbeschränkungen unter dem Vorwand eines konkreten und rechtmäßig von Fall zu Fall zu ermittelnden Straftatbestandes sprechen demokratischen Rechtsbeständen Hohn, Rechtsbeständen, die auch im Netz einzufordern und zu gewährleisten sind.

NETZAKTIVISMUS GEGEN DIE DATENSAMMELWUT

Regierungen sammeln unablässig persönliche Daten ihrer Bürger_innen. Diese Daten werden zentral verwaltet, um eine größere und breiter angelegte Kontrolle zu ermöglichen. Bei der Volkszählung in Deutschland im Mai 2011 werden sensible Daten (Weltanschauung, Religion, Migrationshintergrund) erhoben und zentral gespeichert. Aufklärung darüber, wozu diese Daten gesammelt, ob und wofür sie verwendet werden, gibt es keine. Auch Arbeitgeber_innen sammeln Daten: mit dem Elektronischen Entgeltnachweis (ELENA) werden Daten von Arbeitnehmer_innen gespeichert und für Ämter oder Unternehmensleitungen aufbereitet. Diese können sich angesichts der Daten und ihrer Vernetzung sowie der Erstellung von Profilen (Profiling) einen besseren Überblick verschaffen – zum Beispiel über registriertes "Fehlverhalten", die Teilnahme an Betriebsversammlungen und Streiks.

Bessere Kontrolle und effizientere Verwaltung – so heißen die Deckmäntelchen, unter denen sich massive Einschnitte in grundlegende Bürger_innenrechte verbergen sollen. Ein Symptom der Datensammelwut zeigt sich darin, dass verdachtsunabhängig darauflos gesammelt wird. Gängige juristische Abläufe werden verkürzt: anstatt im Sinne der Unschuldsvermutung zuerst zu ermitteln, ob eine umfassende Erhebung persönlicher Daten überhaupt gerechtfertigt ist, wird diese umstandslos exekutiert. Verdachtsunabhängiges Datensammeln stellt alle unter Generalverdacht. Im Fall von ELENA engagiert sich eine breite Front aus Datenschützer_innen und Gewerkschaften gegen diese Form einer Vorratsdatenspeicherung von Arbeitnehmer_innen-Daten. 2011 scheint sich das Engagement zu lohnen, die Bundesregierung beschließt das Aus für ELENA.

Trotz aller Beteuerungen von Regierungs- und Unternehmenseite kann die Sicherheit gesammelter und zentral gespeicherter Daten nicht garantiert werden: sobald umfangreichere Datensätze zusammengestellt, Daten verknüpft und Profile erstellt werden, führen spontane Zugriffe und Suchanfragen auch zu spontanen Rückschlüssen. Anhand der zentral gespeicherten Daten werden Profile erstellt und weitergestrickt, potenzielle Täter_innen-Gruppen entlang bestimmter Merkmale (Kommunikationswege, Migrationshintergrund, Weltanschauung, Religionsbekenntnis etc.) konstruiert. Auch Daten, die ursprünglich unter Auskunftssperre erhoben wurden, später aber in zentrale Datenbanken eingespeist worden sind, tragen somit zum Profiling bei. Das ist auch bei der Volkszählung in Deutschland passiert. Und gegen diese Datensammelwut hat die *«Zenus-2011-Bewegung»* aktiv protestiert. Proteste, die sich gegen einzelne, nationale Grenzen und Gesetzgebungen überbordende Symptome der Datensammelwut richten, finden seit einigen Jahren sowohl auf den Straßen und Gesetzesdschungeln dieser Welt als auch im Netz statt: Die *«Freiheit statt Angst»*-Demonstrationen ziehen gegen die Vorratsdatenspeicherung und für Datenschutz weltweit durch die Straßen verschiedener Städte. Und in einer neuen Form von Aktionismus wird gezielt aufgezeigt, dass angeblich zugriffssichere Daten geleakt, das heißt inoffiziell veröffentlicht werden können. Hacker_innen zeigen dadurch Lücken in Systemen auf, die den Beteuerungen von Regierungs- und Unternehmenseite zufolge sicher sind vor unbefugten Zugriffen.

DER FOEBUD: WIR WOLLEN DIE MENSCHEN SCHÜTZEN, NICHT DIE DATEN

1987 von den Künstlern padeluun und Rena Tangens in Bielefeld gegründet, setzt sich der Verein FoeBuD e.V. für ungehinderte Kommunikation und Datenschutz ein. Aktuelle Nachrichten und Informationen zu diesen Themen werden gesammelt, Veranstaltungen wie die Reihe «Public Domain» oder die jährliche Verleihung des *«Big Brother Awards»* werden (mit-)initiiert. Der Verein setzt sich mit Rechtsgrundlagen des Datenschutz auseinander, um auch juristisch vorgehen zu können, und initiiert 2010 zum Beispiel die Verfassungsbeschwerde gegen den Einsatz von ELENA. Zur Wahrung des Rechtes der Bürger_innen auf Privatsphäre und Datenschutz gehören aber auch entsprechende technische Maßnahmen, wie Verschlüsselung oder der Einsatz von TOR-Technologie für anonymes Surfen im Internet. Über diese wird auf der Webseite ebenso informiert wie über Grundsätzliches, Rechtliches sowie aktuelle Vor- und auch Verstöße hinsichtlich Datenschutz und Privatsphäre. "Ungehinderte Kommunikation" heißt einerseits, Zensur in all ihren Formen aufzuzeigen und diese zu unterbinden. Andererseits setzt "ungehinderte Kommunikation" auch voraus, unter Ausschluss von dritten (überwachenden, kontrollierenden, registrierenden und verwaltenden) Instanzen kommunizieren zu können. Interessante Feeds #237 zum Thema Datenschutz können direkt im Browser aufgerufen werden: auf foebud.org einfach nach dem RSS-Button Ausschau halten und den Feed abonnieren.

NETZSPERREN, VORRATSDATENSPEICHERUNG, BUNDESTROJANER

Unter dem Vorwand einer "Kinderporno-Industrie" und bis heute nicht zu belegenden Zahlen gelingt es der damaligen deutschen Familienministerin Ursula von der Leyen, ein sogenanntes *«Zugangserschwerungsgesetz»* im deutschen Bundestag durchzubringen. Die naive Idee der Umsetzung bestand darin, Seiten mit kinderpornografischem Inhalt in einer Sperrliste zu erfassen und anstatt der Website ein Stopp-Schild am Bildschirm anzeigen zu lassen. Dieses Gesetzesvorhaben ist der Auslöser der bis dahin größten deutschen E-Petition und ebnet den Weg zur Gründung des AK-Zensur, des *«Arbeitskreises gegen Internetsperren und Zensur»*. Der Umstand, dass die Zugangserschwerung, wie sie von der Regierung geplant wird, für den Kampf gegen Kinderpornografie im Netz ungeeignet und allen Expert_innen zu Folge kontraproduktiv ist, sich aber viel besser zur politischen Zensur eignet, bringt der Ministerin nebst heftiger Kritik den Spitznamen *«Zensursula»* ein. Nachdem es 2010 in Kraft tritt, wird das Gesetz bereits 2011 wieder aufgehoben. Auf einer höheren Ebene, nämlich beim Internetdienstanbieter (internet service provider, ISP), werden vorbeugende Mechanismen etabliert. Durch Blacklists, welche von politischen Instanzen erstellt werden und nicht zugänglich sind, können bestimmte Adressen generell für Kunden des ISPs gesperrt werden. Während die unveränderte, wertungsfreie Datenübertragung unter dem Begriff Netzneutralität in den Niederlanden Gesetzesstatus erlangt, bewegen sich die Bestrebungen der Regierenden in Deutschland und Österreich mit Filtermechanismen in die gegenteilige Richtung. Bestärkt wird die Kritik auch durch Vorfälle in Ländern, in denen Sperrlisten im Einsatz sind. Sowohl in Finnland als auch in Australien kann nachgewiesen werden, dass nicht nur rechts-unkonforme Webseiten gefiltert werden, sondern ebenso politische sowie legale pornografische Inhalte.

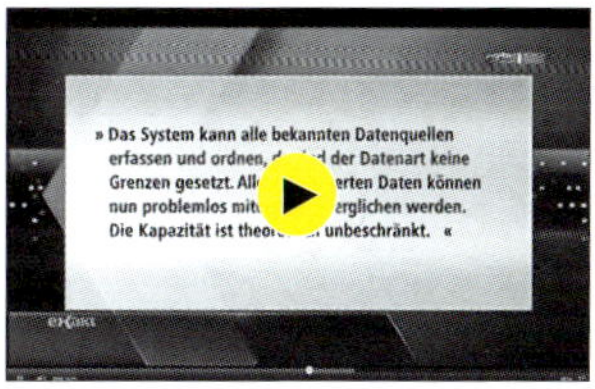

Speicherung aller Daten auf Vorrat?

1. *Der deutsche Arbeitskreis Vorratsdatenspeicherung macht mobil gegen die totale Protokollierung von Telefon, Handy, E-Mail und Internet. Die Website vorratsdatenspeicherung.de bietet eine umfangreiche Dokumentation und ein reiches Archiv an Materialien.* **2.** *Christof Tschohl vom Ludwig Boltzmann Institut für Menschenrechte und vom österreichischen AK-Vorrat im Interview zu Hintergründen der Vorratsdatenspeicherung.* **3.** *Im Jahr 2011 wird bekannt, dass die Polizei Sachsens bereits seit mindestens 2009 alle möglichen Daten auf Vorrat speichert und auswertet. Der MDR berichtet. Der Skandal zieht weite Kreise und gibt Einblick in die Begehrlichkeiten der Polizei.*

So wie die meisten der Maßnahmen zur Einschränkung des Internets, zur Überwachung und zur Erfassung von personenbezogenen Daten globale Phänomene sind, die mit der allgegenwärtigen *«War on Terror»*-Rechtfertigung transnational vorangetrieben werden, so verhält es sich auch mit dem fast überall eigentlich verfassungswidrigen Speichern von Telekommunikations-Verbindungsdaten ohne Anlass. Auf Basis einer EU-Richtlinie sind seit geraumer Zeit alle Staaten der Europäischen Union verpflichtet, diese Vorratsdatenspeicherung in nationale Gesetzgebung überzuführen. In Deutschland ist dies der Regierung großer Proteste zum Trotz gelungen, nur dass das Bundesverfassungsgericht das Gesetz bereits für verfassungswidrig und nichtig erklärt hat. In Österreich sollen ab April 2012 sämtliche Verbindungsdaten für sechs Monate pauschal gespeichert werden. Der Gesetzgeber erhält dadurch die Möglichkeit, Verbindungen zwischen einem oder einer potenziellen Täter_in und weiteren Verdächtigen aufgrund von Kommunikationskanälen zu konstruieren, ohne jedoch über den ausgetauschten Inhalt Bescheid zu wissen. Jeder kann so leicht in das Visier der Fahnder gelangen. Zwar wird dieser Überwachung nur eine Erhöhung der Aufklärungsrate von 0,006 % zugeschrieben, doch das reicht scheinbar, den präventiven Generalverdacht über die Bevölkerung auszusprechen. Eine Alternative zur Vorratsdatenspeicherung würde in der *«Quick Freeze»* -Methode liegen. Statt der verdachtsunabhängigen Speicherung muss bei Quick Freeze das Aufzeichnen der Datenströme eine Straftat zugrunde liegen. Die Überwachung der Bevölkerung erfährt durch die Vernetzung der Bürger_innen eine neue Blütezeit und wird aufgrund des Déjà-vu-Erlebnisses im Netzjargon als Stasi 2.0 bezeichnet. Überwachungs- und Kontrollmechanismen, welche nicht einmal im nichtvirtuellen Raum Einzug gehalten haben, werden von vorwiegend konservativen Politiker_innen für das Internet gefordert. Mittels Polizei-Trojaner, in Deutschland *«Bundestrojaner»* genannt, und sogenannten Keylogger-Programmen, welche Tastatur-Aktivitäten weiterleiten, soll eine Art von gezielter Online-Durchsuchung möglich werden, die physisch auf dem Computer von uns Bürger_innen stattfindet. Aufgrund der lokalen Abhängigkeit und der Tatsache, dass die Überwachungstools bei Erkennen sofort unschädlich gemacht werden können, kritisieren Expert_innen nicht nur die zivilrechtliche Durchführbarkeit, sondern auch die Erfolgsaussichten der Anwendung.

EIN GLÄSERNER STAAT STATT GLÄSERNER BÜRGER_INNEN

Den Begehrlichkeiten der Geheimdienste, Polizei und mancher Politiker_innen nach den gläsernen Bürger_innen stehen die Bewegungen Open Government und Open Data diametral gegenüber, ganz nach dem Hackerethos *«öffentliche Daten nützen, private Daten schützen»*. *«Open Government»* ist eine umfassende Neugestaltung von Politik- und Verwaltungshandeln im Sinne einer modernen – partizipativen – öffentlichen Verwaltung (Public Management). Partizipativ heißt, dass zwischen Bürger_innen und Verwaltungs- beziehungsweise Regierungsinstanzen Austausch stattfindet, dass nicht über die Köpfe der Bürger_innen hinweg regiert und verwaltet wird. Dafür braucht es entsprechende Rahmenbedingungen, zu denen die Zugänglichkeit und Verfügbarkeit von Daten gehören, also offene Daten oder *«Open Data»*. Fahrpläne, Zeiten der Müllabfuhr, Stadtpläne, Umweltdaten, Öffnungszeiten, Gesetze, Petitionen, wissenschaftliche Studien etc. sind nicht-personenbezogene Informationen, mit denen wir bewusst oder unbewusst täglich hantieren. Grundlage all dieser häufig mit Steuergeld finanzierten Informationen sind Daten. Diese finden sich, sofern digital verfügbar, großteils isoliert in Datenbanken gespeichert, die nicht öffentlich zugänglich oder nicht automatisiert auswertbar sind. Diese nicht-personenbezogenen Regierungs- und Verwaltungsdaten zu öffnen bedeutet, Politik und öffentliche Verwaltung offener, transparenter und bürger_innennäher zu gestalten, gesellschaftliche Missstände sichtbar und kritisierbar zu machen, sowie als Bürger_in qualifiziertere Entscheidungen treffen zu können. Das gilt sowohl in regionalen und nationalen wie auch in transregionalen und transnationalen Verwaltungsbereichen. Daten der öffentlichen Verwaltung gelten als offen, wenn sie der Öffentlichkeit in einer Weise zugänglich gemacht werden, die im Einklang steht mit den Grundsätzen einer vollständigen und zeitnahen, weder durch finanzielle noch durch soziale, kulturelle Barrieren beschränkten Zugänglichkeit. Ein zentrales Merkmal von offenen Daten ist, dass keine Rückschlüsse auf einzelne Personen gemacht werden können, was z.B. bei personenbezogenen Daten durch Aggregation erreicht werden kann. Was mit den OpenData-Datensätzen noch passieren kann, wie sie weiter aufbereitet, visualisiert, kontextualisiert und vermittelt werden können, liegt in den Händen der Bürger_innen. Immer häufiger werden auf BarCamps gemeinsam Anwendungen und Visualisierungskonzepte entwickelt, sowohl in regionalen, nationalen als auch in transnationalen Kontexten. Die OpenKnowledge Foundation hat von England ausgehend bereits internationale *«Open Government Data Camps»* zu initiieren begonnen. In Deutschland ist das Netzwerk #341 zur Förderung von Open Government, Open Data, Transparenz und Partizipation die Plattform, über die sich Aktivist_innen organisieren. In Österreich ist es das *«open3.at»*-Netzwerk. Journalistisch betreute Blogs #335 wie das Open Data Blog der futurezone, jenes der Zeit Online oder das Datablog des Guardian zeigen das öffentliche Interesse an der Open Data-Bewegung. Open Data und Open Government heißt nicht nur, mit Daten und Dokumentationen von Regierungsaktivitäten "gefüttert" und abgespeist zu werden, sondern diese weiterzutragen und aufzubereiten, damit so viele wie möglich etwas damit anzufangen wissen und verstehen.

#319

Werkzeuge der Absprache und Kollaboration

Menschen, die billig über Landes- und Telefonnetzgrenzen hinweg kommunizieren müssen, wissen es seit vielen Jahren. Chat Systeme, Instant Messaging und Dienste wie Skype ermöglichen uns augenblickliche Gespräche quer über den Erdball zu führen, ohne unter Telefonkosten begraben zu werden. Instant Messaging und Internet-Telefonie sind damit lustigerweise Anwendungen, die sowohl von Digital Natives #113 als auch von vielen dem "Netz fremd gegenüber" stehenden Menschen ausgiebig genutzt werden. Psychologische Hürden und technische Überforderung werden vom eindeutigen praktischen Nutzen, besser miteinander kommunizieren zu können, überwunden. Das gilt auch für Terminabsprachen, die wir mit dem Dienst *«doodle»* effizienter als per E-Mail und Telefon organisieren können. Webbasierte Werkzeuge zur Absprache und Zusammenarbeit unterstützen herkömmliche Arbeits- und Kommunikationsweisen und führen auch zu neu en. Mit Skype, den Google+ Hangouts können wir in Echtzeit und in größeren Gruppen Video-Chats abhalten, also unter Einbeziehung der Kanäle Text, Ton und Bild kommunizieren. Mit solchen kostenlosen Tools oder komplexerer, kostenpflichtiger Software organisieren wir virtuelle Konferenzen online oder halten ganze Seminare ab.

Die Zusammenarbeit an Texten und Dokumenten wird ebenfalls durch Webanwendungen erleichtert. Das *«EtherPad»* ist eine ebenso faszinierende wie leistungsfähige wie einfach zu handhabende Möglichkeit, in Echtzeit kollaborativ an Texten zusammenzuarbeiten. Google Docs bieten heutzutage ein ganzes "Office-Paket" aus Textverarbeitung, Tabellenkalkulation, Bildschirmpräsentation und mehr. Dabei liegen die Vorteile nicht nur in der kostenfreien Nutzung und dem Zugang zu den Dokumenten über den Internetanschluss, sondern gerade in den Möglichkeiten, diese Dokumente für andere abgestuft freizuschalten und gemeinsam an den gleichen Dokumenten zu arbeiten. All diese kollaborativen Tools bieten die Möglichkeiten der Nachverfolgung des Arbeitsprozesses und der Wiederherstellung älterer Versionen, so wie das bereits früh von der Wiki-Software eingeführt wurde. Wir können heute an fast allen Arten von Dokumenten im Netz kollaborativ zusammenarbeiten: Online Mind Mapping, kollaborativ Karten zeichnen mit der Open Street Map, Gruppenkalender führen, Filesharing, organisierbar über das Netz.

SELBERMACHEN UND ZUSAMMENARBEITEN

Ein besonders wichtiger und entscheidender Strang des Netzaktivismus geht von der Bewegung für Freie Software #248 aus. Im Sinne einer partizipativen Cyberspace-Demokratie können sich alle daran beteiligen, den Schutz der User_innendaten zu verbessern, Daten und Content zu dezentralisieren. Es liegt an allen, die Verfügbarkeit und Zugänglichkeit von Informationen, Werkzeugen und Software mit größtmöglicher Unabhängigkeit zu gewährleisten und Zensur zu verhindern. Die Produktion und Distribution von Wissen, die Registrierung und Verwaltung von Daten soll und darf nicht allein im Ermessen von Regierungen und ökonomischen Interesse von Unternehmen liegen. Das berühmteste Beispiel für eine dezentralisierte Produktion und Verwaltung von Wissen ist die Wikipedia. Anders als herkömmliche Enzyklopädien ist die Wikipedia frei. Es gibt sie nicht nur kostenlos im Internet, sondern jede und jeder darf sie unter Angabe der Autor_innen und der freien Lizenz frei kopieren und verwenden. Dafür sorgen die Creative-Commons-Lizenz und die GNU-Lizenz für freie Dokumentation, unter der die Autor_innen ihre Texte veröffentlichen. Das Projekt *«GuttenPlag»*, in dem die Plagiate in der Dissertation von Karl Theodor zu Guttenberg gesammelt und dokumentiert werden, zeigt vorbildlich, wie eine kollaborative Arbeitsweise die stillschweigend hingenommenen (in diesem Fall auch illegalen) Voraussetzungen herkömmlicher Wissensproduktionsverhältnisse aushebeln kann. Die für sich sprechende Dokumentation der Plagiatsarbeit erzwingt schließlich die Aberkennung des Doktortitels und führt zum Rücktritt des CSU-Politikers und Bundesministers. Die Plattform des Projekts ist ein Wiki #178. Die offene kollaborative Arbeitsweise über die Plattform des Wiki steht prototypisch für eine freie Netzkultur, in der die Werkzeuge und Projekte für Zusammenarbeit selbst entwickelt, ins Netz gestellt und anderen angeboten werden.

Freie Software zu verwenden und vielleicht auch mitzubasteln, ist eine wichtige Entscheidung sowohl für die cyber-demokratischen Verhältnisse als auch für den Schutz und die Sicherheit persönlicher Daten. Freie Software steht im Kontrast zu proprietärer – kommerziell-eigentümlich geschützter – Software, wobei sich das Wort frei auf den freien Zugang zum Quellcode bezieht und nicht zwingend im Sinne von kostenlos zu sehen ist: *«free as in speech, not free as in beer»*. Aus dieser Freiheit resultiert, dass offene Schnittstellen eine Weiterentwicklung ermöglichen und die Einsicht in den Quellcode späterem User_innen-Datenmissbrauch vorgebeugt. Prominente Beispiele aus dieser Bewegung sind Firefox, Linux, OpenOffice, Mediawiki und WordPress. Die ältere Freie Software Bewegung (Free Software Movement) unterscheidet sich von den jüngeren Open Source Initiativen. Bei Freier Software handelt es sich um eine soziale Bewegung, die gesellschaftliche Veränderung fordert. Der freie Zugang und die freie Handhabe (Kopieren, Verändern, Weiterentwickeln) sind und bleiben gewährleistet. Freie Software bleibt freie Software, *«free as in speech»*, die Möglichkeit proprietärer Nutzung wird prinzipiell abgelehnt.

Open Source Initiativen fühlen sich nicht unbedingt an die Gewährleistung der Freiheiten in Nutzung und Weitergabe gebunden. Bei proprietärer Software, wie ELENA und elektronischen Wahlsystemen, kann der Quellcode nicht eingesehen und evaluiert werden. Private Anwender_innen haben weder die Entscheidungsfreiheit noch den Überblick darüber, welche Daten erhoben werden. Ökonomisch und/oder regierungstechnisch motivierte Datensammelwut zentralisiert und ermöglicht Ethnic-Profiling. Zur Abwehr dieser sogenannten Datenkraken gibt es, wie im Manual Beitrag Datensicherheit und Datenschutz nachzulesen, Open Source-Projekte wie das Anonymisierungsnetzwerk TOR, die Verschlüsselungssoftware TrueCrypt. Auch bei Kommunikationsplattformen gibt es Open Source-Alternativen wie das Facebook-Pendant #094 diaspora oder die Microblogging-Alternative gegenüber Twitter #166 identica.

ZUSAMMENFASSUNG

Web 2.0 hat auch im Feld Netzaktivismus Spuren hinterlassen, vor allem in der Sichtbarkeit dieses Aktivismus. WatchBlogs #059, Wikis und Podcasts können mit und im Sinne von Freier Software bereits leicht ohne Fachkenntnis und Kosten betrieben werden. Social Media Tools #009 und Microblogging ermöglichen eine Versorgung mit Informationen in Echtzeit. In die andere Richtung dienen diese Kanäle als wichtiges Sprachrohr in die ganze Welt. Um auch im Netz nachhaltige und vor allem sichere Systeme aufbauen zu können, gilt die Devise: zu viele Köche verderben nur den zähen Brei der Regierenden – umso mehr sich daran beteiligen, umso mehr mitmischen, umso aussagekräftiger, umso aktiver wird's im Netz, wird das Netz.

- Über Free/Libre Open Source Software-Alternativen informieren. Diese sind vor allem aufgrund des transparenten Aufbaus proprietären Produkten vorzuziehen.
- Sensible Daten und vertrauliche Kommunikationen verschlüsseln, zum Beispiel mit True Crypt und anonymisieren mit Tor. Solche Tools sind bereits an Durchschnitts-User_innen ausgerichtet.
- Aktiv werden. Bei Petitionen beteiligen, sich in Arbeitsgruppen einbringen, Hackspaces in der näheren Umgebung erkunden.
- Abschätzen lernen, welche Daten im Netz über mich gespeichert werden.

- Proprietären Anwendungen und Services nicht leichtfertig vertrauen.
- Zu kurze, einfache oder mehrmals verwendete Passwörter.
- Niemals sollten sensible Daten unverschlüsselt übertragen werden.

Netzaktivismus, Hackerethik, Sicherheitslücken, Vorratsdatenspeicherung, Profiling, Überwachung, Chaos Computer Club, John Perry Barlow, Electric Frontier Foundation, Big Brother Awards, FoeBuD, Zensursula

KOMMENTARE

cute aluhut *sagt:* *stopp-indect.info*

Über all die Freude, dass die VDS gekippt ist, dass ELENA gestoppt wird, auf uns kommen noch ganz andere wahnwitzige Projekte für den Überwachungsstaat zu. Und trotz allem Ärger, dass unser Bundesinnenminister die Wiedereinführung der VDS, mehr Überwachung und das Ende der Anonymität im Netz fordert – jaja, #friedrichfordert (sic) –, vergesst bitte nicht den ganzen anderen Mist wie z. B. INDECT!

«INDECT ist das umfassendste Überwachungsprogramm, das je installiert werden sollte. Es umfasst nicht nur das Internet. Auch Menschen auf der Straße werden INDECT nicht entgehen. Was wie wirre Science Fiction klingt, könnte ab 2013 schwer zu begreifende Wirklichkeit werden. Science Fiction war gestern. INDECT ist morgen. INDECT verbindet sämtliche Daten aus Foren, Social Networks (z. B. Facebook), Suchmaschinen des Internets mit staatlichen Datenbanken, Kommu-

nikationsdaten und Kamerabeobachtungen auf der Straße. INDECT wird wissen, wo wir sind, was wir tun, weshalb wir es tun, und was unsere nächsten Schritte sein werden. INDECT wird unsere Freunde kennen und wissen, wo wir arbeiten. INDECT wird beurteilen, ob wir uns normal oder abnormal verhalten.»

Im Kern geht es darum, möglichst noch mehr Daten zu sammeln, zu speichern und zu verknüpfen, um Maschinen "abweichendes Verhalten" definieren zu lassen, und möglichst in Echtzeit "auffälliges Verhalten" zu registrieren. Und der Wahnwitz wird erstens als EU-Projekt finanziert und zweitens dann auch noch als wissenschaftliches Forschungsprojekt deklariert. Das heißt, wir zahlen die Arbeit an einem europäischen Big Brother-Überwachungsstaat aus unseren Geldern für Forschungsförderung, weil wir ja genug überschüssiges Geld für Wissenschaft haben (sic).

Schaut euch den Vortrag von Roland Albert "Was ist INDECT?" an, informiert euch, haltet euch auf dem Laufenden z. B. via stopp-indect.info und berichtet von INDECT. Immerhin hat es INDECT dank Aufklärungsarbeit schon einmal bei 3Sat ins Fernsehen geschafft. Weiterleiten, aktiv werden, das ist ein wichtiges Thema, das nicht genug Aufmerksamkeit haben kann.

***Weltherrscher** sagt:* *dieweltistscheisse.de*

vrdmmt! ich versteh es einfach nicht. vor sehr sehr sehr langer zeit, hab ich, der tolleste wohlwollendste weltherrscher überhaupt, die überwachung aller daten eingeführt. ja, ich bin schuld daran. ich kann da allerdings wichtige argumente für anführen: mirdochegal.

überwachung dient doch nicht der überwachung. sie ist einzig dafür vorhanden, all die spackos und hirnbefreiten zu beschäftigen. könnt ihr euch überhaupt vorstellen, wie schwer die sonst zu kontrollieren sind? DIE? ja, genau, DIE sind diese menschen, die, wenn man sie sich selbst überlässt, am ende noch irgendwo schlimme dinge tun. wenn DIE, andere nennen sie auch gerne SIE, nicht in einer ABM sind, planen die kriege, unterdrückung, folter und all das, was keiner wirklich will. guckt euch nur das mit dem war on terror an. der bush hatte sich, obwohl ich ihn eigentlich auch in so eine überwachungs-arbeitsbeschäftigungsmaßnahme steckte, einfach zum präsi wählen lassen. und schon gabs krieg.

das will doch keiner!

also, kommt mir und meiner überwachungs-ABM bitte nicht länger in die quere. ich kann DIE oder SIE kaum noch für eine ordentliche, also unheimlich zeitraubende, überwachung motivieren. DIE oder SIE fragen sich langsam selbst, ob das überhaupt irgendeinen sinn macht, überall alles auf vorrat speichern zu müssen.

freut euch, dass ich, euer wohlwollendster tollesteter weltherrscher, alle DIEs und SIEs vom krieg planen abhalte und sie halt überwachungskameras und daten anschauen müssen. wenn SIE oder DIE was gefunden haben, kommen die immer ganz stolz zu mir und berichten dann, mit einem lächeln. ich klopf ihnen dann immer auf die schulter und sage: "boah. wie tolli du das wieder gemacht hast! weiter so burschi!"

ihr müsstet dann ihre augen sehen, wie damals kinder im kindergarten, wenn sie ein bonbon bekommen haben.

ich selbst lasse sogar mich überwachen. rund um die uhr. gerade sitzt sogar einer hinter mir und notiert mit, was ich hier schreibe. ja und? mirdochegal!

#soistdas

>> ***murdelta** sagt:* *murdeltas.wordpress.com*

«Computer sind wie alle Instrumente nicht wertfrei, sondern erben ihre Werte von der Gesellschaft, in der sie eingebettet sind. In einer vernünftigen Gesellschaft erfüllen sie möglicherweise viele nützliche Funktionen, doch bis dahin müssen sie kritisch betrachtet werden. In einer hoch militarisierten Gesellschaft, wie es die USA jetzt sind, sind sie Mordinstrumente.» (Joseph Weizenbaum)

Technik kann Probleme beseitigen, Abläufe beschleunigen, Fehler minimieren, das Leben erleichtern ... Technik kann aber auch neue Probleme schaffen, bisher nicht da gewesene Risiken erzeugen und uns überfordern. Technik ist per se nichts Gutes oder Schlechtes. Der vorgesehene und in weiterer Folge der tatsächliche Verwendungszweck, die Implementation und wie man damit konfrontiert wird, sind entscheidende Faktoren. Deswegen vermögen technische Mittel allein auch nicht soziale Probleme zu lösen. Die Beispiele Videoüberwachung, VDS etc. sind technische Praktiken, die präventiv eine Vielzahl an Informationen sammeln, deren gewünschte positive Auswirkungen (Kriminalitätsbekämpfung) jedoch in keinem Verhältnis zu den negativen Auswirkungen stehen (die verdachtsunabhängige Überwachung aller, bei minimalster Aufklärungsquote). Unterschiedlichste Studien und Untersuchungen bestätigen dies, siehe dazu z. B. "Untersuchung: Vorratsdatenspeicherung ist ineffektiv".

Technik ist kritisch zu betrachten! Nicht ablehnend kritisch, sondern im Sinne von, was Technik imstande ist zu bewirken – sowohl in positiver als auch in negativer Sicht. Manche verwechseln diesen Ansatz der Technikfolgenabschätzung gerne auch mit Technikfeindlichkeit. Um das mal an einem konkreten Beispiel auszuführen, an ... !

"Elektronischen Wahlen - wenn Technik scheitert":

Eine zumindest von Befürworterseite viel gepriesene Technik sind Wahlcomputer bzw. das E-Voting (Internetwahlen). Ich hab mich vor 2 Jahren, zu den österreichischen Hochschülerinnen- und Hochschülerschaftswahlen 2009 (ÖH-Wahlen 2009), intensiver mit der ganzen Thematik auseinandergesetzt. Damals kam es zu einem ersten größeren E-Voting-Testlauf in Österreich. Als Mitblogger bei papierwahl.at habe ich unter anderem, die Ereignisse rund um diesen Feldversuch dokumentiert. Die Versprechen seitens Befürworter ließen einiges erhoffen: höhere Wahlbeteiligung, mehr Flexibilität, schnellere Stimmenauszählung und technisch läuft ohnehin alles reibungslos und die Kosten würden sich ja von selber tragen. Die Realität sah ein wenig anders aus: ungültige digitale Stimmzettel, Probleme bei der Stimmenauszählung, historischer Tiefstand der Wahlbeteiligung von ~25 % (wovon lediglich 0,9 % per E-Voting abstimmten) und runtergerechnet auf jede einzelne Stimme hat das Wählen per E-Voting 644 Euro pro abgegebener Stimme gekostet (Gesamtkosten: 1,5 Millionen Euro). Was aber noch nicht mal das Entscheidendste ist. Was E-Voting (und Wahlcomputer) nicht bieten können, sind demokratische Wahlen, die sowohl frei, geheim als auch transparent ablaufen.

Kurz zur Erläuterung:

Frei bedeutet in dem Zusammenhang, dass kein Wähler überwacht wird und kein Wahlzwang ausgeübt wird. Der Wahlgrundsatz der geheimen Wahl sagt aus, dass keine Wählerstimme einer Person zugeordnet werden kann. Transparenz in dem Zusammenhang bedeutet, dass es für jeden Wahlberechtigten nachvollziehbar sein muss, wie die Wahl abläuft und man das gegebenenfalls auch überprüfen kann. Zum Beispiel: als Wahlbeobachter oder durch Neuauszählung der Stimmen (wenn es berechtigte Zweifel an der Richtigkeit gibt).

Einzelne Komponenten davon können sehr wohl technisch umgesetzt werden. Ein Beispiel für transparente elektronische Wahlen liefert die Piratenpartei Deutschland, die mit dem "Liquid Feedback System" experimentieren. Hier wird parteiintern über bestimmte Verhalte abgestimmt. Dabei ist es jedoch nur als Mitglied der Partei möglich abzustimmen, d. h. durch die Angabe des Namens sieht man, wer für was gestimmt hat. Eventuelle Fehler sind dadurch auch für die Beteiligten ersichtlich. Damit ist eine transparente Wahl in einem technischen System abgebildet. Geheim ist dies jedoch nicht. Das Problem: Wenn man nun noch die Komponente der geheimen Wahl versucht auf dieses technische System abzubilden, geht zwangsläufig die Nachvollziehbarkeit verloren. Was passiert mit meiner Stimme sobald ich auf den OK-Button geklickt habe? Wurde die Stimme richtig vom System angenommen und verarbeitet? Hat die Software (noch unbekannte) Fehler? Ist mein Rechner mit irgendeiner Schadsoftware infiziert, die beispielsweise mitprotokolliert was ich auf meinem Rechner mache? Diese Fragen lassen sich nicht zweifelsfrei beantworten. Schon gar nicht von technischen Laien. Aber selbst für technisch Interessierte und auch Experten ist das schwierig. Bei den ÖH-Wahlen 2009 gab es zwar auch die Möglichkeit, Einsicht in den Quellcode der Wahlsoftware zu nehmen, das war aber mehr eine Farce als alles andere und auch nur für einige wenige Auserwählte möglich. Dieser Umstand der Nichtnachvollziehbarkeit des E-Votings der ÖH-Wahlen wurde vor kurzem auch vom österreichischen Verfassungsgerichtshof (VfGH) als kritisch bewertet. Deswegen wurden auch weitere Schritte eingeleitet, um zu prüfen ob E-Voting gesetzeswidrig ist oder nicht.

Zwei Linkempfehlungen dazu noch: In einem "Chaosradio Podcast" widmet sich der CCC den Details des Hacks der niederländischen NEDAP Wahlcomputer. Und der CCC zeichnet auch für eine Kampagne gegen Wahlcomputer verantwortlich.

Konklusio

Ohne genauer auf die ganzen spezifischen technischen Details bei elektronischen Wahlen eingehen zu wollen, soll dieser Kommentar ein wenig zum Nachdenken anregen. Technik und technische Innovationen sind eine tolle Sache. Ich selber nutze viel davon und beschäftige mich auch gerne damit. Aber nicht überall erleichtert Technik das Leben, und nicht überall muss eine technische Lösung entwickelt werden, nur weil bestimmte Abläufe dadurch "moderner" wirken. Vor allem nicht, wenn es um so eine fundamentale Sache geht wie demokratische Wahlen. Das habe ich sehr deutlich rund um diesen E-Voting-Versuch zur ÖH-Wahl gemerkt, bei dem ein simples, verständliches und ausgereiftes System, die Wahl mit Zettel und Stift – durch ein komplexes, potenziell unsicheres, teures System, welches noch nicht mal alle Anforderung der Papierwahl hinreichend abbilden kann – abgelöst werden sollte.

***Dieter Wesp** sagt:* *igmetall.de*

Wir brauchen ein freies Netz und wir brauchen ein funktionierendes Netz. Im "und" liegt das Problem. Denn sobald etwas gut funktioniert und massenhaft genutzt wird, besteht auch die Gefahr des Missbrauchs. Google war mal eine kleine süße Suchmaschine, die als Geheimtipp gehandelt wurde zu Metager und Yahoo-Katalogen und dabei auch angenehm werbefrei war. Heute wo der größte Teil aller weltweiten Suchanfragen über Google läuft, entfaltet sich erst das ganze Potenzial von Gebrauchs- und Missbrauchsmöglichkeiten. Das eine scheint nicht ohne das andere zu haben sein. Der Kampf um den Schutz von Personen (Daten wollen wir nicht schützen!) und das Recht auf ungehinderten Zugang zu (bisher nicht) öffentlichen Daten geht also weiter. Hierzu brauche wir eine starke Öffentlichkeit, die einerseits staatlichem Kontrollwahn die Zügel anlegt, und andererseits privaten Konzernen die Separierung öffentlicher Bereiche nach Marktlogik zumindest erschwert. Gewerkschaften könnten in diesem Kampf ein wertvoller Akteur sein. Dazu müssten sie sich wesentlich stärker (und vor allem früher) als bisher einschalten. Was für ein Signal wäre es zum Beispiel gewesen, wenn die deutschen Gewerkschaften als ersten kleinen Schritt die Weitergabe ihrer eigenen Beschäftigtendaten via ELENA einfach verweigert hätten und das öffentlich gemacht hätten. Das wäre eine Ordnungswidrigkeit gewesen und hätte noch schneller zum Niedergang dieses Systems beigetragen.

5. VISIONEN

Eine andere Welt ist möglich, ein anderes Mediensystem ist möglich, andere Formen der Beteiligung, der Zusammenarbeit, des Debatten führens sind möglich.

Inhaltsverzeichnis [Verbergen]

In diesem Kapitel wird etwas weiter gedacht, in Möglichkeiten, möglichen Szenarien und eben in: Visionen. Antje Schrupp widmet sich der Lust am Debattieren und Denken in einem «*Diskurs 2.0*». Philipp Sonderegger fragt sich, welche Chancen eine «*Zivilgesellschaft 2.0*» im Spannungsverhältnis professioneller Kampagnenarbeit und breiter Grassroots-Partizipation haben könnte. Und ein Autor_innen-Kollektiv von Gewerkschafter_innen sondiert diverse Entwicklungsmöglichkeiten für die «*Gewerkschaft 2.0*».

KATEGORIEN

AUTONOMIE DIALOG PARTIZIPATION DISKURS MEDIENSYSTEM GEGENÖFFENTLICHKEIT VERNETZUNG SELBSTORGANISATION KAMPAGNEN MOBILISIERUNG GRASSROOTS ARBEITNEHMER

AUTONOMIE DIALOG DISKURS PARTIZIPATION MEDIENSYSTEM GEGENÖFFENTLICHKEIT FEMINISMUS VERNETZUNG

JENSEITS VON MAINSTREAM UND NISCHE

Das Internet als Plattform für politische Vermittlungsarbeit

«Ein Mensch, der etwas Neues zu sagen hat – denn die Gemeinplätze bedürfen keiner Aufmerksamkeit – kann zuerst nur bei denen Gehör finden, die ihn lieben.»

Simone Weil

Die eigenen Ideen so zuspitzen, dass sie in den Mainstream-Diskurs passen oder aber in kleinen Zirkeln von Gleichgesinnten unter sich bleiben? Diese schlechte Alternative gehört der Vergangenheit an. Soziale Netzwerke und Blogs ermöglichen Diskussionen und Reichweiten, die die überkommenen Zugangsbeschränkungen zur "öffentlichen Meinung" unterwandern. Es kommt aber darauf an, sie auch zu nutzen.

JEDENFALLS NICHT NACH DEN REGELN DER LEITMEDIEN

Einmal wäre ich fast in eine Fernseh-Talkshow eingeladen worden. Eine Frau vom Redaktionsbüro rief an, ich sei ihr empfohlen worden. Das Thema sollte *«Pornografie»* sein. Ich als Feministin sei doch bestimmt dagegen? So pauschal könne ich das nicht sagen, erwiderte ich, es sei ja ein komplexes Thema. Ach wie schade, bedauerte die Redakteurin, dann käme ich leider nicht in Frage. Man wünsche sich eine *«pointierte Position»*. Ob ich nicht vielleicht jemanden wüsste? Das Beispiel zeigt gut, warum es so schwierig ist, dissidente Themen über die klassischen Medien einer breiten Öffentlichkeit zu vermitteln. Entweder kommt man dort gar nicht zu Wort – oder aber die eigenen Positionen werden auf eine Weise zugespitzt, die letztlich kontraproduktiv ist. So oder so ist der

Mainstream der Maßstab. Eigentlich blieben vor dem Internet nur zwei Optionen: Entweder man passte sich an und übernahm die Rolle der "pointierten Gegenposition" – wie es Alice Schwarzer in Deutschland für den Feminismus tat. Oder man gründete eigene Nischen-Medien, etwa Zeitungen mit Kleinstauflagen, in denen die eigenen Themen und Positionen differenziert und auch kontrovers diskutiert werden konnten – allerdings um den Preis, dabei mehr oder weniger unter sich zu bleiben.

INTERNET UND SOCIAL MEDIA: BREITE ÖFFENTLICHKEIT FÜR ALLE?!

Mit dem Internet und speziell mit den sozialen Netzwerken #341, die sich im Internet organisieren, ist diese Zweispaltung, wenigstens im Prinzip, überwunden. Dissidente Inhalte müssen nicht mehr den "Mainstream-Test" bestehen, bevor sie publiziert werden können. Sie sind, ohne den Filter traditioneller Redaktionen durchlaufen zu müssen, weltweit öffentlich, also zugänglich für alle, die sich dafür interessieren. Welche Folgen das langfristig für die politische Kultur hat, ist noch nicht abzusehen. Wir befinden uns diesbezüglich noch im Stadium des Experimentierens. In diesem Beitrag möchte ich einige Erfahrungen aus meiner Praxis als Bloggerin (seit 2006) sowie bei Facebook #094 und Twitter #166 (seit Anfang 2009) beisteuern.

Die diskursiven Orte "Nische" und "Mainstream" sind im Internet natürlich nicht einfach so aufgehoben. Auch hier reproduzieren sich konventionelle Hierarchien: Dass ein feministischer Text im Internet steht, bedeutet ja noch nicht, dass er auch gelesen wird – oder zumindest nicht von vielen. Auch im Netz haben Mainstream-Medien höhere Zugriffszahlen und wird der Brigitte-Blog öfter angeklickt als der eines unabhängigen feministischen Forums. Doch der wesentliche Unterschied ist, dass jetzt ein direkter Austausch zwischen Nische und Mainstream möglich ist, und zwar im selben Medium. Die Spalte für Leser_innenbriefe, früher die einzige Option, um auf falsche Berichterstattung, fehlende Perspektiven oder einseitige Einflussnahme aufmerksam zu machen, ist im Internet nicht mehr nur ein Randphänomen, sondern die logische Grundlage des Mediums selbst. Ob es um kleine Blogs #335 geht, um die Bewertungen von Kunden und Kundinnen auf großen Plattformen, um Kommentare oder um Links bei Facebook oder Retweets bei Twitter: Ein Link ist ein Link, ob er nun zu einem Artikel auf Spiegel-online führt oder zu einem Blogeintrag. Das Internet gewährleistet es erstmals, dass man einer Quelle nicht auf den ersten Blick ansieht, ob sie Nische oder Mainstream ist. Der Weg – der Klick auf den Link – ist exakt derselbe. Wir bewegen uns alle im selben Umfeld.

NEUE, ANDERE, BASISDEMOKRATISCHE RELEVANZKRITERIEN

Die Frage nach der Relevanz eines Themas, eines Beitrags verlagert sich dadurch: Zuständig für ihre Beantwortung sind nicht mehr die Redaktionen der großen Leitmedien, sondern die vielen, die mit ihren Reaktionen, Kommentaren und Empfehlungen ein Thema relevant machen. Und es zeigt sich, dass sich die rein quantitativen Relevanzkategorien der "Vor-Internet-Zeit" (Auflagenhöhe, Einschaltquote etc.) überholt haben. Ein Blogpost, der zwei Leute zum Umdenken bringt, hat mehr politischen Einfluss und ist also relevanter als einer, der zweitausend Leute in ihrer Meinung bestätigt. Auch wenn er vermutlich deutlich seltener angeklickt wird.

Ein leicht einsichtiger Vorteil der sozialen Netzwerke ist die Möglichkeit, sich mit Leuten zu vernetzen, die an ähnlichen Themen interessiert sind. Auch wer offline gut vernetzt und informiert ist, wird im Internet noch viele andere, ähnlich interessierte Menschen finden. Und da es mit den Tools leichter ist Kontakte zu pflegen, zerfließt die Grenze zwischen "uns" und "den anderen" tendenziell.

Die relative Unverbindlichkeit von Social Media-Kontakten (im Vergleich zu klassischen politischen Gruppen) hat meinen Horizont und meine Reichweite erheblich erweitert. Ich bin inzwischen in Kontakt mit einem sehr viel breiteren Spektrum an feministischen Strömungen als vorher. Bevor ich Facebook und Twitter nutzte, informierte ich mich so: Ich bekam Tipps von den politischen Freund_innen, mit denen ich in Diskussionsgruppen oder in Mailinglisten Kontakt hatte, ich las die einschlägigen Fachzeitschriften, und manchmal googelte ich noch oder hörte zufällig etwas. Es ist offensichtlich, dass hier die Wahrscheinlichkeit groß war, etwas Relevantes oder Interessantes zu verpassen – zumal dann, wenn es sich außerhalb meines engeren "Dunstkreises" abspielte.

MÄDCHENMANNSCHAFTEN, BLOGGERMÄDCHEN UND PIRATENWEIBER

Es gibt viele bloggende Frauen (zu allen möglichen Themen), ebenso wie zahlreiche Blogs, die sich speziell mit feministischen Fragestellungen beschäftigen, und in denen nicht nur Frauen, sondern auch Männer schreiben. Zu einem zentralen Portal hat sich die Seite Mädchenmannschaft entwickelt, die aus dem 2008 erschienenen Buch *«Wir Alphamädchen»* hervorgegangen ist, für die aber inzwischen eine ganze Reihe von Autorinnen und einige Autoren schreiben. Mit mehreren neuen Artikeln am Tag, aktuellen Berichten und Kommentaren und vor allem einer breiten Palette von vertretenen Positionen hat es das Blog inzwischen auch in die Rankings diverser Blogcharts geschafft. Wer auf der Suche nach interessanten Adressen aus der feministischen Blogosphäre ist, findet hier den idealen Ausgangspunkt, zum Beispiel in der ausführlichen Linkliste, oder bei den Vorschlägen, Nominierungen und Gewinnerinnen der 2009 zum ersten Mal veranstalteten Wahl einer *«Bloggerin des Jahres»*.

Interessante Blogs kann man auch bei GIRLS CAN BLOG finden, wo Annina Luzie Schmid regelmäßig Interviews mit Bloggerinnen über ihre Motivation zu publizieren, über ihre Themen und ihre Erfahrungen veröffentlicht. Ein eher philosophisch und politisch ausgerichtetes Forum zu Ideen und Debatten mit feministischem Hintergrund ist schließlich *«beziehungsweise-weiterdenken»*, hinter dem ein Redaktionskollektiv steht und bei dem ich selbst mitschreibe.

DAS REDAKTIONSBÜRO MEINES VERTRAUENS

Wenn ich mir heute die richtigen Kontakte zulege, kann ich ziemlich sicher sein, dass jede interessante neue Entwicklung automatisch in meine Timeline gespült wird (wer im Internet nur "Schrott" findet, ist selbst dran schuld!). Und dieser Informationsfluss wird auch noch aggregiert: Je häufiger etwas erwähnt wird, für desto wichtiger scheint es meine selbst zusammengestellte Referenzgruppe zu halten. So gesehen sind Timelines, also etwa die bei Twitter abonnierten Feeds #237 , eine Art persönliches Fachjournal: Relevant ist für mich, was mir von – bestimmten – Menschen empfohlen wird. Wobei dieses Prinzip in Bezug auf den Feminismus leider bislang nur mit Einschränkungen funktioniert. Denn viele Feminist_innen nutzen das Internet noch eher konservativ: zum Recherchieren und Mailen, vielleicht haben sie den einen oder anderen Newsletter #350 abonniert. Aber nur eine Minderheit von ihnen bloggt oder ist in sozialen Netzwerken aktiv. Ihre Expertise fehlt dort natürlich.

Trotz der durchaus beachtlichen Präsenz bloggender Frauen – die meiner Ansicht nach größer ist, als es die notorischen Klagen über die Abwesenheit von Frauen aus der Netzkultur #084 vermuten lassen – wüsste ich aus dem Stand noch viele kluge Denkerinnen und Aktivistinnen, die in meiner Timeline schmerzlich fehlen, weil sie bisher nichts oder nur selten etwas *«ins Internet schreiben»*. Aber wer im Internet nicht präsent ist, kann dort auch die Diskussionen und die Gesprächskultur nicht beeinflussen oder eigene Ansichten beisteuern. Viele "Offliner_innen" unterschätzen dieses Potenzial enorm. Es ist ihnen nicht bewusst, dass sie sich damit aus einem größer werdenden Debattenkontext selbst ausschließen. Immer noch bekomme ich zum Beispiel Hinweise auf Veranstaltungen oder interessante Texte als E-Mail mit pdf-Anhang. Damit kann ich aber nichts anfangen. Ich kann diese Mail natürlich per Hand an ausgewählte Zielgruppen weiterleiten – aber über den Kreis der einschlägig Verdächtigen kommt das eben nicht hinaus. Um eine Information im Netz zirkulieren zu lassen (und es gibt eine größere Gruppe von Menschen, die sich ausschließlich über das Internet informiert), braucht sie einen Link. Nur mit Link ist sie "retweetbar" und damit überhaupt in diesem Kontext existent.

DAS SPIEL MIT DEM INFORMATIONSFLUSS

Natürlich muss man auch tatsächlich wollen, dass die eigenen Ideen über den Kreis der "üblichen Verdächtigen" hinaus zirkulieren. Damit setzt man sich ja auch Kritik aus. Menschen, die mir aus welchen Gründen auch immer auf Twitter folgen, bekommen schließlich regelmäßig meinen feministischen Senf zu allem Möglichen zu lesen. Allerdings sind meine Erfahrungen überwiegend positiv. Tatsächlich gefallen meine Tweets offenbar auch solchen, die selbst keine Feminist_innen sind (was durchaus gerne mal betont wird). Meine Facebook-Kontakte, die vielleicht nur daher rühren, dass wir früher mal auf derselben Schule waren, können mitverfolgen, wie ich mit anderen Feminist_innen diskutiere. Sie erleben quasi "Feminismus live", und das, ohne dafür in ein Frauenzentrum gehen zu müssen, also an einen für sie kulturell fremden Ort. Solche Schwellen gibt es im Internet nicht.

Zuhören. Mitlesen. Diskutieren. Sprechen. Empfehlen.

1. *Die Timeline bei Twitter, die Pinnwand bei Facebook, ein beständiger Informationsfluss, nur dass wir selbstorganisiert unsere vertrauenswürdigen Netzwerke an die Stelle setzen, die sonst von den Redaktionen der Massenmedien organisiert wird.* 2. *Es funktioniert in beide Richtungen: Menschen, mit denen wir uns gerne bei* Veranstaltungen *zum Dialog treffen, hören wir auch online zu. Menschen, mit denen wir online gerne kommunizieren, treffen wir gerne auch zum Austausch im "Real-Life".* 3. *Informationen, die uns wichtig erscheinen, leiten wir weiter. Uns relevant erscheinende Information fließt durch die Netzwerkkanäle.*

Sicher können soziale Netzwerke keine Wunder vollbringen, aber sie bieten nicht nur eine Möglichkeit zur klassischen Informationsverbreitung, sondern sind Plattformen für eine qualitativ neue Form politischer Vermittlungsarbeit. Hier wird eine politische Position nicht nur postuliert (wie etwa in einer Pressemeldung oder auf einem Flugblatt), sondern sie kann sich im Alltag bewähren und an unterschiedlichen aktuellen Anlässen neu ausformuliert werden, was ihre Reichweite enorm erhöht. Wenn ich mich zu tagespolitischen Themen wie Burkaverbot, Sorgerechts-Urteilen, Quotendebatten, Elterngeld und dergleichen äußere, steigen die Zugriffszahlen und Retweets stark an. Inzwischen werden sogar direkte Anfragen an mich gestellt, meine Follower_innen fordern mich auf, zu diesem oder jenem Sachverhalt etwas zu sagen. Damit bin ich nicht mehr in der Rolle der feministischen "Missionarin", die mit ihrem ständigen Bezug auf das Genderthema nervt, sondern vielmehr in der Rolle der "Freundin", die sich bei einem bestimmten Thema gut auskennt und die man anfragt, wenn man etwas wissen will oder eine Einschätzung braucht. Ein Rollenwechsel, der auch höhere Aufmerksamkeit für das, was ich dann sage, mit sich bringt.

DIALOG, DEBATTE, DISKURS IM NETZ

Die Chance für die Vermittlung dissidenter Perspektiven liegt dabei in der Kontinuität der Kontakte bei gleichzeitiger relativer Unverbindlichkeit. Natürlich kann ich nichts erzwingen. Viele Leute werden meine Tweets nur nebenbei an sich vorbeirauschen lassen, manche finden mich trotz allem nervig oder uninteressant und entfolgen mich wieder. Wenn ich feministische Themen differenziert und komplex diskutieren möchte, dann geht das natürlich nicht von jetzt auf gleich. Aber im Blog und in den sozialen Netzwerken bin ich als Person präsent, ich äußere mich zu diesem und jenem, kommentiere bei anderen mit, verteile Links und so weiter. Ich stelle Themen und Thesen kontinuierlich und in "kleinen Häppchen" zur Diskussion. Ich texte die anderen nicht einfach mit meinem Kram zu, sondern beziehe mich auf Themen und Ereignisse, die gerade aktuell sind und die die Menschen bewegen. Durch diese Kontinuität wächst die Wahrscheinlichkeit, in einem bestimmten Augenblick doch die nötige Aufmerksamkeit zu bekommen, um etwas anstoßen zu können oder eingefahrene Denkmuster aufzuweichen. Wobei das keine Einbahnstraße sein darf. Wer das Internet nur als weiteren "Vertriebsweg" benutzt, um die eigenen Positionen "unters Volk" zu bringen, hat das eigentliche Potenzial des Mediums nicht erkannt. Auch ich selbst muss mich für Neues öffnen, mich herausfordern lassen, meine Ansichten zur Debatte stellen – und das Risiko eingehen, dass am Ende ich es bin, die ihre Meinung geändert hat. Das ist im Internet nicht anders als im wirklichen Leben. Auch in einer anderen Hinsicht sind diese "kleinen Formate" übrigens hilfreich: nämlich zur kritischen Begleitung der öffentlichen Debatte. Wenn etwa wieder mal auf einem Podium ausschließlich Männer sitzen oder eine sexistische Werbekampagne #130 am Start ist, kann ich hier kurz und knapp darauf hinweisen und das Ganze mit einem bissigen oder ironischen Kommentar versehen. So entgehe ich dem klassischen Dilemma, solche Stereotype entweder gar nicht zu beachten oder aber ihnen gerade durch die Kritik mehr Raum und Aufmerksamkeit zu verschaffen, als sie eigentlich verdienen. Sexistischer Unsinn ist im Allgemeinen nicht mehr wert als einen Tweet – der aber ist notwendig, damit das nicht unkommentiert stehen bleibt.

FEEDBACK DURCH DIE SICHTBARKEIT DER DEBATTE

Durch die auf Beziehungen und Kontakten gegründeten Informationsflüsse in den sozialen Netzwerken sowie durch die in Form von Kommentaren und Pingbacks entstehenden Querverbindungen zwischen einzelnen Blogger_innen ergeben sich Gespräche und ein Austausch, der erstmals in der Geschichte der Menschheit nicht mehr auf die kleine Gruppe der anwesenden Beteiligten beschränkt bleibt, sondern öffentlich ist. Mit dem Internet ist es möglich, Massenkommunikation und interaktive Kommunikation zu verknüpfen. Kommentare steuern zum Beispiel Informationen und Aspekte bei, auf die ich selbst nicht gekommen bin. Sie weisen mich auf Ungereimtheiten in der eigenen Argumentation hin – und auf mögliche andere Themen, an denen ebenfalls Interesse besteht. Der größte Pluspunkt gerade für die Vermittlung von nicht-mainstreamigen Positionen ist dabei, dass die Rückmeldungen mir die Gelegenheit geben, auf gängige Vorurteile gegenüber "dem Feminismus" zu reagieren. Wenn entsprechende Einwände oder Nachfragen kommen, gibt mir das die Gelegenheit, den einen oder anderen Bereich zu vertiefen – und zwar einem interessierten Kreis von Leser_innen gegenüber. Ich verstehe Kommentare nicht als lästige Kritik (von den Trollen #257 einmal abgesehen), sondern als weitere Wissensquelle: Sie vermitteln mir einen Eindruck von der jeweiligen Mainstream-Position zu meinem Blogpost, und zwar verbunden mit der Möglichkeit, etwas zu erläutern und richtigzustellen, oder unter Umständen auch noch mal neu über den einen oder anderen Aspekt nachzudenken.

DIE DEMOKRATISIERUNG DES PUBLIZIERENS

Das Verhältnis zwischen denen, die bezahlt und aus Profession schreiben oder Inhalte produzieren, und jenen, die das unbezahlt, aus eigenem Bedürfnis und Engagement heraus tun, verändert sich. Seit einigen Jahren schon befinden sich die Honorare, die in den etablierten Medien für freie Autor_innen bezahlt werden, im Sinkflug. Das Schreiben im Internet ist auch keine Alternative: Zwar kann man mit Werbung oder mit einem Mikro-Spendendienst wie Flattr kleine Geldbeträge einwerben, aber wirklich groß sind die Summen, die da zusammenkommen, nicht. Nicht einmal die großen Blogportale können sich daraus finanzieren. Mit dieser Entwicklung ändert sich auch tendenziell die Motivation fürs Publizieren: Sie kommt weniger aus der Bezahlung, die man dafür erhält, und mehr aus dem Engagement für die Themen, über die man schreibt. Der Grund für diesen Trend ist, dass sich verschoben hat, was "knapp" ist: Nicht mehr die Publikationsmöglichkeit ist heute das wertvolle Gut, sondern die Aufmerksamkeit des Publikums. Jede_r kann publizieren, die Frage ist, ob man auch gelesen wird – die Anbieter_innen konkurrieren also um die Aufmerksamkeit der Menschen, die unmöglich alles lesen können und eine Auswahl treffen müssen. Kriterien dafür sind die Originalität und Qualität der Beiträge, der Vernetzungsgrad und die Reputation der Autor_innen sowie ihre Fähigkeit, die eigenen Inhalte und Ansichten thematisch an das anzuknüpfen, was Menschen jeweils bewegt und umtreibt. Sicher haben die etablierten Medien dabei noch einen Vorsprung gegenüber unabhängigen Blogs und Foren. Doch dieser muss sich anhand von jenen Kriterien bewähren, die Internetnutzer_innen diesen Angeboten zubilligen, er versteht sich nicht mehr aufgrund eines exklusiven Zugangs zu Publikations- und Vertriebsmöglichkeiten von selbst.

Allerdings ist der Diskussionsstil im Internet oft problematisch, was viele momentan noch abschreckt (mehr Frauen als Männer, wie ich glaube). Der Ton in Kommentaren ist häufig besserwisserisch und polemisch, und zwar nicht nur bei den üblen Pöbeleien, die man ohnehin gleich weglöscht, sondern auch bei ernsthaften Mitdiskutant_innen (mehr bei Männern als bei Frauen). Ich habe gute Erfahrungen mit einer eher restriktiven Kommentarpolitik gemacht. Und zwar nicht, weil ich mit harter Kritik nicht umgehen könnte, sondern im Interesse der Qualität der Kommentardiskussion insgesamt. Denn je rüder der Ton, desto weniger Lust haben andere, möglicherweise interessantere Leute, sich daran zu beteiligen.

#335

Blogs – mehr als Online-Tagebücher mit Katzenfotos

Anfang des Jahrhunderts hieß es von ihnen, sie werden das Mediensystem aushebeln, in den vergangenen Jahren wurden sie für tot erklärt, und sie sind immer noch das Herzstück der Netzkultur, die *«Blogs»*. Das Wort leitet sich aus der Kombination zweier Begriffe ab; *«Web»* (also "Netz" wie im *«World Wide Web»*) und *«Logbuch»* (engl.: Log, Logbook). Grammatikalisch richtig wäre daher *«das Blog»*, weil das Web-Logbuch. Seit Jahren erkennt der deutsche Duden aber auch *«der Blog»* als richtig an. Ein symptomatisches Zeichen, welche Bedeutung Blogs in unserer Gesellschaft erreicht haben. Der Erfolg des Phänomens *«Blog»* verdankt sich der Einfachheit, mit der sich ein Blog starten, einrichten und mit Einträgen befüllen lässt. Die Schwelle, etwas auf einer "eigenen Website" ins Netz zu stellen, ist kindisch einfach geworden. So wie vor 15 Jahren kostenlose E-Mail-Dienste aus dem Netz gesprossen sind und immer leistungsfähiger wurden, hat sich Ähnliches in den letzten fünf Jahren mit gratis Blog-Diensten wiederholt. Das ist die eine Bedeutungsebene des Wortes Blog: die Funktionalität der Blog-Software. Das zentrale Element des Blogs sind die Einträge mitsamt dem Umstand, dass diese in einer chronologischen Abfolge stehen, und der automatischen Leistung der Blog-Software, dass jedem Eintrag ein Datum zugewiesen ist. Alle Einträge zusammen ergeben somit ein chronologisches Archiv, eine Abfolge, bei Twitter, dem "Mikro-Blogging"-Dienst, sprichwörtlich *«Timeline»* genannt. Blogs eignen sich also zur laufenden Dokumentation: von Gedanken, Beobachtungen, Ereignissen, Entwicklungen und so weiter ... inklusive Bildern von Katzen. Jedes Blog ist ein implizites Versprechen weiterer, zukünftiger Einträge.

Im Wort *«Blog»* ist neben der Struktur der Software mehr enthalten. Eine andere Dimension des Begriffs meint die "Textsorte", die Kulturtechnik des Bloggens, das idealtypische *«Wie blogge ich "richtig"?»*. Zur Kultur des Bloggens gehören so manche Aspekte, nicht alles ist gleich bedeutend und darüber hinaus ist klar, dass Blog-Software aufgrund ihrer einfachen Anwendung gerne auch für Webseiten verwendet wird, ohne dass diese auch nur versuchen, "Blogs" im eigentlichen, im kulturellen Sinne zu sein. Zur Kultur des Bloggens gehört jedenfalls die Bereitschaft zum Dialog und zur Vernetzung. Bloggen heißt, die Kommentarfunktion offen zu halten, auf Kommentare zu antworten und zum Kommentieren einzuladen. Es heißt in weiterer Ausprägung, den Blick über den eigenen Blogrand offen zu haben. Dazu gehört das Verlinken zu interessanten Texten auf anderen Webseiten und vor allem Blogs, das Transparent-machen der Blogs, die mensch selbst liest und schätzt, das Referenzieren auf Beiträge in anderen Blogs. All diese Aspekte des Zitierens, des Pflegens einer Blogroll und des Wahrnehmens, was sonst so in der Blogosphäre passiert, das Teilnehmen an Debatten und Diskursen, das läuft auf Vernetzung hinaus, auf den größeren Zusammenhang und Horizont, auf gesellschaftliches Engagement, auf Solidarität.

Von daher: Mit Kommentaren muss man experimentieren. Und man muss nicht alles freischalten, auch wenn viele dann empört *«Zensur!»* rufen. Als "Hausherrin" im eigenen Blog bestimme ich die Gesprächskultur, mit Zensur hat das nichts zu tun. Das Netz ist schließlich groß, und wer einen anderen Diskussionsstil bevorzugt, kann dafür ja ein eigenes Blog aufmachen. Oft höre ich auch den Einwand, dass dieses Internet doch sehr viel Zeit "frisst". Besteht nicht die Gefahr, dass diese Energie quasi von meinem "eigentlichen" politischen Engagement abgezogen wird? Mir erscheint der Zeitaufwand, gemessen an den Vorteilen, relativ klein. Ich setze mich aber auch nicht hin und nehme mir viel Extra-Zeit, um zu überlegen, was ich bloggen und schon gar nicht, was ich twittern will. Sondern ich schreibe einfach genau das, was mir ohnehin durch den Kopf geht. Und das wird dann, je nach Gewicht, zu einem kleinen Tweet oder einem längeren Blogpost verarbeitet.

ÜBUNG IN DER DEBATTE MIT DEN VIELEN UND DEN VERSCHIEDENEN

Sicher, das braucht etwas Übung und anfangs ist es durchaus auch zeitaufwendig. Aber meiner Erfahrung nach wird es irgendwann so selbstverständlich, dass es wie nebenbei läuft: Es kostet mich weniger Energie, einen Gedanken, einen Ärger rasch zu bloggen, als ihn tagelang mit mir im Kopf herumzuschleppen. Das ist auch eine Frage der Prioritätensetzung: Je mehr ich mich im Internet informiere, desto seltener nutze ich andere Medien (vor allem das Fernsehen habe ich inzwischen vollkommen abgeschafft). Und je mehr ich im Internet schreibe, desto weniger schreibe ich woanders, etwa in Zeitschriften oder Büchern. Das liegt einfach daran, dass ich das Schreiben im Internet – aus den genannten Gründen – spannender und wichtiger finde. In gewisser Weise bringt es uns wieder zurück zu dem, was die alten Griechen "Polis" nannten: also einer Gesellschaft, die davon lebt, dass sich alle (bei den alten Griechen waren es nur die freien Männer, aber sagen wir heut mal wirklich alle) an der "öffentlichen Meinungsbildung" beteiligen. Eine Gesellschaft, die Politik als Diskurs der verschiedenen versteht und im Gespräch, Austausch und Konflikt unter diesen vielen versucht, eine gute Lösung zu finden.

Gerade für Nicht-Mainstream-Diskurse, die es früher schwer hatten, einen Platz in dem knappen Gut "Publikationsmöglichkeit" zu erhaschen, bietet diese Entwicklung große Chancen. Sie sind ja ohnehin noch nie für ihr Schreiben und Publizieren bezahlt worden, ihnen geht es um die politische Botschaft, und um die Chance, an einem öffentlichen Diskurs mitzuwirken. Politische Meinungsbildung ist nichts mehr, das automatisch ausgewiesenen "Expert_innen" zugeschrieben werden kann, sondern wir alle sind dafür verantwortlich. Insofern ist die aktive Beteiligung am Web 2.0 #009 aus meiner Sicht nicht ein Spaß, ein Luxus, den man sich leisten kann, wenn man nichts Besseres zu tun hat, sondern tatsächlich so etwas wie "Bürger_innenpflicht". Das gilt zwar besonders, aber nicht nur für politisch Interessierte.

Alle Menschen wissen Sachen, haben Erfahrungen, sind originell, können Ratschläge geben oder kennen meinetwegen auch tolle Kochrezepte. Wir alle haben schließlich auf Kosten der Allgemeinheit eine Ausbildung genossen. Wäre es da nicht auch angemessen, davon der Allgemeinheit wieder etwas zurückzugeben? In Form von klugen Tweets oder Blogposts etwa? Oder auch in Form von Kommentaren und Replies? Ist es, anders gefragt, nicht ziemlich geizig und egoistisch, das eigene Wissen für sich selbst zu behalten, indem man aus dem Internet zwar gerne alle möglichen Sachen herausholt – aber nichts selber dazu beiträgt? Natürlich gibt es keine Pflicht zum Bloggen, Twittern und Facebooken. Doch gibt es heute eine viel größere Verantwortlichkeit für die Art und Weise, wie sich der oder die Einzelne am öffentlichen Diskurs beteiligt – oder eben auch nicht. Die Entscheidung dagegen ist jedenfalls genauso kritisch zu hinterfragen, wie die Entscheidung dafür.

ZUSAMMENFASSUNG

Wer die eigenen politischen und theoretischen Positionen in sozialen Netzwerken mitteilt und zur Diskussion stellt, entzieht sie dem "Mainstream-Test" und trägt sie dennoch über den Kreis der "üblichen Verdächtigen" hinaus. Die Möglichkeiten, andere Menschen an einem Diskurs zu beteiligen, vervielfältigen sich. Gerade die Niedrigschwelligkeit der Kontakte in den sozialen Netzwerken macht es wahrscheinlicher, Ideen auch Gruppen nahezubringen, die das eigene Anliegen nicht unbedingt teilen oder auch einfach noch nie davon gehört haben. Die kurze Form im Internet bietet eine Plattform, um öffentliche Diskursstränge kritisch zu begleiten, und die potenzielle Reichweite von Netzwerken steigt eklatant an. Auf diese Weise kann das Entstehen einer neuen Öffentlichkeit abseits von traditioneller "Meinungsführerschaft" und im Sinne des Widerspruchs, des öffentlichen Kommentierens, mitgestaltet werden.

- Schreibe ein Blog über die Themen, die dir am Herzen liegen – mit webbasierter Software ist das kostenlos und erfordert kein technisches Verständnis. Lass dir Zeit und experimentiere, anfangs wirst du ohnehin noch nicht viele Leser_innen haben.
- Besuche andere themenverwandte Blogs und teile dort dein Wissen und deine Meinung mit anderen. Mit der Zeit wird man dich auf diese Weise als interessante Gesprächspartnerin kennen lernen.
- Experimentiere mit sozialen Netzwerken, melde dich bei Twitter oder Facebook an und beobachte das Geschehen. Anfangs mag diese Art des Netzwerkens und Diskutierens befremdlich erscheinen, mit der Zeit gewöhnt man sich dran.
- Wenn du etwas nicht weißt, stelle Fragen. Die Leute im Internet sind im Allgemeinen sehr hilfsbereit, bei Unklarheiten weiterzuhelfen und Tipps zu geben.

- Überlege nicht zu sehr, was "die Leute" interessieren könnte, sondern schreibe über das, was dich bewegt und wirklich interessiert und worüber du gut Bescheid weißt oder exklusive Informationen hast.
- Mache nicht einfach nur Werbung für deine Produkte oder Gewissheiten, sondern stelle zur Diskussion, was dich umtreibt, gerne auch in Form von Fragen.
- Mache es transparent, wenn du eine offizielle Funktion in einer Organisation oder einem Verband hast – im Internet reagiert man sehr sensibel auf "Schleichwerbung".
- Pflege Beziehungen. Missioniere nicht bloß für dein eigenes Anliegen, sondern interessiere dich auch für die Anliegen der anderen.

Mainstream, Leitmedien, Fernseh-Talkshow, Feminismus, Dissidenz, Facebook, Twitter, Nische, Relevanz, Mädchenmannschaft, Bloggermädchen, Blogosphäre, Dialog, Trolle, Öffentlichkeit, Politik, Polis, Publizieren

KOMMENTARE

Andrea Mayer-Edoloeyi *sagt:* *andreame.at*

Das unterschreibe ich alles. Als Leserin deines Blogs kann ich auch die Wahrnehmung bestätigen, dass sich über eine gut gemachte Social Media-Präsenz neue Kontakte auftun mit Menschen, die sonst gar nicht auf diese Themen gestoßen wären. Spannend kann das dann auch bei IRL-Vernetzungen werden, nicht nur auf GenderCamps, die es in Deutschland ja auch schon gibt, sondern indem sich Feministinnen in die gesamte Barcamp- und Twittagessen-Szene einbringen. Da sehe ich durchaus Potenziale, vielleicht auch irgendwann mal gemeinsame Projekte voranzutreiben über diesen Weg – und es vertiefen sich dabei so manche lose Kontakte, die online entstanden sind. Und es ist ziemlich witzig, Leute das erste Mal IRL zu treffen!

Schwieriger ist es schon, sich mit der "traditionellen" feministischen Szene zu vernetzen (so vage der Begriff jetzt mal ist). Da wird, wie du es ja auch ansprichst, das Internet noch ziemlich unterschätzt – und oft an ganz anderen Baustellen gewerkt. Ein Blogprojekt als Privatperson zu starten ist wesentlich einfacher, als Social Media für eine Initiative oder Organisation zu etablieren. Das Zeitargument sehe ich selbst ja ähnlich wie du. Social Media ist einfach ein Stück selbstverständlicher Alltag. Das ist aber eine Sichtweise, die (noch) nicht breiter tragfähig ist, weil die Leute so anders ticken in ihrem Alltag. Ich erlebe es so, dass manche einfach gerne eine Profi-Frau hätten, die das mit dem Internet da für sie erledigt. Das geht aber nicht wirklich (auch wenns Werbeagenturen gibt, die uns das erzählen wollen) und macht einfach auch bezüglich der Demokratisierungspotenziale keinen Sinn. Oder hast du da andere Erfahrungen?

Piratenweib *sagt:* *piratenweib.de*

Ideen, wie mit Trollen und sexistischen Kommentaren umgegangen werden kann, gibt es viele. Die meisten beschränken sich jedoch auf: nicht veröffentlichen, einfach löschen. Das ist auf Dauer für die beleidigten und gestalkten Blogger_innen jedoch keine Lösung. Dadurch frisst eine_r den Hass aus den Kommentaren in sich hinein. Es wäre besser, sich mit Gleich-Getrollten zusammenzutun, denn gemeinsam ist mensch bekanntlich stärker und es tut gut, damit nicht allein klarkommen zu müssen. Eine spitzenmäßige Idee wurde 2010 auf dem GenderCamp.de ausgebrütet und von einigen engagierten Teilnehmer_innen weiter verfolgt. Nun, fast ein Jahr später, ist die Sache ausgebrütet und am Laufen: hatr.org – collecting trolls. Und das beste: die sexistische Kackscheiße, die dort gesammelt wird, kommt von ganz allein. Da muss sich mensch überhaupt nicht anstrengen. Selten wird einem im Internet so reibungslos zugearbeitet. Der/die eine oder andere hat sicher seinen/ihren geistigen Dünnpfiff dort schon wiedergefunden … Also, herzlichen Dank fürs anonyme Mitmachen und fürs Kackscheiße posten. Wir machen Geld aus deinem Dreck. Prima.

Bernhard Jenny *sagt:* *twitter.com/bernhardjenny*

Danke für diesen sehr motivierenden Artikel! Ich hoffe, er kann viele dazu ermuntern, aktiv zu werden. We are what we share.

DIE KRAFT DER VIELEN KOORDINIEREN LERNEN!

Netzwerk-Kampagnen – Bewegung in die Zivilgesellschaft bringen

«Veränderung bedeutet Bewegung. Bewegung bedeutet Reibung. Nur in einer fiktiven Welt entsteht Veränderung ohne Konflikt.»
Saul Alinsky

Für *«Non-Governmental Organizations»* (NGOs) können Netzwerk-Kampagnen die Kampagnenform #130 der Zukunft werden. Die Verbreitung von sozialen Medien macht wirkungsvolle Kommunikations-Tools verfügbar und bringt ein aktives Selbstverständnis potenzieller Aktivist_innen. Zivilgesellschaftliche Initiativen und NGOs müssen aber noch viel lernen, wenn sie die Reichweite sozialer Bewegungen und die Steuerbarkeit von klassischen Kampagnen in Netzwerk-Kampagnen kombinieren wollen. Wo genau noch Handlungsbedarf besteht, beobachtete ich als Sprecher von SOS Mitmensch, einer "pressure group", für die ich Kampagnen zur Durchsetzung der Menschenrechte gemacht habe. Fünf Punkte greife ich hier heraus.

FLÜCHTLINGS-NGOS UND NETZWERK-KAMPAGNEN – DIE VORLÄUFER

Schon vor #unibrennt haben zivilgesellschaftliche Gruppen in Österreich Kampagnen in Netzwerkstruktur durchgeführt: Beim recht gebräuchlichen "open campaigning" wird lediglich das gemeinsame Ziel festgelegt. Die Mitstreiter_innen agieren dann unabhängig und setzen die eigenen Ressourcen mit den jeweils bevorzugten Aktionsformen ein. Open campaining kommt vor allem dann zum Tragen, wenn detaillierte Koordination mehr Aufwand als Nutzen bedeutet. Zum Beispiel, wenn Akteur_innen mit sehr unterschiedlicher Arbeitsweise zusammenfinden sollen. Politische Gruppen schöpfen ihren Antrieb aus inhaltlicher Abgrenzung und setzen deshalb meist auf die Dynamik von Konfliktstrategien. Diese werden von NGOs, etwa sozialen Wohlfahrtsverbänden, als riskant und anstrengend eingeschätzt. Große NGOs verfügen oft über ausreichend personelle und finanzielle Ressourcen, um Lobbying- oder Public-Relations-Strategien umzusetzen. Konfliktstrategien sind zweite Wahl, was NGOs von politischen Gruppen mitunter den Vorwurf des übertriebenen Pragmatismus einbringt. Noch ein Unterschied: Mit der Größe einer Organisation steigt nicht nur die Ressourcenstärke, sondern auch die Komplexität der Entscheidungsstrukturen. Kooperation zwischen Großen und Kleinen wird allein schon durch unterschiedliche Geschwindigkeiten erschwert. Trotz dieser Verschiedenheiten gelingt es im **Asyl- und Flüchtlingsbereich** immer wieder, die Wohlfahrtsverbände, NGOs und politischen Gruppen zu Kooperationen zu bewegen. Die Kampagne *«Existenzsicherung für Flüchtlinge»*, mit der im Jahr 2003/04 eine allgemeine Grundsicherung für Asylsuchende ("Weihnachtsfrieden") durchgesetzt wurde, vereinte die Beteiligten durch die Dringlichkeit des Zieles: Tausende obdachlose Flüchtlinge von der Straße zu holen. Während die großen Hilfsorganisationen mit dem damaligen Innenminister Ernst Strasser verhandelten, organisierten die kleinen NGOs **medienwirksame Protestaktionen** auf der Straße. Bei der Bleiberechts-Kampagne 2008/09 gelang es, Akteur_innen mit zum Teil unvereinbaren Positionen und ohne Kooperationsbereitschaft durch das Setzen eines wirksamen Fokus zusammenzuspannen. Die teilnehmenden Flüchtlingsorganisationen erklärten den 10. Oktober 2008 auf Initiative von SOS Mitmensch zum *«Tag des Bleiberechts»*. Damit stießen wir konzertierte Aktionen an, ohne dass sich je alle Beteiligten gemeinsam an einen Tisch gesetzt hätten. Der Kampf um die Deutungshoheit über den Bleiberecht-Begriff spornte einige antirassistische Kräfte besonders an. Um die als defensiv empfundenen Forderungen der Hilfsorganisationen zu konterkarieren, nannten sie den Tag schlicht *«Tag der Bewegungsfreiheit»*. Den Kampf ums Bleiberecht haben wir unterm Strich trotz makelhafter Gesetzgebung gewonnen, da die Öffentlichkeit ein solches mittlerweile anerkennt. Noch heute verweisen Flüchtlingshelfer_innen erfolgreich auf die Idee des Bleiberechts, um die Interessen von Asylsuchenden und Migrant_innen gegen abschiebelustige Behörden durchzusetzen. Auch die Mobilisierung per Internet ist kein Phänomen der Facebook-Generation #113. Schon 2000 und davor bedeutete der Einzug des Kommunikationsmediums E-Mail eine wesentliche Arbeitserleichterung für NGOs. Dauerte das Faxen einer Presseaussendung vor 1999 noch einen ganzen Vormittag, so bedurfte der Versand per E-Mail-Presseverteiler nur eines Knopfdrucks. Die erste Massenmobilisierung per E-Mail gelang SOS Mitmensch am 2. Februar 2000 gegen die schwarz-blaue Bundesregierung. Laut Polizeiangaben nahmen 15.000 Personen an der Kundgebung teil, die erst 24 Stunden zuvor angemeldet und am Vorabend durch eine E-Mail-Kette #350 beworben wurde.

#UNIBRENNT – DIE EMERGENZ EINES NEUARTIGEN NETZWERK-PROTESTS

Eine Kampagne unterscheidet sich von einer sozialen Bewegung durch ihren höheren Grad an Planung und Koordination. Das schränkte die Reichweite der Beteiligten vor Web 2.0 drastisch ein. Die #unibrennt-Proteste befinden sich irgendwo zwischen sozialer Bewegung und klassischer Kampagne. #unibrennt war in Österreich und darüber hinaus netzwerkartig organisiert, mit flachen Hierarchien, vielen dezentralen Knotenpunkten und ohne dominante, kontrollierende Zentren. Man ist deshalb geneigt, eher von einer sozialen Bewegung zu sprechen, als von einer Kampagne. Doch dagegen spricht die kollektive Strategiearbeit, bei der mit Hilfe von Web 2.0 #009 unter breiter Beteiligung über Ziele, Taktik und Mitteleinsatz verhandelt wurde.

#341

Soziale Netzwerke, Social Networks und die Netzwerk-Gesellschaft

Von «*Sozialen Netzwerken*» sprechen die Sozialwissenschaften unabhängig von den "Social Networks" genannten Plattformen wie Facebook #094. Gemeint sind allgemein: Beziehungsnetzwerke zwischen Akteuren, wobei zwischen starken und schwachen Beziehungen differenziert werden kann. Merkmale für "starke Beziehungen" sind hohe Kontakthäufigkeit, lange Bekanntschaftsdauer, emotionale Intensität und anhaltende Gegenseitigkeit. "Schwache Beziehungen" stehen für das Gegenteil. Damit ist klar, dass Kontaktbeziehungen in Social Media-Plattformen allein nur "schwach" sein können und umgekehrt "starke Beziehungen" sich auch in Social Media-Kontakten abbilden werden. Auf der Hand liegt außerdem, dass online gebildete vorerst "schwache Beziehungen" natürlich zu "starken Beziehungen" werden können, wenn durch den Online-Kontakt weitere Beziehungsebenen angeregt werden. Die Regel wird das nicht sein. Plattformen wie Facebook können wir eigentlich besser als "Soziale-Netzwerke-Systeme" verstehen. Facebook selbst ist kein soziales Netzwerk, sondern bietet eine leistungsfähige technische Infrastruktur unsere sozialen Netzwerke online abzubilden, sie zu stabilisieren, wo wir aufgrund von Distanzen höhere Kontakthürden haben, und unsere Netzwerke zu erweitern, sowohl um ein loses Netz "schwächerer Beziehungen" als auch um neue Kontakte, mit denen wir die relevanteren "starken Beziehungen" einzugehen beginnen. Netzwerke sind in aller Munde, Zeitdiagnosen sprechen seit Ende der 1990er-Jahre von einer «*Netzwerkgesellschaft*», und uns allen ist klar, dass es soziale Netzwerke vor Facebook und vor dem Internet gegeben hat.

Der Begriff des «*Netzwerkes*» allein bezeichnet eine Konstellation aus Beziehungen und Knotenpunkten, zwischen denen direkte Verbindungen bestehen. Bemerkenswert ist, dass eine formale Netzwerktheorie viel über Netzwerkstrukturen und Netzwerke an sich aussagen kann, bevor unterschieden wird, ob es um Computer-Netzwerke, Kommunikationsnetzwerke, die sogenannten «*Social Networks*» oder Beziehungsnetzwerke von Menschen geht. Am bekanntesten ist die Regel, dass Verbindungen zwischen zwei Knotenpunkten dann stabil sind, wenn sie den Teil eines Beziehungsdreiecks bilden. Und was meint der bekannte Netzwerkforscher, wenn er vom «*Macht-Irrtum der Sozialen Netzwerke*» spricht und Netzwerke in Social Media analytisch von den «*Netzwerken der Macht*» unterscheidet? Alle tatsächlich nennenswerten Machtverschiebungen durch Social Media, die Macht- und Elitenetzwerke werden durch Social Media nicht angekratzt, funktionieren anders, und um sie müssten wir uns vermehrt kümmern.

Klassische Kampagnen funktionieren dann gut, wenn wenige Steuerleute über viele Ressourcen verfügen. Soziale Bewegungen sind wirkmächtig, wenn sehr viele ihre relativ geringen Ressourcen trotz fehlender Steuerung in den Dienst desselben Ziels stellen. Netzwerk-Kampagnen ermöglichen es, geringe Ressourcen von vielen koordiniert einzusetzen. Netzwerk-Kampagnen bauen dabei nicht nur auf die technischen Möglichkeiten des Web 2.0, sondern auch auf das Selbstbild der Teilnehmer_innen, die von Social Media geprägt sind: Sie sehen sich nicht als passive Konsument_innen, sondern als aktive Beitragende. Für zivilgesellschaftliche Gruppen könnten Netzwerk-Kampagnen die Kampagnenform der Zukunft werden. Allerdings ist es für die meisten NGO-Menschen noch mit einem hohen Lernbedarf verbunden, Web 2.0-Techniken und Social Media-Kultur in ihre Arbeit zu integrieren. Im Folgenden arbeite ich fünf Punkte heraus, wo ich besonderen Handlungsbedarf festmache, um die Möglichkeiten besser auszuschöpfen.

Der widerst@nd-MUND Informationsdienst per E-Mail

1. *Der «Tag des Bleiberechts» wird von vielen Gruppen und in verschiedenen Städten aufgegriffen. Eine* Open-Space-Konferenz *im Vorfeld fördert den Austausch von Ideen, der Tag wird zu einem «dezentralen Aktionstag».* 2. *Vor dem Bundeskanzleramt und in anderen Städten wird ein Sesselmeer inszeniert, der VideoBockCast berichtet. Das "Sesselmeer" wird seitdem immer wieder aufgegriffen.* 3. *Die Beteiligung ist groß und breit, der Organisation von Ute Bock wird der Rücken gestärkt, der Begriff und die Forderung des Bleiberechts sind nachhaltig in die öffentliche Diskussion eingebracht.*

SKALIERBARE KAMPAGNENTOOLS UND KLAR DEFINIERTE BEITRAGSMÖGLICHKEITEN

Will man die Kraft der vielen nutzen, lohnt es, bei der Bereitstellung von Kampagnen-Tools sehr viel Sorgfalt in deren Skalierbarkeit zu legen. Das bedeutet, dass der Aufwand nicht proportional mit den Anwender_innen wächst. Das Paradebeispiel für eine Netzwerk-Kampagne mit hoher Skalierbarkeit ist die Wahlkampagne von Barack Obama. Tausende Amerikaner_innen registrierten sich auf der Website MyBarackObama.com als Fundraiser_innen und Campaigner_innen. Einschulung und Anleitung für die teilweise komplexen Aktivitäten erfolgen über weite Strecken online und erforderten deshalb keinen (bedeutend) steigenden Mitteleinsatz, ob sich nun hundert oder hunderttausend Personen beteiligen. Das Online-Tool animierte etwa zum Anruf bei potenziellen Wähler_innen und schlug dafür Telefonnummern und einen Gesprächsleitfaden vor. Fände eine solche Einschulung und Betreuung offline statt, stiege der Aufwand mit jeder zusätzlichen Person, die mithelfen will. Die Effektivität von skalierbaren Tools steigert sich noch, wenn nicht nur die Durchführung des Tools, sondern auch die Rekrutierung von Beiträger_innen skalierbar ist, wenn also zum Beispiel gleich eine "Tell your Friends"-Funktion in das Tool integriert ist.

Weniger gut gelang die Skalierbarkeit bei *«Rassismus streichen»*, einer Kampagne gegen rassistische Beschmierungen an Wiens Hauswänden, die SOS Mitmensch 2006 lancierte. Primäres Kampagnentool war ein WatchBlog #059. "Rassismus-Paparazzis" speisten das Bild-Blog rassismusstreichen.at von unterwegs mit Handy-Fotos von rassistischen Parolen an Wiens Hauswänden. Mit dem "Antirassistischen Stadtplan" machten wir die erstaunliche Verbreitung der Hetz-Parolen sichtbar. Die technischen Möglichkeiten von damals erforderten das händische Eintragen der Fundort-Adresse durch die oder den Rassismus-Paparazzi sowie das manuelle Übertragen der geposteten Bilder in die

Google-Map durch Mitarbeiter_innen von SOS Mitmensch. *«Rassismus streichen»* erhielt Anerkennung von Fachleuten, doch den harten Kern der Paparazzis bildeten Technik-Freaks und persönlich eingeschulte Aktivist_innen. Beim heutigen Stand der Technik fände eine Smart-Phone-App mit automatischem Geotagging der Bilder wahrscheinlich weite Verbreitung. Je klarer die Partizipations-Schnittstellen definiert sind, desto leichter ist die Teilnahme für die Beiträger_innen. Zum *«Tag des Bleiberechts»* versuchten die Hilfsorganisationen, in allen Landeshauptstädten ein "Sesselmeer" zu organisieren. Als klar wurde, dass die Ressourcen der Landesorganisationen dafür nicht reichen, wurden andere lokale Gruppen gesucht. Eine detaillierte Anleitung sollte diesen die Vorbereitung erleichtern. Zufällig stießen auch Initiativen in Bezirksstädten auf diese Checkliste und nahmen sie zum Anlass, ein eigenes "Sesselmeer" durchzuführen.

AKTIVITÄTEN ZUSAMMENFASSEN UND ZENTRAL SICHTBAR MACHEN

Ein Netzwerk ist umso robuster, je mehr Knotenpunkte es hat. Über Kommunikation und Aktivitäten in einem großen Netzwerk verliert man aber schnell einmal den Überblick. Dabei ist es für Aktivist_innen motivierend zu erfahren, dass viel passiert. Deshalb ist es sinnvoll, Informationen zu sammeln und über einen zentralen Punkt erreichbar zu machen. Viele Web 2.0-Tools bieten heute auch die Voraussetzung, um Informationen von sehr vielen Lieferant_innen zu strukturieren und aufzubereiten. Auf Flickr.com #149 ist etwa rasch eine Gruppe eingerichtet, die alle Fotos von einer Aktion auf einer Seite bündelt, obwohl sie von verschiedenen Fotograf_innen stammen. Die Vielfalt von heterogenen Netzwerken ist ein Vorteil, da sie Innovation fördert und differenzierten Erwartungen unterschiedlicher Zielgruppen gerecht werden kann – ideal ist, wenn Interessierte auch noch schnell den Weg zur gewünschten Information finden. Bei *«Machen wir uns stark»* wurden über eine Website 3.333 Spender_innen gesucht, die 15 Euro zur Finanzierung der Kundgebung am Heldenplatz beitragen. Wir richteten auch eine Facebook-Page #094 ein, um viele Interessierte zu erreichen, die vollständige Integration der Spenden-Website konnten wir aber nicht umsetzen. Eine unbefriedigende Lösung. Das Spendenziel erreichten wir, und doch verpuffte einiges an Mobilisierungskraft. Weder wurden die Spender_innen automatisch in die Kommunikation auf Facebook involviert, noch wurden die Facebook-User_innen automatisch über eingehende Spenden von Freund_innen informiert und so zu neuen Anstrengungen motiviert.

EINE GUTE GESCHICHTE ERZÄHLEN UND RELEVANT SEIN

Gerade wenn eine Kampagne auf die Ressourcen der vielen abstellt, muss sie relevanter sein als andere. Auf Facebook wird man täglich mit kreativ umgesetzten Anliegen konfrontiert. Irgendwann geben es die meisten Nutzer_innen auf, allen Gruppen beizutreten, deren Ziele sie eigentlich teilen würden. Aufmerksamkeit, Zeit und Ressourcen sind beschränkt. Wenn andere Menschen dazu gebracht werden sollen, ihre Ressourcen genau für diese eine Aktion einzusetzen, dann muss sie sich von anderen abheben. Die wichtigste Grundlage für eine relevante Kampagne ist eine gute Geschichte. Diese beschreibt, welches Problem interessierte Aktivist_innen durch ihren Beitrag lösen werden. Für die Qualität der Geschichte gelten formale Kriterien (wie Klarheit, Kürze und Konsistenz) ebenso wie inhaltliche. Journalistische Relevanzkriterien beschreiben ganz gut, was den Inhalt einer guten Geschichte ausmacht: unter anderem Aktualität, Originalität, Bekanntheit der Protagonist_innen, Nähe zur und Betroffenheit der Zielgruppe sowie Dramaturgie. Eine gute Geschichte ist eine gute Geschichte, wenn sie weitererzählt wird und sich "wie von selbst" verbreitet. Mit der *«Asylwette»* versuchte SOS Mitmensch, den wenig originellen Sachverhalt eines verfassungswidrigen Asylgesetzes mit einer gelungenen Verpackung berichtenswert zu machen. Auf einer Website wurden Einsätze gesammelt, um Innenministerin Liese Prokop eine Wette darüber anzubieten, dass auch die damals geplante Novelle vor dem Verfassungsgericht nicht halten werde. So wie zahlreiche Gesetze zuvor. Immerhin lehnte die Ministerin die Wette offiziell ab und stieg damit auf den Diskursrahmen ein, ob ihr Gesetz verfassungskonform sei oder nicht. Die gesammelten Einsätze wurden der Betreuungseinrichtung für Folteropfer, *Hemayat*, gespendet, das Gesetz vom Höchstgericht korrigiert. Leider begünstigen sowohl die Mächtigkeit der Protagonist_innen als auch die zur Verbreitung eingesetzten Mittel die Wirksamkeit einer Geschichte. Zivilgesellschaftliche Gruppen müssen deshalb in Konkurrenz zu ressourcenstarken Interessenverbänden und Parteien immer auch die besten Geschichten erzählen, um diesen Nachteil auszugleichen.

AUF ALLTAGSHANDLUNGEN UND BEZIEHUNGEN ABSTELLEN

1948 etablierte Earl Silas Tupper für seine Küchenwaren "Tupperpartys" als Vertriebsschiene und nutzte persönliche Beziehungen und Freundschaft erfolgreich als Verkaufshilfe. Eine Film-Empfehlung durch enge Freund_innen hat einen anderen Stellenwert, als die Empfehlung durch eine_n Unbekannte_n. Dieses Prinzip nutzend verwenden Campaigner_innen Tools, die auf Alltagshandlungen und Beziehungen abstellen. In den USA hat diese Form des "Vertriebs" auch eine lange Tradition für die Verbreitung politischer Ideen. Wahlpartys zur Mobilisierung von Freund_innen und Bekannten oder landesweite Filmscreenings im privaten Rahmen zur politischen Aufklärung finden großen Anklang. Worin auch immer die Gründe für die geringe Verbreitung dieser Methode im deutschsprachigen Raum liegen mögen, es bedarf wahrscheinlich noch einiger Anstrengung, um sie für die hiesigen Gewohnheiten zu adaptieren. Die Bereitschaft, sich für eine Kampagne einzubringen, steigt außerdem, wenn diese auf Alltagshandlungen abstellt. Werden Tätigkeiten, die Menschen sowieso (gerne) machen, zur Erreichung eines Kampagnen-Zieles eingesetzt, so erhöht dies die Chance, dass sich viele Aktivist_innen finden.

BOCK AUF BIER

«Bock auf Bier», eine Kampagne die SOS Mitmensch 2003 gemeinsam mit einem Personenkomittee durchführte, setzte gemeinsames Bier-Trinken und Konzertbesuche als Kampagnentool ein. 70 Szenelokale in Wien spendeten 10 Cent pro getrunkenem Bier an die Flüchtlingshelferin Ute Bock, die mit ihren privaten Mitteln mehr als hundert obdachlose Flüchtlinge untergebracht hatte. In Folge stellte eine Brauerei 60.000 Flaschen Bier in der Spezialedition *«Bock auf Bier»* her und spendete diese der Kampagne zum Verkauf.

An die "Bier-Kampagne" schloss mit *«Bock auf Kultur»* eine Veranstaltungsreihe mit 50 Veranstaltungen an. Unter dem Motto *«Solange Flüchtlinge auf der Straße stehen, müssen wir auftreten»* bespielten Musiker_innen, Kabarettist_innen und Literat_innen kostenlos die beteiligten Lokale. "Pay as you wish" ermöglichte den Besucher_innen, die Höhe des Eintrittsgeldes selbst zu bestimmen, und den Organisator_innen, mit Tausenden Gästen über die Lage von Flüchtlingen ins Gespräch zu kommen. In vier Monaten konnten so 60.000 Euro lukriert und Frau Bocks Wirken, das in einem Land wie Österreich nicht auf ungeteilte Zustimmung stößt, durch Öffentlichkeit geschützt werden.

MOTIVATION UND INTERESSEN DER BEITRAGENDEN KENNENLERNEN

Wenn es gelingt, die Interessen und Motivationen von potenziellen Aktivist_innen anzusprechen, werden diese ohne "Gegenleistung" handeln. Die Studierendenproteste haben beispielsweise handfeste Interessen von Student_innen kanalisiert. Sie mobilisierten aber auch altruistische Motive. Etwas Sinnvolles für die Gesellschaft zu tun, ist nach wie vor für viele Menschen ein Ansporn, sich in den Dienst der Sache zu stellen. Kurzfristige und intensive Mobilisierung ist möglich, wenn Empörung oder Wut aufgegriffen wird. Im Gespräch mit potenziellen Aktivist_innen können Campaigner_innen deren Motive und Interessen kennenlernen. Kommunikation über Ziele, Strategien und Methoden einer Kampagne steigern Identifikation und Aktionsbereitschaft von Aktivist_innen.

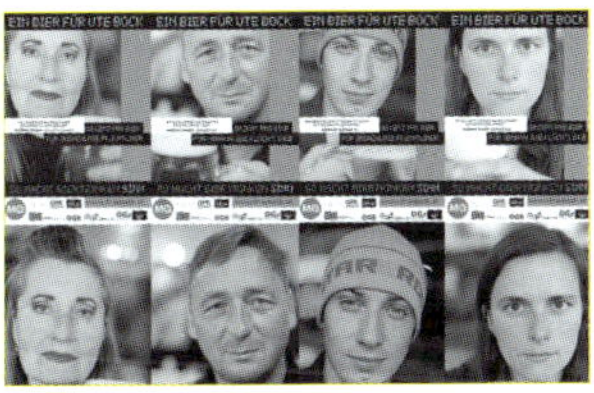

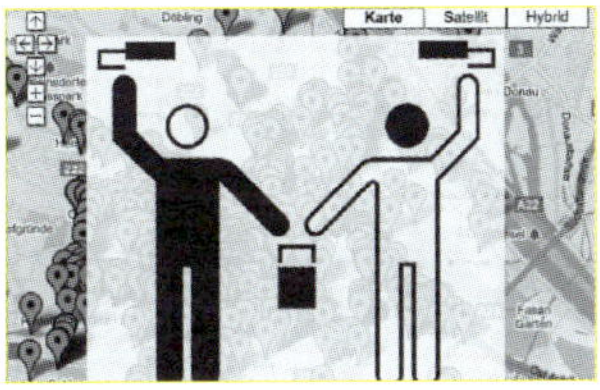

Die Community sichtbar machen, als Community arbeiten

1. *Ein Plakat zur «Bock auf Bier»-Kampagne macht die Community der prominenten Unterstützer_innen sichtbar.* 2. *Der Rassismus streichen-Stadtplan von Wien ist eine Community-Leistung, durch die Hausverwaltungen und Stadtregierung unter Druck gesetzt werden, gegen rassistische Beschmierungen vorzugehen.* 3. *Die Lichterkette rund um das Parlament wird 2009 zu einem wirkungsstarken Zeichen der Menschlichkeit. Die Initiative geht von zwei Studentinnen aus, die via Facebook einen Aufruf starten, weil «wir die hiesigen Zustände nicht mehr untätig ertragen können». Das mediale Echo ist enorm.* (Foto ©Martin Juen)

Das frühe Einbinden von Interessierten kann zudem die Qualität einer Kampagne steigern. Zu oft empfinden jedoch NGOs Feedback und Kritik als Gefahr für ihre Arbeit, da sie mit sozialen Medien noch nicht ausreichend Erfahrung gesammelt haben. Sie fürchten Kontrollverlust oder das Zurückweisen von Anliegen Interessierter. Diese Befürchtungen nehmen ab, wenn Organisationen geübter mit sozialen Medien werden und klare Beteiligungsmöglichkeiten etablieren. Die Formulierung des Kampagnenziels, die Auswahl der Grafik-Vorschläge oder eine Ideenbox, wie stark Aktivist_innen in Entscheidungsprozesse eingebunden werden, bleibt der Organisation überlassen. Enttäuschung darüber, nicht überall mitreden zu dürfen bleibt dann aus, wenn Organisationen von Anfang an klarstellen, welche Form der Mitwirkung möglich ist und welche nicht.

AUSBLICK UND CHANCE EINER ZIVILGESELLSCHAFT 2.0

NGOs und zivilgesellschaftliche Initiativen sind in der Regel kreativer und innovativer als Interessenverbände und Parteien. Sie haben gelernt, mit geringen Ressourcen viel zu bewegen. Man kann zuversichtlich sein: Der Zivilgesellschaft wird es rascher gelingen, das Potenzial von Web 2.0-Techniken und Social Media-Kultur #084 zu nutzen, als unseren Gegenspielern in Politik und Wirtschaft. Das wird uns bei der Durchsetzung der vielen wichtigen Anliegen, die wir vertreten, einen Vorteil bringen. Aber nicht nur. Soziale Medien werden sich vermutlich noch als Katalysator von starken Demokratisierungs-Impulsen erweisen. Sowohl in Staat und Gesellschaft als auch in den Initiativen und Organisationen selbst. Es fehlt nämlich nicht nur den öffentlichen Vertretungskörpern an adäquaten Beteiligungsmöglichkeiten. Die konsequente Auseinandersetzung mit den Erwartungen und Wünschen von potenziellen Aktivist_innen wird mittelfristig die Qualität von Entscheidungsprozessen in NGOs verbessern und den Weg für klare Mitwirkungs-Verfahren ebnen. Zumindest die early adopters unter den zivilgesellschaftlichen Gruppen werden durch ihre Lernbereitschaft mit plan- und steuerbaren Ressourcen in beträchtlichem Umfang belohnt werden.

ZUSAMMENFASSUNG

Die Kampagnenarbeit von zivilgesellschaftlichen Gruppen hat sich schon durch das Web 1.0 verändert. Allerdings waren Netzwerk-Kampagnen in Form von open campaigning vor dem Web 2.0 auf wenige Mitstreiter_innen ausgelegt. Die Studierendenproteste #unibrennt haben gezeigt: Die Verbreitung von sozialen Medien ermöglicht es, die Reichweite sozialer Bewegungen und die Steuerbarkeit von klassischen Kampagnen in Netzwerk-Kampagnen zu kombinieren. Für NGOs und andere zivilgesellschaftliche Gruppen könnte dies zur Kampagnenform der Zukunft werden, da die Ressourcen von sehr vielen Aktivist_innen zugänglich werden.

Noch müssen NGOs allerdings einiges an Lernprozessen durchlaufen, um Web 2.0-Techniken und Social Media-Kultur in die eigene Arbeit zu integrieren. Damit aus einer Kampagne eine Netzwerk-Kampagne wird, welche die Kraft der vielen zum Einsatz bringt, müssen Kampagneninformationen und -materialien sowie klar definierte Beitragsmöglichkeiten skalierbar sein. Das bedeutet, dass der Aufwand nicht proportional mit den Anwender_innen wächst. Das Web 2.0 bietet Möglichkeiten, dass koordinier- und planbare, dezentrale und netzwerkförmige Kampagnen nahezu beliebiger Größe organisiert werden können, die durch ihre Größe ein politischer Faktor werden.

- Skalierbare Kampagnentools und klar definierte Beteiligungsmöglichkeiten anbieten, aber auch Raum für kreatives andocken an Kampagnen offen halten.
- Die Bereitschaft von potenziellen Aktivist_innen, sich im Rahmen einer Kampagne einzubringen, steigt, wenn diese auf Alltagshandlungen abstellt, handfeste Interessen kanalisiert, aber auch altruistische Motive mobilisiert.
- Netzwerk-Kampagnen sollten eine interessante Geschichte erzählen, die formal und inhaltlich gut beschreibt, welches Problem Interessierte durch ihren Beitrag lösen werden.
- Eine zentral zugängliche Darstellung der laufenden Aktivitäten wirkt motivierend und hilft bei der Verbreitung des Anliegens.

Menschenrechte, Rassismus, Antirassismusarbeit, SOS Mitmensch, Wohlfahrtsverbände, #unibrennt, Asyl, Bleiberecht, Ute Bock, Sesselmeer, Netzwerke, Freundschaft, NGOs, open campaigning, Demokratisierung

KOMMENTARE

Andreas Görg sagt: enara.at

By the way, für alle, die noch nicht wissen, wer da eingangs zitiert wird: Saul Alinsky ist sowas wie Sun Tsi für politische Aktivist_innen. Seine beiden Bücher *«Reveille for Radicals»* und *«Rules for Radicals»* stecken voller praktischer kleiner Weisheiten bezüglich Organisation und Machtverhältnissen in politischen Auseinandersetzungen. Z. B. "Aktion ist die Reaktion des Gegners!" oder "Macht ist nicht das, was du hast, sondern was dein Gegner glaubt, das du hast!"

Alinsky liest sich ganz schnell, scheinbar leichte Lektüre, lässt dich aber nicht mehr los. Wenn du politisch aktiv bist, wirst du ihn immer wieder lesen und immer wieder Neues entdecken, weil so viel drinnensteckt.

Romy Grasgruber sagt: romysenf.wordpress.com

Spannender und gut strukturierter Beitrag. *«Eine gute Geschichte erzählen und relevant sein»* ist m. M. nach die wohl größte Herausforderung für die Menschenrechts- und Antirassismusarbeit der nächsten Jahre. Neben Faktoren wie Bildung und sozialer Hintergrund etc. ist es die Nutzung verschiedener Informationsangebote, die zu unterschiedlichen Wissensständen und Einstellungen in der Bevölkerung führt. (Früher: konventionelle Medien, heute auch über Postings/Blogs der "eigenen Freunde" auf Facebook & Co.) So können sich selbstreferentielle Systeme bilden, die sich auf sich selbst stabilisieren und darin von ihrer Umwelt abschließen. Web 2.0 birgt die Gefahr diese Tendenz zu verstärken. Denn leider nutzen nicht nur Menschenrechtsorganisationen wie SOS Mitmensch, sondern auch rassistische und rechtsextreme Akteure Social Media für ihre Zwecke. Wenn man sich deren Besucherzahlen ansieht, kann man rückschließen, dass sich nicht wenige Menschen darüber "fehl-informieren".

Darüber hinaus stellen sich auch Fragen wie: Wer und wie viele sind eigentlich "die Vielen" von denen Philipp schreibt? Welche gemeinsame Identität, welche Ziele haben sie – haben "wir"? Und wie bringen "wir" Menschenrechtsthemen wieder in den gesellschaftlichen Mainstream? Jedenfalls, wenn man vermeiden will nur zu den eigenen Leuten zu predigen, können partizipative Tools wie Web 2.0 genutzt werden, um wie bei der Lichterkette 2009 oder unibrennt den Schritt aus dem Netz in die konventionellen Medien zu schaffen.

Stefan Münz sagt: webkompetenz.wikidot.com

In diesem Zusammenhang ist vielleicht auch die Thematik rund um Astroturfing von Bedeutung. Im Wikipedia-Artikel zu Astroturfing wird als zusammenfassende Definition angeboten: *«Der Begriff Astroturfing bezeichnet – insbesondere im amerikanischen Sprachraum – Public-Relations- und kommerzielle Werbeprojekte, die darauf abzielen, den Eindruck einer spontanen Graswurzelbewegung vorzutäuschen.»* Der Begriff Astroturfing bezeichnet also eine Art Kunstrasenbewegung anstelle einer echten Graswurzelbewegung, wobei das Wort sich von einer existierenden Kunstrasenmarke herleitet.

Was unter Astroturfing zu verstehen ist, habe ich in dem Artikel „Was ist eigentlich: Astroturfing?“ beschrieben: bit.ly/AstroTurfing.

Klaus-Dieter Knoll *sagt:* *kadekmedien.com*

Viele denken immer, Facebook, Google+ etc. seien Soziale Netzwerke. Das ist ein Irrtum, da es *»nur«* Plattformen sind, die die Infrastruktur bereitstellen. Soziale Netzwerke hingegen sind die Kontakte von Nutzer_innen auf der betreffenden Plattform. – Ich finde, es ist wichtig, diesen Unterschied zu verstehen, um sein soziales Netzwerk als Kampagnen-Tool zu nutzen. Denn dann begreift man schneller, dass man sich an Menschen wendet, die einem wie auch immer nahe stehen (es jedenfalls auf die Adressliste geschafft haben). Und Menschen wird man in Angelegenheiten, die einem wichtig sind, immer emotional ansprechen. Je nachdem, wie eindringlich und überzeugend das geschieht, fällt der Erfolg auch aus.

Die Plattform, also die Technologie, ist ein Hilfsmittel, ein grandioses Werkzeug, das bei richtiger Nutzung (also emotionaler Ansprache der Menschen) eben diese Netzwerk-Effekte bewirkt, die zum Erfolg beitragen, Verbreitung, Rückkopplung, leichtes Auffinden weiterführender Informationen etc. Und selbstverständlich sind jene, die mit der Technologie bereits vertraut sind, gegenüber anderen (Politikern z. B.) im Informationsvorteil. Dieses kleinen Triumphs darf man sich ruhig mal bewusst werden.

ARBEITNEHMER VERNETZUNG BETRIEBSRAT KAMPAGNEN GEWERKSCHAFT GEGENÖFFENTLICHKEIT DIALOG PARTIZIPATION

VISIONEN EINER GEWERK-SCHAFTSBEWEGUNG 2.0

Interessenvertretung zwischen Grassroots und Parlament

«Ich meine, Politik muss sich um die Meinung der Menschen kümmern, um die Probleme und sie muss die Menschen erst mal hören. Und wir wollen alle ansprechen und wir meinen das ernst. Wir haben nicht die Weisheit mit Löffeln gefressen, wir behaupten nicht, dass alles was wir sagen auf Zustimmung trifft. Das muss es auch nicht. Wir wollen eine lebhafte Debatte haben, auch im Internet. Also: Wir wollen einfach eine offene Debatte.»

Berthold Huber

Gewerkschaften und "Web 2.0", das scheint keine große Geschichte und kaum ein Thema zu sein. Gewerkschaften und "Social Media", da verhält es sich ähnlich: keine große Geschichte, nichts allzu Bemerkenswertes. Da gibt es zuerst einmal die Webauftritte der diversen Gewerkschaften, die punkto Web 2.0 hinterher hinken, aber daran wird gearbeitet. Außerdem gesellen sich zu den großen Homepages zunehmend die flexibleren themen- oder zielgruppenspezifischen Webauftritte, die mit wachsender Erfahrung auch interaktiver, partizipativer und offener werden. Was die Social Media betrifft, da sind Gewerkschaften mittlerweile selbstverständlich auf Facebook präsent, es gibt Blogs und YouTube-Kanäle. Die Plattformen werden heute nicht mehr von einzelnen, zentralistischen Auftritten dominiert, sondern auch von mehreren, diversen Unterorganisationen mit eigenen Seiten, Konten und Kanälen bevölkert; regionale Gruppen hier, lokale Branchenverbände da, dort eine Jugendgruppe, hier ein thematisches Netzwerk etwa zu Zeitarbeit, dort eine Seite eigens für einen Kongress, der sich beispielsweise dem Organizing widmet. Etwas flapsig zusammengefasst: ja, da tut sich etwas, aber alles in allem keine große Geschichte. Wir lesen eben nicht in auflagenstarken klassischen

Medien, dass Gewerkschaften und Web 2.0 oder Social Media eine "Erfolgsstory" wären, so wie wir das sehr wohl lesen, wenn es um Obama und Social Media geht, um neue Protestbewegungen und Social Media, manche Unternehmen und Web 2.0 oder auch: NGO und Social Media – und Ausnahmen bestätigen hier erst recht die Regel.

E-Mail, SMS, Social Media-Accounts: Adressen zum Adressieren #350

Mit der E-Mail, dem Aufkommen der elektronischen Post, ist zwangsläufig die Enstehung neuer Verzeichnisse verbunden. Neben alten klassischen Adressregistern und vergleichsweise jüngeren Telefonbüchern sind es jetzt elektronische Adressbücher, E-Mail-Verzeichnisse, in denen wir Kontakte gespeichert halten. Das digitale Speichern von Kontaktdaten verdrängt langsam aber bestimmt analoge Adressbücher auf Papier. Software zur Kontaktverwaltung gehört zum Kernrepertoir von Computern und unterstützt das Organisieren immer größerer Register, die leichter zu filtern, zu sortieren und aktuell zu halten sind als mit Bleistift geführte persönliche Adressbücher oder Karteikästen voller Datenblätter. Parallel dazu verdrängt das Adressieren anderer via E-Mail-Adresse als neue Kommunikationsform schrittweise auf immer mehr Ebenen den Briefverkehr. Unsere Telefone beginnen Telefonnummern zu speichern, auch unsere Telefonbücher wandern in den digitalen Speicherraum. Ob E-Mail, SMS oder Telefon, "Adressen" beziehungsweise Anschriften müssen kaum mehr geschrieben oder getippt werden, wir adressieren andere per Klick, einfach, schnell und effizient. Besonders augenfällig ist diese Effizienz des Adressierens, wenn mit einer E-Mail mehrere Adressat_innen angeschrieben werden sollen. Der Aufwand für Massenaussendungen und damit auch die Hürden sind seit E-Mail und elektronischer Kontaktverwaltung extrem gering geworden. Die anderen Seiten dieser Entwicklung heißen Informationsüberflutung und Spam. Kontakt(adressen) zu haben ist eine Bedingung, Menschen individuell, also möglichst direkt und persönlich, zu erreichen. Kontakte zu haben bedeutet soziales Kapital, wobei sowohl Anzahl als auch Art und Verbindlichkeit der Kontakte eine Rolle spielen. Elektronische Datenverarbeitung (EDV) und Internet haben die Ambivalenz des "Kontakte-habens" verschoben. Während es heute sehr viel einfacher ist, viele Kontaktadressen zu sammeln und diese Adressen zu adressieren, ist umgekehrt die Wahrscheinlichkeit extrem gestiegen, dass die Adressen zum Kontaktieren nicht mehr geeignet sind. Kontakte sind weiterhin Kapital, das Umsetzen dieses Kapitals in Aktion wird aber in dem Ausmaß schwieriger, in dem sich Kontaktadressen immer leichter sammeln und anschreiben lassen. Verbindlichkeit ist stark von den Kontakten abhängig, aber auch von den Kanälen und vom Nachrichtenwert. Für manche Nachrichten bringt weiterhin der Briefverkehr verbindlichere Reaktionen als E-Mail-Aussendungen. Für dringende Informationen noch besser geeignet ist der SMS-Kanal. Mit der Emergenz des Web 2.0 und der Social Media-Plattformen sind weitere Adresssysteme zu Postanschrift, Telefonnummer und E-Mail-Adresse hinzugekommen. Die Kanäle zum Kontaktieren und Erreichen anderer summieren und fragmentieren sich weiter aus. Die Regeln, welche Kanäle größere Verbindlichkeit mit sich bringen, und wo die Qualitatät des Kontakts besser ist, werden neu ausverhandelt.

Diese flapsige Zusammenfassung wollen wir nicht als Bewertung verstanden wissen, sondern als unaufgeregte Feststellung und als Ausgangspunkt. Der Ist-Zustand – wie es um Gewerkschaften, Web 2.0 oder Social Media #009 steht – wird naturgemäß unterschiedlich bewertet werden, je nach Kontext und je nach Kontextualisierung. Stellt sich die Frage: Wollen wir auch an einem Soll-Zustand bemessen, und wenn ja, wie sieht dieses "Ideal" aus? Bemessen wir am Weg, der zurückgelegt wurde, an der Geschwindigkeit von Fortschritten, die gemacht werden? Bewerten wir genutzte Potenziale höher, oder messen wir an brach liegenden und nicht genutzten Potentialen? Messen wir Umsetzungen an den Idealen von Gewerkschaft oder die Gewerkschaft an den Idealen von Web 2.0 oder Social Media? Um es vorwegzunehmen: Wir wollen hier gar nicht bewerten, sondern Material für mögliche Antworten auf solche Fragen liefern. Uns geht es nicht um ein Urteil, nicht um die Formulierung unserer Idealvorstellungen. Wir untersuchen, wie Gewerkschaften mit Web 2.0 und Social Media strukturell zusammenpassen beziehungsweise was sie miteinander zu tun haben. Wir wollen versuchen zu skizzieren, welche Wege beschritten werden könnten und was – für uns – so alles vorstellbar wäre, ganz im Sinne eines «*Visionen*»-Beitrags.

WIE PASST DAS ZUSAMMEN?

Unter dem Begriff Gewerkschaften können wir viel verstehen. Gewerkschaften sind eine Organisationsform von Lohnabhängigen. Sie sind Mitgliedervereine. Sie sind etablierte Apparate, politische Player, Nicht-Regierungsorganisationen (NGO), gemeinnützige Körperschaften mit Verhandlungsmandaten. Sie sind Gruppen zweiter Ordnung, das heißt komplexe Institutionen mit vielen, sehr vielen Untereinheiten und -gruppen, die innerhalb der Gesamtorganisation verbunden sind und in komplexen Abstimmungsverhältnissen stehen. Sie sind die formalen festen Organisationen, die aus einer sozialen Bewegung #130 hervorgegangen sind, die es auch weiterhin noch gibt. Selbst wenn es im deutschsprachigen Raum schon wieder eine Zeit lang her ist, sie sind aus der Selbstorganisation Vieler hervorgegangen. Und wenn Gewerkschaften heute bei uns mit großen Apparaten verbunden werden, so ist das zum einen die Folge der Erfolgsstory der Gewerkschaften selbst, und zum anderen keine Selbstverständlichkeit, wie der Blick in andere Weltregionen sofort zeigt. Auf der Ebene der Betriebe gibt es dabei selbst bei uns weiterhin die Notwendigkeit der Selbstorganisation, um zum Beispiel einen Betriebsrat durchzusetzen, oder um uns in ausgesetzten Branchen, wo es keinen oder nur geringen "Organisationsgrad" gibt, überhaupt einmal zu organisieren. Diese Mitgliederorganisationen sind schließlich auch noch die größten Vereine mit den meisten Mitgliedern, die alle Interessen, Kompetenzen und Rechte in ihren Gewerkschaftsorganisationen haben. Dort, wo viele Unternehmen, wahlwerbende Gruppen oder NGO mit Web 2.0-Tools und Social Media-Einsatz versuchen Kontakte zu sammeln, haben die Gewerkschaften bereits so viele Kontakte #350 wie sonst kaum eine Organisation. Die Gewerkschaften sind neben den großen Kirchenorganisationen und deutlich vor den Parteien die Vereine und Organisationen mit den umfangreichsten Mitgliederdatenbanken. Diese Mitglieder haben demokratische Mitbestimmungsrechte in ihren Gewerkschaftsorganisationen. Sie verfügen zudem über vielfältige Kompetenzen, Verbindungen und eine starke, geteilte Identität. Wenn Attac weltweit auf knapp hunderttausend Mitglieder kommt, dann sind es in Österreich mehrere Hunderttausend und in Deutschland Millionen Mitglieder allein in den größeren Gewerkschaften. Dabei sind, um das Beispiel fortzuspinnen, viele Attacies Gewerkschafter_innen und sowieso viele Gewerkschafter_innen in der Zivilgesellschaft aktiv. Damit sind bereits Bedingungen gegeben, für die kollaborative Werkzeuge #319 und Plattformen wie Wikis #178 wie geschaffen sind, und strukturelle Voraussetzungen, für die sich partizipative Veranstaltungen fast zwingend anbieten. Bei

Millionen Mitgliedern liegt es auf der Hand, dass unter den Benutzer_innen von Plattformen wie Facebook #094 eine Menge Gewerkschafter_innen zu finden sein müssen. Bei der großen Basis an eigenen Mitgliedern drängt sich jedoch auch der Aufbau eigener Mitglieder-Netzwerke auf, Plattformen zum internen sozialen Netzwerken #341, zur Verdichtung der internen Kommunikation und zur innerorganisatorischen Abstimmung. Eigentlich ist kaum eine Organisation denkbar, für die Liquid-Feedback-Systeme und ein Liquid-Democracy-Ansatz geeigneter sein könnten.

MACH'S ZU DEINEM NETZ – DAS VER.DI-MITGLIEDERNETZ

Im Herbst 2007 fassen die Delegierten des ver.di-Bundeskongresses mehrere Beschlüsse, die auf der Idee eines Mitgliedernetzes aufbauen. Für die Konzeption sind zunächst die Internet- und Intranet-Redaktionen zuständig, später dann eine eigens etablierte Mitgliedernetz-Redaktion. Das Konzept basiert vorerst auf drei Säulen. Es soll "informativ" sein mit redaktionellen Inputs, die kommentiert und diskutiert werden, "interaktiv" mit moderierten wie auch offenen Foren und Chat-Funktion #319, "individuell" durch vernetzbare Benutzer_innenkonten. Zu "Hits" entwickeln sich die Seiten *«Betrieb und Arbeitsplatz»* und *«Betriebliche Gewerkschaftsarbeit»*, auf denen Mitglieder Probleme und Fragen, zum Beispiel zu ihrer Arbeitssituation oder dazu, wie ein Betriebsrat gegründet wird, einbringen. In der Regel werden solche Beiträge von anderen Mitgliedern beantwortet. Ein Stamm von Aktiven fühlt sich für die Unterstützung von Mitgliedern verantwortlich, die nicht selten einziges Gewerkschaftsmitglied im Betrieb und in der Regel nicht in gewerkschaftliche Strukturen eingebunden sind. Die Mitglieder erwarten von den Hauptamtlichen nicht, dass diese auf jeden Beitrag im Mitgliedernetz antworten, im Gegenteil. Sie betrachten es als ihr Netz – aber es wird erwartet, dass Verantwortliche in gewerkschaftspolitischen Diskussionen, etwa in Tarifrunden oder zu bestimmten ver.di-Positionen, Stellung beziehen. Wenn das nicht geschieht, stößt dies auf Kritik der User_innen. Denn genau darin liegt ein wesentlicher Mehrwert des Mitgliedernetzes, dass intern ein offener Austausch zwischen allen Ebenen der Organisation stattfinden kann. Das Mitgliedernetz verdichtet organisationsinterne Kommunikation und stärkt damit die Bindung und Identifikation der Mitglieder mit ver.di. *«In diesem Netzwerk habe ich inzwischen ganz viele Menschen kennengelernt, denen ich wahrscheinlich ohne das hier nie begegnet wäre, sehr viele Anregungen bekommen, sehr viele Meinungen gelesen und sehr viele tolle Gespräche geführt. Auf einen Punkt gebracht: Ich fühle mich hier sehr wohl und bin mit meinen Fragen und Anliegen am richtigen Ort. Das Mitgliedernetz wird uns alle in ver.di näher zusammen bringen und das ist das wirklich Schöne daran»*, postet etwa eine Kollegin auf der Plattform. Die Mitglieder können sich mit ihrem richtigen Namen oder einem Fantasienamen im Netz zeigen. Knapp die Hälfte gibt den Klarnamen und weitere Profildaten, zum Beispiel Fachbereich, Betrieb, Funktionen an und stellt ein Profilbild ein. Die Erfahrung zeigt, dass diejenigen, die im Netz aktiv sind und viel diskutieren, in der Regel nicht anonym sein wollen. Das erleichtert auch das Kontakte knüpfen. Jedes Freischalten neuer Funktionen bringt einen Schwung neuer Registrierungen auf der Plattform. Aktuell wird an neuen Tools gearbeitet, die das Nutzungserlebnis komfortabler machen sollen. Die in der Organisation vielfach geforderten Gruppenfunktionen für Gremien oder Interessengruppen sollen 2012 umgesetzt werden, eigene Pinnwände, Dateiablage, Nachrichtenfunktionen, Terminkalender etc. inklusive. Welche weiteren Ausbaustufen darauf folgen, wird sicherlich auch von den Diskussionen auf der Plattform selbst mitbestimmt werden.

Aber Gewerkschaften repräsentieren nicht nur als Vereine ihre eigenen Mitglieder. Ihre Mitglieder sind nicht nur in der Zivilgesellschaft überdurchschnittlich aktiv und vernetzt. Als gewichtige politische Akteure vertreten die Gewerkschaftsorganisationen viel mehr Menschen, da sie die Tarif- beziehungsweise Kollektivverträge ausverhandeln und im politischen System allgemein für die Interessen der Arbeitnehmer_innen einstehen. Sie haben Ziele, die von vielen Menschen geteilt werden. Partizipation und Kollaboration sind dementsprechend nicht nur organisationsintern, sondern auch mit Nicht-Mitgliedern gefragt, etwa für gesamtgesellschaftliche Kampagnen für mehr Verteilungsgerechtigkeit. Als große politische Player müssen die Gewerkschaften auch mehr Transparenzansprüchen genügen, als andere, kleinere und unbedeutendere, Vereine. Sie müssen mehr Öffentlichkeitsarbeit machen und sind dabei nicht nur den klassischen Medien und ihren Mitgliedern, sondern der gesamten Gesellschaft verpflichtet. Dafür wird in den Gewerkschaften auch viel Wissen produziert. Sie haben nicht nur viel Content anzubieten, sondern Spezialwissen, also einzigartigen Content, sogenannten "unique content". Diese großen Organisationen mit den vielen Mitgliedern, von denen viele hochgradig vernetzt sind, sind somit funktionierende Apparate für die Verbreitung von Content und Wissen. Web 2.0, Social Media und Gewerkschaften passen auf struktureller Ebene offensichtlich sehr gut zusammen. Aus diesen – nur fragmentarisch skizzierten – strukturellen Entsprechungen lassen sich mehrere Stoßrichtungen ableiten; die Etablierung von gleichzeitig offenen und geschlossenen Mitglieder-Plattformen, die weitere Vernetzung zwischen Mitgliedern und zwischen Mitgliedern und anderen zivilgesellschaftlichen Gruppen, die weitere Verbreitung der speziellen Inhalte, die in gewerkschaftlichen Zusammenhängen erarbeitet werden und manches mehr. Die Grundlegung wäre bereits gegeben, dass das eine "große Geschichte" und "Erfolgsstory" sein könnte.

PLATTFORMEN, MITGLIEDER-PLATTFORMEN UND NETZWERKE

Mit eigenen Plattformen zu experimentieren, damit ist früh und lang vor der Emergenz eines *«Web 2.0»* begonnen worden, also bevor es diesen Begriff überhaupt gab. In Österreich kommt es bereits 2001 zur Gründung der gewerkschaftsübergreifenden Plattform *«Gewerkschaften Online»* (GO), die verschiedene Lösungen für webbasiertes Netzwerken und Informationsaustausch entwickelt. Bei den ab 2002 im Einsatz befindlichen "GO-Groups" und "GO-Netzwerken" handelt es sich um Kommunikationsplattformen für Betriebsrät_innen und Personalvertreter_innen. Die GO-Groups sind abgeschlossene Communities innerhalb einer Website, in denen Gruppen von Benutzer_innen miteinander kommunizieren können. Die GO-Netzwerke stellen eine Erweiterung des Konzeptes der Groups in Richtung "Mini-Websites" dar. User_innen können ihre eigene Website bauen, Community-Funktionen inklusive. Mit dem von GO entwickelten Baukastensystem lassen sich für damalige Verhältnisse einfach und schnell eigene Websites entwickeln, ganz ohne spezielle Programmierkenntnisse. Das Redaktionssystem ist das Gleiche wie für alle österreichischen Gewerkschaften, und Websites wie die des Österreichischen Gewerkschaftsbund (ÖGB) laufen bis heute auf diesem System. Diese frühen und visionären Entwicklungen finden vor Web 2.0 statt, also bevor Elemente wie Permalinks, Feeds #237 und die Aggregation von Feeds oder Tagging-Systeme #158 das Web verändern. Es ist die Ambivalenz der frühen Effizienz und guten Usability sowie des daraus erwachsenden Wachstums des *«Gewerkschaften Online»*-Systems, das irgendwann nachzuhinken begonnen hat. Das ist das Risiko eigener Systeme, und hier gleichen die Plattformen der mitgliederstärksten Vereine den bekannten Plattformen wie "StudiVZ" oder "Myspace", irgendwann ist der Zenit überschritten und die Nutzer_innen wandern langsam ab, weil jüngere Systeme praktikabler und leistungsfähiger sind. Die Netzwerk-Plattformen der beiden großen Gewerkschaften Deutschlands sind jüngere Entwicklungen und Ansätze, teilweise bereits vor dem Hintergrund der Erfahrungen, die wir alle mit *«Social Media»* gemacht haben und machen; und das ist nicht nur ein technischer Hintergrund (Web 2.0), sondern ganz entschieden auch die Erfahrung mit neuen sozialen Organisationsformen für Informationsflüsse und Kommunikation. Das "social" in "Social Bookmarking", "Social Tagging", Social Media #009 oder allgemein bei "Social Software" bedeutet schließlich nichts anderes. Es geht um eine Organisationsform, einen Modus wie Dinge passieren, nämlich selbstorganisiert durch die Aktionen von Nutzer_innen, die in vernetzten Gemeinschaften eben Dinge ablegen (bookmarken), beschlagworten (tagging) oder Nachrichten auswählen, einspeisen und weiterleiten (media). Mit dem *«EXTRANET»* der IG Metall und dem *«Mitgliedernetz»* von ver.di arbeiten diese Gewerkschaften an eigenen Plattformen, die in diese Richtung gehen. Auf beiden Netzwerk-Plattformen haben sich heute jeweils gut 60.000 Nutzer_innen angemeldet. Das EXTRANET steht allen Funktionären der IG Metall offen und bietet unter anderem auch Rechtstipps, Wirtschaftsdaten, Infografiken und Informationen über das Geschehen in den diversen Wirtschaftsbereichen. Den jungen Gewerkschaftsaktiven bietet das EXTRANET ein Jugend-Portal zur gegenseitigen Vernetzung. Die Plattform wird immer mehr zu einem ebenso großen wie doch geschützten Diskussionsraum. Redaktionell werden zu aktuell laufenden politischen Diskussionen Hintergrundinfos geliefert, und das in einem breiten Spektrum politischer, wirtschaftlicher und sozialer Themen. Das ist auch im ver.di-Mitgliedernetz so. Ein sehr konstruktiver Diskurs findet dort zum Beispiel anlässlich der ver.di-Grundsatzerklärung statt, die 2009 in der Organisation und auch über das Mitgliedernetz zur Diskussion gestellt wird. Über 100 Kommentare mit Änderungsvorschlägen, die zum Teil Eingang in die 2010 vom Gewerkschaftsrat verabschiedete Fassung finden, werden abgegeben. Viele nicht in ver.di-Gremien aktive Mitglieder melden sich zu Wort, die ihre Organisation mitgestalten wollen, ohne selbst in Gremienarbeit involviert sein zu müssen. Seit 2011 tauschen Benutzer_innen sich in mittlerweile über 20 offenen Foren aus, wobei einige Foren von fachlich zuständigen hauptamtlichen Kolleginnen und Kollegen betreut werden. In über 1.900 Beiträgen bis Mitte Juli 2011 diskutieren die Mitglieder nun Tarifrunden, aktuelle gewerkschaftliche, politische und andere gesellschaftliche Fragen.

Die eigenen Netzwerk-Plattformen für Mitglieder wirken sich auf den internen Vernetzungsgrad großer Organisationen und damit auf Stabilität und Organisationskraft aus. Sie stärken vor allem Beziehungen zwischen ansonsten weniger vernetzten Mitgliedern, jenen, die nicht in größeren Betrieben, Gremien oder anderen Gruppen tätig sind. Sie stärken darüber hinaus die Verbindungen und Informationsflüsse quer zu Branchen und über lokale bis maximal regionale Zentren hinaus. Der höhere Vernetzungsgrad wirkt nicht zuletzt fragmentierenden Entwicklungen der Arbeitswelt entgegen und unterstützt vor allem jene Mitglieder, die in ausgesetzten Arbeitsfeldern ohne viele Kontaktmöglichkeiten arbeiten, in Zeit- oder Schichtarbeit, als Springer_innen oder in kleinen Betriebseinheiten.

PLATTFORMEN ALS GEGENÖFFENTLICHKEIT UND BAUSTEINE FÜR GEGENMACHT

In den frühen 1970er-Jahren soll die "Gewerkschaftspresse" das leisten, was mittlerweile via social networking-Plattformen immer öfter selbstorganisiert passiert, nämlich Auseinandersetzung fördern und Handlungsfähigkeit stärken. Das ausgesprochene Ziel lautet vor 30 Jahren eine eigene und verdichtete Gegenöffentlichkeit, und zwar zur *«innergewerkschaftlichen Kommunikation, Diskussion, Willens- und Entscheidungsbildung»* aufzubauen. Leisten soll das vor allem die *«Gewerkschaftspresse als Teil der innergewerkschaftlichen Kommunikationsstruktur, deren Aufgabe es ist, Erfahrungen und Interessen von Lohnabhängigen zu verallgemeinern, und so die Grundlage für solidarisches organisier-*

tes Handeln zu legen.» Das Konzept identifiziert drei gleichrangige und gleichermaßen wichtige Kommunikationsstränge und -richtungen, und zwar den Informationsfluss von der Gewerkschaftsführung zur Basis, jenen von den Mitgliedern zur Gewerkschaftsführung und schließlich die Kommunikation zwischen den Mitgliedern. Die *«Untersuchungen zur Funktion gewerkschaftlicher Publikationen in Arbeitskonflikten»* (1977) zeigen freilich das Scheitern dieses Ansatzes und identifizieren die Gewerkschaftspresse als Organ der Gewerkschaftsführung, das dazu gebraucht wird, Mitglieder auf Linie zu bringen. Der deklariert "statische" Befund damals: *«Die in 30 Jahren westdeutscher Gewerkschaftsgeschichte herausgebildeten internen Kommunikationsstrukturen sind zentralistisch und passivierend, nicht basisdemokratisch und aktivierend aufgebaut.»* Die Dynamiken, die zu solchen Ergebnissen führen, sind in etablierten Organisationen strukturlogisch angelegt und werden immer wieder auch unter der Überschrift "Zivilgesellschaft versus Grassroots" diskutiert. Sie betreffen die kleinste NGO prinzipiell genauso, fügen sich in älteren und größeren Organistionen nur fester und professionalisierter zusammen. Aktivierende Netzwerkstrukturen zwischen den vielen "Grassroots"-Mitgliedern wirken demgegenüber der Dominanz der professionellen Strukturen entgegen. Für demokratische Organisationen ist das nicht nur wichtig, um demokratische Organisationen zu bleiben. Die lebendige, sich untereinander austauschende und selbst aktive "Basis", wie diese Netzwerke und Gruppen dann in Summe heißen, ist die große Chance für den Gesamtapparat auf laufende Selbstevoluierung, -erneuerung und -infusion mit Ideen, Problemlösungsansätzen und Kompetenzen. Die sozialen Netzwerke auf internetbasierten Plattformen sind da nur eine Dimension organisationsinterner Netzwerksstrukturen, potenziell aber eine besonders basisdemokratische, partizipative und selbstorganisierte. In diese Richtung sollten die Mitgliedernetze denn auch unterstützend wirken, wenn die Gewerkschaftsbewegung neben dem Gewerkschaftsapparat gestärkt werden soll. Wie wichtig mehrere existierende Vernetzungssysteme innerhalb großer Organisationen sind, das ist zum Beispiel an den Auswirkungen des elektronischen Zahlungsverkehrs für Mitgliedsbeiträge zu sehen. Bis in die frühen 1990er-Jahre bewegen sich physische Personen im "Real Life" von (Partei-)Mitglied zu (Partei-)Mitglied, um Mitgliedsbeiträge einzuholen und sich mit Stempelmarken in einem Parteibuch zu bedanken. Heute gibt es diesen schwerfälligen und anstrengenden Ablauf nicht mehr, automatische Abbuchungsaufträge oder Einzugsermächtigungen nehmen diese Bürde ab. Was damit allerdings auch verschwunden ist, sind die qualitativ höherwertigen und verbindlicheren Kontakte und Beziehungsnetzwerke, die sich bis in entfernte Regionen von Mitgliedern zu Mitgliedern gespannt haben.

OFFENE SCHNITTSTELLEN UND PLATTFORMEN

Bereits 2003/04 bringt die österreichische Gewerkschaftsjugend Steiermark eine damals einzigartige Website online. Das Rohkonzept sieht eine Plattform für Jugendliche vor, mit Foren, eigenem gratis E-Mail-Account, Info-Seiten und Chat-Möglichkeit. Sie startet unter dem Titel *«ameisen.cc - zusammenfinden zusammenbauen»* und ist eine Community für Jugendliche, der sich noch im ersten Jahr mehr als 150.000 User_innen anschließen. Die Plattform ist offen, sie ist nicht ausschließlich Mitgliedern vorbehalten und sie ist noch heute online. Das offene Konzept mit einer gewerkschaftlichen Unterorganisation als Gastgeberin bringt also viele Nutzer_innen auf eine Plattform, die einerseits Selbstorganisation nicht nur zulässt, sondern verlangt, und andererseits natürlich einen anderen Fokus, eine andere Kultur als beispielsweise Facebook oder gar Xing oder erst recht eine der Netzwerk-Plattformen der Reichen, Schönen und Wichtigen haben. Offene Schnittstellen und Schnittmengen bringen einen weiteren Austausch auch mit Nicht-Mitgliedern.

Denkbar sind neben offenen und geschlossenen Plattformen auch solche, die perforierbar sowohl aus offenen als auch geschützten Bereichen bestehen und dazwischen Abstufungen mehr oder weniger geschützer Bereiche zulassen. Für die Architektur unserer physischen Welten, unserer Gebäude und Städte, sind diese Abstufungen eminent wichtig. Gebäude gehen im Idealfall nie abrupt von einem nur öffentlichen und öffentlich ausgesetzten Bereich in einen privaten Raum über. Die Grenze zwischen privat und öffentlich ist bei guter Stadtplanung und Architektur perforiert und bietet sogenannte Transmissionsräume, halböffentlich und halbprivat. Wir kennen diese Räume, die Stiegenhäuser, Foyers, Gastwirtschaften und Kaffeehäuser, Museen und Bahnhofshallen etc., und wir wissen um ihre Bedeutung. Eine Vision für die Mitglieder-Plattformen der Gewerkschaften liegt darin, solche Transmissionsräume und Übergangszonen bis hin zu ganz offenen Bereichen zu schaffen. Damit ließe sich ein Anti-Facebook bauen. Facebook #094 ist schließlich auch eine weitgehend geschlossene Plattform, aber mit vielen Transmissionsräumen bis hin zu geschlossenen Gruppen, aber offenen Datenschutzproblemen. Die Vorstellung einer geschützten lebendigen Social Media-Plattform der Gewerkschaftsmitglieder mit abgestuften Zugängen für andere Gruppen und einem laufenden Strom an geschäftiger Betriebsamkeit, die sich aus dieser Plattform in andere Netzwerke im Web ergießt, ist zumindest sehr reizvoll. Das eigene Benutzerkonto im EXTRANET oder im Mitgliedernetz könnte beispielsweise per Open-ID mit dem eigenen Facebook-Konto verknüpft werden und ausgesuchte Informationen könnten direkt aus der Mitglieder-Plattform auf die Pinnwände anderer Plattformen gepostet werden. Gewerkschaftlicher Content würde sich über unzählige Netzwerkverbindungen verbreiten.

Content aus der Gewerkschaftsbewegung

1. *Die österreichische Verkehrs- und Dienstleistungsgewerkschaft vida betreibt das Service eines Podcasts, "Gewerkschaft zum Anhören", ideal für Bedienstete etwa der Eisenbahnen. 2010 wurde der Podcast mit dem nationalen «European Podcast Award» ausgezeichnet, 2011 hat er bereits rund 12.000 Abonnent_innen.* 2. *Berthold Huber, der Vorsitzende der IG Metall, sagt, «Ich habe den Eindruck, alle wollen weitermachen wie vor der Krise. Ich glaube das wird nicht gehen. Ich bin überzeugt, dass wir weder ökonomisch noch sozial noch demokratiepolitisch so weitermachen dürfen.» und lädt als Gastgeber des «Kurswechel Blogs» via YouTube zur Kurswechsel-Debatte ein.* 3. *Viele gewerkschaftliche Zeitschriften sind online verfügbar. Während sie als Mitgliederzeitungen Zehn- und teilweise Hundertausende Mitglieder erreichen, stehen sie online aber oft nur als PDFs zum Download zur Verfügung. (Foto: ©Paul Sturm)*

PLATTFORMEN ZUM ANDOCKEN, CONTENT ZUM ABHOLEN

Inmitten eines durchgreifenden Medienwandels müssen sich alle – und das heißt auch die großen stabilen Organisationen – der allgemein sich ändernden Mediennutzung anpassen, um sowohl ihre Mitglieder als auch potenzielle Interessent_innen über neue Kommunikations- und Informationskanäle zu erreichen. Die Verkehrs- und Dienstleistungsgewerkschaft *«vida»* ist diesen Schritt für eine ihrer Zielgruppen sehr erfolgreich gegangen. Seit Juni 2009 erscheint alle sechs bis acht Wochen eine neue Folge des *«vida Podcasts»*. Der Podcast wird ohne externe Unterstützung durch Agenturen komplett von der vida-Öffentlichkeitsarbeit selbst produziert. Authentizität geht vor technische Perfektion, wie sie ein Tonstudio bieten würde. Nur für die "Nullnummer" ist professionelle Hilfe in Anspruch genommen worden, die Gestalter_innen werden in redaktionelles Arbeiten, Schnitttechnik und professionelles Sprechen eingeschult. Sonst fallen nur Kosten für zwei Aufnahmegeräte an. Die Arbeitszeit für die einzelnen Folgen lässt sich allerdings nicht realistisch in Zahlen fassen, die Inhalte werden meistens crossmedial auch für das vida-Mitgliedermagazin und die Homepage aufbereitet. Weder für Aufnahme noch für Schnitt fallen Kosten an, beides erfolgt ohne Studio direkt am PC. Die Software dafür ist gratis. Die Aufnahmen erfolgen über ein eigenes Gerät, für Schnitt und Nachbearbeitung wird ebenfalls Freie Software #248 verwendet. Nach einem Jahr hatte der vida-Podcast 2.500 Stammhörer_innen, die ihn per Abo beziehen, heute steht er bei fast 12.000 Abonnent_innen. Das Service ist ideal für die Mitglieder der vida mit durchwegs unterschiedlichen Dienstzeiten und mobilen Dienstorten. Für die Lokführer_innen, die an ihrem Arbeitsplatz an der Zugspitze keinen Internetanschluss haben, gibt es zusätzlich *«vida voice»*, ein reziprokes Kommunikationssystem aus Podcasts für das Mobiltelefon mit SMS-Rückkopplung, um schnelle Abstimmungen durchführen zu können. Hier wird Content also ideal für die Verbreitung aufbereitet, ist zwar immer auch noch via Homepage abrufbar, lädt sich aber eigentlich viel angenehmer selbst in den mp3-Player, das Mobiltelefon oder den iPod und damit in die Kopfhörer. Mehr als nur einen YouTube-Channel #201 bespielt die Gewerkschaft der Post- und Fernmeldebediensteten (GPF). Sie gestaltet eine eigene TV-Sendung, die *«Arbeitswelten»* im freien Community-Fernsehsender Okto-TV. Das Magazin berichtet über Veränderungen am Arbeitsmarkt und besteht aus Interviews oder auch Reportagen von Demonstrationen etc. Damit kommt gewerkschaftlicher Content per Fernseher bis ins berühmt-berüchtigte Wohnzimmer. Zu sehen sind die Sendungen auch als Stream online und im Archiv der alten Beiträge; allerdings nicht auf der größten Plattform, nämlich YouTube. Ein ähnliches und auch wieder ganz anderes und jedenfalls bemerkenswertes Konzept wird in Deutschland mit *«STREIK.TV»* von ver.di umgesetzt. STREIK.TV sind zum einen TV-Sendungen zu gewerkschaftsrelevanten Themen mit regelmäßigen Wochenüberblicken und mehreren thematischen Kanälen. Zum anderen handelt es sich aber auch eine eigene Plattform mit vielen Möglichkeiten für Interaktion. Die Sendungen können abonniert, bewertet, heruntergeladen, als Favoriten gespeichert und in andere Websites eingebettet werden, sind also wie der Podcast von vida sehr gut zur viralen #209 Weiterverbreitung aufbereitet. Die Plattform bietet einen Newsletter, besondere Aussendungen können zudem über Twitter #166 verfolgt werden und einen eigenen YouTube-Kanal gibt es auch. Das offene Angebot mit einfach herunterzuladenden Sendungen führt außerdem dazu, dass STREIK.TV-Videos auf YouTube und auch in vielen anderen Kanälen auftauchen und von Benutzer_innen hochgeladen werden, denen diese Sendungen wichtig sind. Auf der STREIK.TV-Plattform selbst hat sich mittlerweile ein wertvolles Archiv angesammelt, das vollständig abrufbar und gut sortiert, kategorisiert und damit übersichtlich durchsuchbar ist. Die einzelnen Sendungen berichten regelmäßig von bemerkenswerten Vorfällen, Aktionen und Hintergründen. Die Plattform ist dadurch in Summe ein Leuchtturm gewerkschaftlicher Gegenöffentlichkeit. Hinzu kommt die wertvolle redaktionelle Arbeit, zu jeder Sendung und jedem Video eine umfangreiche Übersicht weiterführender Links zu bieten.

KURSWECHSEL ZU EINER LEBENDIGEREN DEBATTE?

In den Gewerkschaften, von den Hauptamtlichen und von den Mitgliedern, wird laufend gesellschaftlich relevantes Wissen produziert: bei der Arbeit in den Betrieben, in der Rechtsberatung, in der Bildungsarbeit, bei der Begutachtung von Gesetzesentwürfen. Gewerkschaftliche Wissenswelten reichen von den Studien der Hans-Böckler-Stiftung über die vielen Publikationen der Gewerkschaftspresse bis hin zur Arbeitnehmer-Blogosphäre. Noch ist es ein sehr kleiner Anteil dieses reichen Wissenspools, der für die Verbreitung als Content im Netz webgerecht aufbereitet wird. Viele Journalist_innen, Sozialwissenschafter_innen und in der Gewerkschaft Aktive produzieren ausgezeichnete Texte und Analysen ausschließlich für ihre gewerkschaftlichen Publikationen oder als Unterlagen für die Arbeit in gewerkschaftlichen Gremien. Die Mitgliederzeitschriften haben hohe Auflagen und treue Leser_innen, bleiben aber auf die Reichweite und das Spektrum der Mitglieder und deren Familien beschränkt. So ist es manchmal bedauerlich, dass Debattenbeiträge, die so in Qualitätsmedien kaum zu finden sind, sich nicht im Netz verbreiten und dort weitere Diskussionen anstoßen können. Dadurch verzichten die Autor_innen selbst und die Gewerkschaften zudem auf Feedback von anderen Gruppen abseits der eigenen Organisation. Dieses Feedback brauchen Gewerkschaften aber, und sie suchen es, auch online. In diese Richtung geht auch die Initiative, das Buch und das Blog *«Kurswechsel»* der IG Metall. Das *«Kurswechsel Blog»* ist für ein Jahr vom Frühjahr 2010 bis 2011 eine Einladung, online aktiv an Debatten teilzunehmen. Das vom Vorsitzenden der IG Metall herausgegebene Buch ist online lesbar, das Blog versammelt Diskussionsbeiträge mehrerer Personen auch außerhalb der IG Metall-Zugehörigkeit. Die gewünschte lebendige Debatte online bleibt aber noch aus. Es gibt keine Facebook-Seite als Diskussionforum, das für viele Menschen, die hier angesprochen werden sollen und von der Debatte auch sicher angesprochen würden, näher liegen würde und die Sichtbarkeit des Blogs erhöht hätte. Es gibt den Twitter-Account nicht, der mit den Mulitplikator_innen in Gespräche verwickelt hätte, die ähnliche Diskussionen online schon länger führen. Und die Einladung zur Diskussion kommt vielleicht auch zu einem falschen Zeitpunkt, zu überraschend und bevor die IG Metall sich an den Gesprächen, die es online schließlich überall schon gibt, beteiligt hat.

Die Gewerkschaften führen überall in der Gesellschaft lebendige Debatten, sie sind in der Zivilgesellschaft vernetzt, wirken bei Kampagnen mit – im kleinen Rahmen bis hin zu den transnationalen großen Zusammenhängen –, ihre Mitglieder sind in den sozialen Bewegungen aktiv und sie haben das Arbeitsfeld, soziale Gerechtigkeit, das uns alle betrifft und am Herzen liegt. Was für das sogenannte "Real Life" gilt, gilt noch nicht in dem Ausmaß für die virtuellen Arenen der Diskurse, die Blogosphäre #084. Dabei haben die Gewerkschaften den Content, der auch vielen Menschen außerhalb der Organisationen wichtig ist - Inhalte, Informationen und Know-how. Dass diese Inhalte als webgerechter Content bislang nur zu geringeren Maßen und halbherzig in das Netz eingespeist werden, das hat nicht zuletzt mit den etablierten und funktionierenden Kanälen dieser größten Mitgliederorganisationen zu tun. Die Gewerkschaftsorganisationen erreichen bereits sehr viele Menschen, arbeiten mit vielen Menschen zusammen, führen viele Gespräche mit vielen Menschen. Unter den Vorzeichen einer Vision, auch im Netz als Organisationen mit vielen über vieles Gespräche zu führen, müssten die Gewerkschaften sich der Netzkultur, dem Web 2.0 und den Social Media freilich noch mehr öffnen, müssten viel mehr Projekte wie die oben angesprochenen Podcasts, Web-TV-Kanäle, *«Kurswechsel Blogs»* und die im Hungerlohnpartei-Beitrag genannten Aktionen und WatchBlogs #059 angehen und weiterlernen. Denkbar ist vieles!

Stellen wir uns zum Beispiel einmal vor, dass alle Zeitungen der Gewerkschaftspresse interaktive Webauftritte hätten, und dass die vielen wertvollen Artikel und Analysen als Blogposts kommentier-, abonnier- und "sharebar" wären. Stellen wir uns weiter vor, dass die Feeds zu diesen Gewerkschaftspresse-Blogs von Magazinen wie der *«Arbeit&Wirtschaft»*, des *«express. Zeitung für sozialistische*

Betriebs- und Gewerkschaftsarbeit» oder des *«Böckler impuls»* auf einer übersichtlichen gemeinsamen Plattform aggregiert würden. Stellen wir uns vor, diese Plattform würde von den Gewerkschaften kollaborativ betrieben, ließe das Anlegen von Benutzerprofilen, Verwalten von Lesezeichen, Diskutieren und Weiterleiten in andere Social Media-Plattformen zu und hätte einen Bereich für Gastblogbeiträge. Oder stellen wir uns vor, dass die Gewerkschaftsorganisationen eigene Pads entwickeln und ihren Funktionären zur Verfügung stellen – Tablet-Computer mit vorinstallierten Angeboten wie zum Beispiel die Datenbanken zu allen gewerkschaftlichen Publikationen, Tarif- bzw. Kollektivverträgen, Rechtsinformation etc. Stellen wir uns weiter vor, dass möglicherweise alle Mitglieder diese Gewerkschaftstablets bekommen können, und die Zugänge zu den Mitgliedernetzen hier vorinstalliert sind ebenso wie Videokonferenz-Systeme und Kontaktadressbücher speziell für die Vertretungsarbeit in den Betrieben. Denkbar ist wie gesagt vieles. An den konkreten Visionen müssen wir bauen. Zumindest einige davon sollten sich auch umsetzen lassen.

ZUSAMMENFASSUNG

Gewerkschaften und Social Media würden gut zusammenpassen, haben aber bisher noch nicht in einer Weise zusammengefunden, die von einer "Erfolgsgeschichte" berichten ließe. Ein Grund ist sicher, dass Gewerkschaften als mittlerweile große traditionelle Organisationen mit einer breiten Mitgliederbasis bereits erfolgreich gewachsene soziale bzw. politische Bewegungen sind. Als solche haben sie schon vor Web 2.0 begonnen, selbstständig elektronische Netzwerke für die Mitgliederverwaltung in Datenbanken und innerorganisatorische Kommunikation aufzubauen sowie Medienkanäle für Informations- und Öffentlichkeitsarbeit zu nutzen, auch online. So fortschrittlich diese auch gewesen sein mögen, im Vergleich zu nunmehrigen Social Media-Dynamiken wirken sie mittlerweile vielfach ineffizient und veraltet. Um diese Dynamik zu übernehmen, ist die Ermöglichung von Austausch durch die Schaffung offener Schnittstellen und die Bereitstellung einer Infrastruktur erforderlich, die zu Vernetung, Teilnahme und Kommunikation anregt. Themen und Inhalte dafür haben die Gewerkschaften als politische Organisationen schon längst in Form von Positionen und Forderungen, die auf Analysen und Expertisen zurückgehen - die Vision einer Gewerkschaft 2.0 hält eine Reihe von Möglichkeiten bereit, diese über interne und öffentliche Diskurse zu verbreiten sowie für Organisierung, Mobilisierung und Kampagnisierung zu nutzen.

- Gewerkschaftseigene Medienkompetenz strategisch erweitern: Auseinandersetzung mit den Entwicklungen um Social Media und Identifikation von spezifischen Einsatzbereichen für gewerkschaftliche Arbeit.
- Auf gewerkschaftliche Zielgruppen in sozialen Netzwerken zugehen: Schnittstellen von eigenen Mitgliedernetzwerken zu externen Plattformen aufbauen, um dort vertretenen Mitgliedern die Kommunikation über Netzwerkgrenzen hinweg zu ermöglichen.
- Beteiligungscharakter von Social Media für gewerkschaftliche Arbeit nutzen: Anknüpfungspunkte schaffen, um sowohl Mitglieder als auch Nicht-Mitglieder in Diskussionen und Mobilisierungsprozesse miteinzubeziehen.
- Gewerkschaftliche Inhalte sichtbar machen: Bewusstsein für eigenes Know How und Wissen ("Content") schaffen und Möglichkeiten ihrer dezentralen Verbreitung unterstützen.

- Gewerkschaftsinterne Arbeitsprozesse verbessern: Plattformen und Social Software für das eigene Wissensmanagement und die Zusammenarbeit in der Organisation nutzen.
- Die Online-Welt mitgestalten: Möglichkeiten erarbeiten, die Webpräsenz der Gewerkschaften und ihrer Mitglieder selbst bzw. nach eigenen Kriterien mitzubestimmen.

Betriebsrat, Gegenmacht, Gewerkschaft 2.0, Gewerkschaftspresse, GPF, IG Metall, Kollektivverträge, Mitgliedernetze, NGO, ÖGB, offene Schnittstellen, Streik.TV, Tarifverträge, Transmissionsräume, ver.di, vida,

KOMMENTARE

***Werner Drizhal** sagt:* *blog.gpa-djp.at/bildung*

Der Einsatz von Blogs zur Entwicklung einer Gegenöffentlichkeit in den Betrieben ist ein wichtiger demokratiepolitischer Schub, den unsere Gesellschaft ganz dringend benötigt. Die heutigen Demokratieformen müssen von den "Herrschenden" befreit und zu einer Gegenbewegung ausgebaut werden. Die neu geschaffenen Blogs greifen in drei Spannungsfelder ein und bieten den BetriebsrätInnen und ArbeitnehmerInnen neue Möglichkeiten für die Gestaltung der Gesellschaft und zur Interessendurchsetzung im Betrieb.

Spannungsfeld 1: Probleme, Missstände werden im Betrieb zum Problem des/der Einzelnen gemacht – sie werden individualisiert. Der/die Betriebsrätin kann in Verhandlungen oder mittels rechtlichen Maßnahmen auf Durchsetzung der berechtigten Anliegen pochen. Der Blog bietet die Möglichkeit, den Missstand zu kollektivieren – wer hat noch das Problem – und auf gemeinsame Interessendurchsetzung zu setzen. Gleichzeitig werden Konflikte öffentlich und es entstehen neue Formen der Interessendurchsetzung, die eine breitere Unterstützung haben (siehe AUA-Konflikt).

Spannungsfeld 2: Bisher sind ArbeitnehmerInnen oftmals nur KonsumentInnen von Politik, Gewerkschaftsaktionen oder BR-Aktivitäten. Die Blogs bieten die Chance, sie zu AkteurInnen zu machen. Damit wird Gegenmacht im Betrieb erzeugt und stärkt die Durchsetzungsfähigkeit der BR-Körperschaften.

Spannungsfeld 3: Die derzeit oft beschriebene Politikverdrossenheit der Bevölkerung hat auch damit zu tun, dass es keine demokratische Praxis der Mitentscheidung gibt. Blogs bieten die Möglichkeit, die ArbeitnehmerInnen in den gewerkschaftspolitischen Gestaltungsprozess zu integrieren und sie damit zu MitentscheiderInnen zu machen.

***Jan Engelhardt** sagt:* *igmetall.de*

Social Media-Plattformen bieten sich für die IG Metall als Foren zum Austausch mit Mitgliedern und interessierten Nichtmitgliedern an. Die IG Metall möchte auf diesem Weg einerseits Menschen erreichen, die sich im Netz noch nicht mit Gewerkschaften auseinandergesetzt haben, und andererseits Mitgliedern und Aktiven einen unmittelbaren Feedback-Kanal für ihre Themen bieten. Vor allem der Gewerkschaftstag 2011 ist eine Möglichkeit, über ein begleitendes Blog und Diskussionen in sozialen Netzwerken die bisherige Strategie zu testen, die Aktivitäten auszubauen und Chancen zur Beteiligung beziehungsweise auch Grenzen auszuloten.

Katharina Klee *sagt:* *arbeit-wirtschaft.at*

1993 heuerte ich nach drei Jahren Privatradio – damals hatte der ORF noch Monopolstellung in Österreich – erstmals in der ÖGB-Öffentlichkeitsarbeit an. Weil ich Radioerfahrung hatte, wurde mir das Ressort elektronische Medien zugeteilt. Damals fielen darunter "Belangsendungen", die zu nachtschlafender Zeit im öffentlich-rechtlichen Radio gesendet wurden, die Gestaltung kleiner Filmchen für Gewerkschaftskongresse und erste Überlegungen zum damals neuen Medium Internet. Gewagt erschienen uns – und den meisten Hauptamtlichen erst recht – damals unsere Konzepte für ein Betriebsratshandbuch auf Diskette, das man über das Netz aktualisieren könnte. Und dabei war von Netzwerken noch längst nicht die Rede. Sicher, Bedarf an einer Gegenöffentlichkeit bestand und wir wünschten uns sehnlich, dass sich unsere Medien gegen die herrschenden durchsetzen könnten oder zumindest, dass unsere Anliegen dort zur Sprache kämen. Unvorstellbar war uns damals die Entwicklung, die das "Internet" mittlerweile gemacht hat, doch viel versprechend die Möglichkeiten der "schönen neuen Welt".

Heute könnte ich mir ein Leben und Arbeiten ohne soziale Netzwerke kaum mehr vorstellen. Die "Arbeit & Wirtschaft", die seit 1923 existiert und deren Chefredakteurin ich sein darf, ist nur im Abonnement erhältlich. Dank Internet und mittlerweile auch Blog, Facebook und Twitter-Account ist das Magazin mit seinen, unseren Themen mehr Leser_innen zugänglich, Feedback funktioniert direkter. Plötzlich interessieren sich Menschen für uns und unsere Standpunkte, die früher nicht einmal unsere Existenz erahnt haben. Als Journalistin kann ich mich darüber nur freuen! Aber auch in der Vorbereitung der einzelnen Nummern des Magazins, im Kontakt mit meiner Redaktion und privat ist ein Leben ohne soziale Netzwerke für mich kaum mehr vorstellbar.

Dieter Wesp *sagt:* *igmetall.de*

Ohne Zweifel ist das Internet ein ungeheurer Zugewinn an Informations- und Beteiligungsmöglichkeiten. Das Internet steht mit dem Telefon, dem Rundfunk und dem Fernsehen in einer Reihe von technischen Innovationen, die die Gesellschaft und deren Subjekte wesentlich verändert hat. Jede dieser Techniken ist aber auch von einer visionären Überhöhung und von Hoffnungen in Bezug auf mehr Beteiligung und Demokratie begleitet worden (Brechts Radiotheorie nur als ein Beispiel). Vielleicht brauchen wir mehr realistischen Blick und praktisches Tun, als Vision. Zudem sind die traditionellen Formen der Beteiligung in Gewerkschaften (Mitgliederversammlung und Delegiertenprinzip) ja nicht undemokratisch, zumindest nicht der Form nach.

MAKING OF

«The future of the book is the blurb.»
Marshall McLuhan

Inhaltsverzeichnis [Verbergen]

Mit «*Soziale Bewegungen und Social Media*» sind wir als Verlag in neues Territorium vorgestoßen und haben uns in ein Projekt gestürzt, das nicht nur ein Buch und nicht einmal nur ein «*Cross Media-Buch*» samt Blogplattform und zweitägigem #sbsmCamp ist, sondern ein Feldversuch in neuen verlagstechnischen Arbeitsweisen, Entwicklungsprozessen und Marketingstrategien. Wir sind dieses Risiko bewusst und nicht leichtfertig eingegangen, wissend, dass wir auf viele Hürden stoßen werden und viel erst ausprobieren, selbst entwickeln und lernen müssen, weil es so ein «*Buch*» wie dieses – und daher die Erfahrungen für solche Projekte – noch nicht gibt.

Aus Perspektive des Verlagswesens war es wertvoll zu erfahren und zu analysieren, wie kollaborative Tools und das Web nicht nur politische und gesellschaftliche Informations- und Kommunikationsprozesse verändern, sondern auch die verlegerischen Prozesse beeinflussen. Bei uns im Verlag fragen wir uns nun, ob das, was wir gerade ausprobiert haben, bald Standards sein könnten: Die Projektbegleitung ab der ersten Idee über Facebook, Google+, Twitter, die Projektdokumentation per Blog und mit Fotos und Videos über Flickr und YouTube, Dokumentübergaben in der Wolke und das Lektorat sowie der Export von Text und Design über ein Wiki. Wer weiß?

KATEGORIEN

BLOG | E-BOOK | CROSS MEDIA | ZUKUNFT | VERLAGSWESEN | MEDIENWANDEL | CREATIVE COMMONS | DESIGN | LAYOUT | AVATARE | PROZESSDOKUMENTATION | LEKTORAT | ARBEITSWIKI | WEB 2.0 | #SBSMCAMP | ÖGB-VERLAG

DIE BUCHMACHER_INNEN

Nein, ein Buch ist kein Soziales Medium. Aber es kann darin entstehen.

Im Frühjahr 2010 entstand die erste frühe Idee zu diesem "Buchprojekt" der etwas anderen Art. Jetzt liegt es vor und heißt *«#sbsm – Soziale Bewegungen und Social Media»*. Am Ausgangspunkt standen noch heftige Diskussionen zwischen den nunmehrigen Herausgebern, Verlagsmitarbeiter_innen und weiteren politischen Köpfen darüber, *«wo die politische und mediale Welt hingeht»*, *«welche Rolle Social Media bei der Entwicklung und Verbreitung von Sozialen Bewegungen einnimmt»* und ob uns das eigentlich nichts angeht oder ob es uns doch sehr wohl alle betrifft. In der Zeit danach hat sich dieses Projekt entwickelt und nicht aufgehört sich zu entwickeln.

Die ersten Feedbacks innerhalb des Verlags auf solche Ideen wie "Buch unter Creative Commons", "alles außerdem frei online", "Blog-Plattform statt klassischer Buch-Website", waren nicht immer druckreif und sollen daher an dieser Stelle nicht wiederholt werden. Das war noch vor den Entscheidungen zu einem Cross Media-Geschäftsmodell inklusive Veranstaltung und Merchandising und vor der transparenten "work in progress"-Begleitung des Projektes auf diversen Social Media-Plattformen und im Projekt-Blog. Erste Beiträge waren bereits während der Arbeit am Buch auf der Website abrufbar und konnten kommentiert und diskutiert werden. Facebook, Twitter und weitere Social Media übernahmen eine Teaser-Funktion, um mehr Personen an der Entstehung teilhaben zu lassen – sozusagen ein laufender Blick hinter die dicken Verlags-Mauern.

Die gesamte Verlagsbranche befindet sich in einer Phase der Umbrüche und der Unsicherheit: neue Player in der Branche, neue Anforderungen der Leser_innen, neue Technologien. Niemand in der Branche ist sich ganz sicher, wie umgehen mit dem Thema e-Book, wie mit digitalen Inhalten generell, mit welchen Geschäftsmodellen in die Zukunft investieren?

Dieses Projekt ist eine Antwort unseres Verlags auf einige der Fragen, bei denen wir uns sicher sind, und ein Experimentieren mit einigen Dingen, wo wir glauben, dass es so gehen und dort hingehen könnte. Unser Ziel war und ist es, den Content in den unterschiedlichsten Ausgabeformen und Kanälen zu distribuieren, mit der Besonderheit "digital for free". Diese strategische Entscheidung haben wir getroffen, um die anderen Säulen des Geschäftsmodells zu stärken, nämlich den Buchverkauf anzukurbeln, ein großes Camp veranstalten zu können, Merchandising sowie weiteren Know-how-Verkauf in Form von Weiterbildungs-Modulen zu ermöglichen.

Jetzt ist dieses Buch und sind die Beiträge auf der Website unter der *«Creative Commons-Lizenz BY-NC-SA»* erschienen. Damit haben wir uns als Verlag der weltweiten Creative Commons-Bewegung angeschlossen, die möglichst viele Urheber_innen dazu motivieren will, ihre Werke auch anderen bereitzustellen. Content soll durch diese Form der genau definierten und gesicherten Nutzungsbewilligung einfacher von der Allgemeinheit genutzt werden können und darauf aufbauend Neues entstehen. In der Langform der Lizenz heißt das, die Nutzung des Werks beziehungsweise der Inhalte ist unter der Bedingung der Namensnennung zur nicht kommerziellen Weitergabe unter gleichen Bedingungen freigestellt, kann also zum Gemeinwohl genutzt werden. Im Buch gibt es im Beitrag *«Auszug aus dem NetzKnigge»* weitere Ausführungen zu Creative Commons, Urheberrecht und freien Lizenzen.

Spannend und sehr herausfordernd wurde es für den Verlag in der Abwicklung der Produktionsprozesse über Social Media-Tools. Neben der Verbreitung der Inhalte und Möglichkeit zur Diskussion und Weiterentwicklung der Inhalte über Social Media wollten wir noch etwas ausprobieren, nämlich die Abwicklung kompletter Produktionsprozesse mit den kollaborativen Werkzeugen, um die es auch im Buch geht. Unter kompletter Abwicklung verstehen wir die gesamte Entstehung von der ersten Idee bis zur Übergabe an die Druckerei. Die Standard-Prozesse des Verlags wurden dabei vollständig verlassen, "Cross Media" war das Gebot und ein Wiki und ein Blog dessen Haupt-Boten. Die Herausgeber setzten das Arbeitswiki auf, arbeiteten mit vielen Autor_innen dort die Beiträge ein und das Buch aus. Das Wiki war aber auch Kommunikationsplattform zwischen Herausgebern und verschiedenen Abteilungen des Verlags, im Wiki wurden Beiträge lektoriert und von dort direkt in den Buchsatz übernommen. Klingt alles einfach, ist es zugegeben aber nicht gewesen. Neue Prozesse müssen sich einspielen, und mehrmals war es notwendig, mit der großen Brechstange statt mit Samthandschuhen die Rädchen wieder ins Rollen zu bringen. Das ist wohl eine logische Konsequenz, wenn dezentrale, flexible Strukturen auf zentralisierte, straffe Abläufe treffen.

Gerhard Bröthaler, Geschäftsführer
Dagmar Thurnhofer, Projektleiterin

DIE BUCHMACHER_INNEN

Wie man ein Buch als Blog gestaltet bzw. einen Hund als Katze verkleidet

Die Gestaltung des Covers liegt im Nachhinein betrachtet auf der Hand. Tag-Clouds – Schlagworte mit unterschiedlichen Gewichtungen flächig dargestellt, wie sie zunehmend beim gemeinschaftlichen Indexieren und in Social Media-Plattformen eingesetzt werden – wurden zum zentralen Gestaltungselement. Diese "Wortwolken" sind einerseits hübsch anzusehen, und verweisen andererseits auf zu erwartende Inhalte des Buchs. Der Weg zum fertigen Cover war jedoch nicht so einfach wie bei automatisch generierten "tag-clouds" online. Die mehr als 200 Schlagworte, die erst endgültig nach Fertigstellung aller Beiträge fix definiert wurden, mussten nicht nur gewichtet und grafisch entsprechend umgesetzt, sondern einzeln eingefügt und angeordnet werden.

Eine kurze Geschichte der Covervarianten
Die Auswahl der Schmuckfarbe erfolgte letztendlich, wie es sich in den dialogischen Social Media gehört, über eine Abstimmung und Diskussion auf Facebook und Twitter. Zur Wahl standen vier Signalfarben, intensiv und leuchtend und damit zum Thema des Aktivismus passend. Die Farbe sollte sich als einzige Farbe durch das ganze Buch ziehen und natürlich auch am Cover leuchten. Der Prozess der Auswahl im Oktober 2010 und die Abstimmung sind im Projektblog dokumentiert.

Typografisch haben wir auf Klassiker gesetzt, eine fast traditionelle Printdesign-Kombination aus Helvetica und Garamond. Die Gestaltung der Design-Elemente basiert auf harten, eckigen Formen und möglichst starken Kontrasten in Anlehnung an die einfache Plakatgestaltung zu den Urzeiten der ersten sozialen Bewegungen wie beispielsweise der Gewerkschaften, die auf einfachen Plakaten bei Streiks ihre Forderungen artikulierten. Das Design des Buchkerns drehte sich immer wieder um die Frage, wieweit ein Buch wie ein Online-Medium gestaltet werden kann und soll. Elemente, die ein Blog ausmachen, wie Hyperlinks, Trackbacks, Tags, Kommentare und Avatare, Einschübe für Zitate oder für Bildelemente, eingebettete Videos und "thumbnails", die im Grunde genommen auf Hyperlinks basieren, all diese online selbstverständlichen Dinge sind nicht unbedingt für ein gedrucktes Buch geeignet. Einige Elemente sollten in die Papierwelt übernommen und mussten im Buch spezifisch gekennzeichnet werden, und das immer unter Einbeziehung von Symboliken aus der Online-Welt. Uns bleibt die Hoffnung, die Ansprüche beider Welten sinnvoll und ansprechend "unter ein Buch" gebracht zu haben.

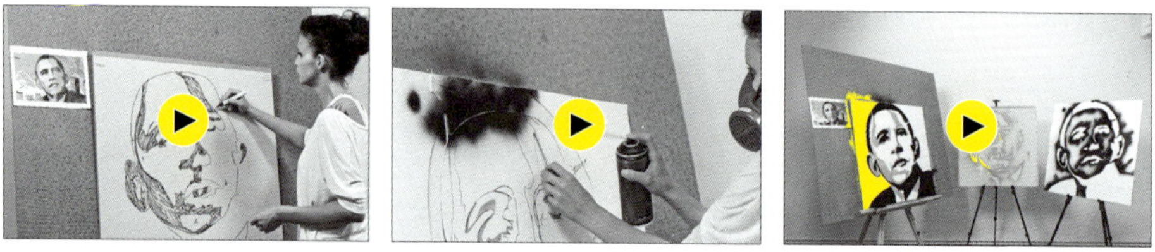

Der #sbsmAvatar – das uniforme Unikat von Natalia Nowakowska
In drei Arbeitsschritten entsteht ein Unikat:

1. *Zuerst die Erarbeitung der besonderen Merkmale des jeweiligen Individuums.* 2. *Dann die Universalkonstruktion durch die einheitliche Darstellungstechnik.* 3. *Die Farbcodierung in weiß, grau, schwarz und gelb. Jeder anders, alle gleich.*

Als besonders geeignetes Stilmittel für die analoge und digitale Welt haben sich die Avatare erwiesen, also grafische Stellvertreter_innen für echte Personen in der virtuellen Welt. Für alle Autor_innen, viele Kommentator_innen und für die im Buch vorkommenden Organisationen und Initiativen wurden auf Basis von Profilbildern und Logos eigene #sbsmAvatare angefertigt. Aus den zu Anfang dieser Idee abzusehenden zwanzig bis dreißig Avataren für die Autor_innen wurden über den ganzen Produktionsprozess hinweg dann knappe 150. Als Ausgangsmaterial standen oftmals nur kleine Profilbildchen mit vielleicht 10 KB zur Verfügung. Jedes einzelne Ausgangsbild – ob gestelltes Foto, Schnappschuss oder Grafik – war eine neue Herausforderung. Denn jede_r sollte sich wiedererkennen, trotz Abstrahierung und Integration in ein grafisches System, das den Variantenreichtum wie aus einem Guss wirken lässt. Und schließlich genügen für ein Buch und weitere gedruckte Medien wie Plakate und Roll-ups keine Pixelgrafiken, keine PNG-Dateien wie sie auch für die Blogplattform produziert wurden, sondern es bedarf der druckfähigen Vektorgrafiken. Ein erheblicher Aufwand also bei deutlich über hundert Profilbildern. Der Kurzfilm von Markus Zahradnik zur Avatargestaltung verpackt den hohen Wert eines jeden Individuums und seines eigenen Abbildes in ein eigenes Making Of.

Einen Schritt nach der Designentwicklung wurde mit dem Satz des ersten Beitrags begonnen und dabei das Layout laufend angepasst. Hierbei ging es vor allem um Schriftgrößen, -schnitte, Absätze und Abstände, Größen der Abbildungen etc. – ganz normale Verlags-Prozesse. Wobei so wirklich "normal" war bei diesem Projekt gar nichts.

Natalia Nowakowska, Grafik, Design
Michael Mazohl, Konzeption

DIE BUCHMACHER_INNEN

Den Inhalten wird der mediengerechte Prozess gemacht – Lektorat und Satz

Noch im Schritt der Designentwicklung kristallisierte sich heraus, dass der Buchsatz sehr gut aus dem Arbeitswiki der Herausgeber erfolgen konnte. Jeder Beitrag hatte eine Seite im Wiki, doch wie wurde für den Buchsatz im Wiki ersichtlich, welche Elemente wie zu formatieren sind? Was war nun mit Trackbacks, Glossarbeiträgen, Einschüben, Kommentaren und dergleichen? Wir haben also zwischen Herausgebern, dem Projektmanagment und uns vom Lektorat und dem Buchsatz ein System entwickeln müssen, mit dem alle an den Beiträgen arbeitenden Personen und Abteilungen genau wussten, wer was getan und wer was zu tun hatte. Für die vielen Elemente des Buchdesigns haben wir im Wiki eigene Formatierungen und Zeichen definiert, sodass diese für den Satz eindeutig als "Formatvorlagen" erkennbar waren und automatisch in das Layout des wachsenden Indesign-Dokuments übernommen werden konnten.

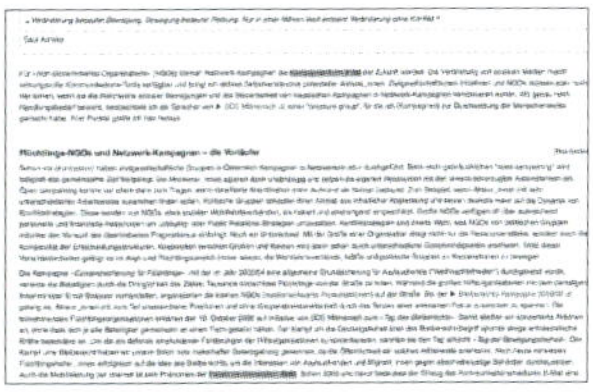

Von der Geheimsprache im Arbeitswiki zum Buchdokument

1. Über dem Text jedes Beitrags ist aufgeführt und definiert, welche Autor_innen-Avatare gesetzt werden müssen, ob es weitere Logos für Initiativen oder Organisationen gibt, ob der Beitrag einen Glossar-Einschub enthält und so weiter. Außerdem werden von allen Beteiligten ihre Arbeitsschritte für "Freigabe", "Lektorat", "Satz" etc. mit der Signatur des Wiki-Benutzerkontos gezeichnet. 2. Aus dem Wiki, für das eigene Formatvorlagen eingerichtet wurden, wird in die Formatvorlagen des Indesign-Dokuments eingefügt. 3. Die Codierung im Wiki definiert die Elemente im Buch. Zum Beispiel sind die im Buch gelben Glossarbegriffe im Arbeitswiki orange markiert und bekommen pro Glossarbegriff einen Code beigestellt, eine Raute und eine dreistellige Zahl. "Hyperlinks" werden nicht nur gesetzt, sondern bekommen ein ▶ vorangestellt. Und die im Buch schwarzen Verweise auf Buchbeiträge sind interne Wikilinks, aber auch durch geschwungene Klammern markiert.

Das Wiki eignete sich schließlich ganz gut für die Abstimmungsprozesse zwischen den Arbeitsschritten. Es hat viele E-Mails erspart, mit denen sonst ein Text von Herausgebern freigegeben und an das Lektorat geschickt wird beziehungsweise mit Korrekturen wieder zurück und dann weiter an die Autor_innen und so weiter. Im Wiki konnten alle im Arbeitsprozess Beteiligten durch den einfachen Klick auf *«Letzte Änderungen»* feststellen, wer wo was zuletzt gemacht hatte. Eine eigene Seite versammelte in Listenform abgeschlossene Arbeitsschritte – Woche für Woche sammelten sich mehr Beiträge unter den Überschriften "Freigegeben", "Lektoriert", "Grobsatz", "Feinsatz" bis schließlich eigene Abschnitte für "Kapiteldeckblätter" und "Verzeichnisse" hinzukamen.

Einige Codes haben wir von vornherein eingebaut, um im fertig gesetzten Buchsatz schließlich Suchabfragen zur Kontrolle durchführen zu können. Hat das Programm irgendwo noch geschwungene Klammern gefunden, so hieß das, dass ein Buchbeitragslink durchgerutscht war und noch negativ formatiert werden musste. Dann wurde die Klammer gelöscht. Die Codes neben Glossarbegriffen waren besonders wichtig. Sie blieben bis zuletzt im Buchsatz, bis alle Seitenzahlen fixiert, also alle Umbrüche definiert, die Kommentare eingearbeitet, die Deckblätter fertig waren. Jetzt konnte mit der Funktion *«Suchen-Ersetzen»* pro Glossarbegriff überall im Buch die richtige Seitenzahl neben dem Begriff eingetragen werden. Hätten wir das nicht vorbereitet, wäre das bei fast 400 Seiten ein erheblicher Arbeitsschritt gewesen.

Über das Wiki wurden übrigens nicht nur die Freigaben, Korrekturen und der Textexport gespielt, es stellte auch die Datenbank für die im Buch verwendeten Bilder dar. Kommentare wurden, wenn nicht von manchen Personen direkt im Wiki eingegeben, zuerst in das Wiki eingefügt, dort wiederum lektoriert, dabei allerdings viele Eigenheiten der Kommentare beibelassen, und dann im Buchsatz aufgenommen. Die "Rückseiten" der Wikiseiten, über den Reiter *«Diskussion»* anklickbar, haben wir für Anmerkungen, Fragen oder das Parken von Passagen verwendet, die in Beiträgen noch fraglich waren. Bei all diesen Schritten war wichtig oder zumindest hilfreich, mit angemeldeten Benutzerkonten zu arbeiten, sodass andere auf den "Versionen"-Seiten nicht nur Änderungen nachvollziehen konnten, sondern auch sehen, wer welche Änderungen vorgenommen hat.

Der "Versuch" über ein Arbeitswiki, die Zusammenarbeit von Verlag mit Herausgebern und Autor_innen, das Schreiben von Texten, die kontinuierliche Entwicklung eines Buches, das Lektorat und den Buchsatz zusammen auf einer Plattform online zu organisieren, hat uns im Verlag immerhin ausreichend überzeugt, dass noch während der Arbeit an *«Soziale Bewegungen und Social Media»* zwei weitere Buch-Projekte mit eigenen Wikis gestartet wurden.

Habiba Memedoska, Projektmanagement Buch
Dietmar Kreutzberger, Layout und Grafik

ORGA-TEAM #SBSMCAMP

#sbsmCamp – die Themen des Buchs als große Veranstaltung

Guido Brombach und Dieter Zirnig haben für das Buch einen schönen, Lust machenden Beitrag über *«Partizipative Veranstaltungen»* geschrieben. Durch alle Texte ziehen sich die Prinzipien und Tugenden von Dialog, Vernetzung, Offenheit und selbstorganisierter Kollaboration. Beim Projektteil "Buch" und "Online" mitgewirkt haben 46 Autor_innen sowie noch einmal so viele Kommentator_innen. Dadurch einbezogen sind mehrere Organisationen und Initiativen. Zum *«Cross Media»*-Gesamtkunstwerk gehört also mindestens noch eine große Veranstaltung, bei der sich alle Beteiligten und weitere Interessierte an einem Ort treffen, sich weiter vernetzen, Dialoge führen, offen zusammenarbeiten und selbstorganisiert ein Programm zusammenstellen können, das die sozialen Bewegungen und den politischen Aktivismus feiert und die Fragen, Erfahrungen, Fallbeispiele, Strategien und Werkzeuge, die das Buch ausmachen, bei einem großen #sbsmCamp thematisiert.

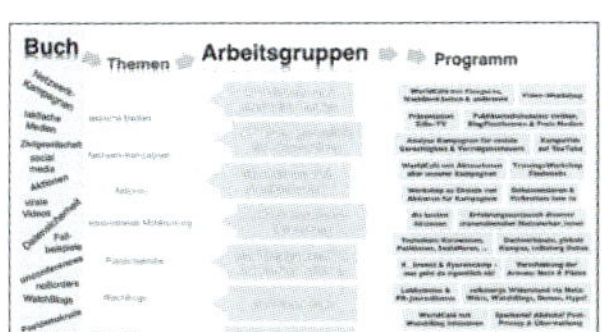

yes we #sbsmCamp

1. *Im Buch fängt der Beitrag auf Seite 173 an, ein Manual für «Partizipative Veranstaltungen» angeleitet von offener Netzkultur und digital begleitet. Das erste «Soziale Bewegungen und Social Media Camp» wird sich viel aus diesem Beitrag abschauen.* **2.** *Das zweitägige «#sbsmCamp» wird keine "Buchpräsentation" sondern ein Raum für die Themen und Auseinandersetzungen, für die Autor_innen und Initiativen des Buchs. Mit Blick auf zentrale Buchthemen haben sich Arbeitsgruppen von Autor_innen und weiteren Interessierten gebildet, die sich um Teile des Programms kümmern.* **3.** *Das #sbsmCamp findet am 19. und 20. Oktober 2011 in Wien und im Web statt. Das CampBlog wird berichten, aber auch der #sbsm TV-Sender, mit Live-Streams und Aufzeichungen von Workshops und Diskussionen.*

Im Oktober 2011 treffen sich die Beteiligten des Buches für zwei ganze Tage in der Zentrale des österreichischen Gewerkschaftsbundes in Wien. Die Veranstaltung – zwischen Camp, Messe, Festival und Kongress – ist offen und gratis. Eingeladen sind also alle Interessierten. Gemeinsam wird diskutiert, ausprobiert, trainiert und entworfen werden, was die Teilnehmer_innen auf das Programm heben. Ob aus dem Buch selbst eine soziale Bewegung wird, wird sich neben der Weiterentwicklung der Online-Plattform in den auf das Buch folgenden partizipativen Veranstaltungen zeigen. Ein Vernetzen, Diskutieren und Begegnen mit Menschen und Organisationen, die am Buch *«Soziale Bewegungen und Social Media»* mitwirken, soll dazu dienen, ihr Wissen miteinander zu teilen, um die täglichen Anforderungen im Alltag von interessen- und sozialpolitischen Organisationen zu lösen, und zu lernen wie Soziale Medien dafür eingesetzt werden können.

Die Veranstaltung wird auch in den Social Media stattfinden, es gibt ein eigenes #sbsmCamp-Blog und einen TV-Sender #sbsm, der live streamen und Video-Aufzeichnungen anbieten wird. Und möglicherweise wird es nicht bei einer Veranstaltung in Wien bleiben. Mal sehen, jedenfalls sehen wir uns im Netz.

Mehr über laufende Veranstaltungen, Camps und Talks auf

camp.sozialebewegungen.org
tv.sozialebewegungen.org

Melissa Huber, Projektmanagement Camp

Sternderl ins Mitteilungsheft

Ein großer Dank gilt allen ÖGB-Verlags-Mitarbeiter_innen, die sich mit Akribie, großem Engagement, viel Innovationsfreude und manchmal wirklich sehr schrägen Ideen auf dieses Experiment eingelassen haben.

Herzlichen Dank an Oliver Avanzini, Daniel Flamme, Susanne Grabner, Melissa Huber, Birgit Janischevski, Dietmar Kreutzberger, Franziska Krittl, Bettina Mauser, Michael Mazohl, Habiba Memedoska, Renate Neuber, Natalia Novakowska, Walter Schauer, Paul Sturm und Dagmar Thurnhofer!

Ihr habt einen großen Beitrag geleistet zur weiteren Entwicklung als führendes Cross Media-Kommunikationsunternehmen in Österreich im Bereich "Arbeit – Recht – Soziales".

Gerhard Bröthaler, Geschäftsführer

AUTOR_INNEN

JAKOB ARNIM-ELLISSEN
SONJA BETTEL
GUIDO BROMBACH
GUDRUN HABERSETZER-DEBUS
DANI FELS
ANDREAS GÖRG
WOLFGANG GREIF
BARBARA HACKENJOS
LUCA HAMMER
ROBERT HARM
MATTHIAS HECKMANN
KARL HEIMBERGER
JULIA HEMMELMAYR
MICHAEL HORAK
SASKIA KAUFMANN
DORIS KITTLER
FLORIAN KRÄFTNER
THOMAS KREIML
LANU
WOLFGANG LIEB
BARBARA MAIER
ANDREA MAYER-EDOLOEYI
CHRISTIAN MAYR HOFR
ROBERT MISIK
LUKAS NEISSL
KATHRIN NIEDERMOSER
CHRISTIAN PISCHLÖGER
PORRPORR
JENS PROLL
THORSTEN PUTTENTAT
MICHEL REIMON
ANNE ROTH
MICHAEL SCHMID
SUSANNE SCHMIDT
ROBERT SCHREM
ANTJE SCHRUPP
KAY SCHULZE
GEORG SCHÜTZ
ANDREAS SKOWRONEK
PHILIPP SONDEREGGER
HANS CHRISTIAN VOIGT
DAVID WALCH
DIETER WESP
SEBASTIAN WOESS
DIETER ZIRNIG
MARKO ZLOUSIC

MAUL
AUF!
#sbsm

Jakob Arnim-Ellissen, Student

Bio: War von Beginn an in der AG Presse des besetzten Audimax aktiv und engagiert sich heute noch für die aus #unibrennt hervorgegangene Zeitung über.morgen. Außerdem schreibt er regelmäßig für den politischen Blog zurPolitik.com. Er studiert Politikwissenschaft und Orientalistik an der Universität Wien.

[Homepage:] arnim-ellissen.at [Organisation:] unibrennt.at, uebermorgen.at

Sonja Bettel, Journalistin

Bio: Sonja Bettel ist freie Journalistin aus Wien mit den Schwerpunkten Wissenschaft, Computer und neue Medien und arbeitet unter anderem für die Sendungen «matrix – computer und neue medien» und «Digital.Leben» von Radio Ö1 und «Breitband» von Deutschlandradio Kultur. Sie schätzt das Internet und das Web 2.0 für die Möglichkeiten zur raschen und umfassenden Information und Kommunikation und um mit Freunden und Gleichgesinnten in Kontakt zu treten und zu bleiben.

[Homepage:] bettel.at [Twitter:] twitter.com/sonjabettel [Organisation:] oe1.orf.at

Guido Brombach, Bildungsarbeit

Bio: Guido Brombach wurde 1974 geboren und begann 1995 das Studium der Dipl. Erziehungswissenschaften mit Schwerpunkt Erwachsenenbildung an der Universität Essen. Im Jahr darauf startete er ein Lehramtstudium für die Fächer Chemie und Pädagogik. Seit 2006 ist er Kompetenzzentrumsleiter für den Bereich digitale Kommunikation, Lernen und Medien, des DGB Bildungswerks. Brombach war Mitveranstalter des politcamp 09 und des socialcamp09, sowie Mitinitiator des Collaborationcamp10. Er ist Mitarbeiter in der Redaktion von pb21.de, einem Blog zu Web 2.0 in der politischen Bildung und Betreiber des Dotcomblogs.

[Homepage:] dotcomblog.de [Twitter:] twitter.com/gibro

Gudrun Habersetzer-Debus, Bloggerin

Bio: : Meine Themen sind Gesellschaft, Wirtschaft, Soziales und Politik aus anarchistisch feministischer Sicht, manchmal mit Bosheit, Witz und Ironie, manchmal ernst und sachlich, manchmal persönlich.

[Homepage:] www.frauenim.net [Blog:] piratenweib.de [Twitter:] twitter.com/Piratenweib

Dani Fels, Dozent, Fotograf

Bio: 2002 ist der Gemeinwesenarbeiter Professor an der FHS St.Gallen, Hochschule für Angewandte Wissenschaften. Er war beteiligt am Aufbau des Kompetenzzentrums Soziale Räume und übernimmt Projektleitungen für das IFSA Institut für Soziale Arbeit, wo er auch im Masterstudiengang Social Informatics zu Social Media in NPOs lehrt.

[Homepage:] raumsinn.org [Twitter:] twitter.com/raumsinn

Andreas Görg, Antirassismusarbeiter

Bio: Andreas Görg wurde 1967 geboren. Er ist Jurist, Projektmanager, Wissenschafter, Trainer und Coach mit den Schwerpunkten Antidiskriminierung und Antimobbing und networking officer von European Network Against Racism Austria (ENARA).

[Blog:] andreasgoerg.wordpress.com [Organisation:] enara.at

Wolfgang Greif, Internationale Gewerkschaftsarbeit

Bio: geb. 1961 in Wien, Studium der Geschichte und Politikwissenschaft; 1992–2001 tätig im Österreichischen Gewerkschaftsbund ÖGB in der Aus- und Weiterbildung für Funktionäre/innen; seit Mai 2001 Leiter der Abteilung Europa, Konzerne und Internationale Beziehungen in der Gewerkschaft der Privatangestellten, Druck, Journalismus, Papier (GPA-djp); seit Oktober 2002 für den ÖGB-Mitglied im Europäischen Wirtschafts- und Sozialausschuss in Brüssel; diverse Publikationen zur Gewerkschaftsgeschichte und -organisation sowie zu europäischen Gewerkschaftspolitik, aktuell: Der Europäische Betriebsrat. Ein gewerkschaftliches Handbuch, Wien 2009

[Organisation:] gpa-djp.at/international

Barbara Hackenjos, Bildungsarbeit

Bio: Barbara Hackenjos leitet in Berlin die ver.di-Mitgliedernetzredaktion, die auch für die Betreuung der ver.di-Facebookseite zuständig ist. Ihr Anspruch ist Mitglieder und interessierte Nichtmitglieder in den sozialen Netzwerken zu erreichen, in denen sie sich bewegen und mit dem Mitgliedernetz den Mitgliedern noch zusätzliche Angebote und Vorteile zu bieten.

[Homepage:] mitgliedernetz.verdi.de

Luca Hammer, Blogger

Bio: Luca Hammer ist Blogger, Sprachspieler, Webentwickler, Autor, Denker, Mensch, Student, Realist und Idealist. Er hält Vorträge über die Medienzukunft, studiert Publizistik- und Kommunikationswissenschaften an der Uni Wien und überlegt im Moment was er in Zukunft machen wird. Aufgewachsen in den Bergen Tirols, nach Wien gekommen, das Audimax besetzt und den Worten verfallen. Irgendjemand hat ihn einmal als berühmt bezeichnet.

[Blog:] 2-blog.net [Twitter:] twitter.com/Luca

Robert Harm, Open Data Aktivist

Bio: Studium an der FH Salzburg, Informationswirtschaft und -management; danach Aufbau von praktischem Know-how zu Weblogs, virtuellen Communities, CMS-Systemen, Learning-Management-Systemen und Web 2.0-Anwendungen.

[Homepage:] harm.co.at [Twitter:] twitter.com/RobertHarm [Organisation:] open3.at

Matthias Heckmann, Bürgerinitiative

Bio: Als einfacher und bis dahin wenig politisch engagierter Bürger ist er 2006 in die Ereignisse rund um den Augartenspitz hineingezogen worden und ist seit dem in diesem Bereich aktiv, z.B. im Barock-Outfit bei den Prozessionen des Josefinischen Erlustigungskomitees mitgewandelt, fotografisch dokumentiert und immer wieder Texte verfasst.

[Organisation:] erlustigung.org

Karl Heimberger, Betriebsrat

Bio: Neuroradiologe – Betriebsrat des wissenschaftlichen Personals der MedUni Wien (3.500 MitarbeiterInnen) in der 2. Funktionsperiode. Blogger.

[Organisation:] muw-betriebsrat.at

Julia Hemmelmayr, Juristin

Bio: Julia Hemmelmayr studierte Rechtswissenschaften in Wien, absolvierte anschließend das EURAS-Master-Programm der Donau Universität Krems und ist seit 2001 bei Gericht, in Kanzleien und in Unternehmen als Juristin tätig. Seit 2008 studiert sie nebenberuflich Publizistik und Kommunikationswissenschaft an der Universität Wien und war in den Studierendenprotesten um die Audimaxbesetzung aktiv.

[Twitter:] twitter.com/JuliaHemmelmayr [Organisation:] unibrennt.at

Michael Horak, Nerd

Bio: Chemistry Informatics, Biomedicine. Involved in Science, Skepticism, Agnotology, Epigenetics, Physics

[Twitter:] twitter.com/fatmike182

Saskia Kaufmann, Schauspielerin

Bio: Saskia Kaufmann arbeitet als Schauspielerin, Theaterpädagogin und macht Workshops zu kreativem Straßenprotest und Schauspielkram. Weil das Leben noch kein Ponyhof ist, stolpert sie seit Jahren durch die linke Szene.

Doris Kittler, Filmemacherin

Bio: Doris Kittler wurde 1969 in Wien geboren. Nach ihrem Studium der Bühnen- und Kostümgestaltung war sie als Ausstatterin für Theater- und Filmproduktionen tätig. Nebenher beschäftigte sie sich mit Fotografie und Fotorauminstallationen. Drei Jahre lang arbeitete Kittler als Lektorin in Tomsk (Sibirien). Nach ihrer Rückkehr realisierte Kittler zahlreiche Filmprojekte mit Kindern und Jugendlichen zu den Themen Interkulturalität und Mehrsprachigkeit (u. a.). Als Aktivistin hat sie 2009 und 2010 die Proteste gegen die Errichtung des Konzertsaals der Wiener Sängerknaben am Wiener Augartenspitz miterlebt und filmisch dokumentiert. Sie lebt und arbeitet in Wien.

[Homepage:] dokit.at [Organisation:] erlustigung.org

Florian Kräftner, Pressearbeit

Bio: Florian Kräftner wurde 1977 in Wien geboren und arbeitet als Redakteur und im Bereich Öffentlichkeitsarbeit beim Österreichischen Gewerkschaftsbund (ÖGB).

[Facebook:] facebook.com/flo.kraeftner [Organisation:] oegb.at

Thomas Kreiml, Soziologe

Bio: Thomas Kreiml ist Soziologe und Gewerkschafter mit multipler Schwerpunktsetzung. Nach mehrjähriger Tätigkeit in Projekten zur Bildungs- und Arbeitsmarktforschung beschäftigte er sich ab 2008 in der Gewerkschaft der Privatangestellten – Druck, Journalismus, Papier intensiv mit Fragen der Arbeitsorganisation und des (betrieblichen) Datenschutzes. Seit 2011 ist er in der GPA-djp Bildungsabteilung nicht nur für Bildungspolitik zuständig, sondern arbeitet auch an Initiativen und Projekten zu gewerkschaftlicher Bildung, gewerkschaftspolitischen Entwicklungsfeldern und politischer Mitbestimmung.

[Twitter:] twitter.com/kreimlink [Organisation:] gpa-djp.at

Lanu, Bloggerin

Bio: CEO von BooCompany, dem dotcomtod-Nachfolger und Europas führender Anbieter und Distributor für exitorientierte Unternehmensmeldungen.

[Blog:] lanu.blogger.de [Twitter:] twitter.com/lanu [Facebook:] facebook.com/ichbinlanu [Organisation:] BooCompany – boocompany.com/

Wolfgang Lieb, Jurist

Bio: Wolfgang Lieb ist promovierter Jurist und Sozialwissenschaftler, war Ende in der Studentenvertretung aktiv, von 1979 bis 1983 Mitarbeiter in der Planungsabteilung des Bundeskanzleramtes, Ende der 1980er Regierungssprecher und Leiter des Landespresse- und Informationsamtes des Landes Nordrhein-Westfalen unter Ministerpräsident Johannes Rau und von 1996 bis 2000 Staatssekretär im Wissenschaftsministerium NRW. Heute gibt er als Mitherausgeber von Albrecht Müller gemeinsam die NachDenkSeiten heraus.

[Organisation:] NachDenkSeiten – nachdenkseiten.de

Barbara Maier, Studentin

Bio: Studiert Publizistik- und Kommunikationswissenschaft an der Universität Wien und schreibt gerade ihre Magisterarbeit zum Thema politische Kommunikation im Web 2.0. Neben dem Studium arbeitet sie für eine Werbe- sowie für eine PR-Agentur.

[Organisation:] unibrennt.at

Andrea Mayer-Edoloeyi, Bloggerin

Bio: Andrea Mayer-Edoloeyi ist Social Media Managerin für die Katholische Aktion Oberösterreich. Sie unterstützt engagierte Christ_innen beim Einstieg ins Social Web und schreibt gerade ihre Diplomarbeit im Fachbereich Theologie über Kirche und Social Media.

[Blog:] andreame.at [twitter:] twitter.com/andreame [Organisation:] dioezese-linz.at/ka

Christian Mayr Hofer, Nerd

Bio: Christan Mayr Hofer ist in Wien wohnhaft und arbeitet als Senior Agent in der Agency 4e7 und ist Senior Consultant in SAP AG. Weiters betreibt er Öffentlichkeitsarbeit für die Akademie der bildenden Künste Wien.

[Homepage:] phreak20.com [Blog:] tumblr.phreak20.com
[Twitter:] twitter.com/phreak20

Robert Misik, Publizist

Bio: Robert Misik schreibt Bücher, Kritiken, Artikel und Essays. Er betreibt einen eigenen Weblog, den Weblog auf der taz-Site und die wöchentliche Videoblog-Sendung «FS-Misik» auf derStandard.at.

[Blog:] misik.at [Twitter:] twitter.com/misik [Facebook:] facebook.com/misik.at

Lukas Neißl, Student

Bio: geb. 1984, studiert Übersetzen und Dolmetschen und Rechtswissenschaft und ist Aktivist der GPA-djp Jugend.

[Blog]: blog.gpa-djp.at/international [Organisation:] jugend.gpa-djp.at

Kathrin Niedermoser, Studentin

Bio: Aufgewachsen in einer ArbeiterInnenfamilie in Tirol. Studiert Politikwissenschaft in Wien und arbeitete zuletzt in der Bundesjugendabteilung der GPA-djp. Sie war viele Jahre ehrenamtlich in der Gewerkschaftsjugend aktiv und engagiert sich in zahlreichen Sozialen Bewegungen.

Christian Pischlöger, Betriebsrat

Bio: BRV-Stv bei AustroPort (Flughafen Wien). Studium der Finnougristik und Slawistik an den Universitäten Wien, Pécs, Helsinki und Iževsk. Studium der «Internationalen Wirtschaftsbeziehungen» an der FH Burgenland. Thema der Abschlussarbeit: «Chancen und Risiken von Web 2.0 und Weblogs für die Betriebsratsarbeit».

[Blog:] braup.wordpress.com [Facebook:] facebook.com/betriebsrat.austroport

porrporr, Aktivist & Info Ninja

Bio: Kämpfte sich 2000 aus dem Sub-Proletariat der Provinz nach Wien durch. Beschäftigte sich an Wiener Unis mit Kultur- & Sozialanthropologie, Afrikanistik sowie Disability Studies. Seit vielen Jahren als Aktivist in verschiedenen emanzipatorisch-antihierarchischen Polit Gruppen & Projekten aktiv. Anfang 2009 startete er via Twitter den Versuch, auch Leute außerhalb der eigenen Subkultur mit Informationen und Diskussionen zu konfrontieren. Nach über 2 Jahren microblogging sind weitere Projekte in Planung um die äußerst triste österr. Medienlandschaft zu verändern.

[Homepage:] gplus.to/porrporr [Twitter:] twitter.com/porrporr

Jens Proll, Netzaktivist

Bio: Der Autor ist bereits seit mehreren Jahren im Internet aktiv und betreibt unter dem Pseudonym zazengate die Webseite kontrollausschluss.de deren Angebot sich gezielt an unerfahrene Internetnutzer richtet. Darüber hinaus bekennender Grünteeliebhaber und Freund echter Bücher.

[Organisation:] kontrollausschluss.de

Thorsten Puttenat, Musiker

Bio: Thorsten Puttenat arbeitet als Musiker und als Moderator bei fluegel.tv, dem Stuttgarter Internetfernsehsender. Er wurde 1974 in Böblingen geboren und lebt seit 15 Jahren in Stuttgart. Puttenat ist Mitbegründer der Initiative «Unsere Stadt - Stuttgart gestalten!»

[Homepage:] putte.de [Organisation:] fluegel.tv

Michel Reimon, Journalist

Bio: Michel Reimon (*1971) ist österreichischer Autor, Journalist, Kommunikationsberater und Politiker. Er war Spitzenkandidat der Grünen bei der Landtagswahl im Burgenland 2010 und ist aktueller burgenländischer Landtagsabgeordneter.

[Blog:] reimon.net [Organisation:] burgenland.gruene.at

Anne Roth, Bloggerin

Bio: Anne Roth, wohnt in Berlin. Politologin, Medienaktivistin, beteiligt am Start von Indymedia Deutschland 2001 und am Aufbau des internationalen Indymedia-

Netzwerks. Nachrichten-Junkie, Mutter von zwei Kindern, Kollateralschaden einer Terrorismus-Ermittlung gegen ihren Freund, den Soziologen Andrej Holm, der im Sommer 2007 frühmorgens in der gemeinsamen Wohnung verhaftet wurde.

[Blog:] annalist.noblogs.org [Twitter:] twitter.com/annalist

Michael Schmid, Journalist

Bio: Michael Schmid lebt und arbeitet in Wien als Radiojournalist und Autor für die ORF Radios FM4 (Im Sumpf, Homebase, Connected, Morningshow, Soundpark) und Ö1 (Dimensionen, Diagonal, Matrix, Digital Leben). Er publiziert in MALMOE und in Jungle World. Als Videojournalist entwickelte er Bewegtbildformate für fm4. orf.at, als Produzent und Programmgestalter Radio- und TV-Spots. Als bildender Künstler arbeitete er im Team mit Christoph Scholz und stellte u.a. im Rahmen der Reihe «Das Experiment» in der Wiener Secession aus. Als Wissensarbeiter beforscht er gerade "die Politik des Radfahrens" im Rahmen seiner Dissertation bei Tom Holert und Diedrich Diederichsen an der Akademie der bildenden Künste Wien.

[Blog:] michaelschmid.at [Organisation:] fm4.orf.at, malmoe.org

Susanne Schmidt, Menschenrechtsaktivistin

Bio: Seit 1976 Berlinerin. Erste eigene Aktion 1977: «Gewalt gegen Frauen – Frauen gegen Gewalt». Auf der Suche nach gesellschaftlichen Veränderungen. Die Hoffnungen auf respektvolles, grenzenloses Miteinander und kreatives, lebendiges Durcheinander werden durch das Internet neu entfacht. Was im realen Leben behindert (Geschlecht, Alter, Bildung, Mut, Entfernung, ...) überwindet womöglich das Netz. Seit 2009 Botschafterin des Zentrums für Politische Schönheit.

[Homepage:] erschütterung.info [Twitter:] twitter.com/fraukulli
[Organisation:] politicalbeauty.de

Robert Schrom, Ingenieur

Bio: Gründer von amplify und Gründer von fluegel.tv

[Organisation:] fluegel.tv

Antje Schrupp, Publizistin

Bio: Dr. Antje Schrupp ist Journalistin und Politikwissenschaftlerin und lebt in Frankfurt am Main. Sie forscht und publiziert über weibliche politische Ideengeschichte und will mehr feministische Denkerinnen und politisch aktive Frauen für die Möglichkeiten des Internets begeistern.

[Homepage:] antjeschrupp.de [Blog:] antjeschrupp.com
[Twitter:] twitter.com/antjeschrupp

Kay Oliver Schulze, Umweltsoziologe

Bio: Kampagnenunterstützer bei Attac Deutschland (seit September 2010). Zuvor als Webredakteur für den Internetauftritt von Attac D, als Campaigner für die G8-Mobilisierung 2007 nach Heiligendamm und die Lidl-Kampagne tätig. Mitarbeit beim BUND Marburg-Biedenkopf und beim Institut für sozial-ökologische Forschung Frankfurt. Umweltsoziologe mit Hang zum postmodernen Hedonismus.

[Organisation:] attac.de

Georg Schütz, Medienkünstler

Bio: geb. 1977 in St.Pölten, von 1996-1998 Kolleg f. Multimedia HGLVA Wien XIV, von 2003-2007 Diplomstudium am der Kunsthochschule für Medien in Köln. Seit 2008 wieder zurück in Wien, Mitbegründer von wahltotal.at (Videoplattform zur dialogischen Kommunikation zw. Bürgern & Politik zur Nationalratswahl 2008) und eine der treibenden Kräfte hinter ichmachpolitik.at.

[Homepage:] georgschuetz.com [Twitter:] twitter.com/geschuetz
[Organisation:] ichmachpolitik.at, zige.tv

Andreas Skowronek, Journalist

Bio: Andreas Skowronek ist Journalist, Autor und Referent für Arbeitsrecht und Kommunikation. Er ist Altstipendiat der Hans-Böckler-Stiftung und Autor für «Arbeitsrecht im Betrieb» und «Computer und Arbeit». Darüber hinaus ist er in weiteren Redaktionen tätig wie zum Beispiel: Süddeutsche Zeitung, Forschungsjournal Neue Soziale Bewegungen, ver.di-Publik, Der Betriebsrat, etc.

[Homepage:] about.me/askowronek
[Twitter:] twitter.com/askowronek [Facebook:] facebook.com/andreas.skowronek

Philipp Sonderegger, Menschenrechtsaktivist

Bio: Geboren in Vorarlberg 1974, Studium Soziologie, Politikwissenschaft an der Uni Wien 1995-2003. Geschäftsführer des Popkulturfestivals poolbar.at 1998-2003. Sprecher von sosmitmensch.at 2001-2011, verantwortlich für die Kampagnen (Auswahl): rassismus-streichen.at, limitedlounge.sosmitmensch.at, bleiberecht.at, machen-wir-uns-stark.at. Derzeit in Bildungskarenz.

[Blog:] phsblog.at [Twitter:] twitter.com/phs [Organisation:] sosmitmensch.at

Hans-Christian Voigt, Soziologe

Bio: Hans Christian Voigt ist Soziologe aus Wien mit besonderem Interesse für Bedingungen der Dissidenz in sozialen Systemen. 2006 setzt er sein erstes Wiki und später Blog auf und beginnt sich praktisch mit Möglichkeiten von Gegenöffentlichkeit, Wissensmanagement in Netzwerken und Organisationsentwicklung politischer Initiativen zu beschäftigen.

[Blog:] kellerabteil.org [Twitter:] twitter.com/kellerabteil

David Walch, Pressearbeit

Bio: David Walch wurde 1975 in Linz geboren. 1993 – 2001 Studium Geschichte sowie Publizistik & Kommunikationswissenschaft an der Uni Wien, 2000 – 2005 Betreuer in einer Wohngemeinschaft für behinderte Menschen, 2005 in der Südwind Regionalstelle Wien tätig und seit Februar 2006 Pressesprecher bei Attac Österreich.

[Organisation:] attac.at

Dieter Wesp, Gewerkschafter

Bio: Dieter Wesp studierte von 1977 bis 1983 Diplompädagogik an der Johann Wolfgang Goethe Universität Frankfurt. Seit 2004 Leiter der Online-Redaktion der IG Metall. Wechselte im Jänner in die Strategische Kommunikation.

[Organisation:] igmetall.de

Sebastian Woess, Berufsdemonstrant, Student

Bio: Sebastian Wöss arbeitet als Sozialarbeiter und studiert Bildungswissenschaften in Wien. Er ist seit 2000 in verschiedenen sozialen Bewegungen aktiv. Sein Interesse für Improvisationstheater verbindet er dabei mit politischem Aktivismus, weswegen er sich ausgiebig mit kreativen Protestformen beschäftigt und dazu auch Workshops und Trainings anbietet

Dieter Zirnig, Mediendesigner

Bio: Dieter Zirnig ist Initiator und Gründer von neuwal. 1975 in Wien geboren, in Klagenfurt aufgewachsen. 2003 beendete er das Studium Medientechnik und -design an der Fachhochschule Hagenberg mit Auszeichnung. Seit 2003 lebt und arbeitet er in Wien in einer weltweiten Funktion für Digital Strategy in einem internationalen Unternehmen. 2008 startete er ein Studium an der privaten Akademie für Systemisches Coaching und seit 2011 ist er Mitglied im Österreichischen Journalistenclub.

[Homepage:] sugarmelon.com [Twitter:] twitter.com/sugarmelon
[Organisation:] neuwal.at

Marko Zlousic, Öffentlichkeitsarbeit

Bio: In Sarajevo (Bosnien und Herzegowina) geboren; Hat in Wien seine zweite Heimatstadt gefunden. Schon immer in Kommunikationsbereich tätig – unter anderem als Online-Kampagnenleiter und Web2.0-Koordinator der Bundes-Sozialdemokratischen Partei Österreich (SPÖ); Arbeitet derzeit als Social Media-Consultant bei echonet communication; Bloggt unter politx.at und ultimatemoms.at.

[Blog:] politx.at [Twitter:] twitter.com/zlouma

ANSCHAUEN. FOLGEN. MITMACHEN.

FLUEGEL.TV ERLUSTIGUNG.ORG UNIBRENNT.AT GEGENÖFFENTLICHKEIT.AT
UG02 DISKUSSIONSARCHIV THEMATISCH.AT SANTA PRECARIA
NACHDENKSEITEN.DE LOBBYCONTROLL.DE HUNGERLOHNPARTEI.DE
BARCAMP ZIGE.TV KONTROLLAUSSCHLUSS.DE HATR.ORG
INDYMEDIA.ORG ATTAC.AT ATTAC.DE LABOURNET.DE
ERSCHUETTERUNG.INFO FOEBUD.DE UNZENSIERT-LESEN.DE
ANTIREP2008.TK KOPFBAHNHOF-21.DE UEBERMORGEN.AT
ROMA-SERVICE.AT MÄDCHENMANNSCHAFT.NET

fluegel tv
live

Ö

UG § 02

TT

NDS

LOBBY
CONTROL

Zi Ge TV

%

OBEN
BLEIBEN
kein
Stuttgart 21

üm

VERZEICHNISSE

GLOSSAR

Die Emergenz des Web 2.0 und der Social Media #009

Cloud, Boom, Plattformen, Start-Ups, Schnittstellen, Vernetzung, Applikationen, Automatisierung, Personalisierung, Accounts, Kundenkarten

Der Live-Stream - Königsdisziplin der Transparenz #041

Live-Stream, Übertragung in Echtzeit via Internet, Smart-Phones, bambuser und ustream

WatchBlogs - Dokumentation der Aufmerksamkeit #059

Selbstorganisation der Kontrollfunktion, Massenmedien, WTOwatch.org, BILDblog, Netzpolitik-Blog, NPD-Blog

Von der Blogroll zur Blogosphäre #084

Netzkultur, Vernetzung, Linkliste, Visitenkarte, Diskurse und Netzwerk-Cluster, Trackbacks

Das Netz im Netz: Facebook #094

College Jahrbuch: Thefacebook, Pinnwand, Kommentar-, Share-, Chat- und Like- Funktion, Netzwerken, Diaspora

Der analoge Mensch in der digitalen Gesellschaft? #113

Digital Natives, Digital Immigrants, Netzkultur, Nutzungsverhalten, analog vs digital, Einwohner vs Besucher_innen

Kampagnen und Soziale Bewegungen #130

Werbe-Feldzug, Ressourcen, Strategie, Projektmanagement, Neue Soziale Bewegungen, sozialer Konflikt, kollektive Identität

Foto-Alben in der Cloud und Streams voller Bilder #149

flickr, Social Media, Picasa, Smartphones, Twitter, Fotoalben, Bilder-Streams, Bilderflut, Bildrechte

Das große Etikettieren: Kategorien, Labels und Tags #158

Social Tagging, soziale Lesezeichen, Tagclouds, Hashtags, Beschlagwortung, Archiv des Wissens, Bibliothek, Suchmaschinen

The Power of Twitter #166

Breaking News, hashtags, Geschwindigkeit, Informationsweitergabe, Echtzeit-Newsticker, Smartphone, identi.ca

ABBILDUNGSVERZEICHNIS

Hungerlohnpartei: Kamagnen-Seite für den Minestlohn, Screenshot, 07.07.11, mindestlohn09.de/, S. 121
Hungerlohnpartei: Großplakat im Berliner Regierungsviertel, Screenshot, 07.07.11, S. 121
youtube.com/watch?v=ukDibpfAwD4,
Hungerlohnpartei: Das Mindestlohn-Blog dokumentiert, die ARD Tagesthemen haben die Hungerlohnpartei gefeatured, Screenshot, 07.07.11, blog.mindestlohn.de/, S. 121
Hungerlohnpartei: Das Schwarzbuch Lidl, Screenshot, 07.07.11, verdi.de/lidl/schwarz-buch/, S. 124
Hungerlohnpartei: Arbeitgeber im Einzelhandel klagen gegen Flashmobs, Screenshot, 21.07.11, zeit.de/wirtschaft/unternehmen/2009-12/flashmob-gewerkschaft-einzelhandel, S. 124
Hungerlohnpartei: Streik.TV berichtet von einem Flashmob in München, Screenshot, 07.07.11, streik.tv/video/1227/Die_Sendung_zur_Arbeit_vom_27_06_2011.html, S. 124

Kampagnen: Bist du Österreichs Vizekanzler, Screenshot, 24.05.11, superpraktikantin.at/, S. 133
Kampagnen: Censored Greenpeace Video, Screenshot, 24.05.2011, youtube.com/watch?v=q-dhveY0FFs, S. 133
Kampagnen: Online Spiel Berlusconi Schleuder, Screenshot, 24.05.11, one.org/c/international/actnow/3882/, S. 133

KAPITEL: MANUALS

Starter-Kit: Die zentrale Anlaufstelle, der Infotisch, Foto, Simon Müller, S. 145
Starter-Kit: Visitenkarte, Foto, Christian Voigt, S. 145
Starter-Kit: google x unibrennt, Screenshot, 12.06.11, google.com, S. 145

Verantwortung: Dieses Video enthält Content von SME. Es ist in deinem Land nicht verfügbar. Das tut uns leid., Screenshot, 18.07.11, youtube.com, S. 156
Verantwortung: Prof. Lawrence Lessig, Gründer von «Creative Commons», Screenshot, 19.07.11, youtube.com/watch?v=sI0SCNLEd_A, S. 156
Verantwortung: creative commons, Screenshot, 18.07.11, elektrischer-reporter.de/elr/video/87/, S. 156

Vernetzung: Fernsehdoku Kultur des Widerstands, Screenshot, 17.04.11, youtube.com/watch?v=qambQEjZvdc, S. 164
Vernetzung: Ausschnitt einer thematischen Sonderausgabe des Widerst@nd-Mund E-Mail-Newsletter aus 2000, Screenshot, 16.04.11, no-racism.net/mund/sondernr/zeitungsversand.htm, S. 164
Vernetzung: Die Zeitung DER STANDARD zum MUND, Screenshot, 17.07.11, derstandard.at/1079860, S. 164
Vernetzung: Die Fremdenpolizei früh morgendlich mit Sturmgewehr und Rammbock gegen Kinder, Screenshot, 17.04.11, ich-mach-politik.at, sAgd, S. 169
Vernetzung: Ein die Vorgänge rund um die Abschiebung eines FC-Sans-Papiers-Spielers dokumentiertendes Video von wienTV.org, Screenshot, 17.04.2011 youtube.com/watch?v=jblX03HG394, S. 169
Vernetzung: Röthis, das Dorf der Widerspenstigen - ein Zeitungsartikel in DIE ZEIT, Screenshot, 17.04.2011, zeit.de/2010/12/A-Abschiebung-Oesterreich/komplettansicht, S. 169
Vernetzung: Neunjährige Zwillinge mit Vater im Gefängnis, Screenshot, 30.04.11, youtube.com/watch?v=wJOt5Dutf9M&feature=player_embedded, S. 171

Dialog: Das Papier-Wiki bei einem BarCamp in Klagenfurt: selbsttätiges Eintragen von Sessions in die Slots, Foto, Dieter Zimig, S. 174
Dialog: «Was ist ein BarCamp?» YouTube Video vom EduCamp in Aachen, Screenshot, 02.08.11, youtube.com/watch?v=NebHv8lTW-Y, S. 174
Dialog: Die Sessions am zweiten PolitCamp Tag via Beamer groß und sichtbar projeziert, Foto, Guido Brombach, S. 174
Dialog: Check-in und Infotisch, Foto, Guido Brombach, S. 180
Dialog: Planung der Sessions, Foto, Dieter Zirnig, S. 180
Dialog: Eine Workshop-Session in einem der Räume, die beim BarCamp in Wien bespielt werden, Foto, Diter Zirnig, S. 180

Aktionen: Unser Wohlstand Kundgebung, Foto, Jona Herber, Daniel hrncir, Carlos, S. 188
Aktionen: Demopuppe Proteste, Scan, 11.06.11, Kronen Zeitung/Österreich: Studenten planen neue Proteste, S. 14, 6.3.11, S. 188
Aktionen: Reverse Graffiti, Screenshot, 11.06.11, youtube.com/watch?v=nPVSWM2MT2A, S. 188
Aktionen: Mundtot gemachte Studierende, Foto, Martin Juen, S. 191
Aktionen: No One is Illegal, Screenshot, 11.06.11, youtube.com/watch?v=9_zatLjgZzs, S. 191
Aktionen: Rebel Clown Army Members bei Bologna Burns Demo, Screenshot, 11.06.11, vimeo.com/10139321, S. 191

Video: Aktion «Geld oder Leben», Screenshot, 18.07.11, youtube.com/watch?v=eo0_3h7OBc8, S. 198
Video: Video von der Aktion, Screenshot, 13.05.11, youtube.com/watch?v=eo0_3h7OBc8, S. 198
Video: Blog Geld oder Leben, Screenshot, 16.05.11 geldoderleben.blogsport.de/, S. 198
Video: Mobilisierungsvideo zur «bolognaburns!» Blockade-Demo gegen die 10-Jahre-Bologna-Feierlichkeiten, Screenshot, 19.07.11, youtube.com/watch?v=0rV8qwgKrPk, S. 204
Video: «Graswurzel.tv» ist das taktische Medium der Anti-Atomkraft-Bewegung, Screenshot, 19.07.11, graswurzel.tv/, S. 204
Video: Der «Supertaalk» zur heiklen Frage «Wer Macht Medien?» ist deutlich interessanter als die Diskussionsformate der Fernsehsender, Screenshot, 19.07.11, supertaalk.at/, S. 204

Verbreitung: Das Urteil für Sebaso's Tweet: 55 Favs und 113 RTs, Screenshot, 11.07.11, http://twitter.com/#!/sebaso, S. 208
Verbreitung: Spreeblick Blogpost mit ein paar «gefällt mir», Screenshot, 12.07.11, facebook.com, S. 208
Verbreitung: Google's Einladung beim Ranking von Suchtreffern mitzuspielen, Screenshot, 11.07.11, google.com, S. 208
Verbreitung: Beschluss für virales Marketing Im Todesstern Stuttgart, Screenshot, 12.07.11, youtube.com/watch?v=uF2djJcPO2A, S. 213
Verbreitung: Die dunkle Seite der "Virals", Screenshot, 12.07.11, youtube.com/watch?v=63ERMlaQRBs, S. 213
Verbreitung: Mc donalds flashgame, Screenshot, 12.07.11, mcvideogame.com/game-deu.html, S. 213

OnlineDemos: Banner zu Kampagnen, Protestbewegungen, Demos, Petitionen, Illustration, Christian Voigt, S. 219
OnlineDemos: Banner und Eselsohr, Screenshot, 26.07.11, daten-speicherung.de/, S. 219
OnlineDemos: unsereuni.at pagepeel und teilnehmende websites und blogs --> Banner/Auswahl aus Screenshotelementen, Illustration, Christian Voigt, S. 219
OnlineDemos: die viral selbstorganisierte #fuckyouwashington Online-Demo, Screenshot, 27.07.11, diepresse.com/home/techscience/internet/681013/fuckyouwashington_PromiBlogger-trat-Protestwelle-los, S. 222
OnlineDemos: AvatarDemo, Screenshot, 26.07.11, twibbon.com/join/Abschiebungsstop, S. 222
OnlineDemos: Petitionen-Seite des Deutschen Bundestages, 27.07.2011, epetitionen.bundestag.de/, S. 222

Verifizieren: Twazzup zu den Hashtags #egypt und #jan25 am 11. Februar 2011, Screenshot, 29.03.11, youtube.com/watch?v=hafw8qE-rps, S. 228
Verifizieren: Die Katastrophe der Loveparade am 24. Juli 2010 wird vielen zuerst via Twitter bewusst, Screenshot, 29.03.11, youtube.com/watch?v=1X02I979pa0, S. 228
Verifizieren: Ende Juli 2010 gehen im Stuttgarter Schlosspark bereits die Emotionen hoch, Screenshot, 29.03.2011, dubistterrorist.de/, S. 228
Verifizieren: Die Ausgabe der Netzwerk Recherche Werkstatt 18 zu Online Journalismus, Screenshot, 29.03.11, taz.de/!3475/, S. 231
Verifizieren: Tipps für journalistische Recherche im Internet, Screenshot, 29.03.11, demokratie-retten.at/, S. 231
Verifizieren: Elektrischer Reporter 25 im Jahr 2007 mit einem Interview mit C. Schultheis und S. Niggemeier vom BILD Blog, Scan, Wochenmagazin „News", S. 231

Monitoring: Google Alert, Screenshot, 10.07.11, google.com/alerts, S. 236
Monitoring: Tweetdeck, Screenshot, 10.07.11, tweetdeck.com, S. 236
Monitoring: Google Reader, Screenshot, 10.07.11, google.at/reader, S. 236

Datensicherheit: 5 Tipps zu mehr Sicherheit, Screenshot, 28.06.11, youtube.com/watch?v=fGocjpbHMqI, S. 244
Datensicherheit: FoeBuD versus Datenkrake, Foto, FoeBuD e.V., Peter Ehrentraut, S. 244
Datensicherheit: Big Brohter Award 2011 Kategorie Arbeitswelt, Foto, Matthias Hornung, S. 244

Abgrenzung: Zero Comments, Foto, Christian Voigt, S. 260
Abgrenzung: Lobo "Troll Forschung" auf Republica, Screenshot, 04.07.11, vimeo.com/22385006, S. 260
Abgrenzung: gehackte anonyme Gerüchteküche, Screenshot, 04.07.11, spiegel.de/fotostrecke/fotostrecke-69206-4.html, S. 260

KAPITEL: NOBOARDERS

Indymedia: This is Chiapas – EZLN, Screenshot, 19.06.11, youtube.com/watch?v=TBkR9ZvEFYU, S. 268
Indymedia: Effects of NAFTA Cartoon, Illustration, Barry Deutsch, S. 268
Indymedia: Showdown in Seattle, Screenshot, 19.07.11, youtube.com/watch?v=mFLOvz9zPW8, S. 268
Indymedia: Chavez: Ein Staatsstreich von innen, Screenshot, 13.07.11, videogold.de/chavez-ein-staatsstreich-von-innen-arte-dokumentation/, S. 273
Indymedia: Julian Assange: Warum die Welt WikiLeaks braucht, Screenshot, 13.07.11, ted.com/talks/julian_assange_why_the_world_needs_wikileaks.html, S. 273
Indymedia: Ausschnitt aus einer Visualisierung des GuttenPlags zum Anteil der Plagiate in der Doktorarbeit, Screenshot, 13.07.11, labs.vis4.net/guttenplag/, S. 273

Attac: Rettungsschirm in Mödling, Foto, David Walch, S. 282
Attac: Börsenaktion 2008, Screenshot, 11.04.2011, attac.de/aktuell/krisen/aktionen1/boersenaktion/?L=2, S. 282
Attac: Stopp GATS, Logo, stoppgats.at/, S. 282
Attac: ESF in Paris, Foto, David Walch, S. 285
Attac: WSF Dakar, Screenshot, 12.04.11, weltsozialforum.org/, S. 285
Attac: FSU, Foto, David Walch, S. 285

Workers United: EWC Empowerment Blog, Screenshot, 15.06.11, blog.gpa-djp.at/ewcempowerment/, S. 290
Workers United: Europeans for Financial Reform auf Facebook, Screenshot, 15.06.11, facebook.com/#!/group.php?gid=139593100895, S. 290
Workers United: EGB-Demonstration, Foto, Ani Degirmencioglu, Wolfgang Kreis, Lukas Neissl, S. 290
Workers United: Arbeitsbedingungen bei Foxcom, Screenshot, 21.06.11, youtube.com/watch?v=Ly0_avlzsro, S. 296
Workers United: Mubaraks Rücktritt, Screenshot, 21.06.11, english.aljazeera.net/, S. 296
Workers United: Flashmob im besetzten Capitol, Screenshot, 21.06.11, youtube.com/watch?v=jVEMZSP8Ypk, S. 296
Workers United: Organizing Manual, Screenshot, 11.06.11, youtube.com/watch?v=FthZxKNwo-M&feature=player_embedded, S. 298

Festung Europas: Frontex: The Movie, Screenshot, 12.04.11, youtube.com/watch?v=kOuFo5egBqE, S. 302
Festung Europas: Seerosen im Mittelmeer, Grafik, Zentrum für Politische Schönheit, Susanne Schmidt, S. 302
Festung Europas: Elias Bierdel, Screenshot, 12.04.11, S. 302
Festung Europas: Der Transnationale Migrant_innenstreik fordert: Bewegungsfreiheit für alle! Gleiche Rechte für alle!, Logo, 1maerz-streik.net/, S. 308
Festung Europas: I'm a roma woman. I'm a european woman. I'm a woman., Screenshot, 24.07.11, romawoman.org/, S. 308
Festung Europas: dROMaBlog auf Twitter weist auf eine Analyse antiziganistischer Fernsehberichterstattung im Sibuaner Blog hin., Screenshot, 24.07.11, Screenshot DROMaBlog Twitter, S. 308
Festung Europas: Vortrag von Elias Bierdel, Screenshot, 23.07.11, ichmachpolitik.at/questions/523, S. 309

Netzaktivismus: Chaos Computer Club, Screenshot, 24.07.11, de.wikipedia.org/wiki/Chaos_Computer_Club, S. 314
Netzaktivismus: John Perry Barlow, Screenshot, 24.07.11, youtube.com/watch?v=LYpB1NzCO6g, S. 314
Netzaktivismus: Electric Frontier Foundation worksel, Screenshot, 24.07.11, eff.org/work, S. 314
Netzaktivismus: Der Arbeitskreis Vorratsdatenspeicherung macht mobil gegen die totale Protokollierung von Telefon, Handy, E-Mail und Internet., Screenshot, 24.07.11, vorratsdatenspeicherung.de/, S. 317
Netzaktivismus: Christof Tschohl zum Gesetzesvorschlag betreffend Vorratsdatenspeicherung in Österreich., Screenshot, 24.07.11, ichmachpolitik.at/questions/762, S. 317
Netzaktivismus: MDR Exakt Sendung «Wenn Polizisten Straftaten begehen: Der Datenskandal der Sächsischen Polizei», Screenshot, 24.07.11, youtube.com/watch?v=ss2f4dFe_YU, S. 317
Netzaktivismus: Kulturzeit INDECT, Screenshot, 14.08.11, http://www.youtube.com/watch?v=yuu1J9Cs2Fk, S. 322

KAPITEL: VISIONEN

Diskurs: Timeline Auschnitt, Screenshot, 05.03.11, twitter.com/antjeschrupp, S. 332
Diskurs: Aufruf zur Weiterleitung, Screenshot, 05.03.11, twitter.com/antjeschrupp, S. 332
Diskurs: Treffen Reden Anregen, Foto, Antje Schrupp, S. 332

Zivilgesellschaft: Tag des Bleiberechts 2008, Screenshot, 16.03.11, no-racism.net/article/2663#plakate, S. 342
Zivilgesellschaft: VideoBlockCast, Screenshot, 15.03. 11, fraubock.tv/, S. 342
Zivilgesellschaft: Sesselmeer, Foto, SOS Mitmensch, S. 342
Zivilgesellschaft: Bock auf Bier, Foto, SOS Mitmensch, S. 345
Zivilgesellschaft: Rassismus streichen WienKarte, Screenshot, rassismusstreichen.at//stories/1799353/, S. 345
Zivilgesellschaft: Lichterkette rund ums Parlament, Foto, Martin Juen, S. 345

Gewerkschaft 2.0: Vida Podcast, Screenshot, 08.07.11, podcast.vida.at/, S. 356
Gewerkschaft 2.0: IG Metall Huber Kurswechsel Blog, Screenshot, 08.07.2011, youtube.com/watch?v=PYWR2sFBt6Q, S. 356
Gewerkschaft 2.0: Gewerkschaftspresse, Foto, Christian Voigt, S. 356

KAPITEL: MAKING OF

Bildbox 1: Covervarianten, Grafiken ÖGB-Verlag, S. 367
Bildbox 2: Fotos Markus Zahradnik, S. 368
Bildbox 3: Screenshots und Foto Hans Christian Voigt, S. 369
Bildbox 4: Screenshot, Grafik, Screenshot von Video Hans Christian Voigt, youtube.com/user/SozialeBewegungen, S. 371